中国近代
思想家文库

◎

吴耀宗卷

赵晓阳 编

中国人民大学出版社
·北京·

吴耀宗（1893—1979）

吴耀宗一家

吴耀宗在第一届政治协商会议上发言

总　序

对于近代的理解，虽不见得所有人都是一致的，但总的说来，对于近代这个词所涵的基本意义，人们还是有共识的。一个国家、一个民族走入近代，就意味着以工业化为主导的经济取代了以地主经济、领主经济或自然经济为主导的中世纪的经济形态，也还意味着，它不再是孤立的或是封闭与半封闭的，而是以某种形式加入到世界总的发展进程。尤其重要的是，它以某种形式的民主制度取代君主专制或其他不同形式的专制制度。中国是个幅员广大、人口众多、历史悠久的多民族国家，由于长期历史发展是自成一体的，与外界的交往比较有限，其生产方式的代谢迟缓了一些。如果说，世界的近代是从 17 世纪开始的，那么中国的近代则是从 19 世纪中期才开始的。现在国内学界比较一致的认识，是把 1840 年到 1949 年视为中国的近代。

中国的近代起始的标志是 1840 年的鸦片战争。原来相对封闭的国门被拥有近代种种优势的英帝国以军舰、大炮再加上种种卑鄙的欺诈打开了。从此，中国不情愿地加入到世界秩序中，沦为半殖民地。原来独立的大一统的中央集权的君主专制国家，如今独立已经极大地被限制，大一统也逐渐残缺不全，中央集权因列强的侵夺也不完全名实相符了。后来因太平天国运动，地方军政势力崛起，形成内轻外重的形势，也使中央集权被弱化。经历第二次鸦片战争、中法战争、甲午战争、八国联军入侵的战争以及辛亥革命后的多次内外战争，直至日本全面侵略中国的战争，致使中国的经济、政治、教育、文化，都无法顺利走上近代发展的轨道。古今之间，新旧之间，中外之间，混杂、矛盾、冲突。总之，鸦片战争后的中国，既未能成为近代国家，更不能维持原有的统治秩序。而外患内忧咄咄逼人，人们都有某种程度“国将不国”的忧虑。

“天下兴亡，匹夫有责”，读书明理的士大夫，或今所谓知识分子，尤为敏感，在空前的危机与挑战面前，皆思有所献替。于是发生种种救亡图存的思想与主张。有的从所能见及的西方国家发展的经验中借鉴某些东西，形成自己的改革方案；有的从历史回忆中拾取某些智慧，形成某种民族复兴的设想；有的则力图把西方的和中国所固有的一些东西加以调和或结合，形成某种救亡图强的主张。这些方案、设想、主张，从世界上“最先进的”，到“最落后的”，几乎样样都有。就提出这些方案、设想、主张者的初衷而言，绝大多数都含着几分救国的意愿。其先进与落后，是否可行，能否成功，尽可充分讨论，但可不必过为诛心之论。显而易见，既然救国的问题最为紧迫，人们所心营目注者自然是种种与救国的方案直接相关的思想学说，而作为产生这些学说的更基础性的理论，及其他各种知识、思想，则关注者少。

围绕着救国、强国的大议题，知识精英们参考世界上种种思想学说，加以研究、选择，认为其中比较适用的思想学说，拿来向国人宣传，并赢得一部分人的认可。于是互相推引，互相激励，更加发挥，演而成潮。在近代中国，曾经得到比较广泛的传播的思想学说，或者够得上思潮的，主要有以下几种：

（一）进化论。近代西方思想较早被引介到中国，而又发生绝大影响的，要属进化论。中国人逐渐相信，进化是宇宙之铁则，不进化就必遭淘汰。以此思想警醒国人，颇曾有助于振作民族精神。但随后不久，社会达尔文主义伴随而来，不免发生一些负面的影响。人们对进化的了解，也存在某些片面性，有时把进化理解为一条简单的直线。辩证法思想帮助人们形成内容更丰富和更加符合实际的发展观念，减少或避免片面性的进化观念的某些负面影响。

（二）民族主义。中国古代的民族主义思想，其核心是“非我族类，其心必异”，所以最重“华夷之辨”。鸦片战争前后一段时期，中国人的民族思想，大体仍是如此。后来渐渐认识到“今之夷狄，非古之夷狄”，“西人治国有法度，不得以古旧之夷狄视之”。但当时中国正遭受西方列强的侵略和掠夺，追求民族独立是民族主义之第一义。20世纪初，中国知识精英开始有了“中华民族”的概念。于是，渐渐形成以建立近代民族国家为核心的近代民族主义。结束清朝君主专制，创立中华民国，是这一思想的初步实现。第一次世界大战爆发，中国加入“协约国”，第一次以主动的姿态参与世界事务，接着俄国十月革命爆发，这两件事对近代中国的发展历程造成绝大影响。同时也将中国人的民族主义提升到一个新的层次，即与国际主义（或世界主义）发生紧密联系。也可以说，中国人更加自觉地用世界的眼光来观察中国的问题。新生的中国共产党和改组后的国民党都是如此。民族主义成为中国的知识精英用来应对近代中国所面临的种种危机和种种挑战的一个重要的思想武器。

（三）社会主义。社会主义作为一种模糊的理想是早在古代就有的，而且不论东方和西方都曾有过。但作为近代思潮，它是于 19 世纪在批判近代资本主义的基础上产生的。起初仍带有空想的性质，直到马克思和恩格斯才创立起科学社会主义。20 世纪初期，社会主义开始传入中国。当时的传播者不太了解科学社会主义与以往的社会主义学说的本质区别。有一部分人，明显地受到无政府主义的强烈影响，更远离科学社会主义。直到五四新文化运动兴起之后，中国人始较严格地引介、宣传科学社会主义。但有一段时间，无政府主义仍是一股很大的思想潮流。中国共产党的成立，从思想上说，是战胜无政府主义的结果。中国共产党把在中国实现社会主义乃至共产主义作为自己的奋斗目标。此后，社会主义者，多次同各种非科学社会主义思想的信仰者进行论争并不断克服种种非科学社会主义思想的影响。

（四）自由主义。自由主义也是从清末就被介绍到中国来，只是信从者一直寥寥。直到五四新文化运动兴起，具有欧美教育背景的知识精英的数量渐渐多起来，自由主义始渐渐形成一股思想潮流。自由主义强调个性解放、意志自由和自己承担责任，在政治上反对一切专制主义。在中国的社会条件下，自由主义缺乏社会基础。在政治激烈动荡的时候，自由主义者很难凝聚成一股有组织的力量；在稍稍平和的时候，他们往往更多沉浸在自己的专业中。所以，在中国近代史上，自由主义不曾有，也不可能有大的作为。

（五）激进主义与保守主义。处于转型期的社会，旧的东西尚未完全退出舞台，新的东西也还未能巩固地树立起来，新旧冲突往往要持续很长的时间，有时甚至达到很激烈的程度。凡助推新东西成长的，人们便视为进步的；凡帮助旧东西排斥新东西的，人们便视为保守的。其实，与保守主义对应的，应是进步主义；与顽固主义相对的则应是激进主义。不过在通常话语环境中人们不太严格加以区分。中国历史悠久，特别是君主专制制度持续两千余年，旧东西积累异常丰富，社会转型极其不易。而世界的发展却进步甚速。中国的一部分精英分子往往特别急切地想改造中国社会，总想找出最厉害的手段，选一条最捷近的路，以最快的速度实现全盘改造。这类思想、主张及其采取的行动，皆属激进主义。在中共党史上，它表现为“左”倾或极左的机会主义。从极端的激进主义到极端的顽固主义，中间有着各种程度的进步与保守的流派。社会的稳定，或社会和平改革的成功，都依赖有一个实力雄厚的中间力量。但因种种原因，中国社会的中间力量一直未能成长到足够的程度。进步主义与保守主义，以及激进主义与顽固主义，不断进行斗争，而实际所获进步不大。

（六）革命与和平改革。中国近代史上，革命运动与和平改革运动交替进行，有时又是平行发展。两者的宗旨都是为改变原有的君主专制制度而代之以某种形式的近代民主制度。有很长一个时期，有两种错误的观念，一是把革命理解为仅仅是指以暴力取得政权的行动，二是与此相关联，把暴力革命与和平改革对立起来，认为革命是推动历史进步的，而改革是维护旧有统治秩序的。这两种论调既无理论根据，也不合历史实际。凡是有助于改变君主专制制度的探索，无论暴力的或和平的改革都是应予肯定的。

中国近代揭幕之时，西方列强正在疯狂地侵略与掠夺殖民地和半殖民地，中国是它们互相争夺的最后一块、也是最大的资源地。而这时的中国，沿袭了两千年的君主专制制度已到了奄奄一息的末日，统治当局腐朽无能，对外不足以御侮，对内不足以言治，其统治的合法性和统治的能力均招致怀疑。革命运动与改革的呼声，以及自发的民变接连不断。国家、民族的命运真的到了千钧一发之际，危机极端紧迫。先觉分子救国之心切，每遇稍具新意义的思想学说便急不可待地学习引介。于是西方思想学说纷纷涌进中国，各阶层、各领域，凡能读书读报者，受其影响，各依其家庭、职业、教育之不同背景而选择自以为不错的一种，接受之，信仰之，传播之。于是西方几百年里相继风行的思想学说，在短时期内纷纷涌进中国。在清末最后的十几年里是这样，五四时期在较高的水准上重复出现这种情况。

这种情况直接造成两个重要的历史现象：一个是中国社会的实际代谢过程（亦即社会转型过程）相对迟缓，而思想的代谢过程却来得格外神速。另一个是在西方原是差不多三百年的历史中渐次出现的各种思想学说，集中在几年或十几年的时间里狂泻而来，人们不及深入研究、审慎抉择，便匆忙引介、传播，引介者、传播者、听闻者，都难免有些消化不良。其实，这种情况在清末，在五四时期，都已有人觉察。我们现在指出这些问题并非苛求前人，而是要引为教训。

同时我们也看到，中国近代思想无比的多样性与复杂性呈现出绚丽多彩的姿态，各种思想持续不断地展开论争，这又构成中国近代思想史的一个突出特点。有些论争为我们留下了非常丰富的思想资料，如兴洋务与反洋务之争，变法与反变法之争，革命与改良之争，共和与立宪之争，东西文化之争，文言与白话之争，新旧伦理之争，科学与人生观之争，中国社会性质的论争，社会史的论争，人权与约法之争，全盘西化与本位文化之争，民主与独裁之争，等等。这些争论都不同程度地关联着一直影响甚至困扰着中国人的几个核心问题，即所谓中西问题、古今问题与心物关系问题。

中国近代思想的光谱虽比较齐全，但各种思想的存在状态及其影响力是很不平衡的。有些思想信从者多，言论著作亦多，且略成系统；有些可能只有很少的人做过介绍或略加研究；有的还可能因种种原因，只存在私人载记中，当时未及面世。然这些思想，其中有很多并不因时间久远而失去其价值。因为就总的情况说，我们还没有完成社会的近代转型，所以先贤们对某些问题的思考，在今天对我们仍有参考借鉴的价值。我们编辑这套《中国近代思想家文库》，希望尽可能全面地、系统地整理出近代中国思想家的思想成果，一则借以保存这份珍贵遗产，再则为研究思想史提供方便，三则为有心于中国思想文化建设者提供参考借鉴的便利。

考虑到中国近代思想的上述诸特点，我们编辑本《文库》时，对于思想家不取太严格的界定，凡在某一学科、某一领域，有其独立思考、提出特别见解和主张者，都尽量收入。虽然其中有些主张与表述有时代和个人的局限，但为反映近代思想发展的轨迹，以供今人参考，我们亦保留其原貌。所以本《文库》实为“中国近代思想集成”。

本《文库》入选的思想家，主要是活跃在 1840 年至 1949 年之间的思想人物。但中共领袖人物，因有较为丰富的研究著述，本《文库》则未收入。

编辑如此规模的《文库》，对象范围的确定，材料的搜集，版本的比勘，体例的斟酌，在在皆非易事。限于我们的水平，容有瑕隙，敬请方家指正。

《中国近代思想家文库》编纂委员会

目 录

导 言

进入21世纪的我们，要探讨20世纪中国基督教历史或基督教传入中国的历史，探讨中国基督教思想家或中国基督教思想家对中国教会或中国社会的影响和作用，吴耀宗是绝对不能忽视的人物。他以其富有远见和现实性的基督教思想，以其与中国政治和社会高度结合的理论和实践，成为中国基督教历史上影响最为深远的人物。

一

吴耀宗，英文名Y. T. Wu，祖籍广东顺德。1893年11月4日，他出生于广州的一个非基督徒家庭中，父亲吴逢敬是一位经营木材生意的商人。吴耀宗是第一代基督徒。早年在广州私塾及育才学校求学，1908年北上京城，在北京税务专科学堂读书，对当时的人来讲，任职海关是众人羡慕的“金饭碗”。上学期间，因参加北京基督教青年会的活动而接触到基督教，开始了他的基督教信仰之途。1913年，吴耀宗毕业于北京税务专科学堂，先后在广州、牛庄（今营口）等地的海关工作，1917年任职北京总税务司。他在北京基督教青年会的查经班中，读到《圣经》中的《登山宝训》篇章，深深被耶稣的道理所吸引；1918年6月，吴耀宗在北京基督教公理会受洗入基督教。

1920年11月，不顾亲友的强烈反对，吴耀宗辞去待遇优厚的海关职务，来到比海关薪水低三倍的北京基督教青年会工作，任校会部学生干事，负责基督教学生运动，从此开始了他服务基督教和基督教本土化运动理论与实践的一生。1924年至1927年，在基督教青年会资助下，吴耀宗到美国纽约协和神学院（Union Theological Seminary）和哥伦比亚大学留学，获硕士学位。其硕士毕业论文题目是《威廉·詹姆斯的宗教信仰的教义》(*William James's Doctrine of Religious Belief*)。威廉·詹姆斯(1842—1910)是美国著名哲学家、心理学家和教育家,实用主义的倡导者。1927年,吴耀宗从纽约协和神学院毕业回国,赴在上海的中华基督教青年会全国协会,任校会部主任干事。因工作之便和职责要求,他经常与各地青年学生接触,其思想也与各种影响青年学生的思潮动向和时代走向紧密结合。1937年再次赴美演讲,1938年归国后,出任基督教青年会全国协会出版部主任干事,直至1950年。

除服务青年会、积极推动中国基督教学生运动(Chinese Christian Student Movement)外,吴耀宗还积极参与当时的各种基督教团体活动。1914年,英国基督教贵格会传教士霍德进(H. T. Hodgkin)等和平主义者,发起成立了唯爱社(Fellowship of Reconciliation),因他曾在四川传教,其组织于1921年在北京成立了中国唯爱社。吴耀宗深受唯爱主义影响,亲自起草中文成立宣言书,协助主编《唯爱》杂志,倡导和平运动,并出任中国唯爱社主席。他还深受印度民族运动领袖"圣雄"甘地及其非暴力思想的影响,并将《甘地自传》译成中文,于1938年赴印度玛德拉斯参加国际基督教宣教协会会议之机,当面敬赠甘地,并就非武力主义如何应用于国际问题进行请教。他曾多次表述,甘地是他最尊敬崇拜之人。

虽然吴耀宗一生都在青年会和基督教会里工作,尤其熟悉学校青年会工作,对青年学生格外重视,但他从来不以基督教会自限,生活思考在一个特殊阶层里。他积极参加社会活动,20世纪30年代,他先后参加了李公朴、阎宝航等组织的"东北社",陶行知创办的"国难教育社",宋庆龄等人创办的"保卫中国大同盟"等抗日救亡团体,利用青年会与青年学生接触的机会,广泛开展抗日爱国宣传,积极从事救亡活动。1936年底,吴耀宗先后在美国44所大学演讲123次,听众达25 000人,呼吁美国及国际力量制裁日本侵华,为营救"七君子"组织国际支援。

1938年,吴耀宗还参加了许广平、胡愈之、郑振铎等民主人士在上海组织的"星二座谈会",与胡愈之、许广平等人出资组织了"复社",出版了美国记者斯诺的《西行漫记》中译本和《鲁迅全集》。1946年,他与马叙伦、胡厥文、阎宝航、雷洁琼等11位社会贤达,作为上海市各界人民团体联合会推选出的代表成员,赴南京向国民党政府和美国特使马歇尔将军呼吁和平,探讨如何解决中国的问题。他还为代表团草拟了一份英文备忘录，并当面交给马歇尔。他一直高度关注基督教与中国社会的各种现实的认识和远见，使他获得了“午夜钟”的名号。

1950年7月28日，吴耀宗等负责起草并发表了《中国基督教在新中国建设中努力的途径》，即“三自革新宣言”，领导开展了基督教三自爱国运动。之后，他还历任中国基督教抗美援朝三自革新运动委员会筹备委员会主席、中国基督教三自爱国运动委员会主席、金陵协和神学院董事局主席等职，是全国人大第一届至第五届常委、委员，全国政协第一届至第四届常委、委员。1979年9月17日，吴耀宗因病逝世于上海，享年86岁。

二

吴耀宗一生都高度重视基督教文字出版事业，他始终积极参与各个时期基督教刊物的创建、组稿和撰写工作，民国年间著名基督教刊物的创建和发展历史上，都可以看到他积极的身影和努力的成果，这一切成为今天研究吴耀宗的文献基础。

1919年，他与在北京的中外基督徒徐宝谦、刘廷芳、步济时（John S. Burgess）、司徒雷登（John Leighton Stuart）等人，组成了“北京证道团”（后易名“生命社”），创刊出版了《生命月刊》，以“阐发基督教之真理实力，藉以促起学生个人及团体根本上之觉悟”为宗旨。吴耀宗任月刊的编辑委员，并积极撰文。他还与胡学诚、吴雷川、李荣芳、刘廷芳、彭锦章、宝广林、张钦士等在北京的基督徒知识分子组成了“真理社”，以研究教会及国家问题为主，倡导基督教“文字本土化”，于1923年4月出版《真理周刊》（后改为半月刊），以短小精悍的文字，宣传基督教，他也在此刊物上发表了不少文章。他还积极参与中国基督教学生运动的筹组工作，在《微音》、《华年》、《中国学运》等刊物上发表大量文章，成为中国基督教学生运动的重要推动者。1945年，他还在成都创办了以关注基督教与现实为主旨的《天风周刊》，后移至上海。该杂志存续至今，成为中国基督教三自爱国运动委员会和中国基督教协会的会刊。

作为中国基督教史上为数极少的自立出版机构青年协会书局的当家人，吴耀宗还主持、策划、撰写、编译了多部系列书籍。20世纪30年代，青年协会书局出版了“青年丛书”50种、“社会问题小丛书”20

种、"宗教问题小丛书"20种及"基督教与中国改造丛书"10种等多达百本的系列丛书。今天看来，其中多本著述都已经成为了基督教与中国社会、基督教与中国文化、中国基督教本土化探讨的先驱之作。20世纪40年代，他还顺应20世纪基督教会合一主流，促成了基督教文字出版机构超宗派联合——基督教联合出版社的形成，一定程度上解决了在战争特殊困难条件下，基督教文字出版的生存困难和相互沟通问题，也为新中国建立后基督教文字出版机构在更大范围的超宗派联合工作的方式，提供了样板。

吴耀宗不仅从事出版编辑工作，自己终身也笔耕不辍，积极撰写和编译了大量文章和书籍，涉及中国基督教会、基督教的中国本土化、中国基督教学生运动、基督教与中国社会和文化、基督教与政治等广泛的主题。他一生创作了大量结合中国社会和中国教会实际问题的中国基督教神学作品，这些包含着强烈社会关怀和神学视野的作品已成为中国基督教经典。

吴耀宗著述颇多，从语言角度可分为中英文两大类，据笔者的初步估计，其中文著述约150万字，英文约20万字。英文文章主要发表在有百余年历史的基督教会《教务杂志》(*Chinese Recorder*) 和《中国基督教年鉴》(*The China Christian Year Book*) 上，中文文章除在《生命月刊》、《真理与生命》、《天风周刊》、《消息》、《青年进步》、《唯爱》、《华年》、《微音》、《中国学运》、《基督教丛刊》、《协进月刊》等基督教刊物上发表外，还在《民主周刊》、《世界知识》等社会性刊物上发表，表达他积极推动中国基督教学生运动，和对基督教本土化、基督教与社会改造的各种思考和呼吁。他还将这些长短不一、与社会现实紧密相关的论著，结集成书出版，如《社会福音》(青年协会书局1934年出版)、《黑暗与光明》(青年协会书局1949年出版)、《基督教讲话》(青年协会书局1950年出版) 等。其中部分曾多次再版，成为一时之名品和精品。

《没有人看见过上帝》曾在《基督教丛刊》上系列连载刊登，1943年合印单行本出版，1944年再版，1946年第3版，1946年10月第4版，1948年7月第5版，1948年10月第6版。该书是吴耀宗基督教思想的代表作，亦成为20世纪最著名的神学著作，旨在通过探讨上帝信仰的存在，进而在理论层面上调和上帝信仰与唯物论之间的关系，它是吴耀宗唯一一本系统性的专著。

此外，吴耀宗还出版了《中国青年出路问题》(青年协会书局1935

年出版)、《大时代的宗教信仰》(青年协会书局 1938 年出版)、《大时代中的上帝观》(青年协会书局 1940 年出版)等，翻译了美国实用主义哲学家杜威的《科学的宗教观》(青年协会书局 1936 年初版，1948 年再版)。

三

吴耀宗一生的思想经历了两次巨大的转变。第一次是他青年时期接受了基督教信仰，这是一次最根本的大转变，确定了他一生的人生观和世界观。他相信基督教是因为《登山宝训》的内容打动了他，让他看到了一位平易近人的耶稣，丝毫不沾染任何的神秘色彩。他非常注重自己的重生得救经验，在多次的演讲和文章中都曾提到。从他众多的叙述中可以看出，他已经把握了基督教信仰的两个基石：上帝的存在和祈祷的意义。

第二次转变是在抗日战争后期，他“接受了反宗教的社会科学理论，把唯物论思想和宗教信仰打成一片”，但第二次的转变并不否定他对基督教的信仰，而是有所深化，有所发展。他终其一生，都没有改变对基督教的信仰，直到 1979 年临终时，还是笃信基督教，热爱教会，还要求抱病去参加上海沐恩堂的复堂感恩礼拜。

吴耀宗在接受基督教以后，就从《圣经》中，特别是从耶稣的教训、行动中，从他的受害牺牲，看到了一个崇高的理想，一个最高的原则。吴耀宗在以后的十几年、二十几年甚至六十年的经历中，一直为这个理想和原则而奋斗，奉献他的一生。他始终既忠于他的宗教信仰，忠于他所认定的真理，又不违爱国的天职，不违他对上帝、对教会、对社会、对祖国所抱的托付。在几十年社会变革的大风大浪中，他不断前进，修正他对斗争方法的理解，到临终时他仍然没有放弃爱的理想和信念。

他对基督教信仰的理解经历了几个重要的过程，首先是早年对唯爱主义的热衷。唯爱主义是第一次世界大战时的一种和平主义思潮，主张以爱为对人、对事的最高原则，反对用武力的办法来解决一切社会矛盾与冲突。作为刚刚信仰基督教的吴耀宗，对此产生了极大的兴趣。他接受基督教之后，就认为要做一个真正、彻底的基督徒，必须以极大的勇气和决心，照着基督的“登山宝训”去做。他在任中国唯爱社主席之时，以极大的热情和雄辩的才智，写了大量的社论、通讯、讨论和答辩，刊登在《唯爱》上（1931 年第 1 期至 1935 年，共 17 期），从中可看出他坚定信仰的彻底性。

随着抗日救国的时局变化，面对国难当头的民族危亡，是奋起和爱国同胞抗战杀敌，还是坚持唯爱主义，用和平的不合作方法救国，成为吴耀宗心中引起长期思想激烈斗争的矛盾。在克服这个困难的过程中，他在思想上经历了从淳朴的唯爱主义到对日不合作，到理论上唯爱、行动上支持武力抗战，到与各界爱国人士并肩参加抗日救亡运动，到因爱而用武力并不违背唯爱精神，到歌颂武力抵抗侵略，最终完成了艰难的政治思想（也是神学思想）的转变过程。这就是他的第二次转变。

1937 年，他再次从纽约协和神学院游学回来后，于次年任青年协会书局主任，这时美国基督教会的“基要派”和“自由派”神学激烈斗争即将结束。“基要派”和“自由派”之争，实际上是信仰主义和理性主义的冲突，是在新的历史条件和社会环境中，是否运用理性和现代科学的语言、观点介绍和解释基督教的信仰、教义的冲突。纽约协和神学院是“自由主义神学”和“社会福音神学”的大本营，吴耀宗留学纽约协和神学院，他的基督教神学思想深受其影响。他更多地接受了协和神学院主导的结合社会、应对现实的自由主义神学，更多地趋向于知行合一的实践性神学。

社会福音是 19 世纪末至 20 世纪 30 年代流行于北美地区的基督教神学思潮，其宗旨是根据《圣经》中耶稣关于天国的教训，纠正当时流传于北美教会的“奋兴福音派”只注重个人灵魂得救、忽视福音的社会意义的偏向。社会福音的信息既继承旧约先知的传统，又根据耶稣自己的教训，在神学上完全是正确的，在释经学上也是无懈可击的，它在 20 世纪初是一股纠偏的神学思潮，并不是一个完整的神学体系。起源于拉丁美洲，影响遍及整个第三世界的解放神学，从某些方面看，正是这个“循环”在新的社会历史条件下的发生发展和开花结果。

吴耀宗不是一位满足于玄思臆想的书生式神学家，而是投身于现实斗争，把信仰、思想和生活实践密切结合的大勇大智的先知式神学家。《圣经》中和历史上的先知都是这样的。正因为这样，他是一位十分正直、信实、坦诚的人，一生强调并实践所信所想所行的一致性。从他的言论和文章，可以见到他的为人和内心深处，“他心里毫无诡诈”，以其行证其言。他毫不隐蔽他的信仰、思想、观点，勇于坚持自己所认为正确的，也勇于修正他已认识的错误，所以他的一生是不断前进的一生。

吴耀宗对中国基督教和中国社会的思考与认识是另辟蹊径、独具眼光的。他不是从“传统中国”作为出发点来思考基督教与中国的关系，而是以“未来中国”作为他的思考基石。这一切使得他的政治思想和神学思考都具有极强的现实性，更充满了批判性，而对这种批判性的认识可能是理解吴耀宗思想的真正关键点。我们从他早期的“唯爱主义”“社会福音”的主张可以看出，他终其一生从来没有改变过以基督教信仰来改造中国社会的想法和努力。他更信仰古代基督教所具有的解放大众的革命性，他更寄希望于基督教的永恒潜在原动力，更寄希望于基督教的觉醒，希望基督教也有能力充分觉醒，将自己的传教思想与资本主义划清界限，从种种被扭曲的现状中解放出来，从而真正体现基督教的价值，真正彰显耶稣所提倡的解放劳苦民众的福音。他这种具有相当“现实性”的基督观，把耶稣放回到当时历史和当前现实中的基督观，为当时的青年人指引了一个过去还不知其存在，更没有进入过，且具有相当吸引力的方向。这应该是他“午夜钟”名号的得来之由吧。

吴耀宗是中国基督教两百余年历史上“最富争议”的人物，这点大概不会有争议。褒扬者称之为“中国教会的先知”、“爱国爱教的典范”、“解放神学的先驱”，贬损者则认为他是“异端”、“不信派”、“无神主义者”、“不属灵”、“青年会派”。不解者、误解者、曲解者则更是大有人在。作为举世瞩目的中国基督教三自爱国运动的发起人，对吴耀宗在中国基督教史上的作用和意义，对他的研究和关注仍然显得不是很充分，尤其大陆学界对他的关注更显稀薄。所有关注都局限于基督教三自教会和亲朋好友对他的回忆和纪念，仅有的一点研究也是立足于他与基督教三自运动的发起，以及他与中共领导人的关系来展开的。这些关注和研究远远缺乏将中国基督教史置于世界传教史场域的某种更为宏大的叙事框架，或不能更为立足于中国基督教史本身发展的角度、基督教中国化的角度来进行拓展和构架。

吴耀宗及中国基督教三自运动，从客观上开启了世界范围内使基督教开始脱离“西方基督教”的历史进程，在某种程度上可以称之为非西方教会即“第三教会”崛起的开启者，而非西方教会的崛起已经成为改变全球文化流向和宗教格局的标志性事件。中国教会的首创之功，实让处于“后进”的中国基督教会居于“领先地位”，这与吴耀宗是中西兼通的基督教学者，以及他与时俱进的深刻反省与思考、紧密联系中国本土社会和教会的基督教实践有着密切关系。同今天拉丁美洲天主教的解放神学相比，虽然他在某些观点的完整性和系统性方面有所欠缺，但在方向上，肯定是第三世界神学发展的前驱。

四

1950年前，吴耀宗的著述或单本出版，或将一段时间的论述以某个主题结集出版，大部分都再版多版，成为一时之名品或精品，也使他成为中国基督教史上最有影响的思想家。尤其他的《没有人看见过上帝》，与赵紫宸的《基督教哲学》、吴雷川的《基督教与中国文化》，堪称那个时代最能代表中国基督教神学思想的三本书。

随着时间的流逝，他的著述除发表在当时当年的杂志刊物外，再没有结集公开正式出版过。社会不曾遗忘吴耀宗作为中国近代基督教思想家的历史意义和贡献，本次入选“中国近代思想家文库”，使其再次浮出水面，重新被世人所认知和理解。事实上，他一直以来更多的是以一位“思想家”而非教会人物的定位，来直面他所生活的时代。1949年以后，他的这些思想得到了更多的实践场域。

相信随着本书的出版，作为中国两百余年基督教史上“最受争议”的人，对吴耀宗的研究也会得到进一步的发展和深入，也会有助于深化中国基督教史的研究。希望本文集的出版能引起学界对吴耀宗的更多关注，能跳出中国传教史研究的“二元对立理解模式”（戴德生模式和李提摩太模式）。

在中国基督教史上，吴耀宗是为数不多的始终与社会保持联系之人，更是努力探索用基督教理论联系中国社会现实的人，认识和改革、改造社会与教会的人。笔者因前些年从事中国基督教青年会的研究课题，得以更早认识到吴耀宗在中国基督教史上的贡献和意义，更为今天有缘从事编撰吴耀宗文集而欣慰。

本文集以吴耀宗影响最大、最有思想代表性的文章组成，全文选入了《大时代的宗教信仰》（青年协会书局1938年出版）、《大时代中的上帝观》（青年协会书局1940年出版）、《没有人看见过上帝》（青年协会书局1943年出版）。其他文章选自《社会福音》（青年协会书局1934年出版）、《黑暗与光明》（青年协会书局1949年出版）、《基督教讲话》（青年协会书局1950年出版），以及《唯爱》、《微音》、《女青年月刊》、

《同工》、《华年》、《消息》、《天风周刊》、《新坛》、《联声月刊》、《协进月刊》、《民主周刊》等基督教或社会性刊物，再加上他的译著或他著写的序言。全书涉及吴耀宗各个历史时期的基督教思想或社会思想，如唯爱主义、社会福音和个人福音、基督教与社会主义、基督教与唯物主义、基督教与共产主义、基督教与中国社会现实问题、基督教的改造、基督教与中国文化、基督教本土化等众多方面。语言思想面向青年，文字流畅易懂。在编撰过程中，除将繁体字转为简体字，将明显的印制错误和错别字纠正外，没有做任何修改。考虑本文集面向整个社会出版，读者可能不熟悉《圣经》，原文中的“马可”“林前”会修改为《马可福音》《哥林多前书》。

编　者

2014 年 2 月 26 日

大时代的宗教信仰

编辑旨趣*

大时代的洪炉，把我们整个民族的生活与思想，放在猛烈的火焰里，给它一个空前的锻炼和与熔铸。这一个烈火的洗礼，现在还在进行着，我们还不能预料到它将来所赐予我们的是什么；但我们已经感觉到我们有无数的事要做，有无限的话要说，有无穷的远象要憧憬、要实现。看呀，全国觉醒的人们不都在那里流着血、流着汗，在迎接这伟大时代的到来么？非常时期书的计划，就是在这样的意识和环境中产生出来的。

非常时期书共分三类，每类 10 种，共 30 种。第一类的总题是“非常时的认识”；第二类的总题是“非常时的基督教运动”；第三类的总题是“基督教思想的新趋向”。现在将这三类图书的内容，简略地加以说明。

在第一类图书里，我们希望读者能从各方面去认识大时代——从历史的诏示，从中国人民的自觉，从国际的现势，从宗教的信仰，从实际的经验。我们希望竭力避免主观的空论，抽象的意识，处处以事实为根据，以经验为指导，去取得一个对大时代正确的认识，使我们在正确认识之下，能完成大时代所赋予我们的任务。

第二类图书是讨论基督教对大时代应取的态度和对大时代应有的贡献，例如基督教对于救国运动、和平运动、战时服务、联合阵线、集权国家等等问题，以至基督徒本身的修养与训练，都加以探讨与叙述，一方面使我们觉得基督教在大时代应当是一种活泼有生命的力量，同时也因为使命的艰巨，使我们感觉有把我们的宗教信仰与生活在各方面深刻化的必要。

---

* 青年协会书局，1938 年 12 月初版。

第三类图书是用批评的态度，来介绍基督教思想的新趋势的。这些新趋势大致表现了基督教对许多现行思想的态度，其中比较重要的如资本主义、社会主义、共产主义、法西斯主义、合作运动、新心理学、新物理学等，均在讨论范围之内。我们觉得基督教许多的新思潮，与我们的大时代有密切的关系，应当为我们所注意。我们更希望这一点小小的介绍工作，可以作为未来更大的探讨的起点。

这一套图书，虽然有许多地方是以基督教作出发点，但在取材和态度方面，却都适合于一般读者的阅览与参考。假如这些图书能对读者——尤其是青年读者——发生一种激励鼓舞的作用，使他们更能为真理、为国家、为民族而献身，这便是我们对大时代一点小小的贡献。

目　次

为什么这是中国的大时代

1937 年 7 月 7 日，芦沟桥事变发生，接着是 8 月 13 日经过上海事件而展开的全面抗战。这是中国历史上一件空前的事件，同时因为世界现阶段形势的关系，也构成了中国的大时代。

为什么这是中国历史上一件空前的事件？中国受异族的侵略，不始于今日。从战国到汉代的匈奴，隋唐以后的突厥、契丹、女真，以及入主中原的蒙古、满洲——他们都曾给过中华民族以极大的压迫与威胁。然而过去我们的对付只有局部的，和消极的抵抗。秦始皇筑长城“以限胡马”固然是无济于事，就是汉武帝数十年的征讨，也不能说是全民族反抗力量的表现。海禁开后，鸦片战争，中法战争，中日联军之役，英法联军之役，八国联军之役，更充分表示着我们应付方法的局部性和消极性。现在，历史是跃进了，中国以前未曾有过的全民族积极的抗战，从 8 月 13 日便开始了。这一件空前的事件，值得我们大书特书，也值得我们欢欣鼓舞。

这一件事件，所以成为中国历史上一件空前的事件，还有一个理由，那就是因为目前的抗战，是中国民族生死存亡的关键。以前异族侵略我们，我们不能战胜他们的时候，便暂且屈服，慢慢的把他们同化。在过去，这是绝对可能的，因为侵略我们的异族，是文化低于我们的游牧民族。可是现在就不同了。我们的敌人，是一个饱吸了现代西方物质文明的工业国家，他们拿着新式的武器，和其他现代侵略的工具向我们进攻，企图把我们征服，使我们永远没有翻身的机会。假如中国亡于这样一个敌人之手，我们未来的地位，比之现在的高丽、印度、安南，悲惨恐怕还要过之。那时想要同化敌人，那真是谈何容易。所以现在的抗战，是决定我们民族命运一个重大的关键。

为什么中国的抗战在现阶段的世界形势中，构成了中国的大时代？

我们知道从第一次世界大战结束后，不过 20 年的光景，现在又酝酿着第二次世界大战。世界现阶段的形势，有几个特点。第一是法西斯帝国主义疯狂地向弱小民族进攻，向民主国家挑战，以期推翻现状，解决它们内部的矛盾。虽然它们都想用恐吓手段来达到目的，竭力避免战争，但最近德奥的合并和捷克的事件都清楚地告诉我们，国际间的矛盾，只是一天一天的加深，世界的和平只是不绝如缕。第二，在法西斯帝国主义威胁之下，弱小民族的解放运动，却是蓬蓬勃勃，风起云涌。高丽的复国运动，印度的自治运动，阿比西尼亚的反抗运动——这都表示弱小民族力量的方兴未艾。而中国的抗战，更做了这一个解放运动的奠基石。第三，从 1929 年的世界经济恐慌以后，现在的社会制度，已经呈露了不可补救的破绽，称有远见之士，都认为非有根本改革，不足以消弭国内各阶层的斗争，和国际间由经济问题所引起的矛盾。尽管在方法上有因时因地制宜的必要，和渐进急进的不同，但这一个彻底改造的原则，在称能用客观思想的人，是没有不承认的。

中国的抗战与这三种事实有什么联系？对它们有什么影响？我以为：第一，中国这一次的抗战，假如得了最后的胜利，她必将成为世界和平一个极大的稳定力量。一方面这是因为中国的胜利，将给予世界最凶狂的侵略国家一个莫大的打击，另一方面，其他侵略国家的力量，也必会因这一个国家的失败而削弱，甚至第二次世界大战，或者因此也可以延缓下去，甚至可以避免。是以中国现在虽为自身的解放而奋斗，间接也是为世界的和平而奋斗。第二，中国是弱小民族之一，中国的抗战若得了胜利，则世界弱小民族的斗争必因此而获得新的力量。第三，中国抗战若得了胜利，则由于战后建设的需要，由于民生改进的要求，由于各党派已有的团结，由于西方社会斗争的血的教训，中国的社会革命，很有循着和平民主的途径进行的可能。这一个可能如果实现了，则社会革命的世界运动，因为获得新的助力，必会有长足的进展，并且可以减少流血的数量。从这种种的观察，我们可以下一个结论：中国抗战的胜利，不但是中国民族解放的成功，也是世界一切被压迫者新生命的开始，这不是故意的夸张，而只是时势所使然。也正因为这样，所以现在的时代，成为中国的大时代。

大时代的宗教信仰

这一本小书的标题是大时代的宗教信仰。这并不是说：大时代的宗教信仰有以异于其他时代的宗教信仰。宗教的本质是有限的人生在奋斗中对宇宙间无限的真美善一个亘古的追求；是渺小的人生在软弱中向创造他的力量的一个恳切的呼显。这一个宗教的本质在任何时代都应当是一样的。但宗教有应用方面，却可以因着不同的环境，而有不同的表现。从它丰富的宝藏里，我们可以提取某时代所特别需要的养料，去帮助我们完成某时代所赋予我们的特殊的使命。

根据这一种意义，我们便可以贡献我们对大时代的宗教信仰的意见。

一、统治世界的上帝

我们以为大时代的宗教信仰，首先应当重新肯定一个公义的、慈爱的，时时刻刻在管理宇宙万物的上帝的存在。

在经常的时候，我们相信这样一个上帝的存在，还不算是一件很困难的事。但在一个似乎是正义不彰、丑恶横行的时候，这一种信念，似乎就不大容易坚持了。首先，我们要了解这一种信仰所包含的许多意义。如果上帝是公义的，他必不会让藐视正义、灭绝人道的恶行，永远的继续下去；如果上帝是慈爱的，他必不忍看见千千万万无辜的民众被凶暴的势力所摧残屠杀；如果上帝是时时刻刻在管理宇宙万物的，那么，没有一件事能逃出他的统治的力量之外，也没有一群人能永远违反他的公义慈爱的旨意。拿这一种信仰去应用于目前中国的抗战，我们便可以相信：中国的抗战是必定会得到最后的胜利的。这一个信念的根据，并不是因为中国民族是一个纯洁无疵的民族，并不因为我们民族的生活完全适合上帝的旨意。相反的，根据“物必先腐而后虫生”的道理，我们不得不承认：我们在过去二十几年中政治的黑暗，官吏的自私，民众的散漫，处处都给敌人造成绝对的侵略机会。为过去的这些过错，我们应当忏悔，我们应当自新。但承认了这种事实，并没有影响到我们抗战必胜的信念。我们坚决地这样相信，一方面固然因为在过去几年间，我们在许多方面，的确已经走上了自新之路，但是最重要的原因，还是在于敌人的凶狂残暴，背弃公理，违反正义，以自绝于人道，自绝于世界。我们坚决地相信：在一个为公义慈爱的上帝所统治的宇宙当中，这一种暴行是毫无疑义地要失败的。

现在的事实，能不能证明我们这种信念是可靠的呢？中国的抗战，固然还是再接再厉地进行着，但在过去的一年多当中，我们失掉了冀、察、晋、绥、鲁、江、浙、皖、鄂九省的中心城市和交通要道。这还没有把“九一八”后所失去的辽、吉、黑、热四省的领土算在里面。假如敌人的侵略，照着这个速度进展，我们所剩下的16个省区，在两三年内，岂不是有被敌人完全占据的可能？到那时，中国的胜利在哪里？上帝的公义在哪里？

我们在这里不必把中国之所以必要胜利和敌人之所以必会失败的条件，重新叙述。那些话已经有许多人说过，并且也不在本文范围之内。我们所要答复的问题是：上帝是不是必定会彰显他的公义？如果是，这对于目前中国的问题有什么关系？首先，我们应当明白：上帝的作为高深奥妙，不是我们寻常的人，用肤浅的眼光所容易了解的。基督教是一个唯实的宗教，它的信仰，处处以事实和经验作根据。它并不相信上帝是机械地赏善罚恶的。耶稣曾用过一个稗子撒在麦子里的比喻，仆人要把稗子拔去，但主人却说：“不必，恐怕拔稗子的时候，连麦子也拔出来。等着收割，先将稗子拔出来，捆成捆，留着烧，惟有麦子要收在仓里。”旧约《约伯记》一书，就是说明：为善的人，不一定能免去灾祸，作恶的人，不一定会遭遇患难。耶稣自己，更是一个绝好的例。他抱着宣扬福音，拯救人类的宏愿，三年传道，历尽艰辛，而卒不免于十字架的痛苦。在一刹那间，在“上帝，上帝，你为什么离弃我！”的呼吁中，他甚至以为他所要实现的使命，已经遇到失败。这些例子表示着什么？它们并不表示着罪恶战胜公义，黑暗战胜光明。相反的，它们表示着上帝的宽大、博爱、容忍：“他叫日头照好人，也照歹人；降雨给义人，也给不义的人。”然而这一个宽容的上帝，却并没有把他的公义埋没：稗子终究是要被焚烧的；约伯终究是要蒙上帝悦纳的；耶稣终于是要战胜死亡的。基督教之所以为一个有力的宗教，就是因为它叫失败变成胜利，死亡变成生命，痛苦变成平安。

从个人的经验，说到一个国家，一个民族的经验，我们也可以得到同样的教训。古代亚历山大的帝国和罗马帝国，何尝不煊赫一时，然而现在都成了历史的陈迹。成吉思汗的驰骋两洲，拿破仑的称霸欧陆，以至威廉二世的叱咤风云，也都是一世之雄，如今安在？这些建筑在武力之上的帝国，所以终必失败，就是因为它们违反了民族自决、自主的原则，所以只能统制于一时，而不能延绵于万世。就是现在已经被武力征服的国家，我们也不能说它们永没有抬头的希望。高丽、印度、阿比西尼亚，和许多其他弱小民族，现在好像是受着千重的压迫，连喘气都喘不过来，但是统治者的势力，终有一天是要瓦解的，被压迫者的解放，终有一天是要实现的，而原因就是：世界是被一个公义的、慈爱的上帝所统治着，根据“作恶者必自毙”的教训，没有人能长久地违反他在世界历史中所运行着的真理。

我们可以把这一种信念，应用到中国目前的抗战。我们不是一个先知，我们无法预知一切未来的事实，但如果“从过去可以推测未来”是一个可靠的原则，那么，我们便可以得到以下的一个结论：中国的抗战是要支持下去的，中国最后的胜利是可以保证的。在这斗争的过程中，我们也许要经过许多波折，遇到许多困难——无论这是由于国内或国际形势的演变，但这些困难，我们是必定能够克服的。我们这样的自信，是由于我们明白：这一次的斗争不是帝国主义间你抢我夺的斗争，而是弱小民族向侵略者的反抗，为正义和平而战的斗争，而且这斗争是具备着许多优胜的条件的。

二、武力不是胜利唯一的条件

在中国全面抗战没有开始以前，许多唯武器论者，以为中国的军械，不如日本，中国军队的训练，不如日本，对日本抗战，必定失败。自然许多外国人，特别是所谓军事专家者，更是这样的相信。及至中国的抗战支持了 3 个月，半年，一年，唯武器论者的推测已经证明不能成立了。日本不但没有在短期内把中国征服，并且现在已不得不承认，战争恐怕要延长到几年。但是，即使在现在，许多人的思想仍然被唯武器论的看法所占据着。尤其是在战争的每一个重要的阶段，如南京的陷落，徐州的陷落，武汉的陷落，受唯武器论影响的悲观主义和失败主义，又重复抬头。他们只看见中国被占的领土一天一天的扩大，只看见敌军一天一天的进展，却没有看见中国广大的人力和物力，没有看见中国正规军队和游击队在敌人后方的活动，尤其没有看见中国此次抗战所特有的优越的精神条件。

在这里，我们要把所谓精神条件者，特别讨论一下，因为它与我们大时代的宗教信仰，很有关系。基督教向来是把人的精神生活看得非常重要的。耶稣说："人活着不是单靠食物，乃是靠上帝口里所出的一切话。"又说："那杀身体以后，不能再作什么的，不要怕他们。"又说："凡为我丧掉生命的，必得着生命。人若赚得全世界，赔上自己的生命，有什么益处呢?"保罗也说："主的灵在那里，那里便得到自由。"基督教的这些教训自然很容易变成纯粹的唯心论，轻视肉体，轻视物质，轻视现世。事实上，在基督教史里，这样的趋向是非常显著的。但我们绝不承认，基督教是一个唯心的出世的宗教。耶稣说：人活着不单靠食物，他并没有说：人活着不靠食物。他叫我们不要害怕那可以杀我们身体的，并不是叫我们轻视身体，乃是叫我们靠着万有之主的上帝的力量，以大无畏的精神，拒抗强暴。他叫我们丧掉生命，并不是叫我们逃避现世，去求来世天堂的幸福，乃是叫我们为真理正义而生活，不惜杀身成仁，去换取真正的生命。

把基督教这些道理，应用到中国抗战的事实上去，我们便可以觉悟：敌人优越的武力是不能征服中国的。一个斗争的胜利，自然不能不靠武力，但武力决不是胜利唯一的条件，因为还有一个与武力同样重要的条件，就是精神的条件。中国因为具着这个条件，所以军事的设备虽不如人，而抗战的力量，却是愈来愈强，敌人因为缺乏这个条件，所以即使现在占着军事上的优势，其力量终有疲惫之一日。中国是不能用武力去征服的，一般的中国人是这样的相信，中国的基督徒更是这样的相信。耶稣说："温柔者有福了，因为他必承受地土。"这一句话，历史已经给它证明了，中国的抗战，还是要给它证明的。

但是，中国抗战的精神条件，究竟是什么？它的力量，有没有我们所估计那样的大。基督教信仰，能不能把它加强，把它深刻化？让我们对这些问题简略地加以探讨。

我们的所谓精神条件，在过去 16 个月的抗战中，已经充分的表示出来。第一是前线将士的勇敢：他们受着武器上许多的限制，浴血抗战，前仆后继，予敌人以极大的打击，这是有目共见，用不着我们多说的。第二是民众的坚决：除了极少数为个人利禄设想而出卖民族的汉奸以外，一般的民众，都没有因受到战争的损失而发出什么怨言，或贪图一时的苟安而主张妥协。不设防城市的轰炸，无辜民众的屠杀，只增加了人民的愤恨，坚定了他们支持抗战的决心。第三是国内各党派各阶层空前的大团结。敌人之所以轻视我们，是因我们不能团结，因我们可以被他们各个击破，但是，出乎他的意料之外，国共是合作了，其他的党派，也在统一战线口号之下，舍小异而趋大同了。"抗战第一"，已经在全民族的意识中，变成了一块不可动摇的奠基石。即使现在党派间还有若干的磨擦，若干的猜忌，这些影响民族生存斗争的现象，必会随着时势的要求而逐渐减少，以至于消灭。第四是国外民众对我们热烈的同情。日本是一个侵略的国家，世界已经一致的公认，但国外民众之所以同情于我们，却不是因我们的被侵略，而是因我们的英勇抗战。十几个月来，国外许多民众和个人的谴责侵略者，实行排货，主张集体制裁，一方面是增加我们抗战的勇气，一方面是使敌人愈发孤立寡助。自从英法牺牲捷克以缓和欧局后，一般人以为帝国主义的统治者很有以同样手段解决中日战争的可能，但中国的情形，和捷克完全两样，即使他们有这样的企图，国外许多能够辨别是非的民众，是不会随从他们的。

为什么中国民众对于这次抗战，都能不惜牺牲，精诚团结？为什么国外民众，看见我们发动自卫之战，都能主张公道，维护正义？这理由是很简单的。我们的世界还不是通常一般人所想的，弱肉强食，有强权无公理的世界。在这世界，真理与正义还存在着。它表示于千千万万中外民众对这次战争的态度，它表示于各弱小民族对统治者方兴未艾的斗争；它表示于全世界被压迫者对于剥削制度的反抗。这许多革命的势力，将要汇成一条洪流，使侵略者与压迫者顾此失彼，而手足无措。从唯物的观点来说，这是社会必然的演进；从宗教的观点来说，这是上帝旨意的运行。宗教家的信仰应当是不可动摇的，因为他不但把握着此时此地的事实，也把握着亘古不变的真理。古代的先知，在一个国家飞黄腾达之际，可以预断他的灭亡；在一个民族挣扎图存之时，可以决定它的兴盛。在中国抗战的现阶段，曲直之分，胜负之理，更昭然若揭，不许我们有丝毫怀疑的余地。耶稣说：“人活着不单靠食物”。把这句话的精神应用到中日战争上去，我们也可以说：“民族的生存，不单靠武力。”

三、我们还能爱仇敌么

我们相信，中国的基督徒中的90%，是赞成中国的抗战的。然而除了一部分认为战争——至少是抵抗侵略的战争——并不与基督教精神冲突者外，其余的对这个问题，多数有若干的保留，而理由是很显明的。基督教是一个讲爱的宗教；耶稣教我们爱仇敌，教我们饶恕侵犯我们的人，教我们被人打右脸的时候，连左脸也转过来由他打。他被捕的时候，门徒拔出刀来要保护他，他却说："收刀入鞘罢！凡动刀的，必死在刀下。"当他被钉在十字架上，他还要说："父阿，赦免他们，因为他们所作的，他们不晓得。"他对于个人是这样，他对于犹太民族，也还是这样。有人告诉他加利利人爱国者被彼拉多杀死的事，他说："你们以为这些加利利人比众加利利人更有罪，所以受这害么？我告诉你们，不是的，你们若不悔改，都要如此灭亡"（《路加福音》第13章第1至3节）。他对着耶路撒冷哀哭；预言它将被毁灭（《路加福音》第19章第41至44节）。最奇怪的是：犹太人要把他钉死，而彼拉多却说，找不出他有什么错处（《路加福音》第23章第13至15节）。后来彼拉多因逾越节要释放一个囚犯，大众所要求释放的不是耶稣，而是曾经在城里作乱杀人的巴拿巴（《马可福音》第15章第7节）。

以上，这些引据是太明显了。耶稣是一个唯爱主义者，他不主张以恶报恶，他不主张武力革命。自然我们也可以从福音书里举出若干例证，证明耶稣也主张用武力（例如耶稣在圣殿里赶走做买卖的人，推倒他们的桌子凳子）。但是这些例证，远不如我们在上面所举的例证的有力而能代表耶稣整个的人格。由于这一件事实，我们在多数的基督徒中便发见一种特殊的现象。他们一方面感觉战争的不可避免——尤其是像中国抵抗侵略的战争——因而在某种条件之下，赞成战争，拥护战争，在他们宗教意识的最深处，他们晓得战争是与基督教的精神不兼容的，他们晓得耶稣所指示的爱人，饶恕，以善胜恶的道路是人类得救唯一的道路。于是他们踌躇，疑惑，既不肯做一个彻底的唯实主义者，又不能做一个彻底的理想主义者。怎么办呢?

关于这个问题的解决，现在在全世界的基督徒中，似乎有三种明显的趋势。第一种趋势是承认耶稣唯爱的理想，但认为这个理想不能，也不必，实行于现在，而理由是：人类是不完全的，是有罪恶的趋向的，以极理想的标准，用之于不完全的人类，是不可能的。我们只好坦白地承认武力与战争的需要，而设法减少其弊害。第二种趋势是承认耶稣唯爱的理想，同时主张即知即行，把它作为我们今日个人与集体行动绝对的标准。持这种见解的人反对一切的战争，甚至不主张中国抗战，以为战争的结果，是生命与财产的毁灭，是仇恨的增加，即使有一方面名义上得到胜利，也是得不偿失。第三种趋势是介乎这二者之间的。它是承认耶稣唯爱的理想，同时也因为人性中罪恶的趋向，承认这个理想不能实行于今日，甚至永远不能实行，因为人类永远没有完全之一日。但它却反对第一派的失败主义，认为我们在不理想的环境中，仍然应当向着理想追求，即使不能完全实现理想，也要努力使我们的行为，愈来愈与它接近。在另一方面，它也反对第二派不顾现实的理想主义。它并非不分皂白地反对任何战争（这一派人是赞成中国抗战的），同时它也觉得，我们即使是从事于正义之战，也是不能无疚于心的。

以上三种意见，都没有给我们一个完全满意的解决。第一派虽说是尊重现实，而实则趋向于承认现状，与现状妥协，有时甚至替反动的势力辩护。第二派有追求理想的美名，但这追求是完全离开现实的，因为它对于现实无力控制，所以它的结果，也等于由放任而至于纵容。第三派似乎是依违两可，但它是行动的，是带着革命性的。它既不是软弱的现实主义，也不是空虚的理想主义；它叫我们在不得已的情况中，勇敢地用不理想的方法，去应付现实，同时叫我们深深地认识我们的缺欠，不断的向着理想追求。

第三派意见，比较上似乎是我们最能够接受的，它尤其切合于我们中国现在形势的需要。假如我们从基督教的观点根据这一派的意见，去应付中国的问题，我们便可以得到以下的结论。（一）耶稣是一个唯爱主义者，唯爱是社会生活的理想，这个理想的实现，是每一个基督徒所祈求的，也应当是他的追求的对象。（二）但我们不能希望这个理想社会马上实现，甚至我们不敢说它有没有实现的一日，因为我们知道人性是善恶混杂的。恶的成分一日不能消灭，则理想之完全实现，既一日不可能。至于我们自己，在不得已的时候，如果我们是永远把理想放在面前的，我们即使做了不能与理想完全适合的事，我们还是已经尽了基督徒的本分，也许我们是成全了上帝对我们此时此地的旨意。（三）说到中国的情形，我们觉得有几种事实，使中国的基督徒，甚至世界的基督徒，对中国的抗战，不能加以反对。第一是中国的抗战是一个非常清楚的抵抗侵略的战争。第二，中国是一个大国，日本是一个小国，除武器以外，中国具备着许多其他优胜的条件。耶稣对当时犹太的民族革命运动之所以不同情，除了原则的问题外，大概还觉得犹太是一个蕞尔小国，与庞大的罗马帝国相较，势力悬殊过甚，斗争起来，无异以卵击石，所以它对耶路撒冷哀哭，预言劫运之来到。假如这一点也是唯爱主张中的一个成分，它至少不适用于今日的中国。第三，中国的民众绝大多数是非基督徒，对于唯爱主义，不但不能接受，并且还没有了解，甚至没有意想到它的存在。因此，中国的抗战是一个不可避免的事实，在这种情势之下，放言高论，从绝对理想的观点，说中国应当怎样怎样，这无异痴人说梦。（四）我们并不反对那些主张即知即行的，在个人生活上，努力实行唯爱，即使是不完全地。他们也许同情于中国的抗战，但他们自然拒绝直接参加战争。（他们能不能避免参加间接的战争，却是一个绝大的疑问，因为现社会的生活是机体的，是息息相关的。）他们的贡献，就是把唯爱的理想活活地摆在我们的面前，使我们不至于很容易地接受现实。但他们必须把他们的理想表现在两件事上：第一，他们必须与一切被侵略者完全打成一片，即使他们只是从人道主义的立场，给他们服务；第二，他们必须对侵略者加以毫不留情的攻击，即使这攻击是发源于他们对侵略者的爱惜。这两种表现可以说是唯爱的基本精神，它们也正是耶稣一生所发现的精神。但这种精神的发现，其结局是十字架，因为唯爱与十字架是分不开的。没有这种精神与决心，我们便不配谈唯爱。

事实上，在现在中国的抗战，我们能不能看见这种唯爱精神的表现？从表面上看，这似乎是绝对不可能的，因为战争本来就和唯爱不兼容的。但我们若深刻地观察一下，我们便可以发见，就是在这一次惨酷的战争中，在中国方面，也有许多与唯爱的精神一致的事实。第一，大多数的中国民众都清楚地认识，这一次战争，并不是两个国家间的斗争，而只是一个国家的民众对另一个国家军事法西斯的统治者的抗战。

中国的民众对日本的民众并没有丝毫的仇恨，相反的，他们十分同情于日本的民众，因为他们受着他们统治者的欺骗、蒙蔽、压迫，被他们驱逐到战场上去当炮灰。日本的反战作家鹿地亘和他的夫人池田幸子在中国各处受到热烈的欢迎，便是一个明显的例。第二，各战场上日本的俘虏，受到中国当局十分优厚的待遇，这表示中国并没有用以眼还眼，以牙还牙的方法，去对付他的敌人。第三，许多在社会认识上比较清楚的人，甚至对日本军事法西斯的侵略者，也并不抱着什么仇恨的心理。他们知道：现在的侵略者是某种社会制度的产物，他们所要打倒的是制度，而不是个人，因为制度打倒了，则侵略者亦必随之而消灭。自然，我们若要打倒侵略的制度，就不能不打倒代表这制度的军阀，但假如我们认清了我们所要消灭的是制度而不是人，我们便可以免去对人的仇恨心理，和从这心理所产生的无意识的手段。在上次世界大战的时候，交战国双方都制造许多谣言，彼此诋毁。尤其是协约国方面，把德国军人，甚至德国民众，恨到极点。他们是要拿恨来鼓起人民参战的情绪。但在中国的抗战，我们不需要恨，我们只需要爱。我们爱日本的民众，我们甚至爱日本的军阀，因为我们的抗战，是为中国的解放，也是为日本全民族的解放。在这疯狂的侵略战中，敌人的飞机大炮，炸毁我们的家室，屠杀我们的人民，谈爱是不容易的。但是耶稣在十字架上，不还是祈祷着："父啊，父啊，请你饶恕他们，因为他们所做的，他们不明白"么？学着他的榜样，即使在抗战中，我们还是可以爱仇敌的。

四、为未来的努力

基督教有一个很重要的观点，那就是：上帝是绝对的，人类是相对的。人的寿数有限，人的知识有限，人的智慧有限，人性中的良善更是有限。但是上帝——他是超乎时空限制的实在。我们对于这个实在的全体，甚至对他的部分，没有方法去完全把握与了解。但我们从我们有限的生命与经验里，未尝不可以窥见这实在的一个大概。我们说我们的寿数有限，因为我们知道宇宙的年代是无穷的。我们说我们的知识有限，因为我们知道已知的真理和可知、未知的真理相较，无异沧海之于一粟。我们说我们的智慧有限，因为我们对于一件事的前因后果，利害得失，没有法子在一个时间里客观地完全认识清楚。我们说人性中的良善有限，因为我们无论怎样努力，总免不了多少以自我为中心，把别人的需要，放在次要的地位，而不像我们在宇宙间所见的大公无私的现象："日头照好人，也照歹人，雨下给义人，也下给不义的人。"我们的这一切，都是相对的，但我们之所以知道它是相对的，却因为是有绝对者的存在，正如我们之知道有黑的颜色，是因为有白的颜色的存在。这个绝对的，这个可以任我们去发掘，也不断地向着我们显示，而还没有完全开展在我们眼前的实在，便是我们的所谓上帝。耶稣说："你们要完全，像你们的天父一样。"又说："为什么称我是良善的？除了上帝一位之外，再没有良善的。"保罗说："深哉上帝的智慧和知识。他的判断，何其难测，他的踪迹，何其难寻。谁知道主的心，谁作过他的谋士呢？谁是先给了他，使他后来偿还呢？因为万有都是本于他，倚靠他，归于他。"

基督教的这一个观点，对于我们的大时代，有什么关系？直截了当地说，它是给我们一个警告，它叫我们把眼光放得更远、更高、更深，好像从一个高山顶上，把眼前的一切——它们地位的先后，它们彼此的关系，它们可能的演变——都看个清楚，把现实更深切地把握着，而不致患着近视病，或发生什么幻想。这个警告叫我们不只看局部，也看全体，不只看现在，也看将来。总一句说，它是叫我们“以上帝的心为心”，在上帝的完全与良善之下，认识我们所努力的，所意想的，所成就的，这一切的相对性，在他的引导之下，向着未来的追求。

让我们把这个观点，应用于抗战建国中的中国，使我们可以了解它对目前应有的涵义。

第一，我们的抗战是为中国的自由平等而战，但我们的动机，并不是狭义的爱国主义。我们说“抗战第一”，我们甚至说：“国家高于一切”，“民族高于一切”，但这只是将国家民族的斗争与个人生活对比起来的说法，而不是说我们可以为国家民族而抹煞一切真理。基督教是超国家、超民族的，他最后的目标，是一个大同的世界。我们并不把大同的理想，机械地盲目地解释，说我们马上可以不需要国家，不需要作民族自卫之战，因为我们明白：一个大同的世界，只能建筑在自由平等的国家与民族的基础之上。一个只有奴主关系的世界，即使完全没有了国别，也不配称为大同世界。但我们也不要忘记，在敌人疯狂的残暴政策不断的进展之下，我们很容易把视线转移，把对主义对制度的斗争，变成对个人对集团的恨恶，这样，我们不但歪曲了抗战最高的意义，也要失去全世界觉悟民众的同情。即使我们现在还没有这样的危险，我们也应当在这时候，加深我们的认识，使我们对这次的战争，可以永远保持一个正确的态度。

第二，基督教主张尊重人格，尊重个性，要每一个人都得到丰盛的生命。一方面，它深深地了解人的缺欠，知道他的一切都是有限的；另一方面，它也把人看作上帝的儿子，说他有我们平常所意想不到的可能。在抗战建国的时期中，这一种教义，至少可以在两方面上应用：第一是政治上的民主，第二是经济上的民主。第一点的重要性是我们大家所知道的。抗战自然要靠民众的力量，建国更是离不开民众，一切军事、政治、经济的力量，都要有民众的力量做后盾，才能达到它们的目的。但是假如没有民主的政治，则民众的力量，决不能充分发挥。在法西斯国家，统治者利用国内的危机，利用群众的弱点，造成独裁政治，蔑视人民的个性，剥削人民的权利。在好听的口号之下，人民固然可以被骗于一时，但他们终于要觉悟：独裁者的企图，是和大众的利益相反的。在这时候，他们终必推倒独裁，而代之以真正为大众谋幸福的民主政治。在现在的中国，我们的情形，和法西斯国家，完全两样。在救亡图存的斗争中，全民族的利益是一致的。政府用不着欺骗民众，也不能欺骗民众。人民愈有自觉自动的能力，则他们愈能与政府合作。因此，我们必须使民主政治成为支持抗战建国的一根伟大的柱石。在不违反我们所承认的国策的条件之下，我们要争取言论、集会、结社的自由，要消灭政府对民众的惧怕，要使民众对政治上的设施，有发言的机会。总一句话说，我们要使政府成为人民的政府，这样，我们才能达到“抗战必胜，建国必成”的目的。

关于民生的问题，我们更有对它深切认识的必要。战争是一个大的毁灭，在抗战期中，更是在抗战结束以后，人民生活上的痛苦，和救济的需要，是不言而喻的。但我们的所谓民生问题，其意义不止于此。在本文的开始，论到大时代的意义的时候，我们说过，我们现在是在一个社会制度演变的时期中。一方面，资本主义，从世界经济恐慌以后，已经露出不可补救的破绽，不能调和的矛盾。日本帝国主义之所以侵略中国，原因自然很复杂，但资本主义内部的矛盾，是主要原因之一，这是我们不能否认的。另一方面，社会主义的试验，虽然还没有达到一个理想的阶段，却已清楚地给我们指出一条可走的路。虽然现在还有人替旧制度辩护，想在它的崩溃过程中，延续它的生命，但稍有思想之士，都知道我们不能不另辟蹊径，谋根本的改革。

中国的社会革命，将要采取什么形式？它能不能避免流血的惨剧，循着和平的途径进行。这些问题是许多人在问着的。不幸地，过去十年间国共的斗争，和它所给予我们的损失，使许多人对这些问题，存着牢不可破的成见。甚至有些人因为反对共产党，便连社会改造的需要，也加以否认。但十几个月的抗战，对这些问题，却给了我们许多光明。现在国内许多肯客观地思想的人，对以下的几种趋势，意见似乎已渐趋一致：（一）国民党和共产党是我国两个主要的政党，他们必须合作。现在的统一战线，不但在抗战期中需要，抗战结束以后，还是应当维持的。（二）抗战结束以后，我们在战区，甚至在其他区域的工商业，即使没有完全毁灭，也必遭受了极大的摧残。在这时候，我们必须鼓励私人资本，以树立复兴的基础。但若干重工业，应当由国家经营。（三）到了一个相当时期，便要实施中山先生节制资本，平均地权的办法，使生产工具不致集中于少数人之手。（四）从有限制的私有制度，用和平民主的方法，过渡到社会主义的社会。

假如这是一个可行的办法，我们便可以用比较少的代价，转变到一个新的社会，以完成我们大时代的使命。但这只是一个理想，实行的时候，必定会遇见许多的困难，发生许多的波折。理想的实现，还是要我们去奋斗的。

第三，我们说过上帝是绝对的，人类是相对的；我们指出我们所意想的，所努力的，所成就的，这一切的相对性。一个基督徒的态度，应当有两个特点：一方面，他对于他所认为应当做的事，是不顾一切，用全力以赴之的，因为他觉得只有这样，才能逐渐了解与完成上帝对他的旨意；另一方面，在做事的时候，在事情完结的时候，他却是永远保持着谦卑的态度，因为他知道他免不了错误，免不了偏见，免不了在似是而非的自信中，违反了上帝的旨意。他处事的态度是坚决而勇敢的，但同时他却永不自足地预备着接受新的真理，即使这真理给他的自尊心以一个意外的打击。

把这观点应用到目前中国的问题，我们可以得到以下的觉悟。我们说上帝是公义的，是慈爱的，说最后的胜利是属于我们的，但我们却没有法子预断，一切的事，将要取什么历程。也许事实的表示，似乎是上帝的公义与慈爱，永远不能彰显，我们最后的胜利，永远不会来到，但这只是我们一偏的局部的看法，而不是绝对的永恒的真理的诏示。其次，假如我们的胜利终于来到，上帝的公义，终于彰显，我们却又要避免另一方面的错误。我们付了极大的代价，自然也抱了莫大的期望，但是期望每每超过事实，正如我们对辛亥以后几次革命的期望，超过了它们以后所造成的事实一样。事实与期望不符，我们便多少又要悲观，又要幻灭。所以我们要知道，一个阶段的完成，只是另一个阶段的开始。再其次，假如我们在抗战胜利之后，接着又把建国的任务完成，民主政治实现了，社会革命成功了，从表面上看，似乎我们已经达到所悬望着的目标的终点，但事实上，这只是另一个新阶段的开始，另一种新努力的起头。人类的弱点，永远不能完全克服，人类的目标，永远跟着成功而前进，人类的进步，也因此而永无止境。我们的一切，在上帝的完全之下，都是相对的；相对的人类，只有永不止息地向着上帝所显示着的无限的真美善追求。

在现在严重的形势中，这许多预想到未来的话，似乎都未免杞人忧天，无关宏旨，但它们是每一个基督徒应有的展望，是他观察事物的准绳。正惟他有这样远视阔步的胸襟，所以他能够不患肤浅的近视病，也不作毫无根据的空想，而脚踏实地地，迈步前进。

五、负起十字架

十字架是基督教的中心；没有十字架，便没有基督教。基督教的诞生，就是在耶稣在十字架上说“成了”的时候。假如耶稣生于今日，他必定会对我们说，如同他对他当时的门徒和群众说：“负起十字架!”

“负起十字架”，这一句话对生活于大时代的我们，有什么意义？在这十几个月当中，我们有一个很普通的口号：有钱的出钱，有力的出力。这一个口号是十字架最显浅的一种涵义。无疑的，我们现在连这初步的责任，也还没有尽到。许多有钱的人，不是专在外汇上打算盘，便是躲到安全的地方去享乐。许多有力的人，不但不参加救亡工作，还要把灵魂出卖，替敌人当汉奸。但是，即使我们已经一般地尽了出钱出力之责，这还是不够的。抗战建国对我们的要求是太大了，它不但要我们出了最后的一分钱，和最后的一点力，它还要我们忍受许多精神上的痛苦，要我们把精神磨练，把心理更新。

首先，我们不应当、也不能够躲避的，是生命上的危险。从抗战开始以后，前方死伤的将士，已经超过了一百万，他们以血肉之躯，冒着敌人优越的炮火，奋不顾身，前仆后继，造成一页可歌可泣的光荣历史。在战区之内千千万万无辜的民众，受敌人残暴的轰炸与屠杀，家室荡然，骨肉离散，可以算是一个空前的浩劫。他们或则杀身成仁，或则忍痛牺牲，都已经负起了十字架，走在我们的前面。至于我们后死的，我们更不应当顾虑到战事所加于我们的危险，而有所畏惧。在今日，几乎已经没有一个可以称作绝对安全的处所：我们即使不死于火线之下，也可以死于敌机的轰炸，死于汉奸的谋杀，死于抗战所加于我们的种种艰辛与痛苦。但就是这样，应做的事，我们还是要做，应说的话，我们还是要说。只有大无畏的精神，能够保证民族的生存，一切的畏缩，只有引领我们到一条必死之路。

其次，我们也不能避免物质上的损失。现在我们许多重要的城市，经过敌人无情的轰炸，已经变成焦土。财产的损失，商业的损失，职业的损失，简直是无从计算。这样的毁灭，一方面固然是更坚定了许多人拥护抗战的决心，但另一方面，它也使少数游移分子，发生幻想，只为个人利益打算，而妄冀和平。但是，从广州与汉口失陷以后，民意的表示，是一致的主张抗战到底，机会主义的和平论调，至少在现在是无法抬头。现在大家都感觉着，为民族的解放，我们应当不惜付任何物质上的代价。必有这样的决心，我们才可以在持久的战争中，取得最后的胜利。

再其次，我们若要负起十字架，还需要一番精神上的锻炼。从全面抗战发动以后，我们还有坐拥军权、不战而逃的将领，还有互相猜忌、玩忽防务的官吏，还有营私舞弊、劣迹昭著的公务人员，自然还有许多乘机渔利、压迫民众的地方当局和土豪劣绅。我们天天喊着精诚团结，但是权势地盘之争，使党派之间、个人之间，还是时常发生磨擦。这一切现象之所以发生，都由于我们还没有实行“国家高于一切”，“民族高于一切”的原则，使个人生活和集团生活完全受它的支配。我们现在不必去算旧账，但我们要知道：我们过去的个人主义，是演成现在严重的国难一个重要的因素，也要知道：只有将这些腐恶的现象清除，我们才能保证未来的胜利。自然有许多人是不能用理论或情感把他们说服的。他们何尝不懂得理论，他们何尝没有情感，然而理论和情感，终敌不过自我的扩大，主观的蒙蔽。但是，在民族战争的烈火里，这些腐恶的现象是终必被铲除的。在沦陷的区域里，凡是还能有民众组织的地方，腐恶的分子，已经没有立足的余地；在广大的后方，他们也必因时势的要求而不能长久保留他们的地位。至于我们自己，在经常的生活里，恐怕我们没有一个人能完全克服以自我为中心的倾向。我们争名誉，争地位，争面子，争意气，甚至有时把一点点的小事，扩大了，歪曲了，颠倒了，使它成为民族自救的伟业的障碍。克服这种倾向是一件不容易的事，然而这是我们当前一个迫切的任务，也许它的重要性，不减于前线的斗争。我们与其让时代的烈火把这些障碍清除，何如现在先做主观上的努力，以避免许多不必要的惨痛。我们要踊跃赴义，见危授命，我们要“天天背着十字架”，使我们的一言一语，一举一动，都能适合当前的需要。

在大时代中，我们最需要从基督教领会的，是耶稣伟大的牺牲精神。耶稣的性格，同我们普通的人是一般无异的；他有物质上的需要，他有虚荣心的试诱，他对痛苦有敏锐的感觉；因为他是人，所以也具着人的弱点。然而我们对于他在十字架上的牺牲，却不得不惊奇赞叹，认为不是一般的人所能企及的。我们之所以景仰他，不止在他的一死——死是比较容易的，而在他的能以上帝的旨意为旨意，不惜把个人的愿望，完全放弃，甚至在将死之刻，还以为是上帝把他离弃了。他的生活是整个的以上帝为中心，而不是以自我为中心的；以上帝为中心的生活，生也好，死也好，它是“天天背着十字架”的生活。倘不是这样，生只是做了自我的奴隶，死亦未必有多大的意义。保罗说：“我已经与基督同钉十字架，现在活着的不再是我，乃是基督在我里面活着。”他是懂得十字架的意义的，他的一生，就是他这一句话的注脚。而最值得我们注意的是：他之所以有这样的感觉，并不是由于理智的说服；耶稣死后，千千万万的基督徒所以对着十字架上的形象而不得不称他为主，甚至奉他为神的，也不是由于理智的说服。在十字架上，他们似乎是窥见了宇宙中心的奥秘；在十字架上，他们所看见的，不是死而是生，不是失败而是胜利；在十字架上，他们似乎看见上帝自己为世界而奋斗，而痛苦，而流泪。这不是理智，也不只是情感；它是生命，靠着它，人类才能生存，宇宙才能维系。在现在艰苦的民族革命历程中，只有十字架的生命能使我们刚强，使我们忍受一切痛苦，而不肯向罪恶与强暴屈膝。

六、不断的祈祷

我们为什么要不断的祈祷？在一个基督徒，祈祷是什么时候都需要的，但在一个动乱的时代，祈祷是尤其需要。但我们并不主张像一些人那样盲目地去祈求“和平”。有不少和平的愿望是不问是非黑白的，是畏怯和逃避现实的心理所促成的。即使这样的“和平”能够实现，那也只是奴隶式的迁就，而不是为正义真理奋斗的宗教精神的表现。宗教的精神不是懦弱，不是姑息，不是妥协。耶稣说过：“你们以为我来，是叫地上太平么？我告诉你们，不是，乃是叫人纷争。”和平固然是我们所企望的，但我们不能因为渴望和平的原故而牺牲真理与正义。

然则我们应当为什么祈祷？

一个基督徒在祈祷的时候，他应当首先想到的，不是自己的需要，也不是别人的需要，而是为一切祈祷的基础的，上帝的临在和他的真理的领导。在主祷文里，耶稣开头便说：“我们在天上的父，愿人都尊你的名为圣。”我们要在神圣的天父的面前，以至诚谦卑的态度，承认我们的褊狭，承认我们的软弱，去祈求真理之灵的指示。抱着这种态度，我们所祈求的一切，才能在上帝旨意不断的启示中成全。我们处在现在国家多难的时期中，我们的情绪是紧张的，我们的眼光和态度都免不了受着许多时间上与空间上的限制，我们首先要祈求的，就是从这些限制中被解放出来，使我们可以与客观的真理接近。

我们在祈祷的时候，自然也会想到千千万万在大时代的洪炉中遭遇着苦难的人。我们中间有些人已经身受这样的苦难，也有些人始终在平安的环境中生活着，但无论如何，我们想到他们的时候，便不能不重新感觉到我们是一体的，我们要共安乐，也要共患难。假如我们的生活是没有多大问题的，我们便要拿出我们所非必需的，去和在饥饿中，在寒冷中的人共享，同时对于我们自己所能享受的，我们也更觉得它的宝贵，更能存着一个感谢的心。既使我们多少也受着同样的苦难，假如我们晓得这不是我们个人所独有的，而是无数的人的遭遇，我们也会因此而减轻了我们的痛苦。祈祷——与圣洁的天父作灵性的交通，能使我们的想象更活泼，使我们的感觉更敏锐，使我们在道德上不愿意做，或者不能做的事，因着宗教更新的力量，便能欣然从事，正如保罗所说的："你们各人的重担，要互相担当，如此，就完全了基督的律法。"

在祈祷的时候，我们也不能不想到我们敌国的人民，即使这是很不容易的。在他们胜利的庆祝声中，我们看见他们许多孤儿寡妇的热泪，在我们的民众被屠杀的时候，我们也看见他们在苛捐重税下挣扎，在窒息的压迫下呻吟。我们不但想到我们的敌国，我们也会想到全世界，尤其是欧洲，在火药气中过着极度紧张惶恐的生活的群众。他们不得不把面包变成子弹，把奶油变成火药，在一刹那间，战争爆发了，他们便要千千万万地去牺牲。这简直是一个疯狂的世界，这样的形势一天存在着，我们便一天不能安居。我们恨恶战争，我们更恨恶造成战争的制度。所以我们为敌国的人民祈祷的时候，为全世界的人民祈祷的时候，便不得不祈求旧制度的崩溃，新制度的长成。我们还要祈求慈悲的上帝，使我们在这必然的演变中，能够减少恐怖与流血的成分，使我们经过一番痛苦的经验以后，就能永远消减战争对人类的威胁。

想到我们自己，我们所要祈祷的就更多。许多人看见敌人不断的进展，就失掉他们对上帝的信仰，甚至怀疑着上帝的存在。在沦陷区域里，由于环境的关系，许多基督徒几乎看不见前途有什么光明。也有些人，虽然明知这一次的斗争里不应当有对民族的仇恨，却因为情感的驱使，不免受狭义爱国主义的支配，以侮蔑的称谓，加于敌国的民众，甚至抱着复仇的观念，喊出削平敌国的口号。但是最大的危险，还是我们苟安的心理。抗战的代价是太大了：我们个人所感受的痛苦，和国家所遭遇的困难，似乎是与日俱进。从广州汉口失陷以后，一部分帝国主义的资产阶级，为着恢复他们的经济利益起见，不惜主张我国停止抗战，向日本妥协。他们处在隔岸观火的地位，对我们痛痒不关，原无足怪，但恐怕在我们自己稍有点资产的民众里面，也未尝没有这种心理。在被占领区域里，在敌人甘言诱惑之下，这种心理，更是容易滋长。如果敌人因此便得稳定了他们的地位，并以此而对外号召，这无异把我们过去伟大的牺牲，付诸流水。凡此一切，都是我们所要祈祷的。我们要让上帝加增我们的信心，开展我们的眼界，锻炼我们的意志，使我们在持久的斗争中，出生入死，颠连困苦，而无所顾惜，无所畏惧。这样，我们才能在大时代里发挥能够战胜一切的伟大的宗教精神。

祈祷是信仰基督教者的生命，它是把软弱化为刚强的惟一的秘诀。它令我们亲近上帝，从这天人交感的当中，使我们进入一个光明、愉快、勇敢的生活。我们在《圣经》中可以得到许多见证，现在谨举数则，列在下面，以作我们个人自修自勉之一助：

你们要恒切祷告，在此儆醒感恩（《歌罗西书》第 4 章第 2 节）。

你所作的，要交托耶和华，你所谋的，就必成立（《箴言》第 16 章第 3 节）。

耶和华是我的盾牌，我心里倚靠他，就得帮助（《诗篇》第 28 章第 7 节）。

凡求告耶和华的，就是诚心求告他的，耶和华便与他们相近（《诗篇》第 145 章第 18 节）。

你求告我，我就应允你，并将你所不知道，又大又难的事指示你（《耶利米书》第 33 章第 3 节）。

我实实在在告诉你们，你们若向父求什么，他必因我的名，赐给你们（《约翰福音》第 16 章第 23 节）。

坚心倚靠你的，你必保守他们十分平安，因为他倚靠你。你们当倚靠耶和华直到永远，因为耶和华是永久的磐石（《以赛亚书》第 26 章第 3 至 4 节）。

你要把你的重担卸给耶和华，他必抚养你（《诗篇》第 55 章第 22 节）。

要等候耶和华，当壮胆，坚固你的心，我再说，要等候耶和华（《诗篇》第 27 章第 14 节）。

不是倚靠势力，不是倚靠才能，乃是倚靠我的灵，方能成事（《撒加利亚书》第 4 章第 6 节）。

不要害怕，因我与你同在（《以赛亚书》第 43 章第 5 节）。

在人这是不能的，在上帝凡事都能（《马太福音》第 19 章第 26 节）。

以上所引的话，除了保罗的和耶稣的以外，其他都是犹太的先知们所说的。犹太的民族，历尽千辛万苦，至今还是流亡于全世界的角落里，连祖国都没有了，然而始终支持着他们，使他们永远团结，永远奋斗，永远抱着希望的，就是他们对上帝的信仰与靠赖。我们现在所历的艰辛，虽然性质并不一样，但它的需要我们恒切的祈祷，却是一样的。如果我们能有这样的修养，任何的困难与痛苦，都不能把我们压倒。

七、宗教的真实性

我们在本书“大时代的宗教信仰”一章里曾说过：“宗教的本质是有限的人生在奋斗中对宇宙间无限的真善美一个亘古的追求；是渺小的人生在软弱中向创造他的力量一个恳切的呼显。”用宗教的术语来说，这就是人对上帝的崇拜、仰望、依靠、祈求。这是本书的基本观念，本书对于大时代所发挥的许多意见，都建筑在这个观念之上。但这个观念是否正确的，或者即使是正确的，我们是否必定需要它，尤其是在现在？我们对于这个问题，认为是不能抹煞的，因为现在有许多人，尤其是对于“新”哲学或社会科学有点研究的，即使不积极的反对宗教，至少也认为宗教是非必要的。所以我们必须对这个问题，作一个比较满意的回答。

但答复这个问题，不是几句话所能做得到的，也不是本书剩下的有限篇幅所容许的。并且宗教最主要的领域是精神和心理的现象，多少带点玄学性，并不像一般科学之可以用实验的方法来证明的。既是这样，即使用了许多话来作详尽的解释，也未必能使人完全心折。宗教起信的途径不在于理智的说服，而在于心灵的接受，它的道理是要在生活上的体会与领悟中得来的。但是理智上的解释，却也不是不需要的，因为如果没有理智的基础，则信仰何以别于迷信？因此，我们在本文结束的时候，不得不在“宗教的真实性”这个题目上说几句话。

最容易使人发生疑问的，恐怕是上帝存在的问题。上帝是不是我们幻想中的虚构？抑或他确有客观的真实性？我们有没有方法可以证明他的存在？这些问题是浸淫于以人文思想为基础之中国文化的中国人，尤其是受了现代思想影响的中国人，所必定要问的。

我们可以很肯定地回答说：上帝是一个客观的实在，上帝不是幻想中的虚构。人在宇宙间看见许多现象——物质界的现象，社会里的现象，个人心灵的现象。从这许多现象里，他发见了一些普遍的原则；拿最简单的来说：水煮成汽，露结为霜，这是物质界的原则；人需要互助，人不能离群独立，这是社会生活的原则；人的思想受情感的支配，也受环境的支配，这是个人精神生活的原则。这些原则不是人所创造的，它们存在于一切自然现象里。（社会生活和个人精神生活也是广义的自然现象。）人可以把它们利用，却不能把它们修改；人可以局部的一时的违反这些原则，人也可以运用这些原则去造成新的现象，或发现新的原则，但人终不能逃出这些原则的支配之外。明白了这一点，是明白宗教的初步。

但是看见许多现象，发见许多原则，这并不是宗教，它只是物理学、社会学、心理学……从事于研究它、应用它的人也不是宗教家，而只是一些牛顿、克鲁泡特金、弗洛伊德、马克思。宗教的起点，是把这些客观的东西统一化、人格化、情感化。宗教家，同科学家一样，看宇宙是一元的，是统一的；但科学家是把这一元的东西，看为是自然的，而宗教家却把它人格化，正如诗人在咏着“春风不相识，何事入罗帏”的时候，把自然现象人格化了一样。为什么要把它人格化呢？因为人不只是理智的动物，也是情感的动物。人明知道死是必然的现象，却不能不悲哀，不能不恐怖；人明知道忧虑是无益的，却免不了辗转反侧，皱眉蹙额；诗人明知道风是没有感觉的，却不能不把内心的情绪反映到无知的事物上去。

在宗教，这统一化、人格化、情感化了的宇宙，究竟能发生什么作用呢？它的作用就是叫人感觉这宇宙是有规律的；这规律虽则并不是处处替人打算——因为人常常遇到无可解释的灾难，但就大体而论，如果人肯与它合作，它是与人的最高愿望一致的，是能够实现人的理想的。用自然主义的话来说，这就是所谓“顺天者存，逆天者亡”；用宗教的话语来说，这就是保罗所说的：“万事互相效力，叫爱上帝的人得益处。”宗教家把这客观的力量称作上帝，称作天父，这并不是因为他相信这力量是像帝，像父。有限的人类，贫乏的名词，怎能给这贯彻宇宙、统辖一切的力量一个确切的称谓呢？他之所以称他作上帝天父，只是要象征着这力量对我们的亲切，对我们的指导，对我们的权威。在他向着理想追求的时候，他知道他不是孤独的，而是与一个伟大的力量同工的。在他成功的时候，他不会觉得骄傲，因为他知道他之所以能够成功，只有一小部分是由于他主观上的努力，而大部分却由于客观条件的许可，这客观条件的力量，也就是他所称为上帝者的力量。在他失败的时候，他也不会感觉懊丧，因为他知道，如果失败是出于他自己的错误，这错误是可以改正的，如果是出于外来的阻力，这阻力是可以因他的信仰与努力而消灭的。即使失败是一件不可避免的事，他也会从失败中得到教训，而不致怨天尤人。他的一生的目的，就是基要主义者的所谓“荣耀上帝”。这一句话常常被人文主义者所抨击，因为他们以为人是要为生活而生活，不是要为什么“上帝”而生活的。他们之所以有这样的攻击，是由于他们没有了解这句话的意义。所谓“荣耀上帝”就是照着宇宙的规律，客观的真理而生活的意思，也就是耶稣所说的“为真理作见证”的意思。一个宗教信仰者能够说“现在活着的不再是我，而是基督在我里面活着”的时候，便是他的宗教信仰到了登峰造极的时候，也就是他得到了“重生”的时候。到了这个阶段，他的生活是光明的，是愉快的，是勇敢的。因为他的主观的要求已经和客观的真理打成一片，所以他再没有心理学家的所谓分裂的人格。他能随着真理而进步，而不致被许多互相矛盾的欲望弄得支离破碎。

这样的信仰是带着科学性的，它的所谓上帝，并没有离开客观事实的显示。由于我们对客观事实进一步的了解，我们对于上帝和他的旨意，也可以有进一步的了解。我们不否认宗教是在客观的事实上加了一点渲染，如同诗人在客观的事实上加了渲染一样。这样的渲染自然有离开客观事实的危险，这在宗教思想史上可以找到许多例证，但只要我们保持着实证的精神，随时用理智去控制情感，这危险是可以避免的。

除了上帝的问题以外，还有一个连带的问题，就是祈祷的问题，这恐怕也是受过现代思想洗礼者的一块绊脚石。其实祈祷并不是一件很神秘的事。如果我们对上帝的认识，必须靠着客观的真理，祈祷只是使真理更能向我们显示，使我们更能接受真理之心理上的准备。在祈祷的时候，我们似乎是面对着真理之海，让它把我们主观的思想、欲望、祈求，淘洗干净，使它们更能适合于客观的需要。在祈祷的时候，我们又似乎是面对着真理之磐石，让它把我们的忧虑抛开，把我们的恐惧消灭，把我们混乱着的心绪整理，在一个稳定了、澄清了的精神状态之下，让它回复我们的勇敢、光明、愉快。如果我们以前是无所适从的，而现在是无往而不适的；如果我们以前是怯懦的，而现在是无畏的，这便是祈祷的“应验”。所谓祈祷的应验，不一定是说我们所祈求的都能得到。如果所求的不是马上能得到的，祈祷会叫我们忍耐；如果所求的是不应当求的，祈祷会叫我们把这愿望放弃；如果所求的是要我们去努力的，祈祷会指示我们努力的方法。

这样的解释祈祷，并不能代替祈祷的经验。祈祷是一种多方面的灵性上的纪律，不是能够用几句话来完全解释清楚的。我们要学习游泳，并不到课堂里听讲，而是要到海滨或游泳池里去实地练习。同样的，我们若要真正了解祈祷，也必须实行祈祷的生活，在经验中了解祈祷的意义。

最后，我们还可以说几句关于我们所信仰的耶稣基督的话。我们是不是要称他作“救主”？我们应不应当拿他的教训作为金科玉律？他是否也和我们一样的受着时代和环境的限制？我们对这问题的答复是：耶稣，同我们一样，是时代的产物，然而耶稣却是超时代的。为什么耶稣是时代的产物呢？他不但有一般人的软弱和试诱，他也受时代意识的影响，相信魔鬼，相信奇事，相信末日，相信天使；他是同我们一般人一样，因而也有人的限制。假如他不是人，无论他有什么成就，无论他的人格多么伟大，我们只有望洋兴叹，因为他所做的，我们永远不能做。然而为什么耶稣又是超时代的呢？他虽然不能完全超脱时代的影响，他的见解，他的生活，却是空前绝后的。“你们听见有吩咐古人的话，说……只是我告诉你们……”这是何等的大胆，何等的胸襟！但他说话的权威，我们却没有方法去否认。像当时亲近他的群众一样，我们不能不“希奇他的教训，因为他教训他们，正像有权柄的人，不像他们的文士”。

耶稣之所以超绝古今，理由究竟在哪里？似乎两千年来的基督徒对这问题都会有同样的回答：我们看见耶稣就仿佛看见上帝。他们所以称耶稣作“救主”，不是因为他的智慧，也不只是因为他的人格；这些都是可贵的，然而却不是耶稣所独有的。他们所以信仰耶稣，承认他是“道路、真理、生命”，是因为他们觉得耶稣整个的生活是宇宙间最高的真理的表现，这就是宗教术语的所谓“道成肉身”。当他告诉我们：“上帝爱世人……”的时候，我们不但想到上帝对我们的爱，也觉悟到上帝贯彻于宇宙万物之爱。原子的构成是由于电子间相互的作用，器皿的构成，是由于部分间相互的作用，友谊的构成是由于朋友间相互的作用，推此而至于夫妇、家庭、社会、国家，都无不循同一的原理。原子可以毁灭，器皿可以破坏，禽兽可以相食，人类可以相争相杀，地震风火雷电等无妄之灾，可以把人伤害，但是我们不能安于这些现象，要永远努力，使这些现象不致妨碍人类的生存，这正表示着贯彻于宇宙的爱是正常的，而一切违反爱的东西，只是在整个宇宙规律里所不可避免的现象，是人类追求其美善中所不可缺少的磨练，是生活的大学里所必有的课程。耶稣的死于十字架和他在历史上永不止息的威力，正是这一个原则最有力的证据。我们之所以称耶稣为“救主”，甚至称他为“神”，也就是因为他在十字架上表现了爱的本质。

耶稣没有给我们一些生活上琐碎的规矩，也没有给我们一个改造社会的具体方案；他所给我们的是生命的活力，是人生的透视，这些东西是一个革命的伟大力量，是大时代的战士所不可或缺的武器。让我们踏着他的足迹前进！

大时代中的上帝观

上帝是我们的避难所，是我们的力量，是我们在患难中随时的帮助，所以地虽改变，山虽动摇到海心，其中的水，虽匍匐翻腾，山虽因海涨而战抖，我们也不害怕。

（《诗篇》第 46 篇第 1 至 3 节）

编辑旨趣*

大时代的洪炉，把我们整个民族的生活与思想，放在猛烈的火焰里，给它一个空前的锻炼和与熔铸。这一个烈火的洗礼，现在还在进行着，我们还不能预料到它将来所赐予我们的是什么；但我们已经感觉到我们有无数的事要做，有无限的话要说，有无穷的远象要憧憬、要实现。看呀，全国觉醒的人们不都在那里流着血、流着汗，在迎接这伟大时代的到来么？非常时期书的计划，就是在这样的意识和环境中产生出来的。

非常时期书共分三类，每类10种，共30种。第一类的总题是“非常时的认识”；第二类的总题是“非常时的基督教运动”；第三类的总题是“基督教思想的新趋向”。现在将这三类图书的内容，简略地加以说明。

在第一类图书里，我们希望读者能从各方面去认识大时代——从历史的诏示，从中国人民的自觉，从国际的现势，从宗教的信仰，从实际的经验。我们希望竭力避免主观的空论，抽象的意识，处处以事实为根据，以经验为指导，去取得一个对大时代正确的认识，使我们在正确认识之下，能完成大时代所赋予我们的任务。

第二类图书是讨论基督教对大时代应取的态度和对大时代应有的贡献，例如基督教对于救国运动、和平运动、战时服务、联合阵线、集权国家等等问题，以至基督徒本身的修养与训练，都加以探讨与叙述，一方面使我们觉得基督教在大时代应当是一种活泼有生命的力量，同时也因为使命的艰巨，使我们感觉有把我们的宗教信仰与生活在各方面深刻化的必要。

---

* 青年协会书局，1940年12月初版。

第三类图书是用批评的态度，来介绍基督教思想的新趋势的。这些新趋势大致表现了基督教对许多现行思想的态度，其中比较重要的如资本主义、社会主义、共产主义、法西斯主义、合作运动、新心理学、新物理学等，均在讨论范围之内。我们觉得基督教许多的新思潮，与我们的大时代有密切的关系，应当为我们所注意。我们更希望这一点小小的介绍工作，可以作为未来更大的探讨的起点。

这一套图书，虽然有许多地方是以基督教作出发点，但在取材和态度方面，却都适合于一般读者的阅览与参考。假如这些图书能对读者——尤其是青年读者——发生一种激励鼓舞的作用，使他们更能为真理、为国家、为民族而献身，这便是我们对大时代一点小小的贡献。

目　次

第一章　历史中的上帝

义人啊，你们应当靠耶和华欢乐；正直人的赞美是合宜的。你们应当弹琴称谢耶和华，用十弦瑟歌颂他。应当向他唱新歌，弹得巧妙，声音洪亮。因耶和华的言语正直。凡他所作的，尽都诚实。他喜爱仁义公平，遍地满了耶和华的慈爱。诸天藉耶和华的命而造，万象藉他口中的气而成。他聚集海水如垒，收藏深洋在库房。愿全地都敬畏耶和华，愿世上的居民，都惧怕他。因为他说有，就有；命立，就立。耶和华使列国的筹算都归无有，使众民的思念无有功效。耶和华的筹算永远立定，他心中的思念万代常存。以耶和华为上帝的，那国是有福的！他所拣选为自己产业的，那民是有福的！耶和华从天上观看，他看见一切的世人。从他的居所，往外察看地上一切的居民。他是那造成他们众人心的，留意他们一切作为的。君王不能因兵多得胜，勇士不能因力大得救。靠马得救是枉然的，马也不能因力大救人。耶和华的眼目，看使敬畏他的人，和仰望他慈爱的人，要救他们的命，脱离死亡，并要使他们在饥荒中存活，我们心向来等候耶和华。他是我们的帮助，我们的盾牌。我们的心必靠他欢喜，因为我们向来倚靠他的圣名。耶和华啊，求你照着我们所仰望你的，向我们施行慈爱。

（《诗篇》第 33 篇）

在许多人看，上帝的真实性，是很有疑问的，他是“视之而弗见，听之而弗闻”的，他也是不能用科学的实验，或算学的公式来证明的。因此，一些人对上帝的感觉，未免有点渺茫，虽然不能否认他的存在，却也不能证实他的存在，至多只能探取“洋洋乎，如在其上，如在其左右”，这一个似乎信仰，又似乎不是信仰的态度。因为我们对上帝的感觉是这样渺茫的，我们的信仰基础，便好像建筑在沙土上面，而我们也不能发挥信仰的伟大力量。

但两千年来，千千万万基督徒的见证，却清楚地告诉我们；上帝是宇宙间最大的实在，上帝的存在，比我们自己的存在更为真确，因为，正像保罗所说的，他是“创造宇宙和其中万物的神”，“我们生活，动作，存留，都在乎他”。这些基督徒们的见证，是不是有可靠的凭据的呢？抑或只是主观的、直觉的信仰，而没有事实的根源的呢？我们的答案是：假如这些见证的来源只是个人的臆想，则上帝的信仰，决不会在人类的历史中，继续着发生影响生活的力量。我们相信：这些见证是从生活的经验得来的，是有着充分的事实根据的。我们现在从各方面把这问题来探讨一下。我们首先要探讨的就是历史中所显示的上帝。

历史里面，究竟有没有上帝呢？从表面上看，似乎历史里没有上帝，似乎历史完全是人手所造成的。人的意志和情感，人的聪明和愚昧，人的道德和罪恶——似乎这些就是造成历史的因素。似乎历史中的主角，不是上帝，而是政治家、将帅或者君王；历史中的动力，不是神的旨意，而是强权、武力，和一些不可预测的时势。甚至有些人说：一个独裁者的喜怒哀乐，和他身体的健康，睡眠的状态，都是造成历史的因素。因此，他们认为现世界历史的制造者，就是希特勒、墨索里尼、张伯伦、罗斯福这一类的人物。

基督徒们的见证，却不是这样的。他们说：历史是上帝所造成的；创造宇宙万物的上帝，创造山川河流，人类鸟兽，以至一草一木之微的上帝，他是历史的创造者。在远处大处，他是使日月星辰运行的动力，在近处小处，就是我们的头发，也被他数过。说上帝造成历史，并不是说历史里面没有人的力量。上帝是要借着人的工作，和人的思想情感，去造成历史的。人甚至可以孤行他们自己的旨意，违反上帝的旨意，去左右历史的途程，但是历史总的动向的最终决定者，却还是上帝。强权可以战胜公理，但只是一时的；罪恶可以压倒良善，也只是一时的；最后的胜利，却是上帝的。他甚至可以利用人的悖谬，人的狂妄，以至一切似乎不可把握的事，去成全他的旨意。我们看见历史上煊赫一时的帝国，叱咤风云的怪杰，何尝不是时代的主人，但他们的影响，只像过眼云烟，转瞬即逝，惟有遵行上帝的旨意的，永远长存。

让我们回过头来看一看中国的历史吧。我们是最古的民族的一个，我们有优良的文化，有广大的民众，有丰富的物产。以色列民族认为他们是上帝的选民，同样的，我们相信，上帝对中华民族，也有他特殊的旨意，我们相信他要中华民族拿出他们的优点，去贡献给世界的大家庭。在这一次“七七”后的全面抗战中，我们也可以看出上帝的旨意。这是中华民族一个空前的斗争，同时也是中华民族一个空前的灾难。我们不相信上帝要我们遭遇这样的灾难——这灾难的责任，一部分要历史的定律来担负，一部分也要我们自己来担负；但我们相信：上帝是在这灾难中锻炼我们，成全我们，使我们对人类的社会，尽了我们的贡献。

在1939年的秋天，我同着几位朋友，到过西南几省，作两个半月的旅行。在这长途的旅行中，我们第一个感想就是中国地方的广大。我们在路上走了三十几天，经过许多平原和山岭，但这不过是抗战后方的小小部分；如果我们想到：所谓沦陷区域，也无非是点线的占领，我们便明白：偌大的国家，假如内部的团结没有问题，敌人的确是无法征服的。我们的地方，不但广大，并且很美丽。浙东一带，公路所经过的，尽是高高低低的山岭，虽在深秋，还是青绿可爱。江西的龙虎山附近，有一个地方叫崖水峰，它四周风景的雄奇秀丽，使人流连忘返。有名的桂林山水，则像图画一样，百看不厌。至于黔蜀间的高山大岭，置身其间，眼界为之开展，心胸为之宽阔，而我们亦似乎与宇宙合为一体。

我们的另一个印象，就是中国人的生存力量。中国一般民众的生活是非常简单的。在许多山野的地方，他们所住的是遮蔽风雨的草棚，他们所吃的是粗糙的米饭，所以他们吃苦的能力是非常之大的。我们所走过的几个重要城市，都经过残酷的轰炸，但几个月之后，大家又都建设起来，在那里安居乐业。在抗战时期中旅行，当然是很苦的，但是我们所遇见的旅客，即使是妇女小孩，也能处之泰然，一点没有惊慌愁苦的神气。至于一般民众，他们并没有因战争所加给予他们的苦痛，而发生厌战的心理；相反的，他们对于战争的前途，抱绝对的乐观，他们也愿意为这一个民族解放的战争，付应有的代价。这些都是民族生存力量的表现，有着这样生存力量的民族，是能够战胜一切困苦艰难，永远不被侵略者所征服的。

在旅行中所得的这些经验，使我们对于我们的国家，更加爱护，对我们的民族，更加信仰，同时也更觉得上帝在领导我们，要我们在烈火的洗礼中，完成民族的使命。

在一年多以前去世的中国军事学权威蒋百里先生，曾说过以下几句值得玩味的话：“我们生在今日的中国，真是一个幸运，因为这是中国历史空前伟大的时代”，“千言万语只一句，中国是有办法的”，“凡与大众利益一致的事业，必定能够成功”。

蒋先生最后一句话，尤值得我们注意。为什么与大众利益一致的事，能够成功？那就是因为大众的要求，就是上帝的要求，而上帝的要求，是必定要在历史的演进中完成的。

《诗篇》和《先知书》里面也有许多话，它使我们相信，在历史中运行的上帝是帮助我们的上帝，是有大能力的上帝："我要向山举目，我的帮助从何而来，我的帮助从造天地的耶和华而来。他必不叫你的脚摇动，保护你的必不打盹"（《诗篇》第 121 篇第 1 至 3 节）。"于是他们在苦难中哀求耶和华，他从他们的祸患中拯救他们。他从黑暗中，和死荫里领他们出来，折断他们的绑索"（《诗篇》第 107 篇第 13、14 节）。"万军之耶和华说：不是依靠势力，不是依靠才能，乃是依靠我的灵，方能成事"（《撒加利亚书》第 4 章第 6 节）。"草必枯干，花必凋残，惟有我们上帝的话，永远立定"，"万国在他面前，好像无物，被他看为甚于无物，只是空虚"，"我是首先的，我是末后的。除我以外，再没有真神"（《以赛亚书》第 40 章第 8 节、第 17 节，第 44 章第 6 节）。

怀有这样的信念去看世界的历史，尤其是看现阶段的中国历史，我们是没有惧怕的，我们的前途是无限光明的。因此，像蒋百里先生所说的，我们要为生于今日的时代而欣幸，也许我们现在不容易感觉这一个时代的伟大，但我们相信：一个历史家在几十年以后，回顾今日，必能清楚地认识这一个转变中的时代的意义。我们现在仿佛看一个拿手好戏；剧中的故事是曲折离奇的，是危险紧张的，也是引人入胜的，至于扮演的人物，他们也都是一时的名角，各演身手，博得观众的喝彩。至于我们自己，我们并不是旁观的观众，却是在戏台上的一角，我们自己也在做戏。这是何等热闹，何等有意义的一回事。

我们不但要喜乐，我们也要绝对的放心。中华民族解放的战争，现在正进入一个最艰苦的阶段；我们的内部，还有许多弱点；现在有利于我们的国际形势，说不定什么时候改变；侵略者虽然已经筋疲力尽，却还没到崩溃的地步。说到整个世界的局势，似乎保守的力量，还是占着优势，似乎正义与公理，还没有左右时局的可能，似乎新社会的来到，还得等着遥远的将来。总之，我们未来的日子，恐怕是要在惊涛骇浪中度过的。但是我们可以绝对的放心，因为上帝的旨意是在历史中运行着的，因为历史的进行，无论是怎样曲折难测，至终它是要彰显上帝的旨意的。唯物论者是根据辩证法的演进，对世界社会的改变，下一个实质与我们相同的结论，这一个结论的必然性，即使在扑朔迷离的国际现势中，已经可以看见端倪。因此，我们对前途是有把握的，是绝对可以放心的。

但正因为时代是这样的伟大，我们的使命，也是同样的艰巨。我们要在这大时代中，做上帝的工具，叫他能用我们去完成他对现阶段历史的旨意。我们要有铜铁般的意志，不为恶势力一时的胜利所慑服；我们要有“灵巧像蛇”的感觉性，使我们能利用每一个时机，每一种困难，去推进我们的工作；我们还要有艰苦卓绝的忍耐，使我们不怕挫折，坚持到底，这样，我们虽不敢自称为上帝的同工者，至少没有作大时代的绊脚石。

末了，我们是应当无时而不谦卑的。在自是的骄傲中，也许我们忘却我们自己的弱点，自己的过错，自己所免不了的种种限制，而把我们自己当做上帝。世界上许多罪大恶极的事，在作恶者主观的意识上，都是奉上帝的名而行的。我们必须祈求上帝在烈火的洗礼中，把我们一切狂妄自尊的心理洗净。

上帝是伟大的，我们是渺小的；如果我们虚心地寻求他的旨意，我们是要兴旺的，是要成功的。如果我们歪曲他的意旨，藐视他的旨意，我们自己，以至我们的国家，我们的民族，也要遭遇到一切违反上帝旨意者所遭遇的命运，因为历史是上帝所造成的。

祷　文

创造天地万物的主宰，在人类历史中运行的上帝！求你使我们依靠你，依赖你，永远相信你的慈爱公义的旨意，是统御一切，决定一切的。我们现在正遭遇着空前的苦难，然而在你的护佑之下，我们没有害怕。我们知道你要用这些痛苦的经验，引导我们走上光明的道路。我们愿意谦卑地等候你的领导，勇敢地服从你的指示，去做你的忠心的仆人。阿门！

第二章　社会生活中的上帝

当人子在他荣耀里，同着众天使降临的时候，要坐在他荣耀的宝座上，万民都要聚集在他面前；他要把他们分别出来，好像牧羊的分别绵羊山羊一般，把绵羊安置右边，山羊在左边。于是王要向那右边的说，你们这蒙我父赐福的，可来承受那创世以来为你们所预备的国。因为我饿了，你们给我吃；渴了，你们给我喝；我作客旅，你们留我住；我赤身露体，你们给我穿；我病了，你们看顾我；我在监里，你们来看我。义人就回答说：主阿，我们什么时候见你饿了给你吃，渴了给你喝；什么时候见你作客旅留你住，或是赤身露体给你穿；又什么时候见你病了，或是在监里，来看你呢？王要回答说：我实在告诉你们，这些事你们既作在我这弟兄中一个最小的身上，就是作在我身上了。王又要向那左边的说：你们这被诅咒的人，离开我，进入那为魔鬼和他的使者所预备的永火里去。因为我饿了，你们不给我吃；渴了，你们不给我喝；我作客旅，你们不留我住；我赤身露体，你们不给我穿；我病了，我在监里，你们不来看顾我。他们也要回答说：主阿，我们什么时候，见你饿了，或渴了，或作客旅，或赤身露体，或病了，或在监里，不伺候你呢？王要回答说，我实在告诉你们，这些事你们既不作在我这弟兄中一个最小的身上，就是不作在我身上了。这些人要往永刑里去；那些义人要往永生里去。

（《马太福音》第 25 章第 31 至 46 节）

在社会的生活中，我们能不能看见上帝呢？

大约我们每一个人都有过这样的经验：我们受了别人的厚待，我们非常感激，我们甚至觉得惭愧。这些人有时是初次见面的，是别的朋友所介绍的，甚至是与我们毫无关系的，然而他们却用尽了力量来帮助我们，供给我们一切的需要。并且他们不一定是富有的，有时他们竟拿出他们自己所需的东西，来给我们。《圣经》里所说的那个撒玛利亚人（《路加福音》第10章第29至42节），他对那个被强盗抢劫打伤的人，除了在路上招呼他，送他到客栈以外，临走时还对栈主说：“你且照应他，此外所费用的，我回来必还你。”还是何等的仁慈，何等的厚爱。我相信读这段故事的人，没有不受它感动的。这一次我们到内地旅行，交通非常困难，幸而几次得到友人的帮助。有一次，一位初见面的朋友，因为替我们弄车票，一夜没有睡觉。又一位朋友，除派车送我们以外，还以丰盛的筵席款待我们，并陪我们去游览。这些似乎都是小事，但他们却显出了人之所以为人的真性格，而在这一种人格之中，我们似乎隐约地看见了社会生活和整个宇宙所赖以构成的原素。换句话说：我们在这里面仿佛看见了上帝。

还有其他与此类似的经验。我们常常看见一些天真活泼的儿童，他们一点没有虚假，没有造作，没有机诈，看见他们就如同看见一些小天使一样。有些家庭，一对老夫妇，彼此相爱，始终如一，待人接物，一本至诚。还有一种不容易得到的东西，就是知己朋友：他们可以寄妻子，有无相通，祸福与共，甚至可以如历史上田横五百人，杀身以殉。在这些人里面，在社会里一切仁爱、勇敢、不自私的事上，我们的心，对他们都发生了交感，发生了共鸣。因而我们不得不说：“假如人生不是这样的，人生便没有意义，假如世界不是这样的，世界便不值得留恋。”我们所以这样感觉，是因为我们在这些人和这些事上，隐约地看见了上帝。

相反的，在社会生活的另一面，我们所看见的是冷酷、残忍、欺骗、自私。我们看见这些东西以后，我们会发生一种强烈的反应，我们觉得它们违反了人的本性，如果上帝是显现于社会生活中的，我们在这里面看不见上帝。

社会这一方面的现象，不一定都是哄动一时的罪恶，也不一定都是作奸犯科的人所做出来的。我们自己，在许多小的事情上，也很容易做出这一类的事。也许是一个急需我们帮助的人，而我们是因为太忙，或因为怕麻烦，而把他拒绝。也许是一个遇了失意的事而需要我们安慰的朋友，而我们却是毫无感觉地让他过去。也许我们冷淡的表情，忙碌的神气，或一句不客气的话，把人拒于千里之外，做青年会干事的，更容易犯这些毛病。我们整天的忙，整天的开会，整天和千千百百的人接触，然而不管我们做了多少事，也许我们与人交接的精神和态度，是把上帝遮蔽了，不让他在我们当中显现。因此，我们想起保罗的一句话："我若将所有的周济穷人，又舍己身叫人焚烧，却没有爱，仍然与我无益"（《哥林多前书》第13章第3节）。

上帝在个人与个人的关系当中显现，上帝也在整个社会的演变当中显现。现在社会的现状，似乎是一个毫无意义的混乱。然而社会的演变是有规律的，是有因果关系的，是有上帝在里面运行着的。不管我们是从唯物论的观点看，或是从宗教的观点看，现社会的矛盾与混乱，只是新社会产生所必经的过程。人类在社会生活里所需要的是自由、平等、博爱，这些不只是18世纪民主革命中新兴资产阶级的口号，它是代表全人类亘古的要求。人类之不能不要求这些，正如饿之不能不食，渴之不能不饮。它们是维持社会生活所不可或缺的原素，同时也规定了现社会的方向。過去十年的经济恐慌，现在欧战的进行，和三年来中国的抵抗侵略——这些都不是无意义的混乱，而是促成社会建设的重要因素。因为我们相信上帝是宇宙中的主宰，所以我们相信上帝也在这个社会演变过程中表现了他的旨意。

在这一个社会的大时代中，青年会的地位是很重要的，它的机会是很多的，他的任务是很艰巨的。过去的50年是青年会的开创时期。在那50年中，它做了中国社会的先驱，替中国社会造成了新的风气，也创办了许多的社会事业。在抗战以后，青年会的地位是提高了，它不但受到广大民的欢迎，它也受到政府当局的信任与帮助。青年会是以服务著名的，然而大家所以信仰青年会的，却不只因它的服务，而更因它在服务中所表现的青年会的特质，就是效率、忠心，和实事求是的精神，这也就可以说是基督教的精神。我们相信，基督教团体在抗战期中所表现的基督的精神，对一般人发生一种良好的印象，使他们改变了对整个基督教的态度。

但现在我们是进入了一个新的时代，它是中华民族复兴的时代。这一次我们是经过了空前的苦难，遭遇了空前的毁灭，然而我们却要在劫余的灰烬上，建设一个崭新的中华民国。这一个伟大的建设工作，需要每一个国民去努力，尤其需要在社会上信誉卓著的青年会去努力。但青年会担得起这一个责任么？在中国历史揭开了新的一页的时候，青年会也能在它第二个50年开始的今日，揭开它的历史新的一页么？青年会应当用什么程序去完成它的使命，这是很重要的一个问题，但这不在本文范围之内。我现在所要补充的几句话，为本文做结束的，就是关于青年会，以至一切基督徒，在这大时代中所应有的精神和态度。

第一，上帝是藉着人民的喉舌，来对我们说话的，所谓“天神自我民视，天神自我民听”。他们的灾难，他们的痛苦，他们的需要——这些不只是民众的呼声，同时也是上帝的呼显。他要我们为民众服役，领导他们，安慰他们，医治他们，供给他们的需要。我们的耳朵是否灵敏的？我们的目光是否锐利的？我们的心灵是否警觉的？上帝对我们说话的时候，我们是否听见？我们必定要有了这些灵性上的准备，才能担负起时代的使命。

第二，我们在过去固然部分地表现了基督教的精神，然而这是非常不够的。我们所做的事，每每是肤浅的，是草率的，是迎合群众的心理的，甚至是投机的，是为自己的利益打算的，是为统计表找材料的。至于我们待人接物，我们还免不了势力的心理、机械的态度，把人当作一种可利用的工具，而没有对人发生精神上灵性上的兴趣。换句话说，我们还没有把耶稣的精神和上帝的荣光，反映在我们的工作上，表现在我们对人的关系上。我们对于大时代的贡献，与其说是我们的事工，毋宁说是我们事工所表现的特质。

第三，过去的青年会是负有开创和前导的精神的，大时代的青年会，是不是还能够保持而发扬这样的精神呢？我不敢希望青年会做一个时代的先知；个人做先知易，要一个运动、一个复杂的组织去做先知是很难的，尤其是在涉及政治问题的事情上，但在社会事业的范围内，青年会还是可以发生它的先知的作用。它可以发现别人所没有发现的需要；它可以做人所不能做、不愿做的事，它可以抱着远大的目标，而辛勤地在近处小处，为大众建立新社会新国家的基础；它也可以从无党无派、不偏不倚的立场，对一切重要的问题，提倡自由的思想，主持公开的讨论，使人打破一切传统束缚，而向前迈进。利用它所已有的地位，青年会对大时代是可以有着一种特殊的贡献的。

这种种的精神和态度，都是叫我们在一切的事情上，给上帝一个中心的地位。上帝的灵所在的地方，不论是一个平庸的人，是一些简陋的设备，或是一个不完全的计划，那里便会有成功，有进步。反之，离开了上帝一切规划，结果都只有失败，只有空虚。把握着这一点，我们才能在千变万化的社会中，成为一种永远的前进的力量。

祷　文

我们的父上帝！求你使我们在日常的生活中，在一切的社会关系中，都能表彰你的爱。求你消灭我们的冷酷，我们的自私，和我们种种对自己关心、对人忽视的趋向，使我们能成为互相体贴、互相怜恤、互相帮助的人，因而配在你圣洁的家庭中，做你所悦纳的儿女。在这变动的时代中，我们更求你使我们看清楚你所要我们走的方向，使我们虚心地，不断地寻求你的旨意。在你的领导之下，为新中国的自由平等，为全世界社会的彻底改造而奋斗。阿门！

第三章　个人生活中的上帝

上帝是个灵，所以拜他的，必须用心灵和诚实拜他。

（《约翰福音》第 4 章第 24 节）

岂不知你们是上帝的殿，上帝的灵住在你们当中吗？

（《哥林多前书》第 3 章第 16 节）

基督教最中心的信仰就是有一位上帝，他能监察一切，眷顾我们，知道我们的需要，引领我们走正义的路，答应我们的祈求。我们怎样知道有这样一位上帝呢？我们知道他，因为他在一切信靠他的人当中显现，在他们当中工作。凡是真正信仰他的人，都能够得到力量与平安，软弱的变为刚强，忧郁的变为愉快，疑惑的看得清楚。这些经验都是不大能够用理智来解释得很清楚的，但它们决不是主观幻觉的东西，这在许多信徒日常的生活中是可以得到证明的。

我们在什么地方可以找到上帝呢？上帝是随时随地都显示他自己的，但在个人生活中有三类的经验，尤其容易使我们看见上帝。第一类经验就是美丽的风景和伟大的自然。也许我们是登了一个很高的山，在那里超出了一切的尘俗与无穷无限的宇宙合而为一，本来异常渺小的我，忽然觉得非常伟大；也许我们是在一个清彻的夜里，看见天空中万千闪烁的星辰，一切都幽静，一切都神秘，一切都伟大，而我们自己也似乎忘却人生一切的痛苦忧患，投身于大自然的怀抱里。也许我们是在渺无涯际的海上，有的时候是风浪险恶，有的时候是微波不兴。我们置身其中，又觉得有一种不可测的力量，照着它所安排的规律，控制着宇宙间一切的事物。凡是见过美国的尼亚加拉瀑布的，我相信不但会赞叹它的雄奇伟大，同时也会想到造物者鬼斧神工的奇迹。也有的时候，我们到了一个春的原野，我们所看见的是细腻纤巧玲珑的东西，如花，如鸟，如柔和的歌声，如青翠的绿叶。在这时候，我们会感觉着宇宙充满了生意，人生充满了希望。在这许多的经验，我们得到许多不同的感觉。然而在这一切的感觉中，我们似乎得到一点共同的印象，那就是宇宙间有一种力量，它维系着、支持着、装饰着世界上的万事万物，用基督教的话来说，我们在这许多经验中，都看见了上帝。

第二类经验使我们能接近上帝认识上帝的，就是日常平淡的生活。也许我们是拥着高位，握着大权的，我们的事务繁忙，万机待理，食不暇饱，席不暇暖；也许我们所有的只是一个卑微的职位，我们所做的只是一些别人视为无足重轻的事，然而无论事的大小，位的高下，我们总是殷勤地、忠心地、刻苦地把应当做的事情做了，甚至有时把职份以外而无报酬的事也做了。而我们所做的事，又能比别人做得更精细，更优良，使自己满意，使别人也满意。在这样的时候，我们的内心会感到一种意外的平安，即使我们有许多其他没有解决的问题，我们也觉得已经尽了我们的本分，无愧于己，也无愧于人。在这样的时候，我们可以把个人的得失成败置于度外，所谓“正其谊不谋其利，明其道不计其功”。在这样的时候，我们会感觉到宇宙间那个伟大的力量——上帝，就在我们当中，而我们是与他同工的。

第三类经验就是我们在应付人生种种困难的时候所遇到的经验。也许这是我们所苦思焦虑而不能得到解决的问题；也许是我们所热烈要求而还没有得到或者永远不会得到的东西；或者是我们从先天承受了来的一些物质上或精神上的弱点，也许是我们所遭遇到的某一件事上的失败，或某一时间中的挫折；也许我们是在一个特殊境地遇到性命的危险。在这种种情况之下，我们会感到徬徨忧惧和痛苦；我们会觉得我们的前途黑暗，走投无路，甚至我们会觉得悲观厌世。在这样的时候，我们如果肯跪下来祈祷，忘却我们自己的怀疑与忧虑，放弃我们个人的计划与打算，谦卑地向上帝祈求力量与光明，我们必定可以得到一种新的发现：我们会发现我们的问题并不是不可以解决的，我们的困难并不是不可以胜过的；我们会觉得我们的前面有一条光明的道路，在那上面有着一个伟大的力量在引导我们，支持我们，鼓励我们，使我们觉得只要我们一步一步的往前走着，一切都不成问题。这就是上帝对我们的祈祷的回答。这是不是主观上一种自我的麻醉呢？我相信不是的。我们知道，一个人在遇见困难的时候，每每容易注意局部的事物，把问题过分的放大，而把其他方面可以帮助解决问题的东西轻视了，或完全忽略了。因此他便把这问题在其他事物上所应占的地位（perspective）歪曲了或忘记了。祈祷就是帮助他把这个弱点克服，使他放开眼界，重新看见这庄严的宇宙，和在这宇宙中主宰着一切的力量。这样他就能回复他内心的均衡，也就更能看见他以前歪曲了而没有看见的与他生活有关的道理。在青年协会所出版的非常时期丛书中，有一本叫做《经过烈火的洗礼以后》，它叙述了十几位基督徒和他们的亲戚朋友，在战事中所遭遇到的困苦颠连的经验。他们经过飞机的轰炸，经过旅途的困苦，经过饥饿的煎熬，经过疾病的侵扰，经过精神上种种的忧疑困迫，然而他们还是一心一意的信靠他们的上帝，而结果他们都能从死荫的幽谷，进入光明的道路。这一次在内地遇见一位朋友，他告诉我一段很有意思的故事。他有一位未婚女婿是在前线参加空军的工作的。有一次，这位战士在与敌人交战的时候，机身被敌人打坏，在飞机正要下坠的时候，他便用降落伞逃生。不幸地他降落的地方，是在一个大湖上面，而那时又正在风雨交加，波涛险恶。他本来只懂得一点点的游泳，但在湖面上挣扎了半天，他已经筋疲力尽，而还是看不见彼岸。他还不是一个基督徒，但他未婚妻常常与他谈到基督教，也教他祈祷，在这危急的时候，他心中说：我面前还有许多工作，我是不应当死的，于是他默默的祈祷，求上帝增加他的能力，拯救他脱离这危险。很奇怪的，在刹那之间，他得到新的力量，于是他继续鼓勇向前，不久，脚底下忽然触到了沙地，果然他已经到了岸边，后来他登了陆，找到了人家，终于脱离了危险。

以上的那一段故事，似乎不是平常所能遇到的，但在两千年基督教的历史里，这一类的经验实在不可胜数，虽然有许多是比较平淡的，也有许多不为一般人所能知悉的。这些经验告诉了我们一件事实：如果我们等候着上帝，信靠他，用全心全力去爱他，服从他，他必定能够使我们所图谋的，在他的旨意之下，得到成全。所以耶稣说：你们先要求他的国和他的义，这些东西都要加给你们。他又教我们看天空中飞鸟，它们也不种，也不收，然而天父却养活了它们；野地里的百合花，它们也不纺，也不织，然而它们所穿戴的，虽所罗门在最荣华的时候还不如呢。因此，他叫我们不必忧虑，因为天父是知道我们的需要的，是能满足我们的需要的。在处世的态度上，有些人是能够听天任命、随遇而安的，也有些人终日图谋打算、计划经营，而造成杞人忧天，不断的为忧虑所缠扰。在多数人里，这第二种的心理，恐怕或多或少地都存在着。对于这些人，耶稣信靠天父的教训，实在是做人处世的南针，因为他叫我们脱离了以小我为中心的束缚，使我们置身于宇宙的主宰的怀抱里，因而得到精神上的解放与自由。

信靠上帝，服从上帝的指示，这并不保证我们能够称心如意，获得我们所愿望的一切东西。上帝的计划不是我们的计划，他的道路不是我们的道路，有的时候他会引领我们到我们所不愿意去的地方，但是他是知道我们的需要的，他的眼光比我们更远大，他更知道我们应当得到什么。在这样的时候我们只有忍耐地等候着，像孩童般信靠着。基督教不是魔术，祈祷不是强迫上帝服从我们的旨意的方法，他却是教我们服从上帝。基督教是唯实的，他深深地了解人生可能遇到的种种悲剧，他并没有告诉我们说：我们的世界是粉红色的世界。但基督教在上帝的信仰里，却给予了我们一个能力的源泉，那就是胜过困苦艰难和人生种种障碍的能力的源泉。耶稣说："在世界你们有苦难，但你们可以放心，因为我已经胜过了世界。"因为基督徒有这样的信仰，所以有的时候，他们可以做别人所不能做的事；或他人认为不可能的事，他们甚至可以的。像《圣经》所说的，把一个山从这面移到那面，因为他们同耶稣一样的相信：在上帝是无事不能的。这样的信仰使一个基督徒可以在内心上得到均衡、能力、平安与喜乐。

但基督徒的这种经验是需要相当的代价，那就是没有间断的灵性的修养和纪律，读经、祈祷、静默，和对大自然的欣赏等等，都是灵性修养的方法。一年多以前，我曾到过印度访问那位世界知名的，领导着印度三万万人为自由平等而奋斗的甘地先生，我们几个人在他的修道院住了两夜，因我们不但可以听到他的言论，也可以观察到他的日常生活。修道院里的日常程序中，有一件事给了我们一个很深刻的印象，那就是全院的人，每日两次，在甘地领导之下举行的集体灵修。每日早晨四时，天还没有亮，大家就集合起来，在院子前面的空地上席地而坐，在星光闪烁中，他们便很严肃地在那里唱诗读经和祈祷。他们所读的所唱的都用梵文，我们自然完全不懂，然而我们在这样庄严的集会中，却亲切地感到了上帝的存在。在吃过晚饭以后，夕阳西下之时，他们也举行同样的仪式。此外，在每一个星期中有一整天，甘地是完全不说话的，这就是他自省和默对上帝的一个特殊时间。甘地并不是一个有过人的学问、过人的思想、过人的才干的人。说到他的身体，他虽然不是个病夫，却也并不强健，体重常在 90 磅左右。然而他的信仰是过人的，他的毅力是过人的，他坚持他所认为真理的毅力是过人的，而因此群众对他的信仰和拥护，在现世界是没有人能够与他比拟的。我们对甘地的主张不一定都能同意，然而我们却不能不感觉到他在道德上和灵性上的异常的威力，那就是因为他是不断的接近上帝的，而我们在他的个人生活之中，也看见了上帝。

我们做青年会工作的，因为每日事务的繁忙，对于灵性的修养最易忽略，这便容易使我们的工作，成为肤浅而不容易使基督教的真精神灌注在里面。如果要使别人认识上帝，那我们就非在个人生活中体认了上帝，表现出上帝不可。愿我们共勉之。

祷　文

天父，没有你，我们的生活是枯燥的、矛盾的、紧张的。求你进入我们的内心，在那里居住，像甘露般使我们得到滋润，像音乐般使我们得到和谐，像慈母般使我们得到安息。父呀，在我们与你亲近的时候，更求你遣派我们到现在分裂矛盾的社会里，以慈悲的心肠、无畏的意志，与扰乱世界和平的力量奋斗，重新建设自由平等的新秩序，使你一切的儿女，都能得到你所赐给他们的平安。阿门！

第四章　耶稣所表现的上帝

“你们心里不要忧愁，你们信上帝，也当信我。在我父亲的家里，有许多住处。若是没有，我就早已告诉你们了，我去原是为你们预备的地方去。我若去为你们预备了地方，就必再来接你们到我那里去，我在那里，叫你们也在那里。我住哪里去？你们知道，哪条路？你们也知道。”多马对他说：“主阿，我们不知道你住哪里去，怎么知道哪条路呢？”耶稣说：“我就是道路，真理，生命。若不藉着我，没有人能到父那里去，你们若认识我，也就认识我的父。从今以后，你们认识他，并且已经看见他。”腓力对他说：“求主将父显给我们看，我们就知足了。”耶稣对他说：“腓力，我与你同在这样长久，你还不认识我么？人看见了我，就是看见父，你怎么说，将父显给我们看呢？我在父里面，父在我里面，你不信么？我对你们所说的话，不是冲着自己说的，乃是住在我里面的父作他自己的事。”

（《约翰福音》第 14 章 1 至 4 节）

耶稣究竟是怎样的表现了上帝呢？

耶稣是一个血肉的凡人；他会感觉疲乏，感觉饥饿；他会喜乐，会哭泣；他会感到试探的力量，所以在彼得说他不会受难的时候，他会斥责彼得说：“撒旦，退到我后边去吧!”他在客西马尼园的惶急，表示他是同我们一样怕死的，他甚至希望上帝把他的苦杯撤去。

然而在另一方面，耶稣却表现了他的能力。据福音书的记载，他说话是有权威力，是有吸引人的力量的；许多群众听他讲道，跟随他到旷野，甚至忘了饥饿。在他所行的奇迹中，有一部分，像医治疾病，尤其是属于心理和精神方面的疾病，是不难解释的。至于其他部分，除了完全附会的以外，大概都是由于他能够充分的发挥一般人所蕴藏着而不能发挥的力量，因而给予群众一个深刻的印象，使他们把这些表现认为神迹。在客西马尼园的时候，他也承认是痛苦的，是惶急的，然而他经过长时间的祷告以后，他便能说："不要从我的意思，只要从你的意思。"可见耶稣是同我们一般的人，不过他是超出我们之上的，是能够发挥我们所不能发挥的力量的，而我们对于这些超人的表现，也不得不承认是有着超人的因素，为他们的成因的。

然而耶稣不只是超出于我们之上；第四福音的作者记载了一句话："人看见了我，就是看见了父。"这一句话似乎是很夸张的，然而我们却可以从整部的《新约》书中，得到了这一句话的证实。那个犯奸淫的妇人，被一个来势汹汹的人，捉到耶稣的面前，要用石头打死她，耶稣低头不语，后来只说了一句："你们中间谁是没有罪的，谁就可以先拿石头打她。"那一群人就一个一个的走开。我们是可以想象得到他们是在耶稣的伟大的人格中，看见了上帝。《路加福音》记载着：一个犯罪的女人来到耶稣吃饭的地方，坐在他的背后，挨着他的脚哭，眼泪淋湿了耶稣的脚，就用自己的头发擦干，又用嘴连连亲他的脚，把香膏抹上。20年前有一位知名的戏剧家说：这是一段最美丽的故事。究竟有什么东西吸引这个女人到耶稣那里，做了这件亲切而又圣洁的事呢？我们也可以想象得到：她在耶稣里面看见了上帝。福音书中所记载的彼得是一个暴躁轻妄、而无定见的人，然而在五旬节的时候，彼得是怎样的勇敢、坚定。《约翰福音》有一段关于耶稣死后向门徒显现时与彼得的谈话，是极动人的描写。耶稣三次问彼得说"你爱我比这些更深么？"彼得回答说："你知道我爱你。"这一类的记载，也许不尽是事实，然而我们相信他们至少是实在的经验，和想象所相互构成的东西。这一段故事和五旬节的经验，是表明着从前软弱而轻妄的彼得，现在已经变成了一个坚强刚毅的彼得，而我们也可以想象得到，使彼得变质的是他所亲眼看见的十字架上的耶稣所表现着的上帝。在那里，我们看见了爱的最高的表现。以上种种的事实，都不得不使我们相信耶稣表现了上帝。

在我国一些伟大的文学里，我们也可以得到同样的感觉，我们读到诸葛武侯的《出师表》，岳武穆的《满江红》，或是文天祥的《正气歌》，而想到他们所描写的充塞于天地之间的正气或浩然之气，我们没有不被他们感动的。似乎我们的内心有一种声音告诉我们：这些东西是放之四海而皆准，质之百世而不惑的。中国的旧道德最重气节，一般人对吴佩孚所以相当的钦佩，就是因为他晚年所表现的不屈不挠的骨格。但是最足使我们服膺的，还是福音书里像《登山宝训》那一类的文字，和这些文字所表现的精神、人格，和对宇宙人生深切的认识。我们读到这些文字，就仿佛和宇宙的真体面面相对，换句话说，我们感觉这些伟大的东西是表现了上帝的。

上帝是基督教最中心的信仰，但我相信许多基督教徒之所以接受基督教，并不是因为他们先认识了上帝，却是因为他们先认识了耶稣，再从耶稣的全部生活与教训中，逐渐认识了那个起先似乎是虚无缥缈的上帝，而其所以如此的，就是因为耶稣是“道成肉身”，是上帝在人世间的真体表现。正因为这个缘故，所以我们不能从抽象的理论中去认识上帝，确信他的存在，感觉他的真实；我们对上帝认识必须经过生活上种种的体验，像人类在历史中的生活，社会的生活，个人的生活，而尤其能活泼地表现上帝的，是我们在上面所说的耶稣的生活。

耶稣在他的生活中所表现的上帝，这给予了我们一个什么样的启示呢？在人生的许多问题中，善恶的问题，是占着最重要的位置的。真和善的东西是否人生最高的价值呢？他们有没有打倒一切坏的东西的力量，而终于得到最后的胜利呢？我们一般人对于这些问题是抱着一种矛盾的、模棱两可的态度的。一方面我们厌恨罪恶、阴险、诡诈、压迫、掠夺，我们认为这些东西是极反人类的本性的，是破坏社会的规律的，是不应该容许其存在的；然而在另一方面，我们对于善良、慈爱、公道、诚实等，我们所认为好的东西，确又没有深刻的信仰。我们认为这些东西是个人所需求的，是能使社会的生活美好的，然而我们却没有胆量把这些东西当作我们生活的最高原则，因为我们总是觉得，现在的世界似乎还不能够接受这些东西，似乎恶的力量比善的力量更大，所以至少在某限度之内，我们不能不向罪恶屈膝。在这样的一个矛盾的生活中，基督教是人类亘古的挑战。耶稣的十字架本来是一个悲惨的失败：在那里，似乎恶的力量得胜了，善的力量失败了，似乎耶稣所抱负的崇高的理想，都在残酷的现实前被粉碎了。然而在十字架上，代表着善的力量死了，而又复活了。他胜过失败、痛苦、死亡，表现了他无限的权威与潜力，终于使十字架成为人类得救的最光荣的象征。在过去的二千年中，也可以说是在全人类的历史中，我们可以清楚的看见：创造的力量，进步的力量，人类所怀疑恐惧，而又不得不哀泣忍痛以求的东西，不是恶而是善。我们清楚的看见所谓慈爱与牺牲，所谓克己与服务，所谓饶恕与怜恤——这些东西不是像尼采所说的奴隶道德、弱者福音，而是宇宙万物所以构成和运行的原素，换句话说，这些东西是属于上帝的。

在许多时候，我们对于上帝的印象，未免模糊；对于他的信仰，未免动摇。在这样的时候，我们大概会特别感到生活所加给我们的重担。然而正在这样的时候，我们却可以看一看十字架上的耶稣，他怎样的战胜了世界，怎样的指示了人生的出路。他是我们的前导，是我们旅程的伴侣，他增加我们的力量，鼓起我们的勇气，使我们在一个似乎是被恶势力所笼罩的世界里，深深地相信有上帝圣善的旨意在里面运行，而不致失却我们的自信。在耶稣里面，我们可以得到上帝所赐给我们的取之无尽、用之不竭的力量。

祷　文

天父，我们感谢你，差遣你的爱子耶稣基督到世界上，来教导我们，拯救我们。没有他，我们对你的认识是模糊的，我们对你的信仰是脆弱的；没有他，我们的生活便不容易脱离自私狭隘的囚笼，进入自由伟大的境界。求你使我们永远追随他，使他做我们的导师，做我们的良友，做我们的救主，也使我们因他而更能认识你，并且获得你的救恩！阿门！

没有人看见过上帝

目 次

五版序*

本书的第四版是在一年多以前刊印的，现在是第五版了。这是一个增订本，里面增加了一些新的材料。首先是原书的第一章“《圣经》中的上帝信仰”，现在变成第四章“《圣经》中的上帝”，这一章的重写，和它的位置的改变，是由于一个读者的建议；她认为这一章写得太简略了，与其他各章不相称，并且从读者的心理来说，它是应当放在“上帝存在的问题”和“上帝的信仰与唯物论”那两章后面的。对于这个建议，我是完全同意的，其实我自己早就有这个感觉，只因为时间不容许，所以在四版的时候，还是没有把它改正。现在经过这位读者的敦促，我就毅然地把这一章重写，结果是写了一万多字，使它变成全书中最长的一章。这一章是研究性的文章，内容比较沉重，现在把它编作第四章，实在是比较合适。在这里，我应当顺便向那位建议的读者致谢。

其次，在本书后面的附录里，我加入了两篇文字。一篇是“基督教与唯物论——一个基督徒的自白”，另一篇是“真理可以调和吗”。第二篇是答复一位李全先生对我第一篇文章的批评的，本来应当把李先生的原文也转载，但因为篇幅的关系，并且因为在我答复的文章里面，原文所提出的问题大致可以看得清楚，所以就只好从略。我之所以把这两篇文章附录在本书后面，是因为这个问题所引起的兴趣与讨论。在目前的中国，最迫切的问题，虽然是社会生活上的许多问题，而不是哲学、神学、玄学诸问题，但是一个生活在动乱时代而又在理智上抱着自尊心的基督徒，对于这些问题，是不能放过，也不应当放过的。即使我们暂时

---

* 本文原载于《基督教丛刊》第4期，1943年11月。1943年底，基督教联合出版社在成都出版单行本，1944年在成都再版，1946年青年协会书局在上海出版第4版。1948年5月青年协会书局在上海出版第5版。1950年9月，青年协会书局出版了第6版。

本文取自青年协会书局的第5版。未选入附录。

把这些问题搁置，它们迟早还是会被提出来的。使我痛心的是：许多人不求甚解，一看见讨论唯物论的文字，尤其是在基督教和唯物论被联在一起的时候，先不管文章的内容如何，也不管文章里面的理论能否成立，就盲目地反对。这就不是学者的态度，更不是基督徒追求真理的态度。如果我们不肯在一个冷静而客观的气氛中讨论这些思想上的问题，则基督教真理的阐扬，是没有多大希望的。

还有一点，使我感到同样痛心的，就是许多自命为正统派的基督徒，把这本书的理论看作“人文主义”。我惋惜着他们的成见，但我很能了解他们所以持有这种成见的原因，同时我应当谦卑地承认：这本书的叙述方法，很容易使他们得到这个印象。本书的一个主要观点，是把上帝看作一元化了、情感化了、人格化了的真理。这一句话就够了；这岂不就是赤裸裸的人文主义？于是，正统主义者拿着这一句话，就把本书全部的理论，撇开不管，一口咬定它是“人文主义”。写到这里，我就想到教会和科学斗争的全部历史，和它在里面被逼迫，被牺牲的许多人物。逼害他们的人的藉口，就是“异端”；这是一把利剑，人们永远拿着它去保卫已经僵化了，失了味的思想传统。

我为什么要说上帝是一元化了、情感化了、人格化了的真理？照这个说法，似乎上帝根本就不存在，存在的只是真理，而真理之所以被称为上帝，只是由于人所加上去的一点渲染。是的，这是我的上帝观的一面——从理智分析而看到的一面。上帝的本体是我们所看不见的，但我们可以假定上帝有一个本体；我们之所以能够如此假定，本书的第一、第二两章已经说明了。上帝的本体我们看不见，但我们可以看见上帝的作为；上帝的作为就是他在宇宙万事万物中所表现的真理。因此，从理智方面来说，上帝就等于一元化了、情感化了、人格化了的真理。对上帝的存在不发生问题的人，不需要这个解释，但对怀疑他的存在的人，这个解释应当是一个帮助，因为这样去看上帝，他就不是一个无中生有的玄学上的东西，而是一个可以考察，可以追求的科学的对象。

我说上面的这个上帝观，只是我的上帝观的一面。其他的一面，就是我们可以用直觉去体验的上帝。这是一个“人格”的上帝，活的上帝，与人的心灵直接交通的上帝。直觉中的上帝是不是完全可靠的上帝呢？不是的，直觉是可以发生错误的，并且是常常发生错误的；然而，直觉可以帮助我们认识上帝，本书第三章已经说明了。这里所说的直觉中的上帝，和上面所说的理智中的上帝，是不是可以联系起来，合为一体的呢？我以为是可以的。本书第一章所举的例——用理智去分析人的“心”，和用直觉去观察人的“心”——就是这个可能的解释。这个直觉中的上帝，难道也是“人文主义”么？我们的肉眼，既然看不见上帝的本体，我们对他的本体的体认，就只有凭着直觉；直觉中的上帝，不需要我们的理智把他“化”成；他的实在，就如同站在我们面前的、活泼的人格的实在一样。如果这是“人文主义”，我就甘心做一个人文主义者吧！

在不到五年当中，这本书居然能以五版与读者相见，这不能不说是一件意外的事。我诚恳地感谢读者的鼓励，也希望继续得到他们的赐教。

吴耀宗　1948 年 7 月 9 日

四版序

这本小书，最初是载在1943年11月1日出版的《基督教丛刊》上面。几个月后，另印一个单行本。经过一年多，书卖完了，又重印了一次。现在这一次是第四版了。前三版的印刷是在成都，这次却是在上海。从出版到现在，这三年当中，我曾经得到读者的许多批评。有的说这本书是人文主义，是冲淡了基督教信仰，甚至是异端。作这些批评的当然都是“基要派”的信徒们。他们对这本书所表示的态度，有的是惋惜，有的是冷淡，有的是仇视，然后我却很感激他们，因为他们肯坦白地、诚恳地，把他们对本书的意见，对我表示出来。同时我也很尊重他们的意见，因为基督教的真理，精深博大，没有一个人敢说他已经窥见它的全貌。然后对它的每一种认识，每一个见解，从某一个角度的相对观点来说，都未尝不是一种真知灼见。管中窥豹，虽然只见一斑，然而这一斑却是真正的一斑。因此，在任何的思想和知识领域中，尤其是在基督教信仰的领域中，我们应当虚心，应当尊重别人的见解与经验。它们可以放宽我们的眼界，也可以叫我们多认识、多欣赏与我们思想不同的人。

另外一些读者，对本书却抱着同情和欣赏的态度。他们大多数是青年。他们喜欢这本书，他们从它里面得到了解，得到启示。然后他们认为其中还有一些可以改进的地方。有几位朋友，还不惮烦地把这些地方详细地指出来，我对他们的批评，非常感谢，因为这本书的确有许多部分，连我自己也不满意。如果我有充分的时间，我应当把它重写，修正里面的缺点，增加一些新的材料。然而在目前，我实在没有这个余暇。并且我认为这本书所提供的，是一种比较新颖的思想系统，无论它写的怎样不完美，我想这个思想系统的轮廓，是已经清楚地在里面表达出来了。因此，在现在复员伊始，读物缺少的时候，我们便毅然地把它几乎一字不改地重印。然而我却觉得我有一种义务，那就是把读者所提出来的，比较重要的几个问题，在这里作一个简单的答复，以便再向他们领教。

关于本书的题目“没有人看见过上帝”，很多人把它误会，以为本书主要的是要发挥《约翰福音》书里的这句话，“从来没有人看见过上帝，只有在父怀里的独生子将他表明出来。”那就是说，他们以为本书所讨论的，单单是耶稣基督教所表现的上帝。抱着这种印象去看这本书的，必定是失望的，因为本书虽然在起头就引了《约翰福音》的那句话，虽然也有一章说到耶稣的上帝观，然而全书的中心，却是一套独创的理论。我所以用“没有人看见过上帝”这个题目，是因为许多人之所以怀疑上帝的存在，就是因为上帝是看不见的，而我所要指出来的，只是：看不见的上帝，是一个真实存在的上帝。

许多人，以为本书对于上帝的解释，太过注重理智，以为理智的方法，不能把一个活的上帝表彰出来。其实本书的观点，是理智与情感并重，是分析与直觉融合。本书的读者对象，不是那些信仰上已经很有根底的信徒，尤其不是那些专重情感，完全不论理智的所谓属灵派。对于他们，这本书是粪土，是糟粕，是异端。它的读者对象，却是二十几年来，我所接触过的基督教内外的知识青年。他们对于基督教发生许多疑问，尤其是对上帝存在的问题。他们的问题多半是属于理智范围的。因此，如果不在理智方面，给他们一个满意的解答，这些问题，就会变成他们接受基督教信仰的绊脚石。如果本书理智成分，似乎过多，那不只是由于著者自己的信仰趋向，也是由于他所选择的读者对象。

有几位读者，对于“上帝的信仰与唯物论”那一章，特别表示不满意。他们认为这一章是不需要的，至多不过可以作为“附录”。他们的理由就是：对于唯物论有研究的读者，非常的少，而本书的篇幅，又很有限，要讨论这么大的一个题目，不但挂一漏万，恐怕也容易失于平允。并且他们说：我所指出的唯物论的弱点，并不是唯物论本身的弱点，而只是应用唯物论者的弱点而已。他们的意见是对的。那一章很短的篇幅，连唯物论的本身是什么，也没有法子说出来，这样就拿唯物论来和上帝的信仰比较，未免唐突读者。然而我所以不得不把这一章放在里面，却有一个重要的原因。从五四以来，尤其是在九一八以后，唯物论对于中国的知识青年，有了一个很深刻的影响。唯物论是否定宗教的，因此也是否定上帝的信仰的。但我觉得唯物论与上帝的信仰，并没有什么基本的冲突，在某些方面，反而可以相补充，所以必须把我对这问题的意见发表出来。也许对这问题注意的人并不太多，而注意的人，也许可以让他们从本书其他部分，下自己的结论，但我觉得，完全不提到这问题，未免是本书的一个缺点，所以我还是把这一章保留。直到现在，我对那章书的说法，觉得没有什么需要修改的地方。我觉得，无论什么思想系统，都各有它的注意点，因而就各有所偏；就容易使应用这种思想的人，有过与不及的毛病。在唯物论是如此，在基督教也是如此。

如果这本书将来还需要再版，而时间又许可的话，也许我可以把它局部地或全部地重写，使它成为一本更可读的书。在这以前，我希望读者赐以更多的批评，更多更好的指教。

吴耀宗　1946 年 10 月 29 日于上海

没有人看见过上帝

从来没有人看见上帝，只有在父怀里的独生子将他表明出来。

（《约翰福音》第 1 章第 18 节）

从来没有人看见过上帝，我们若彼此相爱，上帝就住在我们里面。

（《约翰一书》第 4 章第 12 节）

上帝的信仰是基督教最重要的成分；相信基督教其他的一切，而不相信上帝——虽然这是可能的——还是等于不相信基督教，因为基督教其他一切信仰，都建筑在上帝的信仰上面。但是，信仰上帝却不是一件容易的事，在没有相信基督教的人是如此，在已经相信基督教的人也是如此。上帝究竟是什么？他住在那里？他是一个客观的实在，还是人的脑子中的一个虚构？他的存在，我们能不能证明，好像证明一张桌子、一把椅子的存在一样？这许多问题，是没有相信基督教的人所必定有的。就是已经相信基督教的人，在他们的信仰模糊起来的时候，也容易有这栏的疑问。我们对于那个具体的、历史上的耶稣，和他的崇高的人格，伟大的教训，是容易相信的，至于上帝——这一个似乎是不可捉摸、若即若离、时隐时现的上帝，那就是另外一回事了。

上帝究竟是不是人脑子中的一个虚构呢？我们知道：许多宗教都有上帝的信仰，虽然他们用来称呼上帝的名字，并不都是一样的。甚至本来是无神的佛教，在它流行的形式中，尤其是在一般知识较低的信众中，也多半具着一神或多神的信仰。在人类宗教的历史中，上帝的信仰，在形式上也许随着时代而改变，但在本质上，它是永不改变的。甚至在思想进步、科学昌明的现代，连所谓“唯理”的黄金时代的 18 世纪也在内，上帝的信仰也还是没有受到什么基本上的影响。这一个历史上的事实，是不能够一笔抹杀的。相反的，它是十分耐人寻味的。

但是，上帝的信仰是必须经过一番深刻的、理智的洗炼的。因为这信仰是抽象的、情感的，所以历史上的每一个宗教，都充满着迷信的成分。许多牛鬼蛇神的东西，都混合在这似乎很神秘的信仰里面。基督教从犹太教得来的那个公义慈爱的、一神的信仰，可以说是上帝信仰的最高形式。但其他比较低级的多种的信仰，甚至高级的一神的信仰，都有着许多荒诞神怪的成分。一块石头里面有神的存在，一个木雕泥塑的偶像里面，有神的存在；甚至在一个患神经病的人里面，也可以有神的存在。这些东西对于一个受过现代思想洗礼者的理智，是一个侮辱，对于他们所追求、所推崇、所依靠的科学，和建筑在科学上的一切学问，未免是北辙而南辕。因此，把上帝信仰里面那些建立在真理和事实上的成分吸收出来，提炼出来，将那些想入非非，玄之又玄，完全从幻想中产生出来的成分摒除掉，扬弃掉，这应当是今天基督教运动的一个急务。不是这样，我们就不能使一般人对耶稣的本身，和基督教的教义有一个深刻的、正确的认识，使基督教的真理，在今日痛苦残酷的世界中，成为一个解放人类，推进历史的力量。

一、上帝存在的问题

关于上帝存在的问题，我们应当首先有一个根本的认识，那就是，“上帝”不是人的意识，人的幻想所构成的纯粹主观的东西，而是代表着人对于现实世界的一种了解。一般人对于这个问题的误解，就是由于他们认为“上帝”是“无中生有”的，而因此，他的存在，就必须被证明。我们所要指出来的就是：“上帝”只是一个名词，要紧的是这个名词的涵义和这名词所代表的事实，而不是这名词的本身。把上帝称作“天”、“神”、“道”、“耶和华”、“最先的原因”、“最后的实在”……都没有什么关系。我们所要问的，只是这些名词所代表的，有多少成分是不可否认的客观事实，有多少成分是主观的意识在客观事实上所加上去的东西，而这些被加上去的东西，在理论上是否能够自圆其说。然而一般人对于“上帝”这个名词所以感觉特别困难的，也有一个原因，那就是因为“上帝”这个观念是“拟人”的。我们只要打开《圣经》一看，就可以晓得它里面充满着这种“拟人”的上帝观。举一个例说：

天起了凉风，耶和华上帝在园中行走，那人和他的妻子听见上帝的声音，就藏在园里的树木中，躲避耶和华上帝的面。耶和华呼唤那人，对他说，你在那里。他说，我在园中听见你的声音，我就害怕，因为我赤身露体，我便藏了。（《创世记》第 3 章第 8 至 10 节）

这是一个很亲切而富于诗意的描写，但它是把上帝看作和我们一样的一个人。此外在《旧约》里面许多地方，我们看见“上帝”发怒、妒忌、懊悔、与人争辩，和表现了其他与世人相同的情感。我们也许可以说，这是《旧约》时代的上帝观，然而在《新约》里许多地方，这种上帝观，在本质上还是没有什么改变。例如：

耶稣已经进入天堂，在上帝的右边。（《彼得前书》第 4 章第 22 节）

这好像把上帝当作一个人，坐在天堂中的某一个地方，而耶稣可以坐在他的右边。也许有人说，宗教信仰是一种抽象的东西，所以不得不用拟人的话来形容它，而实际上，人们不一定把这种形容当作事实。但在一般的信徒里面，甚至在使徒像彼得的思想里面，上帝就是这样一个真有人性的，能与人交通的神。宗教对于一般人所以具有如此吸引的力量，就是因为他们在想象中，可以有一个具体而有形象的上帝，作为信仰的对象。这固然并不是说：在一般信徒的心目中，上帝完全像一个人。这样的看法，对于任何一个信徒，都是“亵渎”，因为人是受造之物，上帝决不能像一个人，所以即使在《旧约》里面，关于上帝的形状的描写，所用的都是一些象征的名词。

耶和华的使者从荆棘里火焰中向摩西显现。摩西观看，不料荆棘被火烧着，却没有烧毁。摩西说，我要过去看这大异象，这荆棘为何没有烧坏呢？耶和华上帝见他过去要看，就从荆棘里呼叫说：摩西摩西！他说：我在这里。（《出埃及记》第 3 章第 2 至 4 节）

那时耶和华从旋风中回答约伯……（《约伯记》第 38 章第 1 节）

这样说来，上帝究竟是什么呢？我们在上面说过，要紧的不是上帝这个名词，而是这个名词的涵义和它所代表的事实。现在我们就可以从这一点说起。一个人生在世界上，无论他是野蛮的人，是半开化的人，或者是现代所谓文明的人，对于客观的世界，大概都有一种感觉——他觉得这个世界里有一种或多种的力量，这力量是在他以外的，是左右他的生命和他的一切的，而同时也是他所不能控制的。对于野蛮和半开化的人，这个客观的实在，可以得到种种神怪离奇的解释。像“图腾”的崇拜，“物灵”的信仰，和许多宗教里的“神”、“鬼”、“仙”、“佛”、“天使”、“魔鬼”等，都是人们从客观世界的各种现象里附会出来的一些迷信。就是受过现代思想训练的人，在不知不觉之中，也免不了受这些迷信思想的支配。一个知识分子可以背着人在庙里求签；在西方许多人要避免“十三”这个数字；还有不少到前线去的士兵，带一个兔子的腿，作为“护身符”。在我们中国，命运的观念，还是支配着许多人的思想。这一切似乎很离奇，但它们之所以产生，都有一个同一的根源，那就是人在日常生活所接触到的，宇宙间那个在人以外的，支配着人，也是人所不能控制的客观的力量。高级的宗教，对一神的信仰，也是从这里产生的。首先它认为宇宙间这一个客观的力量，是一元的而不是多元的，这就是从多神教到一神教的演变。宇宙的现象，虽然是万殊的，但贯彻这万殊现象的，却只有一个普遍的真理。生老病死，在任何的时代，大体上都是一样的。冬尽春来，花开花落，山崩地震，雨降云腾，这些自然界的现象，在任何时代，任何地方，大体上也都是一样的。宗教对于这个一元的东西，称之曰“上帝”。我们用这个名词，和我们用“峨眉山”、“中国”这些名词是一样的。峨眉山里面有着千万种不同的东西——艺术家可以看见美的风景，生物学家可以看到无数的生物，地质学家可以发现矿物的蕴藏，和地质的构造……这许多东西，我们都给它们一个总的名词“峨眉山”。中国这个名词，也是一样。它代表了这块土地里面许多山川河岳、风俗人情、物产文化。在这些万殊的构成分子和现象里面，有着使它们成为一个整体的一些因素。在“峨眉山”，主要的是这块土地的形状和位置；在中国，主要的是政治上的统一，和历史上的连续。“峨眉山”和“中国”这些名词的使用是必要的，因为假如我们每逢提到这些整体的时候，必须个别地列举它们所包含的东西，那就不胜其烦了。这个很显浅而幼稚的比喻，可以帮助我们了解“上帝”这个名词的意义。我们说过，贯彻宇宙万殊现象的，只有一个普遍的真理，这个真理，就是使宇宙的万象，在同一规律支配下被联系起来，使宇宙可以被称为“一个”（universe）而非“多个”（multiverse）的主要因素。所谓“上帝”可以说就是一元化了、人格化了情感化了的那个贯彻着宇宙支配着人生的普遍的真理。

如果我们要了解宗教为什么把宇宙的真理人格化、情感化，使它成为崇拜的对象，生活的支柱，追求的目标，我们就必须运用一点想象——我们必须把自己先从一个科学家变成一个艺术家，再从一个艺术家，变成一个宗教家；在这以后，我们又必须从艺术家和宗教家的地位，回复到科学家的地位。这样，我们就能了解“上帝”信仰的所以然，和这个信仰所包涵的真理与意义。

人是情感的动物，所以人有情感上的需要。心理学家和生物学家告诉我们：人性中最先存在的东西，是本能和冲动——主要的是食和性的要求，和伴此而生的一切与自我生存、自我发展有关的需要。这些东西，就是构成人的情感生活的根本因素。人的理智，大部分是逐渐由人的情感生活产生出来的。虽然它后来变成一个指导情感、控制情感的力量，它的主要功用还是辅助情感，去完成情感生活对人生的使命。

人的情感生活对于上帝的信仰，究竟有什么关系呢？生老病死是人生不能避免的事，但人对之不能不感觉到痛苦悲哀，痛苦悲哀之不已，还要用种种礼节仪式去文饰着这人世间冷酷的事实。人对于未来的事，尤其是关系重大而吉凶未卜的事，常常抱着忧虑，虽然他明明知道这是无益而有害的。若再说得远一点，地球终有毁灭之一日，连太阳系的本身，也不是永远长存的。到那一天，人类的努力和成就，一切将归乌有。我们在这世界，至多不过是过眼云烟般的客旅。在这样情况之下，人可以有几种不同的反应。他可以像伊壁鸠鲁（Epicurus）那样说："吃喝快乐吧！因为你明天就死！"他可以像斯多亚派（Stoics）咬着牙龈，昂起头来，用理智去压抑情感。他可以像人文主义者，如同罗素在"自由人的崇拜"里，宁可面对冷酷的现实，而不肯向他所认为幼稚和迷信的信仰屈膝。他可以像佛家，看破人世的空虚，要求解脱，对生活取一个消极的态度。他可以像一个实事求是的人，不去多想这些渺茫而不可究诘的问题，有一天活一天，有应做的事就做，有困难就应付，有可享受的就享受，对于人生不可避免的死亡痛苦，则泰然处之，不作无谓的呻吟。但他也可以像一个宗教家，在宇宙间找到一个"撑腰"的力量，对现实采取一种积极勇敢前进的态度，像耶稣所说的，"我就是道路、真理、生命"，"在世界上你们有苦难，但你们可以放心，我已经胜了世界。"他又可以像保罗那样说："死阿！你得胜的权势在哪里？死阿！你的毒钩在哪里？死的毒钩就是罪，罪的权势就是律法，感谢上帝，使我们藉着我们的主耶稣基督得胜。"

中国儒家思想，虽然本质上是人文主义，而不是宗教，但是它对于天道的观念，实际上包涵着许多宗教的成分。孔子说："五十而知天命，""天生德于予，桓魋其如予何"，"获罪于天，无所祷也"。这些话虽然不是用普通宗教的术语来说的，但分析起来，它们的涵义，和一般宗教的话语，没有什么本质上的分别。这一个天道的信仰，同样的也可以使人感到宇宙间有一个支持着他，作他的生活标准的力量，使他"杀身成仁"、"舍生取义"而无所惜，使他觉得：不是这样，人生便没有意义，人便不值得活着。文天祥就是抱着这样信念的人最好的例子。他的《正气歌》说：

> 天地有正气，杂然赋流形。下则为河岳，上则为日星，于人曰浩然，沛乎塞苍冥……

孔子所说的"仁者不忧，智者不惑，勇者不惧"，也就是认识了宇宙间的这个力量，照着它的法则去生活以后所有的心理状态。

一个完全不相信宗教的社会革命者，对于宇宙和人生，也可以得到实际上与宗教家相同的信仰。他相信革命是必定会成功的，因为在他看，社会的变革有着历史的必然性，而这个必然性，不是由于人的意志，也不是由于神的意志，而只是一个自然的法则。在革命低潮的时候，在反动力量弥漫的时候，一个革命者所以能够不为时势所动摇，及能利用时势去造成新的局面的，就是由于他对这历史必然性的坚定的信仰。表面上这似乎和宗教的见解完全不同，但实际上，这二者的相信宇宙间有一种力量，按照一定的法则去镕铸历史，引导人生，却是一样的。这个力量，不管我们称它作“上帝”或“辩证法”，对人生所能引起的作用，却是一样的——虽则这样说法，对于一个正统派的唯物论者和一个正统派的基教信徒，同样是一个荒谬绝伦的异端。

以上所举的例子，都可以拿来说明上面已经说过的“人是情感的动物，所以人有情感上的需要”那句话的意义。因为人有情感上的需要，所以人就会意识地或非意识地把客观的事实和客观的真理，情感化，甚至人格化。李白的诗说：

燕草如碧丝，秦桑低绿枝。当君怀归日，是妾断肠时。春风不相识，何事入罗帏？

风是没有意识的，何有“相识”之可言？又怎能说是“入罗帏”呢？这是诗人把自然情感化和人格化。此外“燕草”和“碧丝”的联想，整个春天景色和“怀归”、“断肠”的联想，也都是诗人从自己的角度，戴上情感的着色眼镜，去看自然的结果。诗不是科学，虽然它可以有科学在里面；同样的，诗并不是哲学，或任何理智的东西。诗之所以为诗就在于此，艺术之所以为艺术，也在于此。然而我们并不因此而诟病诗人，因为我们知道，他并不真个把自然当作是具有情感和人格的。反之，我们觉得诗和艺术把人生弄得更丰富了，使自然变成更活泼了。

宗教也是一样的东西，它把贯彻宇宙的那个真理，一元化了，情感化了，人格化了，称之曰上帝，称之曰天父，这并不是说它真的相信宇宙间有一个“帝”，有一个“父”，只有在孩子们的想象中，才有一个长胡子的，在天空某一角落里坐在宝座上的“上帝”。只有完全抛却理智的信徒，才相信一位像人世的父亲的上帝，整天伴着他，照应着他每一个需要。相反的，一个成熟的宗教信仰者的上帝观，却是《约翰福音》上所说的：“上帝是个灵，所以拜他的必需用心灵和诚实拜他。”“上帝”和“天父”都是象征的名词，用以表示贯彻着宇宙的那个真理是有权威的，统御一切的，大公无私的，同时也是与人息息相关，能够满足人的一切合理需要，而使之得到解放，得到丰盛的生命的。

说上帝是个“灵”，“灵”究竟是什么呢？我们用什么方法可以证明它是一个客观的实在，而不是主观的虚构呢？

宗教思想史上有三个有名的证明上帝存在的论据，一个叫宇宙论（cosmologica argument），一个叫目的论（teleological argument），一个叫本体论（ontological argument）。宇宙论注重“原因”：假如你在海滩上拾了一个表或类似的东西，你知道这必不会是自己生出来的，而必定是经过人手所造，被人遗留下来的。因此，我们这个奇妙而有秩序的宇宙，也必定有一个造物主。目的论说：宇宙万物，似乎各有功用，各有目的，互相服役，互相成全。例如地球温度，不太冷也不太热，刚好使人和万物可以生存，而人在其中亦有种种物质和精神的条件，使他可以发展。这必定是因为有一个有目的有意志的主宰，在其中统治着。本体论说：人们有一个全善的神的概念，如果在宇宙里本来没有这样一个神，人就不会有这个概念，并且神必须是存在的，才能称为至善的。因此，这概念的存在，就证明神的存在。此外，康德在《实际理性的批判》里说：人生有善有恶，但在今生，赏善罚恶，未必恰当，所以必须有一个来生，并且有一个公平的赏善罚恶的上帝来主持之，否则人生为无意义。詹姆士在“信仰的意志”里说：信仰与否，是人生必须马上选择的一件事，因为它是影响我们的生活的，只有你信仰有一个上帝并且照着这信仰去生活，才能够看出来上帝的是否存在。以上的几种说法，我们都觉得不满意，因为他们都是建筑在主观和空想上面的。因此，我们要在这里作一个尝试，就是要建立一个科学的、唯实的上帝观。这个上帝观，我们又可以因着对客观事实认识的进步，而随时把它修正，把它的内容充实。如果这一个上帝观可以成立，则上帝的存在，不必证明而已被证明，关于信仰上帝的其他问题，也可以迎刃而解。

我们在前面引了《约翰福音》的话说：“上帝是个灵”，现在就从这一点说起吧。“灵”是什么呢？“灵”的这个观念，是从人类生活中体验得来的东西。我们说：人有一个“灵”，那就是说：构成一个人的那个肉体当中，有一种东西，这东西，在经常的时候，支配着他的肉体，决定他每一时刻的生活形式和方向，又根据他所决定的，对各个肢体发出命令，使各个肢体的动作，都成为统一的，并且联系起来，以达到他所定下的每一个目的。这个“灵”，我们平常每称之为“心”或“人格”，其实所指的都是一样东西。

人的这个“心”或“灵”，是不是存在的呢？从实证主义者，行为主义的心理学派，和某种科学家看来，它是不存在的，因为我们看不见它，摸不着它，不能用任何的方法来证实它，就是把身体支解万段，从每一个细胞中去寻找它，也还是看不见它的踪影。然而每一个正常的人，在日常生活里，谁不相信“心”和“灵”的存在，而根据着这信仰去和别人接触。就是实证主义者，在离开他们的“学问”的立场的时候，谁也不能不相信“心”和“灵”的存在。

“心”和“灵”既不是我们所能接触的，我们又怎能和它发生关系呢？相信它的存在又有什么意义呢？我们的答复是：我们虽然不能直接的和“心”接触，我们可以间接的和它接触，而这间接的接触，同样的可以是科学的，可以是跟着客观事实的认识而随时得到修正或证实的。让我们来解释一下吧。我们平常说一个人“好”或“坏”，或说他“有良心”，“没良心”，这一个判断是怎样得来的呢？是不是我们真正看见他里面的那个“心”，把它检查过，像我们检查一个苹果，然后判断它是好或坏的呢？不是的，我们没有法子这样做。我们所能做的，只是观察它的外表的行为，而加以判断曰“好”或“坏”。我们得到这个判断以后，又拿它来应用，对以后的个别行为，加以评价。比如说：有人打我一下，或骂我一句，如果这是出于我所已经判断为坏的人所做的，我便断定它是“坏”的行为，但假如这行为是出于我所敬爱的人底，我便知道这一定是出于善意的，而因此，这行为亦不一定是坏的。有的时候，我们对于一个人的“心”，可以用直观的方法，一下子就判定它的“好”“坏”，也有的时候，我们经过多次的观察与归纳，还是会有错误。或者虽然归纳对了，而应用它来对新的行为估价的时候，又弄错了。但大体上说，我们对于一个人的“心”的观察和应用，是可以有几分把握的。

这个“心”或“灵”的本体究竟是什么东西呢？大多数信仰宗教的人和唯心论者说，这是住在肉体之内，但却是可以独立存在的个体(entity)，因此，即使人死了以后，它还是可以离开壳而存在，到“天堂”或“地狱”里去。唯物论却说：所谓“心”无非是脑的神经的作用；人的思想和情感都是从脑来的，而脑不过是物质在人体里达到高度组织以后的产物。因此所谓“心”是建筑在物质上面的“第二次”的东西，而不是能够独立存在的“第一次”东西。

这是哲学上唯心论和唯物论的问题，我们不能在这里讨论，也不必在这里讨论，因为不管我们赞成唯心的说法，或唯物的说法，不管我们把“心”看作是可以独立存在的个体，或只是为物质所构成的脑的一种功能，我们对它认识的方法，是毫无二致的。

这认识的方法就是：我们从外表的、个别的行为，得到对这个只能想象到，却看不见的“心”的综合的概念，正如唯物论者从自然、历史，和思维发展的许多法则里得到“辩证法”的概念一样。离开了可见的、外表的、个别的行为，我们就无从知道“心”。因此，我们就不必问“心”的本身是什么，或“心”是否存在的。也因为这个原故，对于“心”的观察和认识，可以是科学的，正如对“辩证法”的研究和认识可以是科学的一样。研究“心”的现象的学问，叫做心理学，心理学现在还没有成为一个科学，因为一直到现在，心理学者还是多靠主观和内省方法。若干年前，那自称为纯客观派的行为主义的心理学者，又没有建立下一个为人所佩服的学说。但我们相信，心理学将来是可以成为一个科学的。

从“心”的存在问题的说明，我的现在可以进而讨论上帝存在的问题了。我们从人的外表行为，可以认识“心”，同样的，我们从宇宙间可见的现象，可以认识上帝。“心”的本身是什么，我们无从知道，也不需要知道。同样的，上帝的本身是什么，我们无从知道，也不需要知道。“心”只是一个名词，但它代表着客观地存在着的人从“心”里发出来的外表行为。同样的，上帝只是一个名词，但它代表着客观地存在着的宇宙里许多可见的现象。人把这些现象综合起来，加以解释，说它们是从上帝出来的，表现着“上帝”。“心”这个名词是人造的，你用什么别的名词都可以。但“心”这名词所代表的事实，却不是人造的，虽然人对这些事实可以有不同的解释，因而产生各种对“心”的不同的推断，和许多派别的心理学。同样的，“上帝”这个名词是人造的，你用什么别的名词都可以。但“上帝”这名词所代表的客观现象，却不是人造的，虽然人对这些现象，可以有不同的解释，因而产生许多不同的宇宙观和各种宗教不同的上帝观。但是，那一个对“心”的认识，和那一个上帝观是对的，这却可以从客观的事实，和科学的方法来证明，正如关于物理学、天文学、辩证法，等等的理论，可以用客观的事实和科学的方法来证明一样。就基督教的上帝观而论，从犹太人所信的种族之神的耶和华，到耶稣所信的全人类的爱的天父，它已经经过许多变迁。不是上帝改变了，是人的认识改变了、进步了。

这样说来，“心”究竟存在不存在呢？我们可以回答说：存在的，因为它虽然只是一个抽象的概念，但这概念却代表着一些具体的事实，正如我们说“峨眉山”、“中国”，是存在的一样。上帝究竟是存在不存在的呢？我们也可以回答说：存在的，因为它虽然只是一个抽象的概念，但这概念代表着一些具体的事实。我们所要问的，只是概念的是否确切，问概念所代表的事实是否存在，是不需要问的；概念的本身是否存在，那更是无意义的。我们用人的“心”来作一个比喻，那并不是说：宇宙就像人的身体，上帝就像人的“心”，身和心的关系，就像宇宙和上帝的关系。那是粗陋的“拟人”论。我们用“心”来作比喻，只是表示概念和事实的关系，表示上帝的存在是不需证明的，表示上帝是抽象的，也是具体的，是不可见不可知的，而又是可见可知的。这是一个科学的上帝观，这一个上帝观，是建立于情感之上的，但却与理智毫不冲突，它可以随着人类知识的进步，而永进不已。

传统的上帝观，为什么使人头痛，使人如堕五里雾中呢？我们以为：第一是神学家们把上帝当作一个可以离开客观世界而直接认识的独立存在，好像我们闭了眼睛，不去看人的举动与表情，而玄想地说，他的“心”如何如何。玄想的价值如何，那还是一个次要的问题，更严重的，就是这样一来，上帝的存在，就非证明不可。但我们已经说过，这是办不到的。传统的上帝观第二个困难，是它既然把上帝当作可以离开客观世界而直接认识的，就更进而运用玄想，用形式逻辑的方法，给上帝加上一些“属性”（attributes），说上帝是“全知”、“全能”、“全爱”……以为我们用一种宗教的直觉，不靠客观的世界，就可以认识上帝的本身，和他的属性。但这实在是太神秘，太渺茫了。反之，我们所阐明的上帝观，却是由下至上，由外至内，由可知至未知的。《易经》上有一句话说：

形而上者谓之道，形而下者谓之器。

这一句话正好拿来证明我们这里所要讨论的问题。清初顾亭林、章实斋这一派学者解释这一句话说：“非器，则道无所寓”，“道不离器，犹影不离形……夫天下岂有离器言道，离形存影者哉”。这就是说：没有器就没有道，没有现象的世界，就没有形上的世界。推而言之，没有实，就没有名；没有事，就没有理；没有质，就没有文。王阳明对着竹子静坐，去格竹子的理，格了三天，不但格不出什么“理”，反而生出病来。这就是因为他离事去求理的缘故。上帝可以说就是贯彻宇宙万物的那个“道”，离开宇宙万物的现象，我们无从知道“道”，无从知道上帝，正如我们离开人的外表，无从知道人的内心。也许另外有一个独立存在的心，也许没有。但即使有，我们不知道它是什么。如果我们凭着主观的直觉去揣测，说它是什么，那么，各人所直觉的不同，彼亦一是非，此亦一是非，我们将根据什么来判断它的真伪。关于上帝的信仰，也是这个道理。

在儒家思想中有两种似乎是相反而实在是相成的观念并行着。一种是自然主义的天道观念，如“天命之谓性”，“五十而知天命”，“获众于天”。另一种是宗教信仰的鬼神观念，像“祭如在，祭神如神在”，“鬼神之为德，其盛矣乎。视之而弗见，听之而弗闻，体物而不可遗，使天下之人，斋明盛服，以承祭祀，洋洋乎，如在其上，如在其左右”。这里面最值得注意的是那个“如”字，“如”好像是有，又好像是没有，究竟有没有呢？儒家的回答是：有，但也没有。有，正如我们在上面已经引过那句话所说的：“天何言哉？四时行焉，百物生焉？”四时之行，百物之生，明明摆在眼前，哪能说没有。又如人的声音笑貌，都在眼前，哪能说没有人，没有“心”。但也是没有，因为“天何言哉”？因为“上天之载，无声无臭”。而结论就是：“莫见乎隐，莫显乎微”，“道”以“器”而显，“天”以自然而现，上帝以万物及其规律与其理而知。因此，儒家就用“如”字来表达这个似乎是矛盾的观念。所以儒家思想，虽然是人文主义，但又包含了宗教的成分，这与现在西方的自然主义有神论（naturalistic theism）颇有近似之处。

以上关于上帝存在问题的讨论，我们可以用几句话来作一结束。上帝是存在的，并且他的存在不需证明，因为“上帝”是一个名词，是拿来代表宇宙里客观地存在的许多复杂现象、事实和规律的名词。因为这些客观的东西，无论从宗教的眼光看来，或是从科学的眼光看来，都是彼此联系着的，都是在同一真理支配之下的，所以宗教家说：上帝是唯一的神。人们把“上帝”情感化、人格化，因为人有情感的需要，但只要想象是建筑在事实上面的，我们就不应当反对。你可以否认上帝这个名词，但你不能否认这个名词所代表的事实。你在不知不觉之中，每一时刻都在与上帝接触，正如人每一时刻都在呼吸空气，正如鱼每一时刻都在水中游泳，因为上帝不是别的，正是弥漫着宇宙，贯彻着宇宙，为人所不可须臾离的那些“道”，那些定律，那些真理。所以保罗说：“其实他离我们不远，我们生活，动作，存留，都在乎他。”这就是我们所说的科学的上帝观。

二、上帝的信仰与唯物论

从唯物论的眼光看来，上帝的信仰，在哲学上是唯心论，在社会生活中是迷信，是反动，在社会革命成功以后，因为造成这种信仰的社会条件消灭了，信仰本身，自然也就被淘汰，所以马克思说：

只要使人们日常生活中的实际关系，变成人和人间，人和自然间的透明合理的关系表现出来的时候，现实世界在宗教上反映出来的东西才会得到普通的消灭，只有社会生活过程中的制度（即物质生产过程中的制度）是社会人们去自由地建立，去有意识有计划地支配的时候，隐蔽着这制度的神秘的外表，就开始被脱下来丢弃了。

马克思所说的是不错的。的确，宗教的大部分，尤其是关于上帝信仰的大部分，是迷信，是反动，是隐蔽着现制度的神秘外衣。社会制度改变以后，它必被脱下来丢弃了。但是建筑在客观事实上面的，能够满足人们亘古追求的宗教和上帝的信仰，是不会消灭的，正如诗歌、音乐，和艺术的不会消灭一样。未来的宗教，连上帝的信仰在内，将来必定会取得新的形式，表现新的精神，也许我们连宗教这个名词也会放弃，正如社会主义和没有阶级的社会实现以后，这些名词将变成历史的陈迹一样。但是宗教信仰所包含的要素，还是要在人生占一个重要的位置的。

我们在前一章所叙述的上帝观，似乎和唯物论融和起来，然而它不是唯物论，读完了这一本小书，就会很清楚的晓得。然则它和唯物论的关系是什么呢？

在 17 世纪的欧洲，有一位很特出的哲学家名叫斯宾诺沙，他的上帝观和我们所提出的上帝观，在基本上有一些相同之处。他认为所有的一切都是上帝，正如保罗所说的，一切都在上帝里面存留，动作。自然的普遍法则，和上帝永恒的旨意是同一的事。世界好像一座桥，上帝就是这座桥所根据而造成的那些几何和机械的法则。这是支持着这桥的基础，若没有它们，桥就要倒塌下来。宇宙像桥一样，是被它的基础和法则所支持着，是在上帝的手中被举起来的。上帝的旨意和自然的法则，既是同一的东西，所以世界里的一切事都只是不变的法则机械地运行着，而不是一个坐在天空里的独裁者任意的作为。因此这是一个定命的世界，而不是一个有什么目的的世界。因为人总是自觉地为着一定的目的而行动，所以我们以为世界的程序也是一样的，但这无非是一个“拟人”的幻想。哲学上最大的错误，就是把人的目的、标准，和爱恶影射到客观的世界里去。因为这样，我们就有所谓“苦厄”的问题，要把人世间的痛苦，和上帝的良善调和起来，而忘记了《旧约》书中《约伯记》所说的，上帝是超乎人类渺小的善恶之外的。所谓善恶，是从人类的爱憎和目的的观点所得来的看法，而这个观点往往因着每一个人不同的爱憎和目的而差异。宇宙是无穷无尽的，而人类在里面不过是微尘，是蟪蛄。他的观点算得什么？在自然界里，有些事情，他也许以为是可笑的、离奇的，或是丑恶的，那只是因为他对事物只有片面的或局部的认识，而对于整个自然界的秩序和联系，大体上是无知的。自然界的事物，无所谓丑或美，紊乱或有秩序，这无非是人的看法。根据这个观点，上帝就不能说是具有人格的，如果我们说上帝是能够看见、听见、观察，或决定什么事情，像人一样，那么“假如一个三角形能说话，它同样的也一定会说上帝是三角形的，而一个圆圈也会说上帝的性格是圆的”。这就是斯宾诺沙的上帝观。这是一个崇高的，超出庸俗见解的上帝观，而与斯宾诺沙同族的犹太人，就把这上帝观看作异端，把他摒弃。

我们说斯宾诺沙的上帝观，和我们所提出的上帝观，在基本上有一些相同之处，因为他把上帝和客观的宇宙，看为同一东西，这好像我们所说的，只有从宇宙的现象中去认识上帝，离开这现象，我们就无从认识上帝。这是所谓泛神论。但基督教的上帝观，却在这上面加了一些东西，这些东西就使它与斯宾诺沙的上帝观和唯物论的宇宙观不同。

不论是泛神论或唯物论，它们对于客观世界的看法，只是一个横的，而不是一个纵的看法，而基督教的上帝观，却是把纵的看法和横的看法联系起来的。这是什么意思呢？比如说一个海洋吧。所谓横的看法，就是去看海洋上面的波浪和它种种的形象，所谓纵的看法，就是从海面到海底，对整个海洋的看法。海洋上面的现象，固然是海洋，但海洋不只于此，海洋底下的每一层、每一滴和里面的鱼类植物等等，也都是海洋。洋面的东西是看得见的，而下面的东西却是看不见的。基督教的上帝观，就等于把横的洋面，和纵的深度联系起来看。又假如我们再把上面所说过的那个“人”和他的“心”用来作个比喻。所谓横的看法，就是去看这个人所说的每一句话，他所作的每一个表情，和他的每一个动作。这些都是表面上的，具体的，看得见的，有时间性的东西。我们在上面说过，我们不靠着这些东西，我们不能知道他里面的那个所谓心。但是心不只于此。一个人的人格，像海洋一样，有他横的方面，也有他纵的方面。所谓纵的方面，也就可以说是他的人格的深度。平常我们遇见一个有“城府”的人，你虽然看见他外表的一切，但你却不知道他的心里想的是什么。就是那些态度诚恳的、里外如一的人，我们也不能单靠他的外表来判断他里面更深挚的人格。外面的东西不过是里面的东西一时的表现，正如海洋上的波浪，是整个海洋最上层的表现。就人的心来说，我们并不否认，假如一个人没有从外界得来的种种刺激和他对它们的反应，根本就不能有所谓心。但这并不能否定了我们刚才所提出的论据，那就是说，心有它的深度，这深度不能被某一次或某几次外表的东西完全表现出来。这一个深度，用哲学的名词来说，就是“存在”或“本体”（being），而那个横的方面，就是所谓“演变”或“现象”（becoming）。用中国固有的名词来说就是“体”和“用”。因为人格有纵的方面，有一个我们不能不假定是“存在”着的“心”，所以我们就能够有所谓“神交”，有所谓“心心相印”。这些名词告诉我们说，人经过某种程度的认识以后，不必常常靠着外表的东西，就能彼此认识里面的那个所谓“心”，彼此发生一种神契，甚至有的时候，某一种外面的表现，单独看起来，应当作某一种解释，但从整个纵的人格的认识看来，却又应当作另一解释。因此，我们可以下一个结论：对于心的观察，只是横的看法是不够的，必须把横的看法和纵的看法联系起来，我们才能对它有一个正确的认识。

从海洋和心说到上帝，也是一样的道理。从宇宙间种种可见的现象，我们发见了一个贯彻着维系着万事万物的力量，这力量我们称之曰上帝。我们离开可见的现象，就不能知道上帝是什么，但是单靠可见的现象，我们却不能完全认识上帝，因为他有他纵的方面，有他的“存在”，正如“心”有它纵的方面，有它的“存在”。上帝的横的方面，就是神学的所谓“内在”的（immanent）上帝。所谓“内在”的，就是在宇宙间可见的，万象之内的意思。上帝的纵的方面，就是神学所谓“超然”的（transcendent）上帝，所谓“超然”的，就是超乎万物之外的意思。单单把上帝看作内在于万物之中的原则，或真理，这就是泛神论的上帝观和唯物论的宇宙观。把上帝看作是内在的，同时又是超然的，如同我们对于一个知友，不但看他的外表，也和他发生神交，这才是基督教的上帝观。

现在我们要把所谓内在的上帝观和超然的上帝观拿来作进一步的解释。在人的方面，我们曾经说过，不看他的外表，我们无从知道他的内心。但是有的时候，横的外表，不一定能代表他纵的内心，因为他的人格有深度，正如一个海洋有深度一样。现在我们就从这个比喻，说到上帝。《诗篇》第 37 篇说：

不要为作恶的心怀不平，也不要向那行不义的生出嫉妒。

因为他们如草快被割下，又如青菜快要枯干。

你去倚靠耶和华而行善，住在地上，以他的信实为粮。

又要以耶和华为乐，他就将你心中所求的赐给你……

还有片时，恶人要归于无有，你就是细察他的住处，也要归于无有。

但谦卑的人必承受地土，以丰盛的平安为乐。

单单看作恶的、行不义的，和他们所享有的地位、势力，和安逸，而把这些东西认作上帝对世界的作为，因而发生嫉妒和悲观，这是横的看法；看得深一点，看见作恶的人必定“枯干”，必被“割下”，看见谦卑的人必将“承受地土”，这是纵的看法。又比如看整部《约伯记》，约伯以为他自己没有罪，而上帝却惩罚他，这是表面的，横的看法。约伯的三个朋友，认为约伯是有罪的，要不然，上帝就不会惩罚他，这也是横的看法。但是到后来，约伯觉悟了，约伯的朋友也低首无言了。他们晓得人生的痛苦，不一定与个人的罪恶有直接的联系，而上帝是超乎人类渺小的因果观念之外的，这是纵的看法。我们又可以看耶稣自己所说的一句话：

因为凡要救自己生命的，必丧掉生命，凡为我丧掉生命的，必救了生命。

这是《圣经》里面最值得玩味的一句话，也是世界任何人所未曾说过的，一句最深刻的话。在这句话里面，“要救自己生命的”是横的看法，因为他只看到表面的、目前的、个人的需要。但是这一个态度所得到的结果，和他所期望的结果刚刚相反。它所得到的结果，就是这句话后半段所说的："必丧掉生命"。知道这个态度的结果是"丧掉生命"，就是纵的看法。同样的，"为我丧掉生命"，从一般人横的观点看来，只是"丧掉"而已，但是从耶稣纵的观点看来，它并不是"丧掉"，而是"救了生命"。把人生这些因果关系看作是上帝的作为，从而解释上帝的性质，这就是单单从"内在"观察的上帝观和把"内在"与"超然"联合起来看的上帝观所以不同的地方。

唯物论（指辩证法唯物论）和泛神论未尝没有它们"纵"的看法。斯宾诺沙的上帝，也有一个"心"，然而这个"心"也是"内在"于万物之内，而不是超然于万物之外的。唯物论的唯物史观，把整个历史的演变联系起来，把它当作一个有机体的东西去研究，而不只看一时一地的现象，似乎也是"纵"的看法。但实际上，这一种历史的态度，也只是"横"的看法，正如看一道河流，即使从源泉看到终点，但只看河面，而不看河面底下的东西，这也还是"横"的看法。但这并不是说，只有基督教的上帝观才有"纵"的看法，而其他思想系统和宗教信仰都没有。它们的不同，无非是注重点之不同，和所注重者程度之不同而已。从我们上面所阐述的上帝观说，上帝是贯彻宇宙的真理，谁都可以体认他。因此，一切带有"纵"的成分的思想，可以说是部分地与基督教的上帝观相同的。

那么，唯物论和基督教的上帝观，因为它们注意点之不同，对人生态度所产生的不同的结果是什么呢？

唯物论所注重的是变，是现象，是此时此地的世界。从它的观点看，一切都是相对的，这是"横"的看法。基督教却把"纵"的和"横"的联系起来。一切都在变，但一切都是根据着不变的法则和真理而变的。一切都是现象，但现象却是本体的表现。此时此地，是我们生活的舞台，然而这个舞台，却是建筑在永恒的基础上面的。这永恒的基础，从整个世界来说，也还是那些不变的法则和真理，从人类社会生活来说，就是这社会生活所赖以维持的那个"道德的秩序"（moral order）。道德的观念，可以随着时代而改变，但人的要求自由平等，要求丰盛的生活，却是永不改变的。因此，一切都是相对的，而同时也是绝对的。

因为基督教有"纵"的看法，所以它可以有一个崇拜的对象——上帝，正如我们对人有“纵”的看法，所以能够“神交”，能够“心心相印”。一对朋友，在友谊达到某种深度的时候，他们可以不靠外表的言语、动作，和表情来通达彼此的意思，他们可以相对无言，而还是心领神会。同样的，我们对上帝的体认，达到某种程度的时候，也可以不靠着世界里可见的东西，就可以和他发生神契，如同《约翰福音》所说的：“上帝是个灵，所以拜他的必须用心灵和诚实拜他。”这样去看上帝，他就不再是哲学家抽象的观念，而是一个活泼泼的，与人鼻息相通的崇拜的对象。实际上，斯宾诺沙泛神的上帝观，虽然否认人格的观念，但当他把上帝当作崇拜的对象，对他发生理智的爱（intellectual love of God）的时候，他的态度与相信“人格神”者的态度，并无二致。斯宾诺沙的这种理智化的宗教热诚，遂使他被称为“陶醉于上帝的人”（God intoxicated person）。同样的，一个唯物论者，当他从历史演变的规律，产生对社会变化的某种认识，又从这理智的认识，产生白热化的情感，以百折不回的精神，把它应用到社会行动上去的时候，他的态度与信仰上帝者的态度，也并无二致，虽然他们的思想方法，在表面上是不同的。因此，凡是对于一件事情，不只在“横”的方面，看它一时的演变，也从“纵”的方面，看出它必然的趋势，又把这个“确信”，变成支持着生活的一个前进的力量，这实质上和上帝的信仰是一样的。

上帝的信仰和唯物论没有冲突，因为同唯物论一样，它认为宇宙的万物是客观地存在着的，是可知的，是可以用科学的方法去体验的。但上帝的信仰不是唯物论，因为它在唯物的宇宙观上，加上了一点东西——把贯彻着宇宙万物的客观真理一元化、情感化、人格化，称之曰上帝，把上帝当作一个指导和支持生活的力量。但上帝的信仰，照我们上面所说的，却又不是唯心论，或是一半唯心的二元论。上帝的信仰，在宗教思想史上，所以和唯心论结成不解之缘，却也有它的原因。举一个例来说：柏拉图的思想，一直到现在，对基督教有极大的影响。根据他的哲学，现实的世界是虚幻的世界，是变动的世界，是不完全的世界，只有理念的世界是真实的，永恒的，完全的世界，而最高的理念，就是上帝。这种思想被传入基督教，就变成心和物对立，灵和肉对立，理想和现实对立，把二者分开，而只把心、灵和理想等等看作自存的东西，把物、肉和现实看作它们的附属物的思想系统。一方面，这思想系统固可以给人以超然物外的崇高精神，但另一方面，出世和逃避现实的观念，也可由此而生，而宗教便变成“人民的鸦片”。后来资本主义应运而生，宗教遂成为反动的工具，而有产者们，平常只管从事于反社会的事业，礼拜天仍然可以“天君泰然”地在礼拜堂做礼拜，因为灵是灵，肉是肉，并且如一般人说法，是灵重于肉。又如康德用“实验的理性”，来证明自由意志、永生和上帝的真实性，实际上就是在宗教的领域内，把理智打倒，给信仰留出地步。在宗教思想史上，这是一个划时代的发展，因为近代的科学思想，机械的唯物论，和启蒙时代对理智的尊崇，都曾把超自然的宗教信仰，抨击得不留余地，似乎有了理智，就不能有宗教信仰。康德就是要把宗教信仰从这个危机挽救出来，证明纯粹的理智，对于宗教信仰是不适用的。康德的这种理论，是否能够成立，我们不必在这里讨论，但因为康德为宗教信仰开了这一条新路，有些人便认为在宗教信仰上，可以完全把理智丢开，而结果就是现代许多派别的想入非非，玄之又玄的宗教思想。他们以为信仰是主要的东西，而信仰又是心的作用，所以心是高于一切的。所以属灵的东西，是人生的至宝。他们把《圣经》里所说的“悔改”和“重生”，认为是与社会生活无关的，以为人的心改变了，其他的一切，就都可以跟着改变，虽然在实际生活上，他们并不否认社会环境和物质条件，对人的精神生活的重大影响。这就是宗教信仰里面唯心趋向，所以形成的原因。在《圣经》里面，尤其是在保罗的书信里，当然有许多地方，可以作唯心的解释，若不然，则基督教唯心思想的发展，也不会到今日的地步。

上帝的信仰既然和唯物论不同，它们在人的生活里会发生什么不同的作用呢？第一，因为唯物论者对于一切事情的看法都是相对的，所以它就把此时此地，或历史某一阶段的演变或需要，看成是绝对的。譬如说，社会和人的关系。从唯物论者看来，社会革命的每一阶段，都有它特殊的任务，在当时当地，这任务是绝对的，人在其中的地位，和他的价值的衡量，就是看他对这绝对的任务所能有的贡献，所能起的作用，而不是看他本身的、可能的、超时代的价值。从唯物论者看来，因为革命的任务是绝对的，某一个人在其中的地位，就变成相对的了，虽然这绝对的任务最后的目标，还是为着整个的人类。从基督教的眼光看来，人是必须在此时此地生活的，也必须把他所信仰的永恒真理，在此时此地应用。因此一个违反时代需要的人，是应当受社会制裁的。因为违反此时此地的需要，就是违反他所相信的永恒真理。但在另一方面，基督教看人是上帝的儿女，每一个人都有他本身的价值，都是一个“目的”，而不是应当被用来达到任何有价值的社会目的的工具。就是一个现社会里被认为是犯罪的人，或是在社会变革的时期中，被认为是反动的人，也是具有同样的价值的。这就是基督教对于人的相对的，而同时又是绝对的看法。这也就是我们上面所已经说过的横的，而同时又是纵的看法。因为唯物论者，把相对的东西看成是绝对的，所以它就无所谓谦卑和容忍。因为基督教把一切的东西看成是相对的而同时又是绝对的，所以它在此时此地所做的事情，虽则同唯物论者所做的是一样的，但他做事情的态度，就有点不同了。他应当有谦卑容忍，因为他看此时此地的那一阶段的相对，只是那无穷无尽的绝对，在某一时间所应有的演变。看过《三国演义》的人，大概都还记得一件事，就是孔明挥泪斩马谡。假如孔明是个唯物论者，他把马谡斩了就算了，决不会挥泪的。即使他免不了人的情感而挥了泪，他也许会责备自己说，这是多余的。但孔明究竟是一个普通的人。马谡是斩了，但同一个真正的基督徒一样，他也挥泪了。在这两个说法里面，斩马谡的事实是一样的，然而态度就不同了。

唯物论者和基督教这两个对人不同的态度，各有它们的长处，也各有它们的短处。一个永远抱着谦卑、容忍、同情之心的人，一个斩了马谡而还要挥泪的人，很容易因为“永恒”而忘了现实，因为绝对而轻视相对，因为某一个人的本身价值而妨碍了整个社会应有的进展。这是基督教的危险。另一方面，只注重了整个社会应有的发展，而忽略了某一个人本身的价值和可能的发展的时候，也许历史某一阶段的目的是达到了，然而所达到的目的底质的方面，却因此而受了损伤，因为它忽略了某些人在一个更长时间里所可能有的改变，和可能发生的积极的作用。

不但对人的态度是如此，就是对知识、真理，和社会革命种种问题，也是一样的。基督教因为有一个“绝对”的看法，所以它对于这一切，都抱着一个谦卑的态度。宇宙的真理是可知的，然而我们现在和将来所能知的，只不过像大海中之一滴。有许多东西，也许我们永远不会知道，也有许多东西，也许我们能够知道，然而知道的方法，不一定是靠着我们平常所认为是理智的方法。又譬如说到社会革命的问题，某一阶段的变革，是应当的，它所能实现的改进，也是应当的，然而这一个变革，只是无穷的变革的一个阶段，这一个改进，也只是无限可能的改进的点滴。这种态度的好处，就是它能够把事情看得恰如其分，永远保持它的视线所应当有的各方面的景象（perspective）。它不但有容忍，有谦卑，也不会因为对于某一件事情过高的期望，而引起幻灭。它的坏处就是永远拿绝对的东西来衡量目前相对的东西，而对于相对的东西，给予一个过低的估价。有的时候，像唯爱主义者一样，认为人类最高的理想是爱，因而对于一切足以改进社会却违反“爱”的原则的行动，都加以反对。也有的时候，因为轻看了目前的东西，就以局部的、改良的、不彻底的变革为满足。

根据基督教对上帝的信仰，它还有一点是和唯物论不同的。唯物论对于社会问题的看法，总是以社会物质生活演变的法则做出发点，而基督教却是以上帝的爱，和这个爱所要求的公义、自由、平等为出发点。从唯物论者看来，这是唯心论，但我们以为它不一定是唯心论。我们相信：就是一个唯物论者，在他从事革命事业的时候，他一方面固然要冷静地，客观地研究社会生活的法则，用它来指导行动。但同时，他的内心也必定有一股热情在燃烧着，要他为社会为人类求自由，求平等，求解放。也许他之所以从事于社会演变的研究，正是由于这种热情的驱使。这样看来，要紧的不在乎我们的出发点是什么，而在乎我们对于这出发点所指示的目标底实现的方法，是否正确。

我们的结论是：上帝的信仰和唯物论没有冲突，正如它和天演论没有冲突一样。因为天演论和唯物论都可以当作是上帝在自然界用以表现他自己的作为底方法。因此一个信仰上帝的人，同时也可以相信唯物论。但从另一方面说，现在流行着的唯物论是反宗教的，是和上帝的信仰不相容的。然而我们相信：上帝的信仰，如果照我们以上所解释的，一个相信唯物论者应当也可以接受。再进一步说，上帝的信仰，可以把唯物论包括在内，因为后者只有横的看法，而前者则兼有纵的看法。根据同样的理由，唯物论就不能把上帝的信仰包括在内。我们说过，上帝的信仰，在若干流行的形式里面，有它的危险，然而这些危险并不是不能避免的。这是我们现在所能下的结论。至于将来呢？时代是要演进的，思想也是要演进的。假如辩证法的法则是对的话，我们又安知上帝的信仰和唯物论，这两个似乎是矛盾的思想系统，将来不会有一个新的综合呢？

三、从直觉去体认上帝

我们在本书的第二章里面讨论到上帝的存在问题。这个讨论是完全根据理智的分析的。我们说，上帝的存在是不须证明的，因为上帝这个名词不过是代表着人所能够认认到的在宇宙间已经存在着的客观的现象和真理。因为人是情感的动物，有情感的需要，所以把这些客观的现象和真理，情感化、人格化，称之为上帝。这是对于上帝信仰的一个纯理智的分析。但是大多数的人，他们对于上帝的信仰和认识，却不是从理智的分析得来的。一个没有信仰上帝的人，对于这样理智的分析，就是完全接受了，也不一定就会信仰上帝，就是信仰了，至多也不过是理智上的信仰，不会在他的生活里发生多大的作用。

我们为要解释上帝存在的问题，曾经用人的心作过一个比喻，说，要认识心，就要观察一个人的外表的、个别的行为，再把它们归纳起来而加以判断，决定它的“好”或“坏”。但我们相信多数人不是用这样的方法去认识别人的心的。他们的认识，主要的是从“直观”得来的。什么是直观呢？一般地说，所谓直观，就是没有经过意识的理智作用而直接从一个事物的全体所得来的一种认识。有的时候，我们看一个人，听他讲几句话，马上就可以晓得他的为人是怎么样；在男女的关系上，我们也有“一见倾心”的说法。这固然是可以发生错误的，但是大体上说，这种认识人的方法不能说是完全靠不住的。我们看见一朵花，不必细细分析它的颜色，花瓣的构造，叶子的配合，再加以考虑，然后才判断它的美不美。这些东西，从科学的眼光看来，也许都是构成美的必需的成分，但是我们不必经过理智的分析，就能体认出来。同样地，我们看见一幅图画，听了一曲音乐，看见一个小孩，都不必经过理智的分析，就能欣赏他们的美和可爱。这都是艺术。艺术里面有科学，然而艺术的本身不是科学，艺术的欣赏更不是科学。艺术是属于情感的东西，而情感作用所需要的不是分析的理智，而是综合的直觉。没有综合的直觉，就没有艺术。

从艺术说到宗教也是一样的道理。大概有许多人都曾经在一个晴朗的夜里，看过天空的繁星。这静静地闪耀着的无数光点，使我们感觉到宇宙的空阔、辽远、美丽、整齐。在静默的欣赏中，我们会惊奇、赞叹，发生一种景仰、崇拜的情绪，因为我们觉得这宇宙是太伟大，太神奇了。又有的时候，我们在一个大海洋上，看见鱼跃鸢飞，天空海阔，或者在一个高山顶上，俯瞰大地，尽洗尘襟；或者看见一个雄伟的瀑布，像万马奔腾，排山倒海；或者在灿烂的晚霞中，看见日落；在危崖峭壁上，遇见暴雨——在这样的时候，我们也会发生惊奇、赞叹和崇拜的情绪，因为我们觉得这宇宙是太伟大，太神奇了。有的时候，我们在地上采了一朵小小的花朵，它的构造是那么细致、纤巧，颜色又是那么鲜艳和谐。似乎有一个奇妙的匠人给它布置、装饰，使它的一切都恰到好处。我们不知道这个匠人是谁，我们只知道这不是由于小花朵自身的意识或力量。有的时候，我们看见一匹斑马，或是一只孔雀，它的斑纹，它的彩色，似乎都有一定的规律和节奏，看的人，不知道它们的所以然，它们自己，更不知道它们的所以然。我们又可以想到一颗子粒，一个细胞，它们怎样的生存、长大、繁殖，怎样的从一点最微小的生机，逐渐地发展，终于按照一定的类型，变成一棵树，一只鸟，一个人……在人事界中，我们也可以看见同样的现象，我们读到诸葛武侯的《出师表》，文天祥的《正气歌》，或是看见一个慈母对于她的儿女的热爱，一个朋友对于他的知己的牺牲，或是一个爱国者为他的国家、民族，杀身成仁……在这样的时候，我们会感觉到他们都好像受着同一力量的支配，使他们不得不如此。这是一个什么力量呢？英国的诗人田尼孙（Tennyson）说：

墙缝里的小花啊，
我从墙缝里把你摘出来，
我把你连根带叶地抓在手里。
小花啊，
倘若我能明白，
你连根带叶，
一切的一切，是什么东西？
那么，上帝和人是什么，

我就都会明白了。

如果我们知道一朵花是什么，我们就知道上帝是什么！这是不是把一切不可思议，不能解释的事都推到一个造物主的“上帝”就算完事了呢？不是的，我们信仰一个上帝，并不只是因为宇宙里许多事情的不可思议，不能解释。我们相信上帝是因为在一切可解释和不可解释的事物中，在一切平凡的或不可思议的现象中，都直觉地发见一个创造的力量。这力量不是我们自己，却在我们当中运行，不是万物的本身，却在万物当中运行，使一切的一切，都不靠赖我们主观的意识，按着它们自己的定律，去造成我们这个五光十色的世界。在自然界的现象是这样，在人事界的现象也是一样。文天祥有两句诗说：

人生自古谁无死，留取丹心照汗青。

“丹心”是什么，我们不知道；如果我们知道它是什么，我们就知道“上帝”是什么。我们只知道“丹心”不是我们主观意识的产物，而是我们直觉地体认客观真理的产物。我们之所以能够体认到它，不是由于理智的分析，而是由于我们照着人之所以为人的那个道理，也就是匹夫匹妇所共知的那个道理，去作一个人。这个道理也就是儒家的所谓“仁”。

上面所说的，在自然界中那个创造的力量，和在人事界中那个人的道理，我们无以名之，就名之曰“上帝”。我们说过：这个上帝的认识，不是由于理智的分析，而是由于直觉的体认，而所谓直觉的体认，又不只是静的、旁观的体认，像我们体认一朵花的美，或是一个小孩的可爱，它也是生活中动的，身历其境的体认。《约翰一书》有一句话说：“从来没有人见过上帝，我们若彼此相爱，上帝就住在我们里面，爱他的心在我们里面得以完全了。”这就是说，我们若要认识上帝，和他发生关系，就要实行上帝之所以为上帝的那个爱。在我们的生活中，我们直觉地感觉到一个力量，这一个力量叫一个母亲爱她的孩子，叫一个人爱他的朋友，叫一个烈士杀身成仁。他们之所以感觉这个力量，不是由于理智的分析，更不是由于利害的计较，他们只是直觉地感觉到非如此不可。他们晓得他们之所以如此，是由于一个客观的力量的驱使，而不是由于主观爱恶的选择，因为假如是他自己所选择的话，他要自私，要保存自己的生命。他越顺从了这个客观力量的命令，他就越能感觉到这个力量是他的严师、益友，是使他能够做成一个人所不可缺少的元素。

这个力量就是我们的所谓上帝。西方有一首民歌和我们这里所说的这个道理有点相像：

你知道我为什么爱你？
为什么时刻将你惦记？
啊！我简直说不出所以，
只晓得那是真的，真的！
为什么蜜蜂爱鲜花？
为什么小鸟爱在枝上啼？
为什么小孩爱妈妈？
为什么藤萝爱爬梯？
为什么鱼儿爱游水？
为什么晚星对人笑眯眯？
我只晓得这都是上帝的好意。
也许就是这位上帝叫我爱你。

不但在人事界是这样，在自然界也是一样的。我们看见天空的繁星，看见花开日落，从它们直觉地体认到上帝，我们所体认到的就是这些东西的美和真理。这个体认不只是旁观的静的欣赏，它也能够渗透了我们的生命，把我们溶化在它里面，使我们爱好一切美的东西，也使我们向着一切真的东西追求，正如我们在人事界里直觉地体认到人之所以为人的那个道理，便把它在生活里应用，使我们不知其所以然地为着一切善的东西奋斗一样。一个人在这样作的时候，久而久之，他会对那个不可知的创造的力量，就是那镕铸了他，维持了他，引导了他的力量，发生一种亲切的神契的关系。在这时候，尤其是他在静默中回味着他自己的生活的时候，他便会感觉到上帝的存在，正如《诗篇》第 46 篇所说的：

你要安静肃穆，要知道我是上帝。

这就是人生在直觉所能体认到的上帝。

四、《圣经》中的上帝

上帝是经验，不是理论；是真际，不是玄想；人在生活中体验到上帝，就用种种的话来形容他，用种种的理论来解释他。这就是说：先有经验，后有理论。但我们还可以进一步说，经验的背后是事实；尽管我们对事实认识不清楚，对经验解释不正确，经验还是代表我们从事实所得到的一种印象。这就是说：先有事实，后有经验。

从上面那一段引论里，我们就可以体会到《圣经》中宗教经验的意义，尤其是对上帝的经验的意义。《圣经》中的上帝不是一成不变的，他是随着时代，随着人的认识而不断地演变的。不是上帝改变了，是人的认识改变了、进步了。正如我们看太阳，晴天的太阳和阴天的太阳是不一样的，瞎眼的、近视的、色盲的，他们所看见的太阳也不是一样的。不是太阳改变了，是太阳的真象因着主观或客观的障碍而改变了。《圣经》中的上帝也是一样。富士迪在他的《明经指南》（*A Guide To Understanding The Bible*，青年协会书局出版）中说："《圣经》中上帝的观念是常常改变的；不只是这样，《圣经》的每一个地方，都会使你意识到：上帝的高深广阔，没有被人认识，也不可能被人认识。"《约伯记》里面的话是对的：

> 你考察，就能测透上帝吗？你岂能尽情测透全能者吗？他的智慧高于天，你还能作什么？深于阴间，你还能知道什么？
>
> （第 11 章第 7 至 8 节）

这几句话可以充分地代表《圣经》中的人物对上帝的态度。

《圣经》中的上帝起先只是一个战争的种族的神；到后来他就变成一个爱的上帝："凡是在爱里面的，就是在上帝里面"（《约翰一书》第 4 章第 16 节）。他起先只是一个地域性的神，爱他所特选的部落，却恨其他的人；到后来，他就变成一个为全世界所敬仰崇拜的天父。起先，他可以中园中行走，与人接触，或者让摩西看见他的背，但到后来，人们就要说："从来没有人见过上帝"（《约翰一书》第4章第12节）。起先，他下令把婴儿和吃奶的都杀掉，但后来他变成一个怜悯的上帝，甚至"不愿意使一个小子沉沦"（《马太福音》第18章第14节）。起先，他是具足威严，使人发抖，甚至使人说："不要上帝和我们说话，恐怕我们死亡"（《出埃及记》第20章第19节）；到后来，他就变成我们无形的朋友，变成我们在孤独中祈求的对象。在起先，他最高的社会理想只是一个部落的胜利；到后来，他的信众所要向他祈求的却是一个公义和平的世界的降临（以上各点均见上引富氏原书第53至54页）。

现在让我们把《圣经》中上帝观的演变作一个简略的叙述。《创世纪》的第一章所表现的上帝是一个独一的神，然而这个一神的观念却不是希伯来人从始就有的，而是经过长期的生活与思想才得到的。在出埃及的时候，希伯来所崇奉的是一个部落的神。在那时候，他们没有认识他们的神雅畏（Yahweh，亦作耶和华）。根据可靠的证据，摩西最先遇见雅畏是在"上帝的山"，那就是西乃山。最先，雅畏是一个山上的神，他似乎不能离开他的山。因此当摩西和他的族人离开西乃山的时候，雅畏是否会跟着他们走就成一个问题了。《出埃及记》曾三次说道：跟他们到迦南去的，不是雅畏，而是他的天使（见23、32、33章）。似乎雅畏原先并不是希伯来族的神，而是西乃山附近另一个部落的神，到那时候，才为摩西及他的族人所崇奉。在归向雅畏以后，他们大概就把他们自己祖先所遗留下来的许多观念，放在这个新的神里面。所以《出埃及记》记载着雅畏所说的这一句话："我是你父亲的上帝，是亚伯拉罕的上帝，以撒的上帝，雅各的上帝。"

这一个西乃山上的神雅畏，大概具有以下几种特性：第一，他是一个风暴之神。据《圣经》的记载，他首先向以色列人显现，是在一个雷电交加，山崩地震的时候（《出埃及记》第19及20章）。因此，在以后希伯来的思想中，雷和电还是被看作神力的表现。第二，雅畏是一个战争的神。"耶和华是战士，他的名是耶和华"（《出埃及记》第15章第3节）。他替他的人民打仗，使他们得到胜利。所以大卫和非利士人战争的时候，他就对他们说："我来攻击你，是靠着万军之耶和华的名，就是你所怒骂，带领以色列军队的上帝"（《撒母耳记上》第17章45节）。第三，雅畏是一个部落的神，而以色列族就是他的选民。他爱他的选民，恨他们的仇敌。在《出埃及记》、《民数记》、《约书亚记》、《士师记》、《撒母耳记》等书中，我们可以找到许多例证。有的时候，雅畏对他的仇敌的恨恶表现得非常残暴，例如：在巴勒斯坦王国初期的时候，他对扫罗说："现在你要去击打亚玛力人，灭尽他们所有的，不可怜惜他们，将男女、孩童、吃奶的，并牛、羊、骆驼和驴尽行杀死"（《撒母耳记上》第 15 章第 3 节）。他似乎很喜欢人把俘虏牺牲了来向他献祭；有时他甚至因为许愿者的爽约而发怒，例如：在《列王记上》他对亚哈说："因你将我定要灭绝的人放去，你的命就必代替他的命"（第 20 章第 42 节）。这件事发生的时候，已经不是远古的时代，而是在纪元前九百年。第四，以色列人对雅畏早期的看法是"拟人"的。最初雅畏是具有形体的；他有手有脚，有面有眼，有耳有鼻。虽然这些东西，后来慢慢变成一些象征。他可以往伊甸园中行走（《创世记》第 3 章）；他可以与亚伯拉罕同食和对话（《创世记》第 18 章）；他可以同雅各摔跤，使雅各说："我面对面见了上帝，我的性命仍得保全"（《创世记》第 32 章）。他喜欢祭物，起先是与献祭者同吃，后来就只要享受燔祭的香味（《利未记》第 3 章第 16 节）。许多先知对这些仪礼的抗议（如《以赛亚》第 1 章第 11 节，《阿摩司书》第 5 章第 21 节，《诗篇》第 50 篇第 13 节），都表明他们觉得这些对于雅畏的浅薄观念，实在掩蔽了上帝灵性的本质。后期犹太教一个特殊的成就，就是把对雅畏的拟人观念完全扫除；他们并且根据这种思想的发展，把古代的经典重写，使摩西的律法变成完全反对偶像崇拜的律法。应当补说一句：因为初期的雅畏是拟人的，所以他也具有人的喜怒哀乐；这在《圣经》中可以找到许多例子。

雅畏本来是住在西乃山的，但后来他就变成迦南的地方之神。这一个转变和以色列人的"约柜"很有点关系。"约柜"是雅畏对游牧民族在旅行中的临在的一个象征。在《圣经》的记载中有时"约柜"似乎代表雅畏亲身的临在，有时似乎只代表他的天使的临在。但无论如何，雅畏的居所是逐渐从西乃山转移到迦南去。到何西亚的时候，巴勒斯坦就变成雅畏的土地（《何西亚书》第 9 章第 3 节）。虽然如此，这时候的雅畏还只是一个地方的神；其他的地方之神，还是一样彼此被人承认的。当大卫受到扫罗的嫉妒而必须逃到非利士人的城市去的时候，他就抱怨地说："他现今赶逐我，不容我在耶和华的产业上有分，说：你去事奉别神吧"（《撒母耳记上》第 26 章第 19 节）。当约拿想逃走的时候，他的目的是要"躲避耶和华"（《约拿书》第 1 章第 3 节），好像到了别的地方，耶和华就不会在那里。

雅畏既然是一个地方的神，别的地方自然也有他们的神，而这些神也当然是真实而有能力的。因此，当一个人必须到别的地方去的时候，他就要敬拜那个地方的神，像大卫在非利士一样。甚至在耶利米的时代，人从圣地被掳到异邦去，就等于被逼敬拜异邦的神。“所以我必将你们从这地赶出，直赶到你们和你们列宗素不认识的地，你们在那里必昼夜事奉别神”（《耶利米书》第16章第13节）。以色列人到异邦去的是这样，异邦人到巴勒斯坦来的也是一样。所以，当叙利亚王在纪元前721年把移民放在撒马利亚，而他们把自己的神带来的时候，“雅畏就把狮子放在他们当中”（《列王纪下》第17章）。

自从雅畏变成迦南的地方之神以后，他自然也变成一个农业的神。在旷野的时候，希伯来人过着游牧的生活，但现在，他们同时也从事于耕种。这对他们的宗教自然有很大的影响。以色列人在迦南是被许多敌人围绕着的，像亚们人、摩押人和非利士人。在当时，迦南的“巴力”是农业之神，迦南人要他们的巴力诸神来给他们降雨，给他们丰年，正如以前的以色列人要他们的神做战争中“万军之主”。但后来，以色列人逐渐吸收了“巴力”崇拜的仪式，终于使雅畏自己变成巴力神之一。所以在许久以后，何西亚还是用雅畏的名来宣言说：“我必从我民的口中除掉诸巴力的名号”（《何西亚书》第2章第17节）。

以色列族和异族杂居的结果，造成一种混合式的宗教，那就是雅畏和巴力诸绅的混合。起先，当一个以色列人要得到战事的胜利的时候，他是求告雅畏，但当他要求雨的时候，他还是去崇拜当地的巴力。但后来，那两者逐渐地混合起来。这时候，雅畏的住处就不一定在约柜里，他也可以在许多地方的神龛里，拜巴力的地方也可以拜他，而巴力所具有的关于农业生活上的能力，也被加到他的身上。犹太教中许多关于农业的节期，就是这样产生出来的。后来甚至有人以牛为雅畏的形象而敬拜它。《出埃及记》中亚伦和金牛犊的故事（第32章），大概是在这个时候写成，其用意就是要反对这一个对雅畏崇拜的亵渎。

从上面所叙述的那些幼稚的上帝观，到后来崇高的上帝观，是一个长期的演变。首先，雅畏本来是山上的神，但后来他变成一个天上的神，而雅各所看见的异象，就是一个头顶着天，耶和华站在上面的梯子（《创世记》第28章第12节）。其次，雅畏本来是一个地方的神，他的权力是在这个范围之内，但后来，他就无论在什么时候，什么地方，都可以使用他的权力。再其次，地方的神虽然各有区域，但在同一区域里，还是可以敬拜别的区域的神，所以所罗门可以替他许多外国的妻子建筑“丘坛”，供奉她们的神（《列王纪上》第11章第7节）。这许多发展后来逐渐演变成一神的观念。然而这还不是真正一神的信仰，因为当时的犹太人虽然只崇奉他们自己的一神，他们还是相信别的神的存在。

关于雅畏的性格的深刻化，我们还可以找到一个因素，那就是以色列人游牧的伦理，和亚摩人商业的文明互相接触时所发生的冲突。巴力诸神不只是农业的，也是社会和经济的。犹太的国族本来是一个游牧的社团，他们在旷野中生活艰苦，有无相通，所以他们是一个最平等、最互助的民族。爱邻如己的诫命（《利未记》第19章第18节）就是这个优良传统的综述。亚摩人的商业文明就不然了，它是一个私有财产的制度，里面有统治者的专制，有贫富的悬殊，这都是与希伯来文化相冲突的。在纪元前9世纪的时候，一个伟大的先知以利亚就起来对巴力的崇拜发出抗议的怒吼。以利亚是摩西和阿摩司之间的一个巨人；他对雅畏的崇拜，表现绝对的忠诚。他在以色列人中找到七千个没有向巴力屈膝的（《列王记上》第19章第18节），这就是忠于雅畏而不肯妥协的一群。以利亚的抗议没有神学的意义，而是一种社会式的反抗，因为雅畏的崇拜，代表平等与友爱，而巴力的崇拜则代表少数的荒淫无耻，和多数的困苦颠连。这一个斗争的发展是很有意义的，因为它所产生的结果，不只是一神主义，并且是伦理的一神主义。这一个伦理的特质，是原先住在西乃山的那个风暴之神所不曾具有的。

在神学上，以利亚只是一个一神崇拜（monolatry）者，而不是一个一神主义（monotheism）者，那就是说：他自己所崇拜的是一神，但不否认别的神的存在。然而这个一神崇拜，到了纪元前8世纪的先知们，就变成纯粹的一神主义。这个一神主义的形成，与宇宙的创造维持那个哲学上的问题，没有什么关系，虽然《创世记》认为上帝是创造天地万物的。相反的，先知时代最主要的问题，却是一个实际的问题，那就是：在万国的诸神中，哪一个是最真实而有力的。当亚述王攻打犹大的时候，他举出列国的神，说他们没有一个能救他本国脱离亚述王的手；所以，即使是耶和华，他对于耶路撒冷，也是无能为力的（《以赛亚书》第36章）。先知们对这个挑战的回答，就是他们的一神主义。他们认为雅畏是统治全人类的，甚至他们仇敌的成败，也在他的安排之中。所以以赛亚的雅畏说：“亚述是我怒气的棍，手中拿我恼恨的杖”

（《以赛亚书》第 10 章第 5 节）。阿摩司也认为耶和华不只引领以色列人，也引领非利士人和亚兰人（《阿摩司书》第 9 章）。这样一个统治万国万民的神，自然会逐渐使其他的神失掉他们的真实性。

除了上面所说的这个一神信仰的实际性以外，还有它的道德性。这是第七第八世纪间先知们最伟大的贡献。《出埃及记》的雅畏是残暴嗜杀的，而放逐前的先知们——从何西亚到耶利米——却表彰一个富有道德性的上帝。先知们关于道德的斗争是失败了的，因为当时的犹太民族已经从一个游牧的社团变成一个专制的王国。弥迦所抱怨着的，正是当时一般的情形："他们贪图田地就占据，贪图房屋便夺取，他们欺压人，霸占房屋和产业"（《弥迦书》第 2 章第 2 节）。然而先知们究竟是胜利的，因为他们所宣扬的雅畏是反对他们这些社会和经济的不平等的。在一般的宗教中，诸神的功用，是维持现状，而先知们的雅畏却是反对现状的。他是超国界的，是万国的审判者；他无条件地要求社会的正义。

何西亚是最伟大的先知中的一个。同阿摩司一样，他严厉斥责背叛上帝的人民，但他对上帝的认识，却有独到的地方：上帝不只是裁判者，也是救主（《何西亚书》第 11 章第 8 至 9 节）。到了耶利米，实际的一神主义就达到登峰造极的境地；雅畏是超国家的，是完全伦理性的（《耶利米书》第 23 章第 23 至 24 节）。这一种思想后来就反映在《申命记》里关于雅畏的观念："唯有耶和华他是上帝，除他以外，再无别神"（《申命记》第 4 章第 35 节）。这里的一神观念也许还是指雅畏的能力而言，以为他的能力是无可比拟的，但后来一神的观念就逐渐演变成唯一存在的一神观念，因而在先知的眼中，敬拜别的神，就等于是不义（《耶利米书》第 11 章第 10 节）。这个一神的观念在希伯来人当中是不容易在短时期中被接受的，因为他们的信仰背景是多神的，而他们崇拜的地方，又不限定在某一个处所。既然只有一神，本来就在什么地方崇拜都可以，但崇拜的地方多了，残留着的多神信仰，也就不容易完全去掉。直到后来，圣殿变成崇拜的唯一处所，一般人才在他们的想象中建立起一个雅畏是唯一的神的观念。

把耶和华的崇拜集中到耶路撒冷是一个进步，但困难马上就来了。当圣殿被巴比伦人完全毁灭，而犹太人被放逐到美索不大米亚的时候，他们的敌人就会问他们："你们的上帝在哪里"（《诗篇》第 42 篇第 10 节）？自从犹太北朝在纪元前 721 年被毁以后，雅畏的圣地就只剩了犹大，而耶路撒冷就是雅畏崇拜统一的象征。现在连一个象征也被消灭；这不只是一个实际的问题，也是一个神学上的问题：这个唯一的上帝究竟是否真实而有能力呢？

对于犹太民族，这是一个悲惨的经验，但后期的先知们却把这个悲剧，变成他们宗教上一个伟大的成就。他们把他们的上帝观灵性化、普世化了。在这一件工作上，耶利米是开了一个端。当犹太人在巴比伦被人嘲笑着“你们的上帝在那里？”而感到彷徨苦闷的时候，耶利米给他们写过一封信说：“你们要呼求我，祷告我，我就应允你们。你们寻求我，若专心寻求我，就必寻见”（《耶利米书》第 29 章第 12 至 13 节）。上帝是无所不在的；人在任何时候，任何地方都可以个别地向他祷告。上帝不住在圣城和圣殿，也不需要祭坛和祭物。但是最彻底的一神主义，却要等到放逐中的以赛亚才得到完成。我们可以想象到他在巴比伦的境况：一方面，他们过去用来崇拜上帝的圣地和仪式都已被毁灭无余；另一方面，是巴比伦的诸神，似乎占着更优越的地位，因为他们所保佑的民族是胜利的。在这样情势之下，以赛亚的策略是进攻的，而不是防御的。他向大众宣言：雅畏的权威是至高无上的，他的统治是无远弗届的；其他的神都是一无所有的。这是一个鲜明的，不妥协的一神主义，是犹太人从来没有发挥过的。“我就是耶和华，在我以前没有真神，在我以后也必没有”（《以赛亚书》第 43 章第 10 节）。“我是首先的，我是末后的，除我以外，再没有真神”（《以赛亚书》第 44 章第 6 节）。“我手立了地的根基，我右手铺张诸天，我一招呼便都立住”（《以赛亚书》第 48 章第 13 节）。“耶和华对假神说：……你们属乎虚无，你们的作为也属乎虚无”（《以赛亚书》第 41 章第 21 至 24 节）。这些话就是这个鲜明的一神主义的注释。

上面那个崇高伟大的上帝观，并不是从一个民族胜利和得意的经验中得来的；它是一个被侮辱、被轻视、被放逐的民族在亡国的惨痛中所结的果子。一神主义本来不是由希伯来民族创始的；埃及人早就有一神统治全世界的思想。然而这个一神的观念是带着帝国主义色彩的；因为崇奉这个一神的民族要征服世界，所以他们唯一的神也要征服世界。但希伯来人的一神信仰却与此相反；它的上帝不是帝国主义，而是一个失败了的，忧伤的民族呼吁祈求的对象。这样的一神主义，实在就是放逐前的先知们的思想自然的演发。他们把他们的上帝当作是公义的，而公义的观念并没有地域性，也不对任何人或任何国家加以优待或歧视。凡是违反公道的国家都得不到上帝的保护，连雅畏的选民——以色列人——也是一样。在先知们的眼中，以色列人的放逐，并不表示雅畏的失败；相反地，它表示了他对以色列族所犯的罪应有的愤怒。

希伯来人这个一神的信仰的成就，可以说是一个道德的胜利。他们所以能达到这个信仰，并不是由于哲学和科学的兴趣，像希腊人一样，而是由于他们确信雅畏所主张的公义必定得到胜利。这个一神主义的结果不是一个新的宇宙观，而是一个革命的国际性的人生观。在《以赛亚书》中有几个地方提到“雅畏的仆人”（第 42 章第 1 至 4 节；第 49 章第 1 至 6 节等）；这个观念就是一个新的人生观。这个唯一的上帝不只是以色列人的雅畏，他是全人类的上帝，他的慈悲要使全世界都得救。这个雅畏的仆人“必将公理传给外邦”（第 42 章第 1 节），“我还要使你作外邦人的光，叫你施行我的救恩，直到地极”（第 49 章第 6 节）。这就不只表示了上帝的普在，并且表示了人类的一体。这样的上帝观的形成，是由于思想的奔放，眼界的开展，而这个理智的成果，又是建筑在道德的敏感和丰富的同情心上面的。

这个灵性的进展，在犹太民族中自然不容易被一般人所了解与接受。他们在放逐的时候，和回到耶路撒冷以后，都在生存斗争中过着一种悲惨的生活。他们的圣殿存在了 30 年就被毁了；圣殿的被毁帮助了他们达到上面所说的那个崇高的一神信仰；他们现在晓得上帝是个灵，上帝不住在人手所造的殿里。然而，他们的实际生活却使他们不得不强调他们的个性，和他们宗教信仰中特殊的仪式与习惯。如果不是这样，他们就会被巴比伦人的生活所同化。在放逐的时候，希伯来人最大的愿望是重建圣城和圣殿。《利未记》中许多的规矩和禁条（第 17 至 26 章）是在这个时候写成的。《创世记》所说的：“上帝在第七天安息，把它定为圣日”，也是这个时候所形成的思想。因此，放逐后回家的犹太人所要注重的，不是天下一家、世界一主的观念，而是他们自己的特点与个性。这就造成他们强烈的国家主义，不妥协的种族偏见，和固执的宗教信条。这都是一种矛盾的现象，而这个矛盾是不可避免的，因为先知们的真知灼见和民众的实际信仰，在任何的宗教里，往往是不能一致的。在《旧约》里，《以斯帖记》代表极端的国家主义，而《路得记》和《约拿书》则反对种族的偏见和国家间的仇恨，这就是这个矛盾的表现。上帝是唯一的上帝，是万国的上帝，然而一般的犹太人总是相信：他们自己在世界的拯救中，占着一个特殊的地位，所以撒迦利亚说：“地上万族中，凡不上耶路撒冷敬拜大君王万军之耶和华的，必无雨降在他们的地上”（《撒迦利亚书》第 14 章第 17 节）。

如果我们要给《旧约》一个正确的评价，那么，先知们的卓见应当在它里面占一个很重要的位置。关于上帝的幼稚而落后的见解，是将被遗弃的，但先知们崇高的上帝观是属于未来的世代的。他们的上帝不是一个杀人的暴君，而是一个慈悲的天父，甚至与人同忧乐、共甘苦（《以赛亚书》第 63 章第 9 节；《何西亚书》第 11 章第 8 至 9 节）。他是一个无所不在，永远呵护着他的儿女的灵。《诗篇》第 139 篇第 7 至 10 节给他的描写是最恰当的：“我往哪里去躲避你的灵，我往哪里逃躲避你的面。我若升到天上，你在那里，我若在阴间下榻，你也在那里。我若展开清晨的翅膀，飞到海极居住，就是在那里，你的手必引导我，你的右手也必扶持我。”

现在我们可以谈到《新约》中的上帝观。《新约》中的上帝观和《旧约》中的上帝观是不同的，但它们之所以不同，却不容易清楚地说出来。一般人很容易把这两种上帝观，当作是截然不同的两种思想，那是不公允的。先知们对于上帝的认识，已经达到一个深刻的程度，为《新约》时期的上帝观立下一个稳固的基础。有的人以为《旧约》中的上帝观，永远没有脱离国家主义的意识，以为他们的上帝，永远是以色列人所单独占有的神。但事实并不这样严重；以色列人固然把他们自己看作是这一个特殊的宗教信仰的监护人，但这一种态度同基督徒们把教会看作是上帝拯救世界的特殊媒介，并无二致。有人说《旧约》中的上帝只注意整个国家，而不关心个别的人，所以他不是个人宗教的上帝。《旧约》的初期，的确是如此的，但后期《旧约》中的上帝，就变成每一个人深刻的内心经验，凡是饥渴的，都可以到他的水泉那里去（《以赛亚书》第 55 章第 1 节），凡是痛悔谦卑的，都可以与他同居（《以赛亚书》第 57 章第 15 节）。还有人说《旧约》的上帝是王，而《新约》的上帝是父；前者讲公道，后者重慈爱。其实，在《旧约》中，上帝不只被看作全犹太族的父（《申命记》第 32 章第 6 节），他也是他们每一个人的父（《诗篇》第 68 篇第 5 节、第 103 篇第 13 节）。

虽然如此，当我们从《旧约》到《新约》里去的时候，我们的确可以看见关于上帝许多新的见解和新的经验。造成这个转变的一个重要的关键，就是基督教被逐出会堂的那件事实。最早的基督徒们都是犹太人；他们找到他们的弥赛亚，但他们还是要做一个忠实的犹太教徒。当他们被逐出会堂和圣殿的时候，他们所受到的打击，就如同6世纪前犹太人在放逐的时候所遇到的打击一样。然而也正同当时的犹太人一样，他们的上帝观得到一个解放；他们的上帝不再需要一个地方性的圣殿，或一个选民来限制他；信仰他的人，不分国籍种族，都是平等的，正如保罗所说的："你们受洗归入基督的，都是披戴基督了。并不分犹太人、希利尼人，自主的、为奴的，或男或女，因为你们在基督耶稣里，都成为一了"（《加拉太书》第3章第27至28节）。

教会同会堂分离的结果，就是全部《新约》的写成；从此以后，在基督教里面，外邦人所占的成分，就比犹太人多了。保罗是这件工作的完成者，他把教会变成一个不分种族国籍的弟兄一般的团契。因此，《新约》中的上帝就不只是全宇宙的上帝，也是全人类的上帝。这一个演变，使一神主义脱离了《旧约》时代犹太教所加上去的繁琐的特性。更要紧的，是这时候的上帝观逐渐吸收了当时希腊罗马世界各派神学的思想。《约翰福音》的第一句话就是"太初有道"；这个所谓"道"，就是指永恒的上帝创造世界，拯救人类的活动。这个"道"就是当时斯多亚派和新柏拉图主义者所倡导的学说。

《新约》的上帝观的形成，虽然以教会和会堂的分离为背景，但他的主要因素却是耶稣自己的性格。"新旧约"上帝观之所以不同，是由于耶稣富有创造性的生活与教训。奇怪得很，关于上帝，他并没有说过什么新鲜的话。在思想系统上，他同何西亚、耶利米和放逐中的以赛亚是一致的；他和他们都是要把一神信仰的道德意义充分地发挥出来。耶稣的上帝是个灵，是全人类的天父。他一面主持公道与报应，另一面却给予恩惠与饶恕。凡是谦卑忏悔的人，都可以亲近他。对于罪人，他是慈悲的；他的目标，不是惩罚，而是救赎。他所要求的，不是外表的仪式，而是诚挚的道德，和友爱的行为。这些关于上帝的了解，都是《旧约》的先知们所曾阐发过的；耶稣是把希伯来传统中的糟粕扬弃了，把它里面的精华拣选出来。但他不是抄袭，而是创造；一个创造者可以利用固有的材料与形式，然而他所创造出来的，却是他的天才和他所得到的启示的产物。因此，耶稣的上帝观是一个崭新的，甚至可以说是革命的上帝观。

耶稣的使命不在于排斥无神主义，或多神的信仰，而是要使已经信仰上帝的人，把他们的信仰实行出来。他所以攻击法利赛人，是因为虚伪的仪文，和上帝所要求的道德生活，是背道而驰的。他所以反对种族偏见，是因为它否定了上帝为父的信仰。后来《新约》作者们所完成的国际性和超种族的信仰，就是耶稣这个上帝观自然的结果。

在耶稣的经验中，上帝是非常真实的。他与上帝亲切的关系，不一定表现于他关于上帝的解释与称呼，而是表现于他的精神生活里；他和上帝是形影相依，不可分离的。因此，保罗就把他的名字和上帝联系起来，说："上帝我们主耶稣基督的父"（《歌罗西书》第 1 章第 3 节）。

关于耶稣的上帝观，我们所根据的材料，不是耶稣亲手写成的文字，而是门徒们从他所得到的印象。我们不敢说这些印象是否完全代表耶稣自己的思想，正如我们不敢说柏拉图和斯诺芬所描写的苏格拉底是否完全是苏格拉底自己一样。但是有一点是没有疑问的：在早期的基督徒的眼光中，耶稣的上帝观是崭新的。这些基督徒们都是犹太人，他们对他们祖先的信仰是非常虔敬的。然而当他们初次听到耶稣讲道的时候，他们却惊奇地喊叫说："这是什么事，是个新道理阿"（《马可福音》第 1 章第 27 节）。耶稣自己把他的福音比作新酒和新布（《马太福音》第 9 章第 16 至 17 节）。保罗也说："若有人在基督里，他就是新造的人，旧事已过，都变成新的了"（《哥林多后书》第 5 章第 17 节）。如果耶稣的上帝观，不是独到的，具有创造性的，他的信徒们是不会得到上面所说的那些印象的。他们以为耶稣所以能够对上帝有特殊的认识，是因为他从上帝那里来，是属于上帝的。所以保罗说耶稣是上帝的形象（《哥林多后书》第 4 章第 4 节），而《约翰福音》所记载的基督，也能够这样地说："人看见了我，就是看见了父"。

耶稣同上帝的关系这个问题是《新约》所特有的。这个问题之所以发生，就是因为耶稣的门徒们把他神化了。在最初的犹太基督徒中，耶稣是"弥赛亚"——那就是基督。在当时犹太人的思想中，"弥赛亚"并不含有形而上学的意义；这个名词所指的，不是他的本质，而是他的使命，而他的使命，就是要拯救犹太民族。但当福音被传到异邦人里面去的时候，弥赛亚这个名词，因为不被他们了解，就失掉了意义。因此，他们就把原来这个表示使命的名词变成一个专有名词，而"耶稣基督"就是这个演变的结果。在《保罗书信》中，"主"字是被用来代替"弥赛亚"。根据当时一般宗教沿用的解释，这个"主"字是含着超人的意义的，所以后来非犹太的信徒们所熟识的那个名词——耶稣基督——也跟着含有超人的意义。到了《约翰福音》，这个演变就更进了一步，而耶稣就是"道"，就是上帝永存的"话"；这个"道"与上帝同在，并且就是上帝（《约翰福音》第 1 章第 1 节）。这一类的看法都是《旧约》里所没有的，甚至是与《旧约》里若干基本假定互相冲突的。耶稣被神化的结果，不但使信徒们把他们对耶稣的估价提高，并且把他们的上帝观改变。从此以后，上帝的荣光是在耶稣的脸上反映出来的，关于上帝的认识是通过耶稣而得到的。换句话说，他们的上帝观是基督化了；在他们的思想中，上帝是变成像耶稣的了。

如果上帝是像耶稣的，那么，信徒们对于上帝的性格自然也有一个不同的看法。耶稣对于个人的关切，和他对每一个人的价值和可能的欣赏与尊重，是他们所熟识的。如果耶稣是这样，上帝自然也是一样。这一个特性是《旧约》中的上帝所未曾有过的；即使有，也只是具体而微。其次，耶稣的全部生活是爱，是拯救，是无条件的施与。因此，《新约》中的上帝的另一个特点，就是他的救恩与慈悲。再其次，《旧约》中的上帝是赏善罚恶的，而《新约》中的上帝却对罪人特别加以怜悯。上帝是如此的，因为耶稣是如此的。在耶稣，对罪人的爱与饶恕，是宗教的要素，而一个人的是否圣洁，也可以拿这个尺度去衡量（《马太福音》第 5 章第 43 至 48 节）。

把耶稣神化的又一结果，就是把他看作上帝的形象。上帝固然还是上帝；上帝固然还是统治一切，然而“历代以来隐藏在创造万物之上帝里的奥秘……是照上帝从万世以前在我们主基督耶稣里所定的旨意”（《以弗所书》第 3 章第 9 至 11 节）。这就是说，上帝的旨意，上帝的奥秘，都在基督耶稣里被彰显出来。这个旨意，这个奥秘，是高深莫测，不能为人所了解的，但《新约》的作者们，却强调了一点，那就是上帝在耶稣里所表现的爱。爱是上帝的性格中的特点；上帝性格的其他方面，都可以根据这个特点去了解。

保罗常常以基督的温柔和平劝他的读者（《哥林多后书》第 10 章第 1 节）；他教他们克己、忍耐、谦卑、饶恕、分负别人的重担，“凭爱心行事，正如基督爱我们”（《以弗所书》第 5 章第 2 节）。保罗没有见过耶稣，然而他这样强调耶稣的爱，表明他对耶稣是有着深切的了解的。至于跟从过耶稣的约翰，更直截了当地说：“上帝就是爱，住在爱里面的，就是住在上帝里面，上帝也住在他里面”（《约翰一书》第 4 章第 16 节）。《新约》的信徒们显然对上帝有了一个新的认识，而这个认识的来源，就是在耶稣的“脸”上所看见的上帝的形象。

最后，我们应当指出一点：《新约》中的上帝观是忠于希伯来的传统的。我们可以拿希伯来的上帝观和那时候希腊世界的上帝观来比较一下。前者是动的，后者是静的；前者是一个公义的意志，在世界里做成显赫的事业，后者是一个不动的存在，人可以向它追求，但它却不统治世界。《新约》中这样的一个上帝，是控制着历史的；他在里面时刻地监视着，时刻地执行着他所决定的计划，而教会就是他用来完成他的工作的被拣选的工具。在上帝对人类的一切作为中，耶稣的降生是最特殊的："上帝爱世人，甚至将他的独生子赐给他们，叫一切信他的，不至灭亡，反得永生"（《约翰福音》第 3 章第 16 节）。在耶稣里面，上帝完成了救赎人类的无上工作；在这一件工作中，上帝的本质、性格和旨意，就更显明地被表露出来。

有许多学者认为早期的基督徒们，把希望集中到一件未来的事件上——耶稣的再来，这就使他们的宗教信仰，受到这个希望的影响。我们并不否认早期的信徒们是这样的；他们"切切仰望上帝的日子来到……盼望新天新地，有义居在其中"（《彼得后书》第 3 章第 12 至 13 节）。后来耶稣没有在他们所期望的时间再来，似乎他们的希望是落空了。但事实并不如此。耶稣再来的希望是果而不是因；他们相信：上帝伟大的工作，在耶稣的生与死中已经完成了；耶稣的再来，无非是这个伟大成就里面一个附属的希望。他们所切盼的已经得到，不必等待另一个未来的事件把它实现。他们相信上帝的国已经在他们当中降临（《马太福音》第 12 章第 28 节）；他们相信："黑暗渐渐过去，真光已经照耀"（《约翰一书》第 2 章第 8 节）；他们相信：信耶稣的人，已经进入"永生"（《约翰福音》第 3 章第 36 节）；他们相信：他们已经享有作上帝儿女的权利（《约翰福音》第 1 章第 12 节）。正如古代的希伯来人想到雅畏的时候，首先就想到他把他们从埃及拯救出来，同样的，当初期的基督徒们想到上帝的时候，他们就想到他使他们脱离黑暗的权势，进入光明的国度。他们不再是奴仆；"时候满足，上帝就差遣他的儿子……叫我们得着儿子的名分。你们既为儿子，上帝就差他儿子的灵，进入你们的心，呼叫阿爸，父"（《加拉太书》第 4 章第 5 至 6 节）。他们这样的经验，是一个胜利的经验。这个经验并不寄托在耶稣再来的这件事上；相反的，他们所以希望耶稣再来，正因为耶稣已经给了他们战胜世界的新生命。

因为《新约》中的上帝观，是那么丰富，那么多方面的，它甚至把历史上一神主义的固有形式冲破。上帝只有一个，但也有一个"主"，此外还有一个“灵”，就是“住在你们心里的灵”（《罗马人书》第 8 章第 11 节）。“子”是把“父”显示出来的，而“灵”就是人和上帝直接沟通的媒介。保罗用来给信徒们祝福的那句话（《哥林多后书》第 13 章第 14 节），就是“三位一体”的说法的雏形。这样的上帝就已经不是一个高高在上，远离人世的造物主，也不只是“父”与“王”，他也是一个住在人心内的灵性的力量。“三位一体”的说法，似乎机械地把上帝的性格划分了，然而它之所以形成，只是因为当时的信徒们面临着这个亲切近人而同时又是高深莫测的永恒上帝，而固有的思想形式，又不能把他们的感觉表达出来，所以他们就不得不用一个特殊的说法，来综述他们繁复的经验。这是《新约》中上帝观最后的一个演变。

以上我们把《圣经》中的上帝，作了一个简略的叙述。虽然简略，我们却已经可以清楚地看见新旧两约中上帝观演变的历程。这一点研究，一方面使我们感觉到：渺小的人类和它的支离破碎的经验，永远不能窥见上帝的真象与全貌；另一方面，它也使我们感觉到：《圣经》中关于上帝的启示，尤其是到了耶稣基督以后，已经给我们开辟了一条康庄大道，使我们不必在黑暗中摸索，我们可以靠着它的指示，向惊涛骇浪的人生迈进。

五、耶稣的上帝观

耶稣是基督教信仰的中心，因此，我们应当可以很恰当地希望从他的生活和教训中，找到一切关于基督教信仰的根据，尤其是上帝的信仰的根据。但是很奇怪地，耶稣并没有给我们证明上帝的存在。他生活在上帝的信仰之中，一切都以上帝为依归。他很确当地，可以说是与上帝合而为一，但是他没有证明上帝的存在，这个证明，在他是完全不需要的。所以如此，是因为他是一个犹太人，而犹太人对于上帝的信仰，由于经常宗教生活的陶熔，已经视为当然，而不必发生任何疑问。但耶稣所以不需要证明上帝的存在，还有一个更重要的原因。他整天感觉与上帝同在，像人整天在空气中呼吸，像鱼整天在水中游泳，所以他就把上帝的存在视为当然的，而不感觉到他有被证明的必要。因为他的上帝观是从生活中深切体认得来的，所以他不但有超出了前人的独到之处，就是在一般人所具有的观念中，他也能用生动而深刻的说法，来说明上帝的性质和他与世人的关系。既是这样，耶稣的上帝观究竟是什么呢?

耶稣关于上帝的一个最主要的观念就是上帝是父。在主祷文里，他开头便说：“我们在天上的父”。在福音书许多其他地方，耶稣都以父称呼上帝。“父”的这个称谓有非常丰富和深刻的意义。父是我们生命所由来的原因。他与我们很亲近，爱我们，时时刻刻照顾我们，为我们打算，而同时又是我们的严师，我们的领导者，我们的主宰，我们在痛苦失意的时候的安慰，在风雨飘摇的时候的磐石。

在耶稣以上帝为父的观念中，他所反复不厌地告诉我们的，就是上帝是爱。上帝的爱是广大无边的，一视同仁的。“他叫日头照好人，也照歹人，降雨给义人，也给不义的人。”在浪子回头的故事里，父亲对于儿子的爱，不但是无条件的，并且在大儿子的眼光中，是不合理的。然而父亲因为他是“死而复活，失而又得的”，所以就欢喜快乐，拿出最好的东西来欢迎他。在失羊的比喻里，牧羊的人甚至把其他 99 只撇在旷野去找那失去的一只，找着了就欢欢喜喜地扛在肩上，回到家里，告诉朋友，叫他们和他一同欢喜。放浪的儿子和迷失的羊尚且这样，何况那些遵从父的旨意而成全他的事工的人呢？我们的需要，天父是知道的，只要我们祈求，他就给我们；寻找就寻见；叩门就给我们开门，因为“你们虽然不好，尚且知道拿好东西给儿女，何况你们在天上的父，岂不更拿好东西给求他的人吗”？耶稣的这些教训，在《约翰福音》和《约翰一书》里，就被作者用更明显的话语说出来：“上帝爱世人，甚至将他的独生子赐给他们，叫一切信他的，不至灭亡，反得永生”；“上帝就是爱，住在爱里面的就是住在上帝里面，上帝也住在他里面”；“我们应当彼此相爱，因为爱是从上帝来的，凡有爱心的，都是由上帝而生，并且认识上帝；没有爱心的，就不认识上帝，因为上帝就是爱”。

因为上帝是父，所以人类都是他的儿女，而我们彼此也都是弟兄。有一次耶稣正对众人讲道，有人告诉他说：“你的母亲，你的弟兄，站在外边要见你。”耶稣回答说：“听了上帝之道而遵行的人，就是我的母亲，我的弟兄了。”这样，人类就是以上帝为父的一个大家庭了。

因为上帝是爱我们的，因为我们都是他的儿女，所以我们对一切的事情都可以完全放心。在《登山宝训》里，耶稣的教训中最深刻而动人的就是以下的一段：

> 所以我告诉你们，不要为生命忧虑吃什么，喝什么，为身体忧虑，穿什么；生命不胜于饮食吗？身体不胜于衣裳吗？你们看那天上的飞鸟也不种，也不收，也不积蓄在仓里，你们的天父尚且养活它，你们不比飞鸟贵重得多吗？你们哪一个能用思虑使寿数多加一刻呢？何必为衣裳忧虑呢？你想：野地里的百合花怎样长起来，它也不劳苦，也不纺线，然而我告诉你们，就是所罗门极荣华的时候，他所穿戴的还不如这花一朵呢！你们这些小信的人哪！野地里的草，今天还在，明天就丢在炉里，上帝还给它这样的妆饰，何况你们呢！所以不要忧虑说，吃什么？喝什么？穿什么？这都是外邦人所求的。你们需用的这一切东西，你们的天父是知道的。你们要先求他的国和他的义，这些东西都要加给你们了。

这一段话里面的教训是人生的解放最准确的指示。它叫我们不要忧虑，这并不是叫我们不为一切的事情打算。它所告诉我们的，是不要专为自己打算，却要为上帝的国和它的义打算，并且在我们尽了我们最大的能力以后，就不要再去为这些事情的成败忧虑。所谓“这些东西都要加给你们了”并不是说一个“求上帝的国和他的义”的人，就必定得到他所希望得到的一切，因为在我们的世界里，善的行为不一定得到好的结果，而恶的行为也不一定得到坏的结果。耶稣的意思却是说：如果人们都以真理和正义为生活的标准，则人类社会的生活，必定是美满的，为社会是这样，为个人也是这样。就是他为真理和正义而得到不好的结果，像耶稣自己被钉在十字架，他却会因此而得到生命——不是吃喝快乐所代表的生命，而是人所以为人，宇宙之所以为宇宙的那个生命。这个生命，照着耶稣自己的信仰和整个基督教的信仰，不会因死而消灭，而是与天地并存，延续至于无穷的。不但他自己得了生命，后世无数的人，也因着他而得到了生命。

耶稣说上帝是父，这并不是一个“拟人”的说法，说上帝在形体上或性情上像人世间的父亲。上帝是没有形象的，所以耶稣在《约翰福音》上说：“上帝是个灵，所以拜他的必须用心灵和诚实拜他。”说上帝是“父”，那只是一个象征的名词，象征着宇宙间为我们生命的源泉，具有无上权威，同时对我们又是亲切而慈爱的那个力量。

这一个为我们“天父”的上帝，因为他是爱我们的，所以也是至善的。《马可福音》上说：耶稣出来行路的时候，有一个人跑来跪在他面前，问他说：“良善的夫子，我当作什么事才可以承受永生?”耶稣对他说：“你为什么称我为良善的？除了上帝之外，再没有良善的!”这一位天父，从耶稣看来，又是全能的。门徒有一次，关于富人进天国的事，问耶稣说：“这样谁能得救”呢？耶稣看着他们说：“在人这是不能的，在上帝凡事都能。”那就是说，富人进天国，虽然像骆驼穿针眼那么困难，但如果上帝感动了他的心，他未尝不可以“放下屠刀，立地成佛”。这并不是说，上帝是万能的。上帝至少不能违反他自己的定律。它只是说：有许多人以为不能做的事，上帝却能做，正如科学的发明做出许多意想不到之事一样。因为上帝是全能的，是良善的，是爱我们的，所以人在这个世界上，就可以把一切的事情都交在他手里，抛弃一切的忧虑，欢喜快乐地时时刻刻寻求他的旨意，服从他的旨意，达到一个无往而不自得的境界。

但我们马上就要问，我们的世界是这样的一个世界吗？世界上有痛苦，有罪恶，有天灾人祸，有生老病死，如果上帝是善，是爱，是全能的，他为什么让这些事情发生呢？如果他故意让它们发生，他就不是全善的，如果他没法子阻止它们发生，他就不是全能的。这些问题，恐怕是许多人都会问的。基督教对于这个“苦厄”的问题，不能回答，也没有做过回答的尝试。在《约伯记》里，作者所要指出来的一个主要的观念，就是：人生的祸福得失，不一定是与人的善恶有什么直接的联系。《路加福音》第 13 章记载了耶稣所说的，与这个问题有关系的两个例子：

正当那时，有人将彼拉多使加利利人的血掺杂在他们祭物中的事告诉耶稣。耶稣说：“你们以为这些加利利人比众加利利人更有罪，所以受这害吗？我告诉你们，不是的，你们若不悔改，都要如此灭亡。从前西罗亚楼倒塌了，压死 18 个人，你们以为那些人比一切住在耶路撒冷的人更有罪吗？我告诉你们，不是的。你们若不悔改，都要如此灭亡。”

这一段话里面含着两个意思。因着西罗亚楼的倒塌而死，那显然不是由于个人的罪。关于彼拉多把加利利人杀死的那件事，这也不是由于个人的罪，而是由于一些爱国者们对于救国的方法，还是抱着一个错误的观念，所以他们“若不悔改，都要如此灭亡”。这样说来，人生苦厄究竟是从什么地方来呢？《约翰福音》第 9 章上说：

耶稣过去的时候，看见一个人生来是瞎眼的。门徒问耶稣说：“拉比，这人生来是瞎眼的，是谁犯了罪？是这人呢？是他父母呢？”耶稣回答说：“也不是这人犯了罪，也不是他父母犯了罪，是要在他身上显出上帝的作为来。”

这一个说法比《路加福音》上那个说法更深了一层。人生的痛苦不一定是由于个人的罪，也不一定是由于社会的罪，而只是要“显出上帝的作为”。所谓上帝的作为，就是自然法则中因果律的运行，这因果律是复杂的、必然的，超乎人的主观的爱恶，而不一定与人的善恶联系起来的。上帝好像我们这个包罗万象的宇宙的管家，他又好比人类大家庭中的父母。他对这宇宙，对这家庭有一定的计划，有他作事的一定规律。他必须为全局打算，而不能只为某一个人或某一件事打算。因此，对于任何一件事情，从某一个特殊的角度来看，也许是坏的，但从全局的观点来看，它就无所谓好坏，而只是自然法则的运行所必有的现象。拿下雨来说吧。雨是根据自然律下来的，所以它下给义人，也下给不义的人。从人的角度来看，下给不义的人，似乎是不应当的，然而从上帝全局的观点来看，这却是应当的。住在城市的人，下雨有的时候是一件讨厌的事，但是下雨对于农夫却是必需的。这一个价值的批判的不同，正是由于我们观察的角度不同。因此，我们对于苦厄问题的态度，假如单从人的有限经验和狭窄眼光去决定，那就真是“以管窥天，以蠡测海”！

但这并不是说，我们对于人生的苦厄，就要取一种消极无为、逆来顺受的态度。从自然界来的苦厄，像地震、风灾、水灾等，由于科学的进步，逐渐都可以用人事来控制。至于由人事界来的苦厄，像国际的战争、社会的不平等，和由此而引起的许多个人的痛苦，这更是可以用人力来控制改革的。这就是说，人生有苦厄，但上帝也给人胜过苦厄的能力，叫他能够改造社会的环境，甚至能改造自然的环境，使人生的苦厄逐渐减少，虽然它不能完全消灭。

在人生没有达到完善的境界以前，苦厄是不能避免的，而善恶的报应也不一定能适合我们所认为合理的标准的。耶稣对于人生所不免遭遇的苦厄，将取什么态度呢？他说：“在世上你们有苦难，但你们可以放心，我已胜了世界。”他胜过苦难的方法，就是十字架的牺牲。十字架并不是把世界上的苦难用玄想来解释掉，而是用积极的态度去把它克服。根据基督的传说，耶稣是复活了。对复活的解释，我们可以抱着不同的见解，然而我们相信复活的说法，代表着人生一种最深刻的经验。人之所以能生活，社会所以能存在，都靠着人与人相处所必须遵守的道理。这一个道理，儒家称之为“仁”，耶稣说它是“爱”。人的生命是有限的；社会，民族国家的生命也是有限的；“仁”和“爱”的道理，却是永存的。因为这样，所以从志士仁人的眼光看来，个人的生命可以牺牲，甚至社会国家的存在，也可以牺牲，而人的所以为人原则，却不应当有丝毫的假藉。基督教以耶稣在十字架的牺牲，为人类得救的象征，我们看见十字架的伟大的精神，就会顽廉懦立，闻风兴起。耶稣在十字架上死了，而且被埋葬了，然而第三天，尤其是在五旬节的时候，门徒们忽然受了深刻的感动，得到一种和在耶稣死的时候完全不同的感觉——他们的主并没有死，他的精神，他的生命的力量，甚至他肉体的形象，都还活生生地在他们的心里，在他们的眼前。这一种活泼的经验，使他们不能不相信他们的主是复活了。这是一种胜利的经验，这一种经验使他们胜过他们的罪，他们的软弱，他们的惧怕，使他们大胆地向着社会的现状抗战，向着黑暗的势力进攻，使他们能像保罗一样的说：

死啊，你得胜的权势在哪里？死啊，你的毒钩在哪里？死的毒钩就是罪，罪的权势就是律法。感谢上帝，使我们藉着我们的主耶稣基督得胜。

在本章起头的时候，我们曾经说过，耶稣对上帝最主要的观念，就是说上帝是爱，我们在这里要对这句话作一个解释，以作本章的结束。根据我们在本书中的看法，上帝就是贯彻宇宙间的那个自然法则，这个法则被人们人格化了，情感化了，称之曰上帝。说这个法则是爱，这是不是只是人们主观的幻想和愿望呢？抑或它是有着客观的根据的呢？“爱”是“拟人”的说法，自然法则本来不能说有什么爱憎。它不一定为人的需要打算，也不一定违反人的需要。从带着情感的人的眼光看来，它是麻木不仁的，甚至是“以万物为刍狗”的。但是当我们观察宇宙万象的时候，我们就发现了一个普遍的原则，它就是使宇宙的物质、生命、人类、社会所以能够存在的基本原则。这原则就是万物自身的彼此合作、互助，和互相联系、互相依存。一个原子是若干阳电子和阴电子有规律的运行和合作；一个桌子是桌面和几个桌腿的均衡的布置；一个人的身体是千百万细胞和若干器官极其灵妙而细巧的互助与合作；人类的社会是许多个别的分子依着我为众人，众人为我，因限制自己而发展自己的原则而成立的合作团体。当一个电子、一个桌子、一个机体、一个社会存在的时候，就是这互助和合作的原则存在的时候。这个原则从有感情的人类观点看来，不管它是运行在有生或无生的物质上，都可以说是“爱”。因为这个原则是贯彻着宇宙万物的，是宇宙万物所赖以存在的，所以基督教说：“上帝是爱。”宇宙的万物有生长，有转变，有毁灭，有死亡；在生物界里面，有互相残杀、互相毁灭的现象；在人类的社会，也有战争和许多人与人间，和阶级与阶级间互相对立、互相残杀的事实。这许多与“爱”相反的现象，虽然也是自然的现象，但是它们从人的观点看来，是不正常的现象。人没有不爱生而恶死的，生是正常的现象，死是反常的现象，所以中国的古语说：“天之大德曰生。”但宇宙的万物，也必有死灭，然而在死灭的时候，新的东西，就往往从而产生，好像一个破灭了的原子里面的电子，跑出来和别的已经破灭了的原子里面的电子结合起来，成一个新的原子；好像人的身体，因为新陈代谢的作用，就能够生长发育；又好像耶稣所说的，“一粒麦子不落在地里死了，仍旧是一粒，若是死了，就结出许多子粒来。”我们甚至可以说：没有死就不能有生，死只是生的过程，所以一切死的现象，从广义上说，都可以说是为着生。因为生就是互助合作，就是爱，所以基督教说：“上帝就是爱。”

六、上帝的信仰与祈祷

基督教生活里面一个最重要的成分就是祈祷，而祈祷的对象就是上帝。我们已经说明，上帝的存在是不成问题的，但这不一定就同时证明了祈祷本身的意义。在一般人的观念中，祈祷就是有所祈求——人对上帝的祈求，而有求就必有应。所谓“应”就是得到了什么东西，是直接从上帝而来的东西，并且是超出了经常法则而得来的东西。这一个祈祷的观念对于所谓基要派的基督教徒是不会发生什么问题的，因为他们相信一个像人一般的、有情感有意识的上帝，也相信神人之间有一种神秘的、超自然的交通。照着这个观念上帝是无所不能的，而人有所祈求的时候，只要它是合乎上帝旨意，就必能成就。但是照着我们在本书里关于上帝的性质的说法，祈祷就会发生许多问题了。如果上帝不是具有常人一般的性格的，而只是宇宙间普遍的真理的一元化、情感化、人格化，那么，这一个真理的力量怎么能够感觉到人的需要，体会到人的祈求，从而使他得到满足呢？显然地，根据我们所提出的新的上帝观，我们也应当有一个与它相符合的新的祈祷观。我们现在就要为这一个新的祈祷观作一个尝试。

祈祷似乎是一件很神秘的事。然而它并不神秘，因为它是建立在人们的日常生活之上的。我们曾经说过，我们在自然界的美丽中可以直觉地体认到上帝的存在。这种体认多少还有理智的成分在里面，因为它是主观对客观所发生的一种作用。但是在同一经验之中，我们可以达到一种纯情感的境界。我们到了一个春的原野，看见花开，听到鸟语；我们看见月出，看见日落，看见奔腾的瀑布，看见雄伟的山峰，或是听见幽美而动人的音乐——在这样的时候，我们看得出了神，听得忘了形，觉得我们自己已经同大自然和它的美丽合而为一、浑然一体，没有物、也没有我。这种经验是祈祷的经验。

有的时候，我们遭遇到一种危险的情境，或是船沉，或是地震，或是风灾火灾，或是急病，或是其他不测的事变——在这样的时候，我们会感觉到惊惶，感觉到无能为力，觉得我们是完全受着一个我们所不知道的，也是我们所不能控制的力量的支配。在这样的时候，我们会不由自主地为我们自己和别人的安全，发出一种内心的呼吁，所谓“人穷则呼天”。这也是祈祷的经验。

有的时候，我们遇见一个恼人的，为自己所不能解决的问题；或者我们碰到一件失意的事，觉得前途黑暗，走投无路；或者我们迫切地希望着某一件事的成功而结果适得其反；或者我们被一个强烈的试探所缠绕，而没有力量把它胜过；或者有人以一个重大的责任交托给我们，而我们自己感觉到不能胜任——在这样的时候，我们会觉得彷徨、苦闷、软弱，需要一个比自己更刚强，更有智慧的力量的帮助。这又是一种祈祷的经验。

更有的时候，我们的生活，一切都顺利，没有什么问题，也没有什么特别的需要；我们对自己的工作也已经尽到了本分。如果我们还有所求，也只是像耶稣在主祷文中所说的：“我们日用的饮食，求父今日赐给我们……”在这样的时候，我们会感觉到我们是与上帝同工的，我们是顺从了自然的法则而生活，因而感到一种油然自得的滋味。这也是一种祈祷的经验。

这样说来，祈祷究竟是什么呢？祈祷是以上的一切，但祈祷不仅是这些。祈祷是整个人生对宇宙整个的真理的体认、交感、追求与服从。颜渊对孔子的道理曾赞叹地说过：“夫子之道，仰之弥高，钻之弥坚，瞻之在前，忽焉在后。”保罗对于上帝也曾说过比这更深刻而富于情感的话：

深哉，上帝丰富的智慧。他的判断，何其难测，他的踪迹，何其难寻？谁知道主的心，谁作过他的谋士呢？谁是先给了他，使他后来偿还呢？因为万有都是本于他，倚靠他，归于他。愿荣耀归于他，直到永远。

（《罗马人书》第 11 章第 33 至 35 节）

所谓祈祷，就是把我们的心灵向着这个无穷无尽的真理打开，让它把我们潜移默化，使我们能够把自己从自我的囚笼中，从狭小的眼光中解放出来，去吸收它的真美善，以它为中心，与它合而为一，使我们不再是我们自己，而是为真理所变化了，洗净了，锻炼过的新的人格。这一个历程在它登峰造极的时候，就会达到耶稣登山变相的境界。这就是祈祷的功用与意义。

若再分析来说，祈祷的功用与意义包含着以下的三点：

第一，祈祷是和谐。人生是破碎支离的，是矛盾冲突的；祈祷可以使矛盾的变成统一，冲突的变成互助，破碎的变成完全。这不是逃避现实，也不是麻醉自己，而是因为祈祷使人生的一切都统一于上帝的旨意之下，而得到和谐。最伟大的祈祷不是为自己和别人求这个，求那个，而是祈求明白真理，明白上帝的旨意，使它得到成全。一个科学家所以能够有所发明，有所创造，是因为顺从了自然的法则而得到和谐。一个善于游泳的人是因为顺从了水的法则，与这本来对他含有敌意的东西得到和谐。同样地，一个善于祈祷的人，他的终生不断的祈祷，应当是"愿你的旨意成全"。

第二，祈祷是光明。上帝藉着真理来表彰他自己，这真理是充满着宇宙的，我们每一个人都应当能体认到它，但我们常常被成见所蔽，被私欲所囿，被忧虑所绕而看不见它。祈祷就是使我们能够重新看见光明的一种修养的方法。祈祷的作用好像电灯；电是充满在电线里面的，但假如我们不把电门打开，电灯就不会发光。祈祷就是把电门打开了。电灯之所以能发光，是因为电流可以通过电线而进到灯泡里电丝的缘故；祈祷之所以能得到光明，是因为祈祷者的心，因祈祷而更敏感，更能吸收他在生活经验中所遇到的真理的原故。为什么祈祷能使祈祷者的心对真理更敏感呢？第一，一个祈祷的人应当是虚心的，因为他感觉到自己有缺欠、有需要，而虚心是接受真理的最要条件。第二，一个祈祷的人应当是诚恳的。所谓诚恳就是对于他所需要的东西，抱着一个坚决的追求的心。一个抱有坚决的心志的人，对于可以实现他所追求的东西的一切手段，都会随时随地的去注意和利用。第三，一个人在祈祷的时候，尤其是在发出声音祈祷的时候，对于他自己的思想和需求，便无形中加以一番整理，使它更清楚、更集中，更显明地表现于他的意识界里。这一番整理的功夫，不但使一个人对于他已经认识的真理看得更清楚，也能使他更容易接受新的真理。

这样说来，祈祷是不是仅为一个主观的心理作用，与客观的真理——上帝，没有什么关系呢？假如我们再引用电灯的比喻去说明这个问题，我们就晓得祈祷是主观的，但同时也是客观的。把电门打开是主观的，因为不打开，电灯就永远不会亮；但电灯之所以发光，同时也因为电线里有电，这是客观的。假如没有电，就是把电门打开一百次，电灯也不会发光的。祈祷也是一样。祈祷的行为是主观的——好像把电门打开——它把祈祷者的心境准备好了，叫它能接受真理。但假如宇宙间没有能够被人体认的真理，祈祷也不会叫人得到什么光明。由此看来，祈祷是主观和客观交感作用的结果，也是一种天人合作的“奇迹”。

祈祷又好像一个迷路者登了一个高山；在没有登山以前，他辨认不出方向，也找不到出路。上了山以后，一切他都看得清楚了，以前模糊的，似是而非的景象，现在都一目了然了。人生也是这样。在经常的时候，我们把小的东西看大了，大的东西看小了，把远的、近的，难的、易的，都颠倒了。在祈祷的高山上，我们就可以恢复我们应有的眼界（perspective），把事情看得恰如其分，所谓“物有本末，事有始终；知所先后，则近道矣”。

祈祷可以给我们光明，但不一定是完全的光明，也不一定是马上可以得到的光明，但光明是必定会来到的。无论我们觉得我们面前是如何地黑暗，我们的问题是多么地困难，只要我们对着真理的大海，恳切地祈求，我们就必定能够得到我们所需要的光明。有的时候，我们所能得到的只是照亮眼前的光明，但是我们走了一步，又有另一步的光明。两千年来，有无数的基督徒都可以作一个见证，证明祈祷就是光明。

第三，祈祷是能力。又有无数的基督徒可以作见证：他们跪下祈祷的时候是软弱的，但当他们站起来的时候，却是刚强的。一个祈祷者好像把宇宙间能力的泉源打开了，让它流注到自己的生命里来，正如我们把自来水管的龙头打开了，让水流出来一样。宇宙间那位真理的上帝——他创造了宇宙星辰，他以生命赋予人类，他使花开，使鸟语，他甚至连我们的头发都数过——这一位上帝，如果我们和他是一致的，我们就可以有一种“浩然之气”，觉得我们与宇宙合而为一，而他在自然法则里所表现的力量——那就是上帝的力量，就可以变成我们自己的力量，而我们就会觉得宇宙不是我们的敌人，而是我们的朋友，是可以成全我们所抱负底一切善意的力量。我们若是这样的感觉，我们还有什么可怕的呢？无论是困难、失败、疾病、仇敌，都不足使我们萦怀。谁能抵挡上帝？谁能反抗真理？只要我们觉得我们对上帝的旨意，是在不断地追求、体认、服从之中的，我们就再没有什么可怕的了。所以保罗说：“上帝若帮助我们，谁能抵挡我们呢？”又说：“因为我深信是死，是生，是天使，是掌权的，是有能的，是现在的事，是将来的事，是高处的，是低处的，是别的受造之物，都不能叫我们与上帝的爱隔绝，这爱是在我们的主基督耶稣里的。”祈祷之所以是能力，是因为它把我们生活上的重担和枷锁解除了，使我们变成一个自由的人。使徒们在五旬节的时候所以能作出一番惊天动地的事业来，就是因为他们同心合意地诚恳祈祷的缘故。

祈祷是和谐，是光明，是能力，而因此，祈祷对于人生一切的需要和困难，都应该可以使他得到满足。如果祈祷是广义的祈求的话，那么，我们所祈求的都会得到应许的。但是祈祷也会有得不到应许的时候，因为我们所求的有时是不可能的，好像在旱天求雨。有的时候，我们所求的要忍耐地等候着才能得到，如果我们得不到，不一定因为祈祷没有效验，而是因为我们过于焦急的缘故。有的时候，我们所求的，需要我们自己的努力而不会从天掉下来的，像我们祈求学问，或者祈求某项事情的成功。更有的时候，我们所得到的并不是我们所祈求的，甚至与我们祈求的相反，像耶稣在客西马尼园的时候，求上帝把苦杯撤去，而祈求的回答，却是要上帝旨意的成全。在这样的时候，祈祷者应当信靠服从，而不应当怀疑反抗。但是我们的祈祷虽然不能常常使我们得到所希望的结果，或者我们有时候甚至为着不应当祈求的事祈求，然而我们在上帝面前，应当随时为所需要的一切祈求，而不必太过考虑它的是非与效果，那是要等着上帝来决定的。

一个常常祈祷的人还是有苦闷的时候，他的心中还是会有许多问题，他还是会遇到试探。但是因为他有恳切而持久的祈祷，所以在黑暗中，必会看到光明；在软弱中，必会得到力量；在烦闷时，必能获得平安。奥古斯丁在他的《忏悔录》中说：“我们是为你而造的；我们不能得到安息，除非我们在你里面安息。”在一个难得的机遇里，一个祈祷者可以经历一个异常的经验，像摩西在燃烧着的荆棘丛里，听见上帝的声音对他说：“你所站的地是圣地”。又好像耶稣登山变相，衣裳都变成洁白的。在这样的时候，他感觉到上帝的荣光就在他眼前，充满了宇宙，觉得他自己，也在这个荣光照耀之下，变成圣洁的了。在这时候，他没有欲求，没有情感，只觉到自己好像已经与至真、至美、至善的合而为一，这就是基督教的所谓“得救”。没有人能经常地留存在这境界里，但假如一个人因为恒久的祈祷的训练，而保持着这种经验的获得的可能，他的人生便可说是一个“得救”的人生。到这时候，便是祈祷登峰造极的时候。所以我们可以说：没有祈祷就没有灵性的生命，也就是没有基督教。

祈祷的效力不只是个人的，也是有着社会性的。主祷文，它开头就说："我们在天上的父"，以后的几句，都用"我们"两个字。我们不仅要为自己祈求，也要为众人祈求。在《约伯记》的末尾有一句话说："约伯为他的朋友祈祷，耶和华就使约伯从苦境转回。"约伯无端遭受苦难，他以为自己是公义的，以为朋友们是不对的。当他在这种心境的时候，他的灾难没有被解脱，但当他从主观的挣扎中想到他的朋友们而为他们祈祷的时候，耶和华便叫他从苦境中转回。以自我为中心的祈祷，未尝不可以有所成就，但是我们的眼界越能向外，我们祈祷的范围越广——从我们自己，到我们所爱的人，到社会、国家、民族、世界，祈祷的力量就越伟大，而我们从祈祷所得到的一切就越丰富而深远。

基督教一个最主要的使命，就是先知的力量。先知站在高山顶上，与上帝晤对，用上帝的眼光来看世界上的一切——它的善和恶，它的丑和美——把他所看见的，大胆向世界大声疾呼。他不怕将帅君王，不怕刀锯斧钺，只知道把他所认识的真理宣扬。不只是《旧约》上的先知，世界上一切杀身成仁、临难不苟，为真理正义奋斗的忠勇之士，都可以说是同样的人物，而这些人物的能力来源，就是他们的祈祷。

20 年前，美国一位有名的哲学家怀特海（A. N. Whitehead）写了一本小书，叫 *Religion in the Making*。这本书里面的主要意思是说："宗教是一个人应付他自己在孤独的时候的办法"，换句话说，就是他离开人群，独自与宇宙的真际相对的时候，所采取的人生态度。这就是我们所谓的"慎独"的工夫，也就是基督教的所谓"祈祷"。三四年前，美国《基督教世纪》杂志的主编者玛理逊（G. G. Morrison）又写了一本轰动一时的书，题目是《什么是基督教》。他的意见恰巧和怀特海氏的相反。他说：基督教不是什么个人的信仰与行为，而是整个基督教信众团体从古至今所抱有的信仰、仪式和生活的总和。这两个说法各有它们的见地，但是从我们上面所说的关于祈祷的意义看来，则第一个说法似乎更近于真理。

七、上帝的信仰对生活的意义

如果上帝的存在是不成问题的，如果上帝是可以与人发生密切的关系的，如果祈祷是人和上帝发生关系的一个最主要的方法，那么，上帝的信仰对于人生的意义，究竟是什么呢？我们如果把两千年来基督徒们的经验，以至自古迄今，基督教以外，无论是在名义上或实际上信仰上帝的人们的经验，作一个综合的分析，我们就可以晓得，信仰上帝包含着以下的各种意义：

第一，上帝的信仰使我们对人生抱一种入世的而同时又是出世的态度。《希伯来书》的作者在述说了许多因信上帝而过着冒险生活的人们以后，就说了以下的一段话：

这些人都是存着信心死的，并没有得着所应许的，却从远处望见，且欢喜迎接，又承认自己在世上是客旅，是寄居的。说这样话的人是表明自己要找一个家乡。他们若想念所离开的家乡，还有可以回去的机会。他们却羡慕一个更美的家乡，就是在天上的，所以上帝被称为他们的上帝，并不以为耻，因为他已经给他们预备了一座城。

整个基督教的信仰是入世的；从《创世记》到《启示录》所说的都是入世的事。逃避世界，轻看人生，这都不是正宗的基督教思想。但是基督教又是出世的。《约翰福音》所载的耶稣在分离的祷告中说：

我已将你的道赐给他们，世界又恨他们；因为他们不属世界，正如我不属世界一样。

这一个出世的态度的由来，就是因为人觉得上帝是永恒的、不变的，而人呢，却是“浮生若梦，为欢几何”；他的寿命是短促的，他的遭遇是无常的，他所祈望的，在现在每每不能实现。因此，现在的世界，似乎不应当是他永久的家乡。这一种精神，不一定是抱着“永生”

的信仰者才能有的，凡是看破了热中者所追逐的一切荣华富贵，而为人生永恒的真理和价值去生活着，也愿意为这真理与价值遭受任何损失与痛苦的，都可说是抱着出世的精神的。这种精神可以说是出世的入世精神，好像佛家所说："我不入地狱，谁入地狱"，又好像上面所引的耶稣的分离祷告，后面的那一句话：

我不求你叫他们离开世界，只求你保守他们脱离那恶者。

两千年来，基督教曾产生了许多相信神秘主义而实行苦修出世的生活的人们。他们的态度可以说是矫枉过正的，甚至可以说是违反耶稣的精神的，但他们的态度，却是基督教信仰中不可缺少的成分，因为如果没有这种出世的精神，基督教不过是一个庸俗的宗教而已。

第二，上帝的信仰又使我们感觉我们不是生活在一个与人为敌的，"以万物为刍狗"的世界，而是生活在一个善意的，与人为友的世界。这世界虽则不能满足人的每一个欲望，但在大体上，它是能够使他各方面的生活得到最高的发展的，即使他所遭遇到的不如意的，似乎是与他的愿望完全相反的事，也能变成他的严师益友，使他得到意想不到的好处，使他相信，似乎冥冥中，有一种保护他、引导他、抚育他的力量，使他经过"死荫的幽谷"，也不惧怕。圣诗中的"千古保障歌"最能描写这种信仰的心境：

上帝是人千古保障，是人将来希望，是人居所抵御风雨，是人永久家乡。

在主宝座蔽荫之下，群圣一向安居，惟赖神臂威权保护，永远平安无虑。

一个人若是常常能够生活在这种感觉之中，他一生都可以油然自得，甚至在颠连困苦的时候，也能甘之如饴，而不会怨天尤人。基督教以上帝为父的信仰，就是产生这种人生态度的根源。

第三，对上帝深挚的信仰可以给我们一个广大无边的爱心，爱可爱的人，也爱不可爱的人；爱朋友，也爱仇敌。爱应当是没有等级的，它不会因着人的贫富、贵贱、智愚、美丑，或是国家、种族、阶级的分别，而有所不同。信仰上帝是我们的天父——我们生命的来源，就不能不相信人类都是上帝的儿女，都是弟兄姊妹；就不能不相信每一个人都有他无限的价值，无限发展的可能，即使他是大众的蟊贼，社会的罪人。这种说法，从人本的世俗的观念看来，未免过于高远，但从宗教超脱的观点看来，这一种普遍的爱，却是人生应有的最高的发展。在这处处违反着爱的冷酷的世界里，这个理想，似乎只是一个空想，然而为一个献身于永恒真理的人，它却是永远引领着人类前进的标杆，使他们不能苟安于现实。两千年来，基督教里面一个最典型的人物，就是中世纪的圣芳济。从耶稣以后，他就是那个广大无边的爱的唯一象征。他爱一切的人——甚至爱最不可爱的，患着大麻疯病的人，与他们接近，为他们服役。他爱花，爱鸟，爱山水，爱日月，爱一切自然的力量，称它们为兄，为姊。他心中好像有一股充满而外溢的爱力，向着一切的人灌注，仿佛太阳向着宇宙万物，放射它的光芒，又仿佛甘雨和风，滋润着、吹嘘着大地上一切含生之物。凡是整天口里喊着爱，而在生活上却常常表现自私与冷酷的，对着圣芳济应当觉得惭愧无地。圣芳济的品格是基督徒最美的模范，这个品格是从对上帝的深刻信仰与服从培养出来的。在圣诗中的“上主之灵”歌里面最后一句，就是这种品格最恰当的描写：

我心为祭坛，汝爱为火光。

这个爱不仅有着个人的意义，也有着社会的意义。因为人是上帝的儿女，是兄弟姊妹，是有着无限的价值，无限发展的可能，所以凡是否认他的价值的，妨碍他的发展的，我们都应当反对，都应当推翻。爱的反面就是恨，因为爱人，所以不得不恨罪和犯罪的人——不管这罪是个人性的或是社会性的。耶稣之所以痛骂法利赛人和文士，就是因为他们死守着陈腐的形式，而没有表现真挚的爱心。爱是应当有革命性的，没有革命性的爱，不是真爱。

第四，上帝的信仰可以使我们不断地追求真理。如果上帝是真理，是人格化、情感化了的真理，那么，信仰上帝而不肯尽心尽意尽力去追求真理，爱好真理，服从真理——不管这真理对他个人是有利的或是有害的——就是等于没有信仰上帝。一个先知站在高山顶上，听见上帝的呼声，得到他的启示，就毫无畏惧地向着君王将帅，向着人民大众，宣扬出来。我们现在有一句流行的口号，就是“国家至上，民族至上”，从反个人主义的立场看来，这个口号是对的，但从衡量一切价值的观点看来，尤其是从一个基督徒的观点看来，这句话只是相对的，而不是绝对的。因为对于一个基督徒，只有上帝是至上的，只有真理是至上的，其他的一切，都应当从这个绝对的标准得到它们相对的地位。这一种尊崇上帝的精神，和科学家服从真理的精神，是完全一致的。在十五六世纪之间，就是现代思想开始的时候，有许多天文学家和数学家对于天体运行的法则，和宇宙人生的观念，推翻了传统的学说，建立了科学的思想，因而遭遇了教会剧烈的反对。伽利略（Galiliao）因为主张日心地动之说而身囚囹圄；开普勒（Kepler）不愿以星占推命之术，图取富贵，而宁甘饿死；布鲁诺（Bruno）则因为拥护新的思想，被教会目为异端，而召焚身之祸。其他像牛顿则终身治学，甚至无暇营家室之好；爱因斯坦则因其主张正义，为纳粹党人所放逐。这些人都是像耶稣所说，“为真理作见证的”。他们大半是在教会里面的，而教会的反对他们，正证明当时的教会，虽是信奉上帝的，还不能破除成见，随时随地接受新的真理。宗教因为是一个情感的东西，带着浓厚的神秘成分，所以它却常常会变成一个反理智的、非科学的迷信。但是一个真正虚心崇奉上帝的人，他对任何真理，都是毫无畏惧，而毅然接受它的。信仰和迷信的分别，就在于此。

第五，一个信仰上帝的人应当是最勇敢的。一个人之所以有惧怕，不外乎以下的几种因素：一是关于个人生活所必需的东西，二是关于个人和自己所爱的人的生命的安全，三是关于个人的名誉地位与面子，四是关于个人的事业及社会国家成败兴衰，不可预知、不可控制的前途。这些惧怕，对于一个笃信上帝的人，都应当是不存在的。他之所以不惧怕，有两个主要的原因：第一是因为他以上帝为天父，相信上帝晓得他所需要的一切，愿意，并且能够赐给他。他更相信世界真正的统治者和个人命运最终的决定者不是任何人为的力量，无论它是好的或是坏的，而是真理的上帝，和他公义慈爱的旨意。他晓得上帝的旨意不是在每一个时候都即时彰显出来的。他晓得有些时候，人的力量，好像胜过上帝的力量，人的旨意，好像可以抹杀上帝的旨意。他晓得良的和莠的有时是并存着的；但他深深的相信，只有真理，只有上帝的旨意，才能得到最后的胜利。好像《圣经》里那个寓言所说的麦子和稗子，虽然是一起生长的，但在最后，稗子是要被割下来烧了，而麦子却被积蓄在仓里。一个人如果信宇宙间有这一种力量存在，他就不能再有任何对人或对事的惧怕了。他所要问的是自己所作的是否合于真理，如果是的，他就晓得这是合乎上帝的旨意，至终必能成功，必定能够站立得稳，所谓“顺天者存，逆天者亡”。耶稣所以能够坦然无惧地上十字架，就是为这个缘故。但信仰上帝所以能够使人勇敢，还有一个原因，那就是他把上帝看作是人生必需如此的那个真理。他不一定相信有来世，有天堂。即使死亡是一切的了结，他还是相信人应当照着真理去生活。古今来许多为正义牺牲而名义上不信上帝的仁人志士，都是抱着这种信念的，而实际上，他们就等于相信上帝。这种信念使他们觉得：如果把他们所信仰、所宝贵的东西牺牲了，世界上其他的一切，就都不值得留恋。这就是他们所以成为一个大勇者的原因。

第六，信仰上帝应当使人谦卑。一个人之所以骄傲，是因为他觉得自己比别人强，甚至以为自己已经登峰造极。但是一个信仰上帝的人，却觉得他自己一无所有。说到他的知识，即使他读破万卷书，他所已经知道的，和可知而未知的比较起来，还不如大海之一滴。说到他的良善，他的公义，这和上帝的良善与公义比较起来，无非是一堆“肮脏的烂布”。即使他有一点成就，只有极少的一部分，是由于他自己的努力而来的，而大部分却是由于社会家庭、师长朋友的影响，和从先天遗传、自然环境而来的上帝的恩赐。一个人越是伟大，越感觉到他自己的渺小。摩西是一个解放犹太民族的伟人，但当他听见上帝呼召的时候，他不断地向上帝“争辩”，说他自己没有能力，没有才干，不会说话，甚至使上帝“发怒”。后来摩西是服从上帝的命令了。他显出了极大的能力，使法老全国的军队和旷野中 40 年的艰苦，都不能把他征服。但这力量不是他自己的，而是从上帝的信仰得来的。当以赛亚听见上帝的呼声的时候，他就说：“祸哉，我灭亡了，因为我是嘴唇不洁的人，又住在嘴唇不洁的民中。又因我眼见大君王万君之耶和华。”在上帝的庄严圣洁之下，他是觉得自己卑微了。但他觉得上帝把他的罪赦免，使他得到新的生命，所以在他听见“我可以差遣谁呢？谁肯为我们去呢？”的时候，他便能说：“我在这里，请差遣我。”一个笃信上帝者不但在上帝的面前觉得谦卑，在别人的面前也会觉得谦卑。耶稣说：“凡自己谦卑像这小孩子的，他在天国里就是最大的。”保罗也说：“不要看自己过于所当看的”，又说：“要彼此同心，不要自己高大，倒要俯就卑微的人，不要自以为聪明。”

第七，信仰上帝应当使人对于自然的欣赏，更加深切，因为宇宙都是上帝的手所造成的，并且一切都是美的。圣诗中的“创造奇功歌”，关于这一点有极美的描写：

仰看天空，浩大无穷。万千天体，错杂纵横。合成整个，光明系统。共宣上主创造奇功。东升西落，一轮红日，是主太初，创造成绩。他发光辉，照遍万类，显示上主无穷能力。

清辉如雪，温柔的月。轻轻向着静寂的地，重新自述，平生故事。赞美造她的主上帝。在她周围，无数星辰。好似万盏，光耀明灯。一面游行，一面颂神。反覆赞扬，创造深恩。

这种美的欣赏不只是对自然的欣赏——像许多不信上帝的诗人在他们的作品中所表现的自然神秘主义——它同时也是对神的崇拜。圣诗中的“黄昏膜拜歌”就是把自然欣赏和崇拜上帝合在一起的：

红霞渐褪日西沉，暮天覆地翳空林；敬侍膜拜主座前，仰见星光满诸天，灿烂无边。

生命主宰永垂恩，我们愿与主相亲；求召吾众入主家，欢欣瞻仰主光华，永享安宁。

大地沉沉黑影深，万汇投藏爱之心。吾众感恩忽忘形，超过星月到天庭，献上寸心。

宗教所以能引起许多伟大的艺术和文学，就是因为宗教把上帝的信仰和自然的欣赏打成一片的缘故。

第八，上帝的信仰可以使人得到不可言喻的平安，因为信仰上帝的人，可以把一切都交托给上帝。他相信上帝是统治着世界的；他相信假如他先求上帝的国和他的义，他所需要的一切，上帝就都会给他。相信上帝的不必为任何的事情忧虑，因为慈父般的上帝知道他的需要。在世界形形色色的演变中，他看见上帝爱的旨意的开展。在他因履行职务而遇见危险的时候，他能够冷静而勇敢，他晓得他自己的心常常是冷酷的、刚硬的，但他相信上帝爱的能力，可以融化他的心，赦免他的罪。在别人以恶意待他的时候，他不肯用报复的手段，却相信爱的能力，以善报恶。在他受着痛苦的时候，他能够相信上帝要借着这个遭遇来锻炼他，成全他。关于他自己和他所关心的人的前途，他都可以让上帝来主持，对世界上的疾病、死亡和一切黑暗的势力，他都相信上帝的灵力终能把它们克服。信仰上帝的人，不一定能够完全作到这一切，然而他对上帝的信仰和崇拜，可以使他逐渐接近以上所说的那个理想。他还是有不平安的时候，但是，他知道怎样恢复他的平安，那就是对上帝更亲切的体认，使他的生活更能与上帝契合。这样，他就能够得到世界上任何的力量都不能夺去的平安。

以上所提的几点，都是一个信仰上帝的人，可能得到的品德。他不一定能得到这些品德，因为他对上帝的认识可以夹杂着自私、幼稚、迷信和主观的成分，而因此，他从信仰上帝所获得的果实，就会有质和量的不同。这样的信仰可以包含着戕贼人生，妨害社会的因素。在法国大革命的时候，罗兰夫人曾说过："自由，自由，世界上许多罪恶都假汝名而行。"同样的，我们可以说：许多罪恶，也是奉上帝之名而行的。即使我们的上帝观是比较正确的，谁又敢夸口说，他已经清楚地认识上帝，完全照着他的旨意生活？可怜的、软弱的、永远患着褊狭和近视病的人类，他不只闭着眼睛不肯去看太阳——像《约翰福音》所说的："光照在黑暗里，黑暗却不接受光"；他不只常常戴着有色眼镜，在云雾中去看它；就是当他诚意地、甘心地睁开眼睛去看它的时候，他所得到的只是使他目眩心悸、不可向迩的万丈光芒。这光芒实在是太伟大，太强烈了，不是人类的肉眼所能够凝视欣赏的。人之于上帝，得毋类此！我们说上帝对人生可以有如此如此的影响，这与其说是已经证实的经验，毋宁说是我们战战兢兢去努力的目标。在我们这些庸凡的人是这样，在超凡入圣的先贤们是这样，甚至在耶稣自己也是这样。

我们对上帝的认识常常是模糊的，不只因为他太伟大，我们太渺小，不只因为他太深奥，我们太肤浅，也因为我们的罪——个人的罪和社会的罪——把我们的眼光蒙蔽了，歪曲了，使我们连应当看见的，可以看见的，也看不见。基督徒们对于这个弱点，有一个唯一补救的方法，那就是去瞻仰他们所称为救主的耶稣基督，从他那里学习，从他那里得到关于上帝的新的认识，因为基督徒的一个基本的信仰，就是耶稣是表彰上帝的——用《约翰福音》的话来说，是"道成肉身"。

说耶稣是"道成肉身"是什么意思呢？这是否又是一个"拟人"的看法，把我们从耶稣身上所看见而认为好的东西，汇集起来，称之曰上帝呢？照着我们的解释，上帝就是贯彻宇宙的那个真理，而耶稣所表彰的就是我们做人的那个道理。做人的道理是宇宙整个真理的一部分，正如科学的真理是整个真理的一部分一样。所以从人的观点看来，耶稣是上帝的化身，是"道成肉身"。但是基督教的信仰，还不止于此。《约翰福音》说：

> 太初有道，道与上帝同在，道就是上帝。这道太初与上帝同在。万物是藉着它造的，凡被造的没有一样不是藉着它造的。……道成了肉身，住在我们中间。……从来没有人看见上帝，只有在父怀里的独生子将他表明出来。

耶稣是基督，是道——太初就与上帝同在，万物藉着他造的道。道也就是上帝，所以说：道变成人，就等于说上帝变成人，住在我们中间。

这一套似乎是很玄妙的神学思想，本来不容易把握。一个和我们一样从肉体生出来的人，会笑会哭，会饥饿会疲乏，会失望悲观，终于和我们一样死了的人，说他就是“道”，就是上帝，这未免太离奇了！我们将怎样解释这件事呢？单单说，这是一般宗教的现象——把它们信仰的对象神化，是不够的。我们知道，耶稣的受难是一幅很悲惨的图画。它的所以悲惨，不只是因为这残酷的刑罚所给他的肉体上和精神上的痛苦。它的所以悲惨更在于耶稣进耶路撒冷时，群众对他的欢迎，和他被钉十字架时，群众对他的冷淡——这一个使人啼笑皆非的冷酷的对照。当他骑驴进耶路撒冷时，群众夹道欢呼，说：“和撒那归于大卫的子孙，奉主名来的是应当称颂的。”他进了圣殿，向群众讲道，赶出一切做买卖的人，推倒兑换银钱之人的桌子，没有人敢反对他。但是过了几天，犹大卖了他，彼得三次不认他；被钉在十字架的时候，群众讥笑他，侮辱他，连门徒都离弃他。群众对他的态度，所以转变得如此迅速，当然有许多原因，而最主要的原因，是因为他们以为耶稣是他们的政治领袖，将要用武力推翻罗马统治，恢复犹太民族的独立自由。但耶稣却使他们极度的失望。事实证明了他只是一个受苦的基督，一个理想主义的弱者。于是他们幻灭了。

但在耶稣死后 40 天，一件奇事发生了。使徒行传说：他们聚在一起祈祷，祷告完了，聚会的地方震动，他们就都被圣灵充满，放胆讲论上帝的道。软弱的彼得变成一个新人了，迫害教会的扫罗，变成最热诚、最有魄力的第一个基督教宣教者；因着门徒们的影响，成千成万的人相信了基督。我们再回头看耶稣被钉在十字架时的情形。一般人对他是冷淡的，但百夫长看见他的壮烈牺牲就归荣耀与上帝说：“这真是个义人。”在他死了以后，那些去看热闹的，曾经讥笑过他的，也都捶着胸回去了；卖他的犹大也因为羞愧而自杀了。

以上的种种事实，都证明了耶稣的死，在这些人的心灵中发生了一个极其深刻的印象。这个印象是什么，恐怕连他们自己也说不出来。但我们可以想象得到，他们在十字架上看见一个人——一个轰轰烈烈，顶天立地的人，一个被当时社会所遗弃，却真确地、毫无疑义地代表了做人之道的人。在他们心目中，耶稣忽然变得非常伟大了。什么是一个伟大的人？所谓伟大的人，就是一个能够说别人愿意说，而不能说、不敢说的话，能够作别人愿意作，而不能作、不敢作的事的人。耶稣就是这么一个人。他把他们心灵中最深处的呼声和愿望表达了，成全了。他们觉得他们自己是庸俗的，是卑微的，是肤浅的，是懦弱的。他们所以如此感觉，就是因为他们看见一个光辉万丈的人格，这人格逼着他们，使他们不能不承认，人应当是这样的。这人格逼着他们，使他们不能不承认，这个做人的道理是天经地义，是人类赖以生存，社会赖以建立，放之四海而皆准，质诸百世而不惑的真理。这个真理，应当就是上帝；耶稣表彰了这个真理，耶稣应当就是上帝。这是个离奇的逻辑吗？是的，有的时候，生命会比戏剧更离奇；有的时候，人类贫乏的思想，贫乏的名词，没有法子去表彰这个比戏剧更离奇的生命，而因此，他所能够表现的好像是不近人情的，是玄妙的，甚至是迷信的。然而它是被事实证明了的生命。这就是基督徒们把耶稣当作上帝的原因。

八、什么是真理

在这一本书里面，我们常常提到“真理”这两个字。我们说：上帝就是真理；我们说：祈祷能使人更认识真理；我们说：信仰上帝就是追求真理，服从真理，但是，什么是真理呢？真理是个抽象的东西。在许多时候，我们自己所相信的，我们都认为是真理；别人所相信而为我们自己所不喜欢的，都认为非真理。我们常听见说：“彼亦一是非，此亦一是非。”同样地，我们可以说：“彼亦一真理，此亦一真理”，正如希腊的诡辩学者所说的：“人是万物的尺度”。又如西方某些实验主义者所说的：“凡是能发生一定的效力的，都是真理。”这样看来，什么是真理，似乎就没有一定的标准，而因此，正如我们在上面所说的，有许多不合乎真理的事，都可以被人奉真理的名而行。我们以“上帝即真理”为本书的中心思想，但“真理”既然是一个含混的名词，那么，我们在这里面所说的许多关于“真理”的话，是不是会把我们放进云雾里去呢？如果说不是的，我们就必须把我们所用的“真理”这个名词，在这里加以清楚的解释。

什么是真理？简单地说：凡与客观事实相符合的就是真理。一个天文学家可以预言某彗星于某年某月某时出现，日蚀几分之几，在某时某地看见，到时果如所言，不差累黍；他的话是真理。一个工程师把机械的知识，几何的定律，应用来建筑一座桥梁，说要用某些材料，如何造法，结果造成一座结实的桥梁；他的话是真理。一个母亲告诉小孩说，不要多吃零食，多吃会肚子痛，小孩子不听话，果然痛了；他的话是真理。相反地，一个新闻报道者把消息报告错了，事实终久会证明他的话不是真理。日本帝国主义者高喊“共存共荣”的口号，连小孩子都知道他的话不是真理。一个胆怯的人，晚上走路，把树影当作鬼怪，他的同行者马上可以给他证明那是幻觉而不是真理。

但有的时候，也会有似是而非的“真理”。比如因天旱而禁屠祈雨，雨果然下了，这似乎是真理，因为它发生了“效力”，然而我们知道它只是偶然的联系，而不是真理，因为也有的时候，禁屠而不下雨。古代地静日动之说——直到现在，我们还说“日出”，“日落”——从常识看来，似乎是真理，但后来进步的天文学证明日静地动之说，才是真理。举一个历史的例来说：“周公恐惧流言日，王莽谦恭下士时；假使当时身便死，一生真伪有谁知!”这又是一个似是而非的“真理”。

又有的时候，我们有意地，或无意地把事实歪曲了，遮蔽了，用以欺骗自己，或欺骗别人。在本书前面，我们曾说到马克思和弗洛伊德关于宗教的意见，现在我们还要说到这两派学者关于真理的看法。弗氏认为性是人们一个最基本的要求，在不知不觉中，控制了我们大部分的生活。有的时候，我们作一件事情，表面上说是由于某种冠冕堂皇的动机，持之有故，言之成理，但很可能地，真正的动机，却是满足他的性的要求。这个要求可以用各种不同的形式来掩护自己，文饰自己，因此把是非也颠倒了，真理也歪曲了。用心理学的名词来说，这就是有意识，或无意识的“自圆其说”（rationalisation）。马克思派的唯物论者则认为人生最基本的东西是经济生活。他认为物质条件是决定人的精神生活最主要的因素。人生活在某一种物质环境之下，就会从那个环境的角度去看事情，并且这个环境还会给他戴上一副有色的眼镜。根据这个说法，人们所认为是真理的东西，是有着相对性的，因为人们会因着社会、阶级和时代的不同的背景，而对真理有不同的看法。等到社会中不合理的成分完全消灭了，人的理性才可以自由地发展。那时候，人对真理，才容易有一个正确的认识。

从这两位思想家的理论看来，我们每一个人多多少少都是一个假冒为善的伪君子，因为我们常常把我们做事情的真正动机隐藏起来，而另外摆出一些“名正言顺”的动机给别人看。他们的理论虽然有时候不免趋于极端，但我们却不能否认这两派思想里面所包含的真理。

以上的分析告诉我们，认识真理，无论从主观方面，或客观方面来说，是多么困难的一件事。但这个困难，并不是不能胜过的。认识真理，还是可以有客观而科学的标准的。这个标准就是不断的实践和评价。一件事情，经过一次的实践不一定能够确立它的真理，它也许要经过无数次的实践。一件事情，经过一个人的实践，不一定能够确立它的真理，它也许要经过许多人的实践。一件事情，经过一个时期的实践，也还不一定能够确立它的真理，它也许要经过许多时期的实践。因此某一次，某一个人，某一时代，或某一地方的实践可以把真理部分地体认出来，或者把它颠倒了，歪曲了，但是，无数次的、无数人的、无数时期的实践，终于把真理确立起来。在自然科学的领域是这样，在社会科学、哲学、道德和宗教的领域里面，也是这样。因为体认真理，是这样的困难，所以一个存心追求真理的人，应当怎样地谦卑，怎样地警醒，常常严密地检查自己，批评自己，对他自己所已经接受而后来发觉是错误的东西，应当怎样毫无姑息地放弃，对于新发现的真理，不管它是从哪里来的，应当怎样毫无迟疑地接受。英国的生物学家赫胥黎说："你要坐在事实的面前，像一个小孩子，无论它领你到什么地方去，你都要跟着它走，不然，你就一无所得。"这是科学家的精神，这也应当是宗教家的精神。

但真理的体验，不只是一件理智的事，它也是一件与情感或者直觉有密切关系的事。一个宗教家对于真理的体认，不能不运用他的理智，但宗教之所以为宗教，却由于它对于真理，除了理智的体认以外，还有直觉的和心灵的体认。17 世纪法国的一位算学家柏斯加（Pascal）说："心自己有它的'理智'，是理智所不晓得的。"他的这句话，并没有轻视理智的意思，而只是说在世界繁复的现象里面，有的时候，分析的理智所不能够认出来的真理，可以由直觉的"心"体认出来。宗教和科学所以不同就在于此；而宗教对于真理的认识，所以常常容易发生问题的，也就在于此。

因为宗教注重直觉，注重情感，所以它常常把理智忽略，甚至有的时候把宗教变成一种纯主观的东西。关于上帝的信仰，尤其是如此。主观直觉的东西是没有法子把它证实的，每一个人都可以把自己的经验当作尺度，认为他所相信的是绝对的真理。一个人可以这样作，别的人也可以这样作。于是在宗教领域内，甚至在同一宗教之中，可以有千百种不同的信仰，对某一信条，也可以有千百种不同的解释。这样一来，每一宗教就自然产生许多不同的派别，聚讼纷纭，莫衷一是。所以一个信仰宗教的人，应当比一个科学家采取更严肃、更客观的态度，随时防备着掉在主观和玄想的陷阱，随时准备着接受可以把他固有的信仰修正和充实的新的真理与启示。他应当随时查察他所抱有的信仰，在个人的生活上，在社会的生活上，发生了好的或是坏的影响。他也应当随时随地在宗教的领域以外，在政治、经济，和其他社会生活上体认与宗教信仰有不可分离的联系的种种事实和发展，因为宗教不只是生活的一部门，而是贯彻于生活各部门的；因为上帝不只在人们的信仰生活上显示他的真理，也在人们其他部分的生活上显示他的真理。

从基督教的观点看来，什么是最高的真理？《约翰福音》记载着彼拉多问耶稣的一句话："真理是什么呢？"耶稣没有回答。假如耶稣要回答的话，我们猜想，他也许会这样说："人是有价值的，是有无限发展的可能的，因为他具有神性，是上帝的儿子。若要实现他的价值，发展他的可能，使他得到丰盛的生命，就必须去掉一切妨碍他的发展的力量——那就是个人的罪和社会的罪——而以爱人、服役、克己、牺牲为生活的原则。这样，地上的天国就能够实现。"这就是真理，这就是天地赖以创造维持，人类赖以生活发展的真理。耶稣自己到世界上来，要为它作见证的，就是这个真理。我们可以说：在社会生活上，凡合乎此的，都是真理，凡不合乎此的，都不是真理。这一个真理，虽然很简单而清楚，却不容易被人认识。彼拉多不认识这个真理，因为他从帝国主义利害的观点去看一切事情，甚至知道耶稣没有罪，也因为惧怕群众而不敢把他释放。法利赛人和文士们不认识这个真理，因为他们抱着成见，只想到自己的权利和地位。群众们不认识这个真理，因为他们虽然对民族是热心的，他们对政治和宗教，却都抱着许多错误的观念。门徒们不认识这个真理，因为他们惧怕，怕因耶稣而受牵累。但是，看着耶稣被钉十字架，说他是"义人"的那个百夫长，是认识这个真理的。站在十字架旁边那几个妇女——耶稣的母亲，他母亲的姊妹，抹大拉的马利亚等——是认识这个真理的。这些人对耶稣只有纯洁的敬爱而没有任何利害的关系，他们没有成见，没有惧怕，所以能够直觉地了解耶稣的牺牲的意义。读破万卷书的人，不一定能够认识这个真理。反之，一个完全不讲究学问的人，像圣芳济，因为他有广大无边的爱，却能认识这个真理。保罗在《哥林多前书》第 13 章里面所描写的"爱"，有人说是他给耶稣所写的画像。真与爱是分不开的。爱人的人不一定能够看见真理，因为爱有时候含着浓厚的情感的成分，而感情往往容易变成主观的。但是一个具有深挚而广博的爱的人，应当比其他的人更容易认识真理，因为爱是向外的，是和自我中心相反的，而因此，也应当是客观的。凡是看过《甘地自传》的人，都会深深地被它感动。我们在这本书里，看见一个伟大的人格，这个人格，在过去数十年中，赤手空拳地领导着印度的民众，为自由平等而奋斗。他的人格之所以伟大，不一定是因为他的主张。有许多人对于他的非武力的主张是不赞成的，甚至他的最有力量的同志——尼赫鲁——也是这样。甘地之所以伟大，不只因为他对国家，对民族的忠心与努力，也因为他对他所认为是真理的东西，能够拳拳服膺，百折不回，始终如一。他在自传中说：真理好像太阳，光辉万丈；他一生的志愿，就是叫自己能够多多少少地反映这个光辉，让他的生活，完全被他所已经认识的真理控制，所以他的自传的另一个名称就是《我对真理的体验》（*My Experiment With Truth*）。

认识真理可以说有两个异途而同归的方法。一个是科学家的方法；他用理智去研究、分析、归纳，随时提出新的实验、结论，也随时根据新的事实去推翻或修正他的结论，而结果，他得到真理——像永远有活水源头灌注一般的真理。另一个是宗教家的方法。他不摒弃理智，然而他所注重的是直觉和情感，是用在社会和人生的爱。当他达到圣洁纯全的境界的时候，他是大公无私、不偏不倚的。然而这并不是因为他不能分别善恶、判断是非。有的时候，他会像疾风暴雨、地震、山崩，向为非作恶者发出他的义怒，像先知斥责荒淫无耻的人民，像耶稣痛骂假冒为善的领袖。他的直觉和情感，使他把握着一个社会关系的中心真理——人的尊严和价值。他拿这真理去作衡量一切事物的最高标准，把它当作照妖镜，照出一切丑恶东西的原形。这是他宗教家的任务。假如他再进一步，把宗教所揭橥的中心真理，和社会科学用理智分析所发现的一般真理，配合起来，去负起社会改造的具体责任，他就不只是个先知，同时也是个政治家，是个革命的战士。他对政治的主张，对改造的方法，可能有许多错误，然而因为他把握着人类解放的中心真理，他所做的一切，“虽不中，不远矣”。

不论是科学家，是宗教家，他们的基本态度都是要人客观，不要只想到自己和自己的私见与利害，而也要想到客观的世界，想到个别的人和人类的全体。科学家要我们在物质生活上得到解放，现代的物质文明可以有无限量的发展，它可以满足人生一切的需要而有余。宗教家要我们在精神生活上得到解放——要人勇于为永恒的真理而生活，没有惧怕，没有忧虑，没有自私，甚至像苏格拉底，像耶稣，像一切的古圣先贤，以他们的身家性命、名誉地位，作为献身于真理的无上代价。他们任何时候，都大胆地接受真理、服从真理。因为他们知道，真理属于上帝，真理就是上帝，真理比什么都宝贵，比什么都有力。

但是我们这些平凡的人，我们谁能达到这个境界呢？从上帝的观点看来，我们的眼光是近视的，我们的心胸是狭小的，我们的爱心是微薄的。我们把大小易位，先后倒置，不能把事情看得恰如其分。因为我们是自我中心的，所以世界便无处不是矛盾、冲突、痛苦，因此，我们要在真理的大海面前，渴慕着上帝的智慧与良善，谦卑得像孺子的可教，勇敢得像壮士的出征，这样，我们就可以因真理而得自由。

后 记

写这本小书的意念存在我的心中，已经有好几年了。在过去二十年的基督徒生活中，我对于宗教问题常常思想，因为在我信仰基督教不久以后，国内就发生剧烈的反宗教运动。反教的立场，有的是根据科学的思想，有的是根据唯物论，有的是根据西洋哲学或中国文化。这些反对宗教的理论逼着我，使我对我自己的宗教信仰，不得不加以一番严格的检讨。同时我工作的对象，又是一般被新思潮所激荡的，深思好学的青年。我每逢对他们讨论宗教的时候，他们都提出许多问题来，而尤其普遍的就是上帝的存在问题。我为这个问题，曾经用过一番思想，也在若干方面，作过一点研究，然而我没有得到一个满意的答案。大概是在1934年的春天，我对我所苦思着的题目，忽然得到一点光明，这光明不但使我对上帝的问题得到一个满意的解决，也使我对一般的宗教问题，得到一个新的启示。我心中觉得非常快乐，就在当时中国基督教学生运动出版的《微音》月刊上，发表了一篇文章，叫“信仰的新大陆”，把我自己所发见的比于哥伦布的发见新大陆。现在看来，这未免有点比拟不伦，但把它当作是描写我当时内心感觉的一种说法，这也许是可以原谅的。我对于自己所寻找到的，不敢自信，因为恐怕我会陷于把几种不同的思想调和起来的危险。若是这样，我所得到的答案，即使主观上使我感觉满意，也许客观上，它已经远离传统基督教信仰的正轨，失掉它所遗留给我们的精华。因此，这本小书，与其说是提供什么成熟的意见，毋宁说是把我自己的宗教思想上和信仰上的一点探险，向读者领教。

在我心中存在着许多年的，还有一本书——“什么是基督教”。这应当是一本比较长篇而有系统的著作；现在的这本小书，可以说是这本未来的书的一部分。从思想系统方面来说，也可以说是那本书的前奏或缩影。我希望我的健康，在不久的将来，许可我从事这件工作。

最后我愿意讲几句关于这本小书如何写成的经过。从 1943 年 2 月中开始写，时作时辍，到现在差不多半年的光阴，算是写完了。这本书的写成，不能不深深感谢三位青年朋友；她们不但督促我，勉励我，从始至终要我非把这件工作完成不可，也因为我的目疾，还没有完全复原，她们替我执笔，把我所口授的写出来，有时还替我找《圣经》和其他的参考书。除了一小部分是我自己亲笔写的以外，其余都是由于这三位朋友的帮忙——一位是章申女士，一位是钱淑诚女士，一位是我的义女张煜。她们不但把我所说的写下来，有的时候，也替我思想，给我提供她们自己的意见，或者替我修改文字。她们对这本书的贡献是非常大的，特在这里深志谢意。

1943 年 8 月 6 日于成都

文　章

青年会的精神革命*

青年会在中国已经有 30 年的历史，一方面开了社会的先河，一方面作了基督教运动的前驱，成绩实在不少。但是现在的时代，非复以前的时代，现在的事业，当然有好些要改变的地方，不是随时随地片段的改变，乃是谋适应时代的需要，求根本的革新。

青年会在以往的 30 年好像是保姆怀中的婴孩，能力没有长成，不能够多所活动，社会也没有十分的明白它，赞助它。现在可以说是到了成人的时代，社会上有了它的地位，经济和人才都勉强可以独立，我们应当打起基督鲜明的旗帜，预备积极的前进。

现在青年会的需要是什么呢？是金钱吗？现在好些地方都闹经济的恐慌，差不多工作都要停顿，但是我以为徒有金钱是不能解决问题的。是缺少活动吗？我们所作的事若是太少，自然不能得社会的赞助，但是我以为我们的工作已经是不少了。是组织不合宜吗？是运用不灵便吗？我以为青年会的组织还不是最要的问题，若单靠组织，恐怕每年改组一次，也没有什么用处。青年会现在的需要，只是一个精神的革命。

第一，青年会的命名既然有基督教三个字，它的事业自然要有基督精神的寄托。我以为以往的青年会至多成就了“慈善团体”和“俱乐部”两个功用，社会上夸奖青年会的人，大概也是拿这两样作赞美的根据。自然这两样都是需要的，不过基督教青年会若止于此，与非基督教的“慈善团体”和“俱乐部”有什么分别？我们若不能本着基督的精神大胆无畏的去应付社会全体的需要，我们是否配用基督教三个字？我们对于社会的罪恶已否尽力去攻击？我们对于资本的制度、劳工的地位，是否已有积极的计划？我们对于黑暗的政治，要有什么样的主张？我们

* 原载《同工》第 31 期，1924 年 4 月 21 日。

是否用过耶稣眼光看过现在的社会，把耶稣所要说的话都说出来，凡耶稣所要作的事都敢去作，在青年会的中间造成一个强有力的团体，作改造社会的先锋。我们不必故意求人的夸奖，我们也不必避免人的反对和恨恶。耶稣的福音一面是温柔的爱，一面是热烈的火，“我来要把火丢在地上，倘若已经着起来，不也是我所愿意的吗?”我们若畏首畏尾，貌合神离的，迎合群众的心理去活着，没有叫社会被耶稣的火点着了，我们是否能够完成上帝交托我们的事工?

第二，青年会的事业固然是很要紧，但是更要紧的是青年会的人才。我所谓人才，不是一定大学毕业，强干练达的人才，乃是那些能够忘了自己，作基督忠仆的人才。青年会的以往和现在，有过不少杰出的领袖，但是以我所知的说，青年会的内部能够声应气求，没有暗潮的，几于绝无仅有。在青年会这样的机关办事，最要紧的是一个“诚”字。我们既是一个基督徒，倘若仍然用“权术”和“诈伪”去待人接物，我们就失了基督徒的资格，还说什么为主作工。无如现在有些人，尤其是那些有才干有经验的，以为非此不能办事，以至人人都戴着一个假面具，人人都说些不由衷的话，人人都在心灵的地狱里活着，这实在是一件最可悲的事。还有的天天为个人的安乐打算，买房子、做买卖，营私、兼差，要把他一辈子要用的钱财，一天都弄到手，还以为这是堂堂正正的事，我们若人人都存这样的心理，请问青年会要像个什么东西?此外还有种种“徇情”、“妒忌”、“挟嫌”、“谄媚”的事，就不必一一的细说。我不是要求全责备，我不是拿人类的弱点来责善于青年会的人，我所奇怪的是我们天天在上帝的面前说“愿你的国降临”，同时我们还让这种种的污秽，占据我们的内心，丝毫不以为怪。我们何以不揭开这假面具，去作我们心里所愿意的事?

第三，我们问问，青年会的目的究竟是什么？是要叫青年会这个组织永远“整个的”存在呢，还是要“推广天国于青年人中间”呢？我听见好些人反对青年会与别的团体联合作事，以为这是减少了青年会会所内的活动，丢失了青年会的个性。试问青年会若本着这个原则去作事，他所能成就的几何，恐怕一个城市里面有几百个还不够用。我以为青年会应当尽量的往外发展，尽量的与别的团体合作，使青年会的精神能够普遍于全社会，这才是青年会不朽的事业。耶稣说，“丧掉生命的必要得着生命，保守生命的必要丧掉生命”，如果天国的事业扩充了，没有了青年会，有什么要紧？若是天国的事业没有扩充，青年会“整个的”

存在，有什么益处?

现在青年会所需要的只是一个精神革命：我们应当跪在上帝的面前深深的忏悔，承认我们个人和团体的罪过，求上帝赐给我们一个新生命；我们应当重新体认耶稣的心，得了他的眼光，得了他的精神，去决定我们应当作的事；我们应当把忠于机关的心扩大了，使我们更能忠于天国的事业。青年会前途如何，就在乎我们能不能有这种的革新。

我们怎样能叫青年会普遍的有这种觉悟呢?全国大会不能帮助我们；干事大会以至其他种种大会都不能帮助我们，因为这种大会是机械的，是肤浅的，它的目的只是讨论计划、通过议案，从早至晚把时间都填满，不能给我们一个灵性反省的机会。我们所需要的是一个长久的、静默的工夫，忘了我们以往的事业，忘了我们胸中的计划，忘了我们的组织，想一想我们青年会所以成立的原故，看一看现在中国全局紧急的需要，在上帝面前，慢慢的等候，寻找他所要给我们的使命；这样我们才能够在我们的个人，在我们的事业，得着一种活泼勇进的精神，成就将来不可限量的事业。

《微音》的使命*

一

记得有一次在加拿大敏纳纯野营的湖上，与一位朋友，晚上乘兴泛舟。湖上微波不兴，水平如镜。漆黑的天空，缀着繁星点点，放出寒冷的光芒，与岸边的树影，倒照在湖水里面。一切都是静寂——连呼吸也可以听见。只有徐徐荡桨的声音，野鸟偶尔从林中传来的怪叫，和远望孤岛上夜幕里欲明欲灭的灯火，微微的搅动了万籁的寂寥。

又记得有一次与两位青年的朋友，深夜登泰山绝顶。我们只携了一具小小的油灯，走着崎岖的便道，狂风吹来，几次把灯熄灭，我们还是鼓着勇气前进。快到南天门的时候，我们坐在石磴上休息。两旁的高山，在凄清的夜气里，恍惚似怪魔的巨臂围绕着我们。那时好像全世界上只有我们三人，与无穷的宇宙相对。一切的声音，一切的色相，都消失在苍茫的黑暗里。

在这样的情景里，我们要感觉无限的渺小，一刹那间，好像一滴雨水，融合在自然的大海里，消灭了个性。

在这样的情景里，我们要感觉无限的伟大，冲破小我的樊笼，消灭了宇宙与我的对立，一刹那间，我变成了宇宙的自觉。

在这样的情景里，我们有时要听到“微小的声音”猝然不知其所自来，忽然不知其所从去，有时鼓荡着我们的心灵，使我们的热血沸腾，使我们的精神兴奋，使我们看见一个新天新地，要放弃一切，向着前途冒险。有时我们要感觉一股热力，流注我们的全身，使我们觉得人生没

---

* 原载《微音》第1卷第1期，1928年5月。

有不能胜过的困难，没有不能除去的阻力。有时我们要感觉一种不可言喻的平安，使我们超过了人生的一切忧患与痛苦。

二

以上的几句话，不是什么玄理，也不必是什么神秘的经验，乃是世界一切在历史上留过一点痕迹的人所必曾有过的经验。所感者深，则其所成就者大；所感者浅，则其所成就者小。这种经验的产生没有一定的地方，也没有一定的时候：清夜、平旦、在人群里、在幽独的时候、在深山、旷野、僻陋的乡村、大都市的图书馆、科学的试验室、木匠的家庭、富人的安乐椅、龌龊的贫民窟、天真的儿童、憔悴的病夫，处处都可以引起这种特殊的经验。乔达摩、耶稣、保罗、圣芳济、托尔斯泰、甘地、贺川丰彦、Jane Addams、伽利略、牛顿、马克思、列宁，以至其他一切有名无名的创作者，都是曾经有过一番内心的自觉的。

这些人的经验，和经验产生的方法，虽然不同，但却有几个共同之点：

第一，这些人在现实的社会生活里，发现了平常人所没有感觉，或感觉而不深刻的缺憾，使他们动了不忍人之心，而求所以解脱的方法。

第二，他们既然感觉内心的矛盾与不安，于是在动的生活中去求静的生活——深思、苦虑、研究、祈祷、自省——在经验的洪炉中煅炼真理，在生命的原野中，发掘宝藏。直至他们听见了“微小的声音”，看见了前途的光明，回复内心的平衡，打破矛盾的锁链。

第三，他们得到了自觉，发现了光明，于是又从静的生活中，回到动的生活：在旷野里大呼，在民众中宣传、奋斗、革命、十字架、断头台，把一页一页的历史，染满了汗污，染满了血痕，一点一点的把人类生活的途程，转移了它的方向。

三

今日中国的青年，在一切思想与生活剧烈演变的时候，有三条可走的路：

第一条路是颓废放荡，醉生梦死，得过且过，人云亦云的康庄大路。走这条路的，永远向着抵抗力最少的地方去，没有追求，没有奋斗，如果不遇见意外的灾难，可以安安乐乐的度过一生。

第二条路是多数奋发有为，不自暴弃的青年所要走的路。他们看见腐恶的环境，痛苦的民众，不能安于麻木不仁，隔岸观火的生活。于是他们在各种运动中，找到他们比较能信仰的，竭全力去参加。这种青年虽然没有许多特出的发现，但是他们即知即行的精神，很值得我们佩服。

第三条路是创造的路，创造的代价是精密的观察、深刻的研究、彻底的思想、勇敢的试验。创造的方法是静与动的循环。走这条路的，对于一切的权威，不怕发生疑问，到必要的时候，不避“反时代”的讥诮。走这条路：不惜放弃一切，去追求所看见的憧憬：“没有失掉生命，不能找到生命。”畏难的、盲从的、空谈的、玄想的，跑不到这条路上去。

我们现在看见了许多盲的动和死的静。我们还没有看见一个深沉的、勇迈的思想与生活的运动。

四

两年前有少数的同志，不度德，不量力，要创办一个刊物，去提倡上面所说那种比较深沉的勇迈的思想与生活的运动。他们由“著”想到“微”，由澎湃奔腾的巨瀑想到涓滴断续的泉音，所以他们就用了“微音”两个字来表示这种意思，作为刊物的名称，希望能用沉着而有方向的动，深刻而有想象的静，走到创造的路上，与现在苦闷的青年共同寻求一条切实的出路。

我们充满了奋进的热诚，征求青年同志，与我们共同肩负这个重任。

我所认识的耶稣*

11年前，在一位美国朋友家里，我第一次读到《马太福音》第5、6、7三章——即平常所谓《登山宝训》者——我的内心忽然发现一种光明，使我不知不觉地手舞足蹈，心中充满不可形容的愉快，觉得我十几年来辛辛苦苦地追求而没有找到的东西，在那三章书内，完全给我显示了。至于所显示的是什么，我当时也没有工夫去分析。我只觉得那三章书内所说的话，句句都有权威，句句都针锋相对地说到我心坎里深刻的地方。同时我在字里行间，隐约看见那个说话的人：他的仪容，威严而和蔼，勇毅而沉默；他的脸上发出慈爱的光辉。我的情感，本来是丰富的，两个人格，经过当时热烈的接触，不由得我眼中涌出一股热泪来——已往的懊悔，现在的安慰，将来的希望，在那一刹那间，都涌到我的脑际，使我不由自主的五体投地，向着那个光辉的形象说：主呀，你是我的救主！

我又何必再多说什么话呢？这个就是我11年前所认识的耶稣。11年来，以至现在，我对他的认识，有时淡泊些，有时浓厚些，有时也未免觉得他平平无奇，甚至对他的信仰在一个短时期内，曾经有一点动摇；但从大体而论，他还是11年前我所认识的那位救主。入世愈深，人生的问题愈多而复杂，更使我不能不承认耶稣是人类经验的结晶，是迷路者的指导，是劳苦负重者的良友。这就是我11年来的经验。我若是再用理智来分剖，解释这个经验，未免画蛇添足，更怕以辞害意，然而为帮助读者的了解起见，我还是应当简单的说一说。

没有认识耶稣以前，在我脑中常常萦回不去的有两个问题：一个是宇宙问题，一个是人生问题。现在我把这两个问题先提出，然后说明耶

---

* 原载《同工》第80、81期，1929年3月1日、4月1日。

稣如何帮助了我将它们解决。

第一，宇宙的问题，我的疑问是：这个奇妙不可思议的宇宙究竟是个什么东西；它有来源没有，有目的没有，有归宿没有？人为什么生在这个宇宙？人与宇宙有什么关系？人又有来源、目的、归宿没有？

第二，人生的问题，我的问题是：善是人人所求的，为什么同时又有一个恶的现象？为什么我没有能力去行善？为什么世界有这么多的痛苦？人对于宇宙的问题若是不能解决的，人在宇宙若不过是昙花的一现，那么，刻苦地孜孜为善，又有什么价值？我最初发生这些问题的时候，还在学校里读书，不过十几岁大。

耶稣并没有帮助我把这些问题一一解决，他只是给我一种信仰，指示我一条门路，让我自己设法把它们解决。有些问题，不但现在的我不能解决，恐全人类再过几千年也不能解决。然而耶稣所给我的信仰，所指示的门路，使我对于这些问题有一步一步追求的勇敢，在未解决以前，也使我不致陷于妄想与悲观。

宇宙问题，本来是个空洞的题目，不能得到很具体的解答，但所以必要有一个相当的解决的，就是因为我们的宇宙观与我们的人生观有密切的关系，有时二者竟不能分开彼此。耶稣对于宇宙问题一个简单的解答就是说：宇宙是上帝的表现；或者换句话说，上帝是宇宙里面的灵心、能力、主宰……从第一种说法看来，这位上帝可以说是内在的，宇宙间一草一木、一花一鸟无不有上帝在里面。从第二种说法看来，这位上帝可以说是超然的；他虽然在草、木、花、鸟里面，他却不是草、木、花、鸟……这两种看法似乎是互相矛盾的，但人类的宗教经验却证明这是人对于宇宙的“最后实在”所不能不有的两种观念。现在我们对于哲学上、心理学上，心身一元二元的问题还没有满意的解决，上帝的超然与内在，在智理上如何调和，更不是现在所能完满答复的。

玄学的问题，我们不能在这里讨论。现在我们要问，这种上帝观究竟能否将我上文所发的问题解决，换句话说，推出一位上帝，是否只换了一个名词，与事实问题无补？我就回答说：上帝的确是一个名词，但是——这是最要紧的——这个名词是代表人对于宇宙的一种很深、很远、很普遍，几乎不可逃避的经验：就如同“父亲”只是一个名词，但是这个名词却代表我们对于他耳闻、目见、心领、神会，在理智上、情感上、行为上很复杂的经验。我们应当清楚的是：先有经验，后有名词，不是先有名词，后有经验；因此之故，有好些人对于宇宙那个灵、心、力……有相同的经验，但他们却用极不同的名词去形容他，在历史上可以找出很多的证据。

上帝的观念，从一方面看，是很空漠无定的，从另一方面看，他却是很实在、很确切的存在。我们在宇宙的万有内看见闪烁的星辰，皎洁的月亮，青葱的草木，美丽的花朵，伟大的山川，奇妙的鸟兽，使我们不能不感觉到宇宙的庄严，并且觉悟这个庄严的宇宙是一个无限的生命的表示。这个大生命是一元的，是多元的，是哲学上常常辩论的一个问题。但是人类的宗教经验却慢慢的趋到一元的信仰；科学上的"齐一"观念，也是有同一的趋向，我们不但在"物"界得到这种觉悟，在"心"界也有同样的觉悟。在人类的关系中，有一种现象叫做"爱"，人就把这个爱推到宇宙的大生命里说：上帝是天父，上帝是爱。关于这一点，我在人生问题上，要稍为详细的说明。

然则上帝的存在，是一个浅而易见、毫无疑义的问题吗？这个却又不然。如果真是这样，我们还要什么宗教？宗教的一个特色是信仰，信仰是说：我们只看见一个约略的远象，没有清清楚楚的对面看见。但是因为宇宙的万有，心灵的觉悟，一齐向我们下总攻击，有时微微的暗示，有时大声疾呼，说上帝是真实存在的，我们懦弱的意志迟疑的理性，不觉冒着险，鼓着勇气，向这个不可知的大生命呼一声：上帝！这样的一呼，居然引出一个回答来。有人说这是我们自己的声音，有人说这是我们声音的回响，但是深挚的宗教经验，不肯轻易放过，因为这个呼应在人类经验中，加了一种新的生命。现代的学问曾经把这种新生命解剖、研究，但却不能把它的来源否认。它的来源，我们可用什么名词来称呼他呢？上帝吗？天父吗？神吗？道吗？理吗？这何异在大海滩边拾了一块小石头，说，这就是大海的全体？然而要紧的是：这种呼应，这种经验，改变了人生，改变了历史，产生了一个耶稣，和许多类似耶稣的先哲。

耶稣宗教经验的背景，就是这个上帝。他一生的经验与这个上帝是不可分离的。耶稣觉悟上帝的历程，我们只看见它的后半段，前半段只有一两件事的记载。不过所可惊奇的是他的上帝觉悟的深挚、亲切，而且活泼有力。他不只是在祈祷的时候，与上帝有密切的关系，这种关系，在他的日常生活里，是不可须臾离的。耶稣的上帝觉悟，在他的人生上至少发生下列几种影响：

（一）人们的小生命是与宇宙无穷的大生命联为一体的。用普通的话来说：上帝是一切生命的根源，上帝是父，我们是子，人类都是弟兄；甚至人以外一切有生无生的万物，在上帝的眼中都是神圣的。小生命的根源既在大生命里，大生命是不灭的，所以小生命也当然是不灭的，这就是永生的信仰。不过死后的生命是什么样的，我们就无从知道。

（二）人既是与上帝同体，所以人是绝对有价值的，不应当被看为一种手段与器具，受任何组织、制度、个人、团体的压制与利用。

（三）上帝为全宇宙，为人类，为各个的人，都有他一种计划，这个计划也就是人与万物理想的生长与发展。适于这个理想的就能生存，而且有丰富的生命。这个理想的境界，就是平常我们所谓上帝的旨意，科学上所发现的公例，是上帝在物界用以达到他的理想的方法。

（四）上帝虽然有他一定的计划，但是人的意志却是自由的。人类向着理想进步，是由于内感的功夫，不是用外烁的方法。广义的祈祷——指一切欣慕上帝的思想、言语、行为——就是内感最良的方法。

（五）人类最美满的境界就是使人与上帝和他的旨意合为一体。人到了这种境界就能得到一种“浩然之气”，虽然仍是在不断的奋斗、进步、创造的生活里，却得一种特别的平安与愉快，把成败、贫富、生死，都置之度外。人若是没有到这个境界，只把他的眼光，注射在小我里面，他就好像初学游泳的人，靠着自己的力量去挣扎，愈挣扎愈往下沉。善游泳的就是善用水的力量将人与水调和的。救济狭隘、自私、软弱的良药就是信仰——对于宇宙无限的大生命的信仰与契合。

根据着以上的宇宙观，就生出福音书上耶稣一段可歌可泣的历史来。他爱人类，爱个人，爱妇女，爱儿童，爱软弱的病夫，爱无告的罪人，爱花，爱鸟，爱宇宙与人类一切的美。同时他疾恶如仇，用警告，用震怒，用信心，用温柔的声音，用婉转的譬喻，用爱用血，去拯救迷路的人。至于他自己呢？“狐狸有洞，飞鸟有巢，人子无枕首之处。”他所不能忍受的，是人们施于他人的恶，及至施于他自己身上——十字架、荆棘的冠、痛苦、孤独——他只有低首无语的去接受，还去求天父恕那些无知的人……这是历史么？不。这是诗歌，是天籁，是心弦上微妙的音乐。凡重弹此调的，都使我们听到悲哀而雄壮的声音，震荡我们的心灵，使我们鼓舞兴起。为什么耶稣有这种势力？只因为他的可歌可泣的历史，是他和他的上帝在一块儿编成的。

现在我要说到人生问题了。耶稣用来解决人生问题唯一的方法就是一个“爱”字。“爱”不是一个什么奇妙不可思议的东西。上至人类的先觉，下至“贩夫走卒”，都无有不懂得爱字的意思的。有人说爱是先天的，如孟子所谓“良知良能”；有人说它不过是后天的经验，如哲学的经验派及心理学的行为派。这是不关紧要的问题。其实“爱”就是使人类可以共同生存的一种关系。一棵树如果要它长的好，要有恰如其量的土、水与太阳，这是物的理。一群人要他们活的好，要有一种所谓“爱”的关系，这是人的理。这个理与饮食男女等等同是一样的东西。不过饮食男女的效果，容易看见，爱的效果，较难分辨，因为没有一个社会是绝对的爱的，或绝对不爱的。然而我们的确知道爱是人人所求的，因为没有爱的地方，无论它是家庭，是朋友的关系，是社会，是国家，是世界，都立时显出一个纷争扰乱、相恨相恶、相夺相杀的状态来，这是反乎人类的天性的。

爱既是人人所求的，为什么它在人类的关系中，又是这样微弱的一个力量，还要我们时常互相劝勉，努力提倡？我们可以拿吃饭的事来作个比喻。如果这个世界上的饭是充足至于无量，使我们绝对不必担忧的，我们至少在吃饭的事上，可以不必谈爱。但是世界上的饭，不是如此的：有时它不但是“寡”，而且是“不均”的。在这个寡与不均的状态里，人们如果有“爱”的关系，就有下列的几种现象：

（一）大家互相推让，使最软弱，最需要养料的人先吃。

（二）如果大家都是一样的需要，大家就将“寡”量的饭“均”着来吃。

（三）有一部分的人忍着饿让别人先吃，如果饭是不能再得的，就宁可饿死。

（四）一部分人，或大家，去想法子增加饭的来源，使大家都能充量的吃饱。

我们从这个显浅的比喻，就可以说明为什么爱是人人所求的，因为没有爱，大家就一齐去抢饭吃；弱者固然要挨饿，就是强者也许因相争而至于头破血流，将大家的饭碗一齐打破。同时我们也可以明白爱为什么不是容易实行的，因为我自己的生存是一个切身的问题；生存是要吃饭的；我不去抢饭吃，我也许就要饿死，至少也要感多少的不便。

人类文化中所谓“礼”所谓“道德”就是要救这个吃饭问题之穷的。为什么道德的力量还是不能补救人类的弱点呢，因为道德只叫人相让，不去抢饭吃，却没有把弱点的来源——我自己生存的问题——根本的、满意的解决。人所以要走到宗教那条路去，就是因为宗教是要解决这个问题的。我们因此也可以明白：耶稣的优越点，不是因为他提出一个“爱”字，作人类生活的准则，乃是因为他帮助我们解决了那个“自己生存的问题”，使我们虽然感种种不便，虽然饿死，仍然信“爱”是应当的，仍然去行“爱”。

耶稣怎样解决这个“自己生存的问题”呢？自然也是用他宇宙观中那位上帝去解决。可是我们要特别的注意：耶稣不是有了一个现成的宇宙观，拿来解决他的人生观。我大胆的说：他的宇宙观至少有一大半是从他人生观产生出来的。若说得清楚点，就是：他从爱的努力，从道德的奋斗，找出一位活活泼泼的上帝来。我们若是研究耶稣对于上帝的觉悟的根源，至少可以得下列几点：

（一）遗传的观念：犹太教所传下来的上帝观，是耶稣所熟识而常常引用的，这是他认识上帝的第一条大路。

（二）理智的追求：在福音书上耶稣与他的上帝已经成了一种极自然的关系，不用什么理智求证明，但是在他少年时期中，大概总曾用过一番理智的功夫。

（三）直觉的启示：直觉是一种先天的、单一的、神秘的东西，抑或是一种后天的、复杂的、可以分析的东西，我们这里不能讨论，但是耶稣——以至我们平常的人——能从庄严的宇宙、万有的现象，直接觉悟出一个上帝来，如同我们看见玫瑰花时，说它是美，看见一个小孩时，说它是可爱一样，这是我们所不易否认的。

（四）道德的奋斗：如果耶稣只走第一条路，他的上帝只是一个法利赛人墨守成规的上帝；如果他只走第二条路，他的上帝是哲学家空洞的上帝；如果他只走第三条路，他的上帝只是修道院中“想入非非”的上帝。因为耶稣还有第四条路——道德的奋斗——加上以上的三条路，所以他的上帝才是个活活泼泼的上帝。第三条路是由物界启示得来的直觉。第四条路是由内心启示得来的直觉，加上一点理智的作用。下面的一段，就是把这第四条路特别的说明一下。

我在上文说过：爱是人人所求的，也是人人所不容易实行的，因为极端的爱，十有八九是要拿“我自己的生存”来作代价的。耶稣就是将这两种要求调和到美满的地步。我现在大胆的将他所走的第四条路的历程推想出来；不但是推想，而且这条路也是我们在寻找上帝的途径中所应当走的一条路。

耶稣所要调和的第一方面就是那个广大而深远、普天下万世、无智愚贤不肖所求的那个爱。这个爱的根苗，是种在个个人的心内的，如果不把它伤折，遇见了时机，它就要勃发而长大，把万有都荫庇在它翅膀之下。耶稣所要调和的第二方面，就是那个同样广大而深远、为人生所必求的那个“我的生存”。这个要求，是极端正当的，而同时它也是盲目而自私的。若是可能，它愿把万有都并吞，去供养它自己。

这两种要求，似乎都是必需的，同时也是互相矛盾的。耶稣是一个思想行为都彻底的人，不肯敷衍调和的，然则应当哪一个去，哪一个留呢？因为第一个要求，是没有弯可转的一条直路，是几千年来，人类哀哭呼号，拿血、拿泪，去求的一条路，所以耶稣就放胆的肯定，说，无论第二条路的价值如何，这第一条路是毫无疑义，人类所必须走的路。我们最应当注意的，就是耶稣不但将这条路在人生观上给它肯定，而且他更把它推到他的宇宙观去。爱是人类经验中最宝贵的一件东西，而且是人类生存的一个要素，因为没有爱，人类自己就会消灭。万有的生，与人类的生，同是一个理，所以维持人类生命的，与维持万有生命的，都应当是同样的东西——爱。万有是有主体的，这个主体就是上帝，上帝的中心就是爱。因此他就用父来比上帝，我们都是上帝的儿女。

耶稣对于人类第二个要求——我的生存——怎样对付呢？第一第二两种要求似乎是矛盾的，然而宇宙的真理，决不会同时向人有两种矛盾的要求的。于是耶稣跑到高山顶上去，远远地一望，呵！原来在这第二条路的尽处，接着还有一条康庄大路，与第一条路是平行的，不是冲突的。只因为人们胆小，眼光浅窄，不肯努力，没有信心，所以不曾看见。这条康庄大路是什么呢？现在再拿吃饭的比喻将它来描写：

（一）世界上的饭多着呢！一斗谷可以产十几担米，一棵树可以结一万几千果子。只要人们彼此相信，大家努力，世界上的饭没有不够吃的。你不看空中的飞鸟和野地里的百合花吗？它们也不纺织，也不收藏，然而天父却给它们粮食，给它们穿戴。小信的人呵！天父给你生命，难道他不给你维持生命的饮食吗？

（二）人活着不是单靠吃饭的。人之所以为人，是因为他是群的产物。他的身体、他的学问、道德、品格……没有一样是他自己的，都是由群的努力积聚起来，供给与他。没有使群可以共同生存的，就没有群；没有群就没有他。就是他的身体仍然存在，他也只是个普通动物，不是个人。

（三）在大家犯了疯狂病，都去抢饭吃的时候，我有什么方法使他们觉悟上面所说的两个原理呢？我只有站在后面，安安定定的，听他们去抢。强有力的人走在前头，饭抢到了，心满意足，不容易听我的话，只有那软弱的人，没有饭吃，看见我是同病的人，也许发出好奇之心，向我打听打听，为什么我不去抢饭吃，所以这个福音是为世界的弱者、虚心者、贫穷者、哀哭者、受逼迫者而发的。

（四）我如果只是袖手旁观不去抢饭，终不是彻底的办法，所以我还是要联合那些与我表同情的，设法得好些饭来，使大家不必再抢。

（五）有时我这样天天劳力，为别人想法子吃饭，结果我自己还是没有饭吃，终至饿死，这就是爱的十字架了。然而从这个十字架就生出一个绝大的信仰来。如果爱是真理，是宇宙的生命，那么，爱是不会消灭的！我如果在爱里，我也是不会消灭的，现在的世界，也许是无穷生命中的一段。将来这个爱还是挟着它万有的大能，向茫茫的宇宙继续作它奋斗、创造的生活。死亡呀！痛苦呀！你的胜利在哪里呢？你的毒刺在哪里呢？你有什么方法把人们伟大的信仰推倒？

这种信仰，不是耶稣所独有的。“可欲有甚于生者，可恶有甚于死者”，世界的先觉，早在那里大声疾呼。然而耶稣独到之处，就是把比生更可欲、比死更可恶那两件东西，指示得令我们佩服。他所以配作你们向导的，是因为他自己曾走过这条路，所以他所说的话，格外有权威，能兴起我们的信仰。耶稣也曾用过天堂地狱的名词来形容死后的生活，但他的天堂地狱，决不是普通人那种幼稚的、物质的、迷信的附会。我已经说过，他的宇宙观有一大部分是从道德奋斗——深挚的、彻底的、广大的爱的觉悟——逼出来的。二百年前，康德将历史上证明上帝存在的宇宙论、本体论、目的论驳倒，教人从内心道德的觉悟去找上帝，可谓有独到的见解。只可惜他所找到的上帝，不过是一个给善人分配赏赐的赘疣，不是宇宙中活活泼泼的本体。耶稣从道德奋斗中觉悟出来的上帝，不是一个理论上的空概念，他是无所不在，与人息息相关，呼之则应、叩之则闻的一个活的主宰。没有他，便没有耶稣那段可歌可泣的历史。我们看耶稣在客西马尼园的时候，忧愁郁结，汗如血点，滴落地上。门徒困顿失望，顷刻四散。天色黯黑，野风悲鸣，在这举世见弃的时候，除了那位知己的天父，更有谁来安慰他呢？所以他从道德的奋斗，觉悟到一个活活泼泼的上帝，这个活活泼泼的上帝，又帮助他去成全他的人格；是道德，是宗教，天衣无缝，打成一片，这便是耶稣信仰的结晶。

平常我们为什么知而不能行呢？我们可以跟着王阳明说道："知而不行，只是未知"。平常我们局处于方寸世界之内，颠倒矛盾于小我之间患得患失，永无宁日，一旦耶稣带领我们登一个极高的山峰，将他自己变了形象，衣如雪白，面发光辉，他将面前的美景指导给我们看，我们始则将信将疑，继则恍然大悟，好像忽然到了一个光明的世界。"你们将要明白真理，真理就能令你们自由"。人们称他为救主。是迷信吗？是崇拜偶像吗？不，耶稣因为不是个偶像，因为不肯被人迷信，所以人们虽然用死板的教条来捆绑他，用无谓的仪文来埋没他，他还是自自由由地，跑到人们心坎里深刻的地方，去放他万丈的光焰。

层层叠叠的迷楼，
弯弯曲曲的小径；
也看不见来源，
也找不到出路；

只有漫漫无语的长空，
只有一往无情的溪水，
无聊地伸展着，
单调地奔流着。

里面有美丽的鲜花
有芬芳的瑶草；
有奇异的珍禽，
有长春的仙果；
有鬼斧神工的结构，
有音韵悠扬的天籁。

里面有毒蛇猛兽，
有狂风暴雨；
有不测的死亡，
有霎时的祸患；
有萧萧杀伐的哀音，

有绵绵痛楚的呻吟。

夜深了！
也没有玉宇琼楼，
也没有毒蛇猛兽；
悠扬的天籁止息了；
杀伐的悲音消灭了：
只有漫漫的长空伸展着，
只有无聊的溪水奔流着。

长空伸到哪里？
溪水流到几时？
是无聊的变幻，
是可恼的黑暗，
是冷酷的轮回！
谁肯去叩天阍，
打破这无聊的长空，
截断这无情的溪水！

漫漫的长空伸展着；
无情的溪水奔流着；
前面照着一线微光！
只是一线的微光！
隐隐照见一条出路。
欲明欲灭的微光，
周围还是可恼的黑暗；
漫漫的长空伸展着，
无情的溪水奔流着。

休息吧，朋友！
放下你的懊恼；
止息你的呻吟；
长空只有伸展着，

溪水只有奔流着。
前进吧，朋友！
只有这一线的微光！
欲明欲灭的微光！
它会指示你一条出路！

1928 年 5 月 22 日旅行中，作于厦门青年会宿舍

唯爱的定义*

唯爱主义主张人类一切关系，都应当以爱为原则，并且要用不违反这个原则的一切手段。这个爱是无条件的爱，爱一切的人，连仇敌都在内。唯爱主义所以这样主张，因为它有三个基本信条：

（一）人有无限向上的可能，只要你用爱的精神，改变他的环境，改变他的心境，一个有害于社会的个人或团体，可以变成一个有益于社会的个人或团体。

（二）凡带有报复或惩罚性质的行为，无论它的目的是否正当，不但不能使社会的罪恶消灭，而且反使之增加。

（三）精神的力量，用以抗拒及消灭罪恶，比武力的力量更大。

---

* 原载《唯爱》第4卷，1931年2月15日。

一个美丽的梦*

一

人们在世界上，永远是做着梦。等到梦做完了，人们都觉醒了，世界的末日也就到了。

人们永远是做着梦；人们永远不肯降服在冰冷黑暗的现实里，永远在梦中挣扎着，紧张着，沉醉着，没有晓得他们是在梦境里。

柏拉图的《共和国》是这样的一个梦；奥古斯丁的“上帝的城”，耶稣的“天国”，Thomas More 的“乌托邦”，培根的 New Atlantis，威尔斯的“新世界”……又是这样的几个梦。有人愿意说这些是“空想”，我们还不如直截了当地说它们是“梦”。

所可奇怪的，就是那些不肯承认他们是做着梦的，那些以为他们是在科学的现实世界里，脚踏实地地去探索宇宙人生的真理的，也还是在那里做着梦。哥白尼、牛顿、Pasteur、达尔文、爱因斯坦不知在他们的科学世界里，做过多少次的梦。甚至马克思的“科学的”社会主义所玄想着的那个纯粹的共产社会，也无非是在私有制度社会里所做的一个大梦。

然而做梦有许多不同的方法。有的只是轻描淡写地在美丽的梦境中沉醉着，为现实的痛苦求一种精神上的“抵偿”。他们就在梦境的这一幕留恋着、嗟叹着；他们的生命也就在虚无飘缈中与这一幕相始终。

还有的是在梦境中忘记他们是在做梦，把梦中的生活当作现实的生

---

* 原载《微音》第1卷第2期，1931年4月。取自《社会福音》，青年协会书局，1934年9月初版。

活，认真地在里面挣扎着、计划着、试验着。也许他们在里面遇到意外的成功，也许遇到悲惨的失败，然而他们还是挣扎着、计划着、试验着，没有晓得他们是在梦境里。

奇怪，忽然他们觉醒了。哪里是梦；一切都已经变成了现实！从前以为是现实的，现在倒觉着是梦。然而梦是醒了，光明火热的现实不久又被前进的新的梦境远远地留在后面，显出它的冰冷与黑暗。人们永远是做着梦。

二

这里就是这样一个美丽的梦——一个在不容易做梦，甚至不必做梦的美国的人所做的梦。这是他梦中的一幕：

凡是使我们感觉到我们自己是与宇宙的一切可以分离独立的；凡是使我们单独求我们个人的好处，以为我们的好处是与大家的好处对立的，可以分离的；使我们求自己的好处，忘却大家的好处的——这便是自私，因为一切自私的实质，无非是分离。

凡是使我们划成人我间的界线，在人我间建立隔离的墙壁，使我与人之间常有互相比较、互相对照的观念的——这便是自私，这便是罪：除此而外没有别的罪。自私的表现是在各种惧怕里，在骄傲里，在占有欲（无论是人是物）里，在自大的幻觉里，在卑视他人的市侩心里，在各种求高好胜、争权争位以谋领袖，统驭、评判、惩罚他人的欲望里。

自私的心将我们内心的爱蒙蔽着、捆绑着，使我们不能感觉到与上帝、与人类、与宇宙的一切，完全合一。有了自私，便没有“爱的社会”。人的性和宇宙的理明显地告诉我们，凡要到爱的社会里去的，必须把这些蔓草芟除。凡要了解生命的意义，真正的生活着的，不但要能说：“我与父原为一”，而且必须能说：“我与我的弟兄原为一”。

无论你为哪一个人做了什么，你就是为我做了什么。无论你让哪一个人寒冷、饥饿，你就是让我寒冷、饥饿。如果你自己坐在餐厅里吃饭，却使别人在厨房里吃饭，你就是自己在餐厅里吃饭，使我在厨房里吃饭。如果你送一个人到监狱里去，或送一个人到死囚室里去，你就是送我到监狱里去，或送我到死囚室里去。你一定要能说，并且要在你心坎的深处能感觉到：我在说谎的人里面，我就是他；我在色狂的人里面，我就是他；我在谋杀人的人里面——当他在牢狱里踱来踱去，等候死期的时候——我就是他。我在审判官和执刑人的里面，我就是他们。我在那厚施脂粉，以卖淫为生活的荡妇里面；我在那些不讲爱情，以婚姻为买卖的“社会名媛”的里面：我就是她们。奸淫白妇的黑人，和那疯狂似的白人的群众——把黑人捆绑起来，拖到树林中毒打一顿，把他鲜血淋漓的身体，活活的烧了——我都在他们里面。那个德国的兵士把滴着血的利刃从那美国青年的腹中抽出来，使他直挺挺地在他的脚下断了气：我在那个德国兵士里面，我在那个美国青年里面，我也在那些君王、主帅、银行家，和一切构成战争的人的里面。那些现代的法利赛人，看着世界因爱的饥荒而同归于尽，还在那里争论神学上的一点一画；那些羸弱的寡妇，为着儿女衣食的原故卖了房屋，和她们自己身上的衣服，在街上流离着：我都在他们里面。那养尊处优、皙白肥胖的僧人，和那瘦骨支离行将就死的殉道者，我都在他们里面。社会的蟊贼，人类的救主，我都在他们里面；我在犹大里面，我也在耶稣里面。这一切一切的人，我都在他们里面，我就是他们。我为其中的一个无论做什么，我就是为我自己做什么；你为其中的一个无论做什么，你就是为我做什么；因为我知道在至深至深的地方，我们全是一体。没有好人，也没有恶人，只有人，只有各个人的共同努力，天国才能实现。

爱的道路非常的狭窄，很容易迷失了。没有找到这条路的人，或是找到了而不肯放弃一切去走的人，或是故意在路上走差了毫发的人——他们都有祸了。但是快乐、快乐，永远的快乐，最后的自由，不能夺去的平安，要临到一切为爱的原故而放弃一切的人的身上！

到生命的道路是不断的死亡。真正的、唯一的成功是十字架的失败。这是一条可怕的、狭而直的路。走与不走，在乎我们，然而没有别的路。

三

就是这样的一个梦。他为着做这个梦的原故，把家产都不要了，身外一切所有的，连身上穿着的第二件衣服，都给了别人，跑到最贫穷的地方，替一切劳苦忙碌的工人服务。他伸着两只手说：“我所有的，都是你们的。”

有人说这是一个完全唯心的梦，只想到心的改变，个人的改变，没有想到物质环境和整个社会组织的改变。也有人说他是反乎人情，说他的梦，永远只是一个梦。主张“科学”的社会主义的，要说他是“空想”；主张维持私有制度的要说他是“疯狂”。仁者见仁，智者见智，我们只好去下我们自己的判断。

在这个美丽的梦里面，我们再插进去一段美丽的故事——不，不是故事，是一幅图画，是一首诗。

这是《约翰福音》里的一段记载：

他们吃完了早饭，耶稣对西门彼得说：“约翰的儿子西门，你爱我比这些更深吗?”彼得说：“主阿，是的，你知道我爱你。”耶稣对他说：“你喂养我的小羊。”耶稣第二次又对他说：“约翰的儿子西门，你爱我吗?”彼得说：“主阿，是的，你知道我爱你。”耶稣说：“你牧养我的羊。”第三次对他说：“约翰的儿子西门，你爱我吗?”彼得因为耶稣第三次对他说：“你爱我吗?”就忧愁，对耶稣说，“主阿，你是无所不知的，你知道我爱你。”耶稣说：“你喂养我的羊。”

这一段动人的记载，连它前前后后一切事实的背景，曾经使我流了不少的泪；这段记载里面的主人，为做他的梦，被失望的人们钉在十字架上。

积极的唯爱*

唯爱这个名词，因为它的意义深奥，不容易解释，所以受了许多人的误会。凡听到这个名词的，只想到它的消极方面的意义，以为唯爱就是容忍、姑息、退让、屈服，却不晓得唯爱的主要成分是它积极的精神。爱与罪恶是不两立的；眼看着世界充满了罪恶，而我们的所有事只是容忍、姑息、退让、屈服，那只是无耻，何有于唯爱。即以我国现在的国难而论，恐怕有人以为唯爱主义者一定主张消极的无抵抗，以土地拱手让人，这种主张，只是纵容敌人，鼓励罪恶，与唯爱主义的根本精神，是格格不相入的。我的朋友谢扶雅君说得好："如果是个大慈大悲，悲天悯人的伟大宗教家，眼见此水深火热之同胞，必不肯舒徐谈论，其必将披发缨冠，且必从根本原因上下手救济。"这样的积极精神，才是唯爱主义的真谛。

我们眼前的工作是什么？这个问题，大约我们每一个人都能自己回答。在御侮的方面，经济绝交是目前最紧急的一件事，也是我们每一个人都能做的事。我们不但要自己去力行，也应当尽力去提倡，使它成为一个普遍的、有力的运动。在内政的方面，废止内战运动，正在蓬蓬勃勃地进行，我们应当极力赞助，并且要在宣达民意、监督政府、组织民众等与废战运动有密切关系的工作，随时随地先作小规模的试验。最近几年来，"到民间去"的呼声，已经从意识的宣传，逐渐变成具体的事实，农村改进的工作，已经有不少的人去参加。这也是青年大好的一条出路。还有研究一项，更是我们目前急需的工作。我们对于中国的社会，国际的大势，改造社会的理论，都应当有一些基本的知识。至于东北问题与中日关系，尤为吾人今日所当注意的题目。这里不过随便举我

* 原载《唯爱》第5卷，1931年9月15日。

们所习闻而熟知的几件事，其他我们可以参加的工作，因人因地而异，我们不必在这里讨论。

现在青年的一个大病，是抱着定的理想，不肯实事求是，见一步走一步，因而终日咨嗟、叹息，终日不知所适。所谓枝枝节节的事，则认为与社会的根本改造没有关系，而不屑做。或者降格做了，又必欲以异常的手段，以求速效。这种好高骛远、急不及待的精神，固为青年特出的优点，但是如果因此便使我们觉得现在一切都无可为，以致束手待毙，这就变成了我们生活的障碍。我们并不是要放弃理想，我们只是要决心走，达到理想的最近的一步。理想如此日进不已，乃有成功之可言。所以我们应当结成青年团契，鼓起胸中的热气，以“知其不可为而为之”的精神，埋着头去硬干。

已往几期的《唯爱》偏重理论的阐发，此后愿与读者多讨论实现唯爱精神的具体工作，为我国青年，为我民族，为世界，谋一条共同的出路。请读者多多的赐教。

宗教的将来*

“宗教的将来”，这个题目很大，恐怕有人要说：对于所有宗教都经过一番研究的人才有资格演讲这个题目。兄弟对于许多宗教都没有精深的研究，实在不配演讲这题目。还有一层，凡是信仰宗教的人对于宗教不免总有一点成见：兄弟是一个信仰宗教而且是信仰基督教的人，当然也有成见；诸位中那些不信宗教的，多少也有些成见。所以我们彼此要排除成见，要用客观的态度和学者的态度，来讨论“宗教的将来”这个问题。

（一）宗教的演进——在未讲到本题之前，先要问宗教究竟有无将来。如果说宗教是没有将来的，那么，这个题目不用讲。但我根据主观的成见，肯定宗教是有将来的。为什么宗教是有将来的呢？这是因为宗教有演进，是进化的。初民的宗教可分为物灵的信仰（animism）和祖先崇拜（ancestor worship）两大派，而其中又可分为许多种，例如庶物崇拜（fetishism）、图腾教（totemism）、巫术（magic），等等。从初民时代直到现在，宗教在它复杂的派别中，渐渐地演进为 11 种大宗教，而且仍是在不断的演进中。从前的犹太教演进为基督教，后来又演进为基督新教，就是更正教，此外，更有所谓近代派（modernists）及人文主义（humanism）。天主教也是这样，其演进的结果产生新天主教。在佛教方面，也有新佛教。所以宗教是演进的，是进步的。

那么，宗教为什么有派别，为什么有演进呢？这是因为各人对于宗教所见不同。宗教既有派别，于是就有人要问：如果这一派是对的，那么，别一派一定是错的了，决不能两派以上都是对的；又如果在宗教的演进中，以前的宗教是对的，那么，现在的宗教一定是错的了；如果现在的宗教是对的，那么以前的宗教一定是错的了。这样，对于宗教就发

* 原载《社会福音》，青年协会书局，1934 年 9 月初版。

生了一种是非问题。但这全要看各人不同的眼光如何去加以评判，或者各派都错，或者一派是对的而别一派是错的。更有一点，或者两派都对也说不定；这一点，在表面上看来好像是很奇怪，然而在事实上是可能的，因为各人的观察不同。让我来做一个比喻。辟如有几十人同游西湖，各人对于西湖都有不同的看法，因为各人的背景和目的不同，例如晴雨、喜怒、色盲、近视等气候上、情绪上、生理上的差别。但我们不应该因为各人看法不同，就断定只有某一人对于西湖的所见是对的，或者各人对于西湖的所见都是错的，这种武断的批评是很危险的。对于宗教也是如此；宇宙是奇妙的、伟大的、复杂的，但客观的现象总是不变的。我们若要知道宗教之所以有演进、有派别，就先要研究宗教是什么东西。我们可以说宗教是一种追求，追求人在宇宙中的地位。但这种追求对于我们究竟有什么用处呢？我们可以说，这种追求能使我们对整个的宇宙和人生发生和谐的关系。根据了这种看法，我们就可以下一个断语：就是人类知识愈进步，经验愈丰富，追求的对象也愈清楚，而人和宇宙所发生的关系也愈和谐。宗教既然是这种追求，所以有演进，有进步。

宗教既然有演进，那么科学究竟有没有演进呢？有的，科学和宗教一样，也有演进的。科学的起源是点金术，和星占术这一类东西，但我们不能因此就说科学都是假的。从前牛顿发现地心吸力，后来爱因斯坦又对于他的学说加以阐明，加以修正。Ptolemy 说太阳是动的，地球是不动的；后来科白尼（Corpernicus）又说地球是动的，太阳是不动的；从相对论的观点来说，可以说这两者都是对的。从前旧的物理学说所谓物质是很实在很硬的东西，如象牙台球一样。据最近的发见，物质并不是这样东西，物质是由原子构成的，而原子无非是少数电子合在一块不断活动，至电子本身，占地很少，而且有“力”而无“质”。这样看来，物质世界，与平常所谓心灵世界，没有多大分别。这是科学的演进。宗教也是一样的有演进。

诸位或许要问：既然如此，那么，迷信和信仰究竟有什么分别呢？究竟有没有标准呢？我们可以说是没有主观的标准，因为人家不妨说我迷信，但我自己可以说是信仰。我对别人亦如此。标准是在于客观事实，在于和更大的智识经验不发生冲突，如果发生了冲突，那就只能叫做迷信，不能算是信仰了。这就是实验主义的标准。马克思说的对：凡一切情感想象和人生观以至宗教，都是从社会物质的组织和伴此而生的社会关系而起的；凡一切思想习惯和制度都是环境所产生的，环境变了，那么，一切思想习惯和制度也都要跟着变了。但如果拿这种学说来否认宗教所包含的真理，这好像因为否认太阳绕地球而行，就否认太阳的客观存在一样。我以为这是错误的。

（二）宗教的元素——宗教既是有演进的，那么，宗教的中心点究竟是什么东西呢？上面已经说过，宗教是一种追求。人为什么要追求呢？因为人在宇宙觉得不安。为什么不安呢？因为人在生活中有障碍，有困难，例如死亡、失败、孤单，等等事实。人是有欲望的，但客观环境，又每每使人的要求不能实现，因而欲望常常和事实冲突，而宗教的目的就是在解决这种冲突，使人不至于不安。小孩和痴愚的人并不感到宗教的需要，具有大智的人也是如此，因为他们已有了宗教之实，可以不必有宗教之名。人之所以需要宗教，是因为人有困难，有欲望和环境的冲突，否则可以不必信教。宗教是只为精神上有病的人而设的。

但是，宗教究竟怎样帮助我们，使我们能在宇宙中觉得安心？其解决的方法只有一句话，那就是“超脱”（disinterestedness）。但是，所谓超脱究竟超脱些什么呢？那就是要超脱主观的成见和爱憎。我们且来举几个例。从科学、哲学、美术、宗教各方面观察起来，我们便能够了解超脱的意义是什么。试问科学怎样能够超脱呢？赫胥黎说得好：“坐在‘事实’面前，要像一个小孩一样，要排除每一个的成见。‘事实’领你到无论什么地方去，你就谦逊地跟着它去，否则你将一无所知。”我们看到美术，美术的效力就是在超脱自己。当我们欣赏风景、音乐的时候，我们常常会看得出神，听得出神。所谓“出神”就是忘记了自己，融会在客观的美中。我们再看到哲学。譬如斯多噶学派（stoicism）的学说主张个人用公理来自制，说一个睿智之士或斯多噶学派的贤哲是绝对完善的，是能克己的，假使凡事凡物以思想为依据；同时我们的思想又是和世界公理相一致，我们才能达于至善。换一句话说，是我们要承认客观的事实，不要叫主观的东西来管辖我们。康德把善和恶分别了出来：凡是按照世界公理去做的行为叫做善；至于个人的欲望，不按照世界公理去行的，都是恶。我们要服从“无上命令”（categorical imperative）。我们中国孔子也有一句话说：“己所不欲，勿施于人。”这意思就是说，自己所不愿意做的事情，不必加到别人的身上；自己所想做的事情也要替别人去做。我们要把“我”扩大到他人。墨子也有几句话，他说：“视人之室若其室，谁窃？视人之身若其身，谁贼？视人之家若其家，谁乱？视人之国若其国，谁攻？”这样，我们才能把“小我”扩为“大我”，以至于“无我”。我们再从宗教方面去观察。例如佛教。诸位前几天大概已在《上海青年》里面看到蒋竹庄先生那篇《我为什么信佛》的演讲录，其中有一段说：“所以佛家主张无我主义，主张舍己从人。若能忘我，便不至于做坏事，便能打破虚妄境界而得到真实境界。……没有一本佛经不是讲的无我主义。”至于基督教，在耶稣的许多教训里有一句话说：“我到世界上来是要为真理作见证”，又说：“你们要先求上帝的国和他的义，其余一切都加增与你。”基督教的超脱，就是服从上帝的旨意。

总起来说：所谓超脱，就是要从客观的事实发现法则（laws）——这便是所谓真理——按着它去生活。这些法则，有些是物质界（自然）的，有的是人事界（社会）的。天然法则，显而易见：如火可烧手，手应避火；火可烫水，火当利用。自然界的真理，是我们天天按着它去生活着的。至于人事界的法则，则比较复杂，例如爱人：野蛮人可以拿杀人为爱，我们则以杀人为残忍。但无论如何，爱的方法虽不同，而爱的原则——我与人共同完满的发展——是不变的。超脱就是要叫我们常常发现这些法则、公理，而服从它。

诸位或许要问：既然科学、美术、哲学，都讲超脱，那么，何必定要信仰宗教呢？例如蔡元培先生就是主张以美育代宗教的。但这种看法未免不了解宗教的本意，因为宗教是整个的人生，是整个的我和整个的宇宙所发生的关系。宗教是以人生各部分的生活为材料，把人生各部分连贯起来，给以一个中心，离开各部分的生活，就没有宗教。

但宗教究竟是怎样来的呢？宇宙是不是整个的呢？比如我们论到基督教。基督教是信仰一个上帝的，信仰上帝是以宇宙为整个的，有中心的。上帝的观念和信仰是怎样来的？我们不妨以人作比喻。我们只要看到人的外表和皮毛，看到人的两眼的流盼和口中所出的气（言语），就能够推想到人是有一个统一的东西，是一个有机体，是有着心，有着“我”。因为他是统一的，所以他能有“目的”及达到“目的”的“手段”，渴知饮，饥知食，去计划一切的事。我们虽然并没有亲眼看见“心”或是“我”，但我们一见人的动作行为就能够推知他是有着“心”有着“我”的。基督教的上帝观也是如此。从宇宙间的事实和公理，我们就不能不推想到宇宙中那个统一、组织、维系的东西——姑且说他是个X。宇宙是统一的，是有严密组织的，是息息相关的，这是科学所诏示我们的事实，用不着我们来证明。基督教的信仰，无非是把这个所以统一的、组织的、维系的 X，呼它作“上帝”，与它发生上一种情感上的关系，如同我们看到人的外表等等就推论到（其实是“直觉”到）他里面的那个“我”或“心”与它发生关系。宗教是“整个”的人生，对于“整个”的宇宙所发生的关系，我们研究科学可以与宇宙片段的事实和其经验发生关系，但宗教是对于宇宙全体所发生的关系。正如我们研究病理，可以对于人的某部分，某种动作，发生关系，但与人交接，或讲到友谊，就要与整个的“他”发生关系。如果有人批评这是“拟人”（anthropomorphic）的推论（休谟和康德均曾对此有过讨论），我也不辞其咎，不过我以为这种推论是合理的。

再从心理学上说，人生的冲动、欲望，和吸引我们的力量很多；这些东西常常会发生冲突，冲突的结果便是分裂的人格，这是我们感觉缺乏能力一个主要原因。解决冲突的方法，就是要得到统一。“超脱”所以能给人能力，就是使我们把一切冲突的东西都统一于客观的事实和真理。

信仰上帝或是信仰别的神的原理是一样的。我们所信仰的神不一定要称呼它作上帝，你说他是道、理、天，都可以，所谓上帝不过是一个假定名词，这是很要紧的。旧宗教的困难就在于先摆出一个上帝，然后再来证明他的存在，但这是不能证明的。上帝观并不是先告诉你有上帝，然后再加以证明，乃是先告诉你事实，然后再做一个推论，推论是个假定，是个 X，这个 X 的内容因着知识的进步，人类关系的进步，天天益加丰富、充实、正确，因此，上帝的观念，也不是一成不变的。宗教和科学一样，是根据有限知识和生命不断的向宇宙无穷的真理与生命作一种探险。但因为它是探险，所以它同时也不能不有直觉的成分，神秘的成分，信仰的成分，超事实的成分。

我已经讲得很长，应该作一个结束。宗教上的超然态度对于人生究竟有什么帮助呢？大概超脱是有着两种效力。第一，给人以生活上的能力；第二，给人以内心的平安。能力怎样来的呢？人对于事物和环境有了知识，然后再从事归纳，不断发见真理就有了能力。科学家说“知识是能力”。怎样叫做“平安”呢？要回答这句话，我们先要问：人为什么有烦闷，要悲伤呢？这是因为理想与环境的冲突，因而人的心中感受到一种压迫，有了压迫就想设法解放。例如当我们遇着困难问题的时候，我们有时便到朋友那里去，把这问题的始末原原本本的告诉他，使他能了解我们的困难而予以解决。其实他不一定能够把这困难问题解决，不过我们既把我们的困难告诉了他，心理也就顿时觉得舒畅了许多，仿佛这困难已摆在别人的身上，又仿佛这个问题已解决了一大半似的。又譬如当我们倾听悦耳的音乐时，音乐的美妙使我们心中感到平安，我们是忘记了自己，没有了自己，而得到超脱。宗教所以能给人平安是因为使人有所寄托——寄托于宇宙的真理和它代表的那个整个的实在。其实所谓能力与平安，不过是一件事实的两种说法。

（三）宗教与社会生活的关系——刚才我所讲的是宗教和个人生活的关系，现在我要讲宗教和社会生活的关系。马克思说，宗教是一种麻醉物。其实宗教——我们上面所说的那种宗教——不但不是麻醉药，而且还是一种兴奋剂。因为宗教是要发现人与人当中的法则，而实现一种使社会能共同发展的关系。即如基督教信仰上帝，不是求来世的幸福，忽略今世努力，乃是要将天国实现于世界。所以耶稣说：我要传福音给贫穷的人，叫被掳的得释放，瞎眼的得看见，受压制的得自由。已往和现在的宗教，的确有许多麻醉的成分在内，这是须从宗教里面铲除的。

（四）宗教的将来——我的话就要讲完，我再把关于宗教的将来说几句话，作为结论。第一，宗教是进步不止的，而且是要科学化的，因为上文所说的宗教是以科学的事实与真理为根据的。将来的宗教一定要逐渐把迷信破除。但宗教是人在宇宙中地位的追求，这一点是不会改变的。第二，宗教是要社会化的，是一种社会的力量，因为宗教是根据于人在社会上所发现的公理。第三，宗教是趋向统一的。因为科学化与社会化的宗教是要逐渐归于一致。

（五）我的宗教——最后，我再用几句话，说到我个人对于宗教的认识。第一，我信宇宙中的万事万物都有它们的理，而且这个理因着我们的努力，是有发现的可能的。这样，遇着什么困难问题时，我们就不至于有烦闷了。第二，服从我们所发现的真理是我们最大的责任和快乐。这样，就能使我们从利己主义的陷阱中跳出来。第三，从服从中产生创造力。服从就是创造。科学的创造力是怎样来的呢？就是从服从科学所发明的公理而来的。总之，我的宗教信仰，简单的说起来，就是不断的发现真理，在不断服从中不断创造。我的信仰里面，有一个“上帝”，上帝并不是虚构出来的，乃是根据种种的经验、事实、知识，使人不能不相信上帝的存在。上帝的信仰使我零碎复杂的生活有系统，使我的生活变为有意义，这便是我的宗教。

1931 年 11 月在上海青年会演讲

中国的基督教往哪里去*

中国40万的基督徒，和代表他们的教会，在已往的百余年中，为中国的社会与国家，曾经做过了什么事？假如我们没有基督徒，没有基督教会——连一个也没有——这于今日的中国会发生什么样的影响？我们希望有人能回答这两个问题，而且能有肯定的回答。

根据着耶稣自己的教训，我们如果要知道一棵树的好坏，就必须看它所结的果子。同样地，如果我们要估定基督教在今日中国的价值，我们就必须与40万的基督徒和代表他们的教会算账。如果基督教在已往对于中国确已有所贡献，我们便要知道它的贡献是什么，如果它未曾有过贡献，或将来不能有贡献，我们便要提出一个严重的问题：在现在风雨飘摇、救亡不暇的局势中，我们是否还需要这样可有可无的装饰品？

在最初一个时期中，基督教的确曾经有过一些不可抹煞的贡献。它把西洋文化介绍给中国；它帮助我们破除一些社会的恶习和迷信——虽然它自己又把一些别的迷信带到中国来，它所办的学校和医院，的确是开了教育和医药事业的先河。无论他们的方法和见解有什么缺点，传教士中的诚挚真纯者，藉着他们人格的感力，藉着他们的言论，藉着他们所带来的《圣经》，总已把福音书里的耶稣，和他救世的福音，传给一些饥渴慕道的人们。这些事实，不但使我们抚今追昔，饮水思源，亦正足以证明耶稣的福音本身的崇高伟大。

然而已往的时代，我们不必作无谓的留恋。世界是不断的变着，中国更是不断的变着。百年前承平自守、不假外求的中国，今日已变为群雄角逐、四分五裂的中国。百年前优游自在、与世无争的人民，今日已

---

* 原载《女青年月刊》第11卷第10期，1932年。取自《社会福音》，青年协会书局，1934年9月初版。

变为忧伤憔悴、彷徨歧路的人民。基督教在这急剧变动的时期中，是否已经走在时代的前面，做了提携引领的工作，或已跟着时代前进，不断地革新，不断地适应环境？

可怜地，说一句坦直的话，基督教今日不但成为时代的落伍者，而且竟是在麻木的生活中，想入非非，做着惝恍迷离的梦。我们只看见一些沉沉欲睡的教会，我们只看见一些无精打采的基督徒，我们只看见一些枯寂无聊的仪式。活动不是没有的，然而只是奋兴会、受圣灵、说方言，一类如醉如痴的活动；工作不是没有的，然而只是布道、祈祷、查经，一类所谓纯粹宗教的工作和救灾、医药、教育，一类可以称作慈善事业的工作。除了极少数的基督徒和教会还知道从事提倡生产，改进农村那些根本事业外，其余简直是没有把社会当前的问题放在他们的思想里。

最奇怪的是，我们只管在教堂里讲着上帝的慈爱，耶稣的救恩，个人的价值，这些道理似乎都变成了烂熟的套调，与我们每日的生活，与我们四周的环境，毫无关系，我们只管在祈祷会里，呼吁上帝，祈求和平，为困苦的人祷告，然而这些仪文，不但与大局无补，反使我们自欺欺人，增加了我们的虚伪。

在基督教这样萎靡不振的时候，一般热心的基督徒看不下去，想着补救的方法，于是提倡许多的奋兴运动，无如这些计划，只是一些换汤不换药的办法。并不是从彻头彻尾的觉悟所产生出来的，因此它们只成了几个空的口号，热闹一时，而没有起死回生的力量。

中国的基督教往哪里去？在这时代的歧路中，它有没有自救救人的能力？假如它还是做着它的美丽的梦，安安稳稳地寄生在现在的社会制度里，而没有把耶稣为公义、仁爱、奋斗、牺牲的精神表现出来，它将来的命运如何，我们只要看看苏俄现在教会的情形，就可以知道。它不但将为一般的民众所唾弃，而且它也是它所宣传的基督的罪人。

我们不是抱着轻慢的态度，故意吹毛求疵，以快一时之意；我们更不是爱唱高调，为不切实际的言论，以取悦于时。如果中国还是在升平时代，我们尽可以优游歌舞，从容谈论，不必作此忧惶伤感的呼吁。然而世界的局势，千变万化，日趋于不可逃避的祸乱。我们处在这样狂飙将至、危如累卵的境地，本来早就应当振起精神，远瞩高瞻，共求民族的出路。无如我们过惯了“国难”的生活，深中了逆来顺受、得过且过的毒，所以虽然有了燃眉之急，我们还是不慌不忙地，度着我们好整以暇的生活。一般的民众，我们不愿深责，但是崇奉爱人救世的基督的教会和一切的基督徒，我们却不能轻易地放过。

我们相信中国的基督教还有重生的能力；我们相信中国的基督徒还有觉悟的可能。我们相信活活泼泼的基督能从昏沉麻木的组织与信众中，放射他的光辉，使他们得到冒险创造的新生命。我们以为基督教在今日的中国，应当有它的使命；这个使命就是本着耶稣唯爱的精神，结合同志，改造环境，改造社会，以解放民众，实现天国。

我们不希望基督教变成一个政党；我们不希望教会变成一个社会运动的集团；我们只希望基督徒的个人和团体能认识现在的时代，能认识耶稣的福音的革命性，各尽所能，从事研究，从事组织，从事试验，使整个的基督教运动，不复为自己而生存，则基督教在中国的前途，庶几有望。

我们希望耶稣诞生的纪念节能给我们这样清彻的觉悟。

我们今日的使命*

时代是不息地往前推进，一切都在变动的过程中，日新而月异。西哲有“临流濯足，逝者如斯”之叹；我们处在这个一岁将终，新年将始的时候，见国事的日非，知来日的大难，也不禁系之以无穷的感慨。

我们今日有什么使命？基督教学生运动在国难当前的时候，有没有特殊的贡献？这是我们大家都要思想，而希望有一个切实答复的问题。

一

基督教学生运动的出发点是它的宗教信仰。宗教信仰有了基础，然后可以谈到运动的使命。在今日思想与生活一切都在动摇的时候，宗教也跟着发生了严重的问题。如果我们在信仰上没有确实的把握，我们便是在运动最主要的地方，失了根据，其他一切都无有是处。

自从19世纪的末叶科学思潮似乎笼罩一切以后，宗教信仰受了一个很大的打击。从前的创造论、天堂地狱、原罪、《圣经》默示、耶稣重生一类的说法，因为天演论的出现和天文学、地质学、考据学的进步，已经不能存在。近来所谓新的心理学和唯物的哲学并且根本否认精神现象和宗教真理的客观性，这更给予宗教一个重大的挑战。基督教里面的开明人士，知道思想潮流之终不可拂逆，曾经设法应付，于是有所谓近代派的产生，与坚持旧说的所谓基要派者相对。无如所谓近代派者只是取调和折中的办法，并没有将科学与宗教冲突的问题根本解决。在最近数年中，基督教里面思想激进之士复倡为“人本”之说，以科学的

---

* 原题为《今日的宗教信仰与宗教生活》，1932年11月20日在南京学联退修会演讲。原载《社会福音》，青年协会书局，1934年9月初版。

精神，摒除一切超自然的神秘的信仰，以求人类自身的解放，使信仰改造的议论，益趋于极端。我们处在这个思想庞杂的时候，自然更有努力追求的必要。

这是时代一个必然的现象：有一个革命的势力，同时也有一个反动的势力，特别因为革命的势力并不一定是没有错误的。在一个科学进步、机械发达的美国可以产生一个信仰人类万能，否认神力存在的人本主义，所以在一个战血犹殷、挣扎图存的德国和欧洲大陆也要产生一个神力万能，否认人力的巴德主义。就是在现在的中国，也有一部分青年相信一种专重情感，摒绝理智的宗教。他们不但对于传统的信仰，丝毫没有怀疑，并且因为相信耶稣的复临，遂以宗教改造社会的企图为多事，这是一个很危险的现象。问题来了，不去应付，反取武断的态度，否认问题的存在，此何异于鸵鸟被逐，而埋首沙内。我们要有大胆的怀疑，要有冒险的探讨，然后信仰的新大陆，才能发见。

我们没有时间去详细讨论信仰建设的问题，但是我们可以在时代的潮流中，把握着最重要的一点，以作信仰建设的根据。宗教向来重主观，重武断，重演绎式的推论；科学则重客观，重试验，重归纳式的观察。我以为宗教现在的急务便是将科学这样的精神，应用于宗教信仰上面。我们要脚踏实地，从可知、可见、可证的做起，然后在实际经验的基础上建立我们的信仰。这样的信仰才能与科学协和，才能与现实的生活发生密切的关系。这样的追求的方法似乎是迂缓，但实际上却是最可靠、最能收效的方法。这便是我们所要提倡的科学的宗教。我们并不否认宗教神秘的成分；神秘的东西是不可知、不可见、不可证的——这是宗教的核心；然而不可知、不可见、不可证的必有其可知、可见、可证者为之媒介，为之表现，否则宗教便要变成玄学，信仰便要变成迷信。

宗教的园地是真，美，与善：真的追求，善的努力，美的欣赏——这是宗教生活全部的实质。信仰宗教的人，未必都能向着这几条路上走，但是我们如果看见宗教离开了这个基础的任何方面，我们便知道这个宗教必定不是健全的。反过来说，凡是向着真、美与善追求、努力、欣赏的，都能把握着宗教的实在。如果宇宙间有一个上帝，我们只有从这几条路去发见他。这是脚踏实地的信仰、探险。我们这样做，必定能从传统的武断的宗教的圈子跑出来，进到信仰的新大陆去。即使我们不能在一时间得到满意的经验，我们也不必害怕，不必着急，我们终久必能有所发见，因为这是人生的宗教唯一的康庄大路。

二

宗教的园地既然是真美与善，则宗教与人的全部生活不但是息息相关的，而且可以说是融成一片的。现在国内的基督教团体，大多数还没有觉悟到这一点，还在那里努力所谓引人归主、奋兴布道一类注重个人的得救，忽略社会生活的工作。我们并不是反对这一类的工作：我们所反对的是将这些工作好像放在一个“真空”里面，没有把它和人的全部生活连贯起来。我们固然相信：没有“得救”的个人，便没有“得救”的社会，但我们更相信：社会没有“得救”，个人终不能完全“得救”。因为基督教没有把社会得救这个意思放在它的最前面，使它与个人得救成为一件工作的两方面，所以它在今日千孔百疮的中国，至多能算是一个“独善其身”的集团，与世无争、与人无忤，即使枝枝节节地做了一些服务社会的事业，对于在混乱中的国家，决不能有深刻的影响。

中国的基督教运动如何可以负起拯救社会的重任，这是全国基督徒所应当共同思想、研究、努力的一个大问题。我们今日所要讨论的，只是关于基督徒青年一方面的工作。今日一般的青年都在那里迫切的要求出路，而基督徒青年更有他们的觉悟。现在局势的危急，使他们的热血沸腾，而宗教经验所给予他们的信仰与自觉，更使他们不甘于自暴自弃，而思有所动作。这便是中国基督徒学生运动所以必定产生的背景。

什么是我们今日的使命？这个问题，只好让基督徒青年自己去回答。并且我们相信，这个问题的回答，应当跟着我们的研究与试验而随时修改。在大家共同追求的当中，我们只能贡献一些概括的意见，以作参考的资料。

第一，宗教的主要成分既然包含着“真”，我们就应当以求真的精神为我们一切事业的出发点，如果我们以“求真”为一件寻常的事，容易的事，我们便是没有懂得“真”的意义。现在的社会处处都充满着虚伪，人人都带着一个假面具。从一个小商店的物价到一个国家财政的管理；从个人的一句谎话到一个侵略民族不能自圆其说的辩护……现在的社会和世界似乎都靠着这些虚伪去维持它们的现状。我们如果真有求真的精神，我们能坐视不管么？我们能不带着愤怒的烈焰向这些虚伪宣战么？我们所以没有这样做，就是因为大家太过容忍；大家都怕真的力量敌不过假的力量；大家都忘记了如果宇宙间有一个上帝，真理就是上帝。大家都不敢相信一切的虚假都要失败，惟有真理能够永存。如果我们不忍使现在的黑暗社会继续下去，我们的第一任务，便是抱着求真的精神，不顾一切，先从我们个人做起，廓除一切虚伪，使我们的生活如光风霁月般的晶莹清洁。这一点求真的精神便是我们人格重生的起点。

第二，耶稣最大的教训是爱；爱的起点是同情，是对于民众痛苦敏锐的感觉。处在今日的中国，这种同情与感觉最易消失，最易麻木。富于个性的中国国民，同情本来就不坚强，感觉本来就不敏锐，但是到了现在，内乱与国难变成了家常便饭的时候，"己饥己溺"的精神，即使有了，也不容易保存。我们每日读报所得到的关于荒灾和内战的消息，关于生活困苦、农村破产的记载，和大都市奸淫、绑票、谋杀一类的新闻，甚至关于东北失地的状况……这些我们都看得太多了，不能再给我们刺激了，使我们淡然若忘了。我们现在能否以沉毅的态度，每日提醒我们自己，使我们不会忘记这些民众的痛苦？我们对于这些痛苦，不但要求目前的救济，而且要放大眼光，观察全局，求症结的所在，以谋根本的解决。凡是对民众痛苦有敏锐的感觉的，必不肯止于"头痛医头，脚痛医脚"的办法，而要注目于整个社会的改造。用更具体的话来说，我们当前的任务便是要实行社会革命。据我个人的意见，学运目标所说的"谋民众生活的解放与发展"，也就是这个意思。

第三，我们有了求真的精神与同情心做我们的出发点以后，我们便要问：我们究竟能作什么？我们的答案是：每一个人和每一个团体的工作，还是要自己去找：别人替我们找的出路，未必是我们的出路；虽然别人的意见，可以供我们的参考。现在中国的需要，真是千端万绪，只要我们对于时代有正确的认识，只要我们所作的都是向着新社会建设的路上走，无论我们所作的是什么，我们都能对于社会有所贡献。换句话说：如果我们要根据我们所认定的任务去找我们个人和社会的出路，我们便需要一种冒险与创造的精神。

现在大家都喊着没有出路，但是我们果真没有出路么？难道在现在千端万绪的需要中，没有我们可作的事么？我以为我们所以感觉没有出路，是因为我们犯了三种最普通的毛病。第一是空想：我们遇见问题，没有实际的步骤去应付，只是坐在屋子里纳闷，愈想愈空，愈想愈没有办法。我们不满意于现状，然而我们因为意志的软弱，好像有什么惰力，把我们牵住，使我们不肯跑出空想的圈子，去求具体的解决。第二是好高：我们做事总想做得彻底，所谓应付一时的事，我们不屑去做。

好高本来不是一个毛病，无如现在的所谓好高，实在只是等。每一件事必有它一定的阶段，阶段都完成了，然后最后的目的才可以达到。譬如讲到社会改造，我们自然不愿意参加维持现状的事业，但是同时我们又不肯经过必有的阶段以求达到理想，好像登山，一步便要跳到山顶。我们当然知道这是不可能的，然而我们又不屑一步一步走上去，结果便似乎一切都无可为，仍然陷于空想。我们的错误是将必有的阶段与不彻底的应付混为一谈，所以好高不但不能鼓动我们前进，反成了我们生活的障碍。第三是欲速，这是比好高又进一步的毛病。“好高”是不肯经过应有的阶段，“欲速”是无论在什么阶段，无论作什么事，总急得不耐烦，要马上见效。宋人的“揠苗助长”是因为愚，我们所说的欲速，却是青年的天性。如果欲速的脾气，使青年加倍努力，犹如苏俄五年计划，要在四年内完成，这是我们所欢迎的，但是现在一般的青年，因为所作的事，不能马上见效，便要灰心，便不肯再去努力；结果仍是以为一切都无可为，仍然陷于空想。

以上几种毛病，本来是很寻常的，但这便是从心理解剖所得到的现在青年烦闷的原因。青年烦闷自然是客观的事实所造成的；但是客观的事实不会自己改变，总要我们去改它，我们一方面要根据客观的事实去改造环境，同时也要在主观方面，求心理的改造。心理改造应当不是一件困难的事。我们的理想，不妨立得很高，我们的计划，不妨做得很大，但是我们要晓得每一个高的理想，每一个大的计划，若要它实现与完成，都有它无数小的、近的，当时似乎不理想、不彻底的阶段。正如盖一座伟大的房子，要经过清除瓦砾，树立基础，和那一块一块小砖建筑上去的工作。只要曲折错综的河流，都是朝宗归海的，我们便不必天天在那里紧张、着急、悲观、烦闷。这是我们在主观方面所必须具备的心理态度。

三

虽然我们曾经说过，每一个人的工作要自己去找，但是我们也要在大体方面指出我们可以参加的工作的范围。近来国内的闻人学者，为要给青年一点指导，和应付现在的问题，在青年出路、民族复兴一类的题目上，发表过不少的主张。凡是留心现在的出版物的，都可以看见，我们不必在此赘述。从我们思想、观察、经验之所及，我们以为今日基督徒学生要努力的，不外乎以下几点：

（一）研究：青年在求学的时候，本来就不能多负社会的责任，但是在研究一项，他们的机会却是比别人来得多而容易。现在的世界在急剧变动的当中，有许多根本的问题，如社会制度、性道德、宗教信仰等，因为与青年问题有密切关系，必须我们去研究。这种研究，不应当只限于个人，而且要成为一种有组织的团体研究，因为这样才可以在物质方面得到合作，在精神方面得到鼓励。如果我们能利用这种研究的结果，编成若干通俗的读物，以供给一般民众，我们的工作，便有双重的意义。

（二）试验：我们以为现在一般青年最急需的工作便是新生活的训练，我们所要建设的既然是一个新的社会，我们自然要为新社会供给新的材料。从我们的研究里，我们可以晓得现在社会的种种毛病和新社会所应当有的建设。在学校里已经有的团体和组织，我们要用这种精神去参加他们的活动；我们也可以创立新的团体和组织去作同样的试验。所谓新的生活，自然现在还没有一定的标准，但是有几种的意义如劳动、生产、俭朴、合作、组织、平等、共享，是大家所公认的。在学校的时候，可以小规模的做，离开学校以后，便可以联合同志，在各方面的事业里面活动。我们不能每一个人都去参加政治运动，或革命工作，但是我们每一个人都能在我们个人的职业与生活上为新社会立下一点基础。我们在校外和校内，在求学时代和毕业以后一切的工作，都要有这种基本的觉悟，才能对于我们最后的目标有所贡献。

（三）修养：从广义方面来说，修养的方法很多，我们现在专要注重一件事，就是祈祷的团契。祈祷是宗教生活的命脉，是发见远象、解放能力、巩固团体的利器。我们的事业是很艰难的，我们的能力是很薄弱的，除非我们能从祈祷中得到超人的智慧与力量，我们许多的志愿与计划，只是纸上谈兵，难成事实。我们相信中国基督教运动的再造，只有从热烈真诚的祈祷得来。这样的祈祷不但要个人去做，而且要有团体去做。这几年我们常常提倡团契，我们现在更要提倡祈祷的团契。我们平常所参加的祈祷会所以没有意义的，第一因为没有内容：为祈祷而祈祷；第二，因为对象不清楚：怀疑上帝的存在和祈祷的效力。我们现在是先感觉了使命的重大和能力的薄弱，然后感觉到祈祷的需要。如果我们对于祈祷对象问题，仍然没有清楚，我们便应当先把这个问题解决。在祈祷的仓库里面，有无限的宝藏，我们应当不断的去发掘、利用，以救济我们精神的饥渴和实现我们的使命。

在修养的工夫上，我们还要注重一个美字。我们特别要常常与大自然接近，在伟大的山川，灿烂的星辰，美丽的花鸟，和一切奇妙的自然现象里，陶融我们的性情，开展我们的胸襟，增进我们的信仰。我们对于上帝的认识有一大部分是从这样的经验得来的。

四

人生是一个冒险，宗教的人生，更是一个大的冒险。我们的前途，是甘是苦，不得而知，但是一个伟大的使命一定包含了伟大的代价，这是一个无可逃避的公例。我们没有怕，因为我们的目标是清楚的，我们能力的源泉是无穷的。我们更不敢迟疑，因为危局当前，千钧一发，往者不咎，来者可追，国家多难的时期，正是奋斗的黄金时代。我们不敢不抱伟大的志愿，但是我们也不敢有过分的期望：我们只希望勤勤苦苦、忠忠诚诚地，见一点、作一点，即使成功不自我，没世而无闻，我们还是觉得快乐，因为生命只是成全，没有大小尊卑的分别。

在极度痛苦之中，我们看见未来的荣耀：我们要为这光明的憧憬献上我们全副的生命。

“出路”的又一解*

东北失了，热河陷了，华北危了；国难严重的发展，几乎变成家常便饭。大家经过一度刺激，便感觉一阵心酸；碰到了一点天外飞来的奇遇——如淞沪血战、十九委会报告之类——便欢欣地奔走相告，以为又有一线光明，哪晓得一刹那间，重重云雾，还是笼罩着漆黑一团，从幻梦中觉醒的大众，只感到啼笑皆非、百无聊赖。

西北是数百万气息仅存的饥民；长江一带是疮痍未复的灾区；我们更不必提到破产的农村、无业的群众、有形无形的内战，和其他与此相类的一大套。究竟哪一种是我们真正的国难，其间有何因果的关系，我们实在无法清算。在这样一个七零八落、百病交煎的中国，一般的青年，彷徨苦闷，找不到出路，这是一个当然的现象。

在最近的两三年中，关于出路问题的讨论，可谓闹热极了。如果我们把所有这类的言论搜集起来，也许可以出一册很厚的专集。我们不必把别人已经说过的话重说一遍。我们只愿意把大家在这个问题上所容易忽略的一点指出来，藉供参考。我们相信：如果大家能够注意到这一点，也许我们以后对于出路问题便可以有一个新的看法，甚至大家可以不必再喊着没有出路。

“出路”这一个名词，本来可以有两种意义的。我们姑且拿吃饭这一件事来作个比喻。假如我们的肚子饿了，便有人给我们送上现成的饭，使我们可以饱食终日，无所用心，这是一种出路。但如果我们是现在大多数家徒壁立、面有菜色的一批人，这一个肚子饿了的问题便要生出许多零星琐碎、麻烦讨厌、可恨可鄙、可歌可泣的事实来。在我们所

* 原载《华年》2卷20期，1933年3月25日。取自《社会福音》，青年协会书局，1934年9月初版。

举的第一个例，“出路”就在眼前，不必我们去劳心费力。在这第二个例，情形就完全两样了：侥幸的，经过了一大串“不理想”、“不彻底”的事实以后，这吃饭的问题，总算一时解决了；不幸的，一切完全落了一个空；老弱的“转而之沟壑”，少壮的“铤而走险”，只有几个有些创造力的，还是要在没有出路的当儿，去替大家开辟一条新路。第一种出路可以说是自己碰到我们面前来的；第二种出路，却是等着我们去发现。这一点极普通的常识，似乎在知识阶级的青年里面，决不会发生什么问题的了；然而事实所告诉我们的，却又大谬不然。大家所喊着要找的，只要第一种出路；第二种出路，即使大家想到了，也不拿它当出路，于是乎大家喊着：“没有出路!”

这一种奇怪的现象，决不是没有来历的。第一，我们当前的问题实在是太过复杂了。社会全体的问题与青年自身的问题；中国局部的问题与国际关系的问题；社会病态的问题与制度改造的问题：这一切都搅在一团，有牵一发便动全身的关系。中国要从一个四千余年的古国变成一个现代“文明”的国家，本来就不是一件容易的事；没有想到在它本身堕力之上，又加上外面一种如狼似虎的势力的压迫，而同时那个所谓现代的东西的本身又在那里急剧地变化。处在这种时候，就是经验丰富的人也要搔首踟蹰，感觉难于应付，何况没有经验的青年呢！第二，我国领袖的人才，本来就极感缺乏；青年得不到领导，越发感觉独自奋斗的困难。不但中国的情形如此，就是在世界各国，我们也看见有同样的趋势。“极左”的共产党与极右的法西斯蒂运动，所以能风靡一时的，其中的一个原因就是因为一般青年觉悟到领导别人、创造环境，原不是一件容易的事，所以他们便毫不迟疑地听着别人领导。第三，青年的性情，本来是偏于急进的。急进并不是一个毛病，但是急进也有急进的步骤；没有经过相当的步骤，便希望马上达到目的，说得好一点是“欲速不达”，说得坏一点是“只问收获，不问耕耘”。恐怕今日许多因为环境恶劣而悲观失望的青年，未必不是受这种不劳而获的心理的影响。

假如这个分析是不错的，我们便知道应当怎样应付了。遇见复杂的问题，没有人领导着去奋斗，自己又感觉得万事皆非，打不起精神去“尝试”，结果便是“空想”，便是“烦闷”，而救济的方法，便是抱着“知其可为而为之”的积极精神，向现实挑战，在面前的“荒漠”里，开辟自己的道路。我们无妨抱着高超的理想，但却应当愿意做平凡的事；我们无妨有远大的目的，但却要晓得怎样从近处着手。我们要把一切的困难，和不如意的事，当作家常便饭，跌倒了，再起来；失败了，更努力。这一点勇进的精神便可以打破空想与烦闷的连环，成了我们发现出路的工具。认识了这一点以后，也可以说处处都是我们的出路。

国难的严重，使我们知道有一个内政的问题；内政的不清明，使我们觉悟到应当养成民众的力量，去拥护有为的政府，去监督、制裁腐恶的政府。这个民众的力量，又要我们在极艰难的环境中，用无数个人与集团的力量，一点一点的组织、训练、养成、集中和应用起来。在这一个意义之下，便启示了我们可以做的无限的事。这些也许都是“不理想”、“不彻底”的“小”事，然而有价值的“大”事，都是从这些似乎不值得的东西来的。这只是随手举出来的一个例。我们所怕的不是没有人去作“大”的事，我们只怕作“小”的事的人，没有目标，没有认识，没有团结，没有持久的精神，没有百折不回的勇气。自然我们不必说：这些“小”事，也许就是我们现在个人所有的职业。历史上不是没有用革命的方式，不崇朝而更新了一个腐旧的局面的事，但是这一个革命的阶段，只可以说是那些“不彻底”和“不理想”的“小”事一个登峰造极的终点。空想着那“不崇朝”的事的来到，而不肯付那当中无数节目与段落的代价，这便是悲观与烦闷的根源，长久这样做下去，大家就只有在咨嗟叹息中，束手待毙。

中国十几万的大军，在天险的热河，不战而退，使 128 个日本兵，在战事爆发后不到两星期的工夫，以摧枯拉朽之势，进了承德。这样相形见绌的比较，就知道其中必定有个道理。有一位在日本久住过的朋友，对于日本的国民性，有过以下的一段话：

龟兔竞走的美谈，普遍地传诵于东邻日本的儿童界，这决不是偶然的现象。日本人的天姿比较任何民族都不能算聪敏；他自然和龟很表同情了。龟在我国一般人的心目中似乎是个奇丑的蠢货，然日本人以龟为姓者甚多，这自然有取乎龟之长寿，但亦因它的刚毅坚忍，是为人生榜样。日本人因抱乌龟式的人生态度，所以他们的生活是严肃、呆板、沉静、刚健、忍耐。

他们的死法不像我们这里常见的服安眠药、吞鸦片、吊颈、投河；乃是“切腹”，是轹死，是跃身于万丈的深渊！日本是地震之国，几天一小震，几年一大震，几十年一大大震。但你尽震你的，我尽复兴我的！这种埋头崛进，坚耐毅力，不屈不挠的精神，确是日本建国的基础。

我们读了这一段话，感愧又当如何！

现在我国的情形，是足够我们应付的了，但是我们不要以为这是我们最黑暗最艰难的日子。普遍的经济恐慌，表现着现在社会深刻的矛盾；剑拔弩张的国际现状，表现着未来纷乱的危机。这些问题要是无法解决，中国便要成为这斗争中的牺牲品，假如我们还不能奋发，以后国难就只有日益严重。

也许一个历史上的前例，可以做我们的借鉴：

1806 年，拿破仑开始进攻普鲁士。那时普鲁士是德国联邦中仅存的独立的分子。10 月 9 日双方宣战，同月 14 日，普人在耶拿一败涂地，完全失却抵抗的能力。10 月 20 日拿破仑入柏林，普鲁士的要塞，在敌人的面前，望风披靡。后来普鲁士不得不作城下之盟，共结果便是普鲁士丧失大部分的国土，让法人在国内要塞驻兵，给法国巨额的赔款，本国军队裁减至四万二千人。

普鲁士遭遇这种大变，全国人民莫不忍气吞声，垂首丧志。当时普鲁士那位有名的哲学家费息推（J. G. Fichte）看见这样情形，兴了无限感慨。他绝对不肯相信偌大一个德意志便要这样的了结。1807 年 8 月，当法兵还是占据着柏林的时候，他作了一个《告德国民众》的系统演讲，去鼓舞德国人民的精神。以下是从他的演讲里摘录出来的一些话：

> 凡是处在现在的景况、还是无所动于中的，那便是没有血性的人。
>
> 你们今日在没有立下一个坚定的决心以前，千万不要离开这里。不要说：我们还可以等待一下；我们还可以睡一下觉，做一些梦，时局是自己会变好的。我告诉你们，这个日子永远不会来到。凡是让昨日过去，今日又不肯努力的，等到明日，他愈不能做事。
>
> 你们不要说：我一个人不做不要紧，反正有别人做，如果大家都是这样说，我们全国就只剩了一堆废人，事情决不会有一分进步的。
>
> 你们也许也觉得自己没有多少能力，但是现在却是你们可以深沉反省的时候。我不希望你们做许多的事情，我只希望你们在一个很短的时候，振发你们的精神，看看你们面前的道路。我在这些演讲里三翻四覆地对你们说的，就是叫你们总不要依赖别人；你们不去自救，没有什么能帮助你们的。

这些话好像都是对着我们说的。当时德国的情形比我们现在的情形还要严重，然而德国经过那一次的国难，又经过欧洲大战的惨败，现在还是完全没有被外来的势力征服。我们读了费息推的话，又当作何感想！

我们的出路，是否能找到，完全看我们所取的态度，和我们所下的工夫。这一点认识，不但是我们个人在奋斗历程中的一线光明，也是我们民族前途唯一的希望。

唯爱与革命*

在一切充满着矛盾，似乎再没有路可走的今日，我们不能不想到比较根本的问题。这个根本的问题，就是现在社会制度的全盘改造。因此，我们在今日谈到唯爱主义，就不能不谈到革命。其实唯爱与革命是不能分开的。

唯爱主义是一种积极的主义，不妥协的主义，我们在前几期的《唯爱》早已说过。惟其爱，所以对于一切压迫人的制度，剥削人的阶级，都要反对，都要消灭。如果以唯爱相号召，而对于现在不合理的社会，只是袖手旁观，姑息容忍，那只是伪善，只是助桀为虐，何有于唯爱！

从哲学的立场上来说，唯爱与其说是主观的、唯心的，毋宁说是客观的、唯物的。唯爱只是从人类社会的生活里所发见的人的生活的原则。这个原则的特点，就是利他与互助：没有利他与互助，人就不能有社会，就是有了，也不能在里面美满地生活着。唯爱不是完全主张性“善”的：唯爱是充分地承认人的“恶”性。人类一方面需要利他与互助，同时因为有“物”的需求，也有必然的自利与纷争。既有自利与纷争，就不能不设法裁制，使一个为公共利益而生存的社会得以实现。所谓革命，就是建设这样一个社会所必需的手段。

革命的对象是阶级的特殊利益，是不平等的社会制度。凡是站在劳苦大众的立场，以有效的手段，与享特殊利益的阶级斗争，去建设一个平等的共劳共享的社会，都是革命。但是革命的目的，虽然只有一个，而革命的方法则未必相同。唯爱的革命是主张非武力的，其他的革命，如共产主义的革命，是主张用武力的；其目的虽同，而其手段则异。

革命是不能避免的。凡是享着特殊利益的阶级，都要维持它的特殊

* 原载《唯爱》第9期，1933年5月15日。

利益，和产生这个特殊利益的社会制度。这样的阶级，时常用种种的方法，为它的特殊利益作辩护；它还要把持着社会里面为公共谋利益的许多工具，如政府，军队，教育，宣传的机关，去维持和增进它自己的利益。不管它是明明地这样做，还是不知不觉地这样做，这个局势的结果是一样的：如果没有人出来消灭这个阶级，推翻这个制度，它便要继续的生存下去。教育的方法，改良的方法，当然不是没有用处的，但是它的成功，恐怕是遥遥无期，因为阶级意识不是个人意识那样容易改变的。改变阶级的意识必须用若干的“强制”（coercion）。假如辩证法是对的话，从事实的方面来说，到了一个相当的时期，一个不合理的制度，自然会产生推倒这个制度的人；但从人的方面来说，我们却不能袖手旁观，以为这样的变革，可以离开人的努力，自动地机械地来到。因此，革命便是我们当然的任务了。

为什么唯爱要主张非武力的革命呢？唯爱所以主张非武力，不是根据一个纯情感的理由。武力固然是残忍的，但如果武力是必需的代价，如果只有武力能产生我们所希望的效果，我们便只好采取武力的方法。但从唯爱的观点来看，事实上未必是如此的。第一，武力革命的目的虽然只是要把阶级消灭，但结果总是连阶级里面的人也要消灭——除非他们肯降服。但唯爱并不相信必定要以武力把对方消灭，才能将社会制度改变。况且大规模的武力，总是不分皂白，玉石俱焚，常把许多无辜的人牵连在内。第二，用武力的时候，必然的引起情感作用，容易使双方或一方丧失冷静的头脑，淆乱是非，互憎嫌怨。因为这个原故，所以就是革命成功，社会里还是充满着不健全的空气，非经过一个长久的时期，不能使社会里面的各个分子，充分地有新社会的意识。

社会的变革是否可以不用武力而成功的呢？我们要举出些例子，是一件不容易的事，因为世界的历史就是一个战争的历史、暴力的历史。人的“兽”性，是已经得着充分的证据，但是人的“人”性还没有多少人具着信心去探索、去试验。我们现在只能在无例可举的当中，引证一些近似的事实，拿它作我们讨论这问题的起点。最先主张唯爱的自然是基督教。在 312 年康士但丁利用基督教去扩充他自己的势力以前，基督徒都是反对武力的。自此以后，基督教里面，有许多主张非武力的小团体产生，最著名的就是友爱会（Quakery）。但是除了主张唯爱的个人和小团体以外，用唯爱的方法去作积极改革社会的运动的，在历史上几乎完全找不到；因为唯爱在已往只是一种个人生活的法则，到了最近，才有人想到将它应用到政治的生活上去。甘地在印度的不合作运动，就是唯一的例子。甘地在南非洲曾把这一种抵抗的方法，小试过而成功。至于他在印度的运动，现在还进行着，它的前途，它的成败，没有人敢预断。但我们相信，这种方法如果应用得当，是有极大成功的可能的。用在一个被压迫的民族的斗争上，尤为相宜；因这样的民族，就是相信武力的话，也没有相当的武力可以与强权对抗。我们希望东方其他被压迫的民族，也能够试用这个非武力的方法，作为他们改造社会和反抗帝国主义的工具，使我们在以后的世界历史里，可以造成发展"人"性的唯爱革命的一页。

非武力的革命我们不但以为是可能的，而且它还有一些特殊的优点。我们曾说过，要改变阶级的意识，必须有若干的强制，不能专靠教育或个人感化这一类的工作。同时我们也觉得，武力的强制，必然的引起情感的偏蔽，妨碍了双方或一方理性和判断力的运用。因此，我们在革命的斗争上，就主张用非武力的强制。Reinhold Niebuhr 在他新近出版的"Moral Man and Immoral Society"里，对于非武力运动有以下的一段话：

> 非武力的强制与抵抗，最容易与社会生活里的道德和理性的因素，发生融洽的关系。在抵抗的时候，他没有把利益与利益之间彼此用道德和理性来解决冲突的程序完全毁灭。对享着特殊利益的人抗争，容易使这些人愈加倔强。斗争的本身，复把双力潜藏着的热情鼓动起来，使斗争所争之点完全被隐蔽。非武力使这一切的危险可以减少至最低的限度。它在斗争的领域里保存着道德、理智，和合作的态度，因而使道德的力量益加有力，而不致把它毁灭。

由此看来，非武力强制的优点就在它能将必须有的强制和不可少的道德和理性的力量联合起来，使斗争可以收到强制的实效，而没有把人的"兽"性放在一个不可控制的情势里。

因为世界的历史是一个战争的历史、暴力的历史，所以必定有人说：以往是如此，现在是如此，将来也必定是如此。这种"逻辑"，似乎是很动听的，但它并没有一个正确的因果律的根据。一个本来没有恶意的人，可以因对方以恶意相加而生出恶意。对方是假定他有恶意的，而结果竟证明他是有恶意的。他的假定似乎是对了，而实在是不对，因为他的恶意本来并不存在，只因对方有了恶意才产生出来。同样地，即使他本来有恶意，而对方不以恶意相待，则他的反应，也当然与彼此均以恶意相待而产生的反应有异。我们并不是不主张用有效的方法去对付遗害社会的人。我们说过：人的“恶”性——特别是属于阶级的——是必然的；并且不能不用强制的方法，使其就范。我们只是主张用非武力的强制，使一方或双方不致因情感的作用而完全失却理性控制的力量而已。

若将唯爱主义应用在具体的社会问题上，可以说是一件无例可援的开创工作，但是我们相信人类是进步的：以前不可能的事，以后未必不可能，只要我们的信仰，在人类社会生活中有相当客观的根据，而不是乌托邦的虚构。我们愿意本着这一点信心，与我们的同志努力追求，努力试验。

中国的危机与国际的形势*

一

中国的危机，似乎大家都约略地晓得，但是因为感觉并不深刻，所以总引不起强烈的反应。并且，中国的所谓危机，所谓国难，自从与列强有了接触以后，已经变成家常便饭，远如鸦片战争、中日战争，近如九一八事变，因为层出不穷，所以大家本来已经麻木的神经，因多受刺激而益觉迟钝。因此，现在的中国，虽然已经在惊涛骇浪之中，进退失据，随时都有沉沦的危险，但是大多数的人民——甚至自命为知识阶级的——还是度着醉生梦死的生活，就是受着压迫的民众，大半也只知束手待毙，还没有从全局的认识中，得到深切的觉悟。

我愿意在这里举出寥寥的几件事实，来说明中国的危机。这些事实是大家所晓得的，本来用不着我来叙说，我无非利用它们来画成一幅简明的鸟瞰图，使大家可以从全体的观察，看出因果的关系，因而晓得我们对于这种危机，应当怎样应付。

第一个危机是农村的破产。要耕种的人不能耕种；能耕种的人，辛苦终岁而不能维持生活；荒年则饿殍载道，丰收则谷贱伤农；简单的说起来，这便是中国农村破产的现象。农村破产的第一个原因是天灾。1927 至 1930 年间，甘陕空前的大旱灾使数百万人饿毙。1929 年，全国灾区共 1 125 处，而产米区竟占 582 处。1931 年，长江流域的大水，受害的且达数百万户。这一年中，中国本部遭水灾的区域占 16 省之多，

* 原载《华年》第 3 卷第 2 期，1934 年 1 月 13 日。取自《社会福音》，青年协会书局，1934 年 9 月初版。

受灾的田地达 25 500 万亩。其他如蝗灾、电灾、风灾、雹灾、霜灾、疫灾，更是不计其数；有时并且几种灾祸继续在一地发生。农村破产的第二个原因是腐恶的政治。军阀的混战是民元以后的一种特殊现象。就四川一省而论，前后已达 480 余次。因为军阀的割据，就有苛捐杂税的剥削。我国捐税的繁重，恐怕是全世界所无的。有时在正税——如田赋——之外，还加收附税，其数额达正税 100%以上。还有的时候，是把粮税预征，四川一省有几处已经征到 1951 年以后。平时已经要剥削，内战发生则剥削更甚。热河未陷之前，农民苦于负担过重，竟有将耕地捐于教育厅，或弃家他徙的。此外还有豪绅地主用高利贷和其他方法对农民作敲骨吸髓的榨取。农村破产的第三个原因是资本主义国家的经济侵略。外国货品如布匹、肥田料、洋油等，在内地畅销，而我国农产品则因经济恐慌和外货竞争等原故，不但销路日窄，而且我们自己还要销用外国来的农产品。1932 年度，我国进口的米、麦、面粉、棉花、烟叶等的价值为 348 591 941 海关两，占进口货 33.78%，而那一年的进口货，竟以米居首位！有此种种情形，于是农村经济，不得不在各种势力侵袭之下而崩溃。

第二个危机是工业的衰落。我国的工业，根本就没有发展。在重工业方面，如煤矿、铜铁、造船业、电气业等，或则在外人支配之下，或则管理不良，濒于破产。轻工业如纺纱、织布、缫丝、面粉、火柴等比较发达；但因基础的薄弱，技能的缺乏，国内购买力的低减，和经济的帝国主义的压迫，也是捉襟见肘，憔悴可怜。即以丝业而论，江浙以产丝著闻，两省工厂 187 家，能勉强撑持门面的不过十四五家。山东四川两省丝厂一百数十家，广东 200 余家，开工者不及 1/10。全国损失达 4 000万元。农民多已锄桑毁种，即欲设法救济，亦属大难。我国每年产丝约 50 万担，输出的约占 1/5，其余则在国内销售，现在因日丝和人造丝的竞争，和国外的关税壁垒，出口已感困难，至国内的部分，因为经济衰落，和舶来品的竞争，亦已销路停滞，积存于典当、银行、钱庄、库栈者，膨胀欲死。

第三个危机是财政的窘迫。现在对外贸易逐年减少；自从东三省沦陷以后，出口方面更受巨大的影响，因为东三省的出口额几占全国1/3。因此，1932 年的入超竟达 556 605 240 海关两。从前还有华侨汇回中国的款项，可资弥补，但自从世界发生经济恐慌以后，这笔汇款，也逐渐减少。自东北被占后，不但出口减少，关税和盐税每年也损失至 3 800 万海关两左右。在另一方面，政府是负着巨额的债务。除赔款与外债不计外，即内债一项，南京政府于近五年内已发行10万万600万元。就支出而论，则财政的危机更显而易见。20年中央政府的支出总额为683 000 000元，军费304 000 000元，占全额44.4%；债务赔款270 000 000元，占全额39.4%，计军费及债务赔款两项已占支出总额4/5，其余1/5，除政费之外，能用于生产建设事业的，几等于零。这就是中国现在财政的状况。

第四个危机是组织能力的缺乏，尤其是在政治运用一方面。中国的人民是习于无为与放任的，所以大众的事，没有人去管，有人去管的时候，不是争权夺利、互相倾轧，就是意见纷歧、莫衷一是。当前局面的严重还不是一件可忧的事，可忧的倒在人民缺乏应付危机的能力。苏俄的革命，土耳其的复兴，德国在困苦中的奋斗，何尝不是极艰巨的事，但我们和这些民族在运用群力、运用组织的能力方面比较起来，便觉瞠乎其后。这一种缺点，已是我们所熟知，而不必多所征引来说明的。

与以上几种危机相辅而行、互为因果的就是国土的沦陷、边疆的危急，青年的彷徨、人心的麻木，统治阶级的自私自利、劳苦大众的走投无路，觉悟激进分子的铤而走险、腐恶投机分子的飞黄腾达。除了几个畸形发展如上海的大都会以外，大多数的乡村和城市，都在颠连困苦之中，挣扎度日。一切都似乎在动荡中等着未来的演变。

中国是从一个闭关自守的局面跑出来，刚要往前迈步，走到现代文明的路上去，没有想到封建残余的堕力在后面拉住她，不让她走，前面还有帝国主义的豺狼，拦住去路，并且所谓现代文明者，在本质上又已发生严重的问题，使她在当前的歧路上，即使能往前走的话，也不得不有所选择。简单地说，这就是中国现在的问题，也就是中国现在的危机。

二

现在让我们再来简略地看看国际的形势。现在无论哪一国的问题，都免不了受国际关系的影响，中国特别是那样，所以我们要应付中国的问题，就不得不了解国际的形势。

我们先从欧洲说起。欧洲是一个火药库，随时都有爆发的可能的。自1918年《凡尔赛和约》签字后，至今14年中，欧洲的和平是在刀尖上维持着的。各国争执的焦点，自然也就是从这个和约所产生的一切事实。这和约把欧洲大陆的国家，大体上分成两种势力，一方面是以法国为盟主的，代表战胜国的势力；在这里面的有波兰、捷克、南斯拉夫、罗马尼亚、比利时等国。法国的霸权是建筑在和约之上的，所以他们当然要维持和约。另一方面是以德国为盟主的，代表战败国的势力；在这里面的有奥地利、匈牙利、保加利亚、土耳其等国。因为他们受着和约种种的压迫与束缚，所以主张将和约撕毁。意大利本来也是战胜国之一，但因非洲殖民地和海军平等诸问题，和法国处在对立的地位，所以她也主张修改和约，与德、奥、匈等站在同一战线上，并曾与她们缔结友谊的条约。苏联是一个社会主义的国家，她认为《凡尔赛和约》和它的产物——国际联盟——是列强稳定资本主义和反对苏联的一种工具，所以她当然也是反对和约的一个。至于英国，她原是一个很小的岛国。要靠着殖民地和国际贸易来生活，所以她向来是以维持国际的均势与保守世界的和平为职志的。她一方面既不愿看见法国独自称霸欧洲，同时也怕德国因过受压制，起而反抗，所以她也是赞成修约的。至于美国，她是一个物产丰富、自给自足的国家，对欧洲则取超然态度，对自身则抱门罗主义，但她因为战债与赔款的问题，却不能不与欧洲的国家发生关系。

这一种局面，近来又发生了许多的变化。本年春间，军缩会将决裂时，英首相麦唐纳为调解德法和法意冲突起见，到罗马去，请意国赞成其新军缩计划，于是意首相乘机提出所谓“四强公约”，其意即在使英法德意四国，照着非战公约精神，解决欧洲各种问题，并改订《凡尔赛和约》，在原则上承认德奥等国军备的平等，该约有效期间为 10 年。本来这是意国对法国拆台的一种办法。这公约是在 6 月间签字了。但因为法国的提案和小协约国——捷克、南斯拉夫、罗马尼亚——的反对，原来的条文，不得不修改，其主要点只限于在国联范围内施行保持和平的合作，其他足以引起纠纷的各方面，都没有提到。这是法国外交上的一个大胜利。意大利所以迁就的原因，则在乎希特勒在德国的获得政权。国社党的政策，是对法的一个大威胁，这不用说了。意国本来是扶助希特勒的，但因希特勒在提倡德奥合并，于是慕沙里尼便不得不转向法国这一方面来，因为德奥合并，在疆土上、在国防上，于意国都是不利的。结果，意国暂时放弃其修约的主张，而法意邦交，遂有亲善的趋向。至于苏俄，本是站在德国方面与法国对峙的，但自 1926 年德国加入国联以后，苏俄的外交政策，已经转变了方向，及至希特勒登台，对着德国的共产党施行残酷的压迫，于是俄法亲善，更不得不成为事实，虽然法国向来是资本主义国家联合对俄的先锋。但是这样一来，德国在欧洲，便变成一个孤立的国家。希特勒的夸大政策，也渐为人民所厌倦。本年 10 月，德国因为军备平等的要求没有被列强接受，于是宣言退出军缩会议和国联。最近（1933 年 12 月）意大利宣言根本改组国联，事实上又与德国的立场接近，而反与法国疏远。因此，法国近来又从事活动，和她的邻国联络，希望把德国包围起来，而欧洲的局势，因为这种变动，也愈觉紧张。

我们再来看一看远东和太平洋的情势。在这一个舞台上的主角自然是日英美俄四国，而我们中国不过是俎上的鱼肉，待人宰割。日本要实现她的大陆政策，所以侵略中国，进攻苏俄，和与美国在太平洋上争霸，是她所必有的步骤。苏俄的第一次五年计划虽已完成，但在建设方面，仍然没有到一个十分充实的地步，所以除非到了必不得已的时候，她决不轻启战端。她所采取的是和平的外交政策。这种政策，近来已有长足的进展：1933 年 7 月签字的《伦敦条约》使苏俄和法国在中欧的全部联盟国家都交好了；自德国国社党登台后，苏俄和意法也携手了。同年 11 月美俄的复交，更是苏俄外交上的一个大胜利。在日本方面，因为美俄的联合，不得不暂时表示软化，虽然只是暂时的。同时英美等国，因为日货的倾销，已实行对日经济封锁。这也使日本起了不少的恐慌。但在另一方面，欧洲的局势，日见紧张，列强无暇东顾；美国以地势而论，无论海军力量，如何雄厚，殊有鞭长莫及之感；英国对华虽然有重大的经济利益，并且对印度的自治运动不免有多少顾虑，但在事变发生的时候，易于陷入欧洲的漩涡，对于远东局面，自不能倾全力以应付。从种种方面看来，日本现在虽然是孤立的，一旦战争爆发，胜负之数，却不是那样容易断定的。但无论如何，中国如果不乘时奋起，则她的吃亏，当然要成为一件不可避免的事实。所以太平洋风云紧急之日，亦即我国国运决定其存亡绝续之期。

三

我们如果把中国的危机，和国际的形势，作一个全体的分析，便可以得到以下的结论：

第一——国际的局势，虽然是千变万化，不可究诘，但是如果我们把冲突的根本原因抓住了，我们便不难在纷繁的头绪中，找出一个清楚的线索来。冲突的主要原因就是从个人的资本主义的社会制度在国内和国际间所产生的必然的矛盾。这矛盾的表现就是无计划的生产、不平均的分配、货品的过剩、劳苦大众购买力的低减，和国外市场的需要。这矛盾的结果是劳资阶级的对立与冲突，帝国主义者对弱小民族土地和经济的侵略，帝国主义者相互间的军备、经济的竞争，和国际战争的必然性。

第二——几年来日趋严重的经济恐慌和国际纠纷的现象，充分表明现在无政府的经济制度已走到崩溃没落的道上，决不能再维持下去。未来的社会——社会主义的社会——现在虽然只有一个国家把它拿来试验，终久必在全世界实现。一切建筑在现制度上的东西，无论它是国际联盟、和平公约、军缩会议，或是拿来挽回劫运的法西斯主义、权力政府、统制经济、复兴计划，都是不彻底的办法，决难有成功的希望。在这大变动的前夜，许多民众——尤其是受压迫者——都已有了深刻的觉悟，所以在变动来到的时候，我们虽然不能希望马上有什么可以急速成功的变革，但是一个比较新的局面的产生，是可以预期的。

第三——说到我们中国，我们便知道，中国所有的问题决不能离开世界问题，而解决的。虽然中国的社会和中国的文化背景与欧美各国很不相同，但在实质上，中国的社会，除了她传统的家族制度以外，仍然是建立在个人主义上的社会。现在西方资本主义的文化既然已在崩溃，所以中国如果要走上现代化的路上去，就必须以社会主义作她的目标——虽然用什么手段去达到这个目标是我们所亟须研究的一个问题。

第四——我们既然把目标看清楚了，我们每一个人便都有向着这个目标努力的义务。我们晓得现在有许多挂羊头卖狗肉的集团，标榜着革命，而实在是维持现状的，并且它们还在勾结国内其他的反动势力和国外侵略的国家，去维持他们的地位，以便恣意压迫民众。这些势力一日存在，则真正革命的进行，便要受到它们的阻碍。至于用什么方法去消灭旧的势力，用什么方法去创造新的势力，这是要我们每一个人去抉择努力的。

但有一点我们是很清楚的，那就是，我们决不能取放任消极的态度；我们必须以民众自身的力量去培养和促进一个站在民众立场而改造中国的政治势力。

唯爱主义与社会改造*

一

今天所讲的，我知道必定与许多人的胃口不合，因为现在注意社会改造问题的青年，大都趋向阶级斗争、武力革命的思想，这与唯爱主义，未免南辕而北辙。但因为这次演讲的题目，是听众所特别要求的，所以我相信在座的诸君，即使不赞成这种主张，也必能平心静气地拿它来思想一下。

中国人向来是主张中庸的，过与不及，他们都不以为然。唯爱主义是一种极端的主义，所以根本上就与中国向来的思想冲突。墨子主张兼爱，其理论与唯爱虽不尽同，但其为极端的主义则一。墨学之不能在中国发扬光大，其原因固不止一端，但是它的反乎中庸，恐怕是原因中的最主要的。兼爱之说既如彼，则唯爱的主张，在我国能否避免同样的命运，这也是我们所要研究考虑的一个问题。但我们现在姑且把这个问题撇开不论，先谈唯爱主义的本身。

唯爱主义并不是一个很高深的主义：它无非相信人类应当以爱为一切生活的原则；在个人关系上应当这样，在社会关系上也应当这样。这一种主张虽然是很简单的，但因为它处处与我们现在的生活方法发生冲突，所以有详细解释的必要。

人类的生活大概可以分为三个时期：第一是讲强权的时期，第二是讲公道的时期，第三是唯爱的时期。所谓强权就是指弱肉强食，强者征

---

* 原载《唯爱》第12期，1934年1月15日。亦载《华年》第3卷第5期、第6期，1934年2月3日、10日。取自《社会福音》，青年协会书局，1934年9月初版。

服弱者，奴使弱者的那些现象。正如野兽一样，这是以爪牙相搏、武力致胜的时候。虽然这是人类没有文化以前的特征，但是我们现在还没有脱离这个时期。社会上和国际间强者欺凌弱者的事，真是平常得很。但在大体上，我们已经进入第二个时期，那就是讲公道的时期。所谓公道，就是划定范围，各不相扰，凡超出范围的，就绳之以大众或一部分人所认可的法律和刑罚。这一个时期的生活态度就是"以眼还眼，以牙还牙"，恩怨分明，睚眦必报。我们现在整个的个人关系，和社会关系，都是建筑在这种观念之上的。我们甚至可以进一步说，我们连这一个阶段都没有达到，因为现在的社会还不是一个彻底公道的社会。第三个时期就是唯爱的时期。唯爱的特征是互助而非竞争，是服役而非剥削，是同情而非报复；它非不讲公道，但却超出公道之上；它不只以直报怨，乃是以德报怨。这样的社会，我们自然相信是最理想的社会，我们也希望它是将来必会实现的社会。这些唯爱的特征，我们现在未尝不看见一点，例如在家庭里，在朋友关系里，但在其他大部分生活里，特别在社会和国际的关系里，我们离开这个理想，还是遥远得很。我们的问题不是这个理想是否应当实现，而是它何时可以实现，我们怎样把它实现。唯爱主义者的态度是：我们不必等待，我们马上就要实行这种主义，只有这样，我们才能把它实现。

唯爱主义之成为一种运动，虽然不过只有 20 年的历史，但自人类有史以来，信仰这种主义的，实在是无时无地没有。印度的释迦牟尼，我国的墨子，犹太教的以赛亚，基督教的耶稣，圣芳济和他所发起的桂格教派；近代的人，如俄国的托尔斯泰，印度的甘地，日本的贺川丰彦，英国的罗素，法国的罗曼罗兰，美国的荷慕时、潘琪，留德时期的爱因斯坦——虽然他们的主张未必尽同，但他们的反对战争、反对暴力，和主张以爱及调解（reconciliation）的方法去消灭人世间的罪恶，却是一致的。他们未尝不知道他们所处在的社会和时代，与他们的主义格格不相入，但他们却是即知即行，无所顾忌。人类满染血污的历史中，所以还能放出一线光明的，就是因为这些人的信仰和生活的原故。

在欧战开始以后——1914 年底——英国有一些人见得战争的残酷和不合理，与他们所信仰的宗教完全相反，于是他们拒绝参战，并成立唯爱社（Fellowship of Reconciliation）的组织，其宗旨，在以爱与服役的方法，根本改造人类的社会。后来这种组织在美国、欧洲大陆，和远东先后成立。到现在有组织的共有 20 余国，我们中国，也是其中之一。

中国的唯爱社是在1922年成立的。各国的唯爱社员，虽然为数不多，但他们崭新的理论和诚挚的生活态度，是对现社会一个严重的挑战，已经引起不少人的注意。

我们若要知道唯爱社最初发起时的旨趣，可以看以下的一段宣言：

我们以为从耶稣的生和死所表现出来的爱，其涵义之广，远在我们的想象之外。我们认为这爱是战胜罪恶的唯一能力，也是人类社会生活的唯一标准。

为要建立一个爱的世界起见，凡相信这个主义的人，都应当把它在个人关系和社会关系里充分实现，并且预备接受从实行这种主义而发生的一切危险。

因此，我们做基督徒的人，就不能参加战争。我们为要忠于国家，忠于人类，忠于教会，忠于基督起见，便不得不另取行径，尽力使爱在个人、社会、商业和国家的生活里，成为至高的准则。

我们相信上帝的能力、智慧，与爱心，渺无涯际；他时时刻刻都等候着用更新的方法，更普遍地向人类显示他自己。

因为上帝只能藉着这个世界的人来显示他自己，所以我们情愿献身作他救世的工具，无论他用什么方法来役使我们，我们都准备着受他的差遣。

最初发起唯爱社的人，全数都是基督徒，所以这篇宣言，也完全是基督教的口气。直到现在，唯爱社中心的信条简直就是基督教固有的信条。但是奇怪得很，虽然相信唯爱主义的基督徒以为唯爱主义就是耶稣原来的主义，但一般的基督徒却不以为然，因此，自罗马王君士但丁入教以后，宗教的战争和残杀，史不绝书，大战时基督徒的参加战争，大家也看作一件寻常的事。所以，我们如果把基督教和唯爱主义混为一谈，那是最错误的。

二

我们现在再来谈一谈唯爱主义的哲学。唯爱主义有三点基本的信仰：人的价值，人的可能，和手段与目的之应当一致。所谓人的价值，就是说人不是草芥，可以随便被践踏被毁灭；人的生命是有意义的，所以也就是有价值的。因此，一切抹煞人的价值的东西，无论它是风俗、制度、个人、团体、阶级，唯爱主义者都要把它打倒。所谓人的可能，就是说，人都有向上的可能，前进的可能。一个做强盗的人，并不是生出来就要做强盗；强盗是家庭、教育、制度，种种东西的产物。改变他的环境，使他不能做强盗，不必做强盗；改变他的心境，使他在还不是理想的环境里，转变生活的方向，“放下屠刀，立地成佛”，这就是唯爱主义者的任务。所谓手段与目的应当一致，就是说，手段是目的的过程，目的是手段的终点，这二者不能截然分为两件事，因此，目的即使是正确的，如果手段错误了，原来的目的就不能达到，或要受它的影响。这个道理，十分显明，似乎不必多所解释。

为要使大家对于以上三点有更清彻的了解起见，我们可以拿共产主义的立场和唯爱主义的立场来比较一下。第一，这两种主义都相信人是有价值的。耶稣咒诅财富，痛恨伪善，指斥统治者的罪恶，拥护平民的利益，这是尊重人的价值；马克思研究社会的病因，指出改造的方向，努力唤起民众，促进革命，这也是尊重人的价值。但是共产主义所看重的是大众（collective man）的价值，而非个人（individual）的价值，为大众利益的原故，个人的价值，可以完全牺牲。自然，个人的价值也就在大众的价值之中；并且，牺牲一己，以成全大众，如果出于自动，它的自身，也就是一种价值。但共产主义，至少在策略方面，有时把人看作工具，看作手段，或者看作一种障碍物，而把他本身的价值抹煞，这就与唯爱的态度不同。唯爱主义认定个人人格的尊严，以为就是一个罪大恶极的人，也有他的价值，而不当抹煞，因为可恶者是他的罪，可贵者是他的人，二者似乎不能分开，而实在不当混合。这样看来，唯爱主义与共产主义，虽然同是尊重人的价值，但因为注重点之不同，所以表现的方法也就各异。

再讲到人的可能性。共产主义虽然并不主张绝对把“反社会”的人消灭，但在策略上，共产党杀戮它所认为反动的人，是一件很平常的事。这自然因为它以为这样的人，没有救药，或不值得去改变他。唯爱主义就不是这样看法：它对人有无限的信仰；它以为人有无限的可能性；只要给他相当的机会，他便可以有意想不到的转变；即使因为采取这种态度，似乎延误了社会前进的速度，它也不以为过。它认为罪恶应当消灭，但人却不必消灭，因为人同罪恶，是可以分开的；人是可以随着环境和心境的改变而改变的；不然，所谓改造社会，根本就不可能。

最后，论到目的与手段：在共产主义，什么手段都是对的，只要它能达到目的；换句话说，手段之正确与否，是因着目的而具有相对性，并没有自身的绝对性。唯爱主义却要把衡量目的之标准，同样地拿来衡量手段，而要求二者之一致。例如暴力革命，可以推倒旧社会，建设新社会，但暴力是抹煞人的价值的一种手段，所以便与建设新社会的动机——尊重人的价值——不能一致。因此唯爱主义就反对暴力革命。它以为即使在形式上革命的目的是达到了，在实质上，它所结的果子也含着不健全的成分，要经过若干的努力，才能消除。

总起来说，在出发点方面，在目的方面，共产主义与唯爱主义差不多是完全一致的，但在哲学方面，手段方面，二者便有许多不同的地方：一是近于悲观的，一是近于乐观的；一是近于严峻刻薄的，一是近于宽厚慈祥的；一则以力服，一则以爱胜。但虽然二者有这许多的不同，唯爱主义却没有把共产主义看作一种不同调的主义。把共产主义看作“洪水猛兽”，把共产党看作“匪”，我们以为是一件最不幸的事。以为共产党可以用武力去消灭，更是一种不幸的见解。并且，唯爱主义对共产主义的批评，也就是对其他许多别的主义的批评。许多批评共产主义的人，他们自己的主张，也犯着同样的病，或更甚的病，所以他们实在没有理由可以批评共产主义。

三

唯爱主义既然是相信人的价值，人的可能的，所以他待人的时候，就必须采取与这种信仰一致的手段——这就是爱。因为爱，所以它就反对武力，反对战争。它之所以反对武力，一是从动机方面着想，一是从结果方面着想。我们先从动机方面说起。用武力的时候，大多数是因为恨的；恨与爱是相反的东西，所以武力与唯爱是不能并立的。如果有人真正因为爱而用武力，这样的武力并不悖乎唯爱的精神：一个小孩快要掉到水里，父母用力拉住他，这是爱的表示；把一头病入膏肓、呻吟痛楚的爱犬，用枪打死了，也是爱的表示。但是除此以外，因爱而用武力的，就绝无仅有了。拿起枪来打死一个敌人，也许是因为爱国家、爱社会的原故，但对于那个敌人，却不能说是爱他。因爱国家、爱社会而恨敌人，在唯爱主义看来，也是错误的。我们再从武力的结果方面来说。假如武力是可以达到它所标榜的目的的，我们还可以原谅它，但事实并不是这样的。比如欧洲大战，在协约国方面，他们的托词是“战以止战”，但在事实上它是第二次大战构成的因素。我们敢大胆地说，国际的战争，从来没有彻底的解决过什么问题。并且在现在这资本主义的世界，战争已成为资产阶级和他们的爪牙——统治阶级——的工具。因战争而得利益的是他们，为战争而被牺牲的是劳苦大众。现在许多人都觉悟了，反战的空气也弥漫于全世界了。虽然各人的立场未必尽同，也是值得我们欣慰的。或者有人说：武力与战争有义与不义之分：帝国主义者的战争和军阀的混战，也许是不对的，但为抗抵强邻、解放民族而用武力，那不但是正当的，而且终久必定会发生效力。东北义勇军之战，淞沪抗日之战，所以深得民众的同情，就是因为大家认为这是御侮的义战。唯爱主义并非不承认这一类的战争的价值，但只是相对的承认。自然，抗争而死，不失为丈夫，既无补于爱，亦无伤于义；忍辱而生，则沦为奴隶，人格不存，爱于何有。但那只是因为抗战是弱者御敌的最高的表示。做了他所能见得到的最好的事，那自然值得我们钦敬。但在唯爱主义者看来，御侮最高的方法不是武力而是唯爱。有人以为武力是强者的方法，而唯爱是弱者的方法，但事实适得其反。唯爱者不为恶所慑服，不肯以暴易暴，这正是大勇者之所为。他们所以不肯用武力，不是不敢用，是因为它不能解决问题。武力是情感的、是盲目的，所以容易把人的理智完全消灭；并且，武力发动于仇恨，彼此均以仇恨相待，则冤冤相报，永无已时。但唯爱决不是纵容罪恶，束手待毙的。唯爱主张革命，因为不革命不能创造新社会，但它所要的是非武力的革命。非武力的革命不是和平的革命，是流血的革命，但它不肯流别人的血，却准备流自己的血。唯爱也不反对阶级斗争。因为革命就是阶级斗争，但它的斗争是建立于爱，而非建立于恨的。

四

唯爱主义主张以非武力革命的方法去改造社会：这种方法究竟是什么，它有没有成功的可能？

唯爱主义不是改良主义，这一点，经过上文的解释，应当是没有疑问的了。但唯爱主义是不是乌托邦主义呢？乌托邦主义的特色是有想象而无事实，有希望而无办法，但唯爱主义却不是这样的。拿唯爱主义应用到社会问题上去，这是一种新的尝试；因为这样，所以它在理论方面，自然是没有成熟，在实行方面，也缺乏经验。不但唯爱主义如此，其他一切的主义，在最初的时候，也必定经过这个阶段。但我们不能因为这样，就把一个主义断定是空想主义。唯爱主义所企求的社会是共劳共享共有的社会，这一个目的，和其他的社会主义是没有分别的，但是唯爱主义实现这个目的的方法是非武力的方法。唯爱主义在这一点上恐怕要引起许多的误会。有的人想，唯爱主义是帝国主义者的烟幕弹，标榜着好听的口号，而内容是空洞无物的；也有的人想唯爱主义的作用是把人民麻醉了，使他们的革命意识模糊起来。许多相信共产主义的人把唯爱主义认作比资本主义更危险的敌人，就是为这个原故。但是这些误解，我们都不必去管它。

我们现在所要问的，就是用唯爱的方法是否能改造社会。为要使大家对于理论的基础更有把握起见，我们先从最浅近的关系说起。两个朋友有时因为小小的事故，或言语的冲突就争吵起来。照着平常的经验，假使他们各不相让，彼此的嫌怨和恨恶便要急速地增加，甚至使朋友变成仇敌。但如果有一方面不断断于是非的争辩，捐除嫌怨，以善报恶，那样，他们的感情不但可以恢复，双方的善意，也有突飞猛进的可能。再说到两性的关系，我在上次演讲所说的创造的爱就是唯爱的方法。对异性不苛求，不念恶，不责善，而随时以积极的爱“先施之”于对方，这便是创造，这样的办法是使两性关系美满的一个主要条件。

以上所举的两个例，都是关于个人方面的生活的，我们现在再说到社会方面的生活。假如说到一个强盗，一个唯爱主义者不会把他打死，也不会把他送到官府里去。他知道强盗是现社会制度的产物，所以他要努力于社会改造，使强盗能从根本消灭；同时他也要在可能范围以内，对强盗个人予以精神上和物质上的帮助，使他化除暴戾残酷的气质，转变生活的方向。至于他自己，他知道如果他是一个真正的唯爱主义者，就连强盗都不会去光顾他，因为他的生活是极其简单的，他的一切，都可以与人共之。在这里也许有人说，关系个人的事，还可以这样做，关系别人的事就不应当这样做。比如为保护妇女和孩童的原故，我们应当对强盗加以制裁。但唯爱主义连这一层也不能许可。读过《圣经》的人，可以记得耶稣怎样处置那一群来势汹汹，要把犯奸淫的女子用石头打死的人；他只轻轻的说了一句：“谁若没有罪谁就先打她。”那群人良心发现，便慢慢的走散了。但是唯爱主义者的话，未必随时都有这样的力量，这便发生一个选择的问题：我们还是因救别人的原故而用武力，因用武力的原故，遂使社会上永留崇信武力的根株呢？还是尽了个人的力量以后，便坚持着唯爱的原则？由于后者，则目前不免牺牲了少数的人——大概连自己也在里面，但这可以说是主义的胜利。由于前者，也许少数人是保存了，但其结果则社会更深陷于武力的迷信，遂使以后因此而死的人，更不知凡几。我们不要误会这是纵容罪恶的消极办法，因为我们已经说过，唯爱永远是积极的，永远是向着罪恶进攻的。

现在我们可以谈到关于改造整个社会的方法。唯爱的方法，从大体上说，就是甘地在印度所用的方法。这个方法包含以下几点：（一）以正确的意识唤醒民众。（二）以严格的组织，训练民众。（三）以不合作的方式对抗统治阶级。甘地这种方法，起先在南非洲试验，有了极大的成功。最近十几年中，又在印度实行，到现在还没有停止。（请参阅拙译《甘地自传》，上海青年协会书局出版。）有人说，甘地的运动是完全失败了：不但印度的自治没有成功，连人民对甘地的信仰也冷淡下来了。这是与事实不符的。第一，甘地的运动还没有结束，我们决不能预断它是失败的。第二，英国统治印度既已一百余年，势力根深蒂固，任何有力的运动，也不能在短时期内成功。第三，甘地运动的过去，把一盘散沙的民族团结起来，并且把他们的自信心和斗争的精神提高了，这不能不说是伟大的成就。第四，印度的人民现在还是热烈地信仰甘地。这是从印度人口中说出来的话。又有人说：印度是已亡之国，中国还是独立的国家，怎能应用同样的方法？这是一种似是而非之论。一种方法，只要问它有效与否，不必管它是谁用过的。既亡的印度可以用这个方法去对付英国，未亡的中国何尝不可以用同样的方法去对付帝国主义、统治阶级和资产阶级呢？

但是，甘地的运动，只是唯爱方法的一种尝试；它成功了，不能完全证明唯爱主义的成功，它失败了，更不能绝对证明唯爱主义的失败。所以我们只好讨论这种方法本身的得失。我们先说到它在国内的应用，就是拿它来对付统治阶级与资产阶级。不合作的方法可以打倒这些阶级吗？不用武力去杀戮他们，制裁他们，他们能就范吗？自然，假如只有极少数的人用这样的方法，它当然是没有效力的，但如果在任何一个地方，有大多数的人能相信它、应用它，它的效力就极其宏伟了。辛亥革命为什么成功？洪宪帝制为什么失败？也许我们想，这是黎元洪起义之功，蔡松坡反抗之力；但说起兵力来，他们与满清和袁世凯相比，何异以卵击石？实在说起来，辛亥的成功，洪宪的失败，乃由于民意的力量，而非由于武力的胜利。民意的力量是不易看见的，是没有武力作后盾的，但它的力量是任何革命成功不可缺少的条件，在唯爱主义看来，它并且是唯一的条件。有武力而无民意，革命决不能成功，但有民意而无武力，革命未必就失败。这里所说的民意，当然是指那代表有组织的、反抗的、不合作的民众的意见。没有经过训练的民众尚且能够帮助革命的成功，何况那经过严格训练而又具有唯爱精神的民众！

但是统治阶级用武力来压制民众，屠杀民众，那又怎么办呢？我们已经说过，唯爱是革命的，革命是要流血的；不付代价而要革命成功，那岂不是笑话？但是，唯爱的革命者是赤手空拳的；武力来到的时候，他除了勇敢的牺牲以外，当然没有别的办法。这样的牺牲是没有意义的么？那却大谬不然。凡是为正义牺牲的，是有感力的牺牲，若能支持下去，必能煽动民众热烈反抗的情绪，就算统治者是铁石心肠的人，恐怕他们的工具——有枪阶级——也要同情于民众，而反抗起来。但是退一步说，即使我们连这一点也不能希望到，事实上统治者能成功么？一个顽强反抗的民众，就是要杀，杀得完么？要压制，压制得住么？在已往，为什么许多的大屠杀可以肆无忌惮地进行，而无损于统治阶级？那就是因为民众没有组织，没有信仰，没有正确的意识，没有严格的训练，没有牺牲的勇气，没有持久的决心。有一于此，已足使统治者侧目而视；何况条件完全具备的民众；这样的力量，自然非一朝一夕所能养成的；并且在统治阶级监视之下，其进行恐怕更是迟缓，但一经养成之后，它便不只是一时推倒某种政治势力、某种经济势力的力量，而是在社会和国家里永远站在民众立场，推倒恶势力、建设善势力的唯一的力量。这样的力量，实超越由于武力革命而成功的民众力量，因为它已经脱离武力的迷信，由一个兽性时代的社会进入一个人性时代的社会。

我们再节略地说到唯爱主义在国际间的应用。这是一个更难应付的问题，但是应用的原则却是一样的。例如日本侵略中国，我们是完全不抵抗么？唯爱主义者自然不会用武力去抵抗，但它却不是消极的无抵抗；它的抵抗是非武力的抵抗，与抵抗国内的统治阶级，并无二致。固然，这样的抗争，必定更加困难，牺牲必定更加残酷，但这是一件不可避免的事。在力量未充实，时机未成熟的时候，我们甚至不得不暂时蛰伏，以避免无谓的牺牲，但这是暂时的，因为唯爱的精神决不是能够永久被屈服的。

五

以上许多的主张，离开中国的现实状况，真是不可以道理计。中国的人民，现在连武力都谈不到，何况那比武力更高超、更难运用的唯爱！散沙般的民众，谁去组织他们？谁去训练他们？就是有人去做的话，也是“河清难俟”，恐怕事情还没有成功，而国已先亡了。这些实情，我们何尝不晓得，然而我们所以还要把这些主张提出来，就是因为一种主义，如果它是正确的，即使只有少数人去提倡，终久必会实现；如果我们怕它太过高超，怕它没有人相信，而不敢把它提出来，它便会永远被埋没。世界所以能有进步，就是因为在每一个时代里，都有一些“不识时务”的人把别人所认为必不可能的理想拿出来，向着冷酷的现实挑战。

用理论的方法使人明白唯爱的意义而相信它，差不多是不可能的。唯爱是一种生活的法则，所以必须在生活里表现出来，才能使人得到观感。印度许多的民众未必都能明白唯爱的理论，但因为有一个甘地，所以大家都能从他的生活里，看出唯爱的意义来。同样地，每一种运动，除了理论之外，总要有少数人格伟大、力行不渝的人，以身作则，领导民众，才能有成功的希望。印度的甘地，苏俄的列宁，我国的孙中山，都是这样的人物。

中国的前途可谓危险极了。有人能发奋而起，扫清国内腐恶的分子，打倒国际侵略的势力么？即使他们是用武力的，我们也欢迎之不暇，何有于反对。一个萎靡不振的病夫，能站起来挥拳动武，已经是不错了，我们怎能希望他有大勇者的素养，以义争、以爱胜呢？然而我们终是希望中国能够从现在劫难的局面里，不必经过现代军国主义的洗礼，采取唯爱的原则，去创造一个新的社会。至于这是不是可能的，那就全在乎我们的努力。

中国的国民性向来是趋向和平的。虽然它的历史载着不少的战争，但是它的民族却不是一个强悍好斗的民族。如果真是那样，她便不会弄到今日那样衰弱的地步。中国已往的和平趋于保守，近于怯懦，又容易流于妥协，而唯爱的精神却是进取的、勇敢的、彻底的，这正足以补她的所短。墨子的兼爱，严峻有余，温厚不足，是一种刻薄的生活方法，与我国中和之训相反，唯爱虽是极端的主义，但它究是从人类生命的深处流露出来的，并不违反人的天性。所以，无论我们怎样怀疑它，否认它，它终要在黑暗冷酷的世界里，放出空前绝后的光芒，解放困苦颠连的人类。

社会福音的意义*

我们相信宗教是人生的宗教：宗教应当在人的各方面的生活里表现出来。

我们相信人的生活，各方面的生活，有了宗教，便更加丰富，更加合理。我们相信宗教——宗教的实质——如同空气一样，如同布帛饮食一样，是人所不可须臾离的。不是宗教的名义，乃是宗教的实质。有了宗教的名义的人，未必便有宗教的实质。“主阿，主阿，我们不是奉你的名传道，奉你的名赶鬼，奉你的名行许多异能么？我就明明的告诉他们说：我从来不认识你；你们这些作恶的人，离开我去罢。”反过来说，有了宗教的实质的人，未必都有宗教的名义。呼吸空气的人，未必都感觉空气的存在；衣帛食粟的人，未必都知道粟帛的所以然。有的人诅咒宗教、鄙弃宗教，然而他们未必认识真正的宗教。也许他们看见了宗教的糟粕，但没有看见宗教的精华。也有的人否认宗教、怀疑宗教，然而他们的自身，却是宗教的具体表现者。我们要正名；我们尤应当顾名思义。几千年来，我们受了虚伪迷信的宗教的流毒：言不顾行，行不顾言；颠倒是非，淆乱黑白，驯至无数的罪恶，都假宗教之名以行。几千年来，我们也受尽了没有宗教的痛苦：相争相杀，率兽食人，祸乱相寻，永无宁日。我们要揭橥宗教的本色，铲除宗教的虚伪，要把充满生意的宗教，灌注在人的生活的各方面里，以建设未来的理想社会。

在我们看，这便是社会福音——并不是另有一个非社会的福音：除却了这个福音以外，没有别的福音。因为宗教是人生的宗教，宗教要在人的生活的各方面表现出来。

---

* 原载不明，1934 年 2 月。取自《社会福音》，青年协会书局，1934 年 9 月初版。

一

初期的基督教是一个充满了热烈的情感，充满了革命的精神的宗教。现在的基督教，有时还有热烈的情感，但早已丧失了革命的精神。两千年来的基督教，偏重了个人的得救，忽略了社会的改进，所以它便成了统治阶级的护身符，剥削制度的拥护者。它五体投地地俯伏在敌人的面前，还自以为是人类的救星，社会的先导，却没有晓得它已经做了原始基督教的叛徒。

我们先来看看耶稣的本身：我们要看看他原来所传的福音，究竟是不是一个社会的福音。既是这样，我们便要先看看他当时的时代背景，和他应付问题的方法。我们必须从历史的方面有所认识，然后才能了解所谓社会福音，对于今日的时代，究竟有什么意义。

耶稣当日所处在的时代，好些地方，也就仿佛我们中国今日所处在的时代。外面有侵略压迫的异族，有系统不同的文化；里面有痛苦颠连的民众，有虚伪无能的宗教。民族是一个意识坚强的民族，而国家却是一个萎靡不振的国家。反抗既不可能，屈服又有所难堪。在这样彷徨苦闷的时候，民心鼎沸、众说纷纭，而耶稣的社会福音，也就在这个时期出现。

耶稣降生后 70 年，耶路撒冷被罗马的军队攻破了；犹太人所宝贵的圣殿，是完全被毁，而人民的被杀的，被钉在十字架的，被卖为奴的，据当时的统计共有 120 万人。这是一件大事，这是一件悲惨的事，这是耶稣在还活着的时候所预料到而痛哭流涕地希望它不会发生的事。

> 耶路撒冷阿，耶路撒冷阿，你常杀害先知，又用石头打死那奉差遣到你这里来的人。我多次愿意聚集你的儿女，好像母鸡把小鸡聚集在翅膀底下，只是你们不愿意。
>
> 你们不是看见这殿宇么？我实在告诉你们，将来在这里，没有一块石头留在石头上不被拆毁了。

然而这不可避免的事情终于爆发了。这一班鼓动革命的人，犹太人称他们作“奋锐党”（Zealots），而罗马人却滑稽地称他们为“匪”——正如“九一八”后东北的义勇军被日人称为“匪”一样。他们主张行动——革命的行动。他们知道他们敌不过罗马的武力，但他们相信，只要他们动了，上帝便要显他的异能，帮助他们把敌人打倒。他们所以要动，就是因为他们觉得不应当再驯服地忍受异族的压迫。我们若要晓得那时民众怨毒之深，可以看当时的犹太历史家约瑟弗氏（Josephus）关于“匪”的一段记载：

他们把强盗和他们的家属都杀了，但因为希律王想救他们一些人，所以他便出了一张告示招他们自首；但没有一个人是甘心愿意来的；就是来了，他们也宁愿死而不愿受羁押。有一个老人，他是七个孩子的父亲；他把孩子们一个一个都杀了。希律王因为离他很近，看见了，便动了怜悯。他向老人伸出他的右手，请他不要杀他的孩子；但他不理他，反骂希律王卑鄙，把孩子们连他的妻都杀死；他把他们的尸体都扔到崖下以后，他自己也跟着跳下去。

这些人真是强盗么？强盗有这样不肯忍辱偷生的气概么？假如没有政治的背景，那老人肯做这样残忍的事么？

但是当时的人，并不都是主张武力革命的。有一派人，名叫爱森尼（Essenes），他们以逃避为国难的出路。他们和其他的人住在乡村和城市里，但他们自己是过着共产的生活，在一块儿饮食和礼拜。他们多数的人并不婚嫁。他们团体的纪律非常严峻，所以完全与外界隔绝。有许多人因为生活过于艰苦，不愿在荆棘的路上继续奋斗，所以便从远处来投奔他们。但他们的所谓出路却是完全与国事无补的。

另一派是撒都该人（Sadducees）。他们一方面主张接受比较轻松活泼的希腊文化，另一方面主张对罗马帝国屈服。他们可以说是一个僧侣的氏族，大祭司和圣殿的职员都是从他们里面选出来的。因为有了这个僧侣的地位，他们便取得领导政治的资格，并且在社会上享有优越的地位。他们简直就是一个贵族阶级。圣殿里巨大的财产，也受他们的支配。贵族阶级是享利益的阶级，所以当然是保守的。他们对于当时民众的怨忿不平，不但毫无办法，而且尽力把它压制下去。他们固执着传统的信仰，反对一切与社会道德和天国理想有关系的学说。

第三派就是法利赛人（Pharisees）。他们也是僧侣，但却是与撒都该人对立的。他们并不如平常人所想象的那样坏，因为他们除了墨守成规以外，还有高尚的道德观念，和诚挚的宗教精神。他们采取深闭固执的态度，不主张接纳外来的文化。他们奉行着无数繁琐的宗教仪式，其用意在保存他们所认为纯粹而特出的宗教和文化。但在政治方面他们却不主张有所活动，所以他们的办法与爱森尼人的逃避现实无异。在情感方面，也许他们可以得到若干的慰安，但在事实方面，他们对于当时的问题，也是没有贡献的。

还有一派是“默示派”（Apocalyptists）。他们相信在不久的将来，一切都要更新；上帝要显示他的奇迹，去拯救以色列的民族，使他们所企求的弥赛亚所统治的社会可以实现。在希望上他们与奋锐党是相同的，但奋锐党要革命，要尽人事，而默示派的人却是消极无为，在梦想中生活；所以他们在各派中是最无足取的。

以上所说的五派人，虽然思想纷歧、主张各异，但总起来说，他们的见解不外乎两种：一是武力革命，一是逃避现实。

这两种思想似乎是两种极端的思想，但出发点实在是一样的。我们在上面已经说过：犹太人的民族意识是非常坚强的，无论大家的主张是怎样的不同，保守犹太的宗教和文化的要求，不管它是消极的还是积极的，却都是一致的。在这里我们还可以引一件事实来做见证。耶稣生后第 6 年，罗马将犹太省与帝国所属的叙利亚省合并了。这合并是犹太人所主动的：50 个代表犹太民众的大使在该撒宝座之前俯伏请求，而该撒却是经过犹太王雅杰略（Archelaus）多年虐政之后才允许了。狂热地爱国的犹太人，为什么会有这样的举动？他们不是要降服，他们实在为的是要保守他们宗教上的自由。治理他们的希律王名义上是犹太人而实际上是仰承罗马的鼻息的，所以为讨好罗马起见，他是要把犹太罗马化。犹太的民众希望在罗马直接统治之下，可以得到文化上的自主，所以便有请求合并之举，却没有晓得，文化与政治是一个分不开的连锁，所以实行合并以后，他们的希望并没有达到，终于演成后来流血的惨剧。

上面所说的是犹太人民对于当时政治问题的几种反响。我们现在再说到他们经济生活的状况。在耶稣的时代，罗马帝国，从大体上说，是很富庶的。就伯力斯坦一地而论，希腊和罗马的时代都是一个兴盛和发展的时代。许多有名的城市都是在这个时候建筑的。据约瑟弗说，那时在加利利省就有 240 个城市和乡村，每个的人口至少有 15 000。假如这是可靠的话，它的人口就比现在多得多了。约瑟弗又说，那时建筑耶路撒冷圣殿的工人就有 10 000 以至 18 000，此外在耶路撒冷还有许多瑰丽的建筑。这些巨大的工程的开销都是由希律王的府库和圣殿的收入支付的。

但是在这种情形之下，为什么叛乱的事，还是时常发生呢？如果人民是安居乐业、饱食暖衣的，谁肯去犯上作乱？因此我们就可以知道，在这形式上的浮华里面，必定还有一些惨痛的事实。1921 年在加利利海边一队修筑道路的人发见一个罗马时代的村落。从发掘出来的那一部分他们可以看见一些类似住宅的房屋。那些房屋只有一个人伸开两手那样的宽，这大概是当时贫民的住宅。这些遗迹在罗马许多其他的属地都可以找到。我们由此便可以知道，造成那些璠皇瑰丽的大厦的，就是住在这些贫民窟的人的血汗。

犹太的人民是一个以农立国的人民，但我们所说的这个时代，却是一个城市的时代，是一个手工业和商业发展的时代。因为在城市里面，经营商业，易于致富，所以许多地主都跑到城市里去。那些仍然留在乡村的大地主，因为能够使用奴隶，所以还是有利可图，但耕种小地的佃农，其困苦就不堪言状了。

罗马在奥古斯达（Augustus）大帝统治下的这个商业的黄金时代，自然是与犹太一般人民的愿望相左的。散居在各地的犹太人，固然有好些是从事商业的；在犹太各大城市的富人，因为并非完全靠土地来致富，所以也不受什么影响。但农民和手工业者受着罗马帝国大规模的奴隶工作的竞争，便难以支持了。不但如此，他们所耕的地都是最贫瘠的，而他们最膏腴的土地却被他们周围的希腊的城市所占去。这时候，因为商业发达，战争频仍，所以大概物价也增涨了。因此，富者是更富，而贫者也益贫。

还有一件难堪的事，就是捐税的剥削。罗马是采取一个聪明的政策，那就是他们的所谓“只要剪羊毛，不要剥羊皮”，他们的目的是要增加“剪毛”的效率。犹太人对于希律王的苛捐，曾多次的抗议，后来奇利尼（Quirinius）计户征税之举（Census），也遭大众热烈的反对。但这并不是说，罗马对犹太人征收的捐税，比其他的属地更重。犹太人的痛苦，是在于一个双重的捐税，那就是说，除了罗马的税以外，他们还要纳圣殿的各种捐输。每年两次要纳“什一”（Tithes）之捐，此外还有礼物、自由捐，和献祭种种规矩。这些繁琐的规例，对于那些虔谨的民众，一方面是缚束他们的心灵，一方面是增加他们经济的负担。假如这些捐输是为民众的福利而用的，那还有可说，但它却是用来养活一群游手好闲的僧侣。他们的人数非常众多，所以每人每年只在圣殿里服务两个星期，而他们所做的事又都是没有多少宗教上和道德上的价值的。这些捐输本来是犹太的“律法”所规定的，但犹太古代的僧侣同时也是政治上的统治者。现在在这种捐输之上又加上一种负担，所以这双重的苛税，便非民众所能担负的了。

当时跟从耶稣的群众多数就是这样的群众。他们是热心于宗教的，但他们所认为领袖的人却鄙视他们，因为他们不能完全遵守许多的繁文缛节。投机的人又从而欺骗他们，告诉他们上帝马上就要用异常的手段，把他们从他们的仇敌和压迫者的手里救赎出来。还有一部分是那些所谓税吏和罪人的。他们受不了经济的剥削和宗教的缚束，所以就公然放弃他们的宗教，脱离他们的民族。和以上两种人对立的就是法利赛人：他们目空一切，倨傲不恭，侵占寡妇的产业，装成虔诚的模样，在罗马经济侵略之上，又给民众加上许多不公平的重担。

从以上的叙述，我们可以下一个断语：就罗马帝国和伯力斯坦一般的经济情形而论，犹太的农民和下层阶级都深感着痛苦和不满意；在他们的面前，只有日益悲惨的奴化生活，而没有光明的出路。

二

如果在耶稣的时代，政治、经济、社会、宗教的情形，是像我们以上所说的，我们便可以得到一个结论：假如耶稣所传的“福音”与这些问题没有关系，换句话说，假如他的福音不是一个社会的福音，当时便不会有许多人去跟从他，相信他是弥赛亚，是以色列的拯救者。“众人都希奇他的教训，因为他教训他们，正像有权柄的人，不像他们的文士。”因为跟从他的人太多，所以他有时连吃饭和休息的时间都没有，还有时要躲到海上去，到山上去。这些人是要来听一个个人得救的福音么？是要在死后到天堂里去么？不，他们是抱着一个全民族得救的热望，一个天国已经降临在地上的信仰，而耶稣之所以能吸引他们，就是国为他的教训能在这些事上启发他们。耶稣在开始传道的时候说：“天国近了，你们应当悔改。”“天国”（或上帝的国）这一句话，在犹太民族的意识中是有着极丰富的意识的。这不是耶稣自己的创见，这是从旧约时期的先知所遗留下来的一种根本的观念。他们许多社会的理想，宗教的理想，都包含在这一个名词里面。他们所希望的是脱离异族的羁绊，实现公平的政治，并在这个更新了的局面之下，得到了自由、秩序、富庶，一个光荣的国都，和一个宏伟的圣殿。这是一个农业社会的乌托邦：他们所认为人生最宝贵的东西（除了后来从外面输入的“永生”思想以外）都在里面。要实现这个理想国的人物就是他们的所谓

"弥赛亚"，他是上帝差到世间来拯救犹太民族，并使犹太民族拯救世界万国的使者。这些先知们都是彻头彻尾的革命家。当时的统治者自然是嫉恶他们，就是一般民众也不完全了解他们；但是他们火一般的热情，终于普遍地渗入犹太人的心里，使天国的理想成为全民族追求的对象。

耶稣就是生长在这样的一种民族的遗传里。他接受了天国的理想，他甚至承认他是要来的弥赛亚。"天国近了，你们应当悔改。"这是一个革命领袖向民众挑战的口号？参加他的运动的，就是参加一个革命的运动。听见他的福音而欣悦而要跟从他的，就是那一群受着政治压迫、经济压迫，而不见容于当时的宗教领袖的劳苦大众。

但是，耶稣真是他们所期望的弥赛亚么？耶稣果然实现了他们所企求的天国么？若是这样，耶稣就不会有后来悲惨的结局。当耶稣骑驴进耶路撒冷的时候，大众把衣服和砍下来的树枝铺在路上，在前面行的和跟在后面的都喊着说："和散那归于大卫的子孙，奉主名来的是应当称颂的。"这是对一个王者的热烈的欢迎。但是过了几天，在耶稣受审的时候，巡抚认他为无罪，要释放他，而大众却喊着说："把他钉十字架！把他钉十字架！"从前拥护他的人那里去了？反对他的人为什么能有这意外的胜利？

这岂不是一个很奇怪的现象：一个革命家竟被他的革命的当然对象——统治者——认为无罪，而原来拥护他的人——他所要解放的民众——反要把他置于死地！这里面必定有个道理，我们所不当轻易放过的道理。因此，我们就不能不问：耶稣对当时问题的解决究竟是什么？它与别的人所主张的办法，有什么不同之处？

耶稣最初在拿撒勒传道的时候，在一个安息日，进了会堂，打开《圣经》，念《以赛亚书》以下的一段：

> 主的灵在我身上，因为他用膏膏我，叫我传福音给贫穷的人，差遣我报告被掳的得释放，瞎眼的得看见，叫那受压制的得自由，报告上帝悦纳人的禧年。

这是他所以要出来传道的使命，这是他切中当时的需要的社会福音。因为他所传的是这样的福音，所以民众热烈的欢迎他。但是民众究竟没有了解他的教训。他的思想，和他们的思想，是在两条不同的路线上的。起先他们还没有感觉到这个不同，但到后来，这裂痕就慢慢的深刻起来了。也许有人想，耶稣被钉十字架的时候，全耶路撒冷都震动了，但我们相信，那只是一件比较冷静的事，没有许多人注意，因为大多数对于他热心的人，如今都失望了。

大众为什么对他失望呢？那就是因为他解决当时的问题的主张，与一般人的主张，在形式上虽然没有多少的不同，但在内容和手段方面却有很大的分别。其中最主要的一点当然是关于天国的见解。美国社会福音最有力的提倡者饶森布氏（Walter Rauschenbusch）对于这个问题曾有极精确的意见，我们可以在这里引用。饶氏以为耶稣的天国理想，包含以下七种特殊的意义：

第一，犹太一般的民众都希望他们的弥赛亚高举革命的旗帜，把压迫他们的人消灭。这里的所谓革命，当然是指武力的革命，因为在他们看来，除了武力，没有别的方法可以把暴虐的政治推倒。但是耶稣从起头就反对武力革命；他认为用流血的方法去博取和平，无异从魔鬼的手中去接受这个世界的王国。当他在加利利受大众热烈欢迎的时候，有几千到耶路撒冷去朝拜的人追随着他，要强迫他作王。这是一个非常的时会，然而他趁着黑暗躲避了。甚至他最亲近的两个门徒也要他应许在他的王国里，给他们重要的位置。就是在他死了以后，他们还希望他不久可以再来，援救以色列民族。在耶路撒冷最后的几天，他对民众仍然有极大的权威，所以祭司们所组织的“公会”觉得他有左右治安的力量。他们以为他的目的是武力革命，但他始终没有用武力革命的口号来号召群众。历史上的帝王和政治的领袖差不多没有一个不靠武力去维持他们的权位的：领导民众运动的人，除了武力以外，便没有别的武器。然而耶稣却是坚决地反对武力。这并非因为他是一个怯弱的人：他宁可上十字架死了；他宁可让他的运动表面上似乎失败了，但他不肯把杀人吮血的魔鬼放松。他未尝不要人民得到自由，然而他相信，除非民众得到了内心的解放——从恨，从惧怕，从报复的心理得到解放——他们不会得到真正的自由。这是耶稣最根本的一种思想——凡要在他的领导之下求民众解放的人所必须了解的思想。

第二，在犹太人看来，天国的降临，就等于犹太民族的胜利；世界各国都变了犹太帝国的附庸，世界的都会也要从罗马移到耶路撒冷。凡“异邦人”要得到弥赛亚的救恩的，必须变成一个犹太人。所以后来异邦人在基督教会内要求享平等的利益，基督徒中的犹太人深以为异，其中的一部分，始终没有赞成。在耶稣开始传道的时候，他的眼光，大约与一般的犹太人相同，但我们可以想得到，他每逢遇见一个异邦人或撒马利亚人，他的眼光便放大了一点。他的心充满着人的同情，所以他觉得与一个人异邦人接触，便是与一个人——与他的弟兄——接触。因为他有了这个发见，所以他否认犹太人的特殊地位，并预言异族的人将要比犹太人先获救恩。在他的比喻中，他把一个异族的撒马利亚人变成一个慈爱的模范，还在祭司和利未人之上。他把种族的界线打破了：他要实现人类一体的理想。这又是他关于天国一种特殊的见解。

第三，天国这个意思，本来是充满着民主的精神的，但因为他的起源，是在一个君主的时代，所以流行着的解释，是带着专制的臭味的。弥赛亚是一个君王，他的从者便是朝中的官吏。耶稣却把这种错误的观念改正了。他说："你们知道外邦人有君王为主治理他们，有大臣操权管束他们。只是在你们中间不可这样；你们中间谁愿为大，就必作你们的用人；谁愿为首，就必作你们的仆人，正如人子来，不是要受人的服事，乃是要服事人，并且要舍命，作多人的赎价。"他自己就实行了这种教训，以至于死。这一种主张，在现在看来似乎没有什么希奇，但在犹太的当时，这实在是一种创见。犹太人对于上帝的观念是从人类专制政体的经验得来的，但耶稣把上帝称作我们的父，于是上帝的观念也民主化了；从前奴隶式的惧怕，现在变成喜乐的服从了；从前买卖式的交易关系，现在变成人神的自由合作了。他一方面把人的价值提高，另一方面把"高高在上"的上帝变成在人的中间的天父，这一个转变，便是现代民主思想的根源，而现代的天国观念，也就成了一个人神相与的共和国了。

第四，虔诚的犹太人把摩西和"拉比"们所定的律法看作宗教的核心，正如虔诚的天主教徒把"教会"看作宗教的核心一样。因此，他们以为在天国降临的时候，律法并不废弃，反而得以成全，大家遵守律法的时候，就是天国降临的时候。法利赛人对于律法所以丝毫不肯放松，就是为这个原故。然而耶稣对于律法的兴趣却是十分淡薄；他的热烈的要求完全是在公道、仁爱和善意的方面。他的精神就是希伯来伟大的先知的精神。他在会堂里所念的以赛亚的那一段话就是他理想中天国的程序。在约翰怀疑他是否弥赛亚的时候，耶稣说："你们去把所看见的事告诉约翰，就是瞎子看见，瘸子行走，长大麻风的洁净，聋子听见，死人复活，穷人有福音传给他们。"这是他所以自认为弥赛亚的证据。这一切都是解放的工作。在他所描写的弥赛亚的审判里，对于宗教的仪节，他只字不提；他所要的是社会关系里的同情；这是进入天国的唯一的条件。在这一点上，他便与当时和别的时代的仪式主义分家，把天国的理想建筑在伦理的基础之上。

第五，在当时的人——现在的人也是一样的——物质的繁荣与享乐是一个所谓太平盛世最中心的实质，而宗教上的虔诚就是换取这繁荣与享乐的代价。物质生活是目的，而道德与宗教是手段。耶稣从来没有轻视人的物质上的需要：他替人治病；他没有忘记群众的饥饿；他在一个短短的祷文——主祷文——里，把祈求日用的饮食看作一件很重要的事。但在他，饮食不是生命最终的目的。为财产衣服、饮食声色而追逐的人，在耶稣看来是最可怜的：这样的人不啻把他们内心里的上帝放逐了。所以他说："你们要先求上帝的国和他的义；这些东西都要加给你们了。"我们自然承认，财产的公平分配是一个合理的社会制度起码的条件，但我们所追求的最终的对象却并不是金钱，而是人类的同情、友爱、善意、合作，而物质的生活，不过是达到这个目的的方法。社会主义者正确地注重人类社会的经济基础，但耶稣，同样正确地，却是注重人类社会精神的目的。这又是耶稣关于天国理想一种特殊的见解。

第六，一般人关于弥赛亚的希望，大都虚幻狂妄、不切实际，而耶稣却是脚踏实地，处处从现在应有的行动着想。他们以为弥赛亚的革命将要像幻术一般，忽然来到；但耶稣则以为天国要像发酵的作用，像树木的生长，慢慢的发展起来。耶稣所主张的这种意思，明显地与流行着的观念抵触。他的思想，就是现代进化论者的思想，但他所主张的却不是清静无为，听其自然的"进化"。他的意识是革命的意识；他的程序是革命的程序，但他却始终不肯离开现实，去追求空虚的幻想。

第七，天国虽然是要慢慢的发展，但即知即行的人，马上便可以感觉天国的存在，正如佛家所说的："放下屠刀，立地成佛。"当时一般希望天国降临的人，机械地把"现世"和"来世"截然分为两个对立的阶段，但耶稣却把他们的思想转移到那内在的，已经来到的天国。有一次，法利赛人问耶稣，上帝的国几时来到。耶稣回答说："上帝的国来到不是眼所能见的；人不能说：看哪，在这里；看哪，在那里，因为上帝的国就在你们中间。"

我们综看以上几点，就晓得耶稣是怎样的超出了他的时代和以后一切的时代。惟其不苟同于流俗，所以不见容于流俗；惟其深刻，所以高超，惟其高超，所以孤独。于是，耶稣进耶路撒冷时喊着"和撒那"去欢迎他的人，过了几天便变成他的仇敌了；亲爱的门徒，在患难来到的时候，变节的变节，逃走的逃走了，而宣言天国将近的青年革命者，竟得到众叛亲离的结局了。然而这又有什么奇怪。二千年来基督教的历史，大部分岂不是重新把耶稣钉在十字架的历史！

三

我们把耶稣的时代背景说过了，我们把耶稣对于解决问题的主张也说过了；现在我们再要研究耶稣的社会福音对于今日应有的意义。

今日的社会，不是二千年前的社会；今日的世界，非复二千年前的世界，然而时代虽然不同，问题的性质，和应付问题的原理，并没有很大的分别。问题的性质是什么呢？那就是被压迫的民众的解放——物质的解放，灵性的解放，思想的解放。应付问题的原理是什么呢？那就爱力的运用，真理的追求，制度的改革。耶稣在这些地方，都有他特殊的贡献，因为他所给我们指示的道路，超出了狭隘近视的人生，植基于伟大广博的实在。因为他的眼光是天空海阔的眼光，所以他的宗教是万古常新的宗教，所以他的社会福音，对于我们今日的需要，也有异常丰富的意义。

我们现在是到了一个时代的末期。18 世纪以来的民主革命，推倒了封建的势力，确定了个人的自由：这是我们现在这个时代的开始。这一个时代，因为个人得到无限制的发展，所以树立了现代物质文明的基础。然而这种个人的自由，自从工业革命以后，又造成了一种新的压迫的势力，那就是资本主义的势力。资本主义在生产方面，有它极大的贡献，因为它有强固的组织，细密的分工，灵敏的管理。它把人生关于物质需要的恐怖消灭了，永远的消灭了，因为它的巨量生产，可以满足全人类的需要而绰有余裕。但是在分配方面，他便发生极大的问题了。资本主义的生产，不是为社会需要而生产，乃是为个人利润而生产；同样的，资本主义的分配，不是根据需要与共享的原则而分配，乃是根据私有与独占的原则而分配。这一种无政府的经济制度便产生了现代社会和国际间许多纷乱痛苦的现象。一方面是在水平线下挣扎的劳苦大众——尽了生产的力量而没有得到公平的分配的大众；另一方面是享着特殊利益的资产阶级——劳力少而报酬多，甚至不劳而获的资产阶级。有了这种对立的营垒，和不平衡的发展，于是便有阶级的斗争，市场的竞夺，经济的恐慌，和国际间的冲突。大战以后——1925 至 1929 年——是资本主义繁荣的极峰；现在——1929 年以后——是资本主义日暮穷途的时候。从19世纪中叶开始的社会革命的潮流，到了现在，已经成了一种普遍的呼声，有了莫之能御之势。无论是资本主义已经发达的国家或是生产落后的农业国与半农业国，制度的转变——从个人主义的社会变成社会主义的社会——在不久的将来，都要成为一个不可避免的事实。换句话说，这就是旧时代的过去，新时代的开始。

在这乱动转变的时期中，世界有两种大的势力，彼此互争雄长，势不两立：一种是共产主义的势力，一种是法西斯主义的势力。第一种是前进的，革命的势力；第二种是保守的，维持现状的势力。法西斯主义的势力，在这资本主义最后挣扎的时期中，自然是蓬蓬勃勃，不可响迩。但是，如果我们放远眼光，认清局势，我们便可以晓得，它的力量，只是回光返照的力量。共产主义的势力，却是一种蒸蒸日上的势力；自从苏联建设社会主义的国家以后，它更得了一种有力的后盾。世界无疑地是要转变，而现在促成这种转变的最大的势力便是共产主义。然而共产主义，从我所服膺的耶稣主义的立场看来，却不是我们能够完全接受的主义。我们同情于共产主义的目标，然而我们却不能赞成共产主义所主张的手段。我们佩服共产党严密的组织，热烈的情感，和牺牲的精神，然而我们不能像他们一样，为社会福利的原故，忽略个人的关系，否认个人的价值。假如我们在现有的这两种势力之中不得不有所选择的话，我们自然是选择共产主义，因为在大体上，它最能满足我们对于社会公道的要求。然而我们却不能这样的选择，因为我们相信，耶稣的社会福音，在若干重要的地方，超出了共产主义之上。

在共产主义和法西斯主义之外，还有许多站在中间的主义，例如代表德国的社会民主党，英国的工党，美国的社会党的各种主义；它们不是维持现状的，但因为它们要在现状之下去谋改革，所以它们有时不得不与现状妥协，甚至放弃了他们原来的立场。因此，它们的分子，便会有因左倾与右倾而分化的危险。在这种情形之下，我们就要回过头来，看一看我们自己了。我们当然要革命，因为现在的形势是革命的形势，因为我们所相信的宗教是一种革命的宗教。同时我们不能违背我们的立场，就是我们在前面所说的，从耶稣自己的主张生出来的立场。最与我们的立场相近的，就是甘地在印度所领导的非武力的不合作运动。这是一个革命的运动，同时它也是以宗教的爱为立场的一个运动。甘地是一个印度教徒，然而他的主张与耶稣的主张却是毫无二致的。但是甘地的运动，现在只是一个反帝国主义，解放民族的运动，还没有被应用到整个社会改造的问题上去。因此，我们主张从耶稣的观点去改造社会的人便不得不以创造的精神，去开辟我们自己所要走的道路。

我们说过，两千年来的基督教，偏重了个人得救，忽略了社会改造，所以到了现在，它对于新社会的建设，不但没有明显的贡献，并且它自己也变成一种反动的势力。现在的社会制度，是基督教一手提拔起来的——虽然不是意识地。因为这样，它与现在的制度便结了不解之缘，就是它要革命的话，它也要准备着巨大的牺牲和热烈的奋斗。然而我们相信：基督教有一种潜力——伟大的潜力。历史上的基督教有它的迷信、狭隘、伪善、残杀，而也有它的伟大之处。在组织方面，它有悠久的历史，有广大的信众，有团契的精神；在个人方面，它养成一种比较坚毅纯洁，好义急公的性格；在信仰方面，它是不断的演变，不断的更新，不断的创造。它经过了不少的逼害与危难，然而它总是在失败、痛苦与死亡之中，取得最后的胜利。这一种潜力，假如它把目的认清楚了，把方向弄正确了，实在有它无限的可能性。基督教能不能把握着目前急迫的需求，解放了自身的潜力，去负起时代的使命，促成时代的转变？我们说过：初期的基督教充满了热烈的情感，充满了革命的精神。在那个时代，做一个基督徒便是与社会隔绝，与传统的思想和生活分家，向着现状挑战。在那个时候，在黑暗的政治、经济、宗教的环境中，他们并没有从事于武力革命，然而当时批评他们的人都说："他们把全世界闹翻了。"这是创造冒险的精神：这是我们今日所需要的精神。我们相信今日的基督教还能有这样的精神，因为它就是耶稣自己的精神。

说到这里，我们可以作一个总结束了。我们所研究的是社会福音的意义；我们所要知道的是社会福音对于今日的使命。我们肯定了耶稣的福音是社会的福音，是应付当时时代需要的福音，并且，在原则上，是应付一切时代需要的福音。我们也指出了耶稣的社会福音的特点，知道它是超出了他的时代，超出了一切的时代。我们看清了今日社会的需要，和它对我们的挑战。我们看见无数困苦颠连的民众；我们看见一个压榨掠夺的制度；我们看见没落时代许多矛盾纷乱的现象。我们也看见一些"到自由之路"——我们可以十分同情，却又不能完全认可的路。于是我们大声疾呼地说：我们需要一个社会福音；我们需要一个能应用在今日的社会福音！

社会福音的意义，我们是知道了；但是社会福音对今日的使命，我们还要去研究，去试验。社会福音的意义只是解放：物质的解放，灵性的解放，思想的解放。至于社会福音的应用，那便不是理论而是实际；不是好听的高调，而是刻苦的实验。我们没有现成的方案，我们没有具体的计划，然而我们却不能不有大胆的尝试，因为这是一切成功的起点。

在大家努力尝试的时候，我们愿意总括上面的讨论，提出以下几点意见，以供参考：

第一，我们所要的，不是枝节的改良，而是彻底的改造。在许多人的心中，关于这一点的意识，是极其模糊的。他们以为社会改造无非是以前所谓“社会服务”的一种新名词，因而把许多带着慈善的性质的事业，如救灾、济贫、识字、医药、拒毒等，当作社会改造的事业。我们并不否认这一类事业的价值，我们并且认为在任何社会制度之下，这一类事业都有它们的价值。但是只做了这一类事业，社会不会便被改造。一个社会制度，有它复杂的构成因素；没有用全体的眼光，看清因果的关系，而对症下药，即使我们费尽了心力，也是徒劳而无功。比如我们看见饥寒交迫的人便想到失业的群众，便想到市面的萧条，便想到全世界的经济恐慌，便想到帝国主义的经济侵略，便想到私有的社会制度——这便是全体的观念，这便是因果的认识；我们所有的工作都要向着症结所在的地方，予以致命的打击，那才算是改造社会的工作。

第二，我们改造社会的立场，是基督教的立场——说得妥当一点，是耶稣主义的立场。我们不是拿崇拜偶像的心理来崇拜耶稣；我们所以服膺他，是因为他对于社会改造的问题，有独到的见解，有特殊的贡献。他反对武力革命，注重心灵解放；他反对封建制度，宣传平民意识；他摒弃虚伪的仪文，实行人生的宗教；他反对狭隘的国家观念，提倡人类大同的思想；他不忽略物质的生活，但他却注重人类社会的精神目的；他不陷于空虚的玄想，消极的无为，却以即知即行的决心，促进天国的实现。这便是他的独到的见解。照着这样的见解去改造社会，便有它的特殊的贡献。耶稣所注重的是人的价值，人的意义，人的可能。否认这些东西的任何势力，他自然要反对，就是认可这些东西，而没有把它在社会一切的关系里实行的，他也不能赞成。这是耶稣主义和其他主义所以不同的一个最大的关键。但这还只是表面上的分别。耶稣主义和其他的主义最根本的不同，不在对人生的观念，而在对宇宙的解释。尼布尔（Reinhold Niebuhr）在他的《文明是否需要宗教》（*Does Civi-*

lization Need Religion?）里，有过以下一段话："宗教对于改造社会的贡献，就是它对于人格的尊敬和对于创造可尊敬的人格的助力的贡献。人不能创造一个社会，如果他们不是彼此相信的；人不能彼此相信，如果他们在人性已经显露的事实中，不能看见蕴而未发的可能；人不能有看见蕴而未发的可能的信仰，如果他们在解释人性的时候，没有体会到一个对人的价值不毁灭而成全的宇宙。"这真是一针见血之言。这便是社会福音的本质。

第三，有许多人以为宗教是宗教，政治是政治，二者不应当有连带的关系，所以每逢有人把宗教和政治混合起来，他们便会"谈虎色变"。我们认为这是一种错误的看法。我们既然主张社会改造，主张人生的宗教，我们便没有理由避免政治的活动，或任何与社会有关系的活动。这并不是说：我们要用教会的名义去组织政党，用基督教机关的名义去参预政治。我们所希望的无非是它们能用先知的热情，教育的方法，使在它们里面的个人，明白政治与宗教的关系，因而直接地间接地参加政治的活动。甘地曾说过："我对真理的追求，使我不得不投身于政治。我可以毫不迟疑的，并以最谦卑的精神来说，凡以为宗教与政治没有关系的，他们只是没有懂得宗教的意义。"这是一个信仰人生的宗教的人所应当抱的态度。

第四，改造社会，促进天国，这是何等伟大的事业。有的人以为这是一个亘古的问题，所以毋须急切地去应付；也有的人以为问题太过重大，非我们这些平庸的人所能解决，因而敷衍因循，无所动作。老实说，这都是不关痛痒、自暴自弃的遁词。我们固然不能在一举手之间把社会改造了；然而我们每一个人对于这一件伟大的工作，都可以有我们的贡献。我们要有切实的行动，以建设新社会为目标的行动。我们要有个人的行动、团体的行动、专门的行动、业余的行动，因为行动是产生事实唯一的条件。但是，什么行动？这一个问题，便要我们每一个人自己去答复了。我们说过：我们没有现成的方案，所以我们便要创造一个方案；我们也没有一个现成的组织，所以我们便要创造一个组织。这不是说，我们现在所做的事都没有价值，都要放弃。有许多的事，它的性质是中立的；我们可把它变成反动的工具，也可把它用作革命的利器。重要的地方，是内容而不是形式，是方向而不是办法。明白了这个道理，我们每一个人，便都有无数可做的事。

第五，我们在上面提到内容，提到方向，这便引起一个"认识"的问题。我们现在所最缺乏的与其说是行动，毋宁说是认识。我们不怕我们没有行动，只怕我们没有从正确的认识中产生出来的行动。超脱与远见是宗教的特长，而空想与主观却是宗教的危险。我们需要理想，但是不建筑在事实上的理想只是乌托邦的幻梦。中世纪寺院的宗教，把宗教的事与世俗的事分开，这便养成一种畸形的理智生活。中国人“自扫门前雪”的态度，更加深了这一个闭塞的毛病。我们不但要个别地认识：认识中国的情形，认识世界的状况，认识社会的病态，认识思想的潮流；我们还要把许多零碎的认识做成体系，作综合的观察，作全体的分析。我们自然要看书、看报，要运用自己的思想，参考别人的意见，因为求知是认识的基础。这一切，对于一个并非从事专门研究者，似乎是难人之所能；但是我们所希望的无非是个个人所应有的一点常识——我们认为只有一两年初中学力的都能够得到的常识。但是，我们现在的教育，不是能够供给我们这些常识的教育，所以我们便不得不自己去努力。

第六，我们不但要有正确的认识，我们还要有牺牲的准备。要使新的生长，便要让旧的死亡。社会生活的革命是一件新陈代谢的事；个人生活的革命，也是一件新陈代谢的事，而这二者是息息相关、相附而行的。我们有了认识，便要行动，而行动的结果，总是带着几分牺牲的。放弃旧的思想，接受新的思想，是一种牺牲；改正旧的习惯，养成新的习惯，是一种牺牲。为主义的原故，为理想的原故，敝屣名利，抛弃家室，身冒万险，危及生命，这又是一种牺牲。客西马尼的汗血，是最后的牺牲，“天天背着十字架”是日常的牺牲。牺牲固有大小，而所以牺牲的意义则一：“一粒麦子不落在地里死了，仍旧是一粒；若是死了，就结出许多子粒来。”

第七，我们里面有不少的人，虽然不是过着奢侈的生活，但也没有经历过许多的痛苦，特别是物质方面的痛苦，因而对于下层民众的需要，便只有模糊的想象，而没有深刻的认识。生活舒适的人，所要的是维持现状，只有生活困苦的人，感觉革命的需要。但是就是生活舒适的人，也能养成革命的意识，假如他对于劳苦大众的生活有过亲切的经验。历史上的革命领袖，有许多是这样产生出来的。因此，凡是在水平线以上生活着的人，假如他有志于改造社会，实现天国的话，便都有亲近民众，去认识他们的生活和需求的必要。革命的情绪，假如没有这种认识做它的基础——无论它是在高楼大厦的安乐椅里产生的，或是在二房东的亭子间里产生的——都只是瞬息一现的昙花，没有转移社会的力量。

四

这是动荡着的时代，演变中的世界。在现在，是痛楚中的呻吟；在未来，是血光中的斗争。受着压迫的人必要反抗，享着利益的人必被推倒，不平的都要把它填平：这是公道，这是真理，这是历史所昭示的事实。没有人能长久的违反真理；没有人能阻止时代的推进。现在，革命的局势已经展开了：光明的势力，已经开始向黑暗的势力进攻了。“天国是努力进入的，努力的人就可以得着。”在这当中没有一个中立的安全地带：不前进的，便只有往后退；不革命的就是反革命。“我来要把火丢在地上，倘若已经燃起来，不也是我所愿意的么?”“你们以为我来是叫地上太平么？我告诉你们：不是，乃是叫人纷争。”我们爱和平，但我们更爱公道；我们爱人，但我们也恨罪。我们要有热烈的忿怒，但也要有深挚的同情；我们要有峻厉的威严，但也要有宽宏的度量。这一切，我们在耶稣的社会福音都找到了。因此，宣扬这个福音，身体力行，使地上的天国，得以实现：这便是我们当前的任务。

社会福音与个人福音*

我们提倡社会福音，我们主张人生的宗教，同时我们不得不想到宗教生活的原动力所自来的个人福音。

什么是个人福音？我们可以引耶稣自己所说的几句话来说明它的意义：

法利赛人问上帝的国几时来到。耶稣回答说：上帝的国来到，不是眼所能见的；人也不能说：看哪，在这里；看哪，在那里，因为上帝的国就在你们心里。

你们必晓得真理，真理必叫你们得以自由。

凡劳苦担重担的人，可以到我这里来，我就使你们得安息。

我已将你的道赐给他们；世界又恨他们，因为他们不属世界，正如我不属世界一样。我不求你叫他们离开世界，只求你保守他们脱离那恶者。

在这寥寥的几句话里面，我们可以体会到一种清彻的觉悟，灵界的契合，内心的解放，潜藏的动力。它好比一朵含苞未放的鲜花，里面是芬芳与美丽，是未来的果实，是生命的萌芽。它又好比一股活泼的泉水，晶莹皎洁，生意盎然，源远流长，一泻千里。这是宗教的实质，这是个人的宗教；有了这一种内蕴的生命，则其表现于个人与社会的生活，将如花的开，如果的实，如泉流的奔荡，如形影的相随。没有它，则所谓社会福音，所谓人生宗教，都只是已竭的泉，已槁的木，即使有一时的声色，亦将不旋踵而消逝。

然而在这里我们的问题便发生了。个人的宗教，既然是宗教生活的泉源，我们是否只要提倡个人的福音，其他一切，便可以置诸不问？这

---

* 原载不明，1934 年 3 月。取自《社会福音》，青年协会书局，1934 年 9 月初版。

一种态度可以代表基督教里面一部分人的看法，然而我们反对这种态度，我们认为这是不健全的态度；我们之所以提倡社会福音，就是因为我们觉得这种态度应当改正。

主张个人福音而不管社会福音的人，以为有了心的转变，便会有人的转变，有了人的转变，便会有社会的转变；所以他们只注重了个人——个人的“心”，而忽略了整个社会的关系。这一种主张，未尝没有它的道理，但只是片面的道理。我们相信环境与个人是互相影响的：没有健全的个人，便不会有良好的环境，但没有良好的环境，也不会有健全的个人。同是一个天真烂漫的儿童，把他放在一个恶劣的环境里，他长大之后，便要作奸犯科；把他放在一个良好的环境里，他长大之后，便要变成一个有用的人。这是环境对人的影响。同是在一个恶劣的环境里，有的人便完全被它征服，但有的人却在它里面奋斗，要把它改造。这是人对环境的影响。如果我们不相信环境对人的影响，我们便不必改造社会；同样的，如果我们不相信人对环境的影响，社会改造，即使是应当的，也不可能。

这样说来，环境与个人，是不能分开的，因此，离开社会的关系去谈个人福音只是玄想，只是空中楼阁。并且我们，还可以进一步说：所谓个人简直就是社会所造成的个人，因为个人的思想、个人的知识、个人的习惯、个人的一切，都是从他和社会的交互影响所产生出来的。没有社会，也就没有我们现在所认识的个人。没有个人，也就没有所谓心。个人不能离开社会而发展，正如社会不能离开个人而存在。所以，改变个人的“心”，而不管它的环境，这无异缘木而求鱼。

然则所谓个人福音，究竟是什么一回事。个人福音既然不能和社会福音分开，我们便只好把它们连起来说。个人福音和社会福音应当是一个循环。在我们日常的生活里，它们好像活动与休息，饮食与消化，计划与执行。譬如拿灵修这一件事来讲：它一方面是培养个人灵性生活所必需的方法；同时它也是指示个人的社会生活方向的方法。离开社会生活去培养灵性是没有意义的。所以耶稣说：“你要尽心尽性尽意尽力爱主你的上帝，其次就是要爱人如己。”约翰说：“不爱他所看见的弟兄，就不能爱没有看见的上帝。爱上帝的也当爱弟兄。”爱上帝，似乎是个人的事，然而上帝是一个无所不在的灵：他在我们个人心灵幽独的地方；他也在大自然里，在一切人事的关系里。如果我们只在心灵幽独的地方去寻找上帝，而不在大自然里，不在社会生活里找他，我们对于上帝的认识，不但是片面的，而且是不健全的。同样地，爱弟兄，似乎是社会关系里面的事，然而所谓弟兄，从宗教的眼光看来，是上帝与人类一体的大家庭中的分子；并且每一个人都有他的神格，都可以表现上帝。所以，如果我们只在社会的关系里去爱弟兄，而不管那与他一体，可以在他里面表现的上帝，我们的爱也不能有它应有的最高深、最广博的意义。富士迪先生说："社会福音和个人福音好像赫贞江底下那个地洞的两头：从这一头进去的，必定从那一头出来；从那一头进去的，必定从这一头出来，但地洞只有一个。"这是一个很确切的比喻。

社会福音和个人福音既然是一个循环，我们应当怎样在这个循环里面生活，才能得到最大的收获？

我们先从社会方面说起，因为基督教向来的毛病，在于忽略社会，偏重个人。在社会方面，我们应先认清我们所处在的环境；我们对于社会的种种现象，应当作联系的观察；我们对于现社会所产生的痛苦，和它的所以然之故，尤其应当有亲切的认识和正确的见解。从这样的认识中，我们自然要发生一种不满于现状的感觉，和建设一个合理的社会的要求。这感觉和要求便要成为一种动力：它要使我们不安，使我们愤怒，使我们组织，使我们团结，使我们从安乐椅中，从象牙塔中，从牢狱的生活中，从压迫的空气中，投袂而起，直接地和间接地参加社会革命的事业。

这一种社会的意识和行动，在某一个阶段中——不管这个阶段是急速地或是慢慢地来到的——便会溶化到个人宗教生活里面去。也许这是因为在实际的思想和行动的进程中，发生了什么障碍——因为社会的问题是复杂的，社会的势力是保守的。于是我们便要求更深刻的认识，更清楚的远见，更热烈的情感，去应付我们目前的困难。这些我们在个人的修养中，在团体的崇拜中，都应当可以得到。也有时我们所计划的都得到相当的成功，因而要发出赞美的声音和欣悦的情感。这一种表示也是修养和崇拜中所应有的成分；它可以使我们看见更伟大的远象，使我们愿意担负更艰巨的事业。但无论如何，所谓个人宗教生活，所谓个人福音，实在好像一个洪炉：它用我们生活经验中的素材，把我们锻炼，使我们纯洁，使我们在苍茫的人海中，在冷酷的宇宙中，发见潜藏的价值，发见理想的景界，去指示我们的途程，增加我们的勇气。

为什么今日许多宣传宗教的工作不是如疯如狂，便是沉沉欲睡？离开人生的宗教玄想，当然是它的主要原因。唯其如此，所以宗教便成为逃避现实的麻醉药；即使举国都是信徒，人人都得了“重生”，所谓地上的天国，还只是一个空虚的幻梦。

但这并不是说：社会福音，便是宗教的一切。宣传社会福音的人未必便有改造社会的力量。我们只要看看 20 世纪后煊赫一时的社会福音对于现实的无可如何，穷于应付，便知道宗教生活，还应当有它的个人信仰的基础。忽略了这个基础便是社会福音的致命打击。

末了，我们重复回到耶稣的面前。他没有提倡什么社会福音，他更没有提倡什么个人福音；他的宗教，他的人格，他的思想，他的生活，都像无缝的天衣，融成一片。他静默地祷告，他也热烈地救人；他寻找孤独迷失的羔羊，他也爱护困苦颠连的群众。因为他超越一切，完成一切，所以他能够说：

我就是道路、真理、生命。

看见我的就是看见上帝。

基督教与共产主义*

一

基督教与共产主义，在现在，彼此似乎是站在一个对立的地位。共产主义说宗教——特别是基督教——是人民的麻醉药，是资产阶级的拥护者，所以它要打倒一切的宗教。基督教在大体上也是反对共产主义的，然而反对者所持的理由却不大一致。有的人赞成共产主义的目的，但反对共产主义所用的手段；有的人赞成它的目的，也不反对它的手段，但却反对它的哲学基础；也有的人反对共产主义唯一的理由就是因为它要打破现状——打破他们的优越地位所从来的现状。但无论他们所持的理由是什么，他们之不能接受共产主义，却是一致的。

基督教与共产主义，在彼此互相批评的时候，都容易因情感的作用而陷于偏见。有的时候它们只看部分而不看全体；有的时候它们只见变态而不见常态；还有的时候它们没有把主义的本身和它在历史上的演变分别出来。我们以为这都不能使我们对于这两种与人类历史极有关系的主义得到正确的观念和公道的评价。

我们承认基督教与共产主义彼此有根本不同的地方，然而我们不相信因为有了这些不同，它们便是对立的。我们以为二者各有它的特长，可以互相补益，不必根据狭隘的观点，各存门户之见。因为这个缘故，所以我们对于这两种主义比较重要的几点，应当尽力避免主观的成见，作一个简明的比较的研究。

---

* 原载不明，1934 年 4 月。取自《社会福音》，青年协会书局，1934 年 9 月初版。

二

我们先从基督教和共产主义双方在社会生活上的目的说起。

基督教的目的是“天国”的降临；共产主义的目的是一个没有阶级的自由平等合作的社会。就目前的阶段而论，二者的目标是一致的，那就是要打破现状，要建设一个理想的社会；但对于那个理想社会的内容，二者却都只有一个大体上的轮廓，而没有一个具体的规划。共产党许多关于革命的策略和革命后的建设——如今苏联的建设——都是逐渐演变出来的。基督教的“天国”观念也是受着同样的限制的。

不但二者的目的是相同的，并且它们在无形中都有一种推动的力量。它们都不满意于现状，认为现状是应当改变的。他们对于未来的社会，不但希望其将来，且确信其必来。不过基督教对新社会的企求，是基于对上帝的信仰，以为这是上帝必然的旨意，而共产主义的努力则基于社会的需求和自然的法则。

凡是一种主义，必先有它的一种“确信”（conviction)；“确信”是理论的基础，也是主义的动力，理论可以有错误，可以改变，甚至可以取消，但“确信”却是比较恒久的东西。因此，推倒一种主义若干理论，未必就是推倒那种主义，除非我们把它的“确信”也推倒了。在讨论基督教与共产主义的时候，这一点是很值得我们注意的。

三

我们现在可以进而讨论基督教和共产主义的哲学基础。

基督教和共产主义基本不同之点，就是一个是唯物的，一个是唯心的。

简单地说来，所谓唯物，就是认宇宙“最后的实在”是物，而其他一切，不过是物的表现；所谓唯心，就是认宇宙“最后的实在”是心或与心相似的东西，而其他一切，只是心的表现。在大体上这是黑格尔和马克思不同的地方，同时也是基督教和共产主义不同的地方。

共产主义虽没有把物质条件看作影响社会生活的唯一条件，然而共产主义对于一切空泛的，情感作用的神秘主义，都要加以猛烈的攻击。基督教向来不否认物质对人类的影响，然而它却不承认人的精神生活完全被物质条件所控制。基督教偏重于精神的优越性，而共产主义则以为物质条件决定一切，即使它不否认有所谓精种生活，它也认为所谓精神是建筑在物质条件之上的。

如果我们是个唯心论者，在我们的世界里面，便可以有一个独立存在的精神界，用物质来作表现它自己的工具。相信唯心论的可以相信一个有意志、有目的，全知而仁爱的上帝，并且可以相信人神的一体。这便是有神论。如果我们是个唯物论者，我们的世界是一个机械的世界，在里面没有什么意志、目的、自由和其他带人格性的东西。它所有的是盲目的定律和因果的关系；人对于它，只有服从，不能反抗。这便是人本主义。

最近的天文学和物理学在这个问题上，却给了我们一个新观点。根据旧的唯物论，凡是真实（real）的东西，都是具体（concrete）的，所以它认为这个世界是一个具体的世界，里面一切东西都像桌子一般，像象牙的弹球一般的具体。宇宙既然是具体的，那么所谓精神现象就没有存在的余地，就是存在，也没有独立的客观性，因为所谓精神现象既不是具体的，所以就不是真实的。然而这些理论现在都站立不住了。到了最后的分析，物质的世界是一个电子的世界，而电子所表示的现象却不是“具体”的，所以它的本身，与其说是一件“物”，毋宁说是一件“事”。以前像象牙弹球一般的物质世界是没有了，照着纯粹物理学的观念，我们的世界只是一个象征的世界，像影子一般的世界，里面只有各种抽象的公式，而没有什么有声有色的现象。虽然这个观念并不直接证明精神界客观的存在，但它也不像旧的唯物论否认精神界存在的可能。

然而旧的唯物论的打倒，并不就是唯物论的消灭。现在的唯物论只是说：世界一切的“物”——不管在最后的分析，它应当作何解释——都是照着自然律而存在而演变的。即使有所谓精神现象，它也逃不出自然律的范围之外。所谓自然律是指着可以用数学的方程表示出来的那些公例。但这种论据，从现在的科举观点看来，也不能成立，因为自然律只适用于象征，不适用于象征以外的精神世界，而现在的科学不但不能证明精神世界的不存在，并且为精神世界存在的可能添了一些有力的论据。还有，现在最前进的物理学家已经渐渐的从有定论（determinism）转到无定论（indeterminism），因而科学界的所谓“定”律，在现在看来，也无非是统计上的平均数（statistical averages），而不是确切不移的真理。这一切的发见，都给宗教思想开辟出一条新路，而反对宗教的人也不得不得寻找新的论据。

其次，我们要讨论与共产主义互为表里的辩证法对基督教的关系。

辩证法的唯物论自然是共产主义最重要的哲学基础。辩证法的任务是要发见自然界和人类社会变动发展的原理。这与达尔文在生物学上所主张的进化论是同在一条路线之上的。基督教对于纯粹的唯物论自然不能接受，但它对于辩证法却并不反对。诚然，传统的基督教直到现在还没有接受达尔文的进化论，所以它对辩证法也当然要发生问题，但在较进步的基督教，进化论和辩证法都不会和它的教义发生什么冲突。

根据辩证法的唯物论，共产主义便说它自己是“科学”的社会主义，以别于其他的“乌托邦”主义。因此，共产主义认为它所主张的社会革命具有科学性与必然性，同时它以为基督教的社会理想都是乌托邦式的，因为它只有想象而无事实的基础，只有希望而无实现的方法。共产主义对基督教这样的批评大体上是正确的，因为凡以唯心论为基础的一种主义都容易有这种倾向。例如约翰的《启示录》，奥古斯丁的《上帝之城》，都可以说是一种乌托邦的幻想。还有，历来的基督教都注重心的改变，而忽略物的改变，因此基督教直至现在还是一种实质上主张维持现状的保守势力。然而这一种趋向，并不属于基督教的本质。基督教固然注重精神生活，但基督教并非出世的宗教。因为它要“战胜世界”，所以它对于一切足以妨碍精神生活的势力，都不能容许。耶稣说：“安息日是为人而设的，不是人为安息日而设的。”这一句话很可以代表基督教对制度反抗的精神。至于实现社会理想的方略，无疑地共产主义是远远地跑在前面，但这未必不因为基督教的理想过于高深远大，不容易在短时期内实现的缘故。基督教的社会思想以往有乌托邦的倾向，然而这并不是它的本质，正如马克思的“科学”的社会主义是从乌托邦的思想脱胎出来的一样。

还有辩证法认为真理是相对的，而基督教则素持绝对之说。辩证法并不否认真理的绝对性，但因为它的世界是一个变动不定的世界，所以它认为应付这个世界的办法也应当是变动不定的。基督教也不否认真理的相对性，然而它的相对也是建筑在绝对之上的。例如基督教说：“你们总当彼此相爱。”爱的方法可以因境遇而变，但爱的原则却是绝对的。但服膺辩证法的共产主义却不是这样：它在大体上并不否认我们应当彼此相爱，但客观的事实，有时使我们不得不在某一时候，恨某一些人。

根据以上哲学基础的讨论，我们便可以看一看基督教和共产主义对于现在的社会制度的看法。

基督教和共产主义都是否定现代的资本主义和它所自来的个人主义的。但共产主义是以经济的条件和科学为立场，而基督教则以宗教和人道主义为立场。共产主义之否定资本主义是根据资本主义自身的矛盾和它的崩溃的必然性——虽然它所提出的革命的口号是资本主义对劳苦大众的剥削。基督教之否定资本主义却是纯粹因为它是不公道的，是摧残人的价值的。

从历史上说，基督教的抗罗宗（Protestant，即新教，根据刘廷芳君译词）因为加尔文和清教徒的影响，曾经不知不觉地与现代的资本主义结了不解之缘；所以到了现在，在好些地方，什么是资本主义，什么是基督教，实在不容易分别出来。但原来的基督教，却不是这样的。我们只要一读福音书，便可以知道耶稣所提倡的是一种解放劳苦民众的社会福音。

最后，我们要问一问，宗教在改造社会的工作上，究竟有没有地位？这个问题是很不容易解决的，因为我们对于宗教的看法太不一致。

从共产主义的眼光看来，宗教是人民的麻醉药，所以不但不能改造社会，并且是革命的敌人。但基督教的看法是完全两样的。它的基本信仰是上帝为父，人类是弟兄；因为在它的眼光中，人是有绝对的价值的，所以在制度与多数的人发生冲突的时候，应当迁就的是制度而不是人。基督教是脱胎于犹太教的。犹太教的先知所看重的不是宗教的仪文，而是社会的正义：他们常常因为主持公道，拥护民众的利益，不惜杀身以殉。他们甚至以为离开社会正义便没有宗教。耶稣继承了犹太教先知这种精神，发挥而光大之，所以他的宗教完全是一种伦理的宗教。在基督教的历史，特别在中古时代，教会曾有出世的趋向。就是初期的基督徒，因为相信耶稣不久会再来——直到现在，还有不少的人这样相信——所以他们的生活，如他们当时的共产社会，都受了一种"暂时的伦理"（interim ethics）的观念的影响。又因为基督教相信永生，相信精神界的优越，所以也容易把现世天国的观念（Kingdom of God on Earth）变成来世天国的观念，因而有希冀来生、逃避现实的危险。然而这些都是基督教的变态，而不是它的常态。每一种信仰，每一种主义，都有它可以被误解、被腐化的地方，基督教是这样，共产主义也是这样，然而我们并不能因为这样，便否认它们本身的价值。

共产主义之所以反对宗教是因为它所看见的是麻醉民众的宗教，而不是解放民众的宗教；是宗教的变态而不是宗教的常态。我们不否认麻醉民众的宗教和变态的宗教的存在；这些，我们站在宗教的立场上，是同样要攻击，要打倒的。但我们相信，宗教不止于此，宗教对社会改造，有它特殊的贡献。

我们并且要进一步说：我们并不因为共产主义的攻击宗教而认它的本身是反宗教的。马克思是一个犹太人。他的精神正是犹太古先知的精神，虽然他的方法不是犹太古先知的方法。我们观察宗教，要看它的实质，而不必看它的虚名。所以，自命为宗教的，未必便是宗教；自外于宗教的，未必不是宗教。我们对于基督教和共产主义，都可以取这一种宽大的看法。

四

其次，我们要讨论基督教和共产主义对于改造社会的方法问题。

基督教和共产主义可以说都是主张阶级斗争的。共产主义主张阶级斗争是我们所知道的，但基督教对于这个问题，似乎没有提到。我们在基督教的经典里面，找不到“阶级斗争”这几个字。但基督教的教义，在许多地方却包含着阶级斗争的意义。耶稣说，贫穷的人和饥饿的人是有福的，因为他们将要饱足；富足的人和饱足的人是有祸的，因为他们将要饥饿。他又说：“我来，不是叫地上太平，乃是叫人纷争。”这些话，和耶稣对当时恶制度的攻击，都是明显地指示阶级斗争的方向。如果我们恨罪恶，我们便不得不站在被害者的方面，向作恶者进攻。这便是阶级斗争。

然而基督教所主张的阶级斗争——假如我们不反对拿这个名词来这样用——却与共产主义所主张的阶级斗争是截然不同的。基督教对作恶者的态度是爱，而共产主义是恨。从共产主义的哲学立场来说，它所用的手段，本无所谓爱与恨：它只是服从一种自然的法则，去完成它的社会的使命。既是这样，爱固然好，恨也不辞。然而基督教都是一贯地坚持着爱的态度。它主张“爱仇敌”，“有人打你的右脸，连左脸也转过来由他打”，“有人强逼你走一里路，你就同他走二里”。这些话不但与恨的态度是相反的，并且连阶级斗争的意义也似乎取消净尽，因为对敌人这样谦让的时候，简直就无所谓斗争。然而这正足以表明基督教对于阶级斗争的态度。第一，它要消灭罪恶，消灭不平等的制度；第二，它对于作恶的人和构成不平等的制度的分子，却不主张把他们消灭，而是要去改变他们。它要向罪恶进攻，但却“不要与恶人作对”。关于这一点，我们在《唯爱主义与社会改造》里已有详细的讨论，不必在这里多说。

照着上面所说的，基督教对于阶级斗争，应当是不主张用武力的。然而基督教对于用武力的那个问题却很不一致。历史上个人和国家用基督教的名义去用武力的是一件极平常的事。欧洲大战里的国家双方也都是崇奉基督教的。在基督教各宗派中只有一个人数很少的桂格派（Quakers—Society of Friends）是不主张用武力的。在欧战后所产生的唯爱社里面，近来也有人主张在阶级斗争里用武力。我们对于用武力的是非那个问题姑且撇开不论，但我们若以耶稣自己的主张作标准，我们便可以说：基督教是不主张用武力的；它可以用非武力的强制（coercion）去使对方就范，但不能用武力把对方消灭。

既是这样，我们能不能还说基督教是革命的呢？共产主义的革命性我们是不能否认的，但我们以为基督教同样是革命的。耶稣固然也注重循序渐进的生长，但他不是一个演进主义者。他说：“我来是把火丢在地上。”他处处都向着传统的道德和宗教挑战，所以他说：“人子是安息日的主。”近代基督教所持的过于乐观的演进观念，都与耶稣原来的主张相左。但是基督教既然是不主张用武力的，所以他的方法总是似乎迟缓鲜效，因而似乎是不革命的。并且因为现在流行着的基督教在许多地方与现社会制度打成一片，所以基督教本身的革命性，愈发隐晦起来。

五

我们已经把基督教和共产主义在理论上比较了一下。我们现在再拿基督教和共产主义的创始者耶稣和马克思的个人来作一个简单的比较。

我们试一读《共产党宣言》，又一读《登山宝训》，便可以看见马克思和耶稣的人格活跃于纸上。他们相同之点和不同之点也就可以在里面看见。马克思和耶稣都有火一般的热情，以先知的远见，主张社会正义，要为全人类创立一个新天新地。他们都有一种卓绝的爱与同情，所以看见了不平的现象，便不能容忍。他们都忠于他们的主义，为他们的主义而牺牲。但除此以外，他们便有许多不同的地方。耶稣无论什么时候都爱人，甚至爱仇敌；马克思也爱人，但在必要的时候，他可以把他消灭。耶稣不肯让一个人，无论他是好的是坏的，被摧残，被践踏，即使是为社会的福利的缘故；而马克思则以为只要与全体有利，任何个人都可以牺牲。在耶稣目的与手段是要一致的；衡量目的的标准，也要拿来衡量手段。但在马克思，只要目的是对的，可以达到目的的手段便是正当的手段。耶稣所追求的是在各方面都丰满的生活；他不忽略人的物质的需要，他也不否认物质对人的生活的影响，但他同时也说："人活着不单靠饼。"马克思也未尝不追求在各方面都丰满的生活，但他在眼前所看重的是社会的经济关系，因为他认为经济关系是一切的基础。

马克思的学说，在比较短的时间，便有人拿去实验，终于建立了一个社会主义的国家——苏联，而耶稣的宗教却是在两千年以后还没有被他的信众，所完全了解。但这是不足为奇的，因为耶稣的教训实在是太高超、太广阔、太深沉。马克思所要实现的是一个具体的阶段——革命的阶段，大众可以计日而致的阶段；但耶稣所立的目标却是"仰之弥高，钻之弥坚，瞻之在前，忽焉在后"。然而他们虽然有这些不同的地方，他们的目的却是一致的；他们所领导着的运动，不必相毁，而可以相成。

答知我先生论唯爱主义*

在本刊第 15 期上，有知我先生的《论唯爱主义》一文，对拙作《唯爱主义与社会改造》有所非难。知我先生这一种反应，是作者所能想得到的。作者在《唯爱主义与社会改造》那一篇文章里面，不是说它必定不会合一般人的胃口么？一种比较新鲜的学说，当然不容易被人了解，所以像知我先生那样的人，便会把他所赞成的部分认为“迎合心理”，不赞成的部分认为“标奇立异”、“天花乱坠”，这原是无足怪的。

知我先生在他的信里，用了一些近乎漫骂的话，如“扭扭捏捏”、“羞羞涩涩”等，这些我们都不去管它。我们只把他关于理论方面的话，简单地答复一下。

知我先生说唯爱是“小不忍”，是顾全“单人的存在”，是“姑息一块腐烂的肉”，这都是根本没有了解唯爱的意义。唯爱主义是要兼顾社会与个人的，因为它相信社会可以影响个人，个人亦可以影响社会。它所以反对武力革命，不但因为武力是抹杀“单人”的价值，并且因为这样子去对付“单人”，便会引起一种不良的“社会的”影响，妨碍整个社会前进的动力，有时还是得不偿失的。作者在那篇文里屡次的说，唯爱是要向罪恶进攻的，并且它对于社会制度是不主张改良，而是主张改造、主张革命。自然有人可以反对，说：只有武力革命是革命，非武力革命算不得革命，那我们就不必置辩，因为那只是一个名词的解说的问题。作者的所谓革命，就是指一个被压迫的阶级，用有效的方法，把压迫的阶级、压迫的制度推倒之谓。假如我们承认这一点，那么，至少在目的方面，我们不能不承认唯爱是革命。至于什么是有效的手段那个问

---

* 原载《年华》第 3 卷第 17 期，1934 年 4 月 28 日。亦载《唯爱》第 14 期，1934 年 5 月 15 日。

题，我们就只好各是其是，各行其道，因为现在还没有人能用充分的事实来证明武力革命是唯一有效的路、是利多于害的路的，或非武力革命是绝对走不通的路；就是有这样的理论，也无非是武断，是主观。还有，所谓“一块腐烂的肉”，我们以为拿它来比社会制度则可，拿它来比人则不可；所以推翻一个“腐烂”的社会制度是应当的，但消灭一个“腐烂”的社会制度所产生的人是不应当而且是非必须的，因为人不会腐烂，即使腐烂了了，也可以更新，只要我们能改变他的环境，改变他的心境。如果这是“小不忍”，那么，一个医生，因为认为一个病人的病，不必用手术便可以治好，所以用药去医治他，也是“小不忍”了！

知我先生又说：“流人之血，不是唯爱，自己不愿担负这个名分，而甘愿使人杀己……使人作杀人者”。照这样说来，唯爱主义简直是伪善与自私了！对于这一点，我们无辩论的必要，但我们想：在现在举世滔滔、争名争利、不肯拔一毛以利天下的时候，如真有为社会福利而流自己的血的人，即使他是“伪”的，似乎亦未可厚非。我们所怕的，就是大家太聪明，就是要作“伪”的话，也不肯往这样愚拙的路上走！

知我先生说我把本来对立的基督教的唯心，和社会主义的唯物，“硬拉拢起来”，以致“心中充满了矛盾”，这样的话，又是犯了笼统与武断的毛病。作者曾作一篇专文，把基督教和共产主义拿来详细地比较一下，但我们在这里只能简单地说一说。基督教是不是唯心的，社会主义是不是唯物的？唯心和唯物应当作什么解释？唯心和唯物对于社会改造问题，有什么关系？这些问题，我们都不能在这里讨论。我们只好像知我先生一样武断地说以下的几句话：基督教——原来的基督教——和社会主义是没有冲突的；基督教的社会理想，是地上的天国；地上的天国，就是社会主义的社会。唯心与唯物，是否是绝对的，我们不去管它；但我们可以没有迟疑地说：我们所认识的基督教是一个革命的社会福音，因此，我们并没有像知我先生想象的那些矛盾。我们还有一种感想，就是“名词”和“公式”，这一类东西的害人。名词和公式本来都是经验和学理的结晶品，无如它们一到了不求甚解、人云亦云者的手里，就要像小孩拿着一把刀去玩耍一样，不但伤人，也要伤自己。我们怕人不用思想，我们更怕人没有独立的思想！

末了，知我先生责备空有理论而不能实行的人；这一点忠告，唯爱主义者愿意诚恳地接受而益加自勉。人生是多么大的一个矛盾！理想愈高，实行愈难，而矛盾愈甚。然而我们终不敢放弃我们的理想。我们只知道谦卑地、忠实地向着目标前进，至于成败得失，我们只好等着事实的诏示，因为只有冒险与创造，能使我们成为社会里健全的分子。

唯爱与武力
——答谢扶雅先生*

谢扶雅先生在本刊3卷20期发表了《唯爱与武力果不相容吗》一文，特别提出“唯爱与武力”那个问题来讨论，兹谨将个人对这个问题的意见写出来，以供谢先生及读者参考。

谢先生那篇文章的大意说：“爱”是“经”，有时不得已不能不用武力是“权”，所以他以为唯爱与武力并不是不相容的。我大体上可以赞成先生的意见，但觉得谢先生的话在有些地方还应当修正。我所以赞成谢先生的意见，是因为我认为唯爱与武力并不是绝对不兼容的，因为唯爱所注重的是爱的动机、爱的精神；因爱而用武力——如母亲用力拉住小孩，使他不掉到井里去，或主人将病入膏肓的爱犬打死，这都不悖于唯爱的精神。这一点，我在《唯爱主义与社会改造》里说得很清楚。同时我又指出来：“拿起枪来打死一个敌人，也许是因为爱国家、爱社会的原故，但对于那个敌人却不能说是爱他。因爱国家、爱社会而恨敌人，在唯爱主义看来，也是错误的。”这就是说，即使用武力的动机是爱，但如果对于用武力的那个对象的态度还是恨，这也是反乎唯爱精神的。这一点，似乎是我和谢先生意见不同的地方。我以为“爱”不能说是有“经”有“权”——这是说不通的，因为爱就是爱，非爱就是非爱。照谢先生的主张，他应当说：有时可以爱，有时可以不爱。这倒直截痛快，不必牵强的说：“权”的武力，只从手出，不从心出，故于“经”无伤。我以为因爱而用武力，武力也是属于谢先生的所谓“经”的。

虽然我们以为有时可以用武力，而仍不悖于唯爱精神，但大体上我们仍然是反对武力的，其理由如下：第一，因为我们不承认所谓坏人是不可救药的，而武力，特别是杀人的武力——是抹煞了他的上进的可能的。

---

* 原载《唯爱》第14期，1934年5月15日。亦载《华年》第3卷第21期，1934年5月26日。

第二，因为用武力的时候很难避免恨，而恨与爱是相反的——虽然纯粹因爱而用武力，如上文所举的例，我们并不反对。

第三，因为武力不能达到我们原来所企望的目的，并将引起不良的社会影响。

这些话我在《唯爱主义与社会改造》一文里已经说过。我们认为对付坏人的正当办法是改善他的心境和改变他的环境，而不是用武力。所以拿兽兵强奸幼女一事来说，发出义愤是应当的，但从唯爱的立场来说，义愤的表示应当限于言语的斥责，即使用武力，也应当以阻止他的暴行为限。超过了这个限度，便不是唯爱。自然，人的心境和环境，常常不是马上可以改变的，所以唯爱的代价必然是牺牲——被害者的牺牲和自己（第三者）的牺牲；但这样的牺牲一定比武力的牺牲小得多，并且它的作用是防止未来因崇信武力而必不能避免的更大牺牲。

谢先生还举了几个历史上的例。一个是宋襄公。这大约是指宋楚战争的那一段事。宋襄公并不是一个非战者，他所主张的，只是“不重伤，不禽二毛”一类的道德。这当然是一种不彻底的主张，所以批评他的人说：“若爱重伤，则如勿伤；爱其二毛，则如服焉。”换句话说，如果不欲伤杀敌人，那就不必要战争了。然而宋襄公的态度未尝没有可取的地方，因为那就是体育场上的“sportsmanship”，梁山泊式的“道义”，中世纪骑士的任侠——这些都有唯爱的成分在里面。

谢先生举的第二个例，是大战时比利时之抗德和我国的淞沪抗日等。这是几件很悲壮的事。我们对于这些抗争，决不能否认它们的价值，因为一个民族假如还不能用唯爱的方法去抗敌，那么武力的方法，在可能的时候就是最上的方法。但我们还是相信甘地的这一段话：“如果我们所能选择的不是懦弱，就是武力，那么我们应当选择武力，我宁愿冒险用武力一千次，不愿使我的民族失却丈夫之气。但我相信，非武力比武力高超至于无限；饶恕比惩罚更为豪侠。”关于这一个问题，我们在《唯爱》双月刊曾数加讨论，恕不在此多谈。

谢先生所举的最后一个例，是诸葛亮挥泪斩马谡的那一段事。我认为这是一个比较纯粹的唯爱的表示，而绝不是“猫哭老鼠”一类的把戏。然而这是多么罕有的事！历史上没有几个诸葛亮，然而假公义之名，行残杀之实的，则比比皆是。并且，大规模的武力，即使以爱为出发点，也是得不偿失的。谢先生说得对：“彻底的唯爱，固难；而用武力的爱，则尤难之又难。”因此，我们虽然承认唯爱与武力并非绝对不相容的，我们还是不得不反对武力。

唯爱与真理
——答一飞先生*

一飞先生在他的不能自圆其说的《唯爱主义》一文里，把我的《唯爱主义与社会改造》加以猛烈的攻击，并且在结束的时候说："可惜吴先生不肯毅然决然的接受真理，全部的接受真理。"这是一句多么具有自信的话！

凡读一飞先生这一篇文章的人，大约都可以晓得一飞先生是一个青年——血气方刚的青年。一飞先生认为他已经得到了全部的真理，所以他能目空一切，以嬉笑怒骂的态度，抹煞他的那"一套"以外的一切东西。我们很佩服他的大胆，然而我们并不觉得希奇，因为谁不以为他所认识的是全部的真理！

对于一飞先生的批评，我们似乎，没有答复的必要：第一，因为我们所要说的话在《唯爱主义与社会改造》里已经说得比较的详尽，读者可取而复按；第二，因为我们的主张是建立在一种根本不同的哲学基础之上的，辩论只是徒费唇舌。然而我们还是不嫌辞费，在这里答复一飞先生一下。

当然，在我们看来，一飞先生是根本没有懂得唯爱主义。假如他是懂得的，他的批评，恐怕要取另一个方式，而且他也不会取这样漫骂轻佻的态度。

第一——说到个人的价值，一飞先生竟把我们认为是纯粹的个人主义者，这不能不说是一件奇事。唯爱的目的是解放民众、改造社会，这个目的正站在个人主义的反面。一飞先生可以反对我们的方法，但却不能否认我们的目的。我们始终承认，离开社会就没有个人，所以唯爱主

* 原载《唯爱》第14期，1934年5月15日。亦载《华年》第3卷第26期，1934年6月30日。

义便是我们的所谓“社会福音”。但我们为什么又说要注重个人的价值呢？那就是因为我们以为不但社会可以影响个人，个人也可以影响社会，因为所谓人，就是社会里面的个人，而不是独立的个人。因此，注重个人，亦正所以注重社会。

但一飞先生说：我们的所谓个人，是指着少数的压迫阶级而言，因此，他以为我们的所谓尊重个人价值，实等于纵容少数、牺牲多数，这是我们所不能承认的。我们的所谓个人是指一切的个人，不过，在讨论武力革命的时候，这当然是指革命对象的压迫阶级而言。我们是要姑息他们么？要纵容他们么？假如是这样，我们为什么还要谈革命，谈改造？我们对于一个“反社会”的人，抱着两种见解：第一，现在的他，不是他所自愿的，是社会环境所造成的，所以我们不能把反社会的罪过，全部放在他的身上；第二，现在反社会的他，可以变成一个不反社会的他——只要我们改变他的心境，改变他的环境。我们怎样改变他的心境，改变他的环境呢？那就是我们的所谓非武力革命了。意识的宣传，舆论的监督，个人的启导，这是改变心境的办法；以有组织的民众，以广大的抗税罢工等不合作的方法去对付压迫阶级，以冒险创造、一往无前的精神去实现新社会的组织，这是改变环境的办法。改变环境，改变态度，这当然是一件斗争的事、流血的事。然而流谁的血呢？这是我们同一飞先生见解不同的一个焦点。

一飞先生说：我们不必问流谁的血，“需要流我们的血时，我们不必偷生，需要流别人的血时，我们也不必客气。”但我们却说：我们不要流别人的血，却准备流自己的血。这是什么原故？我们所看重的不但是流血的本身，并且是流血的社会影响。为社会福利的原故而自动的流血，这当然是没有问题的。但我们为什么反对被动的流血呢？第一，因为使反社会的人被动的流血就等于把社会应当负的责任，全部放在他的身上；第二，因为这样的做，是抹煞了他的改变的可能；第三，流别人的血——除了极少数的例外——永远是反乎人性的一件事。我们身体上长了毒疮，可以割去；割了毒疮使全身可以健全。但是一个反社会的人，决不能被看作社会里的一个毒疮，因为他可以改变——变成一个健全的分子。一个可以改变的人，把他生吞活剥地消灭了，似乎是大快人心，似乎是为社会除害，似乎是加速了社会前进的力量，但我们坚决地相信，这一件反乎人性的事，在一般人的心理上，要留下一个恶劣的影响，这就是崇信武力、以暴易暴的影响。至于那些与被消灭者同等的人，自然是兔死狐悲，有力的则加强他们的反抗，无力的则表示屈服，敢怒而不敢言。若拿整个的社会、整段的历史来论，武力革命，究竟是加速了社会前进的力量，还是阻碍了社会前进的力量，实在是一个很大的疑问。一飞先生没有懂得这些道理，便硬说我们是替统治阶级说话，说我们麻醉民众的意识。刀笔吏深文周纳，古人入罪，还要罗织一些证据。一飞先生的态度，似乎连刀笔吏都不如！

一飞先生明了他的所谓“逻辑”，说我们把一个统治者的价值认为大于千百万被压迫大众的价值，这真是一飞先生的所谓“创见”。我们已经说过：尊重个人的价值，正所以尊重的全社会价值。我们所谓的尊重个人，并不是纵容他使他作恶之谓。我们明明的说是要对反社会的人反抗，要制裁他——若不是这样，就无所谓革命。但我们所用的方法是非武力的方法。如果一飞先生说：“你的非武力方法是没有效力的，所以结果与纵容罪恶无异”，这在“逻辑”上还可以说得通，但这个问题，我们要留在后面讨论。

说到人的可能性，一飞先生说他也相当的承认，但他说：“假如社会的物的环境没有改变，个人是不容易改变的，甚至根本不能改变。”我们始终没有否认物的环境对人的影响，不然，我们何必主张社会制度的改造，但我们却同时相信人对物的环境的影响，因为社会制度，不会自己改变，要人去改变它。换句话说：物的环境，在某一个阶段，产生了要革命的人，而这要革命人，便去改造他所处在的物的环境。人不能离开物的环境而生存，而有思想，而有文化；同时人可以以他的生存作孤注，向他的环境挑战，创造新的思想、新的文化。为一般的人而说，物的环境没有改变，个人不容易改变，但我们却不能把少数先知先觉者——像一飞先生一类的人——除外，因为他们在环境没有改变以前，便已经有了改变环境的思想。假如我们不是这样说，我们便要陷于机械的唯物论的错误。

再说手段与目的是否应当一致。一飞先生说：“手段之于目的并不引起道德性的争执，只要目的是对的，正确与否云云，大多数是主观的。”这可真奇怪了。我们可以采一个很普通的例——强奸。强奸，无论从新道德或旧道德的观点看来，都是错的；这一点一飞先生大概不致否认。发泄性欲，从目的来说，并没有什么不对，而强奸也是达到目的有效的手段。然而我们为什么说强奸是错的？这可见目的与手段决不能混为一谈。为一飞先生的“逻辑”设想，他似乎应当这样的说：“我们承认手段与目的应当一致，但是怎样才能一致，那就要因观点的不同而各是其是，因为即使目的是相同的，你可以说你的手段是正确的，我可以说我的手段是正确的，至于谁的是‘主观’，谁的是真理，那就只好等事实来诏示。”假如一飞先生是这样说的，我们倒可以完全同意。

为什么我们说用武力革命的手段是错误的？并不如一飞先生所想的：因为我们否认武力革命的爱的动机。我们承认革命的动机是爱，但以为革命者对他的革命对象——统治阶级——的态度却不是爱。也许他对他可以极力免除消极的恨，但他决不能说是对他们有积极的爱。我们决不承认这对少数人的办法是不得已的，因为我们相信，还有别的更好的办法；我们也不相信这是一件没有多大关系的事，因为我们在前面已经说过它要引起社会上许多不良的影响，并且从整段的历史看来，它还要延误了社会前进的速度。

一飞先生不佩服我们的说法，所以提出一个苏联来，作他的有力的反证。现在让我们来讨论一下苏联的问题。不知一飞先生又用什么新花样的“逻辑”，说我们把社会主义苏维埃联邦认作一个阴森森的地狱。在某种限度之内，我们是讴歌苏联的人，一飞先生用不着引证什么话来折服我们。如果要我们挑选一个资本主义式的国家和一个苏联式的国家，没有问题的，我们是挑选苏联式的国家。我们决不否认苏联的试验的价值，我们并且极力的主张我们走苏联所走的社会主义的路。但我们却是不主张用武力去实现社会主义，理由我们已在上面说过。然而我们绝不承认我们的主张是温和的改良主义，因为我们是一样的主张斗争，主张流血，主张彻底的改造。

苏联的革命，从事实上看来，是一个流血很少的革命，但那只是适逢其会。一个烂熟到要崩溃的社会，在欧战混乱的时期中，当然不需要很大的流血。但是革命以后的苏联，无论是对内是对外，究竟还是拿武力来维持的。这种武力政策对于国内一部分人的压迫和它对一般民众心理上无形的影响，我们以为用长久的眼光来计算，是妨碍了社会前进的速度；在国际方面，它当然也不能避免剧烈斗争。在我们看，这都是一种极大的损失。若在一个还未到烂熟时期的社会，损失自然就更大。我们决不是主张个人主义式的自由。我们以为改造一种态度决不能不有若干社会的强制（social coercion），因为非这样不能胜过群众的惰力。但我们所主张的强制是非武力的强制。

一飞先生说我把革命的武力和帝国主义的武力混为一谈，因而说我的观点模糊。是的，我们的确是把这二者混为一谈，但我们不相信我们的观点是模糊的。我们反对帝国主义，我们赞成社会革命；我们反对帝国主义的武力，但我们也不能赞成以暴易暴的社会革命的武力。但一飞先生又说：帝国主义的战争是循环不息的，而革命的战争是解放全人类"最后的一次战争"。这种战争是否是"最后的一次"，实在是一个很大的疑问。我们相信整个革命的成功，决不是"一次"的事，并且，革命即使成功，战争的心理一日存在，战争的事实，还会找别的机会来发生。但退一步说，即使我们承认它是"最后的一次"，它的代价，在我们看，也是远超过了我们所当付的。

我们相信社会是演变的。由狩猎的时代变为游牧的时代，由游牧的时代变为农业工业的时代，是一种演变；从原始的共产而私有，从私有而复归于共产，这是一种演变。强权的社会变为公道的社会，公道的社会变为唯爱的社会，这又是一种演变。我们不能否认这些演变的必然性，但我们也不能否认每一个阶段所有价值和地位。我们现在可以站在社会主义的立场来批评私有的资本主义，但我们决不能否认资本主义打倒封建制度和建立现代物质文明的功劳。我们也可以从民主的立场主张共和的政体，反对专制的政体，但我们也不能否认君主制度在群雄角逐时代统于一尊的贡献。同样的，我们站在唯爱的立场，也决不否认武力已往——甚至在现在——的功用。苏俄的革命，美国的革命，法国的革命，辛亥的革命，以至历史上许多含着若干解放民众的意义的战争——不管它是社会的、民主的、君主的——都有它的价值，都有它的地位。但承认了一个阶段的价值与地位，并不就是要永久的维持那一个阶段。我们承认武力的功用，正如社会主义者承认资本主义的功用。社会主义者说资本主义已经到了崩溃的时期，也正如唯爱主义者说我们现在应当从一个兽性的武力时代进入一个人性的唯爱时代。社会主义的超越资本主义，正如唯爱主义超越暴力主义，而资本主义之反对社会主义，否认社会主义，也正如暴力主义之反对与否认唯爱主义。

一飞先生没有懂得我们这种客观的态度，所以断章取义地引了我们所说的一些话来批评我们，说我们对于战争的态度屡屡改变。是的，我们在九一八后，对于义勇军，对于淞沪之战，都曾表示过热烈的同情，而我们的态度是：唯爱的抗争胜于武力的抗争，但武力的抗争胜于消极投降的无抵抗。这并非因为我们取了唯爱的立场去赞成武力；在我们自己，唯爱是绝对的，然而我们却不能拿我们的标准去衡量还没有接受我们的主义的人。

最后，我们以为问题的焦点，不在唯爱的目的，而在唯爱的方法是否有效。唯爱的方法就是“爱仇敌”的方法，以善报恶的方法。唯爱的路是十字架的路，是以牺牲的爱，救赎人类的路。这一条路尼采认作“奴隶的道德”，共产主义者认作“人民的麻醉药”。但这条路是否行得通，没有人可以武断，因为还没有人拿它来长期的、大规模的试验过。

我们说过唯爱主义是建立在一种特殊的哲学基础之上的。它相信人的绝对的价值，它相信人的无限的可能。这是它对人的性格的一种“透视”，正如社会公道的要求和被压迫者最后胜利的预断是共产主义者对社会的一种“透视”。透视在先，理论在后；理论容或有错误的地方，而透视则可以超时空而长存。我们所愿辩明的，只此一点而已。

《社会福音》自序*

这本书里面的十几篇文章大多数是我在最近两年内所写的；除了三篇外，都已经在《华年》、《微音》、《消息》、《唯爱》双月刊等刊物里发表过。其中《中国的危机与国际的形势》、《青年出路的先决问题》、《时代变革中的婚姻恋爱与性道德》、《唯爱主义与社会改造》等四篇，因为是在广州青年会的演讲，并已由该会印成小册发售。因为这十几篇文章都与社会福音那个问题有直接或间接的关系，所以就名之为《社会福音》。

这里面所写的都是一些不成熟的思想，本来没有编辑成书的价值；但是在今日的中国，基督教文字界正闹着饥荒的时候，也许这些浅薄的文章，还能激励有思想、有经验的同道，使他们拿出更好的东西来。

这本书的背景是一个在存亡绝续中的中国，是一个在矛盾纷乱中的世界。这本书的中心思想是今日社会制度的应当改造，是基督教对社会改造的特殊贡献。这些都是急迫的问题，并且是与基督教有切身关系的问题。在这大风雨的前夕，我希望我们不会把这些问题轻易放过，要急起直追，对它们加以深刻的研究，以谋正确的出路。

关于唯爱主义的几篇文章，我是尤其觉得踌躇的。我虽然认为耶稣所传的福音就是唯爱主义，但是把这一种主义应用到整个社会问题——尤其是中国的社会问题——上去，究竟是一个新的尝试。我向来觉得唯爱主义是不应当随便谈的，因为没有经过相当的试验，便不容易得到别人的信仰。但因为我对于这个主义，已经从浮泛的信仰，到了深切的服膺，如鲠在喉，不吐不快，所以我便毅然把它们放在这本书里面，希望它们可以引起一些有价值的讨论。

---

* 原载《社会福音》，青年协会书局，1934年9月初版。

因为这本书不是系统的著作，而是文集的体裁，所以说话不免有重复的地方，并且因为修辞的关系，和思想的演变，或者还有似乎前后矛盾之处，这些都是要请读者原谅的。

1934 年 8 月 24 日，吴耀宗序于庐山莲谷青年会

甘地与今后印度的革命运动*

近来我们得到不少关于甘地和印度民族运动的消息，这些消息，不但与甘地个人和印度的前途有密切的关系，并且对于东方民族整个的解放运动，也不无影响，所以我们特在这里简略地加以介绍和评论。

印度的民族运动是在 1919 年开始的。那时候，甘地挟着他在南非洲 20 年奋斗的经验，以自治为口号，开始在印度提倡不合作运动。三万万的民众，不管他们有什么宗教和阶级的分歧，都热烈地拥戴他作他们的领袖。在这十几年当中，这个运动，经过了多少的停顿，遭过了多少的挫折，但甘地还是他们的中心人物，而运动的潜力也只有日益扩大，而绝未消灭。

但到了最近，似乎甘地在民族运动中的地位发生问题了；似乎印度民族运动的方向，也逐渐在那里转变了。在没有对这件事加以评论以前，我们对于事实的真相，应当先有所认识。

10 月 25 日的国民电说："内部冲突剧烈之印度国民党全国代表大会将于明日开会，与会代表盈万，要求自治反对英人统治之主张，固属一致，惟于以何方法与英人统治奋斗，则各异其说。讨论党纲当以甘地为目标，甘地为印度国民党领袖已 15 年，近以反对之声不绝，遂有退休之表示，故今次大会亦将表决甘地之进退。"（10 月 27 日《申报》）

据我们所得到的另一个消息（10 月 31 日 *Christian Century*），甘地实在于 10 月 23 日便已发表退出印度国民代表大会的宣言。但无论如何，我们可以说：虽然大多数民众对于甘地还是热烈地崇拜，但对他的主张，却发生了怀疑。综观甘地和一般人意见的不同，大略有以下的

---

* 原载《唯爱》第 15—16 期，1934 年 12 月 1 日。亦载《华年》第 3 卷第 48 期，1934 年 12 月 1 日。

三点：

第一——甘地还是绝对坚持着他的非武力主张，而大多数人对于这种主张，并没有什么深刻的信仰，只是表面的接受。在本年 9 月里，甘地曾发表一篇很长的宣言，指出这一件事实。他说："我所走的方向和代表大会里面知识分子的会员们所要走的方向，似乎是正正相反的。假如他们不是被他们对我的希有的忠心所阻碍着，我想他们便会热烈而欢欣地走他们自己所要走的方向。"这几句话可以充分表明甘地和一般人意见分歧的症结所在。所以，他在 10 月的大会里面，对于大会《宪章》所规定争取自由的方法，还要把"合法与和平"的几个字，改为"诚实的与非武力的"。而结果是双方意见的距离愈远。

第二——目前英印间喧闹一时而还在发展着的一个重要的问题，就是最近英政府在白皮书里面所提出的印度《宪法》的修正案。现在该委员会已提出报告（关于报告书的内容请参阅 11 月 21 日从伦敦发出的各社电讯）。这个修正案由两院联合委员会用了 18 个月的工夫去审查，据麦唐纳宣言，提案的条文共有三百，在明年 7 月底以前议院大部分的时间都要用在这个问题上。提案的主旨是要建立一个由各个自治单位所组成的全印联邦，以代替现在的中央集权的政府，并逐渐扩大各单位自治的权限。在英人看来，这是一个重要的改革，但印人方面则极力反对，以为这是不彻底的办法。甘地所领导着的国民党对于此事，并没有什么热烈的表示，以致引起一部分人的不满，在国民党内另组新党，以谋进一步的对付。至甘地对此事之所以不大注意，却另有他的理由。他在最近两年内用全力攻击的，就是印度的"不可接触者"的制度。所谓"不可接触者"就是指印度四阶级以外，在社会执苦役、而不能与各阶级来往的所谓贱民。甘地以为印度的争取自由，不但是一件政治上的事，也是一件精神上、人格上的事：假如在印度的民族内还有六千万的人民从出世以后就要过着牛马的生活，那么，印度就没有资格去享受自由。他以为若要得到平等，就必须先以平等待人。但一般人却不是这样看法：他们以为这是一个内部的问题，并不急迫，等到印度获得自由以后，再去处理，犹未为晚。他们不明白甘地为什么在这个对外问题正在紧张之时，用全神来对付这些他们认为不急之务。还有组织新党的人，多半是守旧的印度教徒，他们以为阶级与宗教的分歧，是印度文化生命的中心，不愿有所更改，所以甘地关于贱民的主张尤为他们所反对。

第三——最近五年来世界经济恐慌的结果，使一般人感觉社会根本改造的问题与民族解放的问题同样的重要，而甘地对于前一问题似没有什么明显的主张。印度是一个农业的国家，虽然她的农产品的跌价，不若其他国家的厉害，但根据印政府对英议会的报告："种棉、麻、麦的人，都受了重大的打击，尤其是因为近 20 年来生活程度渐高，农民无法支持的原故。"这一种情形自然也影响到知识分子，所以失业的人数日多，而全家自杀的也时有所闻。这样看来，印度最严重的问题，是经济的问题，除非有了一个经济的革命，印度的情形是不会进步的。但是甘地应付的办法是什么呢？11 月 10 日的哈瓦斯电说："圣雄甘地开始节俭、道德及卫生运动，其目的在提高 50 万印度农村之生活。……又印度百万富翁若干人均愿捐资以津贴甘地之农村建设计划，以为道德的不合作，不克济事，必须更进一步，而实行经济绝交云。"（11 月 12 日《申报》）

这可以表示甘地并不是没有注意到经济的问题。并且有人以为这是代表甘地一种新的趋向，说："这就表示他已觉悟了他那'精神利剑'的不足以制帝国主义者之强暴，从此以后，将淬厉物质的武器，以备与帝国主义者作再次的抗衡。"（10 月 25 日《大晚报》）然而印度的青年恐怕不会以此为满足的。他们现在是醉心于共产主义、社会主义、法西斯主义，任何的主义。他们对这些主义，都没有深刻的认识，他们所要求的只是一种彻底的改革，只要目的能达到，什么主义都可以的。这并不是我们的猜想；从外边观察的人是这样的说，印度人自己也是这样的说（参看世界基督教学生同盟所出之《学生世界》本年第 3、4 期）。

以上三点是甘地与一般人意见不同的主要之点。根据这些事实，我们便发生了个问题：谁是印度未来的领袖？

这一个问题在两三年前是不会发生的。除了甘地以外，还能有什么人呢？但现在可不同了，似乎有一位新兴的人物要取甘地而代之了。这一个人是谁？他就是尼赫鲁（Pandit Jawaharlal Nehru）。

我们在这里可以拿尼赫鲁来和甘地比较一下。甘地——这位东方的怪人，宗教界的圣者，十几年来三万万人服从崇拜的对象——他的名字是家喻户晓的，用不着我们再来介绍。他是一个古老的印度人，他相信神力与人事的息息相关；他坚持着严峻简单的生活，他的爱好纪律就像一个苏联的马克思主义者或德国的纳西主义者。他不断的相信着"为上帝作伟大的尝试"。人们是像被催眠般的去拥戴他，然而他们却是永不能完全明白他。在已往，他们加入了他的队伍，却没有准备着应付他所要求的纪律和恒忍的代价。有人说：印度大概将要把他放在先知的座位上而忘却了他。但甘地自己会不会取这样消极的态度，却是一个疑问。

尼赫鲁——他在多方面是完全两样的一个人。他是自信自赖的印度现代青年的一个代表人物。他是一个左翼的社会主义者；他说过，假如要他举手表决的话，他要反对法西斯主义而赞成共产主义。他以为只有马克思的历史观能正确地解释世界上的事变。他说："政治上的事，只有魔术和科学的两条路。魔术用不着理论和逻辑，而科学却以清楚的思想与推论为根据，无取乎理想的、宗教的或情感的程序，因为那只有使人的思想模糊。"因此，他以为现在争政治自由的斗争，慢慢的也要变成一种争经济自由的社会斗争。在现在，他以为非武力斗争的方略是对的，但并不因为道德和宗教的原故，而只是因为对付一个武力优越的国家，没有别的办法。他以组织农民为当前的急务，为的是要准备着争取政治与经济自由的最后决战。

他是一个行动的人，他对于他的使命有甚深的信仰，也肯刻苦地奋斗。他没有甘地那样的沉着，所以他的情绪常常是紧张的。他痛恨着印度在政治和经济方面的许多黑暗与不平等，他以为印度宗教的迷信成分，对这样的现象，难辞其容忍与助长之咎，所以，他在攻击政治与经济的罪恶时，同时也攻击宗教。他至今还在狱中，因为他关于孟加拉国的事件曾批评政府，说它不当以恐怖的手段去对付恐怖者。在现在，他已成为唯一的"青年印度的偶像"。

甘地乎？尼赫鲁乎？这个问题迟早总要解决。一个是典型的古印度的神秘宗教家，一个是浸淫于现代思想的20世纪崭新的人物。在现在，只有趋向尼赫鲁的青年运动的分子感觉这个问题的尖锐性，但不久以后，所有的印度青年都不得不有所选择。甘地的声音是印度祖国传统的声音，而尼赫鲁的声音却是共产主义的乐园的呼召。在印度青年的灵魂中，似乎这两种东西，都应当有相当的地位，放弃其中的一种，就等于放弃他们生命中的一部分。在现在，对外的斗争，使这个问题可以暂时搁置，然而必须有所选择的日子是终会来到的。

至于甘地和尼赫鲁彼此个人间的关系，在已往是极其密切的。在现在，因为对外问题的严重，他们还是彼此信任，彼此拥护，以后是否会因为意见的参商而各行其是，那就在不可知之数。

末了，我们愿意表示我们自己对这件事的意见。假如以后印度的国民运动还是照旧拥戴着甘地为领袖，那可以说是一件奇事，因为现在的事势，似乎不是往那一个方向走的。如果他们放弃甘地而接受尼赫鲁的领导，这却是可以意想到的一件事。如果是这样，这是证明甘地的失败么？那却大谬不然。甘地的思想，我们有好些是不能接受的，甘地的政策，也不是完全没有错误的，但我们相信，甘地的几种主张——如他的非武力的见解，和他的正己以正人的原则——却有亘古常存的价值。人们的能否接受他的主张，这是一件事；这种主张与现在的世界有无裨补，这又是一件事。甘地是一个先知——先知之能否见容于当世，视其理想超越于当世的程度。放着未来不说：甘地已往 35 年的努力已经是有史以来一件希有的事，即使他以后将要脱离政治的舞台，他也已经成为世界上不朽的人物。也许千百年后，等到历史发展的阶段，都已完全摆列在我们面前，世界对于他才能有正确的定论。至于他的光辉灿烂的人格，那是一个已经公认的事实，就是在现在，也是没有否认的余地的。

《甘地自传》译后*

我在三年前读了《甘地自传》的原文以后，便决心把它译成中文。这本书所给我的印象实在是太深刻了，除了《新约圣经》里面的《登山宝训》以外，我不记得有哪一本书曾使我那样受它的感动。现在书是译成了：这不但偿了我的夙愿，并且使我得了一种不可以言传的欣悦，因为我觉得翻译这本书是一件"爱的工作"，正如编者说他的编辑是"爱的工作"一样。

中国的青年将要怎样接受这本书，我不得而知，然而我相信，无论我们是否赞成甘地的主张，我们对于他的人格的崇高，志行的纯洁，眼光的远大，思想的深沉，都不得不惊奇赞叹，景慕钦迟而不能自己。甘地非武力抵抗的方法是否可以适用于中国是另外一个问题，但甘地为真理为国家而奋斗的精神，和他的牺牲克己、久而不懈的魄力，实在给我们一种精神上的鼓舞，使我们在纷扰变动的时代中，敢做冒险开创的事业。

本书叙述的终结是 1920 年的全印大会，现在把那时以后的事情，在这里撮要记述，俾读者得窥全豹。甘地在印度所举行的不合作运动是在 1919 年开始的，直至 1922 年孟买的暴动以后才宣告停止。自此以后，他便从事于一种建设的事业，一方面推行国布运动，组织全印纺织联合会，另一方面在提高贱民地位及施行酒禁两件事上努力。及至 1928 年西门委员会事件发生时，甘地重行提倡非武力运动。所谓蒙得久-金士福（Montague-Chelmsford）的改革案拟定一种印度的《宪法》，并规定每十年修改一次。当时因为《宪法》的修改已经到期，所以印人主张以英印人合组的委员会修改之，而英人则不主张把印人加入。这次的运动是

* 原载《甘地自传》，青年协会书局，1935 年 6 月初版。

取“抗法”的形式的。甘地在开始的时候，从他的宗教学院亲至海边违法制盐（按：盐是政府的专利品），并叫人取缔酒店，破坏森林法。于是甘地被捕了，其他被捕的，有时一次竟达四万人，里面还有许多妇女。

后来西门委员会的报告发表了，只予印人以地方自治的权利。这报告书自然是甘地所反对的。经过艾文和甘地的协商（Irvin-Gandhi Pact）以后，全印大会停止抗法运动，而甘地也以全印大会唯一代表的资格于1931年出席于伦敦的第二次圆桌会议。会议的结果与西门委员会所建议的大同小异，所以甘地仍然不满意。他回到印度以后，重行宣布继续举行抗法运动，但在没有实行以前，甘地向总督表示，仍愿磋商解决办法。总督要求以不举行抗法运动为谈判的条件。甘地没有答应，于是抗法运动实行了，而甘地也再度入狱。

在监狱的时候，政府允许甘地继续进行解放贱民的工作。照政府的办法，贱民在立法会议有特定的座位，与其他代表隔离，选举也是在特别的投票所举行的。甘地反对这种办法，并决定为此断食至死。后来双方商定妥协的办法：贱民与其他的人民，共同选举，但仍为贱民特设议席。结果，从前拒绝贱民的许多庙宇，现在都为他们开放，并起首有人从事于贱民福利的事业。但甘地仍不以此为满意。他决定绝食21日，以激动高等阶级的天良。政府怕他在狱中饿毙，所以把他释放了，但他的绝食仍然继续着，以至于完结。这是1933年5月间的事。绝食期满以后，甘地曾宣言再次举行抗法运动。政府把甘地释放的时候，下令不许他游行活动，但他违背了这个命令，于是政府再把他判定监禁一年。他因为在狱中没有机会为数百万贱民工作，于是又决定于8月16日绝食，但政府在那一天的下午，许可他在某种条件下为贱民继续努力，甘地遂停止绝食。

在1933年7月22日举行的全印大会决定把群众的抗法运动暂行停止，但仍劝民众在个人方面实行。甘地是拥护这种新的政策的，并主张如情势许可，将于1934年8月3日恢复抗法运动。

在这一期的斗争中，他的从者所牺牲的，实在不少。甘地看见这种情形，心殊不安，于是在7月31日，把他自己18年前在沙巴麻地手创的宗教学院解散了，用以表示他个人的牺牲。他为这一所学院，费了不少的心血，里面也有他许多宝贵的经验。

这一段叙述就可以在这里告一段落了。至于甘地的运动，将来如何发展，我们就只好等着未来的历史告诉我们。但是无论这个运动的结果，在表面上是成功还是失败，我们相信它的已经过去的一页，为印度和全世界，都已经有了空前的收获。

1933 年 11 月 14 日，上海

《基督教与中国文化》序言*

吴雷川先生撰著《基督教与中国文化》一书既竟，嘱我为它写一篇序文。我以自己学识谫陋，对于基督教和中国文化都没有深刻的研究，本不敢答应，但后来将此书细细读过一遍，觉得它思想新颖、持论公允，而又能处处针对中国现在的需要，发人深省。因此引起我自己不少的感想，觉得有说几句话的必要。又因为著者是我多年的朋友，并且在年龄、学问和经验上都是我所敬畏的一位前辈，不但情不可却，并且为这一本有意义的著作，结这一段文字之缘，于我是一件荣幸的事，也是一件快乐的事；因此便不揣冒昧，写了这篇文字，以就教于著者。

这本书把基督教和中国文化，分作两部分来个别地叙述。对于基督教，它认为就耶稣的教义而言，它是一个革命的宗教——谋求社会改造的宗教。它征引了福音书中许多关于耶稣的言行，大胆地否认传统的说法，以为耶稣的宗教不是一般所谓精神的、个人的宗教，而是充分地表现着政治革命和经济改造的意义的宗教。对于中国文化，在学术思想之部，它是征引了几位学者的意见，以说明中国文化的本质；在政治社会之部，它是取批评的态度，把中国文化过去许多的弱点指出来。它不承认中国有“复古”的可能，也不承认可以用旧酒装新瓶的方法，把旧文化的某些部分，机械地应用于今日的中国。在另一方面，它却不否认中国文化在过去的贡献和对今日的意义。它正确地取一种演进的看法，从国际大势和中国的需要，肯定中国社会的必须变革。从这两部分的叙述，它便归结到基督教之必须洗刷其过去的错误，发扬其所固有的社会改造的精神；中国文化之必须演进而成为一种可以创造新社会的文化，并说明基督教在这演进中所特有的功用，尤其是造成领袖人才的功用。

---

* 原载吴雷川《基督教与中国文化》，青年协会书局，1936 年 9 月初版。

这一本书可以说是从一个新的社会认识的观点写的。在一般人看来，这一个观点也许并不怎样新奇，因为在近十年来，中国的思想界确是突飞猛进。社会改造的意识，虽然还没有普遍于社会的各阶层，可是在前进的知识分子，以至在觉悟的劳苦大众，它差不多变成了天经地义，尤其是在九一八以后，国际形势的激荡，国难事实的启示，使人感觉：社会制度的根本变革，无论是在资本主义已经发达的国家，或是在生产落后的半殖民地，也不管时间有迟早之不同，方法有刚柔的分别，将要成为一件不可避免的事实。由于这种意识的传播，一般人对于政治问题，对于经济问题，对于一般的社会问题，以至对于整个中国文化，都取得了一种新的眼光，用它去衡量一切，批判一切。也是由于这种意识的传播，非宗教的分子对于宗教，一部分是取极度批评的态度，一部分是取相对容忍的态度。批评的是觉得宗教在未来的社会里没有地位，容忍的是觉得宗教还有它一部分的真理。但无论如何，因为他们所见到的宗教只是一种维持现状的势力，所以对它是没有什么热烈的希冀的。

对于一般信仰基督教的人，这本书所提供的一些意见，可就取得不同的意义了。时势的演变，把中国的，以至世界的思想界推进到一个新的阶段；但同样时势的演变，却还没有把中国的，以至世界的基督教思想界推进到一个新的阶段。基督教的思想界，在这大变动的时期中，表示了三种不同的趋向：第一种是出世的趋向，第二种是改良的趋向，第三种是妥协的趋向。出世的趋向是表示于种种的神秘主义和奋兴运动。这一派思想，当然有精粗深浅的不同，但是它们之认为宗教对现世生活应当取一种超然的态度，甚至是两不相干的态度，却是一致的。第二种趋向是表现于基督教里面种种的改良运动。它所注意的是个人生活的改善，和现社会若干不良现象的废除。这一种因不满于现状而产生的努力是极可嘉许的，也是与基督教的精神完全一致的，然而因为它忽略了社会生活和个人生活的联系性，也没有了解社会制度对社会现象的关系，所以它对目前社会的危机是没有认识，也是无法应付的。第三种是妥协的趋向。这种趋向，并不始于现在，但现在的政治形势却更清楚地把它呈露出来。自从基督教在罗马帝国变成了国教，它便几乎做了政治的附庸；自从西方资产阶级兴起，它实际上又做了现制度的撑持者。大战以后，若干国家建立了法西斯政权，所谓“极权的国家”（totaliarian state）代替了名义仅存的民主政治，于是万有统于一尊，宗教不但失去指示现世生活的能力而同化于现状，即连其本身信仰的自由，亦几不复存在。这种现象，在今日的德国，尤其显著。若干先觉的分子，有见于此种危险，于是有“教会抵抗世界”（the church against the world）的呼声。以上三种趋向既日益普遍，于是耶稣入世革命的教义益晦，而基督教在这变乱的世代，遂益成为一种无足重轻的力量。

本书所揭櫫的基督教改造社会的主张，到了最近，才在以上各种分歧的思想中，独露头角，成为一种新兴的势力。在二十几年前，在美国便有所谓“社会福音”的提倡，但因为在那时，现社会制度的弱点还没有充分地暴露出来，所以这一派的思想，并没有多少人注意。到了最近几年，恶劣的社会现象，逼着人不得不思想宗教对社会所应取的态度，于是耶稣社会改造的福音，重被发见，而基督教革命的呼声，始为一般人所注意。我认为这一派思想在今日的中国实在有提倡的必要，所以本书的出版，更可以说是有着时代的意义。与这一种思想同时发展的就是基督教神学思想一般的转变。以前的所谓近代主义运动（modernist movement）更演变为一种以科学和经验为基础的新神学运动。它企图把宗教思想变成合理化与近代化。这一派思想当然更适合于现代知识分子的口胃。至于它的是非得失，我们就不能在这里讨论。但由于这种运动，若干因现代思想的侵袭，在信仰上彷徨的人，便恢复了、稳定了他们的信仰，而若干还在宗教门外的人，也因此便对宗教发生了追求的兴趣。在物观的反对宗教者看来，这些“进步的”宗教，比之守旧的宗教，其危险性更大，但我们当然是不同意于这种意见的。

说到基督教与中国文化的关系，本书著者的态度，也是值得我们嘉许的。他既不拘泥于中国过去文化之特质，主张基督教与它“调和”，也不像一般肤浅的批评者，认为基督教和中国的文化，都是时代的渣滓，应当完全放弃。他所主张的却是“基督的更新与中国民族的复兴”，而认为前者对后者必然有它的贡献。我们赞成这种主张，我们应当为这种主张努力，使基督教在未来的中国，不致再蹈它在西方的覆辙。我们更相信：从中国文化所遗留下来的，处处顾到现实生活（唯实主义）和不大喜欢神秘和玄谈（自然主义）的倾向，将使我们对于现代基督教的社会化运动和科学化运动，更能作有力的贡献，以发扬基督教所固有的精神。

末了，对于本书论及基督教之处，我愿意提出两点意见，和著者讨论。

第一是关于耶稣工作计划的解释。本书认为耶稣最初的计划包含两点：一是他确要取得政权而作复兴犹太的基督；二是他预备取得政权后就行改造社会的主义。又说耶稣对于计划的第一点，后来确是转变了，至于第二点，则始终没有转变。关于这两点，虽然著者举了福音书上若干的事实来证明（参看“耶稣为基督”一章），我觉得在解释方面，还是有商量的余地。我个人的意见大体是这样的：

（一）耶稣对于整个工作计划，在“旷野试探”时，经过深刻的考虑与祈祷，大体上已经决定，至少在短短的工作时期中，在原则上不致有所改变。

（二）耶稣深知社会改造不是旦夕间可以实现的事，因为社会改造至少必须先经过一番宣传启导的工作，使大众有所觉悟。因此，耶稣的计划，与其说是企图马上实行社会改造，毋宁说是做了社会改造在知识和灵性上所必需的准备工作。

（三）改造社会自然要取得政权，但人民没有准备而取得政权，时机没有成熟而取得政权，那是不彻底的，是耶稣所决不肯为的，因此，与其说这是耶稣后来的转变，毋宁说这是他的预定的方针。

（四）由于以上的解释，耶稣对“基督”这称呼的见解，（甲）不是一般人所希冀的纯民族主义的、狭义的复兴犹太的基督，（乙）也不是急功近利的以实现我们现在的所谓“社会主义”为目标的基督，而是（丙）以整个的人生的改造为目标的基督。这目标自然包含了我们现在所了解的“社会改造”，然而比它更广大、更深厚。我相信这一个意义从始就在耶稣的心里，然而因为它过于高深，一般人固然不能接受，就是门徒们始终也没有了解，甚至在耶稣死后。

第二，是与第一点有密切关系的，关于基督教的理想，和从这理想出发的对于国家、政治、战争诸问题的态度。本书对于这些问题的看法是：

基督教固然以全人类得救为博爱底目的，但社会进化有一定的程序，不能躐等而几。

基督教有所谓“无抵抗主义”，每为指摘基督教的人所藉口。其实这种无抵抗主义，只是个人与个人间在某种情况之下所应用的事理，本不是为国家民族说法的。

基督教唯一的目的是改造社会，而改造社会也就是寻常所谓革命。纵览古今中外的历史，凡是革命事业，总没有不强制执行而能以和平的手段告成的……所以有人高举唯爱主义，说基督教不可凭藉武力以从事革命，这种和平的企望，我们在理论上固然应当赞同，但从事实着想：如果要改造社会，就必须取得政权，而取得政权又必须凭藉武力，倘使基督教坚持要避免革命流血的惨剧，岂不是使改造社会底目的成为虚构以终古？

以上所引的话，一部分我可以完全同意，但另一部分我觉得还有讨论的余地。因此，我便把我个人对这问题的意见，简略地叙述于下。

我与本书的作者完全同意的，有以下的几点：

（一）基督教并没有叫人不爱国；受真理指导的国家建设和民族解放正是全人类得救一个必经的阶段。

（二）基督教应当参加政治活动，因为宗教生活是包括人生的各方面的。

（三）基督教的目的是人与人的合一（爱）和人与上帝（真理）的合一——这当然包括社会改造。

我觉得还可以考虑的有以下的一点：

（四）关于革命的手段，我认为应当把耶稣自己的主张和今日基督教可能采取的方法，分别而论。耶稣自己的主张，我认为是绝对唯爱的、非武力的，然而它却不是纵容放任的无抵抗。但今日的基督教和一般基督徒——更不必论其他的人——却还没有达到追踪基督，实行他的最高理想的程度。因此，就事实论，“强制执行”是不可避免的。这只能说是基督教的妥协，而不能说是基督教最高的理想。耶稣的教训是一致的，他没有把个人生活和社会生活分开——事实上这也不可能。美人Reinhold Niebuhr氏在他的《道德的人与不道德的社会》（青年协会出版），曾指出个人生活与社会生活因为性质不同，不能应用同样的方法，但在他的《释基督教伦理》（*An Interpretation of Christian Ethics*），他却承认耶稣唯爱的教训的绝对性，并说：由于人类天然的缺欠（罪），人类对这绝对的理想，无论怎样努力，也不能登峰造极，因此他便承认非唯爱的武力在现社会生活的必要性。我认为这种说法，比较近于真理。

以上两点，关系颇大，但因限于篇幅，不能在这里作详细的讨论，只能把我个人不同的意见指出来，以请教于著者，并供读者的参考。

1936年8月26日

《基督教与阶级斗争》序言*

中国的思想界，从1925—1927年的革命以后，显然有一个很重要的转变，那就是一般人，尤其是青年，对社会制度问题的注意。经过九一八事变，和从1929年开始的世界经济恐慌以后，大家对这问题的注意，更从学理上的讨论，转到实际解决方法的探求。我们试一看近十年来出版的书籍和许多刊物的论著，便晓得它们所取的题材，大半都在社会科学的范围之内。可是在基督教方面，这些问题却始终没有引起多少人的注意，尤其缺乏的，就是以基督教为立场的，关于目前最重要的一些社会问题——例如本书所提出的阶级斗争问题——的讨论。因此，我们便觉得这一本书的介绍，在目前是很有意义，也可以说是急不容缓的。

著者是一个俄国人。在起初的时候，他是一个马克思主义者，然而因为他不是一个唯物论者，所以他始终没有接受正统的马克思主义。在沙皇时代，他因为反对把当时的教会，变成统治者的工具而被放逐。革命以后，他做过莫斯科大学的哲学教授，但后来他信了基督教，因此便不见容于当局。以后他便住在法国，从事于教书与著述。这几年来，他的著作很多，风行于欧美各国，尤其引起基督教思想界的注意，本书就是他的近著之一。

著书者在本书的理论，可以说是最优秀的基督教思想的代表。他是一个观念论者，也可以说是一个理想主义者，但是他对于现社会的分析和了解，却是十分唯实、十分透彻。他不但不否认阶级的存在，他也肯定阶级斗争的不可避免。他对于现在的资本主义制度，不但不替它辩护，并且断定它的必然灭亡。对于基督教，他认为它应当毫无疑义地站

---

* 原载贝蒂也夫著，王一鸣译《基督教与阶级斗争》，青年协会书局，1936年9月初版。

在被压迫者方面，为他们奋斗。他认为暴力是与基督教的精神不相容的，但他甚至承认：暴力可以用作解放的工具，并且，因为现制度在过去所造成的罪恶，由于冤冤相报的定律，暴力也是不可避免的。他把企图维持现制度的许多错误的理论，和文饰的狡辩——不管它们是站在基督教或资本主义的立场的——无情地暴露出来，并指出它们的虚伪之所在。著者在本书末一章所说的几段话，是值得每一个基督徒或非基督徒读者的注意的：

当我们说超出于阶级仇恨之上的时候，我们的意思并不是说教会应当赞成阶级的调和，使被压迫与剥削的人们完全屈服。这是一种最彻底的伪善，使教会永远戴上资产阶级的标记。战争并不简单是一个罪恶，有时它也许是一种善行，为了人之适当的尊严，有时也需要战争。当剥削者显然需要宣传屈服的时候，我们假使又来对被剥削者宣传这种东西，那是完全错误的。况且谦卑并不是一个社会的行为，而是私人的与精神的行为。教会的责任，首先应该站在道德的与精神的立场上，而不应用某种社会制度的名义，去谴责人对人的剥削与压迫。它必须祝福那些寻求更公正与更合人道的制度的人们，且嘱咐他们用自己的胆量、活动与自由，去争取较好的前途。（112 页）

国家主义者与资产阶级的党徒们，很狡猾地骂工人自私，说他们把自己的阶级利益，置于民族的与国家的利益之上。可是在内心和道德方面来说，情形并不如此。工人们之怀疑财政的与国际的（被称为国民的）政策是应该的，他们假藉了国家的名义，号召工人去牺牲性命，而暗中则银行家大发其财；这样的事情，不可否认是常常有的。（128 页）

还有以下的一段话，特别值得我们中国人，尤其是中国的基督教徒的注意：

国家主义只有在东方民族中，还有前进的作用。东方民族的国家主义也似西欧的资本主义一样，仍有其社会的真实意义。一般地说来，国家主义之繁殖仇恨与敌意，正与阶级斗争相同，它除开了这种愤怒的斗争，那就无法前进了。至于种族主义，则不论它的原因如何，总显然是一个反基督教的现象；虽然它有时也采取宗教的形式，但这只能说是异教主义一时的暴发；法西斯蒂与希特勒的党人们都是异教徒，是基督的敌人。（127 页）

以上所引的一些话，我相信是可以使任何思想前进的人发生共鸣的。但我们却要在这里郑重地指出本书对于阶级斗争那一个问题所有的特殊的意见。这些意见，是从基督教的观点得来的，也是与流行的、以马克思主义为基础的社会思想决不相同的。不管一般人对于这些意见，取什么态度，它们无疑地是代表一种有着长久的历史和广泛的信徒的思潮，而不可忽视。并且在这旧时代的没落和新时代的开始的时期中，它们将要成为对社会运动者一个严重的挑战。

首先，我们要说：关于本书一些琐碎的对马克思主义的理论上的争辩，我们不想多说什么话。这些争辩，有的是无关宏旨的，有的是吹毛求疵的，甚至有的——我们相信——是误解马克思主义的。总之，它们对于现在我们所看见的活的、行动的、斗争的马克思主义，没有多大关系。我们所要特别指出来的是本书所多次强调着，从基督教信仰出发的几点基本的理论。

本书最主要的一个观点是人的价值。这里的所谓人不是集体的“人”，而是个别的“人”。著者认为对人的价值的观念之不同，就是基督教和马克思主义对社会问题的态度的分别。马克思主义虽然是物观的，却并不否认人的价值，但它所注重的是集体的人，而不是个别的人。个别的人只是集体机器中的一个轮齿，他之所以有价值，只是因为他是社会中的一员，阶级中的分子，在他离开集体，或是与集体为敌的时候，他便要失去他的价值。著者却不同意于这个意见。他以为人，首先是一个人，其次乃是社会和阶级中的分子，社会与阶级是偶然的，是可以更易的，而人的本身却有他永久超然的价值。这些永久的价值包括他的精神、思想，和良心上的自由，自我的发展和创作的机会等等。换句话说，他应当可以自由地去追求他的真、美与善的生活。著者以为在马克思的系统里面可以说是没有“人”的地位，因此，人的真正的价值在它里面也无从发展。他并不否认现制度并没人给人以真正的自由，但他以为用马克思主义的方法去改变现制度，那无异是以暴易暴。在他看，共产主义把个别的人溶化于非人的集体中，正和资本主义一样，又因为二者都是过于看重物质，所以在表面上它们无论怎样不同，它们都是“布尔乔亚”性的。著者是憧憬着欧洲民主革命以前的贵族。他认为贵族制度固然有许多不适合于时代的东西，但他们所养成的那种宽大的精神和儒雅的生活都是值得今日的借镜，所以他是主张养成一个新的精神上的贵族，去负起未来的创造事业。

著者的结论大致是这样的：他承认阶级的存在，他也不反对阶级斗争，但他以为阶级的问题，不能单靠物质经济这些东西来解决，也要靠精神、宗教、道德、教育、技术这些东西的帮助，因为我们对未来的希望，不只是旧社会的变革，也是新灵魂的产生。既是这样，阶级的仇恨，固然要把它消灭，就是任何可以毁灭精神价值的手段，也不应当用，因为，像耶稣所说的："坏的树不能结好的果子。"总一句话说，因为著者是一个唯心论者，因此，他绝对的反对资本主义，也相对的反对马克思主义，因为它们都是把物质看得比精神更为重要的。

我这篇序文的任务，只是指出著者思想的路径，而不是判断它的是非，但为读者更清楚的把握起见，也许我还应当在末尾加上几句话，以作本文的结束。著者的注重精神，注重个人的价值，我以为是对的；著者指出马克思主义有把个人消失于集团，和采用妨害目的的手段的危险，我以为也有事实的根据。然而我们却不得不承认：社会制度不改变，则个人的价值，即无从发挥；物质基础不健全，则精神生活，将无从依附。因此，与其顾全个人而妨害社会，与其注重精神而忽略物质，终于使个人不得不衰萎于社会恶势力之下，使精神不得不因失去物质的支持与营养而消失而毁灭，曷若先求社会生活的解放，先求物质基础的奠定，而努力于减少变革过程中的流弊。这一个结论，从我们上面所引证的那些话来看，我相信著者是同意的，并且他更指出来：社会斗争那件事实，不管我们做了什么别的事情，是必会来到的；因此，我们的问题，就不是会不会有社会斗争，而是怎样去减少社会斗争的流弊。同时，我们觉得著者之屡次强调着他的那几种主张，却不是一件多余的事，因为在这个转变中的时代，我们是应当永远把这些东西放在面前的。事实上，现在唯一试验着社会主义的国家苏联，在社会主义初步建设成功之后，已经起首注意到本书著者所主张的那些价值。在这一点上，近人的几本著述，像《建设中的苏俄》（本会出版）、《反利润制度》（本会出版）、《莫斯科印象记》（胡愈之著）、《从东北到庶联》（戈公振著）、《萍踪寄语》（第三集，韬奋著）都可供参考，希望读者拿来研究，庶几对本书所提出的关于事实方面的问题，可以作一个更清楚的解答。

给基督徒青年的信（第一封）*

亲爱的基督徒青年读者：

《消息》的编者要我为这刊物系统地写几封给基督徒青年的信。我接到这个请求，没有什么踌躇便答应了，原因是我觉得为这个题目还有可说的话。我在过去的十几年中，和许多青年，尤其是基督徒青年，发生过密切的关系。我曾和他们共生活、共思想、共研究、共追求；我曾和他们共欢笑、共悲伤、共操劳、共游乐。有的时候，我们在讨论会中，作激昂的辩论；有的时候，我们在星月之下，作竟夕的长谈。我看着他们一点一点的长大、升学、毕业、做事；我看见他们的思想一天一天的跟着时代前进。我已经是一个中年的人了，然而因为我常常和他们接触，在我自己的感觉中，我还没有失掉青年的心境。也是因为和他们接触的原故，我就不得不日求寸进，以免太过落在他们的后面。总一句话说，他们是我的益友，是我的严师，也是我奋斗途程中的良伴。因为有了这些经验，所以我在决定写这些信时，便觉得有无限的话要说，虽然我知道很不容易把它都说出来。

亲爱的基督徒青年读者，你们当中也许有不少是曾和我发生过以上所说的那些关系的，若然，我说话便可以更亲切、更坦白，但即使我们彼此还是个陌生的人，我也决不会过于拘束自己，说些不关痛痒的话，我所要说的，是像朋友彼此谈心一般的话。

要说的话是那样的多，我就不知从何说起。假如我们彼此都有兴趣，我希望可以和你们无所不谈。我们可以谈到个人的生活、思想、修养；我们可以谈到国难、国际，和其他的社会问题；更因为我们是基督徒，我们尤其要谈到基督教的本身，和基督教对一般问题的态度。但

* 原载《消息》第9卷第7—8期合刊，1936年10月15日。

是，请大家记住，我们是要“谈心”，而不是要作学院式的讨论，或家人父子的互相规责。为着这个原故，我觉得我最好在起头的时候，就把自己过去的思想和生活，先用几句话来介绍，使我们彼此都可以发生一种谈心的要求。

我自己，可以说是一个理想的追求者。理想的追求者——这一个名词，在一般的应用上，可以有两种不同的意义。在好的方面，他是一个不满于现状、努力进步、勇于改革的战士；在坏的方面，他是一个好高骛远、不求实际、在幻梦中过日子的傻人。我究竟是哪一种，我自己就无从晓得；但我相信：在一个真正的理想追求者里面，这两种东西都是不能缺少的，好坏的分别，只在它们之是否畸重畸轻，以致失了它们互相为用的均衡而已。

我在学校读书的时候便开始“做梦”：我要追问人生的究竟，宇宙的来源，生活的意义。我要在了解了这些以后，在社会上做一个有用的人。我为这些问题感觉不安，要求一个具体的回答。等到我毕了业，做了事，优裕的物质生活，和比较稳定的前程，本来可以使我不必再作什么“幻想”，然而过去的问题还是不时的向我侵袭。于是，在做了七八年的事以后，我终于把一个一般人认为不可多得的位置放弃，加入了一个社会服务的机关，去追求我的理想。在这追求中过日子，现在又是十多年了。在这十几年中，大概像每一个在社会里厮混过的人一样，苦辣酸甜的滋味，我都尝过。我感受过物质的压迫和精神的痛苦；我也有过胜利的微笑和自得的欢愉。我没有做过什么轰轰烈烈的事业，但我也不大感觉生活的单调，因为富有诱惑性的理想，永远在我的前面，即使它像原野里的燐火，可望而不可即，我还是甘心向着它追求，因为这究竟是生的活跃而不是死的寂静。

在我的追求当中，宗教自然是一个有力的因素。我起先是不相信宗教的——我对它甚至鄙视、怀疑。但是正在我对许多问题暗中探索，摸不着头脑的时候，它忽然像一盏明灯，照进我黑暗的精神生活里。这是在十八年前一个春天的晚上：我感觉到一种自有生以来所没有感觉过的愉快。我手舞足蹈，我的精神极度的奋兴，使我连睡眠都忘却。究竟我发现了什么，我到现在还没有法子叙述。我所知道的，只是我在那天晚上，在一个外国朋友的家里，第一次读到《马太福音》里的《登山宝训》。它像利刃一般刺进我的心坎，像磁石一般摄住我的灵魂。它好像给我发了一个命令，说：“你要先求他的国。”这一句话和它所包含的许多意义，从那时以后便做了我的理想追求唯一的对象，在我整个的生活里，具着无上的权威。简单地说，这就是我的宗教经验。我这里所描写的只是主观的感觉，至于产生这个经验的客观因素，我就不必在这里给它分析。但我可以说：这个经验并没有使我掉在一个主观的唯心的陷阱里，反之，它给了我一种客观的精神，一个社会的观点，使我从此以后可以接受任何的真理，也使我的追求，不致失掉社会的意义。

亲爱的基督徒青年读者：我以上所说的一段话，我深信你们都很能了解与同情，因为在你们这样的年龄，你们每一个都是理想的追求者。到了现在，一切都在动荡，一切都在演变。所谓理想的追求，已经从空虚的幻想，变成实际的斗争，并且我们每一个人，无论男女老幼，都在这斗争上负着使命，所以在这一点共同的基础上，让我们开始我们的谈话。希望这谈话的结果，可以使我们鼓舞，使我们奋兴，使我们忘却目前一切的困苦艰难，走上斗争的大路！

谈基督教认识运动*

"上海联"是一个基督教的团体，为什么一个基督教的团体还要来提倡基督教认识运动？

我不敢替发起运动的人回答这个问题，但据我的猜想，我以为原因是这样的：

第一，一般基督徒同学感觉他们对基督教认识的不够。有许多人做基督徒是由于家庭的关系，他生长于基督教的环境中，自幼领洗，耳濡目染，对于基督教仪式习久而成自然，但他们对于宗教教义的研究，和宗教生活的培养，却始终未尝致力，也许连《圣经》也只是随着别人作片断的浏览，而未尝全部阅读一过。也有的人，他们是因师友的劝勉，或演讲的感动而做了基督徒，但他们对基督教的认识，因为研究和修养机会的缺乏，也是很有限的。这些人都会感到基督教知识的饥荒。

第二，对于基督教的解释，人言人殊，莫衷一是。所谓基要派则坚持默示之说，不肯用历史考据的眼光去解释《圣经》；所谓奋兴派则满口"属灵"、"重生"，对异己者，小之则斥为异端，大之则诋为魔鬼。此外又有所谓个人福音与社会福音之分，而两千年来对于耶稣教义之解释，或重唯爱，或主武力；门户之见既深，遂使局外者莫名其妙，或竟无所适从。因此便有些人想自己用力去研究，以探究竟，以别是非，这也是基督教认识运动产生原因之一。

第三，自第一次世界大战以后，由于客观环境的变迁，社会问题引起许多青年的注意。我们自九一八事变以后，研究社会科学的人尤见风起云涌。在这个时期中，一般有思想的基督徒自然感觉到实现基督教社

---

* 原载《联声月刊》第2卷第5期，1939年4月22日。亦载《消息》第12卷第2期，1939年6月。取自《黑暗与光明》，青年协会书局，1949年12月初版。

会使命的需要。但是，基督教的社会使命究竟是什么？基督教对一般社会问题的主张和非基督教者的主张不同之点在哪里？相同之点在哪里？所以不同之故又何在？许多基督徒青年，因为对基督教认识的不够，只能从耶稣的教训中找出一些与社会问题有关的话，作为他们早已接受的社会思想的注脚。但是这样一来，似乎基督教的主张和非基督教的主张又没有多少分别。因此他们便感觉到有深切研究的必要。

第四，我国自全面抗战发动后，全民族在烈火的洗礼中进行着困苦艰难的奋斗，虽然大多数民众都抱着抗战到底的决心，和最后胜利的信仰，但惨酷的现实仍然不断的给予我们一种精神上严重的威胁，尤其是在我们遭遇到切身之痛的时候。基督教在这时期中应当是我们的力量，我们的慰藉，我们的光明，因为它是从患难中生长出来的，它的信仰，因逆境的磨炼，更能发出胜利的光辉。但假如我们对基督教只有肤浅的认识，我们便无从发挥这种精神的力量。现在一般热血的青年，对国家民族的前途都抱着无穷的希望，所以他们对宗教的追求，也随着国难的严重而愈诚挚起来。

第五，抗战和建国是分不开的，抗战是一个艰苦的奋斗，而建国更是一件伟大的事业。基督教对于这一件伟大的事业，似乎应当有它特殊的贡献。这不只要我们去担任实际的工作——事实上基督徒在许多建设的工作上已经有了相当的贡献，还要我们在思想上尽其指导批评的责任，在精神上尽其鼓舞勉励的责任。这一切都需要我们加深对基督教的认识，使我们可从它的超然的观点，观察一切事物，发挥它对时代的先知性。

第六，近代的新兴哲学（唯物哲学）认为宗教是失败者的幻想，是民众的麻醉药，这种见解已深入于一部分青年的思想里，是对基督教一个重大的挑战。基督教是不是唯心的？宗教是不是与科学冲突的？唯物思想是不是与宗教信仰不能并立的？西方的基督教学者对这些问题现在正在重新探讨，虽然没有得到一致的结论，也很能引起一般基督徒的追求与反省。但在我们中国，虽然我们早已受到这种思想的影响，我们却还没有对这个问题加以严重的考虑。因此之故，有思想的基督徒青年遇到这个挑战，便感觉到无法应付，有些人甚至把基督教信仰放弃。这一种现象也是促成基督教认识运动一个主要的原因。

假如以上的分析是不错的，我们便要问：我们应当怎样去认识基督教？我的答复是这样的：

第一，我们要认识基督教的经典和基督教主要的思潮。基督教的《圣经》，尤其是《新约》，是每一个基督徒所当熟读的。《圣经》里面的话，不一定都有同样的价值，但它里面有许多宝贵的精神食粮，我们应当把它挑选出来，时常温读，作我们每日必需的养料。自然《圣经》里面，有许多不容易了解的地方，最好有人给我们指导。《圣经》里面的教训，应当怎样应用于今日的时代，也不是一个简单的问题。为要解决这些困难，集体的研究是必须提倡的。说到基督教的思潮，那也是应当与研究《圣经》同时进行的。基督教的思潮，离不开基督教的神学，但我们不一定要钻到牛角尖里去研究神学才能了解近代基督教主要的思潮。研究基督教思潮的功用，就是叫我们能够把握着基督教在现代思想和现代生活中的意义，使我们更能应用历史的基督教去解决我们当前许多的问题。为要达到这个目的，我们可以发起一个阅读基督教书籍的运动，或举行基督教知识讲座，或在基督教的刊物内专辟关于解答基督教问题的地位。

第二，我们要在静养中认识基督教。基督教不只要从理智方面认识，也要从精神方面认识。比如说，我们因研究的结果，相信了上帝的存在。但如果我们就停止在这里，我们的信仰是空洞的，是不能与生活发生关系的。上帝是个灵，我们要用心灵来和他交通，向他祈祷，把一切的需要放在他的面前，常常在静默中等候，让他用他的真理向我们启示。基督徒生活的秘诀就在于这种灵修的习惯，有了这种习惯，我们才能把基督教永恒的真理和我们的生活融成一片，使我们养成活泼、前进、勇敢、光明、愉快的人格。这样去认识基督教，我们才算真正认识了基督教。至于灵修的方法，按日的个人灵修是不可少的，定期或不定期的集体灵修也是需要的。除了《圣经》以外，还有许多可以帮助我们灵修的书籍，我们都应当选择采用。

第三，我们要在行动中认识基督教。基督教是一个实行的宗教："不爱他所看见的弟兄，就不能爱没有看见的上帝"；"信心若没有行为就是死的"。有些事情，我们不知就不能行；也有许多事情，我们不行就永远不能知。比如我们相信了上帝，也和他有了灵性上的交通，却没有把他所给我们的启示在生活中表现出来，这样，我们对上帝的印象便要逐渐模糊起来，以后便不会得到新的启示。在这伟大的时代中，我们所能做、所当做的事，真是不可胜数。忠于每一种启示，忠于每一个使命——不管这是一言一行之微，或是与社会人类所关的大计，是认识基督教所必循的途径。人能够感觉他与上帝同工的时候，就是他最勇敢、最愉快的时候，因为他在行动中体验了上帝，上帝也在行动中引导了他，这样，他的信仰便可以建筑在磐石之上。

以上三种认识的方法是互相影响，互相为用的。一个基督教的运动要有这样的认识，才能变成一个健全的运动，才能在大时代中有它特殊的贡献。

基督教信仰的本质及其在大时代中的意义*

《基督教与新中国》一书编辑既竟，我预定在书后把个人对于本题的意见写出来，以作本书的结束，并以补充各篇作者所说的话。不幸正在要执笔写作的时候，忽患目疾，而印刷所又屡来催促，不得已遂将所要说的话，口授给一位朋友，这自然不如自己亲自作稿的方便，但我希望我所要说的话，大概都可以在这里表现出来。现在让我先说我个人的基督教信仰：

我从小并不生长在基督教的家庭。我的信仰基督教是22年前的事，那时我已经在专门学校毕了业，在社会上做了几年的事。我是经过一番长期的思索与探讨，然后相信基督教的。当时思索探讨的经过，现在我不能细说了，我只能把我被基督教所吸引的那一段事实简单的说出来。有一天晚上，我在一位美国朋友的家里，第一次读到《马太福音》里面所谓《登山宝训》那几段经文，当时我受了深刻的感动，觉得里面所说的道理，就是我十几年来所追求而没有得到的东西。它给与我极大的安慰和极大的兴奋：它好像一盏明灯，把我一生所应当走的路程，都给我照得清清楚楚。从此我就把《新约》殷勤的阅读，而我的基督教信仰的基础，便在此建立起来。这22年来福音书中有两段话最使我拳拳服膺的，那就是（一）"你们要先求他的国，和他的义；这些东西都要加给你们了"（《马太福音》第6章第33节）。（二）"因为凡要救自己生的，必丧掉生命。凡为我丧掉生命的，必救了生命"（《路加福音》第9章第24节）。

现在我把我所认为基督教最基本的信仰写出来。

---

* 原载《基督教与新中国》，青年协会书局，1940年6月初版。

我对于上帝的信仰

基督教最基本的信仰自然是上帝的存在。上帝究竟是不是一个客观的实在，抑或他只是人类思想中的虚构？我对于这个问题曾经有过一番刻苦的追求，到现在，我觉得我对于这个问题已经得到一个比较满意的解答。在表面上似乎所谓上帝也者，只是一个空洞的名辞，但我认为这个名辞是代表着一个绝对真实的存在。这个名辞所代表的是宇宙间一切客观的真理：宗教家认为宇宙间的真理，是统一的，是一元的，是支配着整个的历史与人生的。他把这个客观的真理称作上帝，并不因为他像一个人——虽然在许多宗教信仰者的思想中他们的上帝观是“拟人”的，而是要把上帝这个名辞来象征客观真理对人生的绝对的力量与权威。真理是支配一切的，所以上帝也是支配一切的。如果我们明白了这一点，则上帝存在的问题不必解决而已经解决，因为事实——客观的真理存在在先，而人们以上帝的名辞加于这个客观的事实是在后。至于宗教家说上帝创造宇宙万物，那无异说：真理创造宇宙万物。如果我们问：上帝创造宇宙万物，上帝自己又是谁创造的？那就等于问：真理是谁创造的？这个问题不但是不能答复的，也是没有问的必要的。

但基督教对于上帝的信仰当然不是这么简单的，因为这个信仰，不但有理智的成分，也包含着浓厚的情感的成分。虽然有思想的信徒，并不把上帝看作一个长胡子的坐在天上宝座的王者，但他对于这个上帝，却不像科学家用客观理智的态度去对待他所追求的真理。上帝是一个信徒生活上的主宰、君王、父亲；他对上帝有灵性上的交往，那就是祈祷；他也可以得到上帝的领导，那就是圣灵。这些信仰上情感的作用似乎是迷信，似乎是离开了客观的实在，然而事实上并不如此。现在举祈祷一个例来说。所谓祈祷，就是虚心的在客观真理的面前等候它的启示。一个祈祷的人，他对于客观的事实，应当有更周全的体认，他的心灵对于真理应当有更敏锐的感觉，他也应当更坚定的具着服从真理的决心。这种种的训练都不只是理智的，而是充分带着情感的作用的。宗教家固然是这样的，即使科学家也决不能不多少是这样的。一个宗教家因为情感上的需要，把客观的事实情感化了，甚至人格化了，这正如一个私人或一个艺术家，把客观的事实情感化了或人格化了一样。然而如果这些主观上的作用是建筑在客观事实之上的，是受客观事实所支配所修正的，这是无伤于客观的实在的，并且可以使客观事实更丰富，也更能应付人生的需要。

现在让我把信仰上帝对于生活上的意义，简略地说出来。

第一，一个信仰上帝的人，对于真理的追求，应当是更热烈的，更深刻的，更诚恳的；他的最终的目的，应该是一个真理化了的人生，正如耶稣所说的："我来是为真理作见证"。因为他相信真理是上帝的启示，所以无论从任何方面来的真理，他都应当接受，都应当服从。但在历史上为什么许多宗教徒却变成了最顽固、最守旧、最反对真理的人呢？那就是因为他们没有追求一个表现于客观真理的上帝，而把自己主观的见解和成见当作上帝。而其所以如此，就是因为宗教是具着浓厚的情感的成分的，用之得当，它是解放人生的利器，正如耶稣所说的："你们将要认识真理，真理必定使你们得到自由"；用之不得当，则宗教可以成为反对真理的最大力量，这种力量，不但表现于宗教在中世纪以后的反对科学，也表现于耶稣自己所与周旋的，至终被它钉在十字架的，为当时犹太那些法利赛人和文士所代表的守旧和顽固的宗教力量。基督教本身的产生，就是争真理、争自由的成果。

第二，一个信仰上帝的人应当是更勇敢的，更有力量的。人生是渺小的，是受着许多不可预测的事势所支配的。然而一个信仰上帝的人，如果他是不断的追求上帝的旨意，服从上帝的旨意的，他必定会感觉在他做事的时候，有一个伟大的力量在推动他、支持他、成全他。他知道凡是合乎上帝的旨意的事，不管当前有什么阻力，也不管它一时遭遇了什么挫折和失败，它至终是必定能够实现的。甚至在走投无路，面前似乎是充满着黑暗的时候，一个信仰上帝的人，也绝不会悲观失望，放弃了他认为是上帝所指示的道路，或所给予的使命，因为他相信凡是应当做的事，也必定是可以做成的事，并且他也相信任何困难都可以胜过，任何问题都可以解决。他所以有这种毅力，有这种决心，就是因为他相信支配着宇宙和人生的上帝，是具着无上的权力的，而这个权力，也就是真理的权力。

第三，一个信仰上帝的人应当是很快乐的，很平安的。他之所以快乐和平安，并不是因为他没有困难，没有问题，并不是因为他觉得人生的途程上尽是玫瑰的花朵，而是因为他信靠上帝，信靠真理，觉得世界上的穷通否泰、得失成败，都不足以支配他的命运，都不足以夺去他内心的均衡。耶稣在《约翰福音》书上说过："你们在世上有苦难，但你们可以放心，因为我已经胜过了世界”，这就是一个信仰上帝者内心的把握和平安的自白。但这并不是说一个信仰上帝者的内心，是可以无间断地保持这样的快乐与平安的。我们很容易被不必要的忧虑和浅窄的眼光所蒙蔽，所影响；我们很容易只看见近处小处，而没有看见远处大处；因为我们住在这样一个狭小的天地里，我们便得不到宇宙间伟大的真理所应当给与我们的慰藉、鼓舞与平安。但是一个信仰上帝者在这样的时候，有一个恢复他内心的均衡的秘诀，他将跪在上帝的面前，把他的愿望，他的苦闷，他的问题，他的软弱，他的罪过，都摆在上帝的面前，在那里等候、祈求、呼吁、感谢和赞美，结果，他恢复了他的平安，他得到了新的光明和力量。就是耶稣自己，他在被难以前，特别在十字架上，也曾觉得忧愁苦闷，彷佛一切都已失败，甚至说：“上帝，上帝，你为什么离弃我！”但是他经过恳切的祈祷以后，他便把一切都交托在上帝的手了，而他便恢复了内心平安。这似乎是一种不可以用理智解释的经验，但事实上这种经验的成因是很简单的，一个时常与伟大的真理面对面，服从它，信靠它的人，精神上是必定会得到这样的经验的，因为这就是耶稣所说的：“虚心的人有福了，因为天国是他们的。”

以上我把基督教最中心的信仰——上帝及其在生活中的意义，简略地说出来。在我个人思想与体验的历程中，这样的一个信仰是合理的，是建筑在客观的事实上的，是随时可以被新的客观的事实所充实，所修正的。它是信仰而不是科学，但它并不违背科学的原理，它也可以接受科学所发见的任何真理，以至从任何方面得来的真理。这样一个信仰的好处，就在于它可以充分的接受一般人都可以接受的真理，并同时增加了信仰对生活所给予的丰富的情感上的意义。这几年来我稍涉猎了一点唯物论的哲学。从理论上说，唯物论同宗教信仰是绝对不相容的，然而在我粗浅的思考之中，虽然这二者的出发点是绝不相同的，但我至今还没有发见它们在历史和人生的认识中有什么绝对不相容的地方。这也许是因为我的宗教信仰是一个“异端”的信仰，也许我对于唯物论的认识还没有到家，但我至少可以相信这二者之间的冲突，或者并不如一般流行的理论家所称述的。我始终相信，世界只有一个共同的真理，这个真理并不是哪一派学说或哪一种主义所能独占、所能专利的，而是任何人在任何时代都可以发见的。一种思想、一个信仰，自然不能不深刻地受着时代的影响与限制，然而在他们里面未尝不可以有超时代，超地域，放之四海而皆可准，质之百世而不惑的真理。我相信在基督教的教义中，有着这样的真理。也因为这样，所以我相信基督教不但可以与时代俱进，并且可以永远站在时代的前面，引领着时代前进的。

我对于耶稣的认识

除了对上帝的信仰以外，基督教的又一个基本的信仰就是耶稣基督。这两千年来一般信徒对于耶稣个人的认识是极其分歧的。有的人以为他是神，有的人以为他是人；有的人以为他是“末世论”者，有的人以为他是现实主义者；有的人以为他是政治家，有的人以为他是一个纯粹的宗教家；有的人以为他是一个唯爱主义者，也有的人以为他是主张用武力的。但在这许多分歧的解释中，我以为有一点是大家所公认的，那就是耶稣是表彰上帝的。上帝是看不见的，听不见的，是无从捉摸的。然而一般基督徒感觉耶稣的生平和教训，是把上帝的本性表彰了出来，正如耶稣自己所说的：“人看见了我，就是看见了上帝”。耶稣的这句话是可以在福音书里的记载得到充分的证明的。耶稣是一个血肉的凡人；他会哭、会笑，会感觉饥饿、疲乏，他会忧愁，他甚至怕死。然而耶稣在他医治人教训人的时候，表示了超人的能力，这样的能力，也许是我们每一个人都具有的，然而因为我们有着许多精神上和生活上的障碍，所以不能把这种能力发挥出来。但是耶稣所表现的还不止于此，听过他说话的人，都觉得他的话是“有权柄”的；被他所吸引的群众，有时跟他到旷野去，甚至忘记了饥饿。一个犯奸淫的妇女，被人捉住送到他面前，要把她用石头打死，耶稣在他们当中默默无言，后来只说了一句：“你们当中，谁若没有罪，就可以先拿起石头来打她”，这一群来势汹汹的人，听见了这一句话，便一个一个的走开。又有一个犯罪女人坐在耶稣足前痛哭，眼泪流在他的足上，她便用自己的头发把它擦干，并且用香膏来抹他的脚。20 年前有一位知名的戏剧家曾经说过，这是一段最美丽的故事。在耶稣的门徒中，彼得是一个性情暴躁而意志又很不坚定的人，当耶稣告诉门徒说他自己将要受难的时候，彼得说耶稣无论到什么地方他都要跟从他，但后来耶稣被捕以后，彼得却三次说不认识他。及主耶稣死了以后，特别在五旬节的时候，彼得却变成另外一个人了。他大胆的讲道，为耶稣作见证，并且，据传说，他后来以身殉道的。这些人的经验，似乎都不能不使我们得到一个结论，那就是他们在耶稣中，尤其是在十字架上的耶稣中，看见了上帝。他们所看见的是太动人了，是太美丽了；他们似乎感觉这些东西就是宇宙和人生所以构成的原素；他们似乎意识着：宇宙间如果有一位上帝的，这就是上帝的表现。

耶稣所表彰的上帝，究竟是一个怎样的上帝呢？无疑的，他所表彰的是一个爱的上帝。从普通的经验来看，宇宙似乎是无情的，是中立的，甚至是残酷的，所谓“天地不仁，以万物为刍狗”。然而耶稣却肯定了上帝是爱。他把上帝当作我们的父亲，他是爱惜我们的，是知道我们一切的需要的，是慈悲的，是帮助我们的，因此他告诉我们：第一个诫命，就是要爱这位上帝。究竟耶稣这个爱的上帝的观念，是意想中所构成的，抑或是有事实的根据的呢？这便引起了人生中最不容易解决的苦厄的问题。人生的苦厄有的是可以避免的，有的是可以完全废止的，但有一些却是不能避免或废止的：生老病死和风水地震等无望之灾，以至终有一天必要来到的地球的末日就是属于这一类的灾难。但在这许多似乎是与人生作对的事实的面前，耶稣却大胆的说：“上帝是爱”，他认为苦难只是上帝所给予人类的一种磨练，上帝是要在苦难中成全我们的。基督教一个最大的贡献就是教人从痛苦和失败中得到胜利。这并不是叫人屈服于痛苦与失败，被它们所降服，相反的，基督教是教我们以积极进取、奋斗牺牲的精神，去应付人生一切的痛苦。耶稣的十字架就是一个最好的例证。在表面上看，十字架是莫大的痛苦，是悲惨的失败，然而两千年后的今日，一般基督徒和非基督徒，都认为十字架的精神是伟大的牺牲精神，是人类得救所必不可缺少的精神。世界之所以能进步，人生之所以有意义，就是因为这种精神的存在。这样看来，十字架的精神，就是把痛苦与失败变作胜利与成功。耶稣所有的教训中，其最富有深刻意义的一句就是：“凡要救自己生命的，必丧掉生命，凡为我和福音丧掉生命的，必救了生命”，这不但是消极应付苦难的方法，也是积极战胜世界的方法。因为耶稣有这种觉悟，所以他在十字架上最后还是相信上帝是爱，还是能够把他自己完全交托在上帝的手里。说上帝是爱，是只有拿这样的事实和经验来证明的。自然，在人生里有许多痛苦似乎是不必需的，似乎是毫无意义的，然而一个相信上帝是爱的人，他也能够把这些痛苦看为在上帝整个慈爱的计划中所不能缺少的成分，采取一种信靠服从的态度，因而获得内心的平安。简略地说，这些就是基督教所以说上帝是爱的原因。

耶稣所相信的这样一位爱的上帝，对于我们有什么意义呢？我以为有两种极重要的意义。第一，是这种信仰对于自我解放的意义。第二，是它对于社会改造的意义。为什么相信一个爱的上帝可以解放我们自己呢？耶稣告诉我们，我们一切的需要上帝是知道的。他叫我们看空中的飞鸟：它们也不种，也不收，也不积蓄在仓里，然而上帝却养活了它们。他又叫我们看野地里的百合花：它们也不纺线，也不织布，然而所罗门最荣华的时候，所穿戴的还不如这花的一朵呢！所以耶稣叫我们不要忧虑，说："你们要先求上帝的国和他的义，这些东西必定加给你们的。"他叫我们不要忧虑，并不是叫我们不去计划，不去工作，他是叫我们放心，叫我们信靠上帝的慈爱与力量。我们如果能够从这许多不必要的忧虑与畏惧中被解放出来，我们便可以恢复我们固有的精神上的独立与自由。所以耶稣说："凡劳苦担重担的人，可以到我这里来，我就使你们得到安息。我心里柔和谦卑，你们当负我的轭，学我的样式，这样你们心里就必得享安息。因为我的轭是容易的，我的担子是轻省的。"

其次，相信一个爱的上帝是深深地具有革命的意义的。上帝是爱，上帝是人类的父亲，人是上帝的儿子。因为这样，在上帝的眼中，人是具有无限价值的。耶稣说："安息日是为人设的，不是人为安息日设的。"他说过一个譬喻：一个人有 100 只羊，失去了一只，后来他把这一只羊找到了，他对这只羊的快乐比对没有失去的 99 只羊更大。在耶稣看，凡是否认人的价值的，无论是制度，是阶级，是个人，是国家，我们都应当去反对。因此我们相信，如果耶稣生于今日，他对于剥削人的社会制度，和摧残人类的侵略与战争，也必定是反抗的。但耶稣的信仰虽然具着这样的革命性，他对当时罗马的统治，却没有像当时许多的犹太人主张用武力去推翻。他的群众有一次要拥他为王，他却跑掉了。他进耶路撒冷的时候，民众热烈的欢迎，以为他是他们所盼望的弥赛亚，但后来他们失望了，他们知道耶稣所主张的是内心的改革和宗教的改革，而不是政治的革命。因此群众的情绪马上改变了。虽然彼拉多——罗马的统治者，说耶稣没有罪，要释放他，但犹太人却坚持非把他钉在十字架不可。这些事实都证明耶稣的死，并不死于反抗罗马的统治，而是死于他的反对传统的宗教，和他的使当时爱国群众的失望。这是不是证明耶稣的信仰是并不具着革命性的呢？我以为这样的一个结论是完全错误的，耶稣当时所以不主张用武力推翻罗马的统治，并不是因为他认为这统治是好的，或者是愿意与它妥协。据我看，耶稣之所以这样主张，大概是因为（一）他是主张用爱的手段去达到任何的目的，

（二）他认为犹太人的内部生活如果不能改进，他们便根本没有推翻罗马统治的能力，（三）他认为当时罗马和犹太的力量比较起来，无疑像卵之遇石。但这些事实的存在却没有丝毫减少了耶稣的教训的革命精神。他把人的价值看得那样的重要，所以他对于任何的恶势力都决没有妥协的余地。两千年后的今日，我们读到耶稣对当时法利赛人和文士的斥责，犹不能不肃然起敬。

但为什么本质上是革命的基督教，在历史上很容易变成一种保守，甚至反动的势力呢？我以为原因是：（一）基督教常常被统治者所利用；（二）基督教很容易偏向于唯心的观念，变成一种逃避现实的信仰；（三）基督教所注重的不是社会和个人在某一阶段的改造，而是全人类的得救和天国的实现，因此他对于现阶段社会的改造，并没有一个具体而切实的方案。但我们相信基督教的革命精神，在每一个时代都会打破传统的桎梏而表现出来。在世界第一次大战结束后的20年中，这种表现尤为显著。这里因为篇幅关系不能细说了。

在耶稣的宗教思想中，还有一点很重要的，应当在这里补充，这就是耶稣认为人是有罪的。他认为只有一位是圣善完全的，那就是上帝，至于人，他不但是现在有罪的，而且这个恶的倾向，除非因得了圣灵的感化而获得重生，便会永远地存在。因此人虽然是有绝对的价值的，但这价值却并不由于人是完善的。因为人是有罪的，所以人对于自己应当谦虚，人对于别人应当以同情容忍与饶恕彼此相待；人对于上帝更应当永远追求他的至圣至善，像耶稣所说的："你们要完全像你们的天父一样"。在基督教的思想中，有人以为耶稣是绝对唯爱的，是不主张用武力的，也有的人认为武力与强制是不违反耶稣的精神的，然而这两派的思想都有一个共同的点，那就是他们承认人类的罪恶的倾向，因此，即使武力与强制是不得已而用的，他们也觉得同情和怜悯的心，即使对于我们的仇敌，也是不应当缺少的。因为有这个特殊的对人性的认识，所以基督教对于革命的主张，对于革命的方法，以至对于革命的期望，与一般流行的看法，在若干方面，都有质的不同之处。

以上，我把我对于基督教最基本的信仰，简略地叙述出来。里面有许多重要的意义，不是用寥寥几千个字所能说得清楚的，更不是用默书的方式所能说得周畅完满的。也许还有许多别人以为重要的教义，在这里完全没有提到。但我希望这一篇提纲挈领式的叙述，可以使读者对基督教的信仰，得到一个清楚的轮廓，更因此也可以明了我在下面所要说的关于基督教对新中国的贡献的一些话。

基督教在大时代中的贡献

基督新教传到中国百有余年，其间或因信徒本身的弱点，或因教外人士对基督教的误会，曾经发生过好几次排教运动。最近一次发生于1922年至1927年之间，就是在五四运动产生以后。在那时，基督教会被看作帝国主义的工具和文化侵略的先锋。也正是在这时候，新唯物论被介绍到中国来。一般人更从这个观点去批评宗教，把基督教和其他的宗教放在一起，等量齐观，认为宗教是某阶段社会发展中所具有的现象，产生这些现象的因素被否定了，宗教的本身也同时被否定而将消灭了。这样，无论在理论方面或行动方面，宗教在现在固然没有地位，在将来也是没有前途的。但是在最近的四五年中，因为一般基督徒和许多基督教团体对于抗建国策的拥护，尤其对于伤兵和难民的服务与救济，以及在国际间正义的宣传，一般人对基督教的观念已经大大的改变。在他们的心目中，它已不再是帝国主义的走狗，或文化侵略的工具。相反的，基督徒们大部分被看为具着正义感的人士，与其他的人为中国的自由平等而奋斗，尤其被人称道的是耶稣在十字架上牺牲流血的精神。虽然唯物论者在哲学上对于基督教的批评始终没有改变，他们至少认为基督教在现阶段的中国有它相当的地位和贡献。这些对基督教的善意都是很可欣感的，然而因为许多人对基督教的基本教义还缺乏着深刻的认识，所以他们对于基督教在现时代的贡献也不能有一个很深切的了解，因此似乎我们有从基督教本身的立场，说几句话的必要。

首先，我愿意把基督教最前进的学者和领袖对于一般社会问题的态度，简略地介绍一下。从第一次大战结束以后，尤其是在1929年深刻而普遍的经济恐慌发生以后，他们都一致感觉资本主义的社会制度已经到了没落的时候；他们认为现社会制度造成经济的不平等和阶级的对立，也必然地引起国际间的纷乱和惨酷的战争。在他们看，代替现在社会制度的，应当是平等、自由，为人民大众谋幸福的社会主义制度。在这一点上，这些基督徒们的见解可以说是同共产主义的见解没有多大分别的。但是他们对共产主义有三点主要的批评：第一点，他们认为共产主义虽然在革命方法的方面可以说是科学的，但是在革命目的的方面，它却是乌托邦的。所谓乌托邦者就是说：共产主义认为现社会一切的弊病都是现社会制度所产生的，现社会制度改变了，不但这些弊病都可以除去，人类从此也可以有无限量的进步。他们根据基督教的观点，却以为社会制度的改革，虽然是一个大的进步，但人性中恶的趋向，却并不会因此而消减。他们以为人的自私心、权利心、好名心还是一样的，可以在新的环境中有新的表现，即使这些恶的表现不像以前的可怕。他们对共产主义第二点的批评就是说：共产主义对于个人人格和价值的尊重，常常会因为实现集团的利益和革命的目标被牺牲掉。他们并不否认共产主义最后的目标是要解放个人的，他们也不否认在革命的斗争中，个人的牺牲有时是不可避免的，但他们还是觉得共产主义常常会有求目的而不择手段，及重集团而轻个人的危险。第三，他们认为共产主义过分地把人生的价值看为是建筑在物质需要之上的。这并不是说他们不承认人的精神生活在某些情形之下，是受物质条件支配的，但他们觉得人的精神生活，并不完全附属于物质生活而有它的独立性，因此人生的价值，也不完全是建筑在物质生活之上的。基督教的学者以上三点对共产主义的批评，是不是可以成立的，这很值得我们去讨论，但无论我们对于这些批评是否同意，我们认为这两种足以左右世界的思想，的确应当有互相批评、互相研究的机会。我们相信它们都各有它们特殊的贡献，它们都各有所长，也都各有所偏，我们希望最近未来的新文化，是由这两种表面上似乎很不相同，而实质上都有许多共同之处的思想，所镕铸而成的。

把基督教对于现在社会的问题的态度简略地介绍以后，我们现在可以进而讨论基督教对于抗战建国中的中国可能有的贡献。

第一，我以为基督教在现在应当充分发挥它的反侵略的作用。耶稣在开始传道的时候就说："主的灵在我身上，因为他用膏膏我，叫我传福音给贫穷的人，差遣我报告被掳的得释放，瞎眼的得看见，叫那受压制的得自由，报告上帝悦纳人的禧年。"这几句话是充分地具着反侵略，反压迫的正义感的。这几年来，全世界的基督徒不但一致的拥护中国正义的抗战，他们也普遍地发动了反侵略、反法西斯、反帝国主义战争的运动。虽然在基督徒中还有不少人根据爱仇敌的教训，不主张用武力去制止侵略，反抗压迫，但是他们反对恶势力的正义的呼声，却是一样的。在今日侵略者到处疯狂地发动战争的时候，基督教主张公道、维护正义的力量，尤其是在弱小民族中，应当是极其重要的。

第二，基督教应当成为一个实现和拥护民主政治的主要力量。基督教的教义是尊重人格、尊重个性、尊重自由的，而这些都是构成民主主义的要素的。从使徒时代的时候，基督徒们为拥护信仰的自由，曾经说过："我们应当听从上帝的话，而不听从人的话"。十八九世纪间欧美推翻封建制度的民主浪潮所提出的"自由、平等、博爱"的口号，也是发源于基督教的。在希特勒专政下的德国，基督徒们因为反对政府对思想和信仰的统制，纷纷起来反抗，虽遭受财产地位与生命的损失而不顾。在我们中国，很可喜的，宪政运动已经开始，而民主政治的要求亦普遍于全国。中国的基督教运动在这时候，不但对于宪政运动应当予以有力的推进，并且对于一般民众的民主习惯、生活与智识的训练，也应当负起领导的责任。民主政治不但与抗战的胜利有极大的关系，它也是人民在抗建过程中及抗建完成后，所当享的权利与应尽的义务，基督教对此应当可以有巨大的贡献。

第三，在抗战建国的历程中，中国的又一个需要就是全民族坚固的团结，尤其是党派间的合作。西安事变后，中国国共两党的携手合作，可以说是历史上的一个奇迹。怎样保证这个合作的维持，以及怎样使全民族继续保持一条坚强的统一阵线，使中国民族求生存求独立的奋斗，不至中途挫折，这应当是全国人民所最关心的一件事。基督教有一个教训，就是叫我们"合而为一"，叫我们清除彼此间的嫌怨，用同情、体谅、饶恕的态度，去为人服役。这一种精神，正是我们今日中国所需要的。耶稣又曾教我们做"光"，做"盐"；所谓"光"，就是给人做一个好榜样，使别人见了我们的行为便归荣耀与天上的父；所谓"盐"，就是叫我们在人的关系中发生调和、消毒与防腐的作用。基督徒如果能做到这样，他们便可以帮助把现在一切妨碍团结，造成分裂的现象逐渐的消灭，使中国民族解放的前途，奠定在磐石之上。

第四，我们在前面说过，许多有思想的基督徒，都认为现在的社会制度，已经就到末日，取而代之的应当是个更平等更合理的社会主义制度。这样一个新社会制度的实现，自然要因为时地和环境的不同，而需要不同的方法与步骤，但这一个最后目标的实现，需要我们在此时此地作不断的推动与策划，使前进的力量得以日渐发展，使落后的力量可以日渐消灭。在现阶段的中国，我们还没有到可以实现一个社会主义社会的时候，也没有具备实现这样的社会的条件；同时我们也知道，我们不应当也决不能使今后中国的社会，重复走向已经崩溃的资本主义的旧路。在这样的时期中，大家的意见似乎都觉得我们应当：一面鼓励私人资本以求达到经济基础的建设，另一方面把若干重工业收归国营，同时限制私人资本过分的发展，这便是所谓非资本主义非社会主义的一种过渡时期的发展。基督教在这个时候有两个重要的任务：第一，它应当以教育的方法，养成一般人民对新社会的了解和要求；第二，它应当提倡与鼓励新的经济组织，如合作社之类，和训练这些组织所需要的技术人才，以奠定新社会的经济基础。如果它能完成这两个任务，这对于新社会组织的最后实现，实在是一个有力的推进。

基督教应当用什么形式去帮助大家实现上述四种的任务呢？我以为它应当以一个民众运动的姿态去从事于这些工作。现在我们最需要的是一个超然的，非政治的，非党派的，而能宣达大众的要求的民众的力量。基督教因为它在各阶层民众中所发生的广大的关系，和它的比较超然的立场，应当可以成为构成这一种民众力量的一个重要因素。几年来的抗战，的确把中国进步的力量解放了和发展了，然而残喘着的腐败的力量和落后的力量，在许多地方还是根深蒂固，不会一时消灭，民众的力量是保证进步力量的加速发展和落后力量的加速崩溃的最有力的武器。我们试看过去 30 年中华民国的历史，不论是满清的被推倒，是洪宪和北洋军阀的失败，甚至是“七七”抗战的发动，和抗战前几次内争的消除，处处都有普遍的民众的要求在它们的后面，因为这样，所以这许多空前的事件，才能在艰苦的环境中出现。过去是这样，我们相信将来也不会例外的。我们希望基督教能够在今后与国内一切进步的力量携起手来，去完成这一个重要的历史任务。

在此之外，基督教还可以做一种极其需要的工作，那就是国际宣传和中西文化沟通的工作。基督教不但有许多西国的传教师在中国服务，基督教本身也是一个国际的组织，有着无数的国际关系。自抗战以后，在国际中为中国作正义呼声的，有不少是基督徒和宣教师，因为他们的国际关系，他们的呼声是很有力量的。他们不但拥护中国正义的抗战，他们也反对国际一切侵略的战争。基督教中的这个成分可以变成一个重要的国际反侵略的大团结，而中国的基督徒也应当成为这种团结中的重要分子。在另一方面，中国的基督徒也应当藉着基督教的关系，把西方的新兴文化介绍到中国，把中国的新兴文化也介绍到西方。在过去的数百年中，基督教在中国曾有过介绍西方文化到中国的重要贡献；在新中国建设过程中的今日，基督教在这一方面的任务尤其重要。

基督教在精神生活中的贡献

我在上面所说的是基督教在社会生活方面的贡献，现在我还要说到基督教在个人精神生活方面的贡献。我们现在的时代是一个动乱的时代，是社会基础和社会组织发生了根本动摇和变革的时代。在这样的时候，尤其是在那些已经被侵略者统治着的地方，很多人容易感觉悲观与失望。那些另具作用的人，更利用这个机会去散布失败主义的毒素。在近几年的世界政治中，尤其在欧战爆发以后，也有许多人感觉国际间侵略势力的进展，和一般混乱的形势，似乎都表示着人类又重复回到野蛮的境界。在这样的时候，有两样东西可以帮助我们看清楚世界的演变，使我们不至于因把握不定而陷于消极与悲观。第一是社会科学：它告诉我们社会的演变，是根据着一定的法则的。它告诉我们现在的社会制度，因为本身内在的矛盾，必然地要崩溃，必然地要演变成一种新的社会制度。了解社会科学的人，对现世界的局势只有欣悦与期望，没有消极与悲观，因为他们从过去可以了解现在；从现在，可以把握将来。另外一种可以帮助我们对现世界保持一个正确态度的东西，就是基督教的信仰。基督教相信一位慈爱公义的上帝，他是运行于历史之中的，他是利用着社会生活一定的法则，来表现他自己的旨意的。基督徒认为上帝的力量高于一切，认为他的旨意，无论经过多少迂回曲折的道路，始终必能在历史里实现出来。世界上的恶势力可以得胜于一时，社会上保守的力量也可以开一时的倒车，然而正义的力量，进步的力量，和一切适合于历史演进条件的力量，至终必定能够战胜一切腐恶的东西，把新时代迎了进来。因此一个基督徒对于现在纷乱的世界，不但不悲观，而且因为他可以从已经崩溃的旧世界中看见了新世界的萌芽，因而充满了前进的勇气。以上两种对现世界和历史的看法——一种是科学的，一种是宗教的，表面上似乎是相反的，是互不相容的，然而我相信在他们之间，并没有什么根本的冲突，我们甚至可以说它们是同一个真理的两种不同的看法。社会科学对世界演变的每一阶段，可以作清楚而详确的分析，这是我们认识现世界所不可缺少的工具。但宗教因为它宇宙观和人生观的关系，更给予我们一种深刻而磅礴的信仰，使我们在任何形势之下，都能觉得世界的前途，是在公义与慈爱的上帝的手里，而不是在横行一时的国际的侵略者和社会的压迫者的手里。基督教的这种信仰，无论在《旧约》先知的预言中，或耶稣的训言里，都充分地表现出来。这种信仰正是我们现在的时代所需要的。

我们既具了不可动摇的信仰，我们便有力量去克服前面的许多困难，和忍受在这转变的时代中个人所不可避免的生活上的困难与艰苦。这些都是我们对新时代所必需付的代价，但因为我们对新时代抱着无限的期望，个人所遭遇的都算不了什么。这也可以说就是基督教十字架救世的精神，抱着这样的精神的，祸福成败不足以动其心，顺逆否泰不足以丧其志，这是基督教对今日精神生活的又一贡献。

我希望以上所说的足以代表基督教的真精神；我希望这种精神能够变成今日新中国建设一种主要的力量。这两三年来，有许多人对基督教发生了新的兴趣。据我们所知道的，《圣经》和其他基督教书籍的销数，在今日物价高涨和运输困难当中，居然打破了战前任何的纪录，而青年读者在这里面更占着一个重要的位置，这是很值得我们欣慰的。我们希望这不但是基督教本身在中国的一个新发展，我们更希望这一个从中国的新时代所孕育出来的基督教的新阶段，能够把基督教宝贵的精神给它一个新的阐发，因而可以对世界的基督教有一个特殊的贡献。

1940 年 5 月 21 日

基督教与新中国*

中国抗战，已经快到五年了。在这五年当中，我们遭遇了空前的苦难，也为民族生死存亡的斗争付了空前的代价。然而我们相信，这一切并不是无意义的牺牲，而是新中国建设所必须经过的历程，是民族复兴所不可缺少的锻炼。因此，不管我们前面还有着多少困苦艰难的旅程，我们还是抱着决心，鼓着勇气，迈步前进！

我们所期望着的究竟是怎么样的一个新中国呢？未来的事情将要怎样发展？没有人敢预料。然而观察世界大势的演变，和一般人心的要求，我们可以给我们所要努力实现的新中国，画出像以下的一个轮廓：

第一，我们当然要一个自由平等的新中国。从鸦片战事以后，帝国主义所加于我们的次殖民地的待遇，如不平等条约、治外法权，以至华侨及一般中国人在海外所受到的限制和虐待，都将要取消，中国将一跃而成为世界的第一等强国。

第二，我们要一个物质建设飞跃进步的新中国。我们埋在地里的无限宝藏，慢慢的都要被发掘出来；我们的重工业和轻工业，我们的交通工具——铁路、公路、航运、空运，都要有新的发展，使我们可以逐渐不必完全仰赖舶来的东西，成为一个自给自足的国家。

第三，我们希望与物质建设同时并进的，是一般民众生活的提高。我们希望中国不走上西方已经没落的资本主义的道路，而是实行中山先生的民生主义，平均地权、节制资本，使国家的资源、国民的生产，不为少数人所垄断，而为大多数人所享受，终于实现了一个经济上平等的国家。

---

* 原载《公报》第14卷第3—4期合刊，1942年4月。取自《黑暗与光明》，青年协会书局，1949年12月初版。

第四，我们更希望民主政治的实现。我们希望人民可以享受到他们一切应享的自由；我们希望有真正代表民意的机关去决定一切国策。在这新的局面之下，我们希望能够扫除政治上的贪污和阻碍民众发展的力量。在这新的局面之下，我们希望中国可以永远废止一切自相残杀的内争。

新中国的内容，当然还有许多别的东西，但以上四点是它最主要的元素。现在让我们问一问：这样的一个新中国，是不是只是一个遥远的空想，还是在不久的将来可以逐渐的实现的呢？我们的回答是：新中国的建设，不只是一个愿望，而是一个绝对的可能，但这可能是建筑在以下的三个假定上面的：

第一，我们假定中国的抗战是胜利的。现在我们的抗战已经快到五年了。如果在五年内，敌人单独对我们作战，而没有能够把我们的主力击破，那么，在今日，敌人在多方面作战，并且要竭全力去应付太平洋的局面的时候，我们更不能相信他有能力把中国征服；长沙三次大捷，便是一个最明显的例证。

第二，我们假定在现在的世界大战中，民主国家是要得到胜利的。在战争的初期，由于侵略国家充分的准备和周密的计划，由于民主国家准备的不够和力量的分散，使侵略国家得了初步的、相当巨大的胜利。但这是一个长期消耗的战争，最后决定的因素，不在于一时的胜败，而在于资源的是否充裕，生产力的是否雄厚，尤其是在正义战与非正义战的区别中，人民心理的趋向。在这一切的因素上，毫无疑义地，民主国家是占着优势的。即使这些属于优势的力量，还需要相当时候才能表现出来，我们还是绝对的相信：最后的胜利是属于民主国家的。

第三，我们假定国内觉悟的民众能负起责任，在各方面为新中国的实现而努力。一个国家和民族的改造，不但要靠执政者在政治上的设施，也要靠一般民众在野的辅助、督促，与鼓励。如果人民只是被动的、消极的，那么，就是有一个良好的政府，也只能收事倍功半的效果；但如果人民肯把国家的事当作自己的事，好的东西尽力提倡，坏的东西尽力制止，使人民的公意能够变成政治设施的寒暑表，国策趋向的指南针，那么，无论我们面前还有多少的困难，新中国建设的成功是可以预卜的。

基督教对新中国的建设，究竟可以有什么贡献？我以为：

第一，基督教可以增加一般人民对中国民族和对正义公理必定得到最后胜利的信仰。基督教相信一个在历史中运行监察着、审判着万国万民的，公义的、慈爱的上帝。在《圣经》中，《旧约》里的先知们尤其把这一种信仰发挥得清楚透彻。他们相信：违反人的要求的东西，就是违反上帝的旨意的东西，而这些东西终久必定会被上帝毁灭的。在中国抗战正进入最艰苦阶段的今日，在世界大战中侵略国家似乎占着压倒的优势的今日，这一种信仰的发挥是应当有其极大的意义的。

第二，基督教可以鼓起国民的牺牲、克己、服务的精神。在战争中，尤其在长期的抗战中，不但前线的将士要牺牲他们的性命，后方的人民也要忍受着无数物质上和精神上的困难。在这时候，为着新中国的诞生，为着新世界的实现，而把个人的利益与安逸暂且搁在一旁，这是支持一个长期的正义战争所必要的条件。基督教的十字架是牺牲的象征，耶稣的一生是牺牲的实践，“凡要救自己生命的，必丧掉生命；凡为我丧掉生命的，必救了生命”，这是我们今日的金玉良言。我们不但要消极的牺牲刻苦，我们也要利用现在空前的机会，为许多在困苦流离中的人服务，去实现耶稣的另一宝贵的教训：“我来不是要人服役我，而是要我去服役人。”

第三，基督教可以为新中国的建设，供给许多有用的人才。现在的中国到处都闹着人才的饥荒，在抗战结束以后，恐怕人才的需要将要十倍于今日。在过去，基督教的大中小学曾经为启蒙时代的中国供给了不少的人才，虽然他们并不是每一个都能够本着基督教的精神去做事；但大体上，他们是忠诚的，可靠的。在以后十年、二十年的中国，基督教在这一方面，尤其可以有一个伟大的贡献。

第四，基督教可以做一个促成民主政治实现的动力。基督教尊重人的个性，尊重人的价值和尊严的教训，是民主主义的基础；基督教自由、平等、博爱的精神，是民主主义的实施。在中国的抗战中，在世界的大战中，我们正付着巨大的代价，而我们所要争得的就是这些东西。在这时候，基督教应当尽了它先知的责任，时常督促提醒我们去促进这些理想的实现。尤其重要的，是基督教在它的种种活动里要从事于民治生活的训练，使民众了解民主政治的意义，表现民主政治的精神，以作实施民主政治的准备。

基督教是否已经对新中国的建设，有了以上的贡献呢？我以为局部它是已经有了，然而是非常不够的。至于它怎样才能有更大的贡献，那就不是本文的篇幅所许可，要用专篇来讨论的了。

祈祷的意义*

祈祷似乎是一件很神秘的事，然而它实在并不神秘，因为它是建立在我们日常生活之上的。

假如你到了一个春天的原野，你看见青葱的草，美丽的花，你欣赏着和暖的阳光，啼啭的鸟语，你必定会有一种异常美的感觉，觉得你与大自然浑成一体。假如你听见了很好的音乐，或看见一幅动人的图画，你会欣赏到出了神，或者忘了形。又假如你在黑夜里看见天空的繁星，在海洋中看见灿烂的落日，或者看见尼亚加拉奔腾的瀑布，看见峨眉山上雄伟的金顶——在这样的时候，你不但欣赏，你也会赞叹神工鬼斧的奇迹，生出一种惊奇崇拜的感觉。在这一刹那间，也许你没有意识到，然而你是与上帝同在，与他合而为一，而你与这大自然的灵性交感，便是祈祷。

假如你碰到一种危险的经验，或者是一个空袭，或者是船沉，或者是风火地震之灾，或者是你所爱者的危险疾病，或者是其他不测的事情——在这样的时候，你会感觉无能为力，你会觉得一切事情的摆布，都不在你的控制之下。在这样的时候，你的内心会发出一种呼显——所谓人穷则呼天，这种呼显，甚至使你屈下膝去，向着宇宙间那个不可知的，但却是控制着你的生命的力量呼显，而这个呼显就是你的祈祷。

又有的时候，你遇见一些疑难的问题，这些问题，你自己没有法子解决。也许你所遇见的是一个强烈的试探，而你没有能力去胜过；也许你希望得到某种的成功，而事情却与你的愿望相反；也许别人要你负起一个重大的责任，而你自己觉得不能胜任。在这样的时候，你会感到失

---

* 原载《协进月刊》，1943年9月。亦载《天风周刊》第107期，1948年1月31日。取自《基督教讲话》，青年协会书局，1950年4月初版。

意，你会觉得前途黑暗，走投无路。在这样的时候，你也会向那左右人生途程的不可知的力量，发出一种呼吁，而这种呼吁，也就是你的祈祷。

也有的时候，你没有什么特殊的经验，你只过着平淡的生活，你觉得你已经尽了你当尽的本分，你没有什么特别的需要，你所求的也许只是每日饮食起居所必需的东西。在这样的时候，你的心中会感觉安泰，感觉你是与宇宙间那个创造维系的力量同工的，而你的这种感觉也就是祈祷。

祈祷是以上的一切东西，但祈祷还不止于此。保罗说："深哉，上帝的智慧和知识，他的判断何其难测，他的踪迹何其难寻。"颜渊对孔子也曾赞叹地说过："仰之弥高，钻之弥坚，瞻之在前，忽焉在后。"这些形容的话语，都表示着人们对于宇宙间高深广博的真理，和藉着这真理来表现他自己的那位上帝，一种无穷的向往与追求。所谓祈祷，就是对着这位真理的上帝，把我们的内心展开，敬仰他，崇拜他，寻找他，顺服他，把自己从自我的囚笼中，从狭小的眼光中，解放出来，吸收他的真善美，以他为中心，与他合而为一。

祈祷在人生所发生的功用是什么呢？

第一，祈祷是和谐。人生是支离破碎的，是矛盾冲突的。祈祷可以使冲突的变成互助，矛盾的变成统一，破碎的变成完全。这不是逃避现实，不是麻醉自己。祈祷之所以是和谐，是因为它使我们生活中的一切，都统一于上帝的旨意之下。最伟大的祈祷，不是为我们自己求这个，求那个，而是要明了上帝的旨意，要上帝的旨意成全。一个科学家是因着他所发明的东西，与物质世界达到和谐的关系，因为他顺服自然法则，而不与它为敌。同样的，一个善于游泳的人，是与水发生和谐的关系，因为他顺服水的法则，而不与它为敌。因此，假如我们能够以"求上帝的旨意成全"为我们终身不断的祈祷，使它变成我们生活的中心，那么，我们即使在一个颠沛流离的境遇中，也能得到内心无上的和谐。

第二，祈祷是光明。上帝的真理是充满着宇宙的，而我们却常常被成见所蔽，被私欲所囿，被忧虑所扰，而看不见从真理所放射出来的光明。祈祷是人和上帝间的交感与合作。祈祷的作用，好像一盏电灯，与电灯联贯着的电线是常常有着电流的，但假如我们不把电门开了，电灯就不会发亮。祈祷好像把电门开了，让充塞着宇宙的真理，因着我们在祈祷中变成敏锐的感觉，进到我们的心中，被我们了解，被我们接受，而因此，我们就得到了光明。祈祷是主观的，也是客观的。它是客观的，因为宇宙间的真理，假如不是客观地存在，我们就无从因着祈祷而认识它，正如一盏电灯，假如电线里没有电流，它就决不会发亮。但祈祷也是主观的，因为我们的灵性感觉，如果不是在祈祷中变成更敏锐的，就无从体认客观的真理，正如一盏电灯，即使电线里有电流，如果我们不把电门打开，也不能发亮。祈祷又好像一个迷路的人，到了一个山上，在这以前，他不认识方向，也找不到出路，但上了山以后，他就能比较清楚地看见一切。同样的，一个常常祈祷的人，就好像登了一个灵性的高山，以前他所看为大的、远的、难的东西，现在也许变成小的、近的、易的；以前他所看为小的、近的、易的，现在也许适得其反。他的态度，是不同了，他的价值的观念是改变了，他是得到一种新的眼界（perspective）了。无论我们感觉前途怎样混乱，怎样黑暗，祈祷都可以给我们光明。有的时候，光明不会立刻就来到，但如果我们等候着——也许是一个短的时间，也许是几天，几个月，几年，光明是一定会来到的。也有的时候，我们所能看见的，不是一个清楚的远景，而只是目前一步的光明，但这一步的光明也就够了，因为我们走了一步，又会得到另一步的光明。因此，我们可以肯定地说，祈祷是光明。

第三，祈祷是能力。有许多时候，我们跪下去祈祷的时候，是软弱的，是忧伤的，是苦闷的，但是我们起来的时候，却感觉得强壮、兴奋、愉快。从古以来，有无数的人，有过这种经验。我们为什么能够这样呢？这就是因为我们在灵性上与能力的源泉——上帝——沟通了。这一位上帝就是人类生命的赋予者。他创造了日月星辰，使它们有规律的运行着；他叫鸟唱，叫花开；他连我们的头发也都数过。如果我们能够体会他，以他的旨意为行动的标准，以他的真理作生活的南针，我们就可以领受他的无穷无尽的力量，去充实我们的生命。我们若得到他的能力，还有什么可怕的呢？怕困难吗？怕危险吗？或者是怕失败，怕疾病，怕恶人，怕仇敌吗？谁能抵挡上帝？谁能抹杀真理？谁能阻止我们获得内在的丰盛的生命？我们可以同保罗一样的相信："万事互相效力，叫爱上帝的人得益处"，这样，我们就再不会感觉软弱忧疑的了。我自己曾有过一点小小的经验，是我所不容易忘记的。1936 年的冬天，我被邀到美国去作几个月的长期演讲。那正在我患了一场大病之后，身体非常软弱。在西雅图的时候，有一夜，我的心忽然激烈地跳动，第二天起来，觉得一点力量都没有。我以为旧病复发，同时想到面前已经安排好几个月的演讲程序，心中非常焦急。一位美国朋友同着我去看医生，他晓得我心中的忧虑，在半路上将汽车停下来，指着一个地方问我说："你在这边远处看见什么东西吗?"我说："看不见，"因为那个方向的附近，都笼罩着云雾。他便对我说："在这云雾的背后，便是我们华盛顿省那个三万多尺的最高的山。你放心吧，我看你的病没有什么，只要你相信上帝在你身上的力量，如同你相信我所告诉你的，在云雾里的那一座高山的存在。"于是我的心平安了，而我的病后来也慢慢的好了。在一切相信的人，祈祷的能力是伟大的，因为这能力是从上帝来的。在五旬节的时候，使徒们的祈祷，把地都震动了。耶稣自己也告诉过我们："如果你们有信心像一粒芥菜种，就是叫这座山从这里移开，抛到海里，也是可能的。"

但祈祷却不是"有求必应"的。有的时候，我们为不可能的事而祈求。比如说，在旱天求雨，雨是根据自然律下来的，不是祈祷所能影响的，我们也不应当希望上帝改变他的自然律。有的时候，我们得不到所祈求的东西，是因为我们没有忍耐，如果我们肯等候，肯继续的祈祷，也许所求的，终会来到。有的时候，我们所求的是不应当求的，好像奥古斯丁在他没有获得重生的经验以前所求的："求上帝帮助我脱离罪恶，但暂时还让我放纵一下吧。"也有的时候，我们所求的，需要我们与上帝合作，需要我们尽了我们的本分。如果我们只是坐着等候，我们所求的是必定不会得到的。最后，我们因祈求而得到的东西，有时和我们所求的刚刚相反。耶稣在客西马尼园中，求上帝把他的苦杯撤去，而上帝的回答却是"不能"。在这样的时候，我们只有信靠，只有服从，因为上帝的智慧是无边的，而人的知识是有限的，只有上帝能完全晓得我们应当得到什么，应当遭遇什么。正因为这样无条件的信仰和靠赖，所以耶稣在汗如血点的恳切祈祷之后，就能说："上帝，愿你的旨意成全。"

然而这并不是说，我们要过于周密地考虑应当祈求什么。究竟什么是应当祈求的，什么是不应当祈求的，界限很不容易规定。也许有的事情以我们看是不应当的，或是不可能的，而从上帝的眼光看来，却是应当的、可能的，比如关于求雨的那一件事，我们就没有绝对的理由，说不应当为这件事祈祷。雨固然是根据自然律下来的，但人又何尝不能影响自然律呢？有些地方所以没有雨，是因为缺少树木，假如把树木种起来，雨就会下了。祈祷又何尝不能影响人，叫他们去种树呢？即使祈祷没有叫雨下来，上帝也可以用别的启示，使我们避免或减少从旱灾生出来的痛苦与困难。这样看来，似乎我们为任何的事，为任何的需要，都可以向上帝祈求，而不必斤斤考虑，哪一个祈求是合理的，哪一个是不合理的，正如一个小孩，有什么需要和痛苦的时候，就哭着到他父母的面前申诉，而并不顾虑到他所申诉的是不是合理的。在祈祷的时候，我们应当把我们心中的一切，我们的快乐，我们的忧愁，我们的成功，我们的失败，和我们所需要的，都摆在上帝的面前，让他的圣洁的光，把这一切东西照耀着，洗涤它们，锻炼它们，对它们加以整理、拣选、排除。根据这一个见解，祈祷的主要功用，就不是为这件事或那件事祈求，而是把我们整个的生活，暴露着在上帝的面前，使它成为更圣洁，更完善，更合乎他的旨意。同样的，根据这个见解，我们对于每一个个别祈求的是否合理，就不必加以过细的理智的考虑，虽然这并不是说，我们在祈祷的事上，可以完全放弃理智的作用。

祈祷的结果是什么呢？一个常常祈祷的人还是会有问题，有困难，有烦恼，有试探的。但当他在这种情形的时候，他可以得到透过黑暗的光明，胜过困难的能力，和使他的内心甘美的平安。奥古斯丁在他的《忏悔录》里曾经说过："我们是为你（指上帝）造的，除了在你里面，我们就不能得到安息。"有的时候——也许是一个极短的时候，我们不只得到光明、能力与平安，我们还可以有一种近乎神秘的经验。我们似乎面对面的看见上帝，好像摩西看见那个燃烧着的树林，又好像耶稣在山上变相。在这样的时候，我们会感觉上帝是充满着宇宙的，他的荣光照透了我们的全身，而我们就好像身历圣地。在这一个短的时期间，我们可以说是尝了天堂的滋味。所谓得救，无非是让上帝的力量，在我们里面运行，使我们的生活日趋圣洁，使我们的身、心、灵，都变成上帝的圣殿。这就是祈祷终极的目的。没有这样的祈祷，也就是没有基督教。

以上所说的祈祷的意义，似乎偏重了个人生活的方面。但从另一方面看，祈祷的内容和意义都应当是深刻地具着社会性的。耶稣所留下的主祷文，可以说是一个模范的祈祷。在这一个祈祷里面，从"我们在天上的父"那一句话起，每一个祈求都是用"我们"这个字而不是用"我"。在《旧约》里面那篇动人的《约伯记》中，有一句很有意思的话："约伯为他的朋友祈祷，耶和华就使约伯从苦境转回"（《约伯记》第 42 章第 10 节）。在这一个故事中，约伯遭受了许多灾难，他觉得他自己是一个义人，而不应当有这种遭遇。到他那里去安慰他的朋友们，却以为上帝给他这样的惩罚，证明了他是有罪的。约伯一方面对上帝抱怨着，另一方面对他的朋友们抗议着，但他的境遇却没有改变，直等到他为他的朋友们祈祷，耶和华才使他从苦境转回。这一个故事的教训就是：假如我们总是为自己祈求，而不想到别的人的需要，也不把我们为自己所祈求的，和别人的需要联贯起来，我们的祈祷，就不能得到什么有价值的效果。自私的祈祷，未尝不可以有若干的成就，但我们在祈祷中，眼界放得越宽，范围包括得越广，我们就越能接近上帝，从祈祷中得到最超越最美满的结果。因此，我们在祈祷中，应当从我们自己，想到我们所爱的人，想到社会、国家、民族、世界。

基督教最重要的功用，就是先知的功用。先知好像站在一个高山顶上，与上帝晤对，用上帝的眼光，看一切的事物，把上帝的公义，当作镜子，照出世界上丑恶东西的原形，向它们宣扬上帝的审判，要他们脱离罪恶，走上博爱、自由、平等的道路。他不怕君王，不怕将帅，不怕刀锯斧钺，而只知道为真理作见证。中国历史中文天祥、史可法这一类的人物，和孙中山先生都是先知，而他们平素追求真理，身体力行的修养工夫，就是他们的祈祷。

在今日的世界，先知的声音，几乎被滔天的狂流所淹没。许多国家的法西斯统治，和近似法西斯的统治，把人民压迫得连喘息都喘不过来。然而在战前的德国，我们还能看见许多基督徒勇敢地反抗希特勒“全能”的枷锁。他们虽然被杀死，被放在监狱里，被剥削了自由，而他们还是要说：“我们只能听上帝的话，不能听人的话。”他们的精神，就是先知的精神。

现在与法西斯国家相抗衡的是二十几个民主国家，它们是为着自由平等而战。它们为着这个战争，付了巨大的代价。但是，在这一次战争之后，在同盟国胜利之后，新的世界，是不是就会来临？我们会不会像上次大战一样，希望很高，而结果是完全失望？我们的口号，是为民主而战，但我们在战后是否能真正走上民主的道路，不但是政治的民主，也是经济的民主？我们现社会制度所造成的不平等，和包含在它里面的战争的许多因素，是否能根本地革除？这些严重的问题，已经清楚地摆在我们面前，它们的关系恐怕不会小于现在为同盟国争取胜利的关系。如果基督教是忠于它的使命的，那么，它现在应当发出它的先知的呼声，在各个国家里，在全世界里，造成一种力量，引领着人类前进。

但先知是不容易做的，他要有远见，有勇敢，有牺牲的精神，而养成这些品质的主要条件，就是在恒切的祈祷中，追求真理，接受上帝的启示。

许多年前美国哈佛大学名教授怀特海先生写了一本耐人寻味的小书叫《创造中的宗教》，他以为宗教就是我们在独自一人时所持的态度。不久以前，美国《基督教世纪》杂志编者马利逊先生，又写了一本轰动一时的书，叫《什么是基督教》，主张与怀氏相反。他说："基督教不是个人的什么信仰与态度，而是两千年来遗留下来的基督徒集体生活全体的习惯、仪式、信条。"两个说法，似乎都各有它们的根据，但如果我们认为祈祷是宗教生命所在的地方，那么，怀氏的说法，应当是更近于真理了。

祷　文

宇宙的主宰，人类的天父！我们如饥如渴地仰慕你，需要你，因为在你里面有光明，有能力，有平安。求你住在我们的心中，使我们厌恶自己，追求你的圣善，求你使我们在这污浊纷乱的世界里，大胆地为你做见证，使人们离开罪恶，获得你的救恩。阿门！

讲于成都华西坝礼拜堂，1941 年 10 月 26 日

中国的前途
——《天风周刊》发刊词*

中国的抗战已经到了一个最严重的阶段，中国的前途如何，就看我们如何度过这一个危急的关头。

这几年来，我们的努力是艰苦的，我们的牺牲是巨大的，然而我们能够支持到今天，这不但超出了友邦人士的估计，甚至也超出了我们自己的估计。于是，我们的国际地位提高了，我们的自信心理加强了，这是中华民族有史以来的一件大事。

但是在最近两年，形势忽然改变了。我们的国家本来就是千孔百疮，几年来艰苦的撑持，更使我们捉襟见肘。去年9月间举行的参政会会议，就是这一种形势的反映。在这个会里，贪污问题、兵役问题、财政问题、军事问题、外交问题、党争问题，以至其他许多关于民生疾苦的问题，都曾有过坦白的揭发和公开的讨论。我们一方面固然庆幸大家没有讳疾忌医，像鸵鸟的埋首沙里，另一方面，我们也深深地体会到我们目前问题的严重。

这一种形势，在国际的舆论中，也明显地反映出来。二年以前，我们所得到的是无条件的夸奖，是理想化的崇拜；二年以来，怀疑的声浪逐渐传到我们的耳鼓：中国是不是一个民主国家？它有没有继续抗战的能力？它会不会发生内战？起先是在野舆论的批评与指摘，后来是同盟国执政者公开的讽刺与责难。不幸在这时候敌人在我国战场上，横冲直撞，有了巨大的发展，甚至威胁到我们抗战基地，于是我国的声誉，一落千丈，其极端者，甚至以为中国只是一个地理上的名词。

在这样情形之下，国内有没有厌战的情绪，和失败主义者的论调

---

* 原载《天风周刊》第1期，1945年2月10日。取自《黑暗与光明》，青年协会书局，1949年12月初版。

呢？没有，绝对没有！欧洲的战事，已经到了决定的阶段，太平洋的战局，亦正顺利而迅速地开展着。全世界法西斯的力量，已经到了日暮途穷的时候。这样的局面，是绝对不容许任何失败主义者存在的。然而，不可否认的，一年以来，在大后方弥漫着的情绪与空气，是悲观，是失望，是疑惑，是彷徨。似乎我们已经失掉了自信，似乎我们已经模糊了对国家民族前途的憧憬。苟且偷安的趋向、营私取巧的现象、先己后国的思想、无可奈何的心理，都一齐暴露在我们的眼前。有人甚至把这时候的情形，比之于三百年前甲申年间的光景，这也许是过甚其词，然而这种现象之使人惊心触目，却是一样的。

然则中国的前途是怎样的呢？我们敢毫不迟疑地说：中国的前途是光明的，正如世界的前途是光明的。我们的世界，是在一个大转变之中，这转变的特质，是一切法西斯力量的清算，是政治民主的建立，是经济民主的推进，是弱小民族的解放，是帝国主义的没落。这不是几年间可以完成的转变，甚至不是几十年间可以完成的转变，然而这是一股洪流，是历史定律所决定的必然的演变。没有人能够塞住这一股洪流，没有人能够阻止这一种演变。我们中国在这大时代中，适逢其会，也要从数千年所遗留下来的腐恶传统中被解放出来，变成一个崭新的现代国家。辛亥的革命、北伐的成功、七七的抗战，以及未来建国的艰巨工作，都是解放过程中所必经的阶段。这一个途程是迂回曲折的，然而中国不能停留在现在的阶段，中国不能逆着世界的潮流往后退，这是一个明显的道理。英国的学者拉斯基在 10 月 8 日《大公报》的星期论文上说得好："战后的中国，除非建立在经济民主制度的基础之上，它的胜利是不能持久的。除非中国的首领们按照这样政策去设计，中国的打败日本，只能看作两个战争中间的休止期。……一个资本主义的中国是不能希望成为一个民主的中国的。资本主义能生存在民主制度的机构里的时代，现已成过去。这就是这次战争的真正意义所在。"

这是对于中国未来趋向的话。现在呢？敌人重兵压境，节节前进，人心的忧惶焦急，为八年来所未有，现在战局虽然好转，但危机依然存在。盟邦虽然没有袖手旁观，却有远水不能救近火之叹。为要实现我们对未来中国的憧憬，我们就不得不竭智殚虑，赴汤蹈火，去挽救目前的危局。

然则我们对目前危局，应当怎样应付呢？从中国一般国民立场来说，我们认为我们负有以下几种重要的任务：

第一是民意的团结。现在全国人民最急迫的要求，就是救亡图存，争取胜利。这一种民意，不但需要宣达，也需要团结。民意要怎样才能团结呢？这几年来，似乎我们只听见窃窃的私语，只能感到无可宣泄的愤怒，只能听见若断若续的呻吟。民意的不能宣达，可以说是造成现在悲惨局面的一个主要原因。我们能不能打破这一种局面呢？我们认为是可能的。我们要把我们心坎中所要说的话，把我们对国家民族的希望，把我们自己亲身所感受到的痛苦，大胆的说出来，公开的说出来，一个传十，十个传百，作有计划的组织，作有效率的宣传，使我们微弱的声浪，渐渐变成山崩地震的吼声，这样的吼声，就像一股澎湃的洪流，可以转移目前恶劣的形势，终于使政治的趋向，不得不依照民意所指示的途程而迈进。

这一种民意的具体表现，现在已经逐渐形成了，它要求言论的自由；它要求人权的保障；它要求国是会议的召集；它要求国共两党精诚密切的合作；它要求把国家民族的利益放在一党一派的权力地位之上；它要求刷新财政，增加生产，整饬军纪，提高士兵的生活，使一切人力物力都集中于积极反攻、争取胜利的军事设施上；它要求贪污枉法的事实无情的暴露和严重的处置；它要求政权的开放和各党各派人才广泛的延揽，以应付目前危急的局面；它要求人民生活的改善和营私殃民的行动有效地加以制裁。它所要求的不是纸上的空谈，不是官样的宣示，不是不兑现的支票，而是具体的、诚意的、大胆的、切实的计划与执行。人民对政治的主张，尽有多少的不同，然而他们对于救亡图存最低限度的办法，可以说是完全一致的。人民是最公正的评判者，民意能够宣达，民意能够团结，则许多似乎不能解决的问题，像这几年来国共两党间的问题，都可以迎刃而解。

第二是信仰的建设。要建立信仰，就要有历史的眼光。历史所昭示我们的，只是一个简单的定律：人们要生存，要美满地生存；人们要做自由的人，不要做奴隶；人们要平等，要使地上所生产的和人类文化所创造的，从少数占有的状态中，变成公有公用的财产。自有史以来，人们不惜任何代价去争取的，就是这些东西。在这一次世界大战中，在中国的抗战中，我们所争取的，也应该是这些东西。这是人类生存的法则，顺乎此者，是进步的力量，逆乎此者，是反动的力量。反动的力量，无论它穿着什么美丽的外衣，喊着什么好听的口号，无论它怎样得了一时的胜利，终会被大时代的潮流所冲倒，因为它的基础是建立在沙土上面的，因为它是违反人民公意的。抱着这样信念，我们才能从消极悲观的情绪中被解放出来，变成大时代前驱的战士。

第三是风气的转移。我们在上面说过，形势虽然严重，国内却没有厌战的情绪，没有失败主义的论调。相反的，我们相信，大多数的民众，他们爱国的热情，他们为国牺牲的决心，并没有减于“七七”发动抗战的时候。只要他们有用武之地，只要他们晓得他们的血汗不致白流，他们是可以前仆后继，绝无反顾的。然则所谓风气的转移，指的是什么呢？所谓风气的转移，就是要把消极的放任，变成积极的行为，把无可奈何的畏缩心理，变成即知即行的坚决态度。一间房子被雨淋风吹，快要倒塌的时候，大家的态度不应该是咨嗟太息，袖手旁观。房子要修理，要改造，大家就要动手，如果有人妨碍这工作，就要把他说服，在不得已的时候，甚至把他打倒。我们也许觉得事情太大，个人的力量太小。这感觉是不错的，但我们不只应当感到匹夫有责，也应当晓得众志成城。一个人的力量有限，千万人的力量，有计划地结合起来，就可以倒海移山。凡是对房子的安全有帮助的，无论贡献的大小，都是有意义的。我们所应当造成的就是这一种心理，这一种风气。

也许这是中华民族一个苦难的时候，也许中华民族必须经过一次烈火的洗礼，才能烧净现在的渣滓，获得它的新生。但我们坚决地相信，我们是必定能够胜利地度过这个苦难的。因此，我们便坚决地相信，中国的前途是光明的，正如世界的前途是光明的。

本刊是一个基督教的刊物。基督教对社会生活的基本主张，是自由、平等与博爱。这一个主张的基础就是上帝为父，人类是弟兄的信仰。现代民主主义，大部分是从这种信仰产生出来的。把这一个富有革命性的信仰，应用在中国现在的问题上，使它能够变成转移危局、救赎人生的力量，这就是本刊的使命。

本刊的取名《天风》，没有什么深刻的意义。“天风”二字，在中国文学上是一个熟识的名词，它也多少带点宗教的意味。在现在忧患交煎的时候，我们愿意同着读者，仿佛登了一个高山，仰观俯察，顾后瞻前，让天上飞来的清风，把我们混乱了的脑筋，吹得清醒一点，把我们迷糊了的视线，弄得明亮一点，把我们沉闷了的心情，煽得火热一点。《天风》的意义，如此而已。

死与生
——为复活节作*

根据福音书的记载，耶稣死后第三天，几个妇女买了香膏，要去膏耶稣的身体。那天清早出太阳的时候，他们来到坟墓那里，彼此说："谁给我们把石头从墓门滚开呢。"他们抬头一看，却见石头已经滚开了。他们进了坟墓，看见一个少年人穿着洁白的衣服，坐在右边，对他们说："你们寻找那钉十字架的拿撒勒人耶稣，他已经复活了，不在这里，请看安放他的地方。"以后耶稣便向他的门徒们显现，最后又向使徒保罗显现。

有人说这是神话，是心理作用，是后来的信众捏造出来的故事，是一般宗教把教主的生和死故意弄得神乎其神的又一个例子。是的，就是四个福音书的记载，彼此都有出入的地方，即使真有其事，是否完全如各书所载，也是一个很大的疑问。

人有没有一个"灵魂"？如果有，人死了以后，它能不能离躯壳而独立存在？是怎样的存在？根据唯物论的说法，精神是物质的产物，身体既死，则精神即随而消灭，所以"复活"是不可能的。似乎证明"复活"的责任，应该由相信"复活"者去担负。

"复活"的信仰是基督教一个主要的成分，虽然并不是一个必不可少的成分。相信耶稣"复活"的人，他们的证据是什么呢？证据并不在妇女们发见空坟的记载，也不一定在门徒们所看见的耶稣死后的形象。证据却在耶稣曾经接触过的人——甚至没有接触过的人，像保罗——在耶稣死后，他们的生活所起的质的变化。出卖他的犹大惭愧得无地自容而自杀了；看着他钉死的百夫长，归荣耀于上帝，说他是个义人；懦弱

* 原载《天风周刊》第6期，1945年4月25日。取自《基督教讲话》，青年协会书局，1950年4月初版。

的彼得，变成刚强的磐石；逼害教会的扫罗变成宣传福音的保罗。两千年来，这位钉十字架的耶稣，不断地发生廉顽立懦的力量。这就是信徒们所以相信耶稣“复活”的证据。

也许有人说：这不过是一个伟大的人格在死后对人所发生的影响而已，不一定是“复活”的证明。我们中国本来有“三不朽”的说法——立德、立功、立言。这就是西方的所谓“社会的不朽”，而不是个人的“永生”。耶稣的“复活”，也许不过如此罢了。然而在另一方面，我们也可以问：就算耶稣所发生的影响，只是人格的影响，然而这个影响，因为“量”的不同，所以发生“质”的变化，使门徒们不但觉得他们的思想、态度和整个生活的中心都改变了，甚至清楚地看见那已经死了的耶稣，就在他们的眼前。这一个“质”的影响，是否由于死了的耶稣，本身也发生了“质”的变化？这变化是否就是“复活”——或者是使人得到一个“复活”的印象的因素？

够了，不必讨论下去了。这问题本来是很渺茫的。即使讨论清楚，也不见得有太大的关系。我们要注意的问题却是：死，要怎样死？生，要怎样的生？死和生有什么机体的关系。

死是一件可悲哀的事，所以贪生畏死是人之常情。耶稣在被钉的前一夜，在客西马尼园祷告，汗如血点，滴在地上，求上帝把杯子撤去。他的痛苦不止是预感到十字架酷刑所给予的身体上的痛苦，他的痛苦，还包含着大量的精神成分。门徒星散了，群众转变了，他是孤独、凄凉的。他的事业，他的抱负，仿佛已成泡影。只有真理的上帝是他唯一的安慰，最后的希望。

然而耶稣毕竟是参透死和生的道理的。他曾说过：“一粒麦子，不落在地里死了，仍旧是一粒，若是死了，就结出许多子粒来。”在这一句话里我们可以看出一个很重要的道理：生的本身，包含着死的因素；而死的现象，不过是生的过程。这就是所谓“对立物的统一”，宇宙间一切事物的所以存在都是由于生与死的循环；人的身体中细胞的新陈代谢，也正是生和死的循环作用。所以有生就必有死，没有死就不能有生。

这是一个容易懂的道理么？表面上似乎它是像“二加二等于四”那么明显。然而不然，如果是那么容易的，耶稣的十字架，也就不那么难能可贵了。

一个人为什么要追逐名利，蝇营狗苟？他为什么要争面子，争权力？一个独裁者，和统治阶级的一群，为什么要歪曲真理，欺骗民众，为社会的蟊贼，为大战的祸首，非到穷途末路，不肯下台？他们是把自我“生”存的意识，扩展到无限的大，让它笼罩着一切客观的事物，终于使这些事物，变了颜色、失了原形。如果他们能够了解“死”的道理了，他们就会“放下屠刀，立地成佛”。

我们自己呢？在许多时候我们也不见得比他们高明。谁不喜欢避难就易，向抵抗力最少的地方走？谁不欲“明哲保身”，让别人去碰钉子，自己坐享其成？然而这一种态度的结果，不一定是“生”，而可能的是“死”。举一个最普通的例来说：一个戏院失了火，本来观众可以从容的从太平门出去，但是大家因为惊惶失措，急于逃“生”，而结果不死于火，反死于群众的互相践踏。世界之所以能够前进，就是因为有许多“笨伯”，参透了“死”的意义，领着群众向“死里求生”。

在耶稣的许多教训中，最耐人寻味的一句话就是：“凡要保存生命的，必丧掉生命；凡丧掉生命的，必救活生命”。麦子的喻言，就是这一句话的注脚。似乎是“丧掉”，而实在是“救活”；似乎是“保存”，而实在是“丧掉”。这是一个似非而是的道理。我们在日常生活的时候，常常会感到内心的交战——情与理的交战，理与情的交战，主观愿望与客观事实的交战，目前享受与未来幸福的交战，成全自己与牺牲别人的交战，选择是困难的，决定是痛苦的，我们究竟何去何从呢？如果我们能够参透“死”的道理，我们只有忍着痛、咬着牙，向着内心所告诉我们，非如此不可的道路上走，或者向着仅是似乎应当如此的道路上走。十字架只是面对着真理的一个大胆的跳跃——也许是对着一个自己还不能完全把握的境界的跳跃。这是“丧掉”，而结果是“救活”，如一个善于游泳者向水里跳跃，不知者将要担心他的沉沦，而实际上他是浮沉自如，绝无灭顶之险的。“死”的道理，同时也是“生”的道理。

现实是冷酷的，真理是严峻的。它常常与我们主观的愿望背道而驰。你可以反抗它于一时，甚至可以藐视它，向着它狞笑，但是它的缓慢而准确的巨轮，终会把你辗得粉碎，使你幻灭。然而现实和真理，对于驯服它的人，却又是慈祥的、善意的，始终如一的。你感到痛苦，但你的痛苦，将变成快乐；你会流泪，但你的眼泪将变成欢笑；你死了，但你的死，却是永生。

一个人参透“死”的道理就可以“视死如归”，正如苏格拉底，为真理的原故，甘饮毒药，并且从容不迫，谈笑自由。又如耶稣，在十字架上最痛苦的时候，还是对着两个强盗，讲论人生的道理。

但是人生的价值，就在乎“死”么？不，绝不。愚夫愚妇之服毒上吊，又何尝不是死，而那死又有什么价值。太史公说：“死有重于泰山，有轻于鸿毛”。死之价值，在乎为什么死，在乎怎样的生。正如“战争是政治的连续”，死只是生的连续。如果生的本质，没有意义，则死的本质，也没有意义。没有福音书上所记载的耶稣怎样的生，则十字架上的死，也不过是愚夫愚妇漠视事实不知自量的死而已。

“复活”是可能的么？科学不能证明也不能否定。信的人可以信，不信的人也不能强其信。然而在人生的意义上，这一个信仰似乎是合乎情而又不一定悖乎理的。耶稣死了，像他那样活得有意义的许多人也死了。死就是终结么？一个有为的人碰到一个流弹死了；千千万万的人，为自由正义的原故，到战场上捐躯了。死就是终结么？我们所亲爱的人，永远离开我们，我们自己，无论是少壮，或是年老，至多不过活到几十岁。死就是终结么？你说人死了，还可以有社会的不朽，但地球和太阳系，也终有毁灭之一日，所谓不朽，也还只是暂存的。如果死不是终结，人生似乎更有意义。

然而就是没有“永生”，难道人生就只应当是吃喝快乐么？不，绝不。“一粒麦子不落在地里死了，仍旧是一粒，若是死了，就结出许多子粒来。”有“永生”固应当这样，没有永生也何尝不应当这样？因为不是这样，就没有宇宙，没有人生！

人的价值*

在整个人类历史里，人没有被看成人；人是奴隶，是牛马，是剥削压迫的对象，是吃人礼教的牺牲品，是野心家的工具，是疯狂迷信者的祭物。在这重重枷锁之下，又加上他自己所手造的囚笼——他的自私，他的懦弱，他的愚蠢。人是可怜的。

然而在整个人类历史里，我们又看见事实的另一面。奴隶会反抗，牛马会怠工，不合理的东西会被推倒，甚至自己所手造的囚笼，也不是没有法子冲破。人永远要做一个人，永远要被看成一个人，而历史里面又永远有着先知和革命者为他们斗争，为他们流血。耶稣就是其中的一个。

在《路加福音》里，有那么一段动人的故事。

有一个法利赛人，请耶稣和他吃饭，耶稣就到他家去坐席。那城里有一个女人，是个罪人，知道耶稣在法利赛人家里坐席，就拿着盛香膏的玉瓶，站在耶稣背后，挨着耶稣的脚哭，眼泪湿了耶稣的脚，就用自己的头发擦干，又用嘴连连亲他的脚，把香膏抹上。同席的人，因为耶稣接待这样一个女人，就都不以为然。

（《路加福音》第 7 章第 36 至 39 节）

在《马太福音》第 26 章第 7 节和《约翰福音》第 12 章第 3 节也有同样的记载。记得二十多年前，田汉先生曾经说过：这是一件最美丽的故事。

这个女人为什么做这件事呢？根据上面的记载，她是个“罪人”。所谓罪人，也许是娼妓，也许犯过奸淫，也许只是没有遵守法利赛人所宝贵的繁文缛节。但无论如何，她是一般宗教领袖们所看不起的人，也

---

* 原载《天风周刊》第 10 期，1945 年 6 月 8 日。取自《基督教讲话》，青年协会书局，1950 年 4 月初版。

是一般被传统思想支配者所羞与为伍的人。耶稣是看得起她的。耶稣之所以看得起她，并不因为她比别人更“高贵”，更有“道德”，而是因为她虽然做了不应当做的事，却晓得弃恶趋善，向着光明的道路走，不像那些装着道学面孔的人，自己在黑暗里，却以为是光明，遇到光明，却又掩着眼睛不看。别人没有把这女人看成一个人，而耶稣却把她看成一个人。这故事对传统观念，是一个多么有力的对照与打击！那女人固然感激涕零，而在座的正人君子们，也不得不哑口无言了。

在福音书里，还有一个更动人的故事。

文士和法利赛人带着一个行淫时被拿的妇人，来见耶稣，说：“摩西在律法上吩咐我们，把这样的妇人用石头打死，你说该把她怎么样呢？”耶稣半天没有说话，却弯着腰用指头在地上画字。他们还是不住地问他，耶稣就直起腰对他们说：“你们中间谁是没有罪的，谁就可以先拿石头打她。”他们听见这话就从老到少，一个一个的都出去了。只剩下耶稣一个人，还有那妇人，仍然站在当中。耶稣对那妇人说：“没有人定你的罪吗？”她说：“主啊，没有。”耶稣说：“我也不定你的罪，去吧，从此不要再犯罪了。”

（《约翰福音》第 8 章第 3 至 11 节）

在这一个故事里，正人君子们更振振有词。他们以为这可把耶稣难倒了；顾了人情，则失诸法律；遵守律法，又不近人情。但耶稣看穿了他们的毛病，他看穿了一切自命不凡者的毛病：“你们中间谁是没有罪的……”那就是说：淫妇也是个人，只要她不再犯罪，她就可以恢复人的价值，人的尊严。相反的，自己同样的放纵，却拿传统的道德规矩，去屠杀别人，那样，他自己就失掉人的价值，人的尊严。耶稣撕破伪善的外衣，单刀直入，一针见血，使来势汹汹的礼教维护者，惭愧得无地自容，读之真使人浮一大白。

还有一个故事，那更使人啼笑皆非了。

有一个女人被鬼附着，病了 18 年（用现代的话来说，就是患了精神病）。耶稣把她治好，那天是安息日，管会堂的就责备那女人，不应当在安息日求医。耶稣就对他们说：“假冒为善的人哪，难道你们各人在安息日不解开槽上的牛驴，牵去饮吗？这女人被捆绑了这 18 年，不应当在安息日解开她的绑吗？”耶稣说这话，他的敌人都惭愧了。

（《路加福音》第 13 章第 10 至 17 节）

在我们今日，我们不是犹太人，没有守安息日的必要。吃人的礼教，已经失掉它的权威，所以从一般人的眼光看来，似乎犯奸淫也算不得一件怎样严重的事。说到什么道德不道德，那就更渺茫了。“窃钩者诛，窃国者侯”，“只许州官放火，不许百姓点灯”，自古已然，于今尤甚。只要一个人能够飞黄腾达，他的私生活怎样，并不是一个重要的问题。只要他有钱，不管钱的来源如何，也没有人敢“羞与为伍”。

然而在我们今日，我们也有否认人的价值的新的形式。法西斯的政治组织和它的特务队、集中营，把人民的自由剥削净尽，把他们当作草芥，当作炮灰，这是一种形式。资本主义的利润制度，把劳工当作商品，给他们仅能维持生活的报酬，使他们永远作经济的奴隶，这是一种形式。在经济恐慌的时候，人可以忍受饥寒，但棉花却可以烧掉，牛奶可以倒在河里，这是一种形式。腐败的官僚、专横的土劣，把持政治、奴役人民，甚至把壮丁捆绑起来，公开买卖，使他们不死于战场，而死于疾病、饥饿，这又是一种形式。类此的一切，都是否认人的价值、剥夺人的尊严的。不管它是由于宗教的教条，或是由于政治的制度，其所以为人民的蟊贼，为社会的障碍则一。不把这些东西从根本铲除，使“被掳的得释放，瞎眼的得看见，受压制的得自由”（耶稣引用以赛亚的话），则所谓人的价值、人的尊严，就无从实现。

所以耶稣对着黑暗势力斗争的时候，曾经毫不迟疑的说：“安息日是为人设立的，人不是为安息日设立的。”用现代的话来说：一切的制度，无论是宗教的，或政治的，都是为着人的需要；等到它不能适合人的需要，或是违反人的需要，人就有权利把它改革，把它推翻。两百年来，世界的革命文献，像《民约论》、《人权宣言》、《独立宣言》、《共产党宣言》、最近《大西洋宪章》以及中山先生的《三民主义》，论其精神，都不过是耶稣这句话的注释。

耶稣所说的“人”，不只是集团的人，也是个别的人，尤其是被轻视、被压迫的人，尤其是妇女，尤其是回头的浪子、悔改的罪人。他常常与税吏“罪人”为伍，他的门徒有几个是渔人，他自己也是一个无产阶级的木匠。有人带小孩子来见他，他说天国是属于他们的。那个回头的浪子，父亲远远的就去迎接他，把他拥抱。一个牧人失掉一只羊，一个妇人失掉一个钱，找到的时候，为它欢喜，比为那没有失掉的更大。他尊重集团的价值，他更尊重组成集团的个人的价值。他的革命精神是彻底的，是深刻的，是广大无边的，因为他相信人是上帝的儿女，因为他相信人与人是弟兄。

然而我们所要注重的不只是理论与原则，而也是实际与行动。法西斯的党徒们，何尝也不高喊着“人的价值”，但正像耶稣所说的：他们披着山羊的皮，里面却是残暴的狼。我们要斗争，但我们在斗争中要警惕，因为魔鬼会装成天使的模样。我们在斗争中也不要惧怕，因为：“那杀身体而不能杀灵魂的，不要怕他们。”

自我的解放*

有的时候——那就是他得意忘形的时候，人会觉得他自己是万能的，因为人的知识愈来愈进步了，人的能力也愈来愈增加了。然而他并不万能。他渺小得可怜，软弱得可怜。他有自然界给他规定的种种限制，有社会制度所加给他的种种枷锁。但这一切，他都可以把它们减少，把它们消除。更严重的，却是他内在的仇敌，那就是他自己：他可以做别人的奴隶，但他也可以做自己的奴隶。因此，他不只要打破别人所给他的锁链，他也需要“自我的解放”。

基督教里面的第一个使徒，就是保罗，他真是一个不可一世的人。他有学问、有才干、有魄力。起先他是逼害教会的，但后来，他在大马色路上，在异象中看见耶稣，就忽然改变方向，做了他的信徒，数十年中，出死入生，横冲直撞，不遑寝食，卒于以身殉道，成为基督教最有力的宣传者。我们在这里所要提到的，就是他从服膺基督得来的关于“自我解放”的经验。

保罗说：“我所愿意的，我并不作，我所恨恶的，我倒去作。”保罗是说出他自己内心的挣扎，同时也是说出我们每一个人的经验：行动永远落在理想后头，能力永远落在志愿后头。不是客观环境不许可我做，它甚至要求我做、鼓励我做，但在我里面，似乎有什么东西阻止我，使我不能做。孔子所说的：“七十而从心所欲，不逾矩”，也许只是极少数的“圣人”所能达到的境界。如果耶稣在十字架上彷徨，表现他内心的矛盾，那么，连耶稣也没有达到这个境界。至于我们这些平凡的人，就只有跟着保罗，自嗟自怨地说：“我真是苦啊，谁能救我脱离这取死的

---

* 原载《天风周刊》第12期，1945年6月30日。取自《基督教讲话》，青年协会书局，1950年4月初版。

身体呢?”

在我里面，使我不能做我所愿意做的事，使我做我所不愿意做的事，那一个东西是什么呢?保罗说这是“罪”:“我是喜欢上帝的律，但我觉得肢体中另有个律，和我心中的律交战，把我掳去，叫我服从那肢体中犯罪的律。”这一个思想，是保罗的中心思想，也是两千年来基督教的中心思想。

什么是“罪”呢?罪是盗窃奸淫吗?是杀人放火吗?是不忠不孝吗?是营私舞弊吗?是“革命造反”吗?是有了什么“危险”思想吗?这些当然都可以构成“罪”，但不一定是“罪”。比如说:“成则为王，败则为寇”，“罪”究竟应当在谁的身上呢?又比如贪官污吏，暴敛横征，使无告的人民，铤而走险，“罪”究竟在谁的身上呢?有许多事情，从统治阶级的观点来说是“罪”，但从人民大众的观点来说却是“义”。又有许多事情，从某种社会组织的观点来看是“罪”，但从后世的观点来看，却不一定是“罪”。由此看来，“罪”是相对的，正如一般人所赖以判断是非的“良心”是相对的一样。

只有一种罪是绝对的，那就是“自我中心”。所谓“自我中心”，在对人方面，就是把别人当作工具，当作自己上升的阶梯，当作自己的装饰品、附属物;在对事方面，就是逃避真理，自欺欺人，把自己的意志、自己的爱恶，当作至上，巴不得宇宙的万事万物，都奉行我的旨意，以我为中心而旋转。

一切损人利己，不替别人打算的行为是最清楚的自我中心的表现，因为它用别人作工具来成全自己。妒忌和骄傲是自我中心的表现，因为它目中无人，唯我独尊。盗名窃位、滥用权势，是自我中心的表现，因为它要高举自己，压低别人。歪曲真理、欺骗别人，是自我中心的表现，因为它要把主观的要求，压倒客观的事实。忧虑与恐惧也是自我中心的表现，因为它要宇宙的一切都迁就它的计划与愿望。

自我中心的“罪”，有一部分是个人主义的社会组织的产物。在一个平等互助的社会里，大家丰衣足食，也许人的自私，就大大地减少，而人的妒忌与骄傲，也许可以用教育的方法，把它们的方向转移。但我们不相信，在任何的社会组织里，一个人爱权利、爱地位、爱面子，和妒忌骄傲的心理，可以完全消灭。我们也不相信，在任何的社会组织里，一个人的忧虑与恐惧，可以完全消灭。人生有许多不可预知、不可控制的演变，像生老病死的来临，家人朋友的休戚，个人事业的成败，这一切都可能成为忧虑与恐惧的因素。不管是积极的损人利己，或是消极的忧虑恐惧，这一个自我中心的倾向，在人生中，好像形影相随，永远是我们精神生活的威胁，永远要我们做它的奴隶。自我中心的倾向，不是别的，它只是从自我生存的要求而来的，一个或多或少的畸形发展。因此，人一天生存着，这个倾向就一天存在着，“罪”的可能也就一天存在着，而人也就继续需要“自我的解放”。

“自我解放”的道路是什么呢？简单地说，就是把自我中心，变成真理中心，上帝中心，让自我向它降服，向它奉献，谛听它的声音，服从它的命令，让它完全作自我的主人。耶稣说：“凡犯罪的，就是罪的奴仆”，但是：“你们必晓得真理，真理就叫你们得以自由”。这种解放，不一定有待于外力，不一定有待于社会环境的改变，此时此地，就有实现的可能，所以耶稣说：“天国就在你们中间”。

这是一个神秘的道理吗？不，它不过是日常生活一个最普通的法则，在宗教信仰里达到深刻纯正的境界而已。一个母亲为孩子的幸福而牺牲一切，一个义士为人格的尊严而杀身成仁，一个革命者为人民的利益，与恶势力斗争——他们都得到了“自我的解放”，因为他们把生活的中心，放在自己以外的一个地方。把这种精神扩而充之，把它应用在人生的每一个角落里，应用在每一个思想行动里，在一切的事上，都像耶稣所说的：“先求上帝的国和他的义”。又像保罗所说的：“现在活着的，不再是我，乃是基督在我里面活着”，这就是基督教所指示给我们的“自我解放”的途径。

“自我解放”的结果是精神的独立与自由，孟子说：“富贵不能淫，贫贱不能移，威武不能屈”；庄子说：“大泽焚而不能热，河汉沍而不能寒，疾雷破山风振海而不能惊”；保罗说：“我无论在什么景况都可以知足”；耶稣说：“凡劳苦担重担的，可以到我这里来，我就使你们得安息”，这都是达到“自我解放”者精神生活的境界。

十六七世纪以后的世界，是理智的世界，是科学的世界，是人权的世界，人的知识进步了，人的能力增加了，人骎骎乎万能了。然而他还是渺小得可怜，软弱得可怜。他可以制造飞机大炮，可以满足人生一切的物质欲望，然而他不能消灭他自己的骄傲与自私。他可以有自己的打算，自己的计划，他可以在一个新社会里，做一个十足自由的人，然而意外的事变，可以把他的计划，完全推倒，正如一个孩子，在海滩边辛勤缔造的什么玩意，被无情的巨浪推倒一样。甚至他的生命，在一刹那间，也可以因偶然的遭遇而终止，好像一个微弱的灯焰，被一阵狂风所扑灭。他只有彻底地认识了他在客观世界的可能性，和这个客观世界所给予他的不可避免的限制，适应时机，知所审择，他才能获得真正的自由。

两年多以前，有一位严杰人先生写了一首长诗，以《旧约·创世纪》里面一段故事作题材，题目是“亚当夏娃的被逐”。这首诗写得非常的美，在它的末一段，就是亚当夏娃因为吃了智慧的果，而被耶和华逐出乐园的时候，夏娃说了这几句话：

那么，我们走吧，
亲爱的亚当，
我们走出伊甸园外去，
垦殖那广阔的荒芜的土地，
纵然那土地因为我们的缘故，
受了耶和华的咒诅，
长出了茂密的蒺藜，
但是我们可以除荆斩棘，
辛勤的耕植和灌溉，
把那一片荒凉的土地，
变为田稼荣茂的沃土。
我们要让岩石上有水流，
我们要让沙漠上有花开，
去吧，我们去，
凭着我们的智慧，
去创造一个新的伊甸园！

如果这一段描写，是代表作者对这故事的解释，是代表他的人生哲学，那么，我们恐怕他没有把握这故事真正意义的所在。《创世记》不是历史，而是诗，是戏剧，是寓言。因吃禁果而得了智慧，并不是人的罪，人之所以有罪，就是因为他能够分别善恶，有选择的自由，却让自我作为一切的中心。有智慧才能选择，有选择才有犯罪的可能。如果他是木石，是犬豕，他就不会有罪。解放的途径不是智慧，不是更多的智慧，而是把生活的中心转移。创造新的伊甸园的条件，在此而不在彼。

上帝在哪里*

在一个“现代”人的头脑中，上帝是不存在的。“上帝”——它象征着一切的迷信，它是原始人粗浅思想的虚构，是反映着不合理的社会生活的幻觉，是统治者拿来麻醉人民的工具。18 世纪的理性主义把它“敬而远之”；19 世纪以后的新唯物论把它看作必须扫除的旧社会的渣滓；弗洛伊德的心理学把它看作幼稚心理的残留。在我们中国，儒家思想的骨干，本来就是人文主义；王充以后，更不断地有无神的鲜明主张。五四以来，“赛先生”的权威，笼罩一切，在他的领导之下，曾经发生过激烈的反教运动。到现在，宗教虽然没有引起什么问题，却也没有叫人注意，而因此，一般人对于“上帝”，也就淡然若忘。

上帝在哪里？你看不见他，摸不着他，他是无声无臭，你没有任何方法可以证明他的存在。但宗教家们却把他弄得像“煞有介事”。他是“上帝”，那就是说，他是个“人”，并且照字面说，应当是个专制魔王。他创造天地，统制万物，与人息息相通，能应允人的祈祷——这一切，都似乎是荒谬绝伦的信仰。宗教家要我们相信这些“荒谬绝伦”的东西，却不替我们解释，而只对我们说：“你要信，信了就会明白。”结果，不但不信的不明白，信了许久的，还是有许多人不明白。

问上帝在哪里，倒不如问：上帝是什么？而我们的答案，就有点出乎意料之外了。上帝不是“人”，更不是坐在宝座上的“帝”，而只是充沛着在宇宙万事万物里的真理。真理是抽象的，因为你看不见它，摸不着它，也不能把它用绳子捆起来放在箱子里。同样的，上帝也是抽象的，他只是一个概念——人们拿来代表宇宙间真理的总体的概念。但真

---

* 原载《天风周刊》第 23 期，1945 年 11 月 12 日。取自《基督教讲话》，青年协会书局，1950 年 4 月初版。

理却又是非常具体的，它隐藏着，表现着，在宇宙间每一个事物里面。你的呼吸，包含着许多真理，“饮食男女”，包含着许多真理，社会革命，包含着许多真理。我们对真理的认识，都是从具体事物中得来的。如果上帝是真理，那么，上帝也是非常具体的。离开具体的事物，我们不能认识真理，离开真理，我们也不能认识上帝。

这样，上帝究竟在哪里呢？如果真理是无所不在的，如果真理是在一切的事物里面的，那么，上帝也是无所不在的，也是在一切事物里面的。我们整天在呼吸空气，却不会意识地感觉空气的存在；鱼整天在水中游泳，大概也不会意识地感觉水的存在；同样地，人整天和真理接触，也不会意识地感觉上帝的存在。人可以否认空气，鱼可以否认水，然而这个否认，对于事实的存在是毫无影响的。上帝的存在也是一样的道理。上帝这个名称，对于有些人是讨厌的，他们也许要用别的名称来称呼他——自然、定律、进化、辩证法……要紧的不是名称，而是它所代表的事实，和我们对这些事实的解释。

如果上帝只是真理，我们又为什么要用这样一个迷离惝恍、虚无飘缈的名词来称呼真理呢？真理是没有人不承认，没有人不接受的，然而上帝就不然了。人为什么需要上帝？为什么需要宗教？需要艺术？原因就是：人是情感的动物，人有情感的需要，艺术和宗教就是应付这个需要的。艺术是人对自然的渲染，它把主观的情感影射到客观的自然上去。宗教也是人对自然的渲染，它也把主观的情感影射到客观的真理上去。受了情感渲染的自然，没有影响到艺术的真和美；受了情感渲染的真理，也不一定使宗教歪曲了善与真。上帝是什么？上帝只是一元化了、人格化了、情感化了的，宇宙间客观真理的总和。人把宇宙的真理一元化，因为宇宙的真理是统一的，是互相联系的。宇宙是一个而非多个，所以上帝也是一个而非多个。人把宇宙的真理人格化，不是因为他把真理看作像人，而是因为人格化了的真理才能产生情感，才能满足情感上的需要。

有的时候，人觉得他自己是万能的，然而他实在是渺小得可怜，软弱得可怜。他的生存，他的活动，都受着自然环境的支配，有时甚至一点一画，他都不能改变。有的时候，他以为能够把握自己的命运、但实际上他是受着许多不可预知的力量控制的。个人的生老病死，穷通否泰，社会的治乱兴亡、天灾人祸，都有许多不可预测的成分。历史的途程，虽然大体上是可以推断的，但它的每一阶段的演变，却又变幻不常，无从把握。这一切不易控制的东西，都会使人彷徨、使人忧虑，甚至使人悲观。只用理智去应付，显然是不够的。如果够，人们就永远不会忧虑，不会彷徨，而艺术与宗教，也就没有需要。

在这样情况之下，上帝的信仰，对人的情感生活能发生什么作用呢？第一，它使我们不断地、大胆地、谦卑地，追求真理，接受真理，服从真理。如果上帝是真理，如果上帝是我们的主宰，那么，我们全部的生活，都应当受真理的支配。信仰上帝的人，应当是绝对虚心的。像科学家一样，不管真理对他个人的利害有什么冲突，对他的成见有什么修正，也不管这真理是从什么地方来的，他只有无条件地接受与服从，像耶稣在面对死亡的时候，在客西马尼园所说的："愿你的旨意成全。"

第二，上帝的信仰应当是道德能力的泉源。世界上的力量，没有比真理的力量更伟大的。在第二次大战开始，法西斯威力不可一世的时候，我们为什么会相信它必定失败？即使这一次战争的结果，胜利不幸是属于法西斯国家，我们为什么还是相信它最后必定失败？原因就是：我们知道法西斯主义是违反人民的意志的，而因此就是违反真理的。违反真理的东西，决不能永久存在。再进一步说，我们为什么相信不平等的社会制度，必定可以消灭；社会革命，必定可以成功？在起头的时候，反动者的地位似乎是不能动摇的。甚至在这制度衰萎的时候，它的力量似乎还是笼罩一切。然而我们知道，历史的演变，必定会把它淘汰，叫它死亡。一个革命的领导者，为什么能有勇往直前的意志、百折不回的魄力？那就是因为他对真理，对历史的定律，有坚定不移的信仰。相反的，一个对真理没有信仰的人，处在逆境的时候，就会因为不能把握现实而陷入投机主义，或失败主义的泥坑里。

我们曾经说过：人是渺小的，是软弱的。但当他觉得他是和真理联系起来的，是真理的工具和传达者，他便觉得他有无穷的力量。在这样的时候，真理在他的意识中，变成一个非常具体的东西，似乎具有情感，甚至似乎具有人格。这并不是说，真理是具有人形的。甚至一个最迷信的宗教家，也不会把上帝看作是具有人的相貌和性格的，因为那是"亵渎"。他不一定要把这个真理的力量，称作上帝。然而只要他和抽象的真理发生这样情感上的关系，实质上，他便是相信了上帝。

第三，上帝的信仰像音乐一样，像艺术一样，对矛盾复杂、四分五裂的人生，产生一种和谐的作用。正如我们在一天工作终了的时候，需要甜美的睡眠，正如我们在天气酷热的时候，需要清凉的饮料，同样的，在紧张的生活中，在斗争的生活中，甚至在平淡的生活中，我们也不断地需要精神的休息与和谐。如果宇宙间一切的事物都是“对立物的统一”，人的生活，便不会像死水般的寂静；它不但是动的，并且也是充满着矛盾的，这矛盾，在人生中是进步的因素，同时也常常是痛苦的因素。但上帝的信仰却不是“安眠药”，它并不把我们的神经麻醉起来。它的功用，不是麻醉，而是“重生”。它仿佛从人生的战场上，领我们上了一座高山，在那里，我们可以抚摩我们的创痕，恢复我们的力气，瞻望前面的远景，回顾既往的途程。因为上帝不是别的，他只是人从渺小的角度中所能意识到的，宇宙真理的整体。在这整体里面，我们的眼界可以开展，我们的胸襟可以放大，我们对一切事物的观察，都比较能够恰如其分，不致大小易位、先后倒置。

我们久住在都市的人，所以常常欢喜回到大自然的怀抱里去，就是因为它能够给予我们和谐。一个灿烂的晚霞，一个皎洁的月亮，一幅雄伟的山景，一个晴朗的星空——它们不但是美的，它们也使我们意识到自然的整体，真理的整体，和它们所表现的那个创造维持的力量。这个力量，就是我们的所谓上帝。这一种意识，这一种感觉，就是矛盾复杂、四分五裂的人生的治疗。

上帝的信仰不是迷信，不是玄学，不是唯心的虚构，它只是以上所说那样一个不平常的，合理的，对宇宙和人生的看法与信仰。总一句话说，所谓上帝，就是真理的整体，这个真理，就是宇宙间一切事物创造维系的力量。从人生方面来说，它也就是我们个人和社会生活中一个不具形体的，但却具有无上权威的决定的力量。

在人类的历史里面，上帝的信仰，的确是充满了迷信和反动的成分。世界上许多最残忍的东西，都是奉上帝之名而行的。许多人对这个信仰的轻视、厌恶，和漠不关心，是完全可以了解的。但我们却相信：上帝的信仰，代表人生中一个最基本的情感上、灵性上的要求。也许在不大遥远的将来，世界上不合理的东西被铲除了，人们革命的热情因为某一阶段的目的达到而消沉下去。那时候，人们更有余暇去思想人生的意义，人生的究竟，那些问题，而上帝的信仰，便会用新的形式出现。社会是会变的，因此，宗教的形式与内容，也会变的。但宗教的本质是不会变的，因为宗教的信仰无非是整个的人生对整个宇宙的态度与反应。只要人一天具有情感，人就一天需要艺术，就一天需要宗教。

统治者的悲哀*

凡是被称为“统治者”的，他们必定是和人民对立的；如果不是和人民对立的，他们便不是“统治者”，而是人民的“公仆”了，像在一个真正的民主国家里面。因为统治者是和人民对立的，他们便有一个先天的致命的弱点，他们非靠暴力与欺骗，不能维持他们的统治，而这弱点便给他们的命运带来一个不可避免的悲哀。

秦始皇曾经焚书坑儒；满清的皇帝曾经兴起过多少次的“文字狱”；袁世凯曾经制造过许多拥护帝制的舆论；法西斯的德国和日本曾经把千千万万“危险分子”杀害了，或是放到集中营。他们以为他们的地位可以巩固了，江山可以坐稳了。然而，呜呼哀哉，他们没落了，他们倒塌了，他们不可能有别的命运，因为这是和人民对立的一个逻辑的发展。

历史上统治者的没落与倒塌，并不是最大的悲哀；最大的悲哀，却是现代的统治者，虽然历史摆在他们面前，却睁开眼睛，仍然走着非没落倒塌不可的老路。统治者似乎是永远健忘的，永远不会受到历史的教训，不只是历史的教训，就是眼前热辣辣的经验，似乎也不能给他们任何的影响。似乎三岁孩子都懂得的道理，他们就不会懂得。为什么？利禄熏了他们的心，势位迷了他们的眼；因为他们离开民众，所以有眼看不见，有耳听不见，结果就只有让历史的巨轮，必然地、无情地，像狮手搏兔地，把他们拖到审判的台前，叫他们在轮下碾得粉碎。

世界上最有力量的东西，就是有生命的东西。一条柔弱的树根，长大起来，可以把一块顽石破裂；一个微小的细胞，繁殖起来，可以延续

* 原载《民主周刊》，1946年7月27日。取自《黑暗与光明》，青年协会书局，1949年12月初版。

于无穷。同样地，一种学说、一派思想，如果它是合乎真理，而不是向壁虚构的，无论你怎样攻击它、防范它、窒息它、绞杀它，它还是会生长繁荣，它还是会迂回曲折地在地下流通传播。古语说："防民之口，甚于防川"。言为心声，口且不可防，何况是心中所追求、接受的思想与真理。这似乎又是一个简单而明显的道理了。然而统治者还是没有懂得，还是天真地、骄傲地，走着他们的老路——直等到他们心劳日拙、身败名裂，终于临到他们的命运所带来的不可避免的悲哀。

在一个几乎不可令人置信的短促的期中，在我们面前展开一大串血淋淋的事件——从昆明到校场口，从南通到徐州，从下关到李公朴、闻一多两先生的被暗杀。这些事件不管是谁做的，它们的残忍、幼稚、卑鄙，使你啼笑皆非，使你对自己说，"假如我为自己的权利、地位打算，我不会愚蠢到这地步。"但是有多少人能看清楚这些事件的真相呢？假如你对某一件事，没有身历其境，你真不会想到，世界上颠倒是非、混淆黑白的宣传本领，能够有今日"登峰造极"的地步。大的可以变小，小的可以变大，红的、白的、黄的，像玩戏法的一样，可以随时改变。天崩地塌，可以轻描淡写，而呻吟喘息，却必须笔伐口诛。这似乎可以把握人心，控制环境了，然而，呜呼哀哉，事过境迁，真相大白，"坏树不能结好果，好树不能结坏果"，真理的不偏，正如历史的无情，原形毕露的时候，也就是欺骗者没落倒塌的时候。

然而历史上的统治者和现代的统治者又能有什么别的办法呢？他们与民众对立的前提，决定他们所不能不走的路，他们所不能不走的路，决定他们命运的悲哀。

我永远铭记着耶稣所说过的一句话："凡要救自己生命的，必丧掉生命；凡为我（他所代表的真理正义）丧掉生命的，必救了生命。"如果统治者是聪明的，他们会服膺这一句话，实行这一句话；他们会放弃暴力，停止欺骗，去接近民众，服务民众，向民众学习。换句话说：他们会丧掉"统治者"的生命，但是他们并不丧掉什么，因为民众会重新把他们抬举起来，叫他们做民众的领袖。到那时就没有人能夺他们的权力，威胁他们的地位，因为他们不是"独夫"而是"公仆"。这是可能的么？不，这是不可能的，因为这是等于"与虎谋皮"！与虎谋皮而得皮，世界上从来没有过这一回事。

我们所以引耶稣的话，与其说是向统治者说教，毋宁说是加深我们自己的认识与信心。血淋淋的事件，本来是可怕的，然而我们不怕了；

血淋淋的事件本来是可恨的，然而我们不恨了；哀求是无益的，抗议是多余的，我们只有镇静地、坚决地，向前迈进，因为我们可以想到历史的巨轮，我们可以想到违反历史定律者必然的命运，我们可以想到紧紧抓住自己“生命”者，最后的悲哀。这一切，都可以给予我们无限的希望与光明，无限的慰安与勇气。

基督教的使命
——《天风》复刊词*

日本投降，大战结束，到现在是整整一年了。在这一年当中，我们不知道是喜是悲，是忧是乐。国际的形势，虽然没有发生重大的变化，但是矛盾紧张的局面，还是没有消除。在战争期中，一面是法西斯与反法西斯两个阵营的对立，另一面是反法西斯阵营中各个不同分子的伟大团结，虽然经过多少次暗潮的冲击，还是屹立不动，终于把最顽强的法西斯力量打倒，使人类重新有呼吸喘息的自由。这个团结，似乎应当维持下去——事实上，它还是维持下去，但是，不能否认的，敌人打倒了，分裂的力量，又复乘机抬头。似乎世界又回到两个对立的阵营里去——不是旧的对立，而是新的对立：一个力量要维持现状，另一个力量，要改革现状。这虽然是一个新的对立，但实际上只是旧的对立的延续与演变。这个对立，表现于英美与苏联的关系，表现于历次外长会议的种种困难，表现于殖民地此起彼伏的反帝运动，也表现于中国方兴未艾的内争。

这个对立，我们虽然把它简单化了，说它是维持现状者和改革现状者的对立，但实际上，它是在极端复杂的形式，和极端微妙的关系中表现出来的。因为它是微妙复杂的，所以我们不容易看见它的真相。我们所看见的，只是许多似乎不相联系的事实，许多似乎是非莫辨的争端，但是，无论这对立是怎样的微妙复杂，所以构成对立的原因，却是非常简单明显的。我们的世界，还不是一个真正自由平等的世界，还不是一个真正民主的世界。主张维持现状者，要保持这样一个世界，主张改革现状者，要把它推进到一个真正自由平等民主的世界。双方都各有他们

* 原载《天风周刊》第33期，1946年8月10日。取自《黑暗与光明》，青年协会书局，1949年12月初版。

崇高的理想，好听的口号，热烈的宣传。主张维持现状者，似乎可以说是保守反动的了，然而他们也有自己的一套理论；主张改进现状的，似乎可以说是进步革命的了，然而他们也有许多可以被人指摘的弱点。如果我们的世界，是黑白分明的，我们便会知所取舍，没有迟疑，但我们的世界，所能呈现给我们的，似乎只是一个灰色的景象。一个斗争混乱的世界，已经使我们悲愤忧伤；而是非混淆，黑白不分，更使我们苦闷徬徨，走投无路。

在这样的局面之下，基督教应当有什么贡献，什么是它对这时代的使命？

毫无疑义地，基督教是主张自由平等的，是主张彻底民主的，因此，它应当是进步的、革命的；只有进步的、革命的基督教，能够真正表现耶稣基督的精神，基督教对这时代的使命，就是要把现在以人为奴隶，以人为工具的社会，变成一个充分尊重人的价值的社会，使人类不必再因利害的冲突、阶级的对立，而演成分裂斗争的现象。

为要完成这个使命，基督教有两个重要的任务：一个是明辨是非，一个是为真理作见证。

明辨是非，不是一件容易的事，我们在上面已经说过。然而它并不是一件不可能的事。举一个眼前的例来说：一年以来，国共两党，相持不下，以干戈相见；正如民元以来同样的事件一样，我们把它称为“内战”，而近来又有人称之为“内乱”，一字之差，褒贬就在里面，而用这两个名词的，就有偏左偏右的嫌疑，于是自命为中立的人，也就有无所适从之感。但从基督教的观点来说，我们却不需要在名词里面兜圈子：“内战”也好，“内乱”也好，也不管是谁先打谁，我们不赞成中国人自相残杀。中国人都是一家的人，家里的人，应当可以讲理，如果相持的两边，有理讲不清，家里别的人可以出来讲话。这样的分辨是非，难道还不够清楚吗？又如数月来的殴打暗杀事件，有人说是甲做的，有人说是乙做的，也有人说是丙丁做的，不管是谁做的，也不管是在什么地区做的，我们反对殴打暗杀，反对一切恐怖暴行，这样的分辨是非，难道还不够清楚吗？再举一个例：两三年来，大家都在讲民主，左亦民主，右亦民主，中间的也是民主，究竟谁是真正的民主呢？则应之曰：起码的民主，要有人民的自由，没有人民的自由，就谈不上民主。甲说民主，而甲剥削了人民的自由，甲就不是民主；乙说民主，而乙剥削了人民的自由，乙就不是民主；谁不是民主，我们就应当反对谁，这样的分辨是非，难道还不够清楚吗？

大多数的人民是没有成见的，是能够分辨是非的，是不会被虚假的宣传蒙蔽的。但是在一个不自由的环境里面，他们虽则能够分别是非，却不敢作公开的表示，因为是非的关系，也就是与是非有关者的利害关系。这就使我们想到基督教的第二个任务——为真理作见证：

基督教曾经反对过罗马的统治，反对过它自己内部的专制与黑暗，反对过奴隶制度，反对过现代工业对工人的冷酷与摧残。中国的基督徒在拳乱时候，曾反对过暴民的威力；欧洲的教会，在第二次大战中始终没有对纳粹政权屈膝妥协。这一切都表示着：基督教不只明辨是非，也在黑白分明之后，站在真理方面，大胆地为真理作见证。如果我们把这种精神，应用于今日，我们就应当反对武力，主张和平，反对独占，主张民主，反对一切压迫人民的办法，主张人的价值与尊严。这当然是触犯了享有特权者的“现状”，既然是触犯，就必定刑罚随之——即使这刑罚只是被人误会，被人戴上一顶某种颜色的帽子，而这刑罚就是为真理作见证的代价。

世界在急剧地变，在不知不觉中变，在矛盾复杂的形势中变，在根据历史的定律，反乎人的主观愿望而变。在这变的当中，基督教应当是面酵，是动力，是光，是盐。如果基督教失掉这些作用，做了保守反动力量的尾巴，或是躲在神学的牛角尖里做想入非非的梦，它便失掉它所以存在的理由。反之，如果它能够发生这些作用，它便是完成了对现阶段世界的使命。

但基督教的使命，不止于此。基督教要自由、平等、博爱；要向现状挑战；要在进步革命的历程中做动力，做面酵，做光，做盐。但世界的进步，没有止境，罪恶的势力，也没有止境。基督教要推动历史，改进社会，但它同时也要对每一个时代、每一个集团的罪恶挑战——它对“新”时代是这样，对“旧”时代也是这样，它对“反动”的集团是这样，对“革命”的集团也是这样。在基督教的崇高理想之下，一切都只是相对的。因此，一个基督徒可以服膺某种主义，可以从事于某种政治活动，甚至可以参加某种政党，但他竭智尽忠的最高对象，却不是这些东西，而是上帝的真理和他绝对的真美善。这个崇高的理想，要他在每一个时代，对每一种运动，做面酵，做动力，做光，做盐。

基督教的优点在这里，基督教的危险也在这里。它对社会的进步，不作估价过高的幻想，永远拿严格的标准来衡量一切，使每一时代人类的弱点与罪恶，都不能有所假借而匿迹遁形，这是它的优点。但在另一方面，崇高的理想，可以变成反对进步的藉口，维持现状的掩护，逃避现实的托辞。事实上，有组织的基督教，在各种不同的形式下，已经走人这条歧路，这是基督教的危机。

然则我们应当怎么办呢？我们所应当做的，耶稣已经告诉过我们：他要我们明白真理；他叫我们不要把新酒装在旧皮袋；他要被掳的得释放，瞎眼的看见，受压制的得自由。但他也要我们不以任何的进步为满足，要我们永远追求，要我们完全，像天父的完全一样，因为没有人是良善的，只有上帝是良善的；人的作为，也没有一件是完全的，只有上帝的作为是完全的。换句话说：我们要进步，要革新，但也要不断的批评，拿最高的标准，去衡量一切。

让我们回到我们的原来的题目——我们现在的世界。目前的世界，还是黑暗的，目前的中国，也还是黑暗的，在以后的几年中，也许我们还要经历一番更悲惨的遭遇。但是，光明已经在望，茁壮的嫩芽，已经从土壤中脱颖而出；旧的东西，像一个破烂的屋子，已经在风雨飘摇中支解崩溃；新的东西，像初出的太阳，已经从黑暗中拨云雾而见青天。“天国近了，你们应当悔改。”让我们用真理，用信仰，用无畏的斗争精神，去迎接这个新时代。

黑暗与光明*

20多年前，我曾两次登泰山去看日出。第一次是在白天上山，在山顶住宿，第二天清早起来，可惜那天天空布满了云雾，等了两三个钟头，什么都没有看见。第二次是在半夜里上山。我们所走的不是大道，而是崎岖的羊肠小径。我们三四个人，只拿着一盏油灯照路；风大得很，没有星光，也没有月亮，有时我们走几步跌一跤，而灯也就被吹灭。四周山岭的黑影，好像阴森的魑魅，要把人吞噬下去。但我们终于到了山顶。等了很久很久，天似乎没有半丝的亮意。最后，东方现出一点微光，这光越来越大，把附近的云彩，染成灿烂的金黄色。忽然从云端露出一点炫目的光亮，这就是辛苦地期待了许久的太阳。5分钟之后，它完全升出了，它吞灭了大地一切的黑暗。

在抗战期中，我在华西坝住了5年。我的住处，是一个外国式的花园，里边除了其他的花木以外，有两棵高大的橡树。每年的冬天，是成都的雾季，天永远是灰暗的。在花园的地上，只是一片黄叶，园中没有一点生意。有一次，我偶然把一枝秃枝拿到手里，很惊奇地，也很愉快地，我发现在旧叶凋零的每一个疤痕上面，都有一个细小的叶苞。这就是在严冬的时候，等候着春天来到的新生命的萌芽。在同一的景象里面，我看见死，也看见生，现在是云雾的灰暗，不久是光天化日的黎明。

两年前，我在成都北边，一百多里的一个高山叫白鹿顶的，过了一个夏天。有一天，我们走了一整天的路程，到一个叫葛家山的地方去游玩。那里有一个破烂的古庙，里面有许多牛鬼蛇神般的塑像，其中最可

---

* 原载《民主周刊》第53—54期休刊号，1946年10月31日。取自《黑暗与光明》，青年协会书局，1949年12月初版。

怕的是一个吊死鬼；舌头伸出几寸长，手里拿着一根麻绳。有一个青年问我："你敢不敢在这底下睡一夜?"我说："我敢。"他问我为什么不怕，我说："即使世界上真有鬼怪，他们也逃不出自然律的支配。在光明的时候，你固然不必怕它，就是在黑暗的时候，它对你也无能为力。可怕的不是鬼怪，而是我们自己心中的黑暗。鬼怪所怕的是光明，鬼怪终必被光明消灭。"

在抗战期中，尤其是当日寇在湘桂横冲直撞的时候，形势非常险恶，有许多人愁眉苦脸，甚至天堂般的成都的人们，也准备着逃难。我自己的情绪，有时也不免显出一点慌乱，但我内心的理智却告诉我：这不过是法西斯侵略者，临终前的回光返照。后来，日本投降的消息，好像从天而降，许多人都没有准备，甚至不肯相信。其实这是不足希奇的。这正是所谓天网恢恢，疏而不漏，鬼怪敌不过光明，疯狂的暴力，当然也敌不过正义的火焰。

在《圣经》里有一段故事：

有一天耶稣和门徒上了船，对门徒说："我们可以渡到湖那边去。"他们就开了船。正行的时候，耶稣睡着了，湖上忽然起了暴风，船将浸满水，甚是危险。门徒叫醒了他，说："夫子，夫子，我们丧命啦!"耶稣醒了，斥责那狂风大浪，风浪就止住，平静了。耶稣对他们说，"你们的信心在哪里呢?"他们又惧怕，又希奇，彼此说："这到底是谁，他吩咐风和水，连风和水也听从他了。"

（《路加福音》第 8 章第 22 至 25 节）

根据这段记载，似乎耶稣甚至有权柄可以命令风波平静。但如果我们用一点常识来解释这个故事，我们就晓得里面并没有什么神秘，没有什么超自然的现象。耶稣所斥责的不是风浪，而是门徒，耶稣不是叫风浪平静，而是叫门徒的内心平静；内心平静了，风浪虽然还是一样的大，却好像是已经平静了。这不是逃避现实，不是自我麻醉，而只是耶稣所说的"信心"的作用。有信心就有光明，有光明就没有惧怕，就可以对面前的黑暗，勇敢地挑战。

光明与黑暗永远是对立的，然而最后胜利的不是黑暗，而永远是光明。

基督教与今日的中国*

今日的中国，是在一个纷乱的状态中。内战在猛烈地进行；国共的冲突，即使在一个比较长的时期中，还是没有消除的希望；交通阻塞，生产停顿，外货倾销；通货膨胀，愈来愈甚，而人民的痛苦，亦与日俱深。中国已经到了一个不得了的时候；倘三次大战，因我而发，而我国成为主要的战场，则中国将要变成一个活的地狱。

基督教在今日所要对大家讲的话，第一句就是：希望。现在许多人失望了、悲观了、消极了，但基督教是永远抱着希望的。它之所以有希望，是由于它的信仰。它相信，统治世界的，不是人的力量，而是上帝的旨意；它相信上帝在世界的痛苦中，教训我们、引导我们、重生我们，使我们悔改，使我们更忠实的追求服从他的旨意；它相信黑暗的来临，便是光明的开始，旧世界的没落，便是新世界的诞生。基督教是永远不悲观的，悲观的已经失掉他们的信仰。

基督教在今日所要讲的第二句话就是：彼此相爱。彼此相爱，就不应当彼此猜忌，彼此惧怕，就不应有内战，不应当有国际性的战争。彼此相爱，就要尊重人的价值，反对压迫，反对剥削，反对专制，反对独裁。彼此相爱，就应当主张自由平等，互忍互让，共劳共享，如弟如兄。彼此相爱，世界就会饱衣足食，不虞匮乏，和平相处，永息干戈，变成地上的天堂。基督教要赴汤蹈火、出死入生地宣传这个爱的福音，坚持这个爱的福音，因为这个爱的福音是人类唯一的希望。

基督教所要说的第三句话，就是牺牲。政党要牺牲它的私利，以国家民族的利益为前提。国家要牺牲它的私利，以全世界的福利为依归。

---

* 原载《天风周刊》第45期，1946年11月2日。取自《黑暗与光明》，青年协会书局，1949年12月初版。

个人要牺牲他的私利，不要拿别人的血汗来养肥自己，不要拿别人的生命，去换取自己的尊荣，不要以自己的便利，妨碍公共的秩序。全世界的人也要不惜巨大的牺牲，使现在不自由不平等的旧社会秩序，早日过去，使更能尊重人的价值的新社会，早日来临。在这转变的时代，我们更要牺牲成见，虚怀若谷地接受真理，大胆地为真理作见证，使我们能够成为时代的前驱者。

基督教说这几句话，如果要说得更响亮、更有力、更动听，就必须以身作则，即知即行。第一，基督教应当更团结。分门别类是基督教的优点，也是基督教的弱点；我们可以意见分歧，却应当彼此容忍，所谓和而不同，庶几近之。和而后能团结，团结而后能合作，合作而后能进步。第二，基督教应当发挥先知的精神。现在的世界，罪恶深重，上干天怒，两次的大战，就是上帝对世人的警告，基督教在此危机中，不应当守口如瓶、明哲保身，或是同流合污、畏首畏尾，更不应当以耳代目，以非为是，深闭固拒，画地自囿，使上帝对世人的忿怒，不能通过信徒的口而宣扬出来。如果我们没有尽到我们的本分，我们就应当忏悔认罪，求上帝的饶恕，使他肯再用我们这些瓦器，去宣传耶稣救世的福音。第三，基督教自己也要愿意牺牲，愿意作殉道者。如果我们只求安稳舒服，只求保存自己的生命，结果就只有要安稳舒服、要保存生命的人们肯到教会里来。如果我们远离人群，人群也会远离我们，这就是今日基督教所应当深自警惕的地方。

时急了，愿我们团结起来，奋兴起来。

爱的福音
——纪念 1946 年圣诞节*

我们的世界，是罪恶的世界，是痛苦的世界，只有爱的福音，能把我们从这样的世界中拯救出来。

如果我们翻开人类几千年的历史，我们就会发现：人类在和平幸福中生活，不是一个经常的现象，而只是一个例外。似乎人类永远是在罪恶中，在痛苦中，在混乱中生活着的；似乎人类没有方法可以拯救自己；似乎他们一切道德的努力，社会的革命，都没有彻底性与持久性，并且在他们每一种努力中，每一种成就中，都还是掺杂着罪恶的成分，妥协的成分。许多人的心中，未尝不抱着一个崇高的社会与人生的理想，然而人类和这理想的距离，不只没有一天一天的接近，有时反而似乎是走入了迷途。

过去两次大战的浩劫，我们不必说了；从我们现行社会制度所产生的种种罪恶与痛苦，我们也不必说了。只就我们日常生活来说，我们到处都看见凶恶、诡诈、阴险、自私。在广大的人群中，我们往往不容易找到几个真正善良的人。就是我们自己，我们有意为善的时候，也常常觉得力与心违，无由自拔。我们所要做的，我们不能做；我们不应当做的，我们偏去做。有的时候，我们身体的禀赋、健康的状况、社会的环境，处处都影响了我们生活的态度和做人的方法，使我们不知不觉地、无可奈何地，陷入痛苦，陷入罪恶。穷乏的人、软弱的人，固然是这样，就是富足的人、康强的人，也并没有不同。我们的世界是罪恶的世界，是苦痛的世界；我们不能救自己，只有爱的福音，能把我们拯救出来。

---

* 原载《天风周刊》第 52 期，1946 年 12 月 21 日。取自《黑暗与光明》，青年协会书局，1949 年 12 月初版。

什么是爱的福音？基督教的中心思想是："上帝是爱"，"上帝爱世人……"，"你们要彼此相爱"，"你们要爱仇敌"。这就是爱的福音。这个爱是广大无边的，是超越时空的，是亘古长存的。这个爱，不只要把人的环境改变，也要把人的内心改变。这个爱，不只要把人类的社会变得更平等、更合理，也要把人的内心，变得更圣洁、更和谐；只有爱能把人类彻底地改造，只有爱能使世界变成地上的乐园。

然而爱却不是姑息的，而是与罪恶为敌，要和罪恶斗争的。因此，爱就需要牺牲，需要流血。但基督教的爱，却不是要牺牲别人，而是要牺牲自己。耶稣所以叫人爱仇敌，他所以被钉十字架，就是因为他的爱是自我牺牲的爱。这样的爱不只是公道，而也是救赎；它使人弃恶趋善，不再作罪的奴隶。这样彻底的爱是世人所不能了解，不能接受的。对希腊人，它是愚蠢；对犹太人，它是绊脚石；对现代的人，它是不切实际的空谈。基督教以外的人是这样，就是已经接受基督教的，又何尝不是这样。耶稣的所以超绝古今，正在如此。

为什么爱的福音，不能被人接受呢？耶稣说："如要救自己生命的，必丧掉生命；凡为我丧掉生命的，必救了生命。"我们所以不能接受爱的福音，是因为我们不知道爱就是生命的道路。这条道路是由死人生的。麦子要在地里烂了，才能发芽长穗；假如把它藏在瓶子里，它就会死亡。这是一个很浅显的道理。当时把耶稣钉死的人，没有懂得这个道理，现在世界千千万万的人，也没有懂得这个道理。就是懂得这个道理的人，也未必能够身体力行于万一。不是因为这个道理太崇高，而是因为它太实际，要求太大的代价，也太过与人类自我中心的趋向背道而驰。

我们要怎样才能接受这个爱的福音呢？我们当然要先被它说服，然而单单说服是不够的。我们所需要的不只是理解，而更是能力。能力从哪里来呢？显然的，我们自己没有能力。我们应当天天面对着上帝绝对的真美善，天天体认着他在宇宙微妙的关系中所显示的广大无边的爱，只有这样，我们才能得到力量。因为这种体认，这种了解，会使我们惊奇赞叹，景慕崇拜，会变化我们的气质，使我们觉得，只有爱的生活，是人生的真谛，是生命的道路，只有在爱的生活中，人才能从罪恶痛苦中被拯救出来。

上帝是看不见的，然而历史上的耶稣却是看得见的。这个超绝古今的人格反映了上帝的荣光，彰显了上帝广大无边的爱。他的生，他的死，他的教训，他所有的一切，都使我们看见了人类生活的最高峰，使我们惊奇赞叹，景仰崇拜而不能自已。即使我们不能接受他，效法他，他也会在我们个人生活中，社会生活中，永远向我们挑战，使我们不能安于现状，使我们向着生命的道路，永不止息的追求。

因此，耶稣的诞生，应当就是新希望的诞生，新力量的诞生。让我们尊他为主，向他欢呼，使他把我们从罪恶痛苦的世界中拯救出来。

一九四六年圣诞节的展望*

1946 年的圣诞节，似乎要在黯淡的景象中度过。内战在剧烈地进行；物价在飞快地高涨；工商业在恐慌，老百姓在愁苦。世界局势虽然没有重大演变，但是，旧的疮痍未复，新的纠纷已来，瞻望前途，似乎还是凶多吉少。

1946 年的圣诞节，有没有给我们带来新的希望？我们坚决地回答说：有。两千年前，人们把耶稣钉死了；那时遍地黑暗，星日无光，似乎一切都已经完结。然而上帝的公义，上帝的大能，使他复活，尊他为王，以致两千年后的今日，在黑暗纷乱的世界中，他依然是真理正义唯一的象征。今日世界的罪恶，还是两千年前世界的罪恶，今日世界的痛苦，还是两千年前世界的痛苦；但统治着两千年前世界的上帝，依然统治着现在的世界。希特勒沦亡了，新的希特勒也将一样地沦亡；法西斯主义没落了，新的法西斯主义也将一样地没落。“天视自我民视，天听自我民听”；现在广大的民众已看见了一切的卑污腐恶，已经听见了一切的叹息呼号；他们的眼目，就是上帝的眼目；他们的忿怒，就是上帝的忿怒。“千夫所指，无疾而死”；上帝忿怒了，为非作恶的人，必将惊慌战栗地被拖到审判的台前，被历史的车轮，碾得粉碎。

新世界的曙光，已经显现，奴役人的力量，已经日暮途穷。这并不是说：我们的面前将是一条平坦的路；也不是说：漫漫长夜的黑暗已经终止。然而历史的途程，是早已决定的，叛逆者的命运，也是早已决定的。“你们在世上有苦难，但你们可以放心，我已经胜了世界。”我们不

* 原载《消息》复刊第 5 期，1946 年 12 月 25 日。取自《黑暗与光明》，青年协会书局，1949 年 12 月初版。

要再彷徨，也不要再悲观。我们的任务只是以历史的眼光，抱坚定的信仰，充实自己；各人在自己的岗位，竭智尽忠，努力不懈，斩荆披棘，达己达人，去迎接终必来临的新时代。

因此，我们应该欢欣，因为和平之君已临，他将要把世界更新，使人类重新呼吸平等自由的空气。

中国民主运动的前瞻*

一、民主的意义和实现民主的方法

中国的民主运动，是中国全体人民所要求的，也是今日世界大势所要求的。这个运动，在中国，在全世界，必定会成功，因为它不只代表了人民的公益，也表现了历史的定律。因此，民主的潮流，是不可抗拒的，谁若想把它阻止，谁就会被历史否定，被人民遗弃。

民主的要求，虽然是一个很简单的事实，但是民主的意义，和实现民主的方法，在目前国内国际形势之下，却是一个非常复杂微妙的问题。把这个问题认识清楚，我们才能知道应当怎样努力，使这个运动，早日成功。

目前的民主运动，有两个主要的涵义，一个是政治的民主，一个是经济的民主。政治的民主，就是英美式的民主。它的产生，是在法国大革命后，封建制度被推倒，资产阶级代之而兴的时候。从封建制度的观点来看，这个新兴的资产阶级，是得到完全的自由了，因为他们做了新时代的主人，但他们所促成的社会制度，却把另一部分人——无产阶级——的自由剥夺了。资本主义的议会制度，名义上是把国家的主权，给了全国的人民，但大多数的人，要靠工资而生活，而工资的多寡，他们自己又不能自由地决定，因此，他们就变成工资的奴隶，也就是经济的奴隶。议会的制度，虽然是民主的制度，但因为经济是不民主的，政治的民主，也就等于虚有其名。在英美等民主国家，大多数人所要求的，也就是这个经济的民主。

---

* 原载《民主周刊》，第51—52期，1946年10月10日。

经济的民主，不但是某一个国家内被剥削被压迫阶级的要求，它也是全世界渴望和平的人们的要求。现在的资本主义制度，不只在国内造成贫富不均、阶级对立的现象，它也变成了现在世界性战争的因素。资本主义的利润制度，一方面是造成了巨量的生产，另一方面是剥削了人民大众的购买力；生产多而销路窄，这就是资本主义周期性恐慌的主要原因，为要解决他的困难，资本主义就不得不向外发展；以武力为后盾的经济发展，就是帝国主义。但是这个发展，是有限度的，因为所有的资本主义国家，都需要向外发展，这就使世界变得愈来愈小，而结果就是彼此竞争，互相摩擦。先天不足、资源薄弱的国家，像法西斯的德、意、日，为求统治阶级的生存，就不得不铤而走险，这就是过去两次世界大战所以发生的原因。这个原因之所以存在，也就是由于世界经济的不民主。因此，我们如果要有世界和平，我们就需要经济的民主。这样一个简单的分析，无非是一点社会科学的常识，凡是已经从传统思想里被解放出来的，我想都不会不接受这个分析的。

经济的民主，既然是一个急迫的要求，似乎它不应当再成什么问题的了，然而事实上却大谬不然。现在大概没有一个国家不承认经济民主的原则的。但是经济的民主，应当走哪一条路呢？这一个问题的提出，马上就使我们想到苏联，因为苏联是世界第一个实行了经济民主的国家。然而这一个国家，正是目前国际矛盾的焦点，正是许多人纷纷议论、莫衷一是的题目。我们对苏联应当采取一个什么态度，给他一个什么评价呢？

有许多人说：英美有政治的民主，而没有经济的民主，这固然应当改造；但苏联虽然有经济的民主，却没有政治的民主，这同样是不理想的。现在在若干资本主义国家里，尤其是在美国，掀起了一个反苏的巨大浪潮。反苏者最大的理由，就是说苏联没有政治的民主，因而实质上就是一个独裁的国家，与过去的德、意、日等法西斯国家，并无两样。他们认为英美式的民主，虽然还有缺点，但却可以改进到理想的地步，但如果苏联胜利了，握了世界的霸权，这对英美的民主，是一个最大的威胁。这不只是保守顽固者的感觉，也是许多进步自由主义者的感觉。

我没有到过苏联，不知道苏联究竟有没有政治的民主。如果听别人的报道，各人因为观点不同，所报道的事实，和所下的结论，也就不同。苏联的真相，也许要再过五十年、一百年以后，才能大白于天下。但我们现在姑且假定苏联完全没有政治的民主，或是没有完全的政治民主，这又怎么样呢？苏联的共产主义（或称社会主义），是不是在本质上就不能有政治的民主的呢？如果是的，我们的态度，就很清楚了：我们不但要否定苏联，我们也要否定共产主义。如果是这样的，那么，反苏反共，是完全应当的。但我们恐怕不能给这样简单的一个回答。首先，作为社会理想的共产主义，或社会主义，我想就是最顽固的人，也没有法子反对的，因为它所主张的，无非是一个共劳共享、共有共治的社会。这个主张的本身，就包含了政治和经济的民主。这样的一个社会，难道不是我们每一个人所需要、所喜欢的么？如果苏联因为没有政治的民主，而还没有完全实现这个理想，我们难道就可以说这个理想不够好吗？我们怀疑：许多人所以反对苏联，反对共产主义，主要的原因，不是反对她所采用的手段与方法，而是因为基本上共产主义和他们所要维持的资本主义，是势不两立的；共产主义胜利了，资本主义就要消减，资本主义消减了，他们从资本主义获得的特殊地位与利益，也就被取消。揭开了一切的烟幕，他们之所以反对苏联，只是一个利害的关系，而不是什么是非的问题。攻击苏联和共产主义的错处，只是一个藉口，这个藉口可以让他们把共产主义的理想，一笔抹煞，使许多被这个藉口所影响的人们，可以帮助他们保存现行的制度，保存他们从现制度所获取的特殊利益。现在所谓民主主义和共产主义的斗争，恐怕只是这样一个利害的斗争、力量的斗争而已。如果还有人以为这是两个理想的斗争，或是把共产主义，简直看作反动的力量，而认为这是进步力量和反动力量的斗争，这只是一个幻想，这个幻想，离事实与真理，是不可以道理计的。

然则人民的反对苏联反对共产主义，是完全没有根据的么？即使我们没有充分的事实来证明，我们也可以武断地说，这种反对，一定是有相当根据的。在苏联里面，一定还有许多缺点，尤其是在政治的民主上，她一定还有许多应当改进的地方。但是现在在这个不理想的世界里，我们不能想象一个完全理想的国家，或是一个完全理想的政党。我们所要问的，不是某一个国家，是否已经达到理想的地步，而是她是否朝着理想的方向走。我们对于一种主义，所要问的，不是实行这种主义的人，有什么缺点，而是这种主义本身，是为大多数人谋幸福的，或只是为少数人谋地位的。再拿苏联来说吧。从十月革命到现在这三十年当中，苏联绝对不可能将过去一切的弱点，无论是历史所带来的，或是人性所固有的，完全克服。一个像孤岛一样，处在四方八面敌对的大海中的社会主义国家，也不可能采取一个完全理想而现实的政策。如果苏联犯了许多错误，我们也可以说：这是历史的报复，是环境所结的果子。如果我们因为她的错误，就连她的理想，和她已经有了的成就也反对，我们就好像平常所说的：倒浴水，连盆里的孩子也倒出来。

任何国家的错误，任何主义的缺点，我们都应该反对。我们对苏联是这样，对共产主义是这样，对任何的国家，任何的主义，也是这样。然而这一种反对，不应当被用作维持现状、反对改革的遁词。我们不应当说：你的理想好，但你的手段坏，我反对你的手段，因此我连你的理想也反对。我们只能说：你的理想好，你的手段坏，我赞成你的理想，但我要用比你更高明的手段。

有许多人之所以留恋现在，是因为“民主”国家所给与人的所谓个人自由，从已被打倒的封建社会的观点来说，还的确是一种自由，但这个自由的代价，却是许多人的不自由，是许多人在经济生活上的奴隶地位。我们不应当留恋着这个表面的，有限度的自由；我们应当争取全面的，实际的自由。我们的理想，是一个共劳共享、共有共治的新社会。这个理想，你称它为共产主义也好，称它为社会主义也好，给他另外一个名称，也无不可。我们所需要的，就是实现这个理想。别人所用的方法和手段不好，我们可以采用更好的方法与手段。这才是真正的为正义与真理而奋斗。不然的话，就是伪善，就是自私。伪善与自私的结果，就是把我们拖入另一次大战，使人类重新陷入一个混乱与恐怖的世界里。因此，我们的结论是：要实现政治和经济的民主，要有世界的永久的和平，就要除旧布新，从事于根本的社会制度的改革。

二、中国该走哪一条民主之路?

我的题目，是中国的民主运动。以上所说的一大段话，似乎扯得太远了。但实际上，中国的问题与国际的问题是分不开的。理论的问题，与实际的问题，也是有着非常密切的联系的。现在中国最急迫的一个问题，就是内战。这个问题，和我们上面所说过的国际问题、思想问题，是息息相关的。把这些更远更大更深的问题弄清楚了，我们对于中国民主的问题，就可以有一个更清楚的远象。

现在的中国，不只没有经济的民主，也并没有政治的民主。中国民主运动的起点，是要争取政治的民主，而其终极的目标，是要完成经济的民主。但是问题又来了：中国的民主，无论是经济的或政治的，应当走那一条路呢？我们可走的路，大致只有三条：一条是英美资本主义民主的路，一条是苏联社会主义民主的路，另一条就是所谓新民主主义的路。第一条是走不通的。不要说资本主义制度，已经到了日暮途穷的时候，我们不应当再走这一条绝路；就是我们决心要走的话，我们也只有变成先进资本主义国家的附庸，因为她们进步的技术、雄厚的资源，绝不许一个半封建半殖民地的国家，变成她们的敌手。孙中山先生所以要我们迎头赶上去，就是为着这个道理。第二条路，至少在现在，是不能走的。苏联的制度，是不是我们的理想，这是另一个问题，我们不必再在这里讨论，但即使它是我们的理想，在目前国内国际形势之下，我们也不可能去效法她，因为国际的资本主义，不许可我们走这条路，中国的人民，也还没有完全准备着走这条路。中国人民之所以如此，也有几个原因：第一，苏联所走的路，究竟是什么，这在他们还是十分模糊，即使他们对它没有成见。第二，他们因为听了许多关于苏联和中国共产党的宣传，对于苏联的路，就不禁谈虎色变。第三，可以领我们走这条路的中国共产党，不只本身还有许多弱点，他的力量，也还没有到可以取得政权的时候。所以这条路也是走不通的。第三条路，就是所谓新民主主义的路。根据我的了解，所谓新民主主义，在目标方面，就是要实现一个非资本主义、非社会主义的，过渡性的社会。这样的社会，实际上就等于孙中山先生平均地权、节制资本的民生主义的社会。但它只是过渡性的，最后的目标，还是社会主义的社会。在手段方面，新民主主义的主张，不是暴力革命，也不是无产阶级专政，而是各阶层的觉悟进步分子的联合政权。新民主主义所要应付的，是一个变动中的世界，是一个旧的还没有完全没落，新的还没有完全长成的世界。中国是在这种状况之中，许多别的国家，也是在这种情况之中。

如果我们不应当走第一条路，又不可能走第二条路，似乎我们可走的，就只有这第三条路了。实际上，这条路就是中山先生三民主义的路。我们认为这是一条正确的、唯一的路。

三、谁来领导我们走？

但是谁来领导我们走这条路呢？最理想的领导者，应当就是国民党。它有悠久的革命历史，它有优越的革命成绩，然而不可否认的，过去二十年中，尤其是抗战结束以后，许多人对国民党失望了，许多国民党党员，也对国民党失望了。如果我们否认这个事实，那就等于自欺欺人，毫无意义。国民党有没有重生的希望呢？我们相信有，我们也希望有。然而国民党在过去和现在，有两个基本的弱点，这两个弱点，可以变成它致命的弱点。第一，它依赖英美资本主义国家的力量，去维持它的地位，因而变成它们的附庸，变成它们的工具。国民党之所以如此，也有它的必然性。二十年来，它所走的路，已经远离了中山先生的路。实际上，它的路只是在半封建半殖民地形式下所可能走的资本主义的路。它走了这一条路，事实上就等于把自己的车轮拨转，做了一个在没落的制度的工具和附庸，去参加一个国际性的斗争。这条路是走不通的，是一条死路。

国民党的第二个弱点，就是二十年来，它因为要对付共产党，所以就变成和人民对立的。因为它和人民对立，所以共产党不但没有被它消灭，反而大大的生长起来。它没有晓得：共产党之所以存在，是有着客观性、世界性的条件的，不是单独主观的愿望所能应付的。国民党之所以和人民对立，不只因为它本身的腐化，也因为它怕人民被共产党吸引过去。但结果是适得其反。因为二十年来，许多有思想的青年，都投到共产党那里去，或是受唯物思想深刻的影响。这些青年看见国民党的路，是一条走不通的路。他们一面是对国民党失望，另一面是向往着未来的光明。如果国民党坚持着这个与人民对立的政策，而不求自力的更生，结果就只有众叛亲离，把人民赶到它所讨厌、所害怕的共产党的怀抱里去。所以，与人民对立的路，也是走不通的路，也是一条死路。我们希望贤明的国民党当局，幡然觉悟，另走一条更光明、更有希望的路，继续它们过去光荣的历史，引领中华民族，在现在悲惨局面之下，起死回生。

其次，我们想到共产党。我们不能把共产党看作洪水猛兽，我们也不能把它看作乱党奸党。它有一个超越的社会理想，它有一个彻底的革命精神，它也有积极的策略，和雄厚的力量。但在现在形势之下，就是他们自己，也知道实行共产主义的传统政策是不可能的。他们现在所主张的，是一个温和的、过渡的政策。他们说要实现三民主义的新中国，我们相信这是诚意的。所谓新民主主义，就是他们所提倡的。现在共产党的力量，还没有长成，共产党的成绩，还没有博得大多数人的信任，既是这样，要共产党出来，单独负起领导的责任，是一件不可能的事。

共产党对中国的民主运动，究竟发生了什么作用呢？无论我们对共产党的态度如何，我们不能否认：它对中国民主运动，发生了一个推动和支持的作用。它自己受着压迫，它要争取自由，同时它也为其他的人民争取自由。如果没有共产党对现状的挑战，中国现在的内战固然不存在，但中国恐怕会变成一个比现在更黑暗、更腐化的局面。许多人批评共产党，说它不应当有自己的武力，但如果共产党没有武力，在现在中国这样一个国家，恐怕它根本就不能存在。现在提倡民主而没有武力的人们的遭遇，就是一个很好的证明。

我们希望在军队国家化、政治民主化的条件下，共产党在中国能够成为一个真正的合法的政党。我们希望共产党把他们的社会理想，永远放在我们面前，让它永远向现状挑战。但我们也希望共产党极力避免贪功近利、生吞活剥的手段，以免惹起人民的反感，加深国际的猜忌，使他们崇高的社会理想，被人畏慑、被人误解，使反动的力量，更有所藉口。如果共产党能够把它的主张、它的策略，更适合中国国情，它对中国民主运动，必定可以有更伟大的贡献。

在国共两党以外，与中国民主运动最有关系的力量，就是所谓第三方面的力量。第三方面的力量，包括两党以外许多前进的分子，里面有知识阶级，有工人和小民主同盟，虽然还没有雄厚的力量和坚强的组织，可以说这是第三方面力量团结的象征。

这个力量的本质，究竟怎样的呢？它要民主，因为它里面的每一个人都身受过不民主的痛苦。它不满于现状，因为现状已经使人几乎绝望。它对于未来的远象，有时是很清楚，有时也有点模糊，因为直到现在为止，还没有人为他们开辟过一条平坦的康庄大路。他们有决心，但也有难处，因为他们虽然厌恶旧的，他们对于新的，却也不能完全放心。环境的压迫、组织的缺乏，更增加了他们的困难，因为他们唯一的武器，只是赤手空拳的一点正义感。

这第三方面的力量是轻微的，是充满着问题的，然而它究竟是一个力量，它也可能变成一个伟大的、有决定性的力量。让我们把理由说出来。现在的局面是国共相持的局面，这个局面的现阶段，就是内战。但这个阶段，是不能继续得很久的，因为国民党即使有美国的支持，也不能把共产党消灭，而共产党也不能把国民党打倒。内战既不能有决定性，再打下去，只有两败俱伤，所以迟早必须停止。但是内战若停止，相持的局面，还是要继续下去。由于观点之不同，即使有了联合政府，双方完全诚意的合作，还是一件不容易的事。有形的内战停止了，无形的摩擦，仍然可以产生，一切建设的事业，仍然可以遭到阻碍。在这样情形之下，第三方面的力量，可以发生极大的作用。它可以逼着国民党，使它减少自身的腐化，对国事采取一个更开朗的政策。它可以逼着共产党，改变一切过激的作风，把国家民族永久的利益，放在自己一时利害之上。它也可以对一切以中国为孤注的国外力量，发出“放开手”的警告，叫他们让中国行使自主独立的主权，自己管理自己的事。第三方面的力量，不只可以有这些主张，它也有可以用来对各方面使用压力的伟大力量，因为这个第三方面的力量，不只包括了手无寸铁的知识分子，也包括了拥着国家生产命脉的工商金融界。在破产中的中国，他们首当其冲，身受其害。如果他们有组织，能团结，认清时局，放远眼光，他们不但可以左右政治，他们甚至可以发号施令，因为他们不只有正义感作他们的武器，更有物质的力量作他们的武器。这第三方面的力量，是游离的、是怯懦的、是散漫的。反动的力量看透了这些弱点，便轻看他们，为所欲为。但时局的急迫，应当可以使他们警醒起来，团结起来了。中国民主运动的进展，需要他们；没有他们，中国的局面在国共相持之下，只是一个漫漫长夜。

第三方面的力量，现在只是具体而微。我们希望它发展，希望它长成。我们相信共产党是欢迎这个发展的，因为至少在要求民主这件事上，他们是完全站在同一战线上的。国民党对于这个力量，是仇视的，是恨恶的。因为这个力量和共产党同样喊出了和平民主、团结统一的口号，国民党甚至把他们看作共产党的尾巴，因而想摧残他们、消灭他们，这是很可惜的。国民党没有晓得：这个力量，可以是他们的救星，他们的恩人，因为他们不只可以作国共双方尖锐冲突的缓冲，他们也可以逼着国民党进步。进步了的国民党，是未来新中国一个伟大的建设力量；不进步的国民党，只有走向没落的道路。因此，我们又希望贤明的国民党当局，改变他们现在的态度，帮助这个力量发展，与它充分合作，使现在僵持的黑暗局面因有他们的努力，就可以拨云雾而见青天。

现在世界的局势，决不许我们走向右的路，但也未必让我们走完全向左的路；在这样微妙形势之下，第三方面的力量，可以在惊涛骇浪之中，帮助我们撬开磐石，安达彼岸。这是幻想吗？我们希望不是。第三次世界大战会不会来到呢？决定这个问题的重要因素之一，就是远东，就是远东中的中国，就是中国民主运动的进展。中国可能是世界的火药库，也可能是世界和平的桥梁。何去何从，那在乎我们的远见与努力。

耶稣失败了么*

《天风》的编者叶启芳先生收到一位读者的来函，里面提出一些关于耶稣和当时革命运动的问题，要求编者答复。叶先生却把信交给我，要我答复。因为我对这个问题很感兴趣，所以就没有推辞。在这里作一个尝试，希望那位读者和其他读者多多贡献意见。现在先把来信原文抄录如下：

寄我一本《天风》已经收到了，谢谢您！我在这本刊物里，也得到一些对基督教的了解。说起基督教，我现在将我对它的意见和看法告诉您，不对的话，敬希指正。因为这也是一个社会问题，我希望从您那里得到一个正确的看法。

基督教本来是一个古代的无产阶级革命运动，耶稣是当时一位革命领袖，因为那时犹太人受到了他们的统治者——罗马人——的压迫、屠杀，正当群众被压迫到透不过气的时候，那位从艰苦中锻炼出来的木匠，被人认为基督的革命领袖——耶稣，就起来领导群众为自由而斗争，但很可惜他的路线走错了，人民所需要的是生活的解放，而他却侧重于精神上的解放；人民所切望的是彻底的流血的斗争，而他却以爱仇敌为宗旨，结果呢，如《圣经》上所说：在客西马尼园的那个晚上，他毫无抵抗地就给人逮捕，而至被害了。这是如何使当时的拥护他的人失望呵，这还不是重要的问题，最大的损失是他没有成功就死了，继他而起的人如保罗及彼得等人物，却没有吸收他们的先生的失败的经验，去领导起还可以领导的群众，继续进行反奴隶、反剥削的斗争，而仍是一贯地作空头的、消极的革命。至今则剥削者继续剥削，痛苦的仍是痛

* 原载《天风周刊》第55期，1947年1月11日。取自《黑暗与光明》，青年协会书局，1949年12月初版。

苦，使也曾盛极一时的群众运动，消沉下去，使统治者更毒辣地、更狡猾地欺诈人民，相传到现在，成为资本主义和变相的法西斯主义者利用的工具，甚至到现在的资本主义国家，都利用基督教的“爱”的旗帜，去掩护他们剥削别人的手，利用基督徒的单纯的上帝观的弱点，去不断的压榨、统治、奴役别人！

革命不彻底，就使反动者的根深埋起来，到有机会就抽芽发叶，再次打击人民、压榨人民。如我们中国的辛亥革命，也是不彻底，以至封建独裁的政制，到今天还是存在。另方面，苏联因为十月革命时工作做得“到家”，所以就虽然经过残酷的第二次世界大战，也不能动摇她的元气，相反地，她却在战争中长成起来了，强大起来了，这是一个很好的例证。

基督教本是一个无产阶级革命运动，这点我是承认的，不过我认为革命不流血，甚至流血也流得太少的话，是不会成功的。

现在的基督教差不多都成了统治者的工具了，因此，就和无产阶级脱离，而成为资产阶级的剥削集团了。苏联十月革命为什么要驱逐甚至杀害基督教人士呢？正因为他们走在当时的地主和贵族集团的中间，与被压迫者对立，而成为被压迫的工农的斗争对象之一。

这零碎的几点有没有错呢？错在哪里呢？希望您详细的指正和解释。

关于耶稣的使命的看法，两千年来，可以说是聚讼纷纭，莫衷一是。有的人认为耶稣的使命，是要救赎有罪的世人，是一种完全属灵的工作；有的人却认为耶稣所宣传的，却是一个“社会福音”，是充分含着革命性的福音。在这两派的说法里面，还有许多不同的派别。因此，我们要对耶稣有一个正确的认识，实在不是一件容易的事。我自己是偏重“社会福音”这个看法。所以我现在就从这个立场讨论这个问题。

耶稣是不是当时的一个革命领袖呢？我们的回答可以说“是”，也可以说“不是”。当时的犹太，是在罗马统治之下，所以犹太的人民是亡国的人民。这不是犹太亡国的第一次，在这以前埃及、亚述、巴比伦、波斯、希腊都曾统治过他们。在这长期的亡国生活中，犹太人当然希望能够重新建立一个自由独立的国家，使他们能够毫无拘束地侍奉他们的耶和华。他们希望有一个领袖出来，领导他们去作这种革命工作。这就是他们弥赛亚观念的所由产生。

耶稣承认他自己是弥赛亚，是基督，然而他却反对当时一般人所有的政治的弥赛亚和神怪的弥赛亚观念，根据这种观念，他们希望耶稣出来做政治的领袖，领导他们用武力来推翻异族的统治。如果这样做，他们相信，上帝必定会用奇能来帮助他们。耶稣为什么反对这种观念呢？我认为有两个主要的原因：第一，当时罗马帝国的力量是很雄厚的，而犹太不过是弹丸之地，和罗马相碰，无异以卵击石。即使民众能武装起来，他们也是无能为力的。因此，耶稣看见他们多次暴动的失败以后，就警告他们不要这样妄动。耶稣并不是不爱国，而只是觉得这样的浪费力量，是徒劳无功的。耶稣反对这种观念的第二个原因，就是犹太当时内部的情形，太过腐败。当时的急务，不是对外，而是自新。那时候的领袖，有的是勾结统治者，去巩固自己的地位，以便继续剥削民众；有的是拿繁文缛节去束缚人民，而这些被束缚被压迫的人们，大多数都是愚昧无知，只有爱国的热诚，而无具体的办法，正如耶稣所说的，他们像没有牧人的羊。耶稣要怎样应付这种局面呢？犹太的宗教是笼罩一切的，是和政治、经济、社会分不开的。耶稣要提倡一种革新运动，这个运动，可以说是宗教的革命。但虽然是宗教的革命，实际上也是政治、经济、社会的革命，在当时犹太情形之下，宗教问题是基本的问题。宗教问题解决了，其他的问题便可迎刃而解，宗教问题没有解决，而只凭一点热血，和对上帝作不合理的要求，去和罗马对抗，那就是轻举妄动、自招灭亡。耶稣的这样做，是不是忽略现实，住在象牙塔里，想入非非呢？我以为绝对不是的。耶稣是一个彻底的革命者，但革命却要有正确的思想，作行动的领导，耶稣当时所作的，也就可以说是一个思想和信仰的革命运动。这个运动同武力的妄动一样，没有推翻罗马的统治，没有使犹太得到自由。但它却作了一件更重要的事，那就是给犹太人民指出一条正确的解放的路——不但从罗马的统治被解放，也是从自己的迷信、愚昧和罪恶中被解放。一个爱上帝和爱人如己的人，一个尊重人的价值的人，一个像耶稣一样，富有正义感，不惜牺牲生命大胆指责当时的领袖的人——他是不会甘于作亡国奴的。不只这样，他还要努力使天国在全世界实现。要自新、自强、自觉，然后能自救。要有正确的思想才能有正确的行动。这就是耶稣当时所宣传的福音的主要目标。这个福音不只是为犹太民族的，也是为全人类的。犹太人不了解他，没有接受他的福音。两千年后的今日，世界上千千万万的信徒，大多数还是没有了解他，没有接受他的福音。有的人把耶稣看作一个纯粹个人福音的宣传者，又有的人把他看作一个软弱的无抵抗主义者。一个伟大的人物是不容易被人了解的；一个超越古今的伟大的宗教领袖，更是不容易被人了解的。如果我们用皮毛和机械的看法，去看耶稣，看他的时代，又用皮毛和机械的看法，把耶稣当时的主张，和现在中国的情形，或世界的情形来比较，这样，我们就没有法子去认识耶稣。

附带的再说一句。来信说：在客西马尼园那个晚上，耶稣毫无抵抗地就给人逮捕了。这似乎说，耶稣应当抵抗，好像抵抗以后，结果就有什么不同似的。也许这位读者是想到“七七事变”以前的中国，把耶稣当时的不抵抗与中国当时的不抵抗相提并论，这真是所谓比拟不伦了。

自然我不否认两千年来，尤其是在现在，基督教被统治阶级利用了，于是它变成麻醉品和统治者的工具。因为耶稣的教训是个很崇高的理想，它可以适用于每一个时代，同时也超越了每一个时代，所以它更容易被人利用。然而，无论哪一种主义哪一种信仰，也免不了被人误解，被人利用。我们对于每一种伟大的理论和学说，也可以有许多不同的解释。所以我们不能因此就否定耶稣的教训对人类的贡献。

关于基督教是否主张不流血的革命那个问题，两千年来还没有一个一致的答复。我认为耶稣所主张的爱，不一定是不流血或无抵抗的。所谓爱仇敌，不一定就是宽容仇敌，或不反对罪恶。实际上，在世界的基督徒里面，除了极少数是主张不抵抗的唯爱主义者外，大多数都觉得使用武力和耶稣的教训是没有冲突的。问题倒不在流血与不流血，而是在基督徒的是否有了耶稣的革命精神，要求改革现状，像耶稣一样，为真理作见证；为促进天国的实现而流血。现在基督教所以被统治者利用，原因并不在于他们主张不流血的革命——虽然统治者也常常用这个说法做幌子——而是因为他们把耶稣的教训歪曲了，或误解了。

基督教与政治*

一、基督教和政治是分不开的

基督教同政治究竟有什么关系呢？有若干的基督徒说：基督教同政治没有关系；但大多数的基督徒却相信：基督教同政治应当有密切的关系。究竟哪一个说法是对的呢？如果主张这两种说法的人，各自翻开《圣经》，去找他们的根据，他们都可以找到满意的材料。耶稣不曾说过："该撒的东西应当归该撒，上帝的东西应当归上帝"么？耶稣对当时的政治革命运动，岂不是没有参加么？耶稣岂不是常常叫我们注重心灵的事，并且警告我们，不要赢得世界而丧掉自己的灵魂么？是的，政治是属世的事，是污秽的事，是应当归给该撒的事。耶稣说我们不属世界，因此，一个基督徒就应当不问政治。他的本分，只是在这污浊的世界，坚定信仰，宣传福音，自救救人，如此而已。主张这种说法的，现在似乎越来越多了。各式各样的奋兴会、属灵派、基要派，他们都大声疾呼，要我们注重灵魂得救，少谈社会的事。在他们的思想中，基督教只是一种出世的、个人的宗教。

不管这种说法，是多么的动人，大多数的基督徒，却还是相信：基督教和政治，应当有密切的关系。基督教的信仰，贯彻着整个的人生。上帝是天父，人类是弟兄，人类的社会应该是个大家庭。大家庭里的事，是政治，是经济，是文化，是道德，但同时，也彻头彻尾地是宗教。是的，耶稣没有参加过政治活动；耶稣没有主张用政治革命的方

* 原载《天风周刊》第59期，1947年2月15日。取自《基督教讲话》，青年协会书局，1950年4月初版。

法，去争取犹太的独立自由。耶稣甚至警告当时从事武力革命的，说他们必将同归于尽。耶稣为什么有这种看法呢？我们要知道，在犹太的历史里，宗教、政治、经济、文化、社会，是合而为一的，不只合而为一，并且宗教是贯通一切生活的纲领。耶稣所要努力的，是一个宗教的革命，但同时也是政治、经济、社会、文化的革命。宗教的问题解决了，其他的问题，便可以迎刃而解。这不是因为耶稣不管政治，而是因为他从宗教的观点去看政治，使政治的问题获得一个更彻底的解决。在我们今日，宗教和其他方面的生活，不是合而为一的，然而宗教和政治应有的关系，却并没有改变。宗教的范围是整个的人生，政治是人类生活的一部分。因此，宗教和政治是分不开的。

二、我们需要先知的声音

如果宗教和政治是分不开的，那么，基督教和政治，应当发生什么关系？首先，很清楚地，一个教会或任何一个基督教团体，不应当，也不可能，参加一个政党，或做了某一个政治组织的工具或代言人。基督教同政治有密切的关系，但基督教却超过了一切的政治。政治是有时间性的，地域性的，而宗教却是超越时空的，因为它是一个万世的福音，永恒的真理。并且，一个教会里的信徒，一个基督教团里的分子，他们在社会上的地位，他们对政治问题的看法，都未必相同。因此，一个基督教团体，如果直接参加了政治组织或活动，就会把信徒的团契分裂。相反的，基督徒个人，按照自己的认识与主张，却可以参加任何政治的组织与活动，把他们的宗教信仰，应用到政治生活的范围里去，因为他们不只是基督徒，也是公民；不只负人的责任，也负社会的责任。

基督徒个人的主张与行动，我们暂且不论。我们先说一说教会和其他基督教团体，以至整个基督教运动，在现阶段的世界里，对政治问题所应当采取的态度。我们说：基督教是超然的，但我们同时也应当说：基督教与我们此时此地的生活，是息息相关的。基督教所传的福音是“道”，但“道”却必须成了“肉身”，否则“道”是虚无飘缈的，毫无意义的。基督教对政治所应当发生的作用，就是以先知的声音，对一切影响人类生活的事，批评指导，为真理作见证。它不一定要提倡这一种主义，反对那一种主义；拥护这一个政党，打倒那一个政党，但它却应当主张社会的自由平等，拥护人格的神圣尊严。这都是从基督教教义所产生出来的价值，如果它们被否认，被蔑视，基督教就应当加以大胆的反对，不管它反对的是哪个政党，或哪一种政治制度。一个基督教团体所要首先效忠的，不是某一个政党，某派思想，某一种主义，而是上帝的话，是耶稣所显示的真理，是以上帝为父，人类是弟兄的大家庭中，人的价值与尊严。从这个立场来说，基督教是超越时空的，同时也是切合现实需要的，是万古不变的，同时也是衡量着、审判着现实，永远向着现实挑战的。上帝是圣洁的，人是有罪的，集体的人类生活，更常常是罪恶滔天的。因此，上帝就会不断地藉着先知的口，对世人发出他的警告，显示他的忿怒，要人回头悔改，出死入死。先知的声音停止了，世界就会完全陷入黑暗，而基督教就会变成斗下的光，失味的盐。

三、两个阵营

然而在我们这罪恶扰乱的世界里，究竟谁是先知呢？哪一种声音是先知的声音呢？在现在的中国，在全世界，整个的思想界，逐渐分成两个主要的阵营。这两个阵营在表面上，似乎都抱着崇高的理想，喊着好听的口号。然而他们却互相攻击、互相猜忌、互相恨恶。他们的对立本来是够尖锐的了，然而还有人嫌它不够尖锐，要把它促成一个公开的、全面的、流血的斗争。有许多人本来是中立的，然而在这种情况之下，中立的愈来愈少了，愈来愈不可能了；不趋向这面的，就会趋向那面。

这个对立和斗争的性质究竟是什么呢？简单的说，一个要改革现状，一个要维持现状；一个要创立自由平等的，社会主义的新社会，一个要维持剥削独占的，资本主义的旧社会。旧的社会似乎不应当，也不可能维持下去的了。在国内，它造成阶级的对立，在国际，它造成帝国主义国家与弱小民族间的矛盾，和资本主义国家间彼此的矛盾。它有愈来愈厉害的，周期性的经济恐慌；它造成过去两次的世界大战；它也造成现在世界主要的矛盾与对立。这是旧的社会，这个旧的社会是在没落中、崩溃中，它是不应当，也不可能再维持下去的了。

对立中的另一个力量，要建立一个新的社会，它要消灭阶级的剥削，使社会变成一个共劳共享、平等互助的社会。它要使社会的经济，变成有计划的经济，为需要而生产，为需要而分配，使世界不再有钩心斗角、你死我活的经济冲突，不至再有残酷疯狂、杀人如麻的世界大战。

这两个力量的斗争，如果只是那么简单的，问题就很容易解决了。然而在现世界中，有三个因素，使这个问题，变得非常微妙而复杂：

第一个因素，就是人类的自私。旧的社会不好，然而旧的社会，却使少数人在里面获得特殊利益。资本主义社会，是把财富集中在少数人的手里的。在这少数人底下，还有一批靠赖他们而生活的人们。这些人当然都要维持现状，因为社会变得平等，就把他们的特殊利益平下去了。坦白的说，这就是自私，然而这个自私却披上一件美丽的外套，这件外套，就是他们的所谓仁义道德，法律公理。披上了这件外套之后，他们就可把改革现状的力量，看作洪水猛兽。有的人是睁开眼睛，明知故犯地去作的，有的人是不知不觉，或无可如何地去作的。但无论他们是怎样作的，他们都是因为“财宝在那里，心也在那里”。

第二个因素就是宣传。报纸、书籍、无线电等等，都是宣传的工具。我们打开每天的报纸，就马上可以发见：某些消息，是某些报纸所不会发表的，就是发表，也会把它们歪曲了的；另一些消息，又是某些报纸所必定发表，而且会把它夸张起来的。有些人不晓得这个事实，对于这些加了色彩的新闻，就好像鱼儿一样，连饵带钩地吞了下去，并且很独断地，义形于色地，把其他的一方面骂的体无完肤。因为敌对的双方都各有他们的宣传，所以在台下看戏的可怜的人们，就不容易知道是非的真相，更不容易根据宣传的材料去决定他们对某一件事所应当采取的态度。

第三个因素，我们无以名之，只能名之曰“历史的报复”。人是有罪的，人的社会更是有罪的，因此人类的历史就是罪恶的积累。我们说旧社会是坏的，新社会是好的，这似乎是一个绝对的说法，然而事实上这只是一个相对的说法。旧的东西不会是完全坏的，新的东西也不会是完全好的。为了这个事实，许多人便在思想上犯了一个致命的错误。旧的不完全是坏的，所以他们就留恋旧的；新的不完全是好的，所以他们就反对新的。这可怎么办呢？旧的不能再维持，新的不能不建立，于是乎他们便彷徨歧途，不知如何是好。他们当然是不满意于旧的，但他们却要求一个完全理想的新的东西。他们自己虽然不能创造这个完全理想的东西，但他们却对着别人所已经试验着的新东西说：看哪！这不是理想的，我们应该反对。他们没有明白新的东西，是在旧的基础上建立的；他们没有晓得，现社会和历史所积累的罪恶，对初生的亲的东西，是一个枷锁，一个重担，使得它，即使它愿意，也不能照着完全理想的方向走。这就是我们的所谓历史的报复。社会罪恶的遗传，使得一切要建立新的东西的人们，不得不带着历史和环境的重担，去进行他们的工作。如果我们再加上人们主观的自私、错误与愚昧，则事情的演变，就会离开我们的理想更远。

四、苏联与世界政治

这第三个因素，非常重要，所以让我们举出一个实例来说明，这个实例就是苏联。现在的苏联是进行着社会主义的，换句话说，是要推翻资本主义的现状，去建立一个平等自由的社会的。苏联的存在，使现在的世界，逐渐分成两个清楚的阵营，一个是拥护苏联的，一个是反对苏联的。反对苏联的人说：旧社会不好，但是旧社会给我们个人的自由；苏联的社会主义，虽然在经济上是更平等的，但它是集体主义，它剥削了个人的自由。苏联究竟是不是集体主义，在苏联里面究竟有没有个人的自由，我们不必在这里讨论，就是讨论恐怕也不会有满意的结果。因为我们的判断，必须根据事实，而事实的真相是什么，却又人言人殊，对事实的解释也是人言人殊。如果我们假定，一般人对苏联的批评是对的，或大部分是对的，我们又将得一个什么结论呢？苏联的革命，虽然已经有了 30 年的历史，但在这短短的时期中，她不可能实现一个完全理想的社会主义制度。其次，苏联现在还是世界上唯一的，像孤岛一般的，社会主义国家，它的四周，还是一个与她为敌的力量的大海。在这样情况之下，我们不能希望苏联完全放弃“以眼还眼，以牙还牙”的办法，去实行“登山宝训”的办法。在这二者以外，如果我们再加上每一个民族所免不了的缺点和特性，我们就可以想象得到：苏联现在一定还不是一个理想的国家，也不可能是一个理想的国家。然而她之所以不是一个理想的国家，却不是因为她主观的自愿，而只是因为客观的限制，和我们所说过的“历史的报复”。我们所以说这些话，不是要替苏联辩护，而只是要打破现在所流行着的一些歪曲的理论。这个理论不只掩蔽了，歪曲了，一切关于苏联的事实的真相，也不只拿苏联的弱点来作为反对苏联，反对新社会主义的藉口，并且把它当作主张维持现状的理由。如果批评苏联的人，能够给我们指出一条既可革新，又无缺点的道路，那就是另一回事，但现在却不是这样。我们不相信：社会主义是否认个人自由的集体主义，但我们也不相信任何国家，能够在旧社会的废墟上，马上建立起一个理想的新社会。旧社会中的所谓个人自由是有它的价值的，然而这个自由的代价，却是大多数人在经济生活上的不自由。我们相信个人的自由，应当保存，但我们不相信：它应当在旧社会形式下被保存。如果苏联真的没有个人的自由，没有政治的民主，那只是我们在建设新社会的历程中所遇到的一个挑战，而不能成为我们主张维持旧社会的托词。

五、基督教的时代使命

我们所以不惮烦地举出苏联的例子来表达我们的意见，就是因为现在世界的问题，太严重了、太急迫了。世界是在一个尖锐的对立与斗争中，这个对立，即使它不会马上引起第三次大战，我们也应当设法把它根本地消除。这是一个政治的问题，这个问题和基督教信仰，有最密切的关系。我们不可能躲避这个问题，因为它不只影响了我们的生活，也将要决定人类的命运。基督教对这个问题，必须有所表示，必须从超国家、超种族、超阶级的立场，发出先知的声音。基督教是光，它必须照亮世界的黑暗；基督教是盐，它必须防止现世界的腐烂。

现在基督教的危险，不只在于消极的、出世的，自我中心、个人中心的趋向；更大的危险在于曲解基督教的社会使命，过分地夸张旧社会的价值，过分地怀疑新社会建设的可能。基督教最大的弱点，就是它和现社会太过打成一片，使它不能负起批评社会、领导舆论的责任。

基督教的另一个弱点，就是一般人对于社会科学知识的缺乏。社会的演变，有它科学的、历史的定律，这个定律往往和我们主观的见解不同。我们只有虚心地寻求真理，才能了解社会演变的必然性。基督教的又一个弱点是：我们没有以耶稣基督的心为心。耶稣要解放我们，要叫瞎眼的看见，受压制的得自由。耶稣的中心思想是爱，是同情的，怜悯的，牺牲自我的爱，同时也是热烈的，革命的，疾恶如仇的爱。他的爱使他对一切的事物得到一个正确的评价。他不苟同流俗，人云亦云，但他也不好高骛远，离开现实。我们应当向他学习，向他忏悔，使我们在他里面得到重生，配在现在这个罪恶混乱的世界里，做他忠实的门徒。

在我们中国，我们的问题是更急迫的。我们的社会，已经是一个溃烂了的社会，在这里面，我们没有个人的自由，没有值得留恋的价值。我们的问题，不是怎样保持旧的，而是怎样建立新的；不是怎样去实现一个百分之百的理想，而是怎样朝着正确的方向，迈步前进。现在中国主要的问题，从一方面看，是国共两党之争；从另一方面看，是民主与反民主之争。中国共产党的存在，成了中国的政治问题的症结，正如苏联的存在，成了世界政治问题的症结一样。它不但严重地影响了我们国家民族目前的生活，也影响了我们国家民族今后二三十年的生活。这个问题是微妙复杂的！然而人民的要求却是简单的：谁能领导他们争取真正的民主，谁就能得到他们忠诚的拥护。这是一个严重的政治问题，这个问题与基督教有密切的关系。在处理这个问题的时候，我们不得不冷静客观，极力摒除一切成见，否则我们的错误不只会延长中国的混乱与流血，也会加深世界的对立与危机。

“愿你的国降临，愿你的旨意行在地上，如同行在天上”，这是每一个虔诚的基督徒日常的祷告。这是宗教，也是政治；这是千秋万代无穷的希望，也是此时此地急迫的要求。在这千钧一发的时候，我们只有警醒祈求，希望我们在这世界剧变的时期中，能为耶稣基督救人救世的福音，作大胆有力的见证。

我们的愤怒*

“二九惨案”发生，到现在已经是十几天了。在这些日子当中，我们静观这件事情的发展，我们也用冷静客观的头脑，去看它的外表和内幕。然而事实的演变，却使我们不得不表示我们的愤怒。

“二九惨案”的发生，是很简单的：一群百货业的职工们，为要提倡国货，抵制美货，预备开一个几百人的大会，并请了几位社会知名之士去演讲。会还没有开，就被几百个暴徒涌入，把会场捣乱，把会众殴打。在这凶暴的场面中，梁仁达君便被牺牲了。究竟是谁打谁呢？许多事实都证明了：被打的是主持大会的人和他们的群众；打人的是反对他们的这些暴徒。但是官方的报道却把这件事情当作是“互殴”；凶手是逍遥法外，而受害的人们反被逮捕，被控告；惨案的整个责任，也被放在该会负责人的身上。这真是一个是非颠倒，暗无天日的世界。如果我们没有亲身经历这同样的事件，从头至尾，从内至外，渗透过这类事情的内幕，我们决不敢说这样武断而沉痛的话。但在我们当中，经历过这样事情的人是太多了，因此对于是非的真相，我们就再没有可以怀疑的了。明明是被打，却说是“互殴”；受害的人却变成犯罪的人。当局把这些重要事实歪曲了，还要提出许多枝节问题来淆乱视听，例如：通告是怎样发出的，会场是怎样变更的，事前有无报告当局等等。有许多人相信：地方当局，就是幕后主持的人。他们当然是没有法子提出具体的证据来的。如果他们公开说了这样的话，而当局要以诬蔑的罪，控告他们，他们是一定会败诉的。然而我们却非常奇怪：殴打在闹市里进行了40分钟，而治安当局，却好像熟视无睹，以致受害人反被逮捕，而打

---

* 原载《天风周刊》第61期，1947年3月1日。取自《黑暗与光明》，青年协会书局，1949年12月初版。

人的却扬长而去。如果当局与这件事是毫不相干的，这一种情形实在是费解。在去年“六二三下关血案”的时候，行凶的时间，就不是40分钟，而是6小时。当时我们也同样地得到官方许多的解释，但这些解释，也同样地使人不满意。结果是什么呢？从官方以外的一切人民团体和个人的表示看来，我们知道他们是愤怒了。这样的愤怒，已经表示出来了，只是一小部分，蕴藏在广大人民心中的愤怒，在质和量两方面是无法计算的。在过去的一年多当中，人民的愤怒，积累得太多了：从校场口到昆明，到李、闻的被暗杀，到下关和南通，以至最近重庆二五和二八两次暴行，和数不尽的对人民自由的剥削，和生命的威胁——这些都给了人民一个总的印象：这是一个暴力的统治，恐怖的统治。而人民的回答呢？不是屈服，而是愤怒。积累起来的愤怒就是一个火山；终有一天它会爆发。在这当中，我们觉得更可惋惜的，就是在现在上海党政最高当局中，有我们基督教的同道在内。我们不知道他们面对着为真理奋斗而被钉十字架的救主的时候，心中作何感想？但是，也许我们的惋惜是多余的，因为政治是政治，宗教是宗教；“人的财宝在那里，人的心也在那里”！

我们作这样的判断，是不是有所偏蔽呢？也许有人会警告我们说：头脑不要太简单吧，这件事情是很复杂的，是有着“政治背景”的。这种说法不但没有平息我们的愤怒，反而把它更加激动起来。“背景”、“政治作用”……这一类的名词，曾经把多少人民绞杀了，把他们的血汗绞干了，把他们的口堵塞住了。如果这些民众运动都是有“背景”的，为什么反对他们的人们，不能把他们套到另外一种“背景”里去？如果这些民众运动都是有“政治作用”的，为什么反对他们的人们，不能在他们身上，起另外一种政治作用呢？难道人民都是愚昧的、盲目的吗？难道他们永远被一种“挂羊头卖狗肉”的集团所欺骗、所麻醉，而不会分辨是非吗？即使人民真的被人“利用”了，用恐怖的方法去对付他们，结果只有使他们更甘心地、更坚决地让别人利用他们。

耶稣说：“动刀的必死于刀下”。我们替使用暴力和欺骗的人们悲哀；他们正在促成火山的爆发；他们正在挖掘自己的坟墓，因为“凡欲救自己生命的，必丧掉生命”。

很不幸地，这一次的事件包含了一个国际的对外的成分，那就是“抵制美货”。从国民经济的原则上说，抵制美货是不是应当的，是不是可能的，那是另一个问题，与本案完全无关。抵制美货是不是合法的，那更是一个不成问题的问题，因为爱用什么货物，抵制什么货物，是人民绝对的自由，没有人可以干涉。抵制美货有没有政治作用呢？当然是有的，因为经济和政治是分不开的。如果是有“政治作用”的，那又怎么样呢？人民是国家的主人，难道人民不应当干预与他们有切身关系的政治吗？难道人民不应当干预一切的政治吗？然而我们明白了。人们提到“政治”两个字的时候，是别有用意的，那就是：他们认为是被某一党派所影响、所控制的“政治”。他们所以惧怕“政治的背景”，就是因为现在是内战猛烈地进行着的时候，是两个党派在你死我活地斗争中的时候。但是更奇怪了：因为党派的斗争，人民的自由和权利就可以被剥削吗？如果人民所认识的是非，同某一党派所认识的是非是一样的，难道人民就必须“指鹿为马”，把这个是非颠倒过来吗？如果逼着人民这样做，也许他们会缄默于一时，但他们心头的怒火爆出来的时候，是会爆发得更厉害的。

更不幸的就是：因为这次的事件，有国际的成分，它就使国外的人们，尤其是美国的朋友们，对它发生误解。在“二九惨案”是这样，在北平美军强奸事件也是这样。他们把这些事件看成一个单纯的、全面的“反美”运动，因而不但不给予同情，反而把它轻视，对它憎恨。其实，抵制美货，反对暴行，反对美国对华政策，无论是从经济出发，或政治出发，都不应当被笼统地称作“反美”。反对某一国家的某一件事情，某一种政策，并不就等于反对这个国家。中国现在是陷于惨酷的内战里，中国许多人民认为美国对华政策直接助长内战，美货倾销，影响人民生活，美军暴行，损害民族尊严，所以从利害和正义的立场，起而反对。这应当不是“反美”，而只是民族自救。所以我们希望国外人士，尤其是美国同情中国的朋友们，充分了解目前民众运动的深刻意义，因而对它采取一种正确的态度。

灵修经验谭*

一、灵修的意义

所谓灵修，简单地说来，就是人和上帝接触的一切经验。普通的修养，注重人的自省，而灵修则注重与上帝的关系。但是上帝是一个没有形象的实在，我们怎能与他接触呢？耶稣说："上帝是个灵，所以拜他的，必须用心灵和诚实拜他。"这就是说：我们要用心灵去体验上帝，与上帝接触。上帝固然没有形体，但是上帝显现于宇宙万物，显现于人与人的关系中，也显现于我们自己的意识中。用我们的心灵，虚心地接受整个真的世界，美的世界，和善的世界的启示，就是与上帝接触，就是灵修的经验。

人有快乐的时候、满足的时候、顺利的时候，在这时候，他要向上帝发出感谢赞美的声音，这是一种灵修经验。

有的时候，他在大自然中，看见天空中闪烁的星辰，看见原野中美丽的花草，看见高山峻岭的雄伟，看见澎湃波涛的险恶——在这时候，他不能言语，没有思想，只感觉上帝的伟大和他自己的渺小，于是他只有赞叹，只有惊奇，只有低头崇拜，这又是一种灵修经验。

有的时候，我们遇见了什么困难，或发生了什么问题，或遭遇到什么危险、疾病、死亡，或看见面前一切都是黑暗与混乱，而走投无路，或碰到其他使我们忧惶焦急的事，在这样的时候，灵修更是一个必要，在这样的时候，灵修更显出它的特殊的功用。一个人在这样的环境中，无论他是祈祷、读经、感谢、忏悔。或只是在静默中等候上帝，他的黑

* 原载徐宝谦编，《灵修经验谭》，青年协会书局，1947年3月初版，1948年3月再版。

暗可以变为光明，他的焦躁可以变为宁静，他的忧虑可以变为平安，他的重担可以获得解放，他一方面感到上帝的神圣伟大和他自己的渺小，同时他也感到上帝对他的亲切和他从上帝所获得的能力。假如他以前是觉得迷糊的，他现在仿佛登了一个高山，看见前面的远景，看见事物大小先后的次序。有的时候，他的问题不一定获得解决，他的困难不一定可以胜过，然而他觉得上帝是他的靠山，有上帝在，他一切的问题，一切的困难，都可以交托给他，不必自己为它们而焦急。有的时候，他甚至晓得他面前的苦杯是必须他喝的，然而在上帝的面前，他得到勇敢，得到安慰，欣然负起他的十字架。好像保罗求主去掉他肉中的刺，而主却对他说："我的恩惠是够你用的，因为我的能力，在人的软弱上显得完全。"而保罗便欣然接受主的吩咐。又如耶稣在客西马尼园的祷告："不是我的旨意，是要你的旨意成全。"这都是使主观的欲望和要求客观化与真理化，就是使得自我中心的生活变成上帝中心的生活。这可以说是灵修生活的最高峰。

但是最普通的灵修，却是在日常平淡的生活中举行的。我们不一定有什么特殊的经验，无论是快乐的或痛苦的，我们也不必有什么特殊的祈求、感谢或忏悔，而只是像饥食渴饮般经常地和上帝接触，就是所谓"Practice the Presence of God"。这是灵修更生的方法。在一切都顺利的时候，我们总是相信慈爱与良善，正义与公道，和其他一切真的、美的、善的东西。然而世界似乎是不容许这些东西的存在的。左右着世界的，似乎是残暴、虚假、恨恶、杀戮、斗争。不但整个世界似乎是如此，就是我们自己的内心也同样是一个善恶斗争的场所，而得胜的，却又不是善而是恶。"我愿意的善，我反不作，我所不愿意的恶，我倒去作。"人靠着自己是软弱无能的，然而当他与伟大的实在——上帝接近的时候，他得到新的力量、新的勇气，他重新相信：决定世界途程的力量是善、是真、是美、是正义、公道、是和平仁爱，而其他一切终被打倒。不但个人如此，一个国家和一个民族，在生死存亡的斗争的时候，或在进行一个空前的社会革命运动的时候，都要有这种信仰，有这种自信，然后一切的困难，才可以胜过，而培植信仰的最重要的方法，就是灵修的生活。

二、我的灵修经验

我的灵修经验，实在没有什么值得说的。一个灵性素有修养的人应当得到圣灵所结的果子，如保罗所说的：仁爱、喜乐、和平、忍耐、恩慈、良善、信实、温柔、节制，而这些东西，我都没有，反而常被忿怒、忧虑、恨恶，和其他自我中心的倾向所胜过。我没有一定的灵修时间，而在灵修的时候，也常常得不到所期望的光明与力量。有的时候，甚至连上帝的实在性，也觉得很模糊。总一句说，我没有养成一种灵修的纪律，也没有得到灵修的成熟的果子。这是我自己常常感到惭愧的。

许多人都主张守“晨更”，然而早晨在我并不一定是最好的时候，因为我起床并不很早，而起来以后又忙着筹划一天的事，精种不易集中。但若在一个清静幽美的地方，像我所常去的牯岭的莲谷——在那里，旭日初升，朝露犹滴，群峰竞秀，气象万千，早晨倒是一个绝好的灵修的时候。

在我，比较最宜于灵修的时间，却是在夜间，尤其是在就寝似后还未睡着之前，在这时候，在静默中把一天所做的事托在上帝面前求他鉴察，也把心中一切的愿望，向他陈述，常常就在这样默祷的状态中睡去，心中感到平安、稳妥与休息。

最能帮助我的灵修的是黑夜里的星光，尤其在高山上。它使我从造化的伟大和奇妙中想到上帝的权威与能力。在这时候，人的胸襟觉得宽阔，人的俗虑可以消除，同时人与上帝之间似乎也更亲切。

然而在另一种场合里——就是在最平凡的地方，如拥挤的公共汽车中，人丛里，戏院里，以至任何的喧闹的地方，有时我反觉得上帝在这喧闹里面，与我们同在，与我们共同担当人生的酸甜苦辣。

在我的灵修生活中，尤其在晚间，有时会忽然四周充满光明，似乎是充满了上帝的荣光。这时候我完全没有思虑，只感到一种不可言喻的平安。但这感觉在一个短时期间便会过去，而且这种经验，也只是很偶然地碰到一次。

我的身体向来不大强壮，不时生病，但是这对于我的灵修不但不是个阻力，似乎还有帮助。1936 年冬，我被请去美国作七个月演讲，那时身体非常软弱，到美不久，某夜，在西雅图一旅馆里，忽然半夜醒来，心跳发热，四肢无力，汗出不已。我私自忖度：“这次旅行恐怕要就此告终了。”次晨美友来视，介绍至一医生处诊视，云系偶然现象，无甚关系，然我自己还是疑惧不已。友对我说：“你放心好了，你这次的工作必能完成的。现在请你看看你的前面，你看见什么？”我说：“看不见什么。”他说：“那里不远有一座很高的山，现在你看不见是因为云雾所遮蔽，这座山就如同上帝一样，是伟大的、可靠的，虽然有时你看不见它，它却还是在那里。”这是对我一个很好的教训。从此愈在软弱的时候——无论是身体的或是精神的，我愈觉得要靠赖上帝，而不是靠赖我自己。

有的时候，有些不容易解决的问题，或感到一种由许多复杂事情构成的苦闷，一时不能得到解脱，甚至有时有一种不可以理喻的苦闷，明知是不应当有的，然而理智却无法使它消减，这时候我惟有长期地、不断地，等候着上帝到来了——也许是一个短时间，也许是几天几月，光明来了，重担去了，出路有了，或问题虽未解决，而不成为问题了。只要我能忍耐着，很少有失败的。因此，我觉得这是我生活上一个宝贵的秘诀，也是任何基督徒一个宝贵的秘诀，有了它，我们不怕不能战胜生活上的困难了。

灵修也有许多障碍：心中不宁静，不能灵修；心怀怨恨，不能灵修（如耶稣所说的：应当先去同弟兄和好，然后来献祭物）；有应尽之责而未尽者，不能灵修；不饶恕人的不能灵修；无诚意服从上帝的不能灵修。灵修不是随便的，它是严厉的灵性纪律。

最后我愿意提到一些帮助灵修的文字。第一当然是《圣经》，我尤其喜欢《诗篇》中的若干首。许多灵修日记之类，不一定篇篇都有帮助的。圣诗中我最喜欢的有以下几首："Spirit of God"（《上主之灵歌》），"Abide with Me"（《夕阳西沉歌》），"Oh，God Our Help"（《千古保障歌》），"Dear Lord and Father"（《听训歌》），"Faith of Our Father"（《守信歌》），"More Love to Thee"（《爱主更深歌》），这几首诗，我每逢唱的时候，都能给我灵感、兴奋、安慰、希望。它们是基督教文字宝贵的遗产。

1941 年 7 月 18 日

黑暗后的黎明
——纪念 1947 年 4 月 6 日复活节*

复活节——这是一个充满着生气和愉快的节日。在这一天，全世界的信徒们都在胜利的气氛中，举行庆祝的仪式。礼拜堂里摆着许多鲜花，大家在那里歌唱，颂赞复活了的救主。

复活节是春天的景象，是花开鸟唱、万物更新的时候，是黑暗后的黎明。

在耶稣被钉十字架的时候，似乎一切都完了；群众离弃他，彼得三次不认他，其他的门徒，也因为惧怕而星散了。《圣经》记着说："那时约有午正，遍地都黑暗了，直到申初，日头变黑了，殿里的幔子，从当中裂为两半。"这是一个多么悲惨，多么黑暗的局面；这个局面，在一刹那间，甚至把耶稣也动摇了，使他不得不说："我的上帝，我的上帝，为什么离弃我!"

然而，耶稣胜利了；十字架没有把他征服，因为第三天他复活了。他胜过了人们的自私与愚昧，他胜过了自己的痛苦与死亡。耶稣是怎样胜利的呢？那就是由于他对上帝的信仰与靠赖。他相信上帝是宇宙的主宰，是历史途程的决定者，是公义慈爱的天父。他相信上帝关切我们，连我们的头发都数过；他相信如果不是上帝的旨意，就是一个麻雀也不会掉在地上。他对上帝的信靠，就使他在最黑暗、最痛苦的时候，还能够说："父啊，我将我的灵魂交在你手里。"

耶稣是怎样复活的呢？对这个问题，我们不容易作具体的答复。有人说是肉体的复活；有人说是精神的复活。如果是肉体的复活，肉体怎么能复活呢？如果是精神的复活，精神是什么呢？它又是怎么复活的

---

* 原载《天风周刊》第 66 期，1947 年 4 月 5 日。取自《黑暗与光明》，青年协会书局，1949 年 12 月初版。

呢？对这些问题，似乎理智不能给我们一个满意的答复。然而，理智所不能解释的，经验却可以给我们一个充分的说明。耶稣死了以后，尤其是在五旬节的时候，一件奇异的事情发生了。曾经三次不认耶稣的软弱的彼得，忽然变得刚强了。他大胆地在群众中为耶稣做见证说："你们钉在十字架上的这位耶稣，上帝已经立他为主，为基督了。"在大马色的路上的扫罗，以前是迫害信徒的，现在他看见异象，看见从死里复活的耶稣，他就完全改变，做了基督教第一个向外邦人传道的、充满着活力的使徒。彼得和保罗都终于以身殉道。在基督教两千年的历史中，像这样转变的人，是不可胜数的。在近代史中，最为大家所熟悉的一个，就是卫理公会的创始者卫斯理。他旅行了40几年，走过25万英里的路，讲道4万次，著书二百余册。在大学的时候，他对宗教本来是很冷淡的。但有一次，在深夜里，有一个校役，为着某事，到他的寝室里去，和他说话。在寒冷的天气里，这校役只穿了一件单衣，并且已经有一天没有吃饭。但是他的精神却很平安愉快，他还说了许多感谢上帝的话。卫斯理有点奇怪，问他为什么要感谢上帝。他说："他给我生命，给我爱他的心，也给我为他服务的机会，所以我感谢他。"卫斯理觉得这个人的经验是他自己所没有的，因此他感到烦躁不安！后来，有一个声音对他说："你信仰耶稣，就能得救。"有一天，他在一个礼拜堂里听人讲道，所讲的是路德的《罗马人书》的注解。他听完了以后，心中忽然感到一种"奇异的火热"，从此以后他便感觉他已经脱离罪恶，从律法与死亡中被拯救出来。

彼得的经验，保罗的经验，卫斯理的经验，和千万信徒大同小异的经验，都使他们不能不相信被钉在十字架、被放在坟墓里的耶稣，并没有死；他是复活了，他永远住在每一个信他的人的心灵里。对于他们，他是力量，是光明，是平安。他们晓得：没有耶稣，他们是软弱的。像保罗一样，他们会说："我所愿意的善，我反不做，我所不愿意的恶，我倒去做。"他们也晓得：与耶稣同在，他们就能够胜过软弱，能够同保罗一样地说："谁能救我脱离这取死的身体呢？感谢上帝，靠着我们的主耶稣基督，就能脱离了。"

耶稣所给我们的不只是教训，也不只是智慧，他所给我们的是生命，是能力。我们自己和我们的理智所不能做的，他都给我们成全了。这就是基督教信仰中的所谓"恩惠"。"恩惠"似乎是一种很神秘的说法，然而它并不神秘。中国有两句古诗说："慈母手中线，游子身上衣”；当一个游子走错了路的时候，他自己的理智不能控制他，朋友的劝告也不能帮助他。但当他想到慈母对他的爱护的时候，有时他就会幡然改悟，正如《圣经》中回头的浪子，在他山穷水尽的时候，会想到他的慈父和温暖的家庭。父母是如此；我们所敬畏的师长，我们所崇拜的朋友，和我们所挚爱的家人亲属，也是如此。在我们软弱的时候，他们所给我们的，不是理智与教训，而是“恩惠”。

我们为什么称耶稣为救主呢？那就是因为他所给我们的“恩惠”是超越的、深挚的、广博的。当我们没有认识耶稣的时候，我们看看自己，也许以为还过得去。但认识耶稣以后，我们的看法就不同了：我们仰慕他，我们也恨恶自己。我们仰慕他，因为他太美丽，太光辉，太可爱了；我们恨恶自己，因为我们太污秽，太卑鄙，太狭小了。我们所以爱耶稣，不只因为他的卓越的教训，而更因为他是善和爱的化身。我们看见了他以后，就不能再安于现在的自我，因为他会激动我们，向我们挑战，叫我们不能安息，直等到我们全心全意地对他降服，为他的原故，向着绝对的圣善，作永不止息的追求。

复活了的耶稣，不只要做我们个人生活的主宰，在今日混乱黑暗的世界中，他也应当是我们社会生活的动力与南针。现在世界一切罪恶的根源，是人类的自私。这个自私，表现于剥削掠夺的社会制度，表现于彼此敌对的国际关系，也表现于人与人间的欺骗、伪善与冷酷；而我们所要求的，是一个公道平等、共劳共享的社会。这就是爱，这就是道。道是必须成为肉身的，爱是必须在一个新的社会里表现出来的。在这个新的社会里，人们才能除掉他们物质的束缚，打破他们精神的枷锁，在一个自由平等的环境里呼吸着，生活着。这是不是一个梦想呢？耶稣的复活，清楚地告诉我们：这不是梦想，而是绝对的可能。黑暗的势力，在某一个时期，似乎是笼罩一切的，然而它的力量，只是暂时的，因为统治世界的不是黑暗的魔力，而是光明的上帝，是他的公义慈爱的旨意。黑暗无论是怎样的可怕，紧跟着它的必定是黎明。所以，真正相信耶稣的人，真正靠赖上帝的人，是永远不悲观的。

复活节已经降临了；春天已经来到了；让我们欢呼，让我们歌唱，让我们怀抱着无穷的希望，去迎接这黑暗后的黎明。

迎接新的时代
——新的五四运动*

近两三年来“新五四运动”这个名词我们常常听到。现在的中国，究竟会不会有一个新的“五四运动”？如果有，它的性质是什么？它将于什么时候来到？这些问题是一切关心于目前中国局势的人们所要问的。

“五四”离开现在，差不多已经30年了。五四运动所要提倡的是科学与民主；五四运动所要反对的是封建力量与帝国主义。在现在的中国，民主没有实现，科学没有抬头，封建力量依然存在，而帝国主义又以一副新的面孔出现。所以“五四”的目标还没有达到，“五四”的使命远没有完成。因此，所谓“新的五四运动”，基本上也就是旧的五四运动的延续与发展。然而新的五四运动所面临的，是一个更伟大、更活跃、更进步、更辉煌的时代。旧的五四运动的产生，是在苏联革命成功，和第一次世界大战结束以后。在那时候，我们的世界，还是完全在旧势力的把握中。所谓民主，所谓科学，远没有脱离传统的形式。“五四”的影响，虽然深刻而持久，然而在当时，它至多只发生了一种启蒙的作用。新的五四运动却不同了。在第二次大战以后，全世界的人民，是普遍地觉醒了；世界各个角落的民主力量，是飞快地发展了。以美国为领导的保守集团，虽然还是力量雄厚，但在每一个重要的场合里，它都遇到了顽强的反抗。它虽然没有临到土崩瓦解的境地，却已显出捉襟见肘、进退失据的窘状。中国是世界的一环，国际间的这一种形势，当然也深刻地影响到中国。第二次大战后的中国，在过去一年多当中，还是陷于惨酷的内战里，这似乎是一个使人悲观的局面。但我们如果用历

* 原载《国讯》，1947年5月18日。取自《黑暗与光明》，青年协会书局，1949年12月初版。

史的眼光去看它，我们就知道这个局面，只是时代转变中必经的阶段，而我们在其中，所遭遇到的痛苦，无非是一个新生命诞生的时候所必有的征象。我们现在已经是一个新时代的前夕，而新的五四运动，就是要把这个新时代迎接进来的一个主要的力量。新的五四运动所要提倡的是更进步的民主主义，更正确的科学思想；它所要反对的是新式的封建力量，新式的帝国主义。新的五四运动什么时候会来到呢？我们可以说：这个运动已经在我们面前了。今年 5 月 4 日在北平、上海、南京等处热烈的纪念，这些纪念会的内容和精神，与所表现的伟大的力量，都证明了中国的学生运动已将到达一个新的高峰。

在内战中的中国，已临到经济总崩溃的边缘，绝大多数的人民已经不能生活下去。在今年的头四个月内，在上海一个地方，被收埋的路尸，就有八千余具。报纸上每天都登载着因无法生活而个人或全家自杀者的消息。大都市尚且如此，穷乡僻壤，更可想而知。然而，在这样悲惨的局面中，人民甚至不敢诉苦，不敢叫吟，因为，如果他们批评了什么，反对了什么，他们就马上犯了重大的嫌疑，连他们的生存，也会受到威胁。似乎全国人民的命脉，就握在少数人的手里。这就是今日中国新式的封建力量。

像过去一样，封建力量，又和帝国主义，密切地结合起来。在反苏反共的前提下，新式的帝国主义，把中国新式的封建力量当作工具，当作爪牙，鼓励它，支持它，以作未来战争的准备。这一个新式的帝国主义是更可怕的帝国主义，因为它披了一件民主的外衣。它没有公开地侵占中国的土地，也没有在中国划分什么势力范围。然而它对中国目前整个军事政治和经济的控制，恐怕比以前任何一个帝国主义，都来得厉害。因为有这个后台老板，中国垂死的反动集团，就能耀武扬威地对民主的力量，加以巨大的压迫。

然而，现在的中国已经不是“五四”时代的中国了。整个世界的形势，也使得国际的反动力量，不能一意孤行。中国国内解放力量的强大，使统治者处处感到头痛。觉醒的人民，一天一天多起来了；这个觉醒，就是统治者黑暗残酷的压迫政策的赐予。许多彷徨观望的人们，中立的人们，因着时势的指示，也对现状感觉极度的不满，慢慢地开始转变。这是一个尖锐斗争的场面。对立营垒，越来越显明，而游移的分子也越来越少。这个斗争是残酷的，也可能是相当长期的，因为既得利益集团，不会轻易放弃他们的特殊权利地位。

在反对内战的口号下，在昆明的“一二·一”血案里，中国的学生又举起了争取和平民主的大旗。这个运动得到全国各地青年广大的响应。去年12月北平美军强奸事件，又激起一个全国性的抗暴运动。反对内战和抗议暴行，都不是一个孤立的行动，也不只是对某一件事一时的反应，它们都是针对着目前中国整个的局面而发出来的。这两个运动是暂时被压下去了，然而，它们是不能长久地被压下去的。只要现局没有改变，它们还是要爆发出来的。这一年多以来的学生运动，简单地说，就是一个争取民主的运动，也就是继承过去的反帝反封建的新的五四运动。这个运动，现在正方兴未艾。在窒息的空气中，在黑暗的环境里，它的力量没有消失，反而天天在生长，天天在普遍而深入。这个新的“五四”将为中华民族的解放写下一页比过去的“五四”更光荣的历史。

凡是在一个大学区域，像成都的华西坝，和重庆的沙坪坝，长期住过，与一般青年有过密切地接触的人们都会晓得：中国的学生，是在飞跃地进步。在这些区域里，在最近两年中，我们看见一个剧烈斗争的场面。一方面是学生中的败类和顽固分子，被人收买，被人利用，去作腐恶恐怖统治的工具。他们对善良的同学加以恐吓、欺骗、威迫、利诱。有时他们似乎也能够做出一点热闹的事，轰动一时，然而，他们的西洋镜，终久是会被拆穿的。另一方面，是头脑清楚，能够辨别是非，而又富有正义感的同学们。在他们当中，绝大多数是没有党派关系的。如果他们做了什么事，说了什么话，驱使他们的，不是什么压力或金钱，而只是他们的良心，他们对真理的认识，他们对国家社会、世界人类的关切。这些同学，天天在变，有的从一个不问世事、明哲保身的书呆子，变成一个追求真理、关心国事的热血青年；有的从一个消极悲观、洁身自好的个人主义者，变成一个敢做敢为、陷阵冲锋的战士。使他们变的，不是什么幕后的力量，而只是思想、认识，和客观的现实。他们是不能被吓退、被打倒的。当他们站起来的时候，他们的吼声是响亮的，他们的团结是坚强的。环境越黑暗，压迫越厉害，他们的队伍就越整齐，他们的力量就越雄厚。

新的五四运动，不是某些人所提倡的，替统治者捧场的运动。它是配合着全中国和个世界的民主斗争的一个蓬勃的力量，一股澎湃的洪流。

基督教与唯物论
——一个基督徒的自白*

在过去30年中，我的思想，经过两次巨大的转变：第一次，我接受了基督教——从怀疑宗教到信仰宗教；第二次，我接受了反宗教的社会科学理论，把唯物论思想，同宗教信仰打成一片。这是一段颇有意思的思想历程，现在为要向读者领教起见，我就把它简略地叙述在后面。

是30年前一个春天的晚上，我在一位美国朋友的家里，初次读到《马太福音》里的《登山宝训》。像闪电一般，这三章书好似把我从睡梦中震撼起来。我睁开眼睛，我看见一个异象，我看见一个崇高伟大的人格：尊严、温厚、深刻、锐利——他把握了我的灵魂，他几乎停止了我的呼吸。回到寓所以后，我快乐我欢呼，我感动到流泪，我不由自主地对这个异象说："主，你是我的救主!"

《登山宝训》究竟给了我什么呢？在陶醉着的当时，我是无法理解，就是在30年后的今日，我还是说不出来。如果逼着我说，我就只有勉强用几句包罗万象，却是辞不达意的话，来描写它说：《登山宝训》给了我一个满意的人生哲学：追求真理，不计利害，精诚相爱，达己达人。《登山宝训》是教训，然而它不只是教训，在它背后，有一个身体力行的人，那就是耶稣。这几章书所以对我有如此的力量，就在于此，而耶稣之所以成为伟大，使我不得不称他为"救主"者，也在于此。

然而问题来了。在《圣经》中，《登山宝训》是最明白浅易，而没有神秘性的一部分。《圣经》的其他部分就不然了：它有神迹，有离奇的寓言，有神怪玄妙的思想。在福音书中，在记载同一事件的时候，还有互相出入矛盾的地方。除了《圣经》本身以外，基督教神学还有一套

---

* 原载《大学月刊》第6卷第2期，1947年7月7日。亦载《天风周刊》第102期，1947年12月27日。亦载《消息》复第15期，1947年12月25日。取自《黑暗与光明》，青年协会书局，1949年12月初版。

直接地或间接地用《圣经》引申出来的信仰——道成肉身，童贞女生耶稣，复活，三位一体，末日审判，耶稣再来，等等。这些都是荒诞离奇，不可理解的信仰。牧师们也承认它们是不可理解的，但他们却说："只要相信，慢慢就会明白。"我对于这些信仰，无论怎样勉强自己，始终不能接受。原先吸引了我，使我相信基督教的，是《登山宝训》，是耶稣平易浅近，而没有神秘色彩的教训。至于其他的这些东西，我不感觉对它们的需要；我认为不信它们，对于我的宗教信仰，并无影响。但有两样东西，我却认为非把它们彻底地弄清楚不可，那就是：上帝的存在，和祈祷的意义。这是基督教最基本的信仰，因为耶稣的教训，是建筑在上帝的信仰上面的，而上帝在耶稣的生活中是不可须臾离的。耶稣又是常常祈祷的；祈祷是他的家常便饭，是他的呼吸，是他脉搏的跳动。没有上帝，没有祈祷，就没有耶稣。没有上帝，没有祈祷，当然也就没有《登山宝训》。如果我不能把这两种信仰弄清楚，无论耶稣的教训是怎样地动人，我就不能相信耶稣，不能相信基督教。

我的接受基督教，是在 1918 年的初夏，再过一年，就碰到五四运动澎湃的浪潮。"五四"的第三年，就是弥漫全国的反基督教运动。基督教是"帝国主义的走狗"，是"人民的鸦片"，这些口号，震荡我的耳鼓，搅动我的心灵。"帝国主义走狗"那个罪名，我倒不在乎，因为我相信我自己不是帝国主义的走狗，我晓得其他许多基督徒和外国宣教士们，也不是帝国主义的走狗。但是，"人民的鸦片"这个尊号，却在我的脑海里盘旋着，挥之不去。基督教是不是迷信？是不是"赛先生"的敌人？是不是统治者愚民的工具？这些问题好像给我下了一个哀的美敦书，说：如果你不能解答，你就得放弃基督教的信仰。这是一个摸索的时期，苦闷的时期。这样的状态，一直延续了好几年之久。

"九一八"以后，日寇的大炮又一度把中国人民轰醒了。继"五四"运动而来的，是另一股澎湃的浪潮，那就是辩证法唯物论，和新兴的社会科学。"五四"后的反教运动对基督教的批评，并不深入，因为"五四"带着浓厚的自由主义色彩，而基督新教又是现代自由主义的产物，他们本来就是一家的人，即使吵吵闹闹，不久也就过去。唯物论和社会科学就不然了。唯物论是无神论，而"宗教是人民的鸦片"那一句话，又是唯物论者经验之谈。所谓社会科学，基本的就是社会革命的科学。革命就是把现状革掉；现状是什么呢？当然就是资本主义的社会制度。但两百年来，有组织的基督教是和资本主义结成不解之缘的，如果资本主义发生什么问题，基督教也就会有唇亡齿寒之感。在这种情形之下，基督教信仰，是否还能站立得住？这于我是一个不能不求解决的问题。

经过一个长期的思想与研究，我忽然得到一点光明。我曾经在美国念过三年多的神学和哲学，关于基督教各方面的思想，我有了一个大概的轮廓。我念书的学校，在当时是被认为思想最前进的一个神学校。20多年前，美国曾有过一场关于"现代派"和"基要派"的激烈的争辩。所谓基要派，就是专重信仰，不管理智，认为《圣经》里每一个字都是上帝所默示的一种派别。所谓"现代派"，就是主张用科学的态度、历史的方法，去批评、洗刷传统基督教信仰的一种派别。我念书的神学院，就是属于"现代派"的。然而所谓现代派，基本上还是没有脱离传统思想的范畴，它还是把基督教和其他派别的思想，特别是唯物论，看成两个清楚地对立的营垒。因此，现代派的思想，还是不能解决我所感觉到的基督教和唯物论的冲突与矛盾。在这当中，有一个时期我一方面是彷徨苦闷，对基督教发生基本的怀疑，另一方面，我却极力地排斥唯物论，极力地反对从唯物论演绎出来的一切运动，和它们里面的人物，把它们看作洪水猛兽，看作邪说异端。

然而光明终于来到了。我发见基督教和唯物论，并不冲突，不只是不冲突，并且可以有互相补充之处。我所以能够得到这个结论，一方面是因为我对于基督教若干基本的信仰，尤其是关于上帝和祈祷的问题，曾加以一番长期的、深刻的思索与探讨，和不留余地的批评，另一方面，我又开始研究唯物论、社会科学，和以它们为出发点的许多关于社会、国际、经济、政治的问题。我对这些题目，不敢说有什么深刻的认识，但是，正如我对基督教一样，我可以说，我对它们的基本思想系统，也有了一个大概的轮廓。

关于上帝存在的问题，我得到以下的一个结论：上帝是一个名词，一个概念，但它却代表了人们在宇宙间所接触到、体验到的许多现象、事实，和藉着这些现象与事实而表现出来的，同时也是支配着、贯彻着这些现象与事实的，许多客观的力量与真理。从动的观点来说，它们是力量。从静的观点来说，它们是真理。其实这是同样的东西。这些力量与真理，本来是繁复而万殊的，然而无论从哲学、科学或人类心理的观点来看，这许多力量和真理都是统一的、一元的，因为宇宙间的万事万物都是息息相关，互相联系的。因此，我们的宇宙是一个（universe）而非多个（multiverse）。这个一元的东西，有人称之曰"自然"，也有人称之曰“天”，曰“道”。哲学家们所给它的名字，更不可胜数，而宗教家却把它人格化、情感化，称之曰“神”，曰“上帝”。宗教家所以把它人格化、情感化，就是因为人是人，是情感的动物，有情感的需要。正确的信仰和迷信的分别，就在于信仰的人，怎样去应用宗教里这个情感的因素。迷信的人们，是把主观的愿望投射到客观的现实里去，想叫客观迁就主观。因此，在冷酷的现实里，他们可以幻想出一个天堂，幻想出来世的安乐。这样的信仰，的确是“人民的鸦片”。一个正确的信仰，则恰恰与此相反。它所相信的上帝，是客观的真理，是人生的主宰。真正信仰上帝的人，应当永远虚心地追求真理，服从真理，为真理而生，为真理而死。耶稣受难前夕，在客西马尼园的祈祷：“不要成全我的旨意，只要成全你（上帝）的旨意”，就是忠于上帝，服从真理，为真理牺牲的大勇精神。在这样的信仰里，情感所发生的作用，就是生活的支持，尤其是逆境中的生活的支持。十字架是残酷的，然而十字架是真理。十字架的痛苦是暂时的，而十字架的真理却是永恒的。十字架的痛苦可以有一时的胜利，然而最后的胜利，却属于十字架的真理。这就是生活的力量，这就是在艰苦黑暗的环境中，能够使人坚忍奋斗，而无所顾虑的一个伟大的力量。凡是从历史、从自然、从社会的法则，发见这个真理，找到这个力量的，不管他们是否信仰上帝，本质上他们已经是具有宗教信仰的人。我说这是正确的信仰，因为它所信仰的上帝，虽然只是一个空洞抽象的概念或名词，但这个概念的内容，这个名词的涵义，却可以因为客观事实体认的进步，而随时的得到修正。《圣经·旧约》的耶和华，是具有人性，具有喜怒哀乐，能够欣赏人的燔祭的称族之神，而耶稣的上帝，却是万物的创造者和全人类的天父。不是上帝改变了，是人的概念改变了，是人的知识进步了。

这样去了解上帝，他当然只是冷静的理智所提供出来的抽象的上帝，而不是一个热情的宗教徒在祭坛上恳切地向他呼吁的活生生的上帝。这两个上帝是不是一样的呢？当然是一样的。让我用个比喻来说明。我们说人有一个“心”，这与我们说宇宙间有一个“上帝”，是同样的道理。如果我们用理智去分析这个“心”，我们就会晓得：它并不是一个可以直接地发见，和全体地把握的一个客观的实在，因为人体内的肉心，并不就是这个“心”，真正的“心”，只是我们所假定存在的一个人的身体里边那个统一的因素，或者说“中央政府”。这个东西虽然不能直接地观察，而只能藉着外表的言语、行动和表情去了解，但是，在人与人的交际中，我们常常可以直觉地体认到这个“心”的存在，体认到这个“心”的性质，从而判断它的“好”“坏”。这个体认，不一定要经过理智的分析。同样地，在一个伟大的人格里，在一个壮烈的场面里，在一个美丽的风景里，尤其是在我们独对万象、内心宁静的时候，我们也常常可以不必经过理智的作用而直觉地体认到上帝的存在。这个上帝，就不是哲学家抽象的上帝，而是富有情感，具着威严的宗教徒的上帝。宗教同艺术有许多相同之处，因为艺术喜欢把自然情感化，甚至人格化，而宗教的崇拜对象也是情感化和人格化了的，贯彻着宇宙万事万物的力量与真理。情感化和人格化并不否定艺术的美；情感化和人格化当然也不应当否定宗教的真。

关于祈祷的问题，我也得到一个满意的解决。在一个不信宗教的人看来，祈祷是非常神秘，非常迷信的。祈祷假定一个可以应允人的祈求的对象——上帝；它又假定上帝应允人的祈求，是可以超乎自然法则的。这样一来，祈祷似乎就等于幻术。但真正的祈祷，却不是幻术，它是一个很有道理、很有意义的修养方法。根据上面的解释，我们所信仰的上帝——从人所能体认得到的方面来说——就是真理，而真理又是弥漫着宇宙，随时等着人去发见，随时向人显示的。所谓祈祷基本上就是一种渴慕上帝——也就是渴慕真理——的态度。在祈祷的时候，一个人感觉到自己的空虚与无能，于是他以谦卑的心情，作诚恳的呼吁。他要看见远象，恢复能力，寻求出路——不是叫客观的事实，俯就主观的愿望，而是叫主观的愿望服从客观的要求。祈祷好比一盏电灯，宇宙的真理，好比与电灯联结的那些电线中的电流。祈祷就是把电门开了，让电灯发亮。祈祷的功用，就是把我们的思想和意志集中，把它们放在真理的大海的沙滩上，让大海的波涛，把它们洗刷干净。这是一个并不超乎情理之外的修养方法，哲学家可以用它，科学家可以用它，一个普通的人也可以用它。至于一个宗教家，因为它把真理情感化、人格化，在祈祷的时候，他会得到一种特殊的鼓舞与安慰，因为他相信：上帝所显示的真理，是道路，是生命，是智慧，是能力，而当他把自己奉献给真理，也就是奉献给上帝的时候，这一切的东西，他都可以享有。这样的祈祷就不是迷信，而是像鱼在水中游泳，像人在空气中呼吸一样自然的现象。

现在让我说到辩证法唯物论，和它与宗教信仰的关系。唯物论的主张是物先于心，存在先于思维，而辩证法研究的对象是自然、历史和思维发展的法则。所谓法则，也就是包含于这许多现象和事物中的真理。因为唯物论的主要观点是动，是变，是事物的联系，是因果的相互影响，所以它把宇宙万殊的动态，归纳成三条基本的法则，那就是对立的统一；质量的互变；和否定的否定。如果单从这些法则的本身来说，唯物论和上帝的信仰，可以说是没有丝毫的冲突。在过去，达尔文的天演论，曾遭受过基督教基要派的猛烈攻击。他们说：根据《圣经》，上帝在七天内创造天地，而达尔文却说：万物是长期演变而成的；根据《圣经》，上帝照他自己的形象造人，而达尔文却说人猿同祖。但不久以后，反对天演论的风潮，完全平息了，因为稍具常识的人，都不会呆板地去读《圣经》，"死于句下"。如果把《圣经》灵活地解释，则天演论和基督教，并没有冲突的地方，因为天演的"天"，可以说就是上帝，无论万物怎样演变，这演变总逃不出上帝（真理）的支配，正如孙行者的筋斗云，跳不出如来的掌心一样。基督教对天演论既然可以有这样的看法，基督教对唯物论当然也可以有同样的看法。

然而唯物论不只是自然法则，它同时也是"自然主义"。所谓自然主义，就是：一切都是自然，自然以外，更没有什么东西。因此，自然主义，当然是无神主义，而唯物论也当然包含了无神论。但上帝的信仰则不然。在一般人的看法，"上帝"是加在"自然"上的另一种东西，它是神秘的，超自然的。如果宇宙间除了自然以外，更没有别的东西，那么，"上帝"当然是个虚构。但如果我们接受了上文关于"上帝"那个名词的解释，情形就完全两样了。"上帝"不是超自然，而是人对自然的一种了解，正如我们说人有一个"心"，"心"并非超自然的，而只是我们对自然的人的一种了解一样。但是，上帝的信仰，为什么会使人感觉是与唯物论格格不相入的呢？原因就是：唯物论是纯理智的，而上帝的信仰却带着浓厚的情感成分。因为有情感的成分，所以宗教容易想入非非，玄之又玄。上帝的信仰，是一面两刃的刀，它能救人，也能害人。它能救人，因为在理智约束之下，带有情感的宗教信仰，是人生一个伟大的动力。它可以使人冲锋陷阵，征服一切痛苦艰难。但宗教信仰，也可以害人，因为情感可以抹煞理智，像一匹脱缰的马，云游于太虚幻境，陶醉于象牙塔中。一般介绍唯物论的书，总是把宗教信仰和唯心论相提并论的。这是不足为奇的，因为宗教信仰的本身，本来就容易有唯心的倾向，而两千年来，基督教和唯心论，更有了密切的结合。柏拉图的思想，康德的思想，以至其他许多唯心论者、二元论者、实验主义者的思想，都曾经给了基督教一个深刻的影响。但是，唯心的成分，并不是基督教不可少的成分。相反地，基督教信仰和唯物论照我们以上所解释的，基本上并没有冲突之处。

基督教其他方面，还有许多不容易解释的地方。关于这些，有一部分我是完全不相信的；有一部分，我认为是由于错误的传说，附会的解释，和后人的歪曲增窜；另有一部分，可能是由于说理的高深，经验的超越，为我所不了解，也为一般人所不了解，我虽不能相信，却也不能否定。像这些例子，我就只有敬谢不敏，付之存疑之列。总而言之，这一切都没有妨碍我的信仰，也没有引起我的理智的反抗。

以上的说法，好像是要把基督教信仰和唯物论固有的冲突，调和起来。然而我们的目的并不是这样。唯物论和基督教信仰，虽然没有冲突，但它们的出发点是不同的，它们的内容和目的，也是不同的。唯物论所注重的是“相对”，而基督教所注重的却是“绝对”。唯物论未尝不讲“绝对”，因为没有“绝对”，就没有“相对”，正如没有本体，就没有现象，然而唯物论的“绝对”，只是一个浮光掠影的存在，很容易被“相对”所掩蔽，所抹煞。如果世界的事物都是变动不居的，那么我们就不能有什么绝对的真理，绝对的道德，绝对的是非。这是唯物论的长处，因为注重“相对”，才能动，才能变，正如马克思所说的“过去的哲学家们，所努力的是怎么了解世界，而要紧的却是怎样改变世界”。(手头无原文，只记大意如此。)

相反的，基督教却注重“绝对”——上帝是绝对完全的，爱是绝对的生活标准，一切的罪恶都是绝对地背叛上帝。基督教也未尝不讲“相对”。耶稣说：“人活着不是单靠食物，乃是靠上帝口里所出的一切话”。上帝的话是“绝对”，食物是“相对”。耶稣推崇“绝对”，却不否认“相对”；说不是“单”靠食物，就等于说“也”靠食物。“绝对”属于理想的范畴，而“相对”则属于现实的范畴。人不能不在现实世界里生活着，人就不能不常常因情势的逼迫舍“绝对”而取“相对”。老实说，有组织的基督教是最彻底的现实主义者——它所标榜是“绝对”，它所实行的是“相对”。但是，“绝对”的观念，还是有力地占据着每一个基督徒的心灵。因为注重“绝对”，就容易忽略“相对”，因为注重理想，就容易忘记现实。眼睛永远望着天空的人，常常会掉在坑里。这是基督教的弱点。

但是，唯物论的长处，同时又是它的短处；基督教的短处，同时又是它的长处。唯物论偏重“相对”，偏重现实，因而有利于动，有利于变。但是，它的危险，就是把“相对”看成“绝对”，把某一时期、某一阶段、某一个别事物，离开整体，离开时空的联系，看作是必然的、神圣的、超绝的。如果我们观察一些个别的例子，我们就可以知道：这个批评，不是基于虚构，而是基于事实。一个唯物论者，在待人接物，应付事变的时候，所以容易流于偏激，就是为着这个缘故。这当然不是唯物论本体的毛病，而只是应用唯物论者的毛病，但我们却不能否认：因为唯物论偏于“相对”，它的本身就包含了发生这个错误的可能。

相反的，基督教的长处，也正在于它的注重“绝对”。注重“绝对”，可能忘却现实，但注重“绝对”，也可以使我们更正确地处理现实，使“相对”在“绝对”的远景中，得到一个恰如其分的位置。耶稣的基本教训，所以能够成为一个满意的人生哲学，就是因为它把“相对”和“绝对”，联系得恰到好处。人应当吃面包，但人也应当听上帝的话，甚至肚子饿了，也不应当把上帝当作一个玩魔术者，请他把石头变饼。“相对”是要紧的，但“相对”却应当受“绝对”的约束。安息日是犹太教重要的仪式，人应当遵守，不应当在安息日做事。但如果人的肚子饿了，或是牛羊掉在井里，则违反了安息日，并不算一回事。安息日是永恒的“绝对”，生活的需要，是日常的“相对”，但“绝对”却应当受“相对”的制裁。基督教之所以强调人格，强调人格的价值，就是因为它不只看一人“相对”的表现，同时也看他“绝对”的可能。因此，人的本身，就应当是一个目的，而不应当是一个工具。人应当为大众而生活，甚至为大众而牺牲，但人却应当保有他的个性的尊严。

因为基督教偏重“绝对”，所以在它的宇宙观中，它能相信一个上帝。上帝不只包括可知的真理，也包括未知的真理，不只表现于可见的现象，也潜在于未见的可能。未知未见的是体，已知已见的是用；用是现实，体是可能。某一时间的用，必导源于体，而体的全貌，却不一定表现于某一时间的用。宇宙的真理，有它的深度，正如人格有它的深度。人格的深度，不一定完全表现于某一个表情，某一句言语。因为人格有深度，所以我们对一个人的衡量，不能只用“相对”的观察，也要用“绝对”的体认。因为人格有深度，所以人的心灵，可以相通，彼此可以享受“神交”，“心心相印”。同样的，因为宇宙的真理有它的深度，所以相对的事物，不一定能完全表现真理的整体，有时反而产生一个好像是与本体的性质相反的现象。因为宇宙的真理，有它的深度，所以人可以把它人格化、感情化，称它为上帝，从它取得支持生活的力量。这是基督教的长处。

从以上的比较，我们就可以知道：基督教和唯物论各有所偏，因而各有所长，各有所短。基督教需要唯物论的长处，也可以补足唯物论的短处。同样的，唯物论需要基督教的长处，也可以补足基督教的短处。举一个例来说：以唯物论为根据的社会科学，可以使基督教的人道主义，得到更有效的表现，更科学的基础。同样的，基督教对于人的看法，关于人与人相处的道理，也可以使唯物史观的社会革命理论，更顾念到它里面人事的成分。我抱着一个信念：我认为唯物论者之所以否定宗教，不只是因为理论的逻辑，同时也因为历史上宗教的反动成分和迷信成分，而一个合理的宗教信仰，一个能够发挥它的进步性的宗教信仰，并不和唯物论冲突，并且可以和唯物论互相补充。基督教不只是知识，不只是哲学，也不只是教训；它是人对整个人生，和整个宇宙的认识与态度。我相信在耶稣的教训里，有做人的道理的无限宝藏；我相信经过一个相当的时期——也许是在社会革命完成以后，耶稣的教训，将会重新被人欣赏，被人宝贵；它将会使许多片面的学识与理论，因它而得到一个新的综合与完成。

在现在，恐怕不会有多少人感觉到宗教的需要，因为现在的宗教，没有发生它应有的作用，反而把时代的车轮拖住。前几天，在一个餐会席上有人提到我的那本小书——《没有人看见过上帝》，郭沫若先生马上就说："我天天都看见上帝；人民是我的上帝"。郭先生的话是对的。中国的古训说："天视自我民视，天听自我民听"。《圣经》也说："不爱他所看见的弟兄，就不能爱没有看见的上帝"。但我觉得我们在人民里面，固然可以看见上帝，上帝的真理，却比人民所能表现的更伟大，更广博，因而需要我们更深刻地、更虚心地、更勇敢地、更诚恳地去体验与追求所谓宗教的态度，不过如此而已。

我厌恶一般基督徒无知地、肤浅地，去排斥唯物论。我也惋惜着若干唯物论者同样无知地、肤浅地否定一切宗教。在唯物论的书里，我们看见许多否定宗教的"公式"理论，而作者也许连《圣经》也没有读过，更不必说对宗教徒的思想与经验，有过什么深刻的研究。时候到了，这种非科学的态度，应当扬弃；我们对于宗教的意义与真理，应当有一个更唯实、更确切的了解与阐明。

1947 年 6 月 20 日

这里发表的是一个老题目的新解答——更确切地说，只应当算是一个老题目的新反映。因为文中采取的，整篇是形而上的观点，不会科学地正面处理问题的本质，却只反映了一种纯精神的探索历程与观念论的境界，反映了一种由苦闷到安慰的宗教情操，一种与时代共呼吸的精神交代。作者吴耀宗先生是一位稀有的可敬的宗教家，抗战以来，为了中国的民主大业尽了宝贵的贡献，为了修正基督教义以求有助于中国人民的解放，不惜开罪教宗元老。本文娓娓说来，使读者宛如面对着一位虔敬、诚笃、慈祥、进步的老人倾吐他心底的一切，全篇鞭挞到各宗派教徒的顽固不化，批评到教义的神秘虚玄。从他文末对于“排斥唯物论”的基督徒说是“厌恶”，而对于“否定宗教”的唯物论者则说是“惋惜”这一点上，更看出他“调和真理”的苦心。尽管真理是不可调和也不必调和的，但对于为了良好世界而战斗的善心，谁也不当拒绝出自衷诚的敬意。

唯物论者和像本文作者这样虔诚的宗教家一样，都为进步的幸福的人类而努力，但他们不见得就有相同的宇宙观和真理观。他们都可以为自己的信念献身，可是他们的真理出发点并不就彼此一致：宗教家出于宗教的情操，而唯物论者出于科学的认识。前者可以为了精神的安慰而不惜迁就唯物论，后者则必须争取到物质世界的进步（包含人间关系在内）然后才始心安理得。在可以共通之点上，他们是可以互相信赖的朋友。今日的世界已经到了这样的时候了，中国的需要尤其迫切。

本文是以这样的意义乐于在这里发表的。

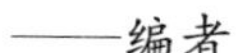

——编者

从基督教的观点看现实*

在现世界里，我们基督徒面对着许多不容易了解，也不容易解决的问题。对于这些问题，我们可以作不同的分析，也可以提供不同的意见。虽然我们都是基督徒，虽然我们也都极力从基督教的观点去处理这些问题，但是因为我们对基督教本身的了解也是不同的，所以即使我们对事实的观察是一样的，我们所得到的结论，也可能是完全不同的。

为要帮助基督徒同道对现实问题得到更清楚的了解起见，我愿意在这里介绍三篇文章：第一篇是日本的竹田女士（Kyoto Takeda）于1947年7月26日在奥斯陆世界基督教青年大会的早祷会里的演讲词。这一次的大会，本来有日本代表团来参加的，但正当他们整装待发的时候，他们接到不许出国的通知，所以他们至终没有参加这个大会。但有两位久住在日内瓦的日本基督徒却代表他们出席了，其中的一位就是竹田女士。在那天的早祷会里，他们把灵修的程序，照着大会的规矩，用英法德三国文字印出来。现在所介绍的，就是这里面的那节演讲词。这篇演讲，显示了一个日本基督徒内心的挣扎，也显示了她对于战争，对于她自己的国家，对于世界，对于基督教的使命，从痛苦的经验中得来的觉悟与看法。现在将原文翻译如下，题目是我给她加的：

世人的罪恶与上帝的慈悲

我的家乡就是那个在世界的混乱中投下火把的国家；这把火把它自己也烧了，直等到它变成灰烬。当战争结束的时候，日本变成一堆灰烬。当我站在这堆瓦砾当中的时候，我首先想到的，就是中国的基督徒

* 原载《消息》复第14期，1947年11月25日。亦载《天风周刊》第98卷，1947年11月29日。取自《黑暗与光明》，青年协会书局，1949年12月初版。

们。八年前我参加了在安士特丹举行的第一届世界基督教青年大会。我是日本代表中最年青的一个。在那个大会中，中国的基督徒青年们对我说："你不能了解战争的意义"。我想同他们讨论关于未来世界的问题，但他们拒绝了，因为他们说："你没有经过战争的痛苦，所以你就没有具备可以讨论这个问题的条件。"在当时，我心中那种寂寞忧愁的感觉，是我有生以来所没有经验过的。

但当日本自己也变成灰烬的时候，我便认识了战争的真意义。只有在那八年悲惨的痛苦中，我才认识了人类在战争中所共同遭遇到的厄运。从此以后，我就明白了那些中国朋友们在安士特丹对我所说的话的意义。

在那几年中所遭受的痛苦，对日本的基督徒们虽然是一个创伤，但同时也是一个宝贵的经验。让我很坦白地承认，在战争时期中，从始至终，我们没有站在我们的国家外面，相反地，我们是完全站在她里面的。我们没有做时代的豪杰，去反抗我们国家的罪恶，做了英勇的牺牲。我们的手是不干净的，它们是沾满了日本的血污。我们自然是属于基督的，我们也知道我们的国家是抗拒基督的。我们面对着这个罪恶的现实，既不能脱离它，就只有在它里面设法实现基督教的教训。好像有两个相反的力量要把我们支解：那就是上帝和世界。然而我们又不能放弃他们任何一个。这就是我们的悲剧，也就是我们所能自动拣选的唯一的道路，因为我们相信是上帝自己把我们放在这个无告的现实中的。

我们不能把我们的国家从里面变成一个基督教的国家；我们不能把我们国家的罪恶消解；我们太软弱，不能叫战争和混乱停止。我们这些基督徒眼看着我们的祖国陷于可痛的毁灭，就掉在失望的深渊里。我们不但同别的国家的基督徒同道们隔绝了，我们也同上帝隔绝了。因此，我们就好像生活在一个可怕的沙漠里。但当我们到达这个孤独的沙漠里的时候，我们就觉悟到我们所受的痛苦是由于上帝的慈悲。因为我们的痛苦就是上帝自己的痛苦。而上帝的痛苦除了在日本基督徒们这个悲惨的历史经验中表达，就没有别的方法可以表达出来。在人的混乱中，他的爱还是追随着我们，他永远不会让我们跌到无底深渊里面去。当我们举目观看的时候，我们看见耶稣的十字架，这个十字架是审判，同时也是救赎。

"那时我说，祸哉，我灭亡了。因为我是嘴唇不洁的人，又住在嘴唇不洁的民中。又因我眼见大君王万军的耶和华"（《以赛亚书》第 6 章

第 5 节)。

在寂寞失望的深渊中，我们看见我们的救主基督，他为我们这些罪人代祷。他永远不会站在世界历史的外面，他却是同我们一切的人，在它里面的。当我们彼此因分门别户而斗争起来，他的袍子便被撕碎。当我们互相残杀，他便与我们一同受到创伤。他所受的苦，比我们任何人更多，为的是要庇护罪人，叫他们与上帝复归和好。在人类的混乱与罪恶中，我们看见上帝的爱，这爱是从上面来的，是要拯救我们这个支离破碎的世界的。

只有在这个爱里，我们才能重新在人类的废墟上站立起来，迈步前进，去追求上帝的国度。只有在这个爱里，我们这些彼此隔绝的人类，才能重新结合起来。也只有在这带着创伤的爱里，我们这些罪人才能与上帝恢复融洽的关系。

巴别塔至终倒了下来。但只有在这塔的毁灭中，我们才能看见上帝伟大的计划，这计划是在悲剧的历史中得到成全的。

我所要介绍的第二篇文章是一位出席奥斯陆大会的印度代表多马君(M. M. Thomas)于本年 9 月 3 日，在伦敦出版的《基督教通讯》(*The Christian Newsletter*)里发表的。多马君是世界基督教学生同盟的干事，是一位深思好学的人。在奥斯陆的时候，我曾同他谈过几次话，在若干问题上获得深切的共鸣。多马君写此文的动机，大概是因为有不少出席奥斯陆大会的人们，觉得大会对目前一些急迫的政治问题，没有具体的表示，便感到失望，所以他提出对这问题的另一种看法，认为奥斯陆大会是在暗示了我们对政治问题所应当采取的态度。现将原文翻译如下：

奥斯陆大会对政治问题的主张

奥斯陆大会对政治问题究竟有没有主张？前几天有一位代表对我说：“印度有些青年出席了世界民主青年协会(原著者按：该会有共产党重要的成分)在布拉克召开的世界青年大会。我们有些基督徒青年参加了奥斯陆基督徒青年大会。布拉克的代表们回来以后，对于政治问题一定有一个很清楚的主张。”他又问：“奥斯陆对政治问题能不能提出一个清楚而又具体的看法，即使不能比布拉克的好，多少也要像它一样？”其他的代表们在提出这个问题的时候，也许采用一个不同的说法。但是在个人的谈话里，在讨论会里，这个问题是不断地被提出来的。奥斯陆究竟有没有一个对政治的主张?

我必须承认在起头的时候，至少我自己并没有感觉到奥斯陆对政治问题有一个像布拉克那样有力清楚而具体的看法。我到奥斯陆是充满了烦恼的心情，我离开奥斯陆的时候是更加烦恼。烦恼却不是失望，因为这个烦恼的本身就有耶稣在里面作主。

奥斯陆叫我更清楚地看见政治世界中的现实，也更沉重地感觉到我们所面临的悲剧。我的烦恼是越来越增加了，有许多的人像我一样，对种族问题，殖民地问题，对权利政治问题，贫穷问题，战争和恨恶的问题，可能更敏锐地感到它们的严重性，因而感到彷徨。

我們认识了这些丑恶的现实以后，如果奥斯陆能给我们一个简单的分析和一个简单的解决方法，我们也不会觉得那么难过。相反地，奥斯陆却把我们对这些问题的原有的答案打破了，这越发增加了我们的烦闷。在大会中，我曾有过两次具体的经验，愿与读者分享：

在开幕的那天，荷印冲突的消息，在会场中搅动了我们。我知道我自己对这个问题的看法，所以在参加这个闭幕大会的时候，我为我自己，为我的主张，充满了正义感，也充满了对荷兰的愤怒。同时我的心中也做了一个清楚的打算：要逼着大会把荷印问题提出讨论。但我记得当特虎脱博士（Dr. Visser't Hooft）（译者按：特博士系荷兰人）在他的开幕演讲里，承认他的国家的罪过，而以基督徒团契的精神向印度尼西亚代表团伸出他的手的时候，我在我的政治主张上所建立的正义感，便被打成粉碎。也许有的人想为这段话而鼓掌；也许另有一些人想利用这段话来向这个问题作进一步的攻势，但这二者在我都不可能。因为我的政治见解的正义性在那一刹那间已经被他的话摧毁，而变成我们在上帝面前通过耶稣基督而感觉到的一种共同负咎的情绪了。

在那个联欢大会里，当美国的一位代表狄士耐（Deschner）演讲的时候，我也得到同样的经验。美国的朋友们如果把狄君的话当作是一种政治的意见，他们也许会对他生气。在我自己，因为我对政治有很坚强的信念，我也会把他的话当作政治意见去利用它。但是，在上帝的启示中，他的话对我产生了一个恰恰相反的效果。我的政治主张所从而建立的基础，现在已经被它完全摧毁了。我只觉得在基督所显示的上帝的面前，我们都是有罪的人；在那一刹那间，我的政治见解，就完全没有立足之地。

当我得到这些经验的时候，我几乎抱了一个愿望，就是愿我没有参加这个大会。我到这个会里来是在上帝面前与人相见。在这种情况之下，一个人对于政治的正义感是会被显得完全不合时宜的。我叫我自己处在这种境地，岂不是愚蠢吗？许多人正为着自由与正义而奋斗，许多人正在饥饿中挣扎。印度尼西亚的人和各处被压迫的人民也正在从事于你死我活的斗争。如果我对政治的正义感被打得粉碎，我和这些人的团结岂不就受到致命的损伤吗？我有许多共产党里面的朋友，他们对政治的看法是我所赞同的。他们一定会说我是受情感的支配；而我的国家主义者的朋友们又会说我是愚拙。我实在愿意躲避开奥斯陆大会这许多次搅动人的灵性的会集，把我那些被打得支离破碎的正义感重新收拾起来，叫它仍然作我的动力。因为，我对我自己说，现实是现实，政治的现实毫无疑义的需要一个政治的解答。

一个基督徒要在政治上做见证，他就会碰到上面所说的那样悲剧。这个悲剧就是奥斯陆对我们的呼召。一方面，政治上的公道需要一种自决的正义感，有了这种正义感才能生出具体的政治性的决定。另一方面，当我们面对着基督的十字架的时候，我们的正义感便被打得粉碎。因为在十字架面前，我们都是钉死基督的共同的罪犯，需要上帝的饶恕，也需要彼此的饶恕。如果我们要投身于政治，这就是我们所必定遇到的痛苦——在某一个时候，我们的正义感被打碎；在另一个时候，我们又要把它重新收拾起来。因为一个基督徒必定会感到这种烦恼，必定会碰到这个悲剧，他就没有胆量把自己完全献身于某一个政党，或某一个政治运动，无论他们是怎样纯正的。

我的共产主义的朋友们是对的。基督的十字架是愚拙。因为在政治上感到自己的政治确信被粉碎的这种经验，是叫人软弱的，而不是叫人刚强的。但是，当我感到自我毁灭的这一刹那，岂不就是奥斯陆使我感到基督徒团契的真实性的一刹那吗？当我们把自己的正义感破坏了，而在上帝面前共同承认罪孽的时候，岂不就是奥斯陆诞生的时候吗？

在没有完结以前，我自己还要说一句忏悔的话：在印度独立的前夕，我以为我自己是刚强的；我以为在政治上面对英国人的时候，我们是平等的。我想象着这些新的感觉一定会使我同英国人达到更好的友谊。但昨天在一个印度代表团的会上，当我们不得不承认我们没有把英国代表团看作基督内的弟兄，和他们共同应付英印关系问题的时候，我便感到有一个沉重的罪咎的担子，压在我的心上，我不得不趁这个机会向大家承认我的罪过。在印度，我们为自由独立而斗争，已经有一百多年，似乎我们在政治上已经有了力量了。但这个力量却没有在奥斯陆帮助造成团契的关系。相反地，在奥斯陆许多个代表团谦卑地面对着十字架的软弱和愚拙，把他们的骄傲打得粉碎的时候，他们便得到一种团契的感觉。这就是他们的力量。这个力量在未来的日子，当他们回到他们本国的时候，可以使他们负起政治的责任。“它把骄傲的人心中的想象打碎了；它把有力者从高座上拖下来，而把在低处的高举起来。”如果我们分享他的十字架，我们也将分享他的复活。这就是奥斯陆政治的见解——认识我们共同的罪孽，和上帝的饶恕，而把他们作为共同生活的基础。

来的时候我们是烦闷的，回去的时候我们更加烦闷。但我们并不失望，因为耶稣是主。

政治是有着神圣的意义的。我们的信仰把我们解放出来，我们为这个神圣的意义作集体的见证。为我们大多数的人，我们恐怕不能不继续在肮脏的纵横捭阖的政治漩涡里应付。这是一种见证。为其他的人，他们也许要站在一个超然的立场，不断地对一切的政治抗议，在他们的小团契内从事于人与人复和的神圣工作。但对一切的人，如果他们承认基督是主，到某一个时候，他们必定会对现实政治世界所要求的一切说个“不”字；并且要说：“我站在这里，我没有法子不这样做，所以，求上帝帮助我吧。”

我不知读者读完了这篇文章会作何感想？这篇文章充分表现了作者矛盾、冲突、徬徨、苦闷的心情。这种心情是一种痛苦，但同时也是每一个基督徒所特有的福分。他要应付现实，但他又不能安于现实，更不能与现实妥协。因为有一个更高、更大、更真、更美的理想，向他挑战。相信人文主义的人，相信唯物论的人，不会感到痛苦，不会遇到这种挑战。他们未尝没有理想，但他们的理想是属于人的，属于世界的，所以他们不会感觉到两个不同的世界在他们内心中的冲突与矛盾。但是，我希望——我希望一个基督徒这样的信仰，这样的心情，不会使他变成麻木与消极，或者使他徬徨地永远站在歧路上而无所适从。我们要举目向天，但我们也要脚踏实地。我们要行动，要前进，虽则我们的行动和前进都永远是相对的，而不是绝对的。我们要把大慈大悲和至刚至勇结合起来，才能在现实的世界中为我们的信仰作忠诚有力的见证。

我所要介绍的第三篇文章，是我自己在青年会世界代表大会里的演讲词。在 8 月 14 日那一天，大会举行了一个集体讨论会。主题是“基督教与思想的冲突”。被邀演讲的人有三位，一位是瑞士著名的神学教授布伦诺（Emil Brunner）博士，一位是美国的青年狄维拉（Detweiler）君，其他一个是我自己。这篇演讲在会后曾被引起热烈的讨论。我所以要把它介绍，就是因为它提出一个特殊的观点。这个观点，在流行的基督教的言论中是并不多见的。无论这个观点是否正确——我希望它是正确的，从许多人的反应看来，它也好像是正确的——它至少可以供我们参考，也可以给我们一个思想上的挑战。我应当补充一句，这个题目上的所谓思想冲突，实际上就是指共产主义思想和基督教思想的冲突。现在把原文翻译如下：

基督教与思想的冲突

在刚过去的礼拜天，我到了伦敦那个宏伟的圣保罗大礼拜堂去做礼拜。这天讲道的是马都拉斯主教何理士（Rt. Rev. A M. Hollis）。在讨论到印度问题的时候，他说：“印度是分裂的，并且是被宗教分裂。现在只有两个力量企图把世界统一起来：那就是基督教与共产主义。而共产主义所获得的信徒比基督教更多。”

“共产主义所获得的信徒比基督教更多”这句话是不是确实的呢？我不敢替世界其他的地方说话，但在亚洲，特别是中国，这的确是一个事实。

在过去 20 年中，共产主义在中国吸收了成千成万最有思想，和富有社会意识的青年人。青年所看的读物，也大部分受着马克思思想的支配。在共产党区域里，许多农民都变成共产主义热诚的信徒。为着这些原故，在第二次大战以前，共产主义在中国的力量，是与日俱进。而在战后，则更有一日千里之势。

共产主义在中国和其他的地方，为什么能够这样地生长呢？我以为有两个主要的原因：第一是国际间的不平等；第二是社会间的不平等。所谓国际间的不平等，就是控制着殖民地和落后国家的帝国主义。所谓社会间的不平等，就是在资本主义和前资本主义国家的现行社会制度中的剥削。让我来解释这两句话的含义：

当一群人处在贫穷和饥饿的境地的时候，他们或则梦想着来世的天堂；或则在现世里谋求补救的办法。如果他们的贫穷和饥饿不是由于物资的缺乏，而是由于分配的不均，则他们更要谋求现状的改变。

如果一个国家受着一个非常腐败和专横的政府的统治，使人民活不下去，他们就必定要起而反抗。无论这个举动给他们带来什么后果。

如果一个民族受着异国的统治，无论这个统治是暴虐的，或是温和的，这个民族一定要为独立自由而斗争。这斗争可能是和平的，但在必要的时候也可以采用暴力。

在这几种例子中，共产主义都是一条方便而具有号召力的出路。共产主义的号召就是自由、平等，就是充裕的经济，没有阶级的社会。共产主义也把它自己当作民主政治的最正确的基础。既是这样，如果在世界的各个角落里，我们看见成千成万的青年，以热烈的心情去迎接共产主义，把它当作人类唯一的救星，我们还能觉得奇怪吗?

但如果我们从基督教的观点来看，我们就会发现这种情形的造成，基督徒应该负一部分的责任，其原因有二：

第一，我们没有把共产主义看作一个挑战，相反地，我们却把它看作我们的敌人。我们忘记了共产主义的种子，是在人类不满足的状况中生长出来的。在现世界里，构成这个不满足的状况的主要因素，就是国际间的不平等，和社会间的不平等。

我们忘记了有组织的基督教在过去一百多年中是和这两种罪恶结成不解之缘的；从历史方面说，对这两种罪恶的造成，它至少要负一部分的责任。

现在的青年所以对基督教各种组织失掉了兴趣，正因为我们对于这两种罪恶所造成的许多迫切的问题漠不关心。我们对于这个事实似乎并没有感觉到。

总一句话说，我们并没有从事于消灭这两种罪恶的积极工作。相反地，我们所做的是这件积极工作的一种安乐椅上的代替物：那就是对于这个威吓着我们，要把我们的“现状”改变的那种敌对制度，加以无情的攻击。

我说基督徒要负这件事的责任，还有另一个原因：我们忘记了有“历史的报复”那样东西的存在。历史在今天所采取的报复，就是为着我们昨天所犯了的集体的罪恶。“罪”的工价是死亡。我们今天所遇见的种种残暴，正是昨天的罪恶所结的果子。对于这些残暴，也许我们个人不能负责。但如果它们是过去人类集体罪恶的结果，而我们自己又都是这个集体中的成员，与它有不可分离的联系，那么，我们与这些残暴的行为也不能说是毫无关系的了。

我们对别人的过失，义形于色，这是不可厚非的，但我们忘记了在义形于色的心情中，加上忏悔和谦卑的成分。相反地，我们对自己是自以为义，而对别人则不肯宽容。我们自己眼中的梁木，没有除去，便忙着替别人除掉他们眼中的刺。

以上的种种事实，都造成了惧怕别人和自以为是的心理。这种心理现在蔓延得很广，并且显示了一个可怕的趋向。最显著的一个事实，就是目前的反苏潮流。许多基督教同道被这种狂流冲激，已经失掉了他们立足之地。有的人甚至抱着一种幻想，他们以为如果能够设法促成世界第三次大战，用原子弹去把共产主义消灭，世界便会变成民主主义的乐园。这种妄想的徒劳无功，我们姑且不去说它。我们所要问的却是抱有这种主张的人们，会否想到：第三次大战即使可以促成，它所能毁灭的共产党徒，恐怕远不如它所制造出来的共产党徒的多。

既是这样，我们基督徒的任务是什么呢？我们的任务只有这一个——我们必须对付现在摧残着人类的两大罪恶：国际间的不平等，和社会间的不平等。并且我们必须努力用我们所认为是基督教的方法去对付它们。

现在我已经把这三篇文章介绍完毕。我不愿意再加什么评语，我只愿意让这三篇文章各自以它们的印象给予读者。在这个动荡的时代，我诚恳地希望，也是祈求一切的基督徒同道要虚心、要冷静、要客观，在不断的祈祷、等候、思想、研究的当中，谦卑地接受上帝直接给我们的启示，和上帝通过别的人，通过世界的动乱而给我们的启示。在这以后，即使我们的思想和主张还是不同的，我们一样的可以在基督里面结成密切的团契。

美国社会的民主生活*

天真活泼的民族性

美国的一般人民是很可爱的，他们的性情很有一点像小孩子。他们是很活泼的——正如孩子一样，他们对任何新鲜的东西都会发生兴趣。然而也正像小孩子一样，他们的兴趣，是不大容易持久的，他们永远追求新的东西，很久以前，他们曾经疯狂似的喜欢过中国的麻将牌；又有一个时候，他们被一种拼字的游戏叫 Crore Word Puzzle 的迷住了；再过一个时候，他们又热烈地玩着一种算命的把戏叫 Horoscope。然而这些东西都不会长久地吸引他们；他们不像中国人，喜欢打麻将的就一辈子打下去。

美国的一般人民也是天真的。他们对一个陌生的人，可以把他们自己介绍给他，甚至可以拍拍他们的肩膀，这和英国人的脾气就大大的不同。你同一个英国人认识很久了，可以和他做一个很好的朋友，但在未被介绍以前，和刚认识以后，他对你是冰冷的。记得在英国乘坐火车的时候，感到非常不便，因为他们的每一个车厢都是互相隔离的，非等车停了，你不能从这一节车厢走到那一节。这正象征着英国的国民性。而美国人都可以一见如故。为着这个缘故，中国人和美国人就特别合得来，特别容易要好。

因为美国人民是天真活泼的，所以他们对于一件事情，很容易发生迅速而富于感情的反应。这个反应里面，也常常会充满正义感。然而他们有时却使人失望，因为和他们所在意、所喜欢的其他东西一样，他一

* 原载《文汇丛刊》1947 年第 2 期。

下子就会冷淡下去。他们对中国问题的态度，就是一个劲的倒干。在中国抗战初期的时候，他们把中国捧得天那么高，把中国的某些人物，当偶像去崇拜。但到了抗战末期，中国的弱点慢慢暴露出来以后，他们有许多人把中国看的一钱不值，甚至把中国只看作一个地理上的名词。似乎他们对中国问题，和其他许多问题，都是浅尝而止，因而不能得到一个清楚而深刻的把握与看法。最能影响美国人民思想的一种哲学，就是杜威的实验主义。这个哲学的主要理论，也可以说是学以致用，用而后学。这当然可以当作是一种学问与生活打成一片的现象，但也可以流为一种急功近利的庸俗的态度。美国人民的长处在于此，美国人民的短处也正在于此。如果我们要说的更正确一点，我们就应当说：杜威的哲学就是美国人民生活的产物。

法治的国家与守纪律的人民

初到美国旅行的人们，对于他们的行李，也许会小心翼翼地考虑它的安全。在我们中国，我们是住在一个小偷和强盗的世界里，你眼底下的东西，有时也会不翼而飞。但在美国，你却可以完全的放心。你坐在一个车厢里，到另一个车厢去吃饭，你的大衣、行李，可以不用看守，甚至在一个似乎是很纷乱的场合里亦如此。这是因为美国人比中国人有钱，不肯随便拿别人的东西吗？这当然也是一个原因；然而我想也是因为他们尊重别人和别人的财产，这就是他们的民主精神。在一个公司的机关里，人多的时候，他们永远是自动的排起队来的，永远不会抢在别人的前头。他们守秩序，守纪律的精神，我们中国人就只有五体投地的佩服。

美国是一个民主的国家，有的时候我们批评美国，说他只有政治的民主，而没有经济的民主，这是很对的。然而美国政治的民主，却已经够我们羡慕的了。

美国人民是有自由的，我们从来没听见过他们的言论受过什么限制，或者他们开会，要呈报什么机关，或得到什么许可。是的，因为宣传的工具，大半是握在资产阶级的手里，所以他们常常可以对异己者以有力的打击，但这只是一种公开的、文字上的打击而已，我们从来没有听见过他们的政府，用什么恐怖的方法，去对付人民。在劳资对立的状态中，美国工人的报酬与活动，当然也常常遭遇到阻碍与摧残，他们甚至也遭受到特务的恐吓与破坏，但是在一起纠纷里面，他们都可以诉之于法律。法官当然说不定有阶级利害的成见，而法律的制定，当然也是为着保存现行社会制度设想的；但大体上，法律的尊严，是美国人民所共同尊重的。侵犯了法律尊严的人们，是必定遭受到舆论无情的指摘的。

罗斯福所提倡的四项自由的一项，就是免于恐惧的自由。在他们的政治生活上，美国人民是没有恐惧的。回顾我们今日的中国，似乎我们也还保留着一点的自由，例如，新闻检查制度，现在还没有恢复。然而我们不能不说：这一点点的自由，是在刀尖上支持着的自由，是面对着机关枪口的自由。换句话说：它是战战兢兢地怀着恐惧的自由。

美国人民参政的权利，也是值得我们羡慕的。不管他们的这个权利，是怎样的在某些大前提上受着限制——例如：美国的两个大政党，都是资产阶级的政党，而一个真正能够代表人民大众利益的政党，还不可能建立起来——他们在这个范围内的权利，是没有受到限制的；他们在运用这个权利的时候，也不容许官僚政客的贪污舞弊。

他们对于国家的行政，对于行政的首长，可以自由坦白地批评，如果他们做了什么国家认为是犯法的事，国家也只能像平民一样，在法院里对他们起诉，而审判的进行，也必须是公开的，是依照法律的。换句话说，他们是能够维持着司法的独立与尊严的。在战争中，官员和他的家属也同平民一样，受到配给制度的限制。如果他们违反了这种限制，他们也同样受到法律的制裁。在我们中国，我们的政治，是人治而不是法治，在现在，是无法无天的人治。做官就是一种特殊的权利，做了官，就可以把一切的法律丢在背后，说得好听一点，这是重人情而轻法理；说得确切一点，这是封建时代的“家天下”，是专制时代的“朕即国家”。在这样情形之下，遭殃的是人民：他们已经不是国家的主人，而只是统治者豢养的奴隶。

有人说：“美国也有臭虫”，“美国的月亮并不比中国的大”，这似乎是我们的一种安慰。说到月亮，她的确不比中国的大；但关于臭虫，我在美国住了四年多，却没有见到一个。虽然如此，我们还是可以假定美国不能绝对没有臭虫，美国的政治，也决不可能是一种完全清洁的政治。如果我们要找一些实例，我们也可以得到许多材料。我们尤其不能忘记的，就是美国对于人种的偏见。他们对黑人的态度，他们在某一时期，甚至在现在，对中国人的态度，都是美国政治上和文化上的一页污史。但是无论如何，拿美国的政治和中国的政治来比较，我们不能不说是鞭长莫及的了。

集体的生活

民主精神的一个重要的考验，就是人与人间的关系。民主的起点，就是人与人共同地、和睦地、合作地生活着。在这一点上，美国人有特别的长处。假如你参加了夏令会，或少年营这一类的集会，你看见里面的青年男女，你就马上会感觉到他们那种团结愉快的精神。他们有许多通俗的民歌，是每个人从小就唱得烂熟的；他们也有许多集体的游戏。他们三个人碰在一起的时候，就决不会寂寞地各过各的生活，他们马上就会彼此认识，采取某种程度上的共同行动。在团体的生活里，他们永远是热闹的，是会讨论到大众的事的。最使我们佩服的，就是他们团体组织的能力。他们一群人在一起的时候，很快地就会产生一个组织，实行高度而有效的自治生活。在团内是这样，在团外尤其是这样。曾经到过抗战前的牯岭或北戴河这一类避暑区域的人们，都可以看见他们是怎样井井有条地把一块小小的地方变成一个有组织的社会。如果你到纽约或芝加哥的“唐人街”去看一看，你就可以晓得这二者之间的分别。“唐人街”也还是一个社团，但是它是一个顽固的、封建的社团。在那里，你可以看见中国人拒绝了他们四周的进步的文化，而保持了他们祖国的腐烂的传统。从某一个观点来说，这也许是一个优良的特点，因为，这表现了民族的顽强性。最不容易同化的犹太人在中国开封等地是被同化了，而“唐人街”的中国人，却永远不会被同化的。但是，如果我们看得深一点，我们就晓得，“唐人街”中的生活，实质上并不是社团的生活，而只是一盘散沙的个人主义的生活。记得二十几年前初到美国的时候，最使我伤心的就是那时候的所谓“堂战”，那就是在“唐人街”里两个“堂”的中国人互相厮杀。有时候，情形太严重了，美国当局就要出面干涉。这是我们中国的一个缩影，这是民元以来在内战中消耗的中国的缩影。在美国人，这是不可想象的，而原因就是他们有民主的传统，而我们没有。

假若你是一个暴发户，你穿了很讲究的礼服，你在家里坐着，却不知道你应当做什么，或者要到哪里去，你心中将会有一种什么样的感觉呢？你大概会感到烦恼无聊；你不知怎样自处；你会喜欢找刺激来兴奋自己，叫你能够忘记掉你的烦躁与无聊，这一幅形容过分的漫画，多多少少，可以作为美国一般人民的写照。美国是一个新兴的资本主义国家；虽然现阶段的资本主义，已经露出许多破绽、许多矛盾，美国的资本主义，却还没有到一个山穷水尽的地步。在过去两次大战里，她都是胜利者，是军事的胜利，当然也是经济地位的胜利。在第二次大战后，她更一蹴而就，成为天之骄子。我们的世纪变成了“美国的世纪”。美国的经济恐慌，也许不久又会来到；然而在国内，她有雄厚的力量，全世界里的，她也有广大的市场。她的民主的传统，也不会使她在政治和经济上，走到绝路上去。在许多其他的国家里，因为国内外环境煎迫，她们都不能不探索一条比较鲜明的路线，无论这是向左的、向右的，或是中间的，但也可以说没有政策；她想往后退，但世界的潮流，却不让她往后退；她想前进，然而巨大的保守力量又不许她前进。

说到她的人民，他们也是在歧途中徬徨着的。他们的社会是不平等的。但因为一般人民的物资水平是相当的高，他们并不感觉到什么燃眉之急的改革的需要。他们未曾没有一种革命的情绪，然而只是一种温和的、中庸之道的情绪，在他们的下意识中，他们永远懵懂地保持着一种信念：这是一个“往上爬”的可能；在国家，这是一个和平的、渐进的，不需要特殊努力的社会演变。换句话说，无论经济恐慌与失业，怎样地打击他们，他们还是相信：他们的社会制度，没有什么基本的毛病。这一个信念，在他们心中是太宝贵了。这个信念的来源，是他们开国时期艰苦卓绝的独立斗争；是他们百余年来的埋头生产与建设；是他们国内广大人力与资源，而尤其重要的，是盎格鲁萨克逊民族所遗留下来的民主传统。他们还不肯相信世界是在剧烈地变动，或则他们还是觉得，美国是一个例外。

因为他们怀抱着这样一个信念，他们就非常害怕他们的信念会被一个外来的力量所动摇、所消减。这个力量，就是苏联，就是苏联所代表的共产主义。如果这只是美国少数大资产阶级的一种恐惧病，它对美国人民的影响并不大。美国是工业最发达的国家，是生产工人最多的国家；照理说，他的无产阶级运动，应当是很有力量的了，然而事实却不然。美国的工运，是一个分裂的工运；美国的共产党，是比较脆弱而幼稚的政党，在不久以前，它里面还发生过像白劳德路线的争执那样的事。他们之所以如此，是他们的生活环境和他们的社会意识所决定的，那就是：在一个黄金的国度里，个人发展的无限可能。在过去，这是他们无可怀疑的理想；这个理想，现在产生了一点怀疑与动摇。如果他们还是紧紧地抱着他们原来的信念，他们至少已经开始看一看别人新鲜的经验，甚至开始欣赏与接受这种新鲜经验所给他们带来的刺激与挑战。那就是说，一个新兴的民主运动——一个要求经济平等、种族平等与世界和平的民主运动，在美国已经开始抬头了。但这样的运动，在大多数美国人的心中，他们当然意识到世界在变，然而他们不晓得这是什么样的变，这个变与美国的前途有什么关系，与他们个人的思想与生活又有什么关系。这一种态度，如果被反动力量把握住了、利用了，它将会成为世界和平的一个重大威胁。

然而这只是他们的现在。将来呢？世界是要进步的，美国也是要进步的。美国有全世界最富裕的资源，有刻苦勇敢的民众，有天真活泼的民族性；她的前途是无可限量的。

《天风》往哪里吹*

《天风周刊》从1948年1月1日起，就要在“天风社”这个新的组织下，成为一个独立的机构了。在过去，《天风》是隶属于基督教联合出版社的，而联合出版社又是几个基督教出版机关合组而成的。一个合组的团体，总有许多不可避免的困难。在神学问题上，在社会思想上，他们的见解，都不会一致。但一个期刊却必须有它独立的个性。因为要有个性，所以它的言论，就必须要有相当的自由。但在一个联合的机构下，即使大家在原则上都赞成言论自由，实际上，这自由还是不容易实现。首先，《天风》是一个基督教的刊物，它的一切言论，自然都应当从基督教的立场出发。但是，什么是基督教的立场呢？一千个基督徒，对基督教可以有一千种不同的解释。究竟谁的解释是对的，谁的解释是错的呢？在神学思想上，问题还不太大，因为它不会引起什么意外的纠纷。但在社会思想上，问题就更复杂而困难了。《天风》刚出了100期；在这100期当中，它是多灾多难，在风雨飘摇中度日。许多人认为《天风》是“偏”于某一方面的，是有着某种色彩的。究竟《天风》是不是“偏”的呢？若要回答这个问题，话就多了。让我简单地说一说吧。

大概有许多读者，不知道《天风》诞生的历史。1944年的春天，我承昆明青年会邀请，从成都到了昆明，作一个月的演讲。那正是敌人发动新的攻势，在战场上横冲直撞的时候。大后方的几个重要城市，相继陷落，以致整个西南，都受到威胁。于是人心惶惶，不可终日。我回到成都以后，就对联合出版社的同道们说：在这危急存亡的关头中，我们需要一个基督教的周刊，把基督教信仰的力量、安慰，和希望，带给

* 原载《天风周刊》第103期，1948年1月3日。取自《黑暗与光明》，青年协会书局，1949年12月初版。

千万徬徨困苦的群众。他们被我的话感动了，便同意我的提议，开始为这个刊物做筹备的工作。经过许多波折与困难，《天风》终于在 1945 年 2 月 10 日出版了。当时所决定的编辑方针是，要《天风》发出先知的声音，一方面从基督教的立场，批评和检讨国内外大事；另一方面，振起基督徒同道们的精神，加深他们对宗教的信仰与认识，使他们更能了解生活在这个大时代的意义。这一个编辑方针，清楚地说明了《天风》的性质。它所引为模范的，是美国的《基督教世纪》周刊。凡读过这个周刊的，就晓得它的社论和专论，大部分是政治性的。

然而问题就从这里发生了。讨论政治问题，就不能不有所主张，有所批评；讨论政治问题，就不能不对现状表示不满。很不幸的，中国现在是处在两个敌对力量的斗争当中。如果你对一方面有所批评，有所不满，这一方面就会觉得你是有所偏袒。既是这样，如果你对双方都批评，对双方都不满，那就应当没有问题了。然而事情却不是那么容易的。中国现在是在一个分裂的局面之下，你生活在某一个区城里，你当然就对这一个区域内与你有切身关系的状况更加注意；你对另一个区域，虽然也同样关切，然而也许你觉得有所隔膜，因而就不敢有太多的表示。在这种困难之下，《天风》曾多次声明，欢迎各方面不同的报道，和读者不同的意见；因为这个原故，《天风》很少拒绝与编者意见不同的文字。

这许多问题，本来就有点不易捉摸。究竟偏与不偏，拿什么标准来判断呢？谁有资格来判断呢？没有一个人敢说他的立场是完全超然的；也没有一个人敢说他对是非的判断是绝对的。除非我们是上帝，除非我们能从上帝的观点，看见全局，我们自己的观点，没有不是偏的；我们自己的理解，也没有不是相对的。因此，说别人是偏的，也许就先已证明自己是偏的了。

但我们还可以进一步大胆地说：我们不怕“偏”，我们应当“偏”。真理是“偏”的，真和假之间，没有中立的地位，是和非之间，也没有中立的地位。如果吃饭是对的，敌人吃饭，我们也应当吃饭。如果欺骗是错的，就是我们的朋友欺骗，我们也不应当欺骗。如果所谓不“偏”，就是不冷不热，不真不假，不是不非，那才是可怪的事呢？

以上的话，并不是替《天风》辩护。《天风》在过去三年中，有过许多缺点，犯了许多错误。它是在一个荒漠中生出来的孩子，所以要慢慢地寻找它的道路。它要发现读者的需要，适应他们的胃口，这显然不是一件容易的事。《天风》常常犯了偏激和幼稚的病。这就是因为它主观的修养，和客观的认识，都不充分。《天风》的内容，离我们理想的目标，还是非常遥远。但《天风》之所以不能使我们满意，基本原因却是因为我们很不容易找到一位近乎理想的编者。即使找到了，为着种种原因，我们也不能使他安于其位。《天风》只出了 100 期，但编者已经五易。只看这一件事实，读者就可以晓得我们的困难了。

另外一种困难，就是《天风》的销路。虽然我们差不多每天都有新订户，但销路却没有像我们所想象的那样急速地增加。一些人的反对《天风》是一个原因；《天风》自己没有好好地推销，是一个原因；《天风》企图应付现实，因而顾此失彼，又是一个原因。但主持《天风》的几位同道，却抱着坚定的态度，始终没有因此而灰心。他们的忍耐，就是《天风》所以能维持到今日的原因，也就是它所以能达到改组的目的的原因。

《天风》的基本方针并没有改变。但从今以后，《天风》是以一个独立机构的新姿态与读者相见。在这个转变的时候，我们愿意向一般读者和国内同道贡献两点意见。

第一，《天风》不是属于“天风社”里少数人的，而是属于全体读者的。我们固然有我们的主张，和我们的看法，然而更要紧的，是读者的兴趣，和读者的需要。一个刊物，当然不能使每一个读者满意，因为没有两个读者的需要是完全相同的。然而，我们却愿意尽量接受读者的意见，使《天风》与读者完全打成一片。我们尤其欢迎读者的来信，无论是批评、建议、讨论，或报道。这是我们诚恳的要求，因为我们知道：一个刊物，必须把握住读者的脉搏，才能办得有生气。

第二，我们希望读者，也希望全国的同道，在今日这个历史转折的时期中，抱着虚心和容忍的态度，去观察时势，应付事变。有的时候，上帝会用意想不到的方法来启示我们。有的时候，也许连我们自己也不晓得，我们的观点受着环境的限制，受着主观的支配，因而不能在远景中对现实作更正确的观察，更公道的评价。发现真理，是一件最艰苦的事。我们不能不怀抱信念，辨别是非，但我们的眼光应当更广远，我们的思想应当更深沉，否则，我们便会不知不觉地掉在入主出奴、似是而非的陷阱里。

《天风》往哪里吹？它应当向良善的地方吹，也应当向丑恶的地方吹；它应当向光明的地方吹，也应当向黑暗的地方吹。《天风》更应当吹到我们自己的内心里，解放我们的顽固，暴露我们的自私，使我们在沁人心脾的清新空气中，窥见上帝圣善的真面目。“风随着意思吹，你听见风的响声，却不晓得从哪里来，往哪里去。”这就是天风，就是圣灵所带给我们的新生命。因此，让我们把《天风》献给上帝，希望他能利用这卑微的工具，把我们吹醒，叫我们在知识和灵性上都得到重生，配在这动乱的时代中作他的忠仆。

中国基督教学生运动的回顾与前瞻*

创始时期

“中国基督教学生运动”这个名词的被提出来，是在1922年世界基督教学生同盟在北平举行扩大会议的时候。在这以前，全中国已经有许多基督徒学生团体，但它们都还不能被称为一个“运动”。中国最早的学校青年会是在1885年产生的，一个是福州英华书院的青年会，一个是北通州潞河中学的青年会。在女校方面，最早的是1890年成立的杭州弘道女中的女青年会。在这三十余年当中，它们同城市青年会虽曾发生了密切的联系，也曾举行过若干次全国性的大会，但它们还没有形成一个有意识的自觉的运动。世界基督教学生同盟大会在北平的召集，却给中国基督徒学生带来一个新的动力，新的精神。那时候，我自己正担任着北平青年会学生部干事的职务。在同盟大会以前，我们在北平从事学生工作的几位中外同道，已经为中国基督教学生运动这个题目作过多次的商讨；大家都觉得同盟大会将有几十位中国代表出席，这正是发起这个运动最好的时机。我们商定了一个提案，预备在大会中召集一个中国代表的特别会议，在那里把它提出来。这个提案的原稿，许多年以后，还在北平青年会学生部的档案里面保存着。原文我已经忘记，但内容是提出中国基督教学生运动的需要和特点——以学生为主体、全国性、不分宗派、不分男女。在那次特别会议中，我被推为这提案做一个说明。出席的中国代表，对这个提案都表示赞成，并委托男女青年会对

* 原载《消息》复第16期，1948年1月25日。亦载《天风周刊》第109期，1948年2月21日。取自《黑暗与光明》，青年协会书局，1949年12月初版。

此问题作进一步的研究。1926 年，青年会及学生立志证道团在济南同时举行全国大会，议决请男女青年会及学生立志证道团合派代表 15 人详细讨论此事。次年，此三机关的代表于南京集会，即自动组织“中国基督教学生运动筹备委员会”，并规定学运的宗旨为“本耶稣精神，创造青年团契，建立健全人格，谋民众生活的解放与发展”。这个委员会的目的，就是要创立上述那个统一的、自主的、不分宗派性别的中国基督教学生运动。

学运意识蓬勃时期

从 1922 到 1925 年是学运意识的酝酿时期；从 1926 到 1936 年，这十年间是学运意识的蓬勃时期。学运的问题为什么会在 1922 年被提出来呢？世界基督教同盟大会的刺激，固然是一个重要的原因，但还有一个很重要的原因，就是在 1919 年发生的“五四运动”。五四运动是爱国运动，也是新文化新思潮运动。在五四运动以后的几年中，基督教深深地受到这股时代潮流的影响。1920 年在北平产生一个以提倡基督教新思想为目的的“生命社”。“生命社”创办了一个《生命月刊》。不久以后，又有少数基督徒同道创办了一个《真理周刊》，以短小精悍的文字，发扬基督教的革命精神。1922 年中国基督教会在上海举行了第一次全国大会，产生了全国基督教协进会。在北平的学生工作方面，男女青年会及教会在世界学盟会前的两三年，便已组成一个合作的团体叫“北京基督教学校事业联合会”，这个联合会可以说就是中国基督教学生运动的雏形。在它里面，有各校同学代表所组成的“学校代表团”，联合会的委员会里面，也有他们的代表。在全国学生事业当中，北平的学生工作所以能够有坚强的组织，显出蓬勃的朝气，就是为着这个原故，而学运问题所以在北平提出，也是为着这个原故。

还有一件事给了中国学运一个重大的影响，那就是 1925 到 1927 年的中国大革命。学生筹备会的产生，是在 1927 年，而地点是在大革命后的首都——南京。这是一个新的时代，全国的人民都欢欣鼓舞地期待着未来的光明。在上面所说的那个学运目标原文里面，在“建立健全人格”和“谋民众生活的解放与发展”这两句话当中，还有“实行革命”这四个字。后来——也许因为谈革命不合时宜——这四个字被取消了。

筹备委员会成立以后，曾经举行过许多次的会议，这些会议都是以组成这个筹备会的学生为主体的。在1931年9月，筹委会在北平卧佛寺举行了一次很有意思的扩大会议，在那次会议里，除了讨论一般问题外，他们还规定了一个学运同志公约。公约共有6条：每日必有灵性修养，实行俭朴生活，锻炼健全体格，尊重两性贞操，言行真诚，严守时刻。（后来又加上“提倡合作精神”一条。）在这一个时期中，筹委会所注重的是学运意识的提倡，地方单位的巩固，和学运分子自身的训练。筹委会成立不久以后，就有了一个机关报——《微音》月刊。

学运筹备的一个新阶段是1933年8月在上海沪江大学举行的学运团契大会。该大会决定由出席的13个区联男女代表150人，自动发起组织一个“中国基督徒学生全国临时总会”。总会成立以后，原来的筹委会便自动解散，全体委员分别向男女青年会及立志证道团辞职。在这一个时期中，大家的思想已经从自身的组织与训练，转到社会服务和国难的应付。团契大会所讨论的主要问题是乡村改进、国货运动、和平运动。后两种运动是与国难有关的：提倡和平就是团结对外，提倡国货就是抵制日货。后来，总会更提出一个鲜明的口号，要大家参加救国运动。临时总会第四届执委会有一篇宣言说：“我们不但同情于全国学生救亡运动，并且愿意积极的继续参加；我们更愿牺牲一切，从事于解放民族的反帝抗日的斗争！为实现上述的主张起见，我们要发起及参加救国组织，实行唤起民众的工作，提倡不合作运动，实施战时服务训练，实施非常时期生活训练。”

团契大会的前后，是学运意识最蓬勃活跃的时期。临时总会设立了3个专门委员会——乡村改进委员会、社会改造问题研究委员会、国货促进委员会。过了几个月，又由临时总会执委会委派了一个信仰与使命研究设计委员会。关于该会的组织，总会成立了各学联联席代表大会，为该会最高机关。在它底下，有常务委员会，和它所委任的经济委员会、出版委员会、宪章起草委员会、地方团体促进委员会。此外，总会又成立了一个干事部和一个顾问部。为要充实学运的构成分子起见，总会拟定一个在校同学的“学运团契”组织纲要，并组织一个“中国基督徒学生运动毕业同学团契”，把曾参加过学运的已毕业的同学和协助学运的领袖们联系起来，以作学运的支柱。各个委员会都有了相当的工作和成绩，尤其是关于信仰与使命研究和宪章的起草。连学运的徽号，也有了详细讨论和设计。临时总会的计划是要在1936年8月18至25日在苏州和上海召开基督徒学生全国大会，正式成立中国基督教学生运动。

学运难产的症结

1936 年召集全国大会的计划，并没有实现，而这问题就一直搁到现在。在这 12 年当中，学运所遭遇到的困难，我们可以简略地说一说。第一个困难是国难所给予的。1936 年已经是抗战的前夕，全国救亡意识非常蓬勃。在这时候，基督教以外的学生，已经有了全国救亡团体的组织。本来在这时候，基督教学生运动，也可以利用时机，把自己组织起来。但后来因为与学运有关的几个基督教团体，对学运组织问题，发生了分歧的意见，全国大会便不得不延期举行。到了第二年——1937 年——抗日战争就爆发了。在这时期中，兵荒马乱，学校流亡，生活艰苦，大家所需要的，是物质的救济，是精神的鼓舞。在这样的时候，成立一个全国性有系统的组织，是不可能的，也许是不需要的。但学运最主要的困难，却是上面所说的那个内部的问题，让我们把它简略地叙述一下。

学运问题之所以被提起，是由于"学生自动"的要求。学生自动就是以学生为主体，就要有学生自己的组织。但这个要求便引起一个严重的问题，那就是：学运与立志证道团和男女青年会的关系。立志证道团不久就无形中消灭了，我们不去说它（后来临时总会改与中华基督教会及全国总会及中华基督教协进会接洽）。女青年会对这问题，除了赞成学运一般原则外，没有表示什么坚决的意见，我们也不去说它。但学运对青年会的关系，却始终没有得到一个满意的解决。在历史方面，学生和青年会，有着一种非常密切的联系。中国的第一个青年会是学校青年会，而不是城市青年会；青年会全国协会是城市青年会和学校青年会所共同组织的；过去的青年会全国大会也是市会和校会联合举行的。由于这个历史的关系，问题就发生了。提倡学运是不是叫学生脱离青年会呢？如果是的，那是对双方一个极大的损失。青年会需要学生，没有学生，青年会中的"青年"就失去一个主要的成分。同样地，学生也需要青年会，因为青年会有严密的组织，有雄厚的人力物力，也有学生团体所缺少的固定性和持久性。因此，在原则上，大概没有多少人主张一个与青年会完全脱离关系的，像英国和印度那样的基督教学生运动。但是，如果学运是要与青年会保持密切的关系的，这应当是一个什么样的关系呢？如果关系太过密切，那就会影响到学生的自动与自由；如果关系太过松懈，那又不能达到学运与青年会互相补充、互相帮助的目的。为这个问题，双方费了很多的时间，也伤了许多的脑筋。如果我们把过去的《学运特刊》打开来看，就会发现各方面所提出的一个一个的图表。他们企图使学运单位和学运本身，对男女青年会和立志证道团发生一种恰到好处的关系。但是无论怎样设计，彼此还是不能完全满意，彼此还是多少地相互存着一种惧怕：在学生方面，他们是惧怕这个联系限制了他们的自主自动；在青年会方面，他们是惧怕学运的成立，会使彼此的关系日趋淡泊。但因为大家对这问题已经用过许多思想，如果不是因为抗战关系，最后也许能达到一种协议，决定一个为各方面所满意的组织方案。

在抗战期中，学生工作转变到一个新的方向，那就是学生救济和偏僻大学区工作的创立。男女青年会学生干事的力量，都集中到这一方面。这是一件很具体，也是很有价值的工作。各地的基督徒学生，虽然还是有他们的组织和活动，但这都不过是地方性的，没有区域和全国性的联系。唯一的例外，就是 1939 年 8 月间在昆明举行的各地学生代表会，出席这一次会的，有 8 个学联的代表共 30 余人。这个会提出了四个口号，那就是：认识时代、认识宗教、立志献身、国际友谊，希望它们能成为各地同学努力的目标。但因为战事越来越紧张，推动越来越困难，这四个目标所代表的宏愿，就没有法子实现。

战争结束后的学运

1945 年 8 月，“胜利”的消息，从天而降。大家虽然欢喜，却有点出乎意料之外。大家都以为这是一个持久之战，想不到日寇这样快就投降。在这时候，许多人，尤其是在沦陷区的，都抱着一个很高的期望，但他们很快地就幻灭了。胜利没有带来光明，反而加深已经存在的黑暗，因为由受降问题而引起的纠纷，不久就演成遍地烽烟的内战。因为有内战，所以就有反战运动，而这个运动，主要的是学生所领导的。反战运动，引起 1945 年昆明的“一二·一”惨案，这惨案又激动了许多城市学生的抗议、罢课、请愿、游行。1946 年 6 月 23 日，上海人民团体和学生团体，推举代表到南京为和平请愿，当天就发生下关血案。1947 年 5 月，南京学生因“反饥饿”游行，又发生“五二〇”惨案。这个运动，不久就蔓延到全国。他们最初所用的口号，只是提高教育经费，改善学生生活，保障人民自由。这几个口号都是与学生切身问题有关的。但后来他们的眼光转移到内战问题上去，因为他们觉得：没有内战，就没有这许多困难；没有内战，中国就可以走上和平、民主、团结、统一的道路。

有不少的基督徒学生，参加了这个学生运动，但他们没有拿团体的名义来参加，即使有，也是例外。基督徒学生还没有恢复过去全国性的意识，也还没有形成一条共同的路线。在这个自身的困难以外，新的局势又给他们带来一个新的客观的困难，那就是思想上的困难。

为什么会有思想上的困难呢？那就是因为学生运动所要应付的，主要的是一个政治的问题，而政治问题，在许多方面，又与党争问题发生直接或间接的联系。基督教向来是以“超然”自居的。所谓超然，就是不偏不倚、无党无派。从理论上说，这似乎是可能的，也是应当的，但事实却不是这样。学生运动对政治问题不能不有所主张，如果这个主张和某一方面的主张相同，这就会被人认为是被这一方面所指使的。过去的学生运动，所以常常被人怀疑，就是为着这个原故。事实上，我们不能否认：在学生运动里面，的确存在着党派的关系与影响。在这种情形之下，许多基督徒就怀着一种惧怕——怕被牵入“政治漩涡”。他们觉得政治是黑暗的、龌龊的。由于这个惧怕，一般基督徒学生便陷于一种困难的、消极的，似乎是麻木的状态。他们未尝没有正义感，他们未尝不想有所表示，但他们既有所惧怕，而现在的局面，又是一个“动辄得咎”的局面，他们就宁可洁身自好、清静无为，虽则这会使他们的良心不安，使他们徬徨苦闷。

世界是在火焰中；社会的斗争，越来越厉害，世界的对立，越来越尖锐，而基督徒学生所面对的困难，也将要越来越多。我们究竟应当走哪一条路呢？我们要怎样才能把耶稣整个的福音——个人福音和社会福音，和平福音和革命福音——在这大时代中充分地发挥出来呢？

学运今日的使命

今日的世界究竟是个什么样的世界？我们与其说它是一个在混乱中的世界，毋宁说它是一个在变革中的世界。所谓变革，是一个有目的、有方向的变革。究竟往哪里变，要变成什么呢？当然是要使现在痛苦黑暗的世界变成民主自由的世界。这是一个物质的问题，也是一个精神的问题；是一个制度的问题，也是一个文化的问题；是一个思想的问题，也是一个灵性的问题。这是一件困难的工作，也是一个艰苦的使命。在这一个任重道远的使命中，中国基督教学生运动究竟应当做些什么？可以做什么？

首先，在这变革的时代里，我们应当不惮烦地强调耶稣的教训："你们要认识真理。"现在一般基督徒一个致命的弱点就是"故步自封"，存着牢不可破的成见，不肯把视线展开，以广阔新鲜的观点看看世界的动向，听听别人的言论。一个基督徒无论怎样的虔诚，如果他不肯虚心，不肯把真理当作导师，听候它的指示，服从它的命令，他将会变成褊狭自是，把局部片面的东西当作真理。在一个变革的时代中，这是一件危险的事，也是一件可怕的事。

根据上面这个说法，我们对许多问题，就可以抱一个鲜明的态度，那就是：只问是非，不问"左""右"。是非看清楚了，我们便要有所主张；如果我们的主张，触犯某一方面的忌讳，遭受某一方面的猜疑，我们就只有抱着"为真理作见证"的精神，付出应有的代价。这就是先知的精神；先知的福音消灭了，基督教的生命也就完结了。

参加学运的分子，不一定要摇旗呐喊，不顾现实。就是耶稣自己，在时间没有成熟的时候，也要"驯良像鸽、灵巧像蛇"，避免与敌人作正面的冲突。但在另一方面，一个服膺耶稣的人，不应当瞻前顾后，畏尾畏首，太过为自己的利害打算，而不敢喊出内心迫切的呼声。至于我们应当说什么话，作什么主张，那就是我们随时随地，按照客观的情形，和信仰的指示去决定。

还有一个问题，是常被提出的。我们既然是基督徒，我们的运动既然是基督教的运动，那么我们对于一切的事情，都应当有一个"基督教"的看法，我们一切的行动，也应当是"基督教"的行动。从表面上看，这个说法是名正言顺，无可非难的。基督教对许多问题都应当有一个特殊的看法，要不然，基督教就无以别于其他的信仰和思想系统。但如果我们把这种态度，机械地用逻辑的方法，一直演绎下去，那就会变成基督教八股。比如说：饮食睡眠、呼吸运动，这是人类所共同的，难道在这些方面还有一个基督教所特有的生活方式吗？基督教的生活方式与其他的生活方式，有它们的差别点，也有它们的共同点，我们固不应当强求其同，但我们也不一定要标新立异。大众要求和平民主，我们也应当要求和平民主；大众要求团结统一，我们也应当要求团结统一。我们的目标，至少在目前的阶段，是和别人相同的；我们做事的方法，也不一定和别人有什么大的分别。但我们对事对人的精神态度，却应当有它们特殊之点，那就是：仁爱、和平、喜乐、希望、饶恕、谦卑这种种基督徒的美德。这些东西，都是看不见、摸不着的，但它们却是人所以为人的要素与生命，正如一个车轮的轮轴，它的功用并不表现于行动，然而没有它，行动是不可能的。因此，关于基督教学生运动的使命，我们与其说是要创造一套特殊的事工，毋宁说是要以基督教的精神，去参加一般的事工。别人吃饭，我们也吃饭，但我们吃饭的时候，应当感谢上帝。别人谈民主，我们也谈民主，但我们的民主，应当有一个更深更广的涵义；我们不只要有经济和政治的民主，我们更要每一个人成为上帝的儿女，得到充分发展的机会。我们不能离开世界，我们应当进入世界，在那里，我们应当作面酵，作光，作盐。这才是耶稣教训的真谛；这才是中国基督教学生运动的大道。时代在急剧地进展，让我们本着耶稣坚贞不拔、柔和谦卑的勇毅慈悲精神，迎头赶上，迈步前进。

在最近的将来，为要恢复学运意识，为要促成学运组织，为要研究学运的信仰与事工，我们有许多应当做的具体工作，这就不在本文范围之内，所以我就不说了。

耶稣有没有恨*

编辑先生：

在读到贵刊第 5 卷第 3 期的时候，发现吴耀宗先生那篇文章里（第 7 页），写着“耶稣的敌人是多么的凶狠诡诈……对于他们，耶稣只有恨。……”我读了觉得惋惜，并很诧异，吴先生这么一位热诚的基督徒，竟这么误解了耶稣的态度。是否他忘记了耶稣的命令：“要爱你们的仇敌，为那逼迫你们的祷告”（《马太福音》第 5 章第 44 节）。如果耶稣对于他的敌人只有恨，那么我们相信耶稣的人又有什么盼望呢？“要爱你的仇敌”一语也成为废话了。

吴先生还引证《马太福音》第 23 章作为他的意见的根据，耶稣述说法利赛人假冒为善，自傲自大，等等。可是要明白这一章《圣经》所述说的，必须知道以前耶稣与法利赛人的关系怎样。在早些日子，耶稣传道的时候，他就愿意使他们也多得救。他们批评耶稣，耶稣也没有用严厉的话来回答他们，却说：“我来不是要召义人，乃是召罪人。”并且要他们悔改，用“浪子回头”的比喻向他们劝勉。对一个行淫的女人，也并没有恨，却对他们说：“你们中间谁是没有罪的，谁就可以先拿石头打她。”从这一切事实看来，耶稣在早年传道的时候，他要设法使他们悔改，领他们走上得救的道路，做上帝所喜悦的人。可是到了后来，耶稣的工作快完的时候，他看了这些假冒为善的人，不能不警戒他的门徒们，不要效法他们的态度和行为。耶稣指摘假冒为善的法利赛人，述说他们有福了，耶稣的目的在警戒他的门徒，不要效法这些当时的社会领袖们，因为恐怕门徒们也跟着走错了路。耶稣对于罪大恶极的人，都没有存着“恨”的心，他在十字架上的时候，还赦免了强盗的罪，为敌

---

* 原载《天风周刊》第 104 期，1948 年 1 月 31 日。取自《黑暗与光明》，青年协会书局，1949 年 12 月初版。

人祷告："父阿，赦免他们，因为他们所作的，他们不晓得。"

让我们记住耶稣只恨"罪"，却爱"罪人"，爱"敌人"的。

薄玉珍 1 月 23 日

薄玉珍女士对我那篇文章所提出的批评，我非常感激。她不同意我的话："对于他们，耶稣只有恨。"我的话也许说得过火一点；我现在说话的方式也许和我以前说话的方式有了一些改变，因为许多年前我是一个"唯爱"主义者，我开口说爱，闭口说爱，我把耶稣爱仇敌的教训，背得烂熟。但我现在为什么改变了呢？其实我并没有改变，在一个更深刻的意义上，我还是一个唯爱主义者，我还是绝对服膺耶稣爱仇敌的教训。但我现在却有另一种见解。我觉得"爱"的反面是"恨"，而基督教常常主张在积极方面提倡"爱"，而把"恨"当作是消极的、具有破坏性的东西，这却不能代表耶稣真正的精神。薄女士说："耶稣只恨罪，却爱罪人，爱敌人"。我过去也常常这样说；一直到现在，至少在理论上，我还是这样的相信。但是，在实际上，"罪"同"罪人"可以完全分开吗？我们能不能从"罪人"中把那个抽象的"罪"拿出来单去恨它，而另外对那个已经把"罪"从里面抽出来的"人"表示我们的爱呢？耶稣诚然是"爱"罪人，但耶稣同时也是"恨"罪人；这两件事是不是冲突的呢？我看不是的。耶稣恨罪人，因为"罪"同犯罪的"人"是分不开的。但耶稣又怎样去爱这个罪人呢？我认为耶稣是恨罪人的"现实"，但他却爱罪人的"可能"。这就是说：他恨罪人，但不以为他们是不可救药的。他对他们有希望，他相信他们有悔改的可能，所以他虽然恨他们，他同时也痛哭流涕的怜悯他们，饶恕他们。我同薄女士意见不同的地方，就在这里：薄女士把"罪"和"人"分开，我却把它们合在一起，认为耶稣所恨的，不只是"罪"，也是犯罪的"人"，但他同时对他们抱着期望，希望他们悔改。从表面上看，好像我和薄女士的意见，只是说法上的不同，而不是实际上的不同。但我却以为不是这样。把"人"和"罪"分开，我们就容易对"罪"采取一种姑息妥协的态度；每逢有人对一个应当指摘的人，和应当批评的事，有所表示的时候，我们就会说：这是对"人"，不是对"罪"，这是"消极"，不是"积极"。这样一来，似乎就连对抽象的"罪"，也不能有所表示了。

在《马太福音》第 23 章里，耶稣所痛骂的，是抽象的"罪"呢，还是有血有肉的犯了罪的人呢？耶稣对他们所说的话："瞎眼领路的"，"粉饰的坟墓""地狱之子"……能不能被解释为"爱"呢？如果这些话不是表示耶稣的“恨”，我们就只有在字典里另制造一个字来表示这些话的意思。但是，如果耶稣的确是“恨”他们，耶稣又怎样“爱”他们呢？耶稣的爱就表现在这章书的最后一句话里：“从今以后你们不得再见我，直等到你们说：奉主名来的，是应当称颂的。”这句话虽然是充满了悲哀，却也充满了希望，因为耶稣相信：他们总有一天会认识他，了解他，接受他的救恩。

薄女士把《马太福音》第23章和耶稣以前说过的“我来不是要召义人，乃是召罪人”这句话联系起来，以为这一句话是表示耶稣希望法利赛人得救，我以为是大大地错了。当时的所谓“罪人”，大部分是指那些在宗教生活上不能遵守法利赛人的繁文缛节的人。法利赛人以为不遵守仪式，就是罪人，而他们自己遵守了，就是义人。耶稣的这句话是批评他们的，是一句反面的话，而薄女士竟天真地把它当作一句正面的话。薄女士又引“浪子回头”的比喻，和耶稣解救淫妇的事来证明耶稣不恨罪人，我以为这是比拟不伦的，因为浪子和淫妇犯的罪，是由于软弱和愚昧，耶稣对他们只有怜悯与同情。他们没有自以为是，或对别人做了什么伤天害理的事；但法利赛人确不然了，他们自以为是了不起的，他们自以为是天国之子，而实在是地狱之子；他们自己走错了路，还要强迫别人走同样的路。更使我惊奇的，就是薄女士以为耶稣骂法利赛人的话，只是为着“警戒他的门徒”，而实在不是骂他们。我觉得这简直是歪曲《圣经》了。至于耶稣在十字架上求上帝赦免“他们”，这“他们”究竟指谁呢？我们当然不能否认“他们”也包括了法利赛人，因为耶稣的爱是广大无边的，但我相信，这个“他们”，主要的是指那些受法利赛人蒙蔽欺骗的无知的群众，因为“他们所做的，他们不晓得”，而法利赛人所做的，他们自己却晓得。

最近有许多人称赞甘地，甚至喊出“甘地万岁”！也许有人以为这就是“恨罪而爱敌人”的精神，但我们应当知道，无论我们怎样解释甘地，他是积极地反对帝国主义，反对种族间的仇恨，而不是消极地以“爱”为标榜，纵容罪恶、姑息罪人。话怎么说是不要紧的，甚至耶稣的教训，应当怎样解释，也不是太要紧的，要紧的是：我们是否“实行”了耶稣的精神。

“我已经胜了世界”——展望 1948 年*

在这动荡着的时代里，我常常想到耶稣的话：“在世上你们有苦难，但你们可以放心，我已经胜了世界。”

似乎耶稣没有胜了世界：他被钉死在十字架上；在他被钉死的时候，似乎良善、正义、真理也一同被钉死了。然而耶稣没有被钉死，因为第三天他又复活了。坟墓是空的；坟墓太小，容不了他；坟墓没有，也不能把良善、正义，和真理埋葬。

自始至终，耶稣的信仰是胜利的信仰。他把社会的丑恶和历史的进程，看得清清楚楚。他没有幻想，而因此，他就没有半点的失望或悲观。他知道他自己是一定胜利的——胜利的不是他自己主观的愿望，而是他所代表、所宣扬，为它献上自己的生命的客观真理：上帝。

耶稣的敌人是多么的凶狠诡诈，然而耶稣却是高视阔步，独往独来，没有把他们看在眼里。对于他们，耶稣只有恨。如果有人以为耶稣只能有爱，不能有恨，那么，请你把《马太福音》第 23 章翻开来，从头至尾细细地看一看。但耶稣对当时的群众——愚昧无知，受着祭司长、法利赛人和文士们煽动利用的群众——却只有怜悯与同情。

在耶稣被拉去钉十字架的时候，《路加福音》有这样一段动人的记载：有许多百姓，跟随耶稣，内中有好些妇女，妇女们为他号咷痛哭。耶稣转身对他们说：“耶路撒冷的女子，不要为我哭，当为自己和自己的儿女哭。因为日子要到，人必说：不生育的，和未曾怀胎的，未曾乳养婴孩的有福了。那时人要向大山说：倒在我们身上。向小山说，遮盖我们!”在那一段话里，耶稣预言了耶路撒冷的毁灭，和犹太民族未来

* 原载《国讯周刊》第 445 期，1948 年 1 月 10 日。亦载《天风周刊》第 105 期，1948 年 1 月 17 日。取自《黑暗与光明》，青年协会书局，1949 年 12 月初版。

的灾难。这个毁灭，这个灾难，就是当时的领袖们——粉饰的坟墓，领路的瞎子——所带来的。对他们，对一切的群众，耶稣曾经大声疾呼，提出严重的警告。然而警告所换来的反应，却是盲目群众的呼喊："钉他十字架，钉他十字架!"耶稣是伤心的——伤心不是为他自己，而是为他的可怜的祖国，和无知的民众。他看见耶路撒冷城，就为它哀哭说："耶路撒冷阿，耶路撒冷阿，你常杀害先知，又用石头打死那奉差遣到你这里来的人。我多次愿意聚集你的儿女，好像母鸡把小鸡聚集在翅膀底下，只是你们不愿意。看哪，你们的家成为荒场，留给你们。我告诉你们，从今以后，你们不得再见我，直等到你们说，奉主名来的，是应当称颂的。"

历史的教训应当是很清楚的，然而在我们面前所开展着的景象，似乎还是耶稣时代的悲剧的重演。正如耶路撒冷的趋向毁灭，我们现在又看见许多变相的祭司长和法利赛人们企图把历史的途程扭转，把真理和正义埋葬，把人类逼到无路可走的危崖。他们会不会成功呢？当然是不会的。在古代的传说中，有一个大力士叫阿特拉斯的，要把整个地球，扛在自己的肩膀上；"扛鼎"已经是不可能的了，何况是地球？何况是颠扑不破，具有雷霆万钧力量的历史定律？世界的演变，就像一把烈火，世界的舞台，就像火上的铁盆，而企图转移历史途程的人们，就像把一点一滴的冷水，向盆上不断地浇洒。这一点一滴的水，固然马上就会变成汽，热闹一时，然而它们对于火的燃烧，对于盆的炎热，却是无济于事的。我们对这一种愚昧的企图，与其表示愤怒，毋宁表示哀怜，因为这是一件不可能的工作，不，这是走向死亡之路。正如夜里在灯下横冲直撞的飞蛾，它们以为是奔向光明，但实际上却是自招焚身之祸。

然而悲剧是要演下去的：利害的打算，成见的锢蔽，不会把人解放，叫人睁开眼睛，看见像太阳一般光亮的真理。现在的时代，和耶稣的时代，并不两样："他们有眼看不见，有耳听不见。"但是，时代将要过去，真理将要大白于天下，数十年后，也许会有人锥心泣血地说："哀哉，我们的先人，为什么他们会愚昧一至于此；难道他们是着了魔!"

在耶稣的时代，罪恶没有把真理送进坟墓；在现在，罪恶还是不能把真理送进坟墓。我们现在仿佛是生活在云雾里，然而在云雾里，我们还是可以看见太阳。从云雾里看太阳，不是一件容易的事，至少不是一件愉快的事。然而在任何阴沉的天气里，谁能否认太阳的存在呢？阴沉的天气，又怎能有损于太阳的毫末呢？

两年前的春天，我住在成都一个花园里，那时园里的一树碧桃，正灿烂地开着，我晨夕与之相对，欣赏它的美丽的颜色。忽然有一天，我看见花和叶都有点憔悴。我觉得奇怪，因为天并不干旱，也没有人去砍伐摧折它。但后来憔悴越来越厉害，过了一个多月，这棵迎风招展、娇艳欲滴的碧桃便完全枯萎了。我把树从上至下细细地看了一遍，才在树根下边发见一个小洞；原来虫子已经钻到树心里去，把它的生命吃得净尽。这是生物史上的一个教训，同时也应当是人类历史的一个教训。无论树是怎样坚强，虫子到了心脏里去，是不可救药的。相反地，有的时候，我们看见一棵小小的籽粒，落在石头的缝里，因为它是有生命的，它就会生长，繁殖，终于把顽固的石头破裂。

这就是我对 1948 年的展望。我是抱着沉重的心情去看最近的将来，但我的远景，却充满了欢乐与光明，因为我相信，真理终必战胜世界。

甘地不朽*

甘地死了；他的死是我们所想不到的。他不死于帝国主义者之手，不死于疾病，不死于绝食，而偏偏死于他所爱护的印度人的手里。对于他的死，哀痛两个字，不足表示我们的心情。我们是面对着一个伟大的灵魂——他象征人类的爱，他显示了活的上帝。他死了，但他没有死，他将永远活着——不只活在人的心里，也将永存于天地之间。他的死在我们心中所引起的情绪，不是悲痛，不是惋惜，而是无穷的景仰，不尽的追思。

甘地的非武力主义行得通么？甘地的政治见解适合于现代环境么？甘地的绝食能够消灭印回的仇恨么？这些问题，我以为都是不成问题的。甘地究竟是个人，究竟是时代的产物，他的主张，不能不受环境的限制。甘地之所以不朽，不在他的政治见解，而在于他的精神与人格。他的精神与人格是什么呢？让我引他的自传中几段话来说明。

我一般的经验，使我确信，除了真理以外，没有别的上帝，而实现真理的方法，就是唯爱……只有完全实现了唯爱，才能完全体认真理。

若要与弥漫宇宙的真理的精神面对面地相见，我们就必须爱受造之物之最卑微者，如同爱我们自己一样，一个有志于此的人，因此便不能对生活的任何方面取超然的态度；就是为这个原故，我对真理的追求，使我不得不投身于政治。

与一切含生之物，合为一体，若没有自洁的功夫，是不可能的。没有自洁而欲实行唯爱，那只是梦想。一个心地不清洁的人，永远不能认识上帝。

---

* 原载《天风周刊》第108期，1948年2月7日。取自《黑暗与光明》，青年协会书局，1949年12月初版。

一个人若要达到完全的洁净，就必须超出爱憎迎拒的逆流之上，要在思想言语行为上变成一个“忘情”的人……在我看来，征服潜藏着的欲念，比用武力征服世界难得多……我必须把我自己消失至于零度。一个人若不能自动地在同类甘居末位，就不会得到解脱，因为唯爱是极度的自卑。

这就是甘地的精神与人格。以上那几段话，如果我没有把来源说出来，也许有人以为是一个基督徒所说的。这些话不只表示了他的伟大，同时也可作为宗教最好的定义。甘地之所以不朽，就是因为他具有这个精神与人格。天地可废，真理不灭，人格永存；即使甘地的政治见解错误了，即使他的非武力主义失败了，他还是不朽的，因为他所表现的精神是超时代的，是人类所不可须臾离的。

十几年前，我翻译了《甘地自传》；上面的话就是从那个译本摘录出来的。1939 年我参加在印度玛都拉斯举行的世界宣教大会的时候，同几位中外同道顺便访问甘地、泰戈尔和尼赫鲁。我们在甘地的修道院住了两天，分享了他的简单生活，每天清早，在灿烂的星光中，参加他的祈祷会；每日下午，随着他步行到一个小村里，去慰问他一个病中的朋友。在初次接见我们的时候，他坐在书室的地上，身上只围着一块布，面貌清癯，而精神矍铄。我把那本《甘地自传》译本送给他，表示我自己对他的崇敬，也表示全中国人对他的崇敬。我们面对着他，就好像面对着一座高山，感觉到宁静、超脱，又好像在尘世的混浊中，呼吸到上界的清新空气。

甘地失败了么？不，甘地成功了。他数十年中，以赤手空拳，与英帝国主义抗衡，再接再厉，终于取得印度的解放。现在印回问题虽然还没有解决，但甘地已经散播了和平的种子，他的精神感召仍将作为印度民族间和平合作的一个伟大力量，使少数极端分子，无所施其技。我们想到甘地的死，就想到耶稣在十字架上的牺牲。耶稣是胜利了，甘地也成功了，所以他能够对他的凶手说：“你来得太迟了。”

真理可以调和吗
——兼答李全先生的《基督教与唯物论》*

我在《大学》第6卷第2期里写了一篇文章《基督教与唯物论——一个基督徒的自白》。这篇文章后来在102期的《天风周刊》转载了。在106期的《天风》里，有一位李先生写了一篇洋洋万言的文章，对我的意见，提出一个广泛的批评。在今天寂寞的基督教思想界里，能够得到这样有意义的反应，这实在是空谷足音，使人欣感。李先生的意见，我应当详细答复，一则要报答他提出讨论的这番雅意；再则可以藉此机会把我自己的思想加以整理，并作一个更有系统的说明。然而我又怕《天风》的一般读者对这玄之又玄的讨论，未必感到兴趣。就如李先生的大作，我不知道有几位读者会把它看完？即使看完了，他们是否能从里面得到一些启示，还是会感到眼花头晕？因此，在写本文的时候，我很不愿意再增加读者的负担，使他们如堕五里雾中。我不能，也不必，把李先生所提的每一个问题都答复，但我希望我对他所提出的几个最主要的问题能作一个较详细而具体的说明。这样，其他的问题即使没有被提到，也许可以迎刃而解了。

首先，我觉得很奇怪，李先生那篇大文，完全没有提到我的那本小书《没有人看见过上帝》。这一本书无论写得怎样的不完善，是我关于这个问题的思想一个较有系统的说明。《大学》上那篇文章，因为篇幅有限，语焉不详，不可能把我全部的思想介绍。如果李先生没有看过这本书，就去写他的那篇大文，那是很可惜的。如果他看过了，而一字不提，没有拿它当参考，那是很可怪的。但无论李先生是否看过那本书，我觉得他对我的思想的历程，对我所得到的结论，可以说是完全没有了

---

* 原载《天风周刊》第108期，1948年2月7日。取自《黑暗与光明》，青年协会书局，1949年12月初版。

解。我并不怪他，因为我所经历过的，他没有经历过，我自己的思想，也还没有成为一个完整的系统。并且，如果我所陈述的，可以被称为一个新的思想系统的话，那当然是一件对双方都不讨好的事。基督教的人们会抨击它，这是可以想得到的，而唯物论者的不欢迎它，也是当然的。《大学》的编者在刊载我的那篇文章的时候，认为这是我的“调和真理”的苦心，而他的意见是：“真理是不可调和，也不必调和”。他的态度和李先生的态度是完全一样的。我究竟是不是“调和真理”呢？我是不是像某些善心的人们，把耶儒佛道等教集大成地兼收并包，而称之曰大同教呢？我是否把冰和炭，或水和油，勉强混在一起，而结果是使它们“同床异梦”，或两败俱伤呢？我以为不是的。从人类有历史以来，许多大思想家都以为世界上只有一条正确的思想路线，而他们的思想就是属于这条路线。世界的现象是万殊的，世界的真理是繁复的，而骄傲的人们，却企图把万殊而繁复的东西，整整齐齐地包裹起来，在上面贴上一条字条，称之曰“唯心”“唯物”……他们的志向固然可嘉，但他们的终必失败，却早已被人类的思想史证明了。我对于基督教与唯物论的问题所提出的意见，与其说是“调和真理”，毋宁说是从一个新的角度看一些旧的问题。因为角度是新的，所看见的东西虽然是一样的，但它们相互间的地位，和彼此间的意义就不同了。其实，就说这是“调和真理”，又有什么了不起呢？外国人最喜欢吃中国的糖醋排骨，这真是一种美味，但这种味道，却是由糖、醋和盐调和起来的。即使我是“调和真理”，如果我能给大家端上一盘糖醋排骨来，我也就满足了。

理智与信仰

我自己的这整套关于宗教的思想，是怎样来的呢？简单地说，在消极方面，是信仰与理智的冲突；在积极方面，就可以说是理智的要求。从宗教家的眼光看来，这也许是不应当的，但我却不能把理智抹煞。理智就像一个顽皮的孩子，他永远对你淘气，除非你满足他的要求。如果真理与信仰是不能并立的，我的追求也许会逼着我放弃宗教。然而事实并不是这样。对一切否认理智的，或口头上承认理智的地位，事实上把理智附属于信仰，而结果也等于否认理智的，我都觉得有点不耐烦。如果否认理智，我们拿什么去判断哪一个信仰是正确，哪一个信仰是错误的呢？这并不是说，理智可以证明一切，解决一切的问题。理智有它的限度，正如人的一切知识，有它的限度。但无论如何，我们不能否认理智。世界上有千百种的宗教，在同一宗教里，也有千百种不同的信仰，如果不用理智，我们就不只没有方法去批判别人的信仰，就连我们自己应当信什么也无所适从了。在基督教的信仰中，上帝的问题就给了我这样一个挑战：上帝是什么？他是不是一个虚构？经过一个长期的探讨，我得到一个解答，这个解答并没有说明上帝的本身是什么，而只是说明上帝这个名词，应当作何解释。这个解答，完全解决了我理智上的问题，但并没有使我失掉那个活生生的，可以在祭坛上向他呼吁的上帝。我怎么能达到这个地步呢？让我在下面说明。

唯物与唯心

李先生向我提出的最主要的问题，就是所谓本体论的问题。究竟有没有一个上帝？如果有，上帝的本体是什么？有一些基督徒，常常振振有词地说，上帝的“本体”是如此如此，好像这是千真万确，无可置疑的。但恕我狂妄地说一句：这样说法，如果不是亵渎，就是无知。基督教向来是反对拜偶像的。上帝不像任何人所手造的事物；人也不能从他的想象中，揣摩上帝的本体说：这就是上帝，或那就是上帝。在《圣经》中，凡是提到上帝本身的地方，都用象征的名词，或是火，或是云，或是旋风，或是山崩地震，或是燃烧的荆棘，或只说是上帝的荣光。《出埃及记》上有一句话说：“你不能看见我的面，因为人见我的面不能存活”（第 33 章第 20 节）。既是这样，所谓上帝的本体是什么，我们根本就无法想象，无言可说。上帝是多么地伟大而超越，难道像微尘一般的受造之人，可以具体地捉摸到他吗？

从这一个事实，我们就可以得到一个结论：我们不能看见上帝的本体，我们只能体认上帝在宇宙中的作为。上帝的作为是什么呢？宇宙的万物，不是上帝，然而上帝却在万物里面。从人所能够体认到的方面来说，上帝就是万事万物中的那些真理。上帝不只是真理，但真理以外的上帝，人就没有法子体认。在基督教的神学中，上帝是“内在”的，同时也是“超在”的。内在的上帝可以从宇宙事物的本身发见，也可以从这些事实的真理中发见。但超在的上帝，用宗教的话来说，只是一个信仰；而用哲学的话来说，只是一个假定。我曾经用人的心来比喻上帝，很可惜李先生没有了解我的意思。我并不是说，上帝就等于心，宇宙就等于人的身体。我的意思只是：人认识心的方法，和认识上帝的方法并无二致。不管那个心是唯物论所说的，高度组织的人体中的一种功能，或者是唯心论者所说的，具有位格，能够独立存在的一种实在，我们认识心的方法都是一样的，这就是，我们不能直接检查它的本体（即使它有一个本体），我们只能间接地观察它的表现。如果正统的基督徒，他不满意这个说法，我们就可以问他们：你们能告诉我们上帝的本体是什么吗？你们能把它形容出来吗？能证明这个形容是对的吗？我想，他们所能同答的，至少也不过是一些虚无飘缈的话而已。如果逼得他们太紧，他们就会说：这属于信仰的范围，不属于理智的范围。根据这个说法，假如有一个小孩子对他们说：上帝是一个长胡子的老头子，坐在天空的宝座上，他们也将没有话来把他驳倒。

我为什么说上帝是一元化、人格化、情感化了的真理呢？似乎这是把上帝变成一个完全抽象的东西了。其实不是的。为我自己，为一切怀疑着的人们，我要对上帝这个观念，这个名词，做一番理智上解剖的工作。我说人格化，这似乎是说，上帝并不真正是“人格”。是的，上帝并不是“人格”，人格的观念，只是属于人的思想的范畴：我们怎样能把伟大到不可想象的上帝放在人的范畴里面呢？当耶稣把上帝称为“天父”的时候，他是不是把上帝看作一个血肉的人，像我们自己肉身的父一样呢？耶稣并没有这样亵渎地想象上帝，也无非用“天父”这个名词来象征我们生命的来源，和这个来源对我们的威严与亲切而已。耶稣又说上帝是个“灵”。灵是一个抽象的观念，更不能以人格的范畴把他套住，因此基督教说上帝是一个人格的神，这个“人格”也只能把它当作一个象征的说法。如果我们以为“人格”就是一种什么具体的东西，那就违反了正统基督教的信仰，并且简直可以说是异端了。我们至多只能说：上帝是一个真体，我们把这个真体人格化了。这个真体我们是看不见的，我们所能看见的只是他在宇宙中的表现，那就是真理。因此，如果我们说，我们把真体人格化，那就等于说：我们把真理人格化。把真理人格化并不否定了，或模糊了真理所自而来的那个真体，也没有妨碍我们对这个真体所应当发生的活的关系。

以上的说法是理智的分析，是观念的解剖。我并不否认：这样的说法就是叫人接受了，也未必能使人得到一个活生生的上帝的信仰。因此，在《没有人看见过上帝》里面，我又提供了另一种说法，那就是：从直觉去体认上帝，所谓直觉的体认，就是非理智的体认。我们看见一个天真的小孩，或一朵美丽的花，不必经过理智的分析，就知道它们的天真美丽。我们对一个人的性格，也常常可以用直觉去发见。同样的，在伟大的自然里，在可歌可泣的人类历史里，我们也可以直觉地体认上帝，领会他的旨意，窥见他的本体。

除了理智与直觉以外，我们对上帝的认识最重要的来源是耶稣基督。他显示了上帝，他是“道成肉身”；我们看见他，就是看见了上帝。他所显示的，是真的上帝，活的上帝。他的上帝，不是理论，不是假定，不是猜想，而是震动我们的心弦的实在，炫耀我们的眼目的光辉。耶稣对上帝的认识是怎样得来的呢？是因为他是上帝的“儿子”，所以能有先天的认识么？或是同我们一样，也要用后天的理智和直觉去认识的呢？这些问题，讨论起来，就太过玄妙了，而且对我们目前的研究，未必有多大关系。但是，即使我们毫无疑问的接受了耶稣关于上帝的启示，我们上面所说的那种理智的分析和直觉的体验，还是可以帮助我们的。对于那些被疑惑所困扰的人们，理智和直觉，就像一把梯子，它可以帮助他们登上高山，面对着那个贯彻着宇宙的实在——上帝。上去以后，他们就可以把这把梯子踢开。理智不是信仰的敌人，而是它的朋友。有了理智，我们的信仰就可以更坚定，更能应付我们生活各方面的要求。

让我再简单地说到祈祷的问题。李先生以为我的祈祷在我的上帝观里面，只成了一种心理作用，或修养方法，这也是一个错误的见解。如果上帝真是坐在天空宝座中的一位老人，如果在我们与上帝之间有一种有线或无线的电话，使我们的祈祷可以是一个具体地传达给上帝的“求”，而上帝的答复，是一个可以同样具体地传达给我们的“应”，那么，我对于祈祷的见解，不只是心理作用，简直是个异端。但实际上，除了一些极幼稚的人以外，一般基督徒的祈祷观，是不是上述那样机械的唯物的祈祷观呢？我以为不是的。上帝是个灵，祈祷是人和这个灵的感应作用，而这个感应作用之所由发生，是我们内心对真理的领会与体验，和真理对我们的“侵袭”与启示。如果说这是一种修养方法，其实也不算是错误。但祈祷和普通的修养方法为什么不同呢？那就是因为祈祷有一个对象，上帝——上帝的本身和上帝藉而显示他自己的真理。我们面对上帝，就等于面对真理；我们祈祷，就等于追求真理，体认真理，把心门打开，让真理向我们“侵袭”，向我们启示。这是心理作用吗？是异端吗？不，这是一个更高超的、更科学的祈祷观。

李先生又提到郭沫若先生的那句话："我天天都看见上帝，人民大众就是我的上帝"。以为根据我的上帝观，"上帝"的内涵不比"人民"更多。如果李先生了解我以上一大篇的话，他就不会这样说了。如果上帝藉着宇宙繁复万殊、无穷无尽的真理，去显示他自己，那么，我们又怎能说"上帝"的内涵不比"人民"更多呢？"人民"有限的认识，相对的理智，又怎能说是把握了宇宙全体的真理呢？

现在我们可以说到唯心和唯物那个正面的问题了。李先生说基督教的本体论，总是观念论的（或说是唯心论的），根据这个说法，他就下了一个结论："基督教与唯物论是绝对无调协可能的"。他似乎把问题看得太简单了。唯心论有许多种解释，唯物论也有许多种解释，把它们囫囵吞枣地应用来作论据，是不能帮助我们的。我对这个问题的意见是这样：第一，如果说，宇宙是客观地存在着的，而不是靠我们的主观意识而存在的，那么，我是一个唯物论者，而不是一个唯心论者，因为我不能怀疑宇宙的客观性。第二，如果根据康德二元论的说法，以为在感观可接触到的物质以外，还有一个不可知的"物自体"，则我是一个唯物论者，而不是二元论者或二元论者所造成的唯心论者，因为，科学和数学都证明了所谓"物自体"实在也是可知的。第三，假若唯心论是说：精神高于一切，只要改造人心，不必改造环境，则我是一个唯物论者，而不是一个唯心论者，因为我相信：改造环境，和改造人心，是同样重要。第四，假如唯心论是像希腊的诡辩学者，或近代一些庸俗的实验主义者那样说："人是万物的尺度"，则我也是一个唯物论者，而不能赞成这个唯心倾向，因为我相信主观虽然有时可以影响客观，但主观不能完全逃出客观的支配。第五，如果唯心论是像柏拉图和黑格尔那样的，我至少能够同情，因为它并不否认客观世界的存在，或把它当作"心"的附属物，而只是说：这个客观世界最后的实在，是"心"而不是"物"，或者说"物"是"心"的表现。但即使在这种解释之下，我也不是一个唯心论者，因为这个所谓心，于我是一个虚无飘缈的东西，我不能把握它。并且，宇宙的实在究竟是"心"还是"物"这个问题，从新物理学的观点看来，已经是一个不大重要的问题了。旧物理学从静的观点把物质看作一种死硬的东西，像台球桌上的那些弹球。但新物理学却从动的观点，把物质看作一种活跃的东西。所有的物质，到了最后的分析，就都是电子，而电子在新物理学家的眼光中，与其说是一件"物"，毋宁说是一件"事"。如果物质是一件"事"，它就已经不是我们原来所想的

"物"，而几乎像一般人的所谓"心"了。在这样意义之下，唯心论是可以说得通的。第六，我们最后可以说到上帝的问题了。一个信仰上帝的人究竟是个唯心论者，或是个唯物论者呢？我们已经说过，上帝的本体是我们所不能直接观察体验的；我们所能观察体验的，只是上帝的作为，只是他在宇宙间所表现的真理。唯心论者相信真理；唯物论者也相信真理。所谓真理，究竟是"心"还是"物"呢？真理同事物，是一还是二呢？我们离开事物，能不能体验真理呢？从一般的经验来说，我们是不能体验到事物以外的真理，和物质以外的精神。事物同真理，物质同精神，总是在一起的。至于这二者之孰先孰后，我们就无法断定，好像鸡蛋和鸡的孰先孰后，我们无法断定一样。但从基督教的观点来说，如果上帝是真理，真理就应当在先，而物质就应当在后，因为物质是变动，真理是不变的，而这不变的东西，是从亘古到永远，贯彻着、支配着在不断变动中的万事万物的。但一个信仰上帝的人，究竟是一个唯心论者，还是一个唯物论者呢？一个唯物论者虽然相信真理，但他是个自然主义者，他排斥一切形而上的说法，他不相信自然以外还有一个东西。但一个信仰上帝的人则不然了。从理智方面说，他在自然以外加上一件东西——他把真理二元化、人格化、情感化，称之曰"上帝"。从直觉方面说，他在伟大纤巧的自然里，在可歌可泣的历史里，不只认识上帝的旨意，认识上帝的作为，同时也可以窥见上帝的本体。宗教在自然上加上去的东西，和用直觉去体验的上帝的显示和上帝的本体，唯物论是完全否认的。如果唯物论把这些东西看作唯心论，则我确是一个地道的唯心论者。但我相信这种唯心论和唯物论没有什么基本的冲突，因为唯物论所相信的一切，我都可以相信，而我所不能接受的，只是唯物论的这个否定。并且我相信，即使我的宗教信仰和唯物论不完全相同，这个信仰，还是和唯物论具有同样的科学性，因为我所相信的上帝，不是一个凭空推想的上帝，而是从客观的真理和耶稣基督的启示体验得来的上帝。

我们上面所说的唯物论，当然是指辩证法唯物论。当我说唯物论和上帝的信仰没有什么基本的冲突的时候，我并没有把辩证法和唯物论分开；唯物的"物"是辩证的，而辩证的原料是"物"。但从基督教的观点来说：物是上帝所造的，而辩证的规律——假定它在科学上能成立，不过是叙述上帝在物质上所显示的作为。一个基督徒为什么不能接受辩证法唯物论呢？这二者之所以不同，只因为一个是部分的，而另一个是完整的。辩证法唯物论是部分的，因为它只看了宇宙和人生的横的方面，而基督教是完整的，因为它把横的方面和纵的方面连结起来。部分的与完整的所以没有冲突，就是因为完整的可以把部分的包括在它里面，但部分的却不能把完整的包括在它里面。因此，唯物论者所以反对我的说法，是可以了解的，而基督徒之反对这种说法却是不能了解的。关于"纵"与"横"的分别，我要在下一段"相对与绝对"里面说明，这里暂且不提。

在这里我愿意补充一段话，那就是：近代唯心论的来源。李先生把基督教和唯心论打成一片，这是种错误的看法。近代的唯心论是从哪里来的呢？也许有人会觉得奇怪——它是从现代的科学来的。唯心论一个最普通的解释就是：意识决定存在，那就是说，我们眼睛所看见的"客观"世界，是我们自己主观意识的产物。在一个普通人看来，这种说法简直是胡说。眼前明明有一张桌子，一把椅子，明明有天地万物，难道它们都是虚假的，像佛家的所谓"万法唯心"吗？

在现代科学里，最重要的一个人物是牛顿，牛顿最重要的贡献，是物质世界和它的许多重要定律的发见。在牛顿以前，加列略（Galilei）曾把一个物体的自身和我们从这个物体所得到的声音、颜色、嗅味、冷热分开，以为这些东西并不属于物体，而只是观察这个物体的人所投射到这个物体的影像。譬如说，我们拿一根羽毛触到鼻孔里去，我们马上就会发痒；这痒是在我们自己身上，而不是在羽毛。牛顿把这个理论推进一步，把空间和时间也分为主观的和客观的。我们平常所感觉的空间，因为受了眼目、位置、气候种种的限制，不是真正的空间，而只是每一个人所特有的主观的空间，但另有一个永远不变，可以用几何学来准确测量的客观的共同的空间。时间也是一样；时间的感觉，或快或慢，对每一个人是不同的，对同一个人，在不同的心情里，也是不同的。这是每一个人主观的时间，但另外有一个绝对的、真的、几何学的客观时间。加列略和牛顿所提出的问题是：我们的感官从一个物体上感到一些质素，这些质素同那个物体的本身——那就是构成物体的原子——有什么关系呢？我们所感到的这个物体的质素，是在一个同样为我们感官所感到的空间和时间里，这个空间和时间，同几何学上公共的空间时间，又有什么关系呢？加列略和牛顿的答复是有点惊人的。我们从火炉所感到的温暖，从玫瑰花所闻见的香味，在一面旗子上所看见的颜色，这些都不属于物体的自身，离开观察的人，它们是不存在的。实在地说，从感官而得到的质素，空间和时间，都不是自然的构成部分；相反地构成自然的，是一些无色无香的物质的原子，而它们是一个公共的几何学的空间与时间里的。分析起来，我们的世界有三种东西：第一，是真王的客观世界；第二，是观察者，那就是我们自己；第三，是我们从客观世界所得到的印象，那就是我们有声有色的世界。这个观察者的本身是什么呢？根据霍布士（Hobbes）的答案，他也无非是一大堆物质的原子而已。这一个说法演变到现在，就成了心理学上的行为主义。但是问题又来了，如果观察的人不过是一大堆原子，那么，感官所得到的色、香、味，和空间、时间等，又从哪里来的呢？在这时候，洛克（Locke）就提出他的答案。观察者不只是一堆原子，他也是一个个体（entity）一个心理的实体（mental substance），这个心理的实体是有知觉的，当它同物质的实体（material substance）发生接触的时候，一个有声有色的世界——在感官中所形成的时间和空间里面的世界——就会呈现出来。（洛克的这种见解对于现代的宗教和政治发生了一个重大的影响。他以为心理的实体就是人的灵性和理智所在的地方。这个实体是独立的、自给自足的，因此他主张在宗教上互相容忍，尊重别人的信仰；在政治上，他认为个人应当是绝对独立与自由的。美国《独立宣言》上所说的：人生出来就是自由平等的；政府的起源是由于被统治者的同意，这两点就是导源于洛克的思想。）

洛克没有想到：他的主张，会产生一种相反的效果。像变戏法一样，他的物质的实体，让柏格莱（Berkeley）变成没有了；他的心理的实体，也让休谟（Hume）变成没有了。如果一件所谓物质的东西，根据牛顿的说法，只是感官里的材料，和这些材料的联系，那么，在这些材料以外，就不能有什么别的东西。那就是说，牛顿和洛克所假想着的那个在这些材料背后的无声无色的物质的原子，是不存在的。又因为加列略和牛顿都说：感官的印象，只存在于一个观察者的心中，这样所谓物质，也不过同样是存在于观察者的心中的东西而已。简单地说，所谓客观的世界，只是我们心的产物。关于这一点，柏格莱的一句名言是："存在就是被感"（To be is to be perceived）。如果用唯物论的术语来说，那就是："存在等于思维。"

物质没有了，心也没有了。根据休谟的说法，如果一切的存在都只是感官的材料，和这些材料的联系，那么，所谓心也不过是这些材料的联系而已。这些材料的某种联系，我们称之曰"物"，这些材料的另一种联系，我们称之曰“心”，所谓心，所谓物，无非是我们对这些感官材料的联系所起的一种名称而已。

这一种哲学思想发展下去，就变成康德的二元论。二元论也把物质分成两部分，一部分是我们加给自然的一些先天的范畴，像因果的观念，空间和时间等等，另一部分就是所谓不可知的物自体。又因为康德在纯粹理性之外，再加上一种所谓实际理性，为宗教和道德留出地步，这又使康德的后继者像费希德把一切都变成实际理性的要求，那就是说，客观的世界，变成主观的世界。

上面虽然说了许多话，却只把这个重要的思想发展说了一个很粗浅的轮廓。我为什么不惮烦地述说这一件题外的事呢？那就是因为我觉得许多人，像李先生一样，认为基督教是必须唯心的。如果唯心论是像我们上面所说的，我不知道有什么理由叫基督徒必定和它发生关系，又有什么理由，不让基督教对客观的世界采取一种唯实的态度，而那就是唯物论。

相对与绝对

基督教和唯物论的不同，并不是因为一个专讲绝对，一个专讲相对，而只是因为一个偏重绝对，一个偏重相对。绝对和相对究竟是什么意思呢？基督教的上帝就是一个绝对。绝对包含两个意义：第一，绝对是相对的基础，是相对的来源。譬如说，一群盲人去摸一个象，象的本身是绝对，而每一个盲人从这个象得所到的局部印象是相对。宇宙的真理就像一个象，而我们人类的智力在某一时代、某一地方对这绝对真理所能得到的认识，至多不过是那群盲人对于那个象的相对的认识。对象的认识是这样，对真理的认识是这样，对上帝的认识也是这样。从科学和哲学的观点来说，上帝是绝对的真理；从宗教的观点来说，上帝是绝对的圣善，是相对的人类，在圣善生活的追求上的绝对目标。我们的生命是暂时的，我们的知识是有限的，我们的人格是“扶得东来西又倒”的。耶稣说：“你们要完全，像你们的天父完全一样。”保罗说：“我们现在所知道的有限先知所讲的也有限，等那完全的来到，那有限的必归于无有了……我们如今仿佛对着镜子观看，模糊不清，到那时就要面对面了。”这就是绝对，这绝对就是上帝。而这也就是我们对绝对的景仰与追求。这个绝对似乎是虚无飘缈、不可捉摸，其实它是非常具体的。

人感到他的有限，感到他的缺欠；他努力了，他进步了，像一把梯子，他一步一步地往上爬，然而，上了一级，还有一级，好像水涨船高，进步没有止境，理想也无穷尽。基督徒因为有这个绝对，所以他谦卑，因为他知道他所知的有限；他容忍，因为他知道就是他比别人强，这个强，也是有限的，也是相对的。我说基督教偏重绝对，因为基督教的危险，是强调理想，而忽略现实。但一个健全的基督教，却不是这样的，它把绝对和相对，应用得恰到好处。关于这一点，我在《基督教与唯物论》那篇文里，已经提到，这里不再多说。在这篇文里我又说过，许多基督徒虽然以绝对相标榜，而实际上是一个现实主义者。这是一句批评的话，而李先生却没有看懂，以为我把基督教看作同唯物论一样的注重相对。其实我的意思是：许多基督徒只是在口头上崇奉绝对，而在行动的时候，就会把绝对抛到九霄云外。

为什么我说唯物论偏重相对，甚至把相对看成绝对，因而使应用唯物论者，容易“流于偏激”呢？唯物论虽然不否认绝对，但它所看重的是相对，它所追求的不是“永恒”的什么东西，而是此时此地必需的变革。唯物论固然从辩证法动的观点，把事物联系起来，不像唯心论者，从静的观点，把事物孤立，或像机会主义者，不讲原则，以一时的功利，为行动的标准，但因为唯物论没有像基督教那样把相对和绝对联系起来，让此时此地的需要，受永恒真理的支配与修正，它就会把相对看成绝对，把此时此地的需要看成至高无上。在我那本书《没有人看见过上帝》里，我曾用“孔明挥泪斩马谡”那件事作一个比喻。一个基督徒和一个唯物论者，大概都会把马谡斩掉，但一个基督徒做这件事情的态度就不同了。在他看来，马谡之当斩是相对，是此时此地的需要，但马谡的本身却是上帝儿女之一，是一个有永恒价值的人格。这是绝对。这一种看法，不但会使他为马谡而挥泪，也会使他把人与人的整个关系放在一个更高的时空联系里。根据这个看法，斩马谡不是“应当”，而只是“不得已”。在另一个时候，在另一种场合，也许不斩马谡，军纪还是可以维持。从绝对的观点看，仇敌尚且可以爱，何况是一个犯军纪的将领。我并不是说一个唯物论者就一定是一个毫无情感的人。恰恰相反，对人类广大的同情和深挚的友爱是整个共产主义无形的出发点。就是一个唯物论者去斩马谡，我相信他也是会挥泪的。但是他的同情，他的友爱，他的挥泪，却不是从唯物论本身得来的；他是个人，就不能不有人的情感。在一个基督徒则不然了，他的整个信仰、他所服膺的整套教训，就是把现实和永恒，把人和上帝联系起来的。为什么他会这样做呢？那就是因为他对人和上帝都有一个“人格”的观念。讲到这里，我们就要提出关于相对和绝对这个问题的第二种看法。

基督教对人有一个“人格”的观念，对上帝也有一个“人格”的观念。什么是人格呢？人格就是人的“纵”的方面；“纵”的方面也可以说是本体（being），而“横”的方面，就是“演变”或“现象”。一个人所说的每一句话，所做的每一个表情，所行的每一件事，是他的“横”的方面，而他的人格，他的所谓心，他的“我”，是他的“纵”的方面。人格有它的深度，这个深度是不能被某一时的表现所完全显露出来的。也许我们不能十分恰当地把这个“人格”称为绝对，但如果我们把它某一个时候的表现，认作是相对的，那么，它也应当可以被称为绝对的了。

说到上帝，问题就更清楚了。显示在宇宙万物的真理里面的，是上帝的“横”的方面，是神学的所谓“内在”的上帝；这是相对。上帝的本体是他的“纵”的方面，是神学的所谓“超在”的上帝；这是绝对。每一个时候、每一个地方的现象和真理，固然可以表现上帝，但上帝不只于此。上帝有他的深度，正如人的人格有他的深度。因为上帝像人一样，有他的深度，所以人就把他人格化，称他为具有“人格”的神。这只是一个象征的名词，而并不是把上帝的“人格”和人的人格看作是同一的东西。

唯物论因为注重相对，所以它偏重横的方面，那就是“演变”或“现象”，而对人或对宇宙，都不能有一个“人格”的观念，因为“人格”是绝对，是“纵”的方面，是本体。唯物论和基督教这个主要的不同，不但在哲学思想上表现出来，也在实际行动上表现出来。这并不是说：一个唯物论者对人没有人格的观念，而只是说：唯物论的本身，因为不是把横的和纵的联系起来的，所以在被应用的时候，就容易使人犯了“偏激”的错误。

结　论

还有许多问题我没有提到，然而我想上面几个荦荦大端，已经把问题的全部，概括地说明了。我究竟是不是把真理“调和”了呢？真理能不能“调和”呢？宇宙的真理是统一的，是互相联系的；如果所谓调和，是把真的东西，和假的东西调和起来，那么，真理是不能“调和”的，因为真和假是不相容的。如果所谓“调和”是从各个不同的角度去看真理，或者从一个新的角度去看真理，而结果是把人们过去用来“存放”真理的，彼此隔离的房间拆除了或改造了，那么，真理是可以“调和”的。真理像汪洋大海中的汹涌波涛，它是此起彼落，千变万化的。如果我们捉住某一个浪花，便说这是全部的真理，或说这是对真理唯一的解释，那么，我们未免太不自量了。

在李先生的文章的末尾，他引起了所谓新正统神学者的一句话说：“宗教上只能有右倾，政治上则必须左倾。”李先生认为这句话“可以解说基督徒们和唯物论者们合作的可能形式”。李先生的用心我是赞成的，然而他所引的那句话，却是不幸的。新正统派的神学在欧战前后，尤其是在太平洋战事爆发以后，以打倒法西斯主义相号召，似乎是很进步的。在他们一般的言论里，他们也常常批评现行社会制度，提倡社会主义制度，但是现在呢？他们已经变成一个维持现状，反对革新的主要力量。他们的口号是“自由”，这个自由究竟是什么呢？分析起来，也不过是现在社会制度里，放任主义下人兽相食的自由而已。也许真理还是在唯物论的方面，那就是“存在决定思维”的历史唯物论。即使这不是全部的真理，它至少揭穿了一些所谓政治左倾者道貌岸然的面具。如果我们真的能把真理“调和”一下，这也许是在动荡的时代中一件造福人类的事呢！

基督教的时代悲剧*

在复活节的前几天，《天风》的编者，要我写一篇应节的文字，但是我想了许久，还是写不出来。我所以写不出来，是因为心中没有灵感。在这个剧变的时代里，说一些不关痛痒的话，或者把滥熟的旧调，重弹一遍，我觉得是毫无意义的。我不但没有灵感，并且心中充满悲哀。复活节对每一个基督徒，都应当象征着光明、快乐，与希望，但我觉得我们不配享受这个福气。尽管我们在复活节里，照例举行一些仪礼，照例讲述这个人类史中最有意义的神迹，这时候的热闹，也不过像蜃楼海市的幻景，只有增加我们的感叹与悲哀而已。

我说这是一个剧变的时代，不知道有多少人能体会这句话的意义，就是体会了，是否能对它发生应有的反应。几千年来的历史，是人吃人的历史，是阶级斗争的历史。许多盲目的人们，以为"阶级斗争"的说法，是某一政党别有用心的宣传，他们没有晓得，阶级的存在，已经是一个事实。他们没有惋惜着这一个事实的存在，没有想法子把这个事实改变，反而怨恨那些要推翻现实，要把阶级消灭的人们。难道我们应当永远维持有阶级的社会，应当永远要人做政治和经济的奴隶吗?

一个社会性的革命，正在我们目前展开着。无论我们对"世界革命"这个名词怎样畏惧，怎样恨恶，它已经是一个不可否认的事实。劳苦大众的反抗，弱小民族的斗争，和国际间民主与反民主两个力量的尖锐对立，都是世界革命进程中所必有的现象。在目前的阶段中，这个革命的主要任务，在消极方面，是反对新式帝国主义和与它相依为命的封建力量压迫民众、奴役世界的企图；在积极方面，是要联合一切民主力

---

* 原载《天风周刊》第116期，1948年4月10日。取自《黑暗与光明》，青年协会书局，1949年12月初版。

量，去建立一个自由平等、没有阶级、共劳共享的新社会。资本主义已经不能适应我们的时代；它造成经济的不平等，它造成帝国主义，它是过去两次大战，和未来可能发生的第三次大战主要的根源。它的内部是充满了矛盾的；它的巨量生产，不是为着人民大众的享受，而只是使财富集中到少数人的手里。财富集中，就使人民大众的购买力低落，而这就必然地演成经济恐慌、生产停顿、普遍失业、对外侵略，和世界战争这种种可怕的现象。资本主义是衰老了，它已面临着最后的崩溃与没落了。

但是，资本主义虽然已经走向没落的路，在这最后的独占阶段中，它还是保持着雄厚的力量。在这种情形之下，它所享有的特殊地位与利益，它是不甘放弃，也是不肯轻易放弃的。因此，为要保存自己的生命，它就必须造成一套理论，作为主张维持现状的口实。这套理论，就是我们两年来所常听见的以反苏防共为骨干，以和平自由为号召的理论。提倡这套理论的人，歇斯底里地奔走相告，说战争的威胁，就在目前，所以他们自己，必须马上积极准备。但是，世界的和平，真正被威胁了吗？我们看不见有什么征象，使我们这样感觉。相反地，如果战争真的来到，我们相信，造成战争的，正是那些整天喊着和平受到威胁的人们。我们还要再问一句：人类的自由真正被威胁了吗？是的，它不只受到威胁，而且事实上，它根本早就已经不存在了。一个把人力当作商品去买卖的制度，根本上已经把人当作奴隶。在这样的制度下，如果人还有什么自由，那只是贫穷的自由、饥饿的自由、失业的自由，和樊笼中小天地的所谓政治自由而已。资本主义的自由，是个人主义的自由，而个人主义，是产生目前的社会和国际间种种病态的主要因素。因此，维持资本主义式的自由，就等于维持资本主义，维持阶级社会；就等于纵容帝国主义，奴役弱小民族；也就等于制造第三次大战。

在这种情势之下，悲剧就发生了。从历史的观点来说，宗教革命和工业革命，是同一社会发展的两种表现。宗教革命产生了基督新教，工业革命产生了资本主义。基督新教所反抗的，是罗马教封建性的独断与专制。而工业革命所要打破的，也还是那个已经不能适应新的生产方式的封建社会。这两个革命都一样地提倡自由主义、个人主义、放任主义。从这个历史的发展来说，基督教和资本主义是同一时代，是同一社会演变的产物。因此，它们就不只是息息相关、相依为命，而且几乎是对孪生的弟兄了。

目前基督教时代悲剧的主角是美国；它之所以做了这个悲剧的主角，也是由于这个历史的发展。美国是一个新兴的资本主义国家，在第二次大战以后，它并且一跃而为资本主义的国王。美国的建国，和它之所以脱离母国，一部分是由于政治和经济的斗争，另一部分是由于宗教信仰的冲突，而这二者是互相联系的。因此，美国资本主义的精神，可以说就是现在流行着的基督教的精神，而资本主义所提倡的个人主义和自由主义，也就是现在一般基督教人士所提倡的个人主义和自由主义。

现在以美国为领袖的新十字军，我们已经说过，是以反苏反共为骨干，以和平自由为号召的。如果我们把握了上面所说的这个历史的事实，我们就可以毫无疑义地说，这个十字军所要真正维持保护的，不是人类的幸福，不是复活了的耶稣所要我们相信的救人救世的福音，而只是现在少数人的特殊利益，只是已经和资本主义打成一片的有组织的基督教。如果说得坦白一点，这个十字军所要维持保护的，只是资本主义的自身。

从两年来美国基督教一般的舆论和趋向来看，我们就可以晓得，以上所说的话，并没有什么夸张。也许有不少的人还是天真地相信：基督教是超然的，不偏不倚的。在过去若干年中，美国“新正统派”神学中几位特出的领袖，曾大声疾呼地警告我们：不要像纳粹主义那样，把国家和种族当作上帝，也不要像共产党那样，把无产阶级和共产主义当作上帝。他们说：基督教是超主义、超国界、超时代的；只有上帝是绝对，其他的一切都是相对。我们当时听见这个警告，就好像听见先知的声音。但是，曾几何时，我们又亲眼看见这些“超然”主义者把资本主义和资本主义的自由主义，当作上帝，尽心尽力去侍奉它。他们拿来警告别人的话，不幸又落在他们自己的头上。基督徒们平常是反对唯物论的。唯物论有一个重要的成分，那就是经济决定论。经济决定论似乎否定了基督教所主张的精神超越性，和精神决定物质的看法。但从目前西方基督教的趋向来看，我们却没有方法否认唯物论所表彰的这个真理。生长在某一个社会制度里的人，他的生活、他的思想、他的灵性、他的道德，都无形中受到这个物质环境的铬铸。他每天所看的报，所听的无线电，所接触的人物，甚至他从礼拜堂讲坛上所听见的道理，都是从这个社会制度所认可的模型中印铸出来的。如果有人真的看透了这种关系，跳出了这个模型，他马上就会被看作现行社会制度里的叛徒。做叛徒是一件危险的事，至少是一件不愉快的事。相反地，明哲保身、随波逐流，却是一件更舒服、更体面的事。

但这不只是一个理智上情感上的问题，它更是一个切身利害的问题。在现行社会制度里面，有少数的人是从它得到特殊而优厚的地位与利益的。还有无数的人，是附属或寄生在他们里面的。利害之所在，当然也就是心灵之所在。就是神圣的基督教会，也不能例外。现社会里的中上阶级是它的经济来源，而因此，它所宣传的宗教，就不能不受着这个社会阶层的意识形态的支配。既是这样，我们就难怪现在西方的基督教无形中做了社会变革的阻力，做了保守力量的代言人。

如果上面所说的那个新十字军所要镇压征服的，只是某一国家的革命力量，问题还不太严重，但现在，它的活动范围，却是整个世界。在欧洲，在亚洲，在非洲，以至在世界其他的角落里，这个十字军都积极布置它的阵线，努力号召更广大的群众。在它所驰骋的各个疆场里，最使它感到头痛，也最富于悲剧性的，恐怕是中国了。在中国，两个对立力量的斗争，正面临着具有决定性的阶段。在这以后，中国或者平安地转入一个新的局面，或者变成另一次毁灭人类的原子弹大战的导火线。这两个可能，究竟哪一个会变成事实，还是在不可知之数。在这个严重的关头中，中国基督教的处境是可悲的。中国基督教的传统，主要的是英美基督教的传统。在目前，它和美国的关系，尤为密切。它的宣教师多数是从美国来的；它的领袖人才多数是在美国训练的；它的许多重要组织与事业，都是由美国教会资助的。由于这种种关系，中国基督教的信仰与思想，几乎就是美国式基督教的翻版。

我为什么说中国基督徒的处境是可悲的呢？那就是因为中国正面临着一个有史以来的最大转变，而基督教在这个转变中，除了怜惜自己、逃避现实的消极态度外，似乎就无话可说，无事可做。这种消极态度，还算是好的。事实上，有不少的人，是追随着新十字军的路线的。即使他们没有做出什么惊人的事，他们至少是这一条路线精神上的支持者。

基督教在中国的历史，并不是一帆风顺的历史。拳乱是由于暴民的迷信，我们姑且不去说它。但在“五四”以后——1922 至 1925 年之间，中国的反基督教运动，却是由知识分子领导的。他们说基督教是人民的鸦片，是帝国主义的走狗，是文化侵略的先锋。我们当时听见这些攻击的话，就义形于色，振振有词，以为这是误解，是谩骂，是“过激”的宣传。我们觉得基督教这个纯洁超然的宗教，不应当受到这样的侮辱。二十几年过去了，我们回头一看，却觉得这些攻击的话，含有不少的真理。如果我们的思想路线是和现在西方基督教的思想路线一样的，我们的确是无形中变成了帝国主义和文化侵略的工具。如果我们所能宣传的宗教，只是逃避现实的、个人主义的、奋兴式的宗教，那么，从要求解放的广大群众的眼光看来，基督教也只能是人民的鸦片。时代是要进展的，如果我们的宗教是迷信的、落后的、违反人民利益的，那么，我们的一切，都将遭受历史的无情审判与清算。到那时候，如果我们还以为我们是为义受逼迫，是背负了耶稣的十字架，那就更可悲哀了。

我们还要指出一点：目前基督教所以演成这个悲剧，不只因为它走错了方向，向现实投降，也因为它忘记了历史演变的因果关系。基督教对现在的革命运动，是完全没有了解的；它所看见的，不是它的积极意义，而只是它的消极作用。它看见一些以暴易暴、以牙还牙的事实，而因此它就几乎完全否定了这个运动。这些以暴易暴的事实是常常被宣传者所夸大、所歪曲的。然而我们却不必否认它的存在。但是，为什么会有这样的事实呢？在许多的原因中，我们只愿意指出一个，那就是“历史的报复”。这句话的意义，需要一点说明。资本主义社会，已经不能适应现在的世界环境。它抛弃了它自己所提倡的自由平等的原则，造成了许多违反人民利益的事实。现在它衰老了，没落了。如果它肯自动退位，让别人建立一个更能适合时代需要的新制度，那么，问题是很简单的。但事实却不是这样。这个不应当存在的制度，还是要作最后的挣扎，用种种方法，阻止革命运动的进行，藉以挽救自己的命运。这样一来，世界就不能不逐渐演成一个两极化的局面——一方面要改变现状，另一方面要维持现状——而我们所痛惜的，恨恶的，认为是违反基督教精神的“历史报复”，就不得不面对着我们。我们没有晓得：这个革命运动所用的暴力，正是现行制度中有形无形的暴力的反应与结果，而这个革命运动之所以存在与发展，也正是因为我们没有尽到应尽的任务，从事于社会的革命，反而推波助澜，把历史的车轮拖住，让基督教变成目前世界反动力量的工具。如果说得确实一点，受到逼迫的不是我们，而是被压迫在现制度下的许多无辜的人民。我们自己没有负起十字架，而是把十字架压在别人的肩膀上。如果我们是一个真正的基督徒，我们就只有伤痛与忏悔。

基督教的历史悲剧，就在这里：在过去一百多年的历史中，它不知不觉地变成一个保守的力量。在目前的世界，它更变成一个反动的力量。基督教在现制度的环境里，感到温暖与舒服，因为它的意识和它所宣扬的教义，都是这个环境所孕育出来的。因此，它留恋着这个环境所给予它的特殊的地位和虚幻的自由。但这种种还不足以构成悲剧。悲剧的所以产生却因为现在的资本主义国家，不只把它们自己这个反历史的计划，当作福音，向世界宣传，并且通过金元和军事的力量，使它与各国的反动力量结合。在第一次世界大战以后，由于这个反历史的计划，他们帮助德国复兴，终而使它变成第二次大战的戎首。现在，历史正在重演，日本的复兴，又在美国的扶助与鼓励下进行。在许多人的心目中，美国已经变成一个新的帝国主义。在这个历史悲剧的进行当中，基督教不但没有本着先知的精神提出抗议，反而与这个反动的计划几乎完全打成一片。这是很可惜的。

为要避免误会起见，我愿意补充一句：当我把目前的基督教看作一个悲剧的时候，我并没有否认了，或抹煞了基督教里边许多可敬爱的人物，和许多有价值的事业。在中国，在全世界，有许多虔诚的基督徒们，从事于种种建设的工作。他们不求闻达，埋头苦干，在个人的岗位上，为他们的信仰，做有力的见证。在中国，在全世界，也有许多基督的组织，以自由、平等、博爱的精神，服务人群，抵抗罪恶，把耶稣基督胜利的福音介绍到徬徨苦闷的心灵里去。这正证明复活了的耶稣永远是我们的光明与力量，无论我们怎样愚昧、软弱、自私，他还是永远站在我们面前，向我们呼显，要我们得到灵性与思想的重生。

鉴别民主，检讨科学——今天世界的问题是民主与反民主的搏斗问题*

1948年5月3日，《大公报》时事问题座谈会中，与黄炎培、郑振铎、夏康农等十余人，讨论“德先生与赛先生”时所发表之谈话。

我们要提倡民主，提倡科学，这是没有问题的。但为什么德先生与赛先生这两个口号，已经喊了三十年，而这两种运动还是没有什么发展呢？那一定是因为我们对于这两种运动症结所在的问题，还没有解决。先说民主，现在大家都谈民主，究竟谁是真民主，谁是假民主呢？有人把民主分为经济的民主和政治的民主，我以为这不是一个最彻底的看法。也有人把民主分为旧民主、新民主，和最新的民主，这些名词，也不容易为一般人所了解。我觉得要判定民主的真假，可以用两个很平常的考验：第一，这个所谓民主是为大多数人谋幸福的，还是造成少数人的特殊利益的呢？如果是后者，无论民主谈得多响亮，那一定是假的民主。第二个考验是：这个所谓民主是不是由外力的压迫而造成的，还是由大多数人自动的要求而实现的呢？如果是前者，那也一定是假民主而非真民主。维持少数人的利益和假借外力去压迫人民，这就是民主所以没有实现的原因。

再谈到科学，提倡科学能否成功，也不能单从这个问题的本身去求解决，它也有一个先决的条件，那就是政治和社会的条件。在封建社会官僚政治底下，科学是提倡不起来的，中国的科学所以不能进步，就是为着这个原故。如果要科学进步，就必须把这些障碍根本扫除。但在另一方面，在许多西方的国家，它们似乎是具备了适当的社会和政治的条件，因为它们的科学是很发达的。但实在说来，它们只是部分地具备了

* 原载《大公报》1948年5月3日。取自《黑暗与光明》，青年协会书局，1949年12月初版。

这些条件而已。为什么呢？科学的发达应当是造福于大多数人民的，但现在西方的科学却是为少数人所控制，他们利用科学来造成他们的特殊地位，而且为要保持他们的地位，他们应用科学来造成杀人的利器，拿它来做奴役世界的工具。假如西方的国家具备了社会和政治的理想条件，科学是一定会被用来造福人类的。这社会和政治的理想条件是什么呢？也还是我们在上面所已经说过的真正的民主。因为没有真正的民主，所以中国的科学不能发达，也因为没有真正的民主，所以西方的科学不能用来造福人类。归根到底，科学和民主是分不开的。

我最近看了一本很有意思的书，那就是美国耶鲁大学教授 F. S. C. Northrop 所著的 *The Meeting of East And West*，这本书主要的观点，认为西方崇尚理智，所以科学发达，东方注重直觉，虽然科学落后，却能欣赏生活。东西双方都各有所长，各有所短，可以互相改正，互相补充。他写书的动机，是要反驳英国诗人 Rudyard Kipling 的那句话："东方是东方，西方是西方，这二者永远不会携手。"他认为东西文化融合以后，就能达到东西携手、天下一家的愿望。我以为这位著者把问题看得太简单了，现在世界的问题，不是东西文化冲突的问题，而是民主与反民主两种力量搏斗的问题。没有真正的民主，而只是在虚无飘缈的领域中去求问题的解决，那是不可能的。

三十年来基督教思潮*

30 年前——1918 年——是第一次世界大战的终了，也是我们中国五四运动的前夕。在这 30 年当中，全世界经过了许多事变，其中最重要的，除了 1919 年的五四运动以外，是 1929 年的美国经济恐慌，1931 年的东北事变，1937 年中国的对日抗战，和 1939 年开始的第二次世界大战。苏联的革命，虽然是在 1917 年，但在两次大战之间，她的几个五年计划和她的逐渐长成，又是这个时期中一个非常重要的事实。我们所要述说的 30 年，是动荡的 30 年，也是人类历史开始走向基本变革的 30 年。这样一个空前动荡的时代，当然影响到人类一般的思想里，而基督教的思想，也当然不能例外。就在这样一个时代背景中，我愿意把 30 年来的基督教思潮，作一个简略概括的叙述。

现代主义和基要主义

第一次大战结束后的十年间，是世界资本主义，尤其是美国的资本主义，空前繁荣的时期。资本主义的繁荣，是由于科学的发明，技术的进步，生产的突进，生活的提高，而这一切的成就又都出于人类理性和思想的发展。人可以用理智去认识世界，增加他的幸福，解决他的问题。这一个信念，被用到基督教思想去的时候，就变成现代主义。现代主义所要反对的是基要主义：前者代表进步思想，而后者则代表保守思想。在基督教的教义中，这两派思想所争执的，主要的有五点：第一点是关系《圣经》的本身。基要派认为《圣经》的一字一句，都是上帝所

* 原载《新坛》第 6—7 期，1948 年 7 月。取自《黑暗与光明》，青年协会书局，1949 年 12 月初版。

默示的，而因此就不会有任何的错误。现代派却根据“圣经批评”（higher criticism）的方法，认为《圣经》的写成，虽然是由于上帝的启示，但我们却不能根据字面去解释《圣经》。《圣经》忠实地记载了人对上帝的追求，和上帝对人日进不已的启示。《圣经》不是一本一字不错的科学和历史的教科书，而只是信仰和生活的一个可靠的指导。《圣经》所包括的时间达一千年之久，在这个长时期中，如果说传说和记录，一点没有错误，那是不可想象的。在这一个争论当中，《创世记》中人种由来的说法，更成为辩论的焦点。基要派认为人是上帝“超自然”创造的结果，而现代派则接受了天演论的说法，认为人之所以为人，是由于自然演进而成的——甚至可能自由猿猴演变而成的。

现代派和基要派所争执的第二个题目是耶稣降世的问题。基要派认为耶稣的降生是超自然的——是由童贞女怀孕而生的，而现代派则认为童贞女生耶稣这个故事，只能把它当作一个寓言看。现代派并不否认耶稣的降生是“道成肉身”，但他们认为“道成肉身”和“童贞女生”没有什么必需的联系。

现代派和基要派所争执的第三个问题是赎罪问题。基要派相信耶稣在十字架上的死，是替人赎罪的挽回祭，它把上帝对人的忿怒，变成上帝对人的饶恕。这是17世纪宗教革命的一个基本信仰。但20世纪的现代主义者，却认为十字架只是显示了上帝慈爱的能力，我们因为这个爱，就能与上帝成为一体。我们并不必相信一个忿怒的上帝，要求一种救赎的代价。

现代派和基要派争执的第四点是复活的问题。《使徒信经》上说“我相信身体复活”。《使徒信经》是第三世纪的作品，那时候的基督徒，大概和埃及人一样，认为没有身体的复活，灵性的复活就不可能。基要派相信耶稣的肉体复活是必需的，否则耶稣就没胜过死亡。现代主义者并不否认复活，但他们认为复活不一定是肉体的复活。就是保罗自己，也只相信灵性的复活。无论如何，现代主义者认为是否相信肉体复活，是与整个基督教信仰没有多大关系的。

两派争执的最后一点是关于耶稣的再来。同保罗和古代的基督徒一样，基要派相信耶稣马上就要驾着云彩，以肉身再度降临世界，而现代主义者则认为耶稣再来的说法，只是一个诗意的象征，象征着正义的征服罪恶。他们认为世界的进步，是由于逐渐的演变，而不一定由于剧烈的突变，像希伯来民族“弥赛亚”的历史观所要求的。

有人以为现代派和基要派的分别是在于后者的信仰是一成不变的，而前者的信仰是虚怀若谷的。一成不变则容易流于顽固，而虚怀若谷，有时也会使人游移不定，缺少固定的道德和宗教的确信。

这个争论，自始至终大概经过了四五年，而最热烈的一年是 1922 年。在基要派中最特出的人物是纽约的曼宁主教（Bishop Manning），而现代派的健将则是纽约协和神学教授富司迪博士（Harry Emerson Fosdick）。富司迪的名字是中国人所熟悉的，他的几本名著已由青年协会书局翻译出版的，有《完人的模范》、《信仰的意义》、《祈祷的意义》、《服务的意义》，和最近出版的《明经指南》。

自由主义与人文主义

人文主义这个名词是在 14、15 世纪间被提出来的。它的主要意义，就是要打破中世纪教会神学和哲学的束缚，提倡自由、理性和人的尊严。人的发见是希腊思想的特殊贡献，而这就是人文主义的根源。

宗教的人文主义，导源于孔德的实证主义，这个主义摒弃神学和形而上学，把科学作为人生唯一的指导。在美国，由于杜威的影响，一个新的宗教人文主义便产生了。受它的影响的，多半是芝加哥和哥伦比亚两个大学的学者们，其中的一个阿姆斯（E. S. Ames）把宗教解释作："最高社会价值的感觉"。杜威自己也曾写了一本书《科学的宗教观》（*A Common Faith*）（本文著者译，青年协会书局出版），把"宗教"和"宗教的"分开，认为后者是"人对每一个事物和每一个计划中的目的和理想所采取的态度"。

人文主义这个名词开始被介绍到基督教思想里去，是在 1916 年左右。提倡这种主义的，多半是极左的一种教派（Unitarian）的领袖们，像 T. H. Dietrich，Curtis W. Reese，C. F. Potter 等。他们所提倡的思想，主要的是以自然主义代替超自然主义，以科学代替信仰，以试验代替独断，以归纳代替演绎，以社会意识代替个人意识。他们并不一定否认上帝的存在，但他们强调人的能力，或者把人的能力当作上帝的能力的表现。他们对于宇宙的看法是悲观的。罗素在 1904 年所写的《自由人的崇拜》，把宇宙看作"无意识的力量盲目的运行"，又把人的命运看作"不可避免的，残酷的最后的毁灭"，好像老子所说的"天地不仁，以万物为刍狗"，这正是人文主义者的宇宙观。

如果把人文主义者的信仰归纳起来，可以得到以下几点：（一）生命是具有最高价值的，人应当被看作目的，不应当被看作手段；（二）以知识的探求去了解人生的经验；（三）在人力最大可能和环境许可的条件中，谋求人生最丰富的发展；（四）要把人生的责任，放在自己的肩膀上，用自己的力量，去谋求人生最大的进步。

基督教中的人文主义是短命的；它来的时候，像狂风骤雨，势不可当，但过了几年，便云散雨消，一去不返。在目前的世界形势下，这一派的学说自然是不会受人重视的。

在人文主义达到最高潮的时候，美国的心理学产生了一个极左派，叫做行为主义（Behaviorism），最先提倡这种主义的，是哥伦比亚的华生教授（J. B. Watson）。他以机械的观点去解释人生，把人生的一切都看作行为，又把一切行为，都看作“刺激与反应的连锁”（S-R bond）。在这种机械的人生观中，所谓心，所谓灵性，可以说是不存在的。既无所谓心灵，则宗教自然是多余的。行为主义虽然似乎与基督教思想没有多大关系，但它与人文主义却是同一思想路线的产物。行为主义在美国的思想界中只是昙花一现，它的没落比人文主义来得更快。

最后，我们可以简略的提到自由主义。自由主义是一个很广泛的名词。它并不代表一套定型的思想，也没有形成一个具体的运动，而只是表示了一个人在处理一件事情或应付一个问题时所采取的态度。所谓自由，当然就是指“权威”的反面而言，而这个自由是包括了思想的自由、言论的自由、探讨的自由、信仰的自由，和个人行动的自由。自由主义的产生是在封建的社会和权威的宗教被推翻、被抗议以后。封建社会的被推翻是由于工业革命，而权威宗教的被抗议是由于宗教革命。工业革命产生了资本主义，而宗教革命则产生了基督新教。从这一个历史发展看来，我们就可以晓得，所谓自由主义就是形成资本主义和基督新教这两个现代制度的思想趋势所产生的人生观。如果我们从另一个观点去了解自由主义，我们也可以说，它就是个人主义。

但自由主义被应用到基督教思想上的时候，却另有一个涵义。首先，自由主义同人文主义一样，相信人的能力，那就是人对自然环境和社会环境的控制。其次，自由主义相信人类社会无限进步的可能，而这个进步是可以由理性的运用、教育的普及，和合法的改革而逐渐达到的。亚丹·斯密（Adam Smith）的放任主义（Laissez faire）认为个人自由，自然会演变成社会的繁荣与康乐。再其次，自由主义对人性的看法是乐观的。它不否认人的罪，但它并不把罪看得很严重，因为它相信罪的大部分是可以用人力来消灭的。自由主义这种种的信仰，当然是由于工业革命后现代文明的影响。人可以发明机器，控制环境，提高生活，改进社会：他的能力，似乎是无穷无尽的，而他的前途当然也似乎是灿烂光明的。如果从神学方面来讲，自由主义者是相信上帝的内在性（immanence of God）。如果上帝是内在于人的，那么，人是具有神性的，而上帝的能力就可以在人的当中得到无穷的表现。

从社会思想上说，自由主义者因为要尊重理性，所以就主张循序渐进的社会改革，而不主张流血的革命。从这一点来说，目前大多数的基督徒都可以说是自由主义型的改良主义者。

唯爱主义与牛津团契

上面所说的人文主义、行为主义，和自由主义都是同一思想系统的派别；它们并不表现于什么有组织的具体行动。唯爱主义和牛津国契就不然了。它们虽然各自有一套清楚的理论，但它们却很注重这套理论在个人生活和社会生活上的应用。唯爱主义，从广义方面来说，只是将耶稣爱的福音应用到生活的各方面去。因此，每一个基督徒都可以或多或少地被称为一个唯爱主义者，而“公谊会”就是服膺唯爱主义的一个教派。但唯爱主义的成为一种组织，以唯爱社（Fellowship of Reconciliation）的名义出现，却是在1914年欧战开始的时候。创办唯爱社的人是霍德进博士（Dr. Hodgkin）。他们实行耶稣爱仇敌的教训，拒绝参加战争。有不少的人因而入狱，或饱受精神上的痛苦。唯爱社的信仰大致有下列几项：（一）上帝是人类的天父，他藉着耶稣基督而显示的旨意是普遍的爱，因此基督的福音便包含了一个信仰——只有良善可以战胜罪恶。（二）十字架显示了上帝对付作罪者的办法，因此，基督徒应当走十字架的路。（三）因为战争是以恶胜恶，所以它是否认十字架的路的。（四）教会也应当走十字架的路：当一个国家从事于战争，强迫人民违背福音，参加军役的时候，教会便应当不惜任何代价去反抗。

唯爱主义的一个主要观念是人的价值和人格的尊严。因此，除了在消极方面反对战争以外，他们还有以下几种积极主张：（一）谋求种族、国家和阶级间的了解与合作，以促成世界的和平。（二）努力于经济关系的改善，使个人与社会均能获得充分的发展。（三）对侵害人群幸福者用新的方法去处置，以代替从前按罪科罚的旧观念。（四）不断地发现新而有效的方法，使博爱的原则在日常生活中得以实现。

现在唯爱社的社员，多半是“公谊会”的会友，在中国，在1922年的时候，也曾有唯爱社的组织；但在“九一八”事变以后，到抗日战争的爆发，中国基督徒中的唯爱主义者就几乎是凤毛麟角了。

牛津团契（Oxford group movement）的发起人是一位美国人卜克门（Frank Buchman）。他于1918年到中国来，在北平举行多次的所谓家庭集会（house party），其主要程序是宗教性的分享和认罪。他回到美国以后，这个运动就慢慢发展起来，成为一个世界运动。这个运动所用的四句口号是：绝对的诚实，绝对的爱，绝对的不自私，绝对的清洁。罪就是违反了这四条原则，而认罪就是实行这四条原则的初步。他们用来自省的几个问题是：（一）我是否深入别人的生活里去，与他们共甘苦共忧乐。（二）我是否把上帝的重担放在自己的心里。（三）我是否在精神上有了准备，使我在任何人有了精神或物质的需要的时候就去帮助他。（四）我是否常求自己的益处。在个人的生活中，牛津国契所提倡的，是每日对上帝的“降服”，和为上帝作见证。在团体生活中，它提倡经验分享和个人谈话。在社会生活中，它的口号是“改变个人，以改变世界”。

唯爱主义和牛津团契这两个运动都可以说是自由主义的另一种表现。它们都相信理智和爱的感力：它们也都相信个人的改革是社会改革的基础，或是社会改革的全部。美国的新正统派学者，对于唯爱主义和牛津团契都会给予一个苛刻的批评，他们认为这两种思想过于强调人性的善，而轻看人性的恶；他们把唯爱主义看作空想主义，又把牛津国契看作资本主义病态社会的产物。这两个批评，我们都认为是很正确的。唯爱主义者以非战来提倡世界和平，如果这只是个人为他的信仰作见证，倒无可厚非，但如果他认为世界和平可以完全用爱的方法来获致，那实在是一个空想。至于牛津团契，在过去数年中，它的会集有许多是在华丽的大旅馆中举行的，而参加的人又都是社会中上层人士，他们似乎可以在这种个人宗教的气氛中，得到一点精神上的安慰，解决一些人事纠纷的问题。但他们所能得到的，只此而已，因为牛津团契只能说是病态社会的反映，而不能说是病态社会的改造者。

"辩证"的神学

上面所提到的那几种神学思想——基要派和现代派，自由主义和人文主义，唯爱主义和牛津团契——除了基要派的思想以外，其他的几种派别，虽然有程度上的差异，都可以说是属于同一范畴的，那就是广义的自由主义。现在我们要说到另一派很重要的神学思想，那就是正统派的神学思想。这一派思想在现代神学中有三个支流，一个是吉尔其格（Soren Kierkegaard，1813—1855）的"辩证"神学，一个是巴德（Karl Barth）的"危机"神学，又一个是尼布尔（Reinhold Niebuhr）的"新正统"神学。

我们说以上的三派神学都属于正统派，然而它们和我们已经说过的"基要派"是完全不同的。基要派注重信条，而正统派则注重信仰的内容；基要派拘泥于《圣经》的文字，而正统派却不反对用科学方法去研究《圣经》；基要派是个人主义者，而正统派则颇趋向社会主义。

所谓正统派神学，就是从保罗、奥古士丁，以至马丁路得等所传下来的神学。这一派神学注重上帝的超越性，人的罪，人神间的隔离，和人的需要救赎。自由主义者是乐观主义者，因为他们注重人的神性和人神一体。他们虽然不否认人的罪，却并不把罪看得太过严重。正统派的神学则是悲观主义：人们是无能为力的，甚至他的最高成就都染了罪的色彩。

正统派神学的复兴，是在第一次世界大战以后。这一次世界大战证明人不是万能的，也证明社会的进步不一定能给他造福，反而常常给他带来灾祸与毁灭。大战后的几年，世界就碰到一次最严重的经济危机（1925年）。在这以后，就是国际局面的紧张，和第二次大战的酝酿与爆发。在这种种情形之下，人们对各式各样的自由主义渐渐失去信仰。人的理性是不可靠的，战争就是人的兽性的表现；社会的进步也不是必然的，两次的大战又把人类拖到一个以爪牙相搏斗的世界里去。人们是悲观了，而因此，悲观的神学——正统派的神学——似乎更能适应人们精神上的需求。

我们现在先说吉尔其格的辩证神学。吉氏是一位丹麦籍的神学家，他去世将近百年，但他的思想却留下一个深刻的影响。目前正统派的神学有很重要的一部分，是从他的思想的启示而来的。所谓辩证的神学，一方面是否定了流行的现代神学，另一方面是说明人神之间的实际关系，是由上帝启示的“合”，到人觉悟和否定他自己的罪的“反”，再到一个正常宗教生活的“正”。

辩证神学是对现代基督教的无能的一个反应。它认为基督教所以无能的第一个原因，就是它对人性乐观的看法。流行着的自由主义的基督教思想，是深受了黑格尔（W. F. Hegel，1770—1831）的影响。黑氏以为神（the Divine）是内在于世界的，那就是说内在于一切自然的演变，也内在于人的理智。因此，世界是要由于逐渐的演变，而达到理想的境界，而在“正”“反”“合”的进程中，斗争是不可避免的。黑氏的思想，一方面是达尔文天演论的先导，另一方面也给了马克思阶级斗争的思想一个理论的根据。在宗教方面，现代基督教所主张的：人可以用理智去发见上帝，也是和黑氏的思想相类似的。

辩证神学所反对的是流行基督教依赖自力的看法。人之所以依赖自己，是因为他相信上帝就在他里面，而吉氏却指出在人与上帝之间有一个永远的质的不同。人必须认识他和上帝之间的这个鸿沟，并为他的这个窘迫的状况抱一称徬徨苦闷的态度。在这样的情况中，他就会感到他自己的无能，而这就会在他的生活中，造成一个严重的危机，这个危机就会使他在一刹那的决志中，被带到绝对的上帝的面前。

辩证神学也反对社会性的基督教。基督教的社会伦理是不能在现世界里实现的，因为它的标准是从另一个世界来的。只有在永恒之中，人生的矛盾才能解决；只有在永恒之中，上帝的国才能降临。宗教的问题，是个人的问题：一个人必须自己面对着危机来到的一刹那，面对着上帝所给他显示的绝对的标准。真理之所以是真理，只是因为它是我所认识的真理。社会性的宗教是人逃避到群众里去，接受群众的标准，而不接受上帝的标准。一个越过了危机的人，是不会同流于世界的，因此，他必须受苦，受苦就证明了他是同“绝对”联合的。对上帝，他是个使者，对社会，他却是个殉道者。

辩证神学也反对理性化的宗教。基督教是反理性的，因为它所要应付的是永恒，而理性所要应付的是时间。基督教是一个“似非实是”之论（paradox）。比如说，道成肉身是神人一体，是永恒和时间的结合；罪一方面是有吸引力的，同时也是可恶的；上帝一方面是神圣的，同时也是慈爱的；世界是好的，因为它是上帝所创造的，同时也是恶的；基督教是有时间性的，也是永恒的；宗教生活是福气，也是受苦。从理性看来，这些都是不可能的，都是“非”，而它们却都是“是”。

“辩证”神学所反对的又一点是主观。平常的所谓宗教经验是主观的，因此，人对上帝的经验并不是建筑在宗教经验之上的，无论这是理性的，或是神秘的。上帝是客观的，而信仰是上帝的恩赐，所以宗教伦理最根本的问题就是人治或神治，自我中心或上帝中心的问题。

“危机”神学

吉尔其格的神学在 19 世纪里面并没有什么影响，但到了 20 世纪的初期，在第一次大战后的德国，它却得到一个有力的反应。世界大战的悲剧，给人带来了失望和幻灭，正如一百年前拿破仑战争给丹麦带来失望与幻灭一样。巴德的神学，就是吉尔其格神学的延续与发展。

巴德的神学是一种抗议的神学，它所抗议的就是人文主义。人文主义看重现实的世界，把人的理性和知识当作生活的指南，从而乐观地追求一个理想的世界。自由主义的基督教学生们，抱着相同的态度，有的认为上帝的旨意可以在历史中发见，尤其是在历史上的耶稣；有的认为自然和人生都属于神圣的秩序，所以上帝的旨意也在它里面显示；更有的相信宗教经验是认识上帝的旨意的媒介。对这一切，巴德都是反对的。巴德是瑞士国的一位牧师，他最初的影响，却是在战后的德国。同加尔文一样，他的出发点是《圣经》中的默示，和这个默示的完备性。同吉尔其格一样，他对人生是悲观的；人一切“知识”，一切出路，都是没有希望的。当一个人承认了他的无能，发觉了他的破产的时候，这就是他的“危机”。如果他在这个危机中等候，他就会晓得上帝就在这个危机中对他说话，而所说的话，就是“耶稣基督”。我们必须面临人类思想的失败，基督才能变成我们怀疑而苦恼的生活的答案。在它里面，上帝和人，永恒和时间，死亡和复活——这些似乎矛盾的事实，都得到综合与融和。我们就是在这样的危机中得救了。我们的得救，不是由于我们自己，而是由于“恩惠”。在信仰中，我们从理智的跳板，跳到矛盾的深渊；更从矛盾的深渊，跌到上帝的怀抱里去。在上帝的怀抱里，我们不只否认了现世的生活，我们也认识了上帝的爱，这个爱是表现于上帝的团契中的。然而上帝的国却不属于现在的世界。我们不能用人力来建立上帝的国；我们只能回到上帝那里。这就是重生的意义，也就是复活的解释。上帝的爱叫我们在失望中寻找他，而我们之所以感到失望，却是因为他先已感动了我们。这就是说上帝拿他的恩惠的富足，来解救人的罪的穷乏。

新正统派神学

我们虽然可以把吉尔其格和巴德的思想都称为新正统派神学，但这个名词的应用实在起源于尼布尔的神学思想。尼氏是纽约协和神学的教授，也是现在全世界最有名的神学家，他的著述很多，而最受人重视的是前几年出版的《人的性质与命运》。他自己主编一个刊物，叫《基督教与危机》，也在基督教和其他的刊物上发表许多关于政治、社会、国际的文章，所以他的思想的影响是非常广泛的。

尼氏思想的出发点就是人的罪；人性是有罪的，甚至当他自以为是登峰造极的时候，罪的可能还是存在的。由于这个出发点，尼氏便竭力反对自由主义，因为自由主义对人性取一个乐观的看法，而因此就不能对世界和历史有一个唯实的认识。在这个出发点上，尼氏的思想同俄国小说家杜斯妥伊夫斯基，丹麦神学家吉尔其格，和瑞士神学家巴德的思想是一致的。他们都是悲观主义者，他们都把人生看作一个悲剧。他们的思想和自由主义与革命的左派思想都是不同的；自由主义相信渐进的改革，革命的左派相信武力的改革，但它们都相信世界是进步的，因此就都抱了一种对社会的乐观。但尼氏的思想和吉尔其格及巴德的思想是有相当距离的。尼氏承认人神间“无限的质的分别”，但他却认为人的每一个进展，都是有相对的意义的，因它使我们离理想的境界更近一步，虽则他没有什么法子完全达到理想的境界。耶稣所诏示的教训，像这《登山宝训》，在尼氏看来，是一个“不可能的可能”。它是可能的，因为人有神性；并且假如它是不可能的，这些教训便等于是无意义的。但在另一方面，它是不可能的，因为人性是恶的，在人神之间是有着一道不可逾越的鸿沟的。根据这个观点，尼氏虽然以悲观为出发点，他却不否定人生种种有意义的工作，因为它们朝着“不可能的可能”前进。

尼氏对于罪的分析是很深刻的。人是自然的产物，因此，他不应当自以为有别于禽兽；他的血肉的身体，和他对食色的要求，都是同禽兽一样的。但同时，人又是超自然的，因为他具有理性，他的理性可以使他有了自由，超越时空的限制，因而使他能够做许多禽兽所不能做的事。人的这个超越性，就使他成为一个“灵”，使他意识到上帝。人的世界不是恶的世界，因为世界是上帝所创造的，而上帝又是良善的；同样的，人也不是恶的，因为人也是上帝所创造的。既是这样，人又为什么要犯罪呢？

人为什么要犯罪？尼布尔的答案是："忧虑"。忧虑是犯罪的先决条件，忧虑并不就等于犯罪，因为在忧虑中人有着一个理想的可能，那就是相信上帝的爱可以克服自然和历史里一切不测的患难。然而这个理想的可能，是不容易达到的。人要躲避人生的"无常"，因此他就矫揉造作，超越他的本性的限度，把他自己看作无限的，这就是他的骄傲的罪。人在理智上，文化上一切的成就，都是受这个骄傲的罪所玷污的。在骄傲中，人反叛了上帝，把自己当作上帝；或者像纳粹主义者一样，把自己的种族和国家当作上帝；或者像唯物主义者一样，把无产阶级和共产主义当作上帝。他不肯把上帝当作中心，让自己向着这个中心旋绕，而是把自己和自己的一切当作中心，要上帝和世界向他旋绕。人生的不测使他忧虑，忧虑使他抱了幻想，希望整个宇宙都顺从他，满足他的一切要求，这就是罪的最根本的表现。

人是属于自然的，因此具有兽性；但人也是一个灵，所以人有神性。人是自由的，但人也是受着限制的；因为他是自由的，所以他以为他的知识、他的能力都有无限的可能。这个"万能"的幻想，就使人类的知识都受到"意识形态"的污染（ideological taint），那就是说受到物质环境的影响。尼氏认为这是 20 世纪这个时代一个显著的罪。

尼布尔和其他的新正统派神学者们，在第二次大战的时候，是完全站在反法西斯的立场上的。但在战争结束以后，他们就转过来反对苏联和共产主义。他们一向把共产主义和法西斯主义同样的看作极权主义，而把英美这些国家看作是在两个暴君专制之间（between two tyrannies）的民主国家。到了最近，他们并且把苏联看作人类自由的最大威胁。在过去，他们似乎是赞成社会主义的，因为他们自命为基督教社会主义者。他们对资本主义也曾加以不留情的解剖，和严厉的指责，但因为他们基本上是反苏反共的，所以他们事实上就同维持现状的力量打成一片，甚至做了目前美国杜鲁门和马歇尔式的外交政策的代言人。这实在是一件可悲的事，因为他们要我们认识人性中的罪和人的知识的相对性，却把他们自己对世界的认识和对别人的批评几乎认作是绝对的。他们曾经把共产主义当作"乌托邦"主义，因为他们认为共产主义者把未来的社会主义社会当作是天国，而没有晓得：就是在这样一个新的社会里面，人的罪还是会用新的花样表现出来。他们的这个批评不是没有道理的，但是他们对社会改造有没有什么具体的主张呢？除了留恋着现社会所给他们的“自由”以外，除了他们对别人不留余地的批评以外，他们所有的似乎就是这一套深刻广博的神学理论。这套理论是值得他们重视的，然而，在应用它的时候，新正统派神学者们似乎已经入了歧途。尼布尔曾经把现在基督教称为“布尔乔亚”的基督教（见《个人道德与社会改造》），那就等于说：基督教和资本主义是打成一片的。他也把现在的时代看作是“时代的末期”（见 *Reflection on The End of An Era*），那就是说，他认为资本主义的时代将要过去；然而，他现在反共反苏的立场，却使他和他过去所批评反对的现状，几乎完全打成一片。我说“几乎”，因为他对现在的社会，尤其是美国的社会，还在保持着若干的批评，然而这些批评，已经不是基本的，而只是枝节的。但这还算是好的；另有一位几乎与巴德齐名的瑞士神学家布诺纳（Emil Brunner），平常也被认为是一位社会主义者，但在他的近著 *Justiceand the Social Order* 里，他居然主张维持资本主义的私有制度。他们所以到这个地步，就是因为两极化的世界逼着中立的人们，使他们不向左，就非向右不可。在新正统主义高唱入云的时候，他们曾说过：“在宗教思想上，我们是越来越向右；在社会思想上，我们是越来越向左”。现在的发展却证明了宗教思想和社会思想，在本质上是不容易分得那么清楚的。

奋兴派

在每一个时代里，基督教里面都有不少的人追求着一个“有生命力”的宗教，他们认为注重仪式的宗教，注重理智的宗教，和注重社会的宗教，都不是有生命力的宗教。相反的，奋兴派的宗教注重个人得救，注重人神交通，注重基本信条。奋兴派的宗教是情感的宗教，是保守的宗教，也是逃避的宗教，他们的主要信条，和基要派的主要信条差不多是一样的，那就是相信耶稣童贞女生，肉体复活、再来等等。但基要派不一定是奋兴派，因为基要派可以是理智的，而奋兴派则必定是情感的。奋兴派因为注重个人得救，所以把“社会福音”看作异端。他们认为基督教不应当过问政治，然而他们自己却和政治上极右派的思想完全打成一片。在经济上支持他们的，多半是大资产阶级的人们。他们所以支持奋兴派，大概因为奋兴派对人民可以发生一种麻醉的作用，叫他们多想到自己，少想到社会，多想到来世，少想到今生。在现社会正在崩溃没落中的时代末期，徬徨苦闷的人民，可以从奋兴派的宗教得来希望；就是在风雨飘摇中的特权享有者，也可以从它得到安慰。为了这个原故，奋兴派的宗教在中国，在全世界，都有如火如荼之盛；他们的会堂总是挤满了人的，他们的信众都显着蓬勃的热力和传教的精神。近几年来，他们也在中国许多大学里面成立一个组织叫做 I. V. F.（Inter-Varsity Fellowship），去扩展他们的势力，使一部分思想上没有找到出路的青年，受到他们的影响。在一般的教会里边，奋兴派是一个分裂的力量，因为他们把一般基督教看作是无能的基督教，或异端的基督教，而把他们自己看作唯一的正统的基督教。他们自己并不成为一个宗派，因为参加他们的有各个不同宗派的人。在剧变的时代中，在人们没有得到合理生活的任何社会环境中，奋兴派的宗教的兴旺是可以了解的。然而时代是要转变的，在一个进步的社会里，人们不再需要麻醉式的宗教，也不会容许它的存在。

中国的反基督教运动

在 1917 年到 1927 年这十年当中，是中国思想界对基督教批评检讨的一个蓬勃时期。中国的知识阶级在这个时期所以对宗教发生兴趣，大概有以下的几个原因：第一，自民国改建以来，一般知识阶级多觉悟到，要使中国现代化，绝非仅采取西洋的技术与制度所能为力的，必须把国人的思想完全西化；但是西洋文化，除了“五四”所提倡的科学与民主这两种精神外，还包括宗教。这就引起宗教在文化上的地位的讨论。第二，也有的人以为中国精神的文明优于西洋文化，所以竭力提倡中国固有的宗教，或采取各教的优点，创设新宗教。孔教会就是主张以儒教为国教的。第三，当时的新文化运动，对于社会上一切思想制度，都要取批评的态度，重新估定价值，宗教自然也在讨论之列。第四，民国成立以来，基督教举行大规模的宣教运动，用种种方法，引人入教，因此就有一部分人发生很大的反感。朱执信的《耶稣是什么东西》，就是一个例证。第五，少年中国学会因限制宗教徒入会，引起对宗教问题讨论的兴味。（以上各点见张钦士著《国内近十年来之宗教思潮》。）

1917 至 1921 年这几年是讨论宗教的时期。蔡元培先生曾在《新青年》（3 卷 6 期）提倡《以美育代宗教说》。他以为宗教所以能对人发生影响，大半是因为利用自然、建筑、图画，及诗歌等方面的美。但“美育之附于宗教者，常受宗教之累，失其陶养之作用，而转以激刺感情”。他列举了一些宗教的弊病，如攻击异教、教派间之争，和十字军之战等，他的结论是“鉴激刺感情之弊，而专尚陶养感情之术，则莫如舍宗教，而易以纯粹之美育”。

胡适之先生也发表了一篇《不朽》（见《新青年》6 卷 2 期）。他批评了中国过去“三不朽”的说法，认为它只限于极少数的人，没有消极的裁判，范围太含糊。他提出：“社会的不朽”作为他的宗教。他说：“我这个现在的‘小我’，对于那永远不朽的‘大我’的无穷过去，须负重大的责任；对于那永远不朽的‘大我’的无穷未来，也须负重大的责任。我须要时时想着，我应该如何努力利用现在的‘小我’，方才可以不辜负了那‘大我’的无穷过去，方才可以不损害那‘大我’的无穷求来。”

朱执信先生写了一篇《耶稣是什么东西》（1919 年 12 月 25 日《民国日报》）。他说：“这个耶稣不过是一个私生子，反抗当时的祭司被人拿去杀了的一个人。其属性很简单，人格也不一定是卓越的。”关于耶稣的人格的评价，他引了《马太福音》里十个童女的比喻，说：“他这教训本来是教人要时时准备，却于无心之中露出马脚，把他这个自私自利到不堪的地位的五个人都算做入天国的人。”

然而也有对基督教表示欣赏和崇敬的态度的。陈独秀先生在《新青年》7 卷 3 期写了一篇文章《基督教与中国人》；他以为基督教在中国行了几百年，我们没有得到多大利益，只生了许多纠扰，平心而论，实在是中国人的错处多，外国人的错处不过一两样。因此他说：“我们今后对于基督教问题，不但要有觉悟，使他不再发生纷扰问题；而且要有甚深的觉悟，要把耶稣崇高的、伟大的人格，和热烈的、深厚的感情，培养在我们的血里；将我们从堕落在冷酷、黑暗，污浊坑中救起。”他认为中国的社会是麻木不仁的，所以应当利用美与宗教来补救这个缺点。他认为耶稣所教给我们的人格和情感，是崇高的牺牲精神，是伟大的宽恕精神，是平等的博爱精神。他的结论是：“基督教是穷人的福音，耶稣是人的朋友。”

田汉先生在一封致曾琦（慕韩）的信里（见《少年中国》2 卷 8 期）也说了这一段话：“那幅耶稣跪着望天，代世世无告者而祷告的画像，正挂在纸窗之上。每当夕阳西下的时候，耶稣的头上才放出光来引我注目……倒是耶稣那一种非理性的 unspeakable 的态度，还偶然有使我暂安之力。”他接着又说了以下的一段话：“尝见《新约全书》上面讲拏因城里一个有罪的妇人，知道耶稣在法利赛人家里坐席，拿着盛香膏的玉盒，站在耶稣背后啼哭，眼泪湿了耶稣的脚，用自己的头发去擦，又用嘴亲他的脚，将香膏抹上。我常叹那个妇人，那个耶稣，那件事，那段文章，真是再有生命的没有，再艺术的没有，再神圣的没有！耶稣因为有这样的感化力，所以配做教主！……我说过不谈宗教了，又说这一些，真对不起。我不懂我如何对于诸兄所痛恶的宗教，这般痛爱？”

1922 年 4 月，世界基督教学生同盟在北平清华大学举行第十一次大会。这个消息传出去以后，便爆发了一个反对基督教的汹涌浪潮。在该年 3 月间成立的反对基督教的组织有“非基督教学生同盟”，有“非宗教大同盟”，有“非基督教大同盟”。还有许多地方个别举行的反基督教大会。“非基督教学生同盟”的宣言里说：“我们知道现代的社会组织，是资本主义的社会组织。这资本主义的社会组织，一方面有不劳而食的有产阶级，他方面有劳而不得食的无产阶级。换句话说，就是：一方面有掠夺阶级，他方面有被压迫阶级。而现代的基督教及基督教会，就是‘帮助前者掠夺后者，扶持前者压迫后者’的恶魔。”同盟里又有一位作者说：“宗教是灵性的桎梏，思想的障碍，资本家的护身符。”北京的“非宗教大同盟”也发表了一篇宣言，其中有一段话：“人类本是进化的，宗教偏说‘人与万物天造地设’。人类本是自由平等的，宗教偏要说：束缚思想，摧残人性，崇拜偶像，主乎一尊。人类本是酷好和平的，宗教偏要伐异党同，引起战争，反以博爱为假面具骗人。人类本是好生乐善的，宗教偏要诱之以天堂，惧之以地狱，利用非人的威权道德。宗教本是没有的，他们偏要无中生有，人造迷信。宗教本是假设的，他们偏要装假成真，害人到底。总而言之，上帝本身，既不由理化物力构成，到底是什么东西？教主生活，更不是吾人意识所能想象，究竟是什么现象？既有造物主，何不将电灯飞艇早日造出？既有赏罚权，何不使世间人，尽成善士？好笑的宗教，科学真理概不相容。可恶的宗教，与人道主义完全违背。”

以上所引的几段话，有的是真正摸到基督教痛痒的地方，而有的却非常幼稚，根本就没有了解宗教或基督教是什么东西，然而所以造成这种不了解，基督教和一般的宗教也应当负一大部分的责任。在这个运动蓬勃的时期中，有几位文化界先进的意见，却是值得注意的。周作人、钱玄同、沈兼士、沈士远、马裕藻等发表一篇《主张信教自由宣言》说："我们不是任何宗教的信徒，我们不拥护任何宗教，也不赞成挑战的反对任何宗教。我们认为人们的信仰，应当有绝对的自由，不受任何人的干涉。除去法律的制裁以外，信教自由，载在约法。知识阶级的人，应首先遵守，至少亦不应首先破坏。我们因此对于现在非基督教，非宗教同盟的运动表示不反对，特此宣言。"蔡元培先生却说："信教是自由，不信教也是自由！……我们就自由作我们的运动，用不着什么顾忌。"梁启超先生说："宗教这样东西，完全是情感的。情感这样东西，含有秘密性，想要用理性来解剖他，是不可能的。凡有信仰的人，对于他所信仰的事，总合有几分默气，自己已经是不知其然而然，旁人越发莫名其妙。你要想他的信仰对象，和他条分缕晰的说'这里不对，那里不对'，除非他已经把他信仰抛弃；不然任凭你说到唇焦舌敝，也是无用，因为只有情感能变易情感，理性绝对的不能变易情感。"他虽然不反对非基督教运动，但他总是觉得宗教是有它的地位的，因为"情感烧到白热度，事业才会做出来……人类所以进化，就只靠这种白热度情感发生出来的事业。这种白热度情感，吾无以名之，名之曰宗教"（见《哲学》第 6 期）。

非基督教运动除了在信仰和思想方面把基督教认为迷信而加以反对外，又从实际方面把基督教看作帝国主义的工具："基督教是帝国主义底先锋，外国帝国主义侵掠中国的手段"，"神父牧师头里走，军舰兵队后面跟。《圣经》每页上都写着：送枪炮来，送银子去。""近年以来，他们传教方法日臻巧妙，由教会，而学校，而医院，而青年会，而社会服务团，而童子军，而平民教育，日益遮掩其布教面目，日益深入社会，迷惑无量青年。"他们列举了许多关于基督教在中国，和在世界各处殖民地被利用来做侵略的事实，并提出一些反对基督教的具体办法，其中的一种，就是规定每年 12 月 25 日（耶稣诞生）前后一星期为反基督教周。

这个反基督教运动并没有继续多久，就沉寂下去。1922 年左右，正是资本主义和基督教运动的黄余时代，而中国以打倒封建为口号的新文化运动，也正需要西方基督教的资本主义国家的物质文明与精神文明. 因此，非基督教运动虽然有它理论和事实上的根据，却只能作昙花的一现。后来在 1925 至 1927 年的大革命时期间，由于反帝反封建意识的进一步发展，和“五卅”事件的刺激，反对基督教运动又在一个短时间内爆发。这一次的运动，大体上是同1922年的运动一样，但是更趋重于实际问题方面的。

中国基督教的革新运动

1922年和1925年的非基督教运动，的确引起了基督教内部的反省和自我批评。若干基督徒在文字上检讨基督教的弱点，也替基督教做辩护，指出非基督教运动错误的方面。《真光》杂志在张亦镜先生主编的时候，曾为这个问题出过专号。张纯一先生曾提倡“佛化基督教”。聂其杰先生曾作《宗教辩护说》，以儒佛二教同基督教比较，从而指出一般人对基督教的误解。吴雷川先生在《论基督教与儒教》（《真理周刊》1卷43期）一文中也讨论到二教的异同。他的结论是：“从前基督教会里，每有人说，基督教能完成儒教，现更应当说，儒教能发挥基督教……无论是基督教吸收了儒教，或是儒教容纳了基督教，总可以说真道必要在中国结成善果，真宗教必要在中国大放光明，这是我所深信而抱乐观的。”徐宝谦先生在《基督教运动与吾人今后应采之方针》（《生命》6卷5期）里指出，反基督教运动是有益于基督教的。他把反对基督教的言论分为理性派（如胡适之），国家主义派（如陈启天），共产主义派；他觉得他们的反对虽然都持之有故，但都不能否定基督教的真理。关于应付的方法，他主张尽力培养灵性生活，参加反对不平等条约运动，谋求中国教会的自养自传，对反对基督教者取虚心态度，努力改造社会等。赵紫宸先生写了一篇《风潮中奋起的中国教会》（见《真理与生命》3卷2期），他认为“中国教会乘此时机，跃入轨道，作切实光明的贡献”。他的主张大体上同徐先生是一样的，就是提高灵修，注重自立，声明基督教绝非帝国主义工具，基督教与三民主义不相违悖，努力于工农平民生活的提高等。

在1922年至1927年这个短短的时期中，基督教内部却显示一种蓬勃的现象。中华全国基督教协进会在1922年成立，使过去以宣教师为中心的基督教运动转到由中国基督徒负责的方向。中国基督教学生运动，在1927年成立了一个筹备会，并规定学运的宗旨为“本耶稣的精神，创造青年团契，建立健全人格，实行革命，谋民众生活的解放与发展”（后来“实行革命”四个字被取消）。在北伐告成的时候，武汉基督徒也发表一个《革命运动宣言》，主张拥护国民政府，努力革命工作，反对帝国主义，取消不平等条约，收回教育权等。在这个时期中，基督教里面有两种新型刊物出现，就是《生命月刊》和《真理周刊》（后来合并为《真理与生命》）。它们都以提倡基督教新思想为职志，基督教是深深地受到时代潮流的影响的。

在最近的十几年中，由于“九一八”事变后民族危机，由于“七七”后的抗战和1939年后的世界大战，由于大战结束后中国的内战和国际局面的两极化，中国的基督教思想也反映着这个时代的变化。西方的现代主义和基要主义，奋兴运动和牛津团契等都在中国流行着。在这以外，也有接受了时代的挑战，根据现实的要求，对基督教教会加以一番新的解释的。吴雷川先生所著的《基督教与中国文化》、《墨翟与耶稣》，就是一些例。一般较有思想的基督教青年，大半都趋向到社会福音。到了最近，由于国际形势的尖锐对立，许多更急迫更基本的问题，也被提出讨论，例如：基督教与资本主义、基督教与共产主义、基督教与唯物论等（见《天风周刊》第98、102、106、108、116、122期）。世界的基督教思想是在一个镕炉中，中国的基督教思想更应当是在一个镕炉中。我们等着看它的发展吧。

批评与展望

30年来的基督教思潮，我们已经把它简略地叙述过了。这个思潮的主流，在第一个时期，是美国的现代主义和自由主义；在第二个时期，是欧洲的辩证神学。前者是乐观的，也可以说是肤浅的乐观；后者是悲观的，也可以说是过度的悲观。我们不是要提倡什么“中庸之道”，但也许真理是在这两个极端的中间。第三时期的美国的新正统派神学，似乎是这一条中间路线了，但后来他们又投到旧势力的怀抱里去。我们中国的基督教，还是在一个幼稚的时期，所以对思潮不能有什么贡献。如果我们可以说是有过一点贡献，那也许只是一种消极的贡献，那就是“五四”以后的反基督教运动。这个运动指出基督教的虚伪性、麻醉性、世俗性。时代进展了，我们现在觉得这些批评的确有它的道理，它真可以做我们基督徒的当头棒喝，使我们发生一种不满与改革的要求。

我为什么说现代主义和自由主义是肤浅的乐观呢？这些主义都有它们站立得稳的成分，那就是“理性”的重要和“进步”的可能。把理性应用到宗教上去，是一件应当的事，但如果我们以为人类有限而相对的理性，可以参透宇宙绝对而无穷的奥秘，那就未免近于夸张。如果把理性应用到社会问题上，则理性更有它的限度。现在世界纷乱的根源，不是由于理性的缺乏，而是由于利害的冲突。说得坦白一点，理智是利害的“婢女”，是情感的工具，利害的问题没有解决，则人的理性不能得到真正的解放。说到“进步”，我们当然不能否认人类的社会是进步的。但自由主义者的所谓进步，却只是布尔乔亚社会里的一种幻想。这些进步主义者没有意味到布尔乔亚社会本身的矛盾，因而没有想象到这个矛盾所必定产生的悲剧与幻灭。人类的进步是必然的，然而这个必然却不一定是循序渐进、优游自在的必然，而可能是兔起鹘落、迂回曲折的必然。

我为什么说辩证的神学是过度的悲观呢？辩证神学对人性的了解是确当的，然而它却反映着没落的布尔乔亚社会悲观的气氛。它并没有对人的神性给予恰当的位置；它并不代表耶稣所传给我们的勇进而乐观的宗教。布尔乔亚社会的没落是必然的，但是一个更能适应时代的新的社会的兴起，也是必然的。我们当然不能否认在那个新的社会里，人的罪恶还是有新的表现的可能，但是在现在，我们正不必杞人忧天、无的放矢。那就是说，我们对世界和人生的前途，还是可以抱一个唯实的乐观。

说到新正统派的神学，我们可以说：它是一个把正统神学和现代思想聚一炉而冶之的、集大成的神学系统。这个系统的成立，可以说是美国基督教思想界一个重大的贡献。它不否定现代主义和自由主义，但它比这些主义更深刻、更彻底。它是建立在辩证神学之上的，但它却扬弃了这个神学使人麻木的悲观。它要我们举目向天，但同时也要我们脚踏实地；它主张社会的改进，但它却不认为改进了的社会是天国的降临。更重要的，是这派神学所指出的：人的思想、人的信仰，都多多少少地是一种“意识形态”，受着社会条件的影响与支配，因而并不具有抱着这个思想者所想象的绝对性。然而我们已经指出，新正统派的神学者们，因为过分着重了布尔乔亚式的自由，过分强调了苏联和共产主义的弱点，便在不知不觉之中，投入保守力量的怀抱，抛弃了这个神学的进步性，忘记了他们所不断警告我们的人的骄傲与自私。

至于中国的基督教思想，我们虽然说基督教在中国还是在一个幼稚的时期，不能有什么贡献，但我们相信，在将要来到的这一个时期中，中国应当是基督教革新运动一个很重要的据点。原因在哪里呢？先从基督教的本身说。现在有组织的基督教两个致命的弱点就是：第一，它和现状结合，和它打成一片；第二，它把耶稣平易切实的宗教，变成一套玄妙的神学，又把这套神学变成麻醉人民的鸦片。我并不否认在这一般的状况中有许多例外，基督教里面有许多进步的成分，和具有生命力的成分。然而大体上说，基督教在现在的社会，没有尽到它的创造和领导的责任。我为什么说中国应当是基督教革新运动的一个重要据点呢？这就是因为中国的文化自“五四”以后，是在时代的洪流中被洗刷，在革命的烈火中被锻炼，它的一切都不断地被重新估价。中国是在一个大时代里，而大时代里的基督教也必然遭受到同样的洗刷与锻炼。一个宗教是少不了它的神秘的成分的，但我相信，在未来的时代中，基督教里面带着麻醉性的神秘成分，是将会被洗刷掉的。一个宗教也免不了受社会环境的影响，但我相信，现在基督教资本主义思想和行动上的结合，也必定会被解放出来的。到那时候，基督教将要成为一个新的基督教，它将不再是社会上一个保守的力量，而会变成人民所需要的面酵、光，与盐。

在中国是这样，在世界也将是一样。时代洪流在中国动荡着，也在全世界动荡着；革命的烈火在中国燃烧着，也在全世界燃烧着。这股洪流，这把烈火，并不代表这一个阶级，那一个党派，仅是全人类自我解放的要求。现在这个革命的主要力量，似乎是与基督教对立的，也似乎是要否定基督教的，然而那不过是因为现在的基督教已经失去它的本来面目。在未来的时代里，我相信基督教是要和这个革命运动合流的。基督教应当吸收最进步的社会科学的成果，因为没有社会科学，基督教就容易变成不切实际的空想。在另一方面，社会革命运动将来也必然地对基督教中精神生活和个人关系的宝贵教训加以欣赏与重视。一个洗刷过、锻炼过，恢复了本来面目的基督教，和一个长大了、成熟了、冷静了的革命运动，是不会有什么基本的冲突的。相反地，它们是相需相成的。耶稣说：“我来不是要破坏，乃是要成全。”过去的一切，都有它们的错误，也包涵了不可磨灭的真理；在未来的世界中，它们都要在一个更高的综合里得到成全。世界是要变的；人们的成见是要被打破的；文化思想的领域也要重新被整理、被划分、被融合的。这一切都将是一个辩证的发展。耶稣又说：“古人告诉你们……但我告诉你们……”这是何等的气魄，何等的眼光！如果我们囿于传统作茧自缚，把基督教富有生命力的宝藏埋在地里，我们就不但不能作时代的领导者，反而将要成为基督教的罪人。

“我要向青年说的”
——追求真理，不计利害*

我们知道有不少的人，在青年时代，抱着很高的理想，满腔热血，要把世界改造，但当他们投身于社会，阅历较深，多懂得一点“人情世故”的时候，他们便马上把理想放弃，与世俗同流合污。他们虽然还是青年，但他们的精神、他们的心境，都已经衰老了。相反地，我们也常看见一些年纪较大的人，也许他们的思想是很闭塞、很落伍的，但由于他们的虚心追求，他们便能迎头赶上，与日俱进，保持着青年活泼进取的精神。

这二者之间的分别在哪里呢？我以为他们的分别就在他们的人生态度。前进者之所以变成保守者，是因为他以利害的计较为他的生活标准；保守者之所以变成前进者，是因为他以真理的追求为他的生活标准。这个人生态度的不同，就构成人格的差异，和每一个人事业方向的差异，也就构成我们平常所说的善恶、忠奸、诚伪的差异。

如果有一句话可以用来作我们正确的生活标准，使我们头头是道、应付裕如的，这句话就是“追求真理，不计利害”。真理是极其繁复，不容易为人所认识的，因此，我们要追求真理，就要虚心、要诚恳、要忍耐、要大胆，甚至要冒险。有的时候，我们自以为已经认识真理，而实在我们却是被自己的成见和流行的见解所锢蔽、所包围。但这还是好的，因为这只是由于知识上的限制；更坏的，就是我们在已经能够认识真理、辨别是非的时候，却因为个人利害的关系，把真理抹煞了，把是非歪曲了。这一种态度就叫做“自欺欺人”；抱着这种态度的人是永远住在黑暗中的，也是永远患得患失的，因为真理的光明他看不见，而真

* 原载《中学生》总第207期，1949年1月。取自《黑暗与光明》，青年协会书局，1949年12月初版。

理又会永远向他进攻，要把他的虚伪打倒。

汉儒董仲舒曾经说过一句话："正其谊不谋其利，明其道不计其功。"董氏的思想，虽然不足为今日法，但他的这句话，也正是我们所说的"追求真理，不计利害"那句话的精神。在《圣经》里面，耶稣也说过一句话："得着生命的，将要失丧生命；为我失丧生命的，将要得着生命。"这里面"为我"这两个字，可以解释为"为真理"，因为耶稣又说过："我来是为真理作见证。"头一句话所谓"得着生命"，就是计较利害；计较利害的人，自以为是"得着生命"，而实在是"失丧生命"。第二句话所谓"为我失丧生命"，也就是"追求真理，不计利害"；从别人看来，他好像是"失丧生命"，而实在他是"得着生命"。英国有名的生物学家赫胥黎说："你要坐在事实面前，像一个孩子，听它（事实）引领你到任何的地方去，不然你就一无所得。"赫胥黎所说的就是科学的态度。坐在事实面前，没有自己，只有真理，一切都听它摆布，这也就是"追求真理，不计利害"的精神。没有这种精神，科学就不成其为科学。

"追求真理，不计利害"应用在事物上，就是一个"真"字，应用在人与人的关系上，就是一个"诚"字。所谓诚，就是推心置腹，里外如一，或者像耶稣所说的："驯良像鸽，灵巧像蛇。"《中庸》上说："惟至诚者为能尽其性"，又说，诚者可以"与天地参"，这也许是唯心论者的过甚其词，但这句话的涵义，实在值得我们玩味。一个人在待人接物、应付事实的时候，自然很不容易百分之百地坚持着"真"和"诚"的态度，他是常常要妥协迁就的；但如果他能够永远以"真"和"诚"为他生活的鹄的，出死入生，百折不回，那么，他所做的一切，必定是无往而不利的，即使他遭受到一时的挫折，最后的成功，是一定属于他的。

基督教的改造
——专题讨论："基督教徒的觉醒"的总结*

《大公报》社会服务版在6月17日刊出了5个基督教徒的来信："基督教徒的觉醒"，反对帝国主义利用宗教；后来又选刊了5封来信，其中包括两篇反对的意见，三篇赞成的意见。《大公报》社会服务部编辑为了慎重起见，要我对此问题作一总结，"指示基督教徒在现阶段应有的思想改造，及今后努力的途径"。我答应了这个请求，但因为时间的关系，我只能很简略地把我的意见写出来，希望读者不吝赐教。

对于5位基督徒所指出的帝国主义者利用宗教这个事实，我认为是很值得我们注意的。在过去和现在，帝国主义者的确是利用了宗教来做"侵略"、"剥削"、"欺骗"、"愚化"中国人民的工具。在西国宣教师和宣教会的主观意念中，也许完全没有这样的企图；也许他们认为：他们到中国来传教，是出于完全纯洁的动机，然而，宗教信仰和宗教思想，究竟逃不出社会制度和社会环境的影响。我们不能否认：遣送宣教师的国家，像美国，像英国，是资本主义帝国主义的国家，因此，他们所传到中国来的基督教，当然也逃不出这种社会制度的影响。中国过去的不平等条约有不少是由"教案"所引起的；外国宣教师所传的基督教，大部分是在资本主义的意识形态中孕育出来的；基督教会所办的学校，尤其是在过去的一个时期中，更是充满了帝国主义麻醉和奴化的成分。在目前动荡的大时代中，各国的基督教领袖和学者，大半对革命采取模糊的态度，甚至替现状辩护。他们未尝不感觉到在没落的社会制度里的许多问题，但是，由于他们所受的旧思想的陶冶，由于他们宗教信仰的唯

---

* 原载《大公报》1949年7月16—18日。亦载《天风周刊》第173号，1949年7月30日。亦载《田家》第16卷第3期，1949年9月。取自《黑暗与光明》，青年协会书局，1949年12月初版。

心倾向，他们至多是在黑暗中摸索，看不到问题的真相，更谈不到对问题的解决提供什么具体的意见。在最近两年中，帝国主义和基督教的联系，更有一些尖锐而明显的表示。中国三年来的内战，我们可以毫不迟疑地说，是应当由美帝国主义负责的。但是，痛心得很，美国几位世界闻名的基督教学者，不但没有对美国这种侵略的外交政策提出什么抗议，反而做了这种政策的辩护者和代言人。他们的态度当然是一贯地反苏反共的；中国的革命既然是由中国共产党领导的，自然也在被反对之列。因为这些学者们都是基督教的重要领袖，他们的言论便深刻地影响了美国对外宣教事业的政策。他们在中国的宣教事业——包括人才、经济，和工作方针，自然也直接地受到这个影响。不但美国是如此，其他各国和许多基督教的国际机构也是如此。中国的教会在现阶段中，虽然在名义上是独立的，但实际上还没有脱离西国差会直接间接的影响与控制。在这样的情况下，我们如果说中国的基督教同帝国主义完全没有关系，那是与事实不符的。

除了这个帝国主义的影响以外，中国的基督教会自然还有许多缺点。它所宣传的福音，大部分已经不是耶稣解放人类的革命福音，而只是带着麻醉性的个人得救的"福音"，或者是给资产阶级和有闲阶级一点感情上温暖与安慰的锦上添花的"福音"。这个"福音"已经脱离劳苦大众，脱离目前世界在洪炉中被试炼的现实。它不能给痛苦的人类指示一条出路；即使它做了一些服务慈善的工作，那也不过是头痛医头的改良主义的办法，对于世界基本的变革没有多少帮助。因为教会的本质是如此的，所以它不能号召有生命力的进步人士去参加它的队伍；它所能号召的，只是一些在动荡的时代中要维持现状，或是本质良善而对大局认识不清楚的彷徨苦闷的人士。这样一来，基督教会就变成时代的渣滓，被人唾弃。它内部许多腐败无能的现象，都是从这个基本的因素产生出来的。

但是，我对基督教并没有失望；我信教已经有 31 年，到现在我还是一个忠实的基督徒。在过去的十几年中，我的基督教信仰是被锻炼、被洗刷了，然而这个信仰的基本成分，我还是不折不扣地保留着、服膺着。这个信仰同我在过去十几年中所接触到的新思想，不但没有冲突，没有矛盾，并且它们相互间已经达到一个融会贯通、互相补充的境界。我的这种宗教信仰，和一般流行着的基督教信仰，虽然在形式上有若干的共同点，但在内容上、在精神上，它们是有着一个很大的距离的。我不敢说我现在的基督教信仰有多少成分符合了耶稣当时所传的革命的福音，但我至少可以毫不迟疑地说，现在流行着的基督教不但没有表现这个革命的福音，并且是违反了、出卖了这个福音。这样的教会，如果不肯改辕易辙、忏悔更生，就会被时代的潮流所淘汰，终于把自己送到博物院里去，变成历史的陈迹。

基督教能不能改造，能不能更生呢？我以为是可能的。基督教信仰的本身有内在的生命，因为耶稣原来传给我们的福音，从思想方面说，是一个最深刻的宇宙观和人生观；从生活方面说，是一个磅礴的动力。它是人生的真理，而真理都是具有革命性的。耶稣生在两千年前，不能不用当时流行着的意识和话语来表达这个真理；记载他的言行的人们，更是如此。因此，《圣经》中的记载，就好像充满了神秘和迷信的成分。自从基督教成为罗马的国教以后，它更变成统治者的工具，封建力量的堡垒。但是，耶稣自己所传的福音却不是如此的。他要我们尽心、尽力、尽意去爱上帝，又要我们爱人如己；爱上帝就是爱真理，爱人如己，就是为人服务牺牲。他又告诉我们：必须丧掉生命，才能得到生命。丧掉生命，就是追求真理，不计较个人的利害；得到生命，就是因服从真理而达到一个美满的人生，理想的社会。这几句话，不过是说了耶稣的福音的一个轮廓，在福音书里面，还有许多宝贵的教训，这些教训不只含有个人修养的意义，也充分指示了社会改造的方向。我自然不是说基督教的这些道理，在别的地方完全不能找到；相反地，这些道理现在是被教会束之高阁，而它却在别的地方，在不同的形式中被表现出来。这正像耶稣自己所说的："从东从西，将有许多人来，在天国里……坐席，惟有本国的子民，竟被赶到外边黑暗里去。"

我们要怎样改造基督教，使它得到新的生命呢？基督教是在16世纪马丁路得所领导的宗教革命中，从罗马教分裂出来的。宗教革命的时代，也就是工业革命的时代。工业革命推翻了封建制度，产生了资本主义；宗教革命使罗马教里面的新生力量脱离带有浓厚封建性的母体，变成一个同资本主义一样，以个人主义为出发点的基督新教。无论在形式上或精神上，资本主义同基督新教都是一致的。这个历史的事实就说明了为什么资本主义的全盛时期，就是基督新教的黄金时代，为什么基督新教在资本主义社会里面感到那样的温暖与舒适。现在，时代是改变了，资本主义是没落了；当然地，生长在资本主义的温室里面的基督教也要跟着它没落。

但是，在20世纪50年代的今日，基督教会不会产生一个新的马丁路得，能不能来一次新的宗教革命呢？从一般形势看来，这似乎是不可能的，一方面在基督教里面我们还没有看见一般怎样蓬勃的新生力量，像马丁路得当时所代表的；另一方面，一个反宗教的改造世界的力量已经取得具有决定性的胜利，远远跑在基督教的前面。在这样形势之下，即使基督教里面有新生的力量，它也不能像马丁路得改教运动那样，发出一个广大的号召。

虽然是这样，我们还是相信基督教内部的革新是必然要来到的。基督教从封建时代的罗马教演变成资本主义时代的基督新教，这是一个阶段；现在的世界，是从资本主义逐渐进展到社会主义，因此，基督教在这时候也必然会进入一个新的阶段。我们说过，基督教有内在的生命，这个内在的生命，在不同的时代当然会有不同的表现。

如果我们所推测的没有错，那么，我们就可以指出基督教今后改革的方向和努力的途径。首先，我认为基督教必须把自己从资本主义、帝国主义的系统中挣扎出来，摆脱出来。这不是一件容易的事，然而却是一件必须的事。现在的基督教是寄生在资产阶级里面的，脱离了这个阶级，可能就等于它在经济和物质生活上的死亡，然而这个死亡正是它的新生。其次，中国的教会必须实行它早已提倡过的自立、自养、自传的原则，变成一个道地的中国教会。西方的基督教会是在资本主义的温室里培养出来的；中国的基督教会和它的事业，大部分也是从西方宣教会的温室里培养出来的；如果它真的要自立、自养、自传，这也可能等于它在经济和事业上局部的死亡，然而这个死亡也正是它的新生。再其次，基督教必须认识现在的时代，和它自己过去的历史。它过去的历史，有光明的方面：它是现代文明和旧式民主主义的孕育者；它是社会事业的先导，人道主义的泉源。但它的历史，也有黑暗的方面：它的迷信，它的腐败，它的势利，它的残暴，它同统治者的勾结，都使它变成斗底下的光，失了味的盐。面对着这个历史，它应当忏悔，应当严厉地自我批评。在这个忏悔的心情中，它更应当进而认识现在的时代。顽固的基督徒们，把共产主义比作洪水猛兽，把苏联比作混世魔王，把人民民主的政权比作罗马帝国压迫基督教的黑暗恐怖时代，把怯懦无知者的恐惧与逃避，渲染成殉道者为正义的牺牲。这一切陈腐反动的思想必须扫除。基督教必须知道：现在的时代是人民解放的时代，是旧制度崩溃的时代，同时也应当是基督教除旧布新的时代。基督教必须知道：它自己已经重新把耶稣钉在十字架，重新用送葬的衣服把他紧紧地裹扎起来。基督教必须知道：它已经不是医治世界痛苦的万灵药的专卖者，相反地，上帝已经把人类得救的钥匙，从它的手中夺去，给了别人。总一句话说，基督教必须大彻大悟，让旧的躯壳死去，让新的生命来临。

最后，基督教必须投身到时代的洪流里去，与一切爱好和平民主的人士携起手来，反对帝国主义者挑拨新战争的阴谋，反对一切剥削压迫民众的旧力量，在新民主主义的旗帜下共同努力，建设新中国。基督教里面带有社会性的团体，像青年会、女青年会，自然应当这样做，就是以灵修崇拜为主要工作的基督教会，也应当这样做。近两年来，由于事实的需要，由于地方上的一些误会，许多教堂都被占领、被借用。我们希望这是战争期间暂时的现象；我们希望在大局稳定以后，政府将彻底执行宗教自由的政策，严厉地取缔一切违反这个政策的行动。然而，我们如果替教会本身设想，我们就觉得我们应当采取一种更积极的态度。在普通的教会里，礼拜堂只供主日崇拜之用，每星期只用一二小时，其他的时间都是空着的。我们为什么不能改变这个成规，把教堂变作地方民众社会活动的大本营。也许有人说：这是玷污了圣所，违反了崇拜的神圣意义，但我们应当知道，上帝不一定在一个空的礼拜堂里，他也可以在追求他的旨意的群众里。只要教会能改变它的精神和态度，它就可以和群众结合起来，不再被群众所轻视。它甚至可以鼓励他们，领导他们，用基督教爱人、服务、宽容、饶恕、牺牲、克己的崇高精神来影响他们，使他们在动乱的时代能够更冷静、更客观地处理一切的问题。如果教会能够这样做，基督教就可以在新时代里变成一个建设的力量。这一个转变，不但可以使它自己起死回生，也可以影响全世界的基督教，抛弃固有的路线，进入一个新的阶段。

在最近两年，在解放战争进行的当中，许多基督徒都抱着一个恐惧的心情，等候着时局的发展。他们好像觉得，他们的命运是握在别人的手里。但是，如果我们上面的分析是不错的，我们就可以得到一个结论：中国基督教的命运，不是握在什么人的手里，而是握在基督徒自己的手里。因此，我希望全国的基督徒都用积极、勇敢、愉快的心情，去迎接这个中国历史所未曾有过的大时代。

关于《大公报》这次的讨论，我还要说一句补充的话：在批评原文的5封来信中，有两封表示反对的意见。我觉得这两封信里面的意见，未尝没有道理，原因就是："基督徒的觉醒"原文的5位作者所说的话，有的地方是太武断，或者是把某一教会特殊的情形一般化，例如："向信徒募收杂捐，每月至少8次"，这只是一个例外，而不是常例。他们讲话的态度，是容易引起误会的。

人民民主专政下的基督教*

1949年1月，我到锡兰参加世界基督教学生同盟亚洲领袖会议，会后就回到香港，在那里考虑我的行止。在我离开上海的时候，我是在国民党特务的恐怖下，在一位朋友的家里躲了一个星期；因此，许多朋友都劝我不要再回上海。正在犹豫的时候，一位中共的朋友来对我说：中共中央当局希望我马上到北方去，同他们商讨关于基督教的一般问题。我答应了，但我有一些公私的事必须回上海处理。正在这时候，我接到青年协会总干事涂羽卿先生的电报，要我回上海去参加一个关于青年会会务的紧急会议。当时，国民党的反动派正在以和谈做备战的掩护，我估计在短期中不致发生严重的问题，因此，就在旧历年前飞到上海住了3天，又飞回香港。在香港住了一些时，2月16日就在一个半秘密的状态中，乘船到北朝鲜的镇南浦登陆。从那里，经过平壤和新义州，就渡过鸭绿江大桥，进入国境，那就是安东。在安东和沈阳住了几天，就在3月9日到了北平。不久以后，我和中共当局开始交换关于基督教的意见。后来——3月29日，我参加中国代表团，出席世界和平大会，因此又请沈体兰先生做我的代表，经常与中共当局接洽。5月25日，我从欧洲回到北平，又与沈先生继续进行这件工作。在过去的5个月中，除与中共中央和地方人民政府当局商讨关于基督教的具体问题以外，我们又同基督教里个别的同道和团体有过许多次的谈话，开过许多次的会议。以下这一篇讲话，就是我自己根据我们几个月来的经验和感想，在北平和上海几次向基督教同道发表的。

---

* 原载《天风周刊》第176、177期，1949年8月20日、27日。取自《黑暗与光明》，青年协会书局，1949年12月初版。

转变期中的基督教

宗教传布自由，已经成为一个全世界公认的普遍原则，这个原则是没有人能够抹煞或否认的。中共当局，无论是在公开的文告上，或私人的谈话中，都是承认这个原则，尊重这个原则的。但有不少的基督徒却发生了一个疑问：中共的主张宗教自由，是否只是一种策略，还是出于诚意？这种主张是暂时的，还是永久的？我自己的答复是：中共的主张宗教自由是诚意的。共产主义的哲学基础是唯物论，根据历史唯物论的看法，宗教的产生，是由于社会生活的失调，等到社会生活变成正常而合理的，宗教就自然会消灭。从这个前提出发，我们就可以得到一个结论：如果宗教还存在着，那就表示社会生活还没有达到一个正常的状态；社会的不正常是因，宗教的存在是果；在这时候，如果不先治本，只求齐末，压迫宗教，企图把它消灭，结果反使宗教更加兴旺起来。共产党是不会这样做的。他们是唯实的，只要宗教还存在着，还能发生它的作用，他们就承认它，给它应有的地位。他们对基督教是如此，对其他的宗教也是如此。

但我所以相信共产党主张宗教自由是诚意的，还有一个重要的原因。我们目前所要建设的，是一个新民主主义的中国，这个新政权的建立，不是一党专政，而是一切民主党派和其他人民力量共同参加的政权。如果基督教的方向是同新民主主义一致的，它也应当是这个统一战线里面的一个成分。既是这样，宗教自由就不只是一个原则，也是事实上的需要了。

但是，共产党对宗教的承认和尊重是有条件的。如果某一个人，或是某一个团体所传的宗教是反动的、迷信的，或是他们利用宗教，去从事反动的工作，他们是会被干涉的。“反动”的定义，是比较清楚的，至于什么是“迷信”，各人的看法就不同了。一个相信唯物论的人，是会把一切宗教都看为迷信的；一个“唯理”的宗教信徒也会把一个“唯情”的宗教信徒看作迷信。在信仰自由的原则下，所谓“迷信”的宗教，只能有一个定义，那就是使人陷于不正常生活的反社会的宗教。基督教里面某些“属灵”的教派，使人神经错乱、胡言乱语，就可以被称为“迷信”的宗教。

由于上述两种因素——宗教里面反动和迷信的成分，许多问题便发生了。“宗教自由”似乎是一个简单明了的原则，但目前中国复杂的形势，使得这个原则的应用发生许多困难。首先，现在国内流行着的有许多是完全迷信的低级宗教，例如一些所谓“教门”，它们是宗教，基督教也是宗教。不信宗教的人就不容易把它们辨别出来。何况基督教里面若干教派的迷信和这些“教门”比较，在本质方面未必有多大的差别。其次，基督教过去同封建力量和帝国主义的结合，是不容否认的。在天主教，这是明显的；他们反动的宣传，是公开的。基督教虽然没有鲜明的政治主张，但一般教徒的偏于保守，也是不容否认的。再其次，现在教会所宣传的福音，大半是“遗世独立”、个人得救的福音，这种福音，因为脱离现实，很容易与反动力量打成一片。在现在动荡的社会里，它当然会被一般要求改革的人们所轻视。这些都是从基督教自身所发生的困难。

还有许多困难，是目前客观环境所造成的。第一，我们现在还是处在一个军事时期，应兴应革的事，都还没有进入一个正常的轨道；在这样的时候，一切事情的处理，就不容易恰到好处。第二，因为军事的发展意外的迅速，广大的解放区域，处处都需要干练的人才，而这些人才又极其有限，这个人事的困难，就使地方的行政容易发生“偏向”。关于基督教的许多问题，都是由此发生的。第三，在新旧解放区里，已经实行的一些社会政策，例如土地改革、减租减息，无例外地影响了一切的人，当然也影响了基督徒和基督教团体。这些影响，有时会被误认为当局对基督教特殊的处置。第四，基督教事业所有的设备，由于外资的协助，无论在什么地方，都是最现代化的。这些设备，像礼拜堂，有时只是间歇地使用。因此，在一个新政权来到，而物质条件又极其缺乏的时候，这些设备便成了占借的目标。

由于上述主观和客观的原因，在解放区里的基督教，便遭遇到不少的困难。许多教堂、教会住宅、青年会和女青年会是被租借，或被占用；若干学校和医院，或被接收，或改公立，或因经济及其他困难而停办。教会活动有时受到阻挠，或被迫停止；《圣经》有时被没收；信徒有时被威胁，或受到必须放弃宗教信仰的暗示或警告。基督教人士面对着这些事实，便感到失望、惧怕、悲观；他们怀疑中共主张宗教自由的诚意，他们恐怕基督教在新政权下会遭遇到更多更大的困难，甚至不能存在。我觉得这都是“杞人忧天”。基督教遭遇困难，是事实；这些困难的大部分，不应当存在，也是一个合理的结论；然而我们已经说过，困难的发生，主要的是由于中国解放过程中所产生的特殊状况！这些状况，是不会永久的；等到大局恢复正常，这些困难便会逐渐消失。苏联在革命后虽发生过反宗教的运动，那是由于教会在帝俄时代与反动力量的结合。现在教会和政府，已经彼此了解，完全合作。在东欧的人民民主国家，也是一样，除了少数与国外反动力量勾结者外，绝大多数都是拥护新政权的。在这些国家是如此，在中国也应当是如此。

但是，时代是进展了，一个新的环境，不许可基督教完全率由旧章，就是基督教本身，也应当有改革的要求。如果一切都恢复原状，那还算什么革命。基督教面临着一个新的局面，它应当有新的认识，新的觉悟，新的主张。旧瓶不能装新酒；基督教也应当革除旧习，“披上新人”。

认识我们的时代

我们说：基督教面临着一个新的局面，这究竟是一个什么样的局面？这是一个基本的问题。如果我们不能把握住这个基本问题，我们现在关于基督教的一切观点，就都容易发生错误。我们现在的时代，简单地说，是“翻身”的时代，是人民解放的时代。所谓“解放”，是从封建力量、帝国主义，和官僚资本的压迫与剥削中解放出来；所谓“翻身”，是要叫在底下的翻上去，在上面的翻下来。说的更正确一点，是要叫社会里没有“上”“下”，一切的人都得到平等的机会，平等的发展。

说到封建力量，它给中国人民所造的孽是数不尽的；国民党反动派的四大家族，和他们的特务走狗们，在暴虐恐怖的政策下把中国人民的血吸干，把他们的生命当作草芥。中国在八年抗战和三年内战中，所遭受的巨大牺牲，都应当由他们负责。几千年的中国历史，就是封建压迫的历史。我最近在北平和沈阳看了两出旧戏——“荒山泪”和“九件衣”，这都是描写过去地主官僚对贫苦人民敲骨吸髓的剥削，使得他们流离失所、家破人亡。我们看这两出戏的时候，都流出泪来。这是封建力量在中国历史里的典型杰作；它的现代翻版，就是现在在解放区上演的“白毛女”。这样与人民为敌的力量，无论在什么借口之下，是不应当再让它存在的。

说到帝国主义，它在近百年来所加给中国人民的耻辱与祸害，也是尽人皆知的。不平等条约是他们在刀尖下逼着中国接受的；军阀时期的混战，和三年来的内战，是它所挑拨利用的；中国所以变成半殖民地，就是它的赐予。在西班牙，在希腊，在印尼，在朝鲜，在许多其他殖民地和弱小民族里，假若没有帝国主义，反动的统治马上就要垮台。帝国主义就是过去两次世界大战的主动者，也是可能发生的第三次大战的挑拨者。同封建力量一样，它是与人民为敌的；同封建力量一样，我们必须把它打倒。

封建力量和帝国主义，就是今日中国两个主要的敌人；所谓“翻身”，所谓“解放”，就是要把这两个敌人打倒，让中国人民创造一个平等自由的新中国，这是中国历史所未曾有过的。中国几千年的历史，只是改朝换代，改朝换代是皇帝们的事，与老百姓无关；在任何的朝代，他们都要被压迫。现在，人民都做了主人，中国的历史已经揭开了新页。

以上所说的，就是我们的时代的特征；这个特征，决定了我们对它应当采取的态度，也构成我们在这时期中衡量一切事物的标准。

我们应当悔改

基督教是一个以爱相标榜的宗教。爱的涵义便是尊重人格，解除一切束缚人性的力量，使它得到自由的发展。这个爱的涵义，同现在时代“解放”“翻身”的潮流是完全一致的。如果我们忠于基督教教义，我们就应当对这个潮流表示绝对的欢迎。但为什么许多基督徒在这个新局面下又采取怀疑、观望，甚至反对的态度呢？我以为他们所以采取这种态度，有两个主要的原因：第一是反动，第二是无知。（请恕我用这些直率而容易引起反感的名词！）

基督教里面的反动力量，就是大资产阶级、大地主，和依附帝国主义，与他们一体的官僚买办。国民党反动派里面孔宋两大家族，就是这个力量的代表人物。欧美托拉斯的大亨们，如果他们是基督徒，当然也是属于这个集团的。在这个集团里面，未尝没有明了历史趋向和世界大势的人，但由于个人利害的关系，他们是必然地走上反动的路的，因为“翻身”是会把被压在他们底下的人翻上去，把他们自己翻下来。

其次是无知。一般的基督徒平常很少与外界接触；除了《圣经》以外，也不大看别的书。由于基督徒的唯心趋向，他们常常把事物孤立起来，在一个狭窄的观点下，高谈阔论而不切实际。在抗战的时期，在整个二次世界大战中，一般基督徒的思想是比较清楚的。他们要抗日，要打倒法西斯主义，他们宁可饿死，也不肯做汉奸。现在，法西斯国家是被打倒了；然而，战后世界形势的发展，却使他们迷糊起来。过去共同打倒法西斯的集团，忽然分裂，变成两个对立的阵营。这两个阵营，一个是革命的，一个是保守的。从基督教教义的立场说来，基督徒应当参加革命的阵营，但因为他们对目前的时代没有清楚的认识，他们就很容易投到保守的阵营里去。

基督徒为什么缺乏认识，为什么过去他们比较清楚的思想现在又模糊起来？我认为这是由于下列的几种原因。

第一，革命的阵营要改变现状，保守的阵营要维持现状。基督教所以容易投入保守的阵营，就是因为它同“现状”发生了密切的关系，而它所以怀疑和反对革命的阵营，也正是因为这个阵营要改变现状。在大革命后一个相当长的时期中，一般基督徒几乎把蒋介石当偶像去崇拜；又因为孔祥熙是个财神，许多基督教大学都请他做董事长；直到这个反动集团日暮途穷的时候，还有一些重要的基督教领袖在国内外替他效忠。中国教会和教会事业的人才经济，有相当大的部分是从英美这些帝国主义国家来的，这个因素，就直接影响了中国基督徒对现实问题的看法。上面所说的事实，便构成一般基督徒眼中的“梁木”，使他们看不见历史发展的真理，和时代演变的意义。

第二，我们基督徒常常缺乏历史的眼光，不肯把一件事情的前因后果联系起来，从而对它取得一个正确的认识。任何一件事情，都不是在一个真空里发生的，它总要或多或少地负着历史的重担。在某一时代所种的因，就会在另一时代结了果。中国过去的社会，充满了压迫与残暴；中国现在的社会，是被一个根深蒂固的反动力量统治着。在这样的情况下，如果要“翻身”，“要解放”，就不能完全避免革命的手段，正如一个患盲肠炎的病人，没有法子不用手术的治疗。然而，因为基督徒向来偏重“绝对”的看法，忽略历史的定律，他们就很容易把革命的手段当作“以暴易暴”，以为它是违反基督教爱的教训的。从“唯爱”主义的观点来看，这个批评是可以成立的，因为他们主张绝对的爱，而他们的信仰和行动是一致的。然而，大多数的基督徒是不主张唯爱的；在许多的场合里，他们也主张使用暴力，因此，他们就没有资格去作这个批评。一个反对“以暴易暴”的人，他所真正反对的，也许不是“暴力"，而是现状的改变；反对"暴力"，也许只是一个托辞。

更可惜的是：当我们反对别人使用革命手段去改革社会的时候，我们自己并没有提出一种更好的办法，而结果就等于我们主张维持现状，那就是说，维持现社会里已经存在着的许多有形无形的暴力，让人民痛苦下去。我们标榜着绝对的爱，然而，我们没有实行这个绝对的爱。我们甚至没有实行相对的爱，因为相对的爱是讲公道的，是不拒绝以相对的手段去追求绝对的目标的。这并不是说，我们不应当从基督教超然的立场去检讨现实，判别是非。如果我们能够以历史的眼光、同情的态度去批评别人，这种批评是有价值的，也是容易被别人接受的。否则，批评就变成求全责备、吹毛求疵。

第三，我们对共产党缺乏认识，许多人以为共产党主张"唯物"，就是提倡物质享受；注重物质，就是抹煞灵性，这就与基督教心灵为主的教训背道而驰。这种见解也是完全错误的。"唯物"并不是"物质享受"，这是稍有哲学常识的人都晓得的。至于基督教它究竟是不是完全注重精神，忽略物质的呢？我以为不是的。耶稣说："人活着不单靠食物"，这就是说，人活着也靠食物。这个道理同唯物论的主张，基本上没有什么不同，唯物论并不否认精神的现象，然而正像耶稣一样，它不把精神和物质分开。把物质和精神分开，就是流行的基督教致命的弱点；这样的基督教，基本上是背叛了耶稣的教训的。

也有许多人说，共产党只讲斗争、不讲爱人，这也是一个错误的见解。共产主义解放人类的使命，就是一件至高无上的爱的工作。这件爱的工作不只关系集体的人类，也关系个别的人。共产党领袖之一刘少奇在所著的《论共产党员的修养》里面指示和勉励党员的话，有许多与基督教的教训没有多大分别。被纳粹统治者处死的捷克共产党员 Julius Fuchik 所写的《绞架下的笔记》，也充满了对人类和对朋友的爱。半年前，我从香港经过北朝鲜到东北解放区，同行的有十几个人。到了平壤，我们就被招待到一个中共的办事处，在那里我们享受丰美的饮食，和舒适的住处。当我们踏进客厅坐下的时候，一位女同志便用亲切的语气对我们说："你们到了家了。"我们在那里住了两天，他们常常说这句话；这就使我们忘记身在异国，感到非常的快慰。的确，我们是到了家了。在蒋管区里，我们天天在恐怖中生活着；现在我们是一个自由的人，我们重新享受家庭的温暖，这就是人与人间的爱。如果我们说共产党没有爱，那不过显示我们的无知而已。

基督教与新时代

在内战期中，一般基督徒所持的态度，主要的有两种。第一种是对共产党和一切民主力量表示怀疑或反对。他们并不一定赞成国民党，但他们认为共产党同国民党一样的坏，或比它更坏。这种态度当然是错误的。基督徒所持的另一种态度，就是冷眼旁观。他们自以为是超然的、中立的。如果有人批评国民党，他们马上就说：共产党也有许多可批评的地方；如果有人赞美共产党，他们就同样地指出国民党过去的贡献和它里面的优秀人物。对于苏联和美国也是一样。他们以为世界上没有一个国家是完全好或完全坏的，也没有一个政党或个人是完全好或完全坏的。用基督教的术语来说：他们都是有罪的；他们的好坏，只是程度上的差别。这一个“超然”的看法，似乎完全符合基督教的教义，但如果我们把它审查一下，我们就晓得这只是一个脱离现实的、形而上的看法。中国的现状，就好比一个着了火的房子。右边的一群人是放火的，左边的一群人是救火的。我们站在旁边的人，如果还有一点人性，就应当毫不迟疑地去参加救火的队伍。所谓超然者的态度，却与此相反。他用神学家的眼光，对这个紧急的场面做一个冷静的分析；说：放火是不好的，但放火的人未必是完全坏的；救火是好的，但救火的人也未必没有一点坏处。他自己不去救火，反而把放火和救火两种行动放在完全平等的地位，使善恶的评判变成毫无意义。这种态度，表面上似乎“公正”，其实是虚伪而残忍的。

那么，一个基督徒在今日的时代，究竟应当采取什么态度呢？我以为他唯一的出路，就是投身到时代的洪流里去，与它合作，去完成时代的使命。我们这样的做，并不是“迎合”潮流。如果时代的潮流是错误的，我们就应当毫不迟疑地反对它，做“中流砥柱”。但如果这个潮流是对的，我们就不应当对它采取反对、批评、怀疑的态度。我们投身到时代的洪流里去，并不是对它投降；我们不是被动的，而是主动的。我们赞成这个潮流的总的方向，然而，当我们发现它里面的“偏向”或“回流”的时候，我们还是负有责任，应当把它改正。在这时候，常常有基督徒要问：什么是基督教特殊的贡献，好像基督教所做的事必须与众不同。如果我们投身到时代的洪流里去，这岂不是叫基督徒与别的人毫无分别。其实，这是一个错误的见解。耶稣要我们做面酵，做光，做盐；他没有叫我们创造另一个世界，而是叫我们在现世界里发生救世化人的作用。如果我们不能把握这个道理，我们便会在面前的新环境里徬徨，无所适从。

最后，我们应当有一个远大的眼光，把握住时代的动向，勇毅前进，而不为一时的艰难挫折所困扰。有许多人对解放后的中国，抱过高的期望，以为共产党有变戏法的本领，可以马上把人民的生活改善，马上把一切不良的现象革除。但是，这是一件不可能的事。中国经过八年的抗战，三年的内战；国民党把人民的脂膏吸尽以后，留下来的是一个破烂的包袱。自从上海解放以后，他们更在帝国主义支持之下进行封锁与轰炸，用以遮掩他们穷途末路的窘状。这是解放后的中国所面对的最后一个难关。在这个时期当中，我们必须坚决奋斗，把中国从依赖帝国主义的半殖民地地位中解放出来，走上自力更生、自给自足的大路。在二十几年的革命中，许多巨大的困难都胜过了，目前的困难实在不算什么。苏联在革命以后，也经过帝国主义的封锁，但苏联终于把这个封锁粉碎了。今日的中国，比较昔日的苏联，是处于一个更有利的地位，而帝国主义今日的力量，比较 30 年前也更加削弱。因此，目前的困难，只是暂时的，我们具有绝对的把握，可以把它克服。

就以上海而论，它本来是一个繁荣的都市，但经过国民党多年的剥削，它已经憔悴不堪。现在，解放后的两个多月，由于上述的原因，上海的市面是更萧条了，失业的人也加多了，一部分工商业界几乎濒于绝境。有不少的人以为这些困难，都是人民政府所带来的，因而对整个中国革命发生了怀疑与悲观。他们没有晓得：上海过去的繁荣，是建筑在帝国主义和官僚买办双重剥削上的畸形产物。像一个人身体上的瘤，它是必须割去的；把瘤割去以后，上海才能变成一个真正健康而繁荣的都市。上海目前的困难，就是割瘤的时候所必须经过的痛苦。我们看一件事情，不只要用显微镜去视察它的毛病，也要用望远镜去发见它未来发展的无限可能。如果我们只用显微镜去观察事物，我们是一定要悲观的；只有在望远镜的远景中，我们才能看见我们迂回曲折，然而却是四通八达的出路。

中国的前途是光明的：如果中国的基督教在这个新时代中能够采取一种积极前进的态度，中国基督教的前途也应当是光明的。

《天风》二百期*

《天风》已二百期了，这是一个值得提说的数目，特请《天风》创办人、现任“天风社”社长吴耀宗先生写了这篇纪念性的文章。

——《天风》编者

《天风周刊》现在已经出到二百期了，它是 1945 年 2 月 10 日在成都创刊的。我所以向当时的基督教联合出版社提议创办这个周刊，有两个原因：第一，那个时代是中国抗战中最黑暗的时期，敌人的军队在大后方横冲直撞，威胁到战时的首都——重庆。一般的情绪与空气，是悲观，是失望，是疑惑，是徬徨。我觉得基督教的福音，在这时候应当起一种振奋人心、指示方向的作用。我在《天风》的发刊词上说：“在现在忧患交煎的时候，我们愿意同着读者，仿佛登了一个高山，仰观俯察，顾后瞻前，让天上飞来的清风，把我们混乱了的脑筋，吹得清醒一点，把我们迷糊了的视线，弄得明亮一点，把我们沉闷了的心情，煽得火热一点，《天风》的意义，如此而已。”

但我所以要创办《天风周刊》，还有一个原因。我觉得耶稣的福音，是永恒的真理，是人类在任何的时代都需要的真理，而这个真理，又应当在一切时代和历史的演变中，被它表彰出来。

尽管《天风》有着这样一个崇高的目标，从它出生以后，它就经历了无数的灾难。甚至它还没有出生的时候，便有人想用怠工的方法，给它打击，使它流产。还有些人为着思想和信仰的原故，批评它，谩骂它，给它制造许多谣言。这个初生的婴儿一直是在惊涛骇浪中生长起来的，但我一点没有灰心。我对自己说，也对爱护《天风》的朋友说：《天风》要活下去，《天风》应当活下去，《天风》有它对新中国的使命。

* 原载《天风周刊》第 9 卷第 5 期，1950 年 2 月 11 日。

1946年的夏天，在日本投降以后，《天风》从成都搬到上海。就在那年8月15日，从第33期起，《天风》在上海复刊。从迁沪到解放前的两年多当中，因为受的打击太大，《天风》几乎夭折了。反对的焦点，是《天风》的“左倾”。因为《天风》是基督教联合出版社所主持的，所以连这个主持者的本身也受到反对。1948年1月1日，为了使《天风》取得一个新的立场，并使它不致影响它所隶属的团体，这个刊物就在“天风社”这个组织下成为一个独立的机构。然而这并没有减少它基本上的困难。不满的情绪积累起来，终于演成一个大爆炸，这个大爆炸的导火线，就是我在《天风》1948年4月10日所发表的《基督教的时代悲剧》。在某些人看来，这是一篇离经叛道的文章，不只因为它提倡基督教思想的改造，也因为它牵涉到这些人所忌讳的资本主义和帝国主义的问题。在这个暴风雨来临的时候，为了使《天风》继续下去，我实际上是完全与它脱离关系了。

想不到，过了仅仅一年多一点，一个新的时代来临了。时代转变了，人的思想也跟着逐渐转变了。客观的形势，把许多人主观的成见打破，使他们对过去的一切加以新的估价。在这时候，《天风》在基督教的思想界中，也取得了一个新的地位。这并不是说，《天风》所有的读者和一般同道，对于《天风》所一贯采取的立场有了完全的同意和拥护，在一个短的时间中，这样的转变是不可能的。但是，我相信：他们对《天风》至少是采取了一种新的——我认为是完全合乎基督教精神的——态度，那就是：容忍的态度。这种态度，说得更清楚一点，就是虚心地听取别人的意见，在不同之中，找出共同之点，在不同之中，保持彼此相爱的精神。这就是已故刘廷芳先生所说过的名言“不强求同，决心相爱”的注释。这是一个可喜的现象。在这种新的形势中，我们希望《天风》能够逐渐得到广大基督徒群众的拥护，吸收他们的意见，接受他们的批评，使《天风》变成他们自己所心爱的刊物。这样，《天风》就更能在新时代中发挥它的积极作用。

基督教访问团华中访问记*

人民政协会议闭幕以后，宗教界代表里面的5位基督教同道，便觉得他们应当把政协的意义和议决案，传达给各地方的基督教团体。上海几个全国性的基督教组织，因为感到各地基督教团体，在解放后有许多问题要应付，也正计划着派人到各地方访问。因此，去年10月底我回到上海以后，便同各方面磋商，组织访问团，到全国各主要城市去访问。我们决定：访问团定名为"基督教访问团"，由人民政协宗教界代表里面的基督教分子，及中华全国基督教协进会、中华基督教青年会全国协会、中华基督教女青年会全国协会等4个单位组成。访问的地区暂定为：华东、华中、华北、西北、东北、华南、华西。第一个出发的访问团，是到华中去的，因为我自己参加了这个访问团，所以我要为这一次的访问做一个综合的报道。被访问的几个地方都有他们自己详细的报告，有些曾在《天风》上发表过，所以我就不预备在这里重复，只将一般的印象和我自己的感想写出来，供读者的参考。

一、访问的城市日期与团员

华中区的访问团，政协代表方面有刘良模先生和我自己，全国基督教协进会有吴高梓先生，青年协会有涂羽卿先生，还有一位教会的代表艾年三先生。访问的地点和日期如下：

杭州——1949年11月18日至21日

南昌——11月23日至25日

长沙——11月28日至12月3日

---

* 原载《天风周刊》第204期，1950年3月11日。

汉口——12 月 4 日至 10 日

武昌——12 月 8 日至 9 日

开封——12 月 12 日至 15 日

应当补充一句：开封本来没有在我们访问计划之内，但因为在武汉的时候，几位河南的代表，恳切地要求我们去访问，我们就去了。九江也两次来电要我们去，但因为去了开封，就只好把九江之行取消。

二、与地方首长的联系

我们所到的每一个城市，基督教同道都热烈地欢迎我们。全城的基督教团体都派代表来参加会议；在长沙，附近的地区也派人来参加；在开封，河南全省各个重要区域的代表都赶来出席。如果我们说：他们盼望我们来，就像大旱之望云霓，这也许不是一句夸张的话。他们所以这样殷切地盼望我们来，是有原因的。解放后的基督教面临着许多困难；这些困难，地方的基督教团体是不容易求得解决的。基督教的困难是什么呢？一方面基督教本身有许多毛病；它的信仰、思想、生活、事工，有许多地方都与时代脱了节，因而变成革命对象的一部分。另一方面，许多人对基督教抱着成见；这个成见是有来历的，是有着历史的因素的。这些困难在多方面表现出来；最普遍的是教堂被占用，用具被没收，教会工作被干涉，和教会工作人员因某种嫌疑而被短期拘留。处理这些问题，并不是一件容易的事，尤其是因为基督教团体与地方当局向来很少联系。访问团对各地方基督教团体的一个具体的贡献，就是帮助他们同地方当局取得这个联系。我们每逢到一个城市，首先就同着地方的基督教领袖拜访当地的首长。我们觉得非常庆幸的，就是每一个地方的首长都很优待我们，不但接见我们，与我们讨论关于基督教的许多问题，并且设宴款待我们，为我们开特别的晚会。我们藉着这些机会，就把基督教的问题，和我们对政府的期望，向他们提出。他们对我们所提出的事，都予以同情的、周详的、迅速的考虑。有的时候在会谈当中，当局就马上派人把我们的问题解决。在武汉的时候，我们到了三天，湖北省政府就下了一个保护教堂的通令。我们所接触到的许多首长，都给了我们一个非常良好的印象：他们是诚恳的、坦白的、刻苦的、勤劳的。他们做事情是认真的、爽快的、敏捷的，没有半点官僚的习气。他们一面听取了我们的意见，一面也把政府的政策和态度坦白地告诉我们。也有的时候，他们供给我们一些我们所不晓得的关于基督教活动的情报。这些接触的机会都使政府和基督教团体彼此有了一个更清楚的认识。由于这些接触，我们得到一些结论：基督教目前所遭遇的困难是暂时的；困难之所以发生，大部分是由于基督教本身的错处与弱点；即使这些困难的一部分是由于地方干部执行政策上的偏差，这个偏差也是有着客观的因素和历史的因素，而这些因素，主要的也要由基督教本身负责的。我们晓得：地方当局是很诚意地执行宗教信仰自由的政策，和解决地方上所发生的一切困难；但问题是复杂的、多方面的，如果我们单从主观的、片面的立场去做判断，我们就很容易犯错误。

为要建立基督教团体和地方当局间的关系，我们在南昌、长沙、武汉、开封，都请各该地方的基督教联合会推出五六位代表，与政府经常联系。通过这样的联系，他们的问题可以直接向政府提出，而政府对基督教团体有所咨询或指示的时候，也可以由他们传达。我们回到上海以后，从各地方来信所报道的看来，我们所建立的这些关系，已经发生相当良好的效果。

三、政协意义的传达

我们每到一个地方，至少有一次大会报告政协的意义与成就，请全城的基督教同道来参加。有的时候，这个会为着交通的原故，分两个或三个地方举行；参加的人数从二三百到一千多。虽然关于政协的消息，报纸上记载的很多，我们向基督教团体做报告还是非常需要的，因为我们的报告是针对着基督教听众的问题和需要而做的。我自己的报告，经常地包括三点：一、政协是最具体的、最有力的统一战线的表现；这个统一战线包括了基督教。二、《共同纲领》是最能适合目前中国形势的纲领。三、民主集中原则在政协会议及人民政府机构中的表现，和这个原则一般的应用。在报告中我有时也谈到宗教信仰自由的问题，我所说的话，大致是与上面所说的话相同的。

刘良模先生因为在美国住了9年，对美国的情形很熟悉，所以除了报告对政协的一般印象外，又引用许多事实来说明美国怎样变成一个帝国主义的国家，和我们为什么要反对美帝国主义。为许多的基督徒，这个报告是新鲜的，这一个观点的介绍，开了他们的眼界，帮助他们消除了对美国的幻想。关于对美国的认识，刘君和我都着重地指出：反对美帝国主义，并不等于反对美国大多数的良善人民；也不等于反对这些良善的美国人民，尤其是美国的许多基督教同道，所曾给过我们，或继续给我们的许多帮助。

这个传达政协意义和成就的工作，我们相信，是收到相当的成效的。我们的报告使一般的基督徒更了解新中国所走的方向；统一战线的意义和共产党领导的重要性；基督教在新时代中的地位和应有的努力。访问团的一切工作，都可以说是“桥梁”的工作，因为它一方面把基督教的具体情况和问题传达给政府，另一方面把政府的政策和态度传达给基督教人士。各地基督教同道和地方当局对我们的欢迎，证明了在目前的阶段中，这个“桥梁”的工作是需要的。

四、基督教革新的要求

访问团在出发以前，曾通函有关地方的教会团体，请他们对下列题目先行分组研究，提出具体意见：（一）教会事工；（二）教会经济；（三）教会与差会关系；（四）地方教会团体的联合；（五）全国基督教会议。关于这些问题，虽然大家还是在摸索之中，不容易马上提出具体的意见，但是一般的趋向，是比较清楚的。现在简略地把这些趋向叙述出来。

第一，是自立、自养的问题。基督教从西方传到中国，已经有 142 年的历史，中国信徒的人数已达 100 万。中国教会自立、自养、自传的口号，在二十七八年前就已经提出来。地方的教会能够自立、自养的已经不少。现在时代转变了，我们应当把这个运动推进一步，使中国的基督教事业能够有计划地、有步骤地在最短期间走上完全自立、自养的地步。

第二，是教会经济的问题。现在许多基督教事业和全国性的基督教机关，还要靠外国差会和其他基督教团体的经济来维持。如果中国的基督教事业要自立、自养，我们就必须有步骤地去实现一个经济自给的计划。一方面我们要提倡中国信徒的捐输；另一方面，我们应当根据精简节约的原则，紧缩非必需的事业，藉以减少开支，同时我们也要极力提倡生产事业以开展经济来源。关于最后这一点，各地基督教团体都已经有了普遍的觉悟，例如：华北基督教联合会就在最近设立了一个生产委员会；上海基督徒建设协会也曾经多次讨论过这个问题。

第三，是中国教会与西方差会的关系。西国宣教师在解放后的中国，几乎已经完全失去他们过去的重要性；在一个短的时期中，他们对中国教会甚至是一个累赘。然而这并不是说，我们以后就永远不需要外国的宣教师。没有帝国主义色彩的、有专门技能的人才，和灵性高深、学问渊博的人士，还是我们所需要的。至于差会对中国教会的经济援助，在一个相当的时期中，还是需要的。但这种援助应当是无条件的；所谓条件，就是政治的条件。现在的世界已经清楚地分成两个对立的营垒；而解放后的中国，正是这个对立的焦点。因此，中国的基督徒和西方一般的基督徒，在彼此的关系中，就很容易发生思想上和见解上的矛盾。如果西方差会在援助中国教会的时候，企图从这个矛盾出发，去支配经济的用途，那是不幸的，也是中国教会所不能容许的。如果这种发展是不可避免的，中国的教会就宁可另求开源节流的办法，更快地走上自我更新的道路。

第四，是教会的事工。基督教的主要工作，除了社会性的基督教团体，像青年会的工作以外，本来是属于灵性方面的；但是灵性的生活，却必须表现于社会的生活中。教会所办的学校、医院，和许多慈善事业，就是教会的社会生活的具体表现。在过去，基督教的社会工作做得不够，也做得不彻底。学校和医院是有过它们重要的贡献的，但它们以后的继续存在就很有问题，因为这些事业将来都应当完全由国家办理。教会和基督教团体其他方面的服务事业，多半是枝节的，改良主义的，对于社会的基本改造没有多少贡献。基督教如果要在新时代中得到应有的地位，就必须在社会服务的工作上有更深刻更具体的表现。一方面，它应当配合政府的建设计划；另一方面，它也要发展自己的专长。如果它能在具体的工作表现上，取得教外人士的了解与同情，它目前所遭遇的困难必定会逐渐减少，它在新中国的地位，也必定会日益提高。

第五，是教会的团结与合一。由于宗派与信仰的分歧，基督教的力量是分散的。基督教不能团结就不容易克服它的弱点，战胜它的困难，更不容易在积极方面有特出的贡献。现在教会合一的要求是很普遍的。许多从西方传来的宗派，在新中国的环境里，已经失去它们的意义；过一个相当的时期，宗派的联合与统一，不是不可能的。但这个联合与统一，在事工上比在信仰上更容易。基督教向来就有所谓属灵和属世之分，同时也有个人福音和社会福音、基要派和现代派之分；在新中国建设的艰苦历程中，在一个相当时期内，这种信仰上的分歧，不但不会减少，反而会更加显著。但是工作上的联合是可能的，也是必需的。在我们所到过的地方，基督教团体在城市范围内的联合，事实上已经存在；湖南和河南两省，并且准备着成立一个全省的联合机构。在长沙和武汉两个地方，佛教和回教都开始与基督教联系；在北京和上海，也有同样的发展，这是值得欣慰的。

第六，是基督教全国会议的召开。在这新时代的起头，大家都感觉到基督教应当召开一个全国性的会议，藉以检讨过去，策划未来，一方面应付基督教目前所遭遇的困难，一方面负起基督教本身的时代使命。现在全国基督教协进会主持之下，基督教全国会议已决定于本年 8 月 19 至 26 日在北京举行。在这个会议中，大家都觉得应当通过一个共同工作的纲领，通过一个表示基督教态度的对内对外的宣言。这是基督教一个划时代的会议，我们预祝这个会议的完满成功。

最后，我们要说到现在一般基督徒对学习的要求。一般基督徒对新时代缺乏认识，是一个事实；这个事实是造成目前基督教困难的主要原因之一。但现在却有一个可喜的现象，就是许多基督徒因为要认识时代，就要求学习。学习小组的组织虽然还不普遍，但多数人都感到学习的需要；只要有适当的材料和领导，这个学习的风气，一定很快地就可以促成的。上海青年协会书局为应付这个需求，将出版一套“新时代学习丛书”，内容是介绍基督徒在新时代应有的知识，并讨论基督教当前的一般问题。我们希望：这是基督教新思想运动的起点。

五、旅行的观感

这次在一个月的旅行中，所见所闻都使我们感到兴奋。我们所到的都是新解放区，然而在解放后的短短时期中，地方上应兴应革的事，如剿匪反霸、生产备荒、确定劳资关系、保障雇工生活等，都已经有了适当的处理。江西省受战争的损失最大，人口从两千多万减到一千多万；江西湖南两省都有数十万过境的军队，给养的负担也很重；河南以土匪著称，还有不少潜伏着的反动力量；但是这些地方都很快地进入一个安定的状态，大部分的交通也迅速地恢复，种种建设事业也在积极进行；每一个大城市都已经开过一次或两次各界人民代表会议。困难不是没有的；不但战争的疮痍还待医治，我们还要根据《共同纲领》，改造旧的制度，创造新的社会。在这个除旧布新的过渡时期中，我们还有许多困难要克服，然而，在各个地方人民政府的正确领导下，一切的问题都可以顺利地解决的。从徐州到上海，我们本来要购二等卧铺，但结果只能购到三等卧铺。三等能有卧铺，已经出乎意料之外，更没有想到车子是完全新的，并且有暖气，这就使我们想到十几年前平沪路蓝钢车的黄金时代。不但破坏了的铁桥都已经有了临时的建筑，就是每一个破坏了的车站，也重新建造起来；这一切都给人一个积极勇进的、鲜明愉快的印象。官僚政治的旧时代是过去了，现在是人民民主的新时代，这个人民民主的政权是能够克服一切困难的。

六、其他地区的访问

除了华中区的访问以外，已故政协代表张雪岩先生曾于去年 11 月初到济南访问。在华东区内政协代表沈体兰先生、吴贻芳女士，及女青年协会蔡葵女士、基督教协进会潘玉槑女士，曾于 11 月 1 至 4 日到南京访问。12 月 7 至 11 日有协进会的林永俣先生，及广学会的刘美丽女士到杭州访问；11 月 15 至 17 日有沈体兰先生、潘玉槑女士，及中华基督教会全国总会蔡志澄先生到苏州访问。这几个地方的访问，性质同华中的访问大致是相同的。

还有其他地区的访问，有的是暂定了日期，有的还不能做具体的计划。现在把这些地区开列如下：

北京　1950 年 4 月 2 至 8 日（暂定）

太原　4 月 11 至 15 日（暂定）

西安　4 月 19 至 23 日（暂定）

徐州　4 月 26 至 28 日（暂定）

此外还有华南、华西、东北等区域，及其他多次要求访问的城市，因人力及时间的限制，暂时恐怕不能有访问团去访问，好在今年夏天将要举行全国基督教会议，即使访问团不能到每一个地方去，这个缺憾也多少可以得到弥补。

展开基督教革新运动的旗帜*

引　言

“中国基督教革新”是解放以后一个新鲜的口号。在过去的30年中，中国的基督教曾经提出过好几个口号。最初的一个口号是“国内布道”，这是西方差会在中国宣教的全盛时期中——1918年，由中国信徒提出来的一个口号。提倡这个口号的人们都是热心的基督徒，他们觉得外国宣教师到中国来替我们作工，中国的基督徒也应当在自己的园地里为那些没有信主的人作工。他们最初的工区是云南、西康那些偏僻的地方，后来在一个短时期中，也曾推广到别的地方去，但这个运动不久就消沉下去。其次，是“中华归主”和“本色教会”这两个口号，这是1922年在上海举行的全国基督教大会所提出来的口号。所谓“中华归主”，就是要使全中国的人都相信基督教。那时候，中国基督教的领袖们，像军队作战一样，把基督教已“占领”和还没有“占领”的地区，都在地图上清楚地表现出来。这是一个宏愿，但也只是一个宏愿而已。所谓“本色教会”，就是“一方面求使中国信徒担负责任，一方面发扬东方固有的文明；使基督教消除洋教的丑号”（已故诚静怡先生的话），跟着这个口号同时被提出来的，是另一个口号，就是“自治、自养、自传”。“自治”也有人写做“自立”或“自理”。这两个口号的提出，是在当时反基督教运动发出以后，它们主要的目的，就是要把基督教里面“洋”字的涵义洗刷掉，因为当时的反教运动最主要的口号是“基督教是帝国主义的走狗”。但是，时代是不许可这个运动得到多大成功的。

---

* 原载《天风周刊》第233—234期，1950年9月30日。

一方面基督教的领袖们对这个运动的认识还不深刻，另一方面在不久以后，所谓“国民革命”就叛变了革命，同帝国主义妥协，而基督教也就可以很舒服地生活在半封建半殖民地的环境里。再其次，是基督教协进会在1931年所提倡的“五年奋进运动”。这是“九一八”的前夕，国事蜩螗，民气消沉，而基督教也受到一般情绪的影响。并且，“中华归主”的口号喊了10年，还没有什么重大的进展，这就使基督教的领袖们深深地感觉到基督教本身的弱点。当时的口号是“求主奋兴我的教会，先奋兴我”。最近又重复提倡一个“奋进运动”。这个运动是四年前由基督教协进会发起的，解放后在名义上还存在着。

现在我们所提倡的基督教革新运动，在意义上虽然和过去的几个运动是一致的，但在内容和本质上却是和它们不同的。解放以前的中国，是帝国主义、封建主义、官僚资本主义统治下的中国，是半封建半殖民地的中国。过去基督教的几个运动，都是在这个社会意识形态下发动的，也没有超过这个意识形态的范围。解放后的中国，是打倒了帝国主义、封建主义、官僚资本主义以后的新中国，是新民主主义的中国，是朝着社会主义道路迈进的中国。基督教革新运动是在这样一个新环境、新意识下提出来的口号。它的目标不只是清算过去基督教个别的弱点，而也是要把中国的基督教基本地、全盘地改造，使它脱离了西方社会传统的影响，脱离了中国旧社会思想的羁绊，恢复了耶稣福音本来的面貌，使基督教变成新中国建设中一个积极的力量。

动荡的时代中的基督教

解放前后的基督教呈现着混乱的、苦闷的情况。这一种情况之所以产生，是很容易了解的。在过去一百四十多年当中，基督教在中国所过的日子，比较是一帆风顺的。庚子的义和团运动，和以后的几次反教运动，都不过是树叶上的微风，没有震撼到基督教的骨干。这个时期的基督教和半封建半殖民地的中国社会，是不可能有什么基本冲突的，因为它的本身就是这样的一个社会所孕育而成的。中国的解放，却给基督教带来了一个不容易了解，而却又非应付不可的现实。中国的解放是由共产党领导着的，而共产党是唯物的、无神的。这似乎是一个思想上的问题，但实际上它主要的是一个利害上的问题，因为共产党要推翻现行的制度，而现行的制度，也就是基督教在里面寄生着，受着它荫庇的制度。反动派和帝国主义的宣传，更加深了这一个惧怕和成见。现在，这一个革命的运动却以迅雷不及掩耳的速度推翻了旧的统治，建立了新的政权。怎么办呢？有的人是徬徨的，有的是消极的，有的是等着看的，因为他们不知道将要来临的是什么。

忽然，人民政治协商会议举行了，《共同纲领》通过了。在政协会议里面，有5位基督教民主人士的代表。《共同纲领》清楚地规定了宗教信仰的自由。这一个事实，在基督教里面普遍地鼓起了乐观、希望的情绪。许多基督徒松了一口气，他们晓得他们过去的忧虑是过分的，是多余的。

但是，过了不久，许多基督徒乐观的眼光，又被一阵黑云遮蔽住了。从旧解放区和新解放区里不断地传来苦闷的声音。教堂被借用或征用了，《圣经》被没收了，教会的许多工作受到阻碍了。这样的情形并不是普遍地发生的；有些地方——尤其是大城市，是几乎没有问题的。也有些地方，经过相互了解以后，问题就解决了。然而问题既然发生，它们就常常会被强调、被夸大、被歪曲。于是，许多基督徒又陷在怀疑和苦闷的深渊里。

基督教为什么会遭遇到困难

关于基督教所发生的困难，主要的责任是应当由基督教本身来担负的。基督教同时代脱了节；基督教不但同时代脱了节，基督教并且发生了反时代的作用——这就是基督教所以遭遇困难的主要原因。为什么说基督教同时代脱了节呢？基督教同资本主义在意识形态上是同一时代的产物；目前基督教的信仰内容和仪式制度，大部分是受了资本主义社会的影响。中国的基督教除了这种影响以外，当然更受了一百年来半封建半殖民地的社会影响。这一个复杂的情况，就使中国的基督教在中国的社会里，呈现了两种不同的现象。由于原始基督教的积极性与革命性，基督教对中国的社会曾经有过相当的贡献。这个贡献不只表现在基督教的教育、医药、慈善等社会事业上，也表现在基督教对中国革命事业的影响。孙中山先生是一个基督徒；参加五四运动、救国运动，和其他革命运动的，也有不少的基督徒。为什么基督教的积极性与革命性，在中国的社会里更有发挥的机会呢？那就是因为中国的基督徒同样是中国的人民，而中国的人民，都受了半封建半殖民地的社会的压迫与剥削，因此，或多或少地，都有革命的要求。

然而，这只是事实的一面；事实的另一面，就是造成目前基督教所遭遇困难的原因。在基督教里面，有许多言行不符、吃教贪污、门户水火的弊病。有不少的基督徒不能在言行上为耶稣救人救世的福音做见证；相反地，他们生活的表现，常常使教外的人轻视基督教，甚至厌恶基督教。其次，是一些基督徒的“关门”主义。他们手捧《圣经》，虔心祈祷，以为天下的大事，都可藉此而得到解决。他们害怕“政治”；他们一口咬定基督教不应当同政治发生关系。其实，他们并不是害怕政治；他们所害怕的，主要的是他们所认为是“左倾”的政治。对维持现状的任何东西，他们的顾虑是比较少的。由于他们的“关门”主义，他们对现实就不了解，而他们就同时代脱了节，变成保守的、甚至是反动的力量。再其次，是基督教同帝国主义的关系。基督教和帝国主义有没有发生关系？基督教有没有受到帝国主义的影响？关于这些问题，我们要在下面做一个说明。在这里，我们只要指出：基督教同帝国主义的关系的问题，是目前基督教对外关系的最主要的问题，也是基督教在解放后所以遭遇困难的最重要的因素。这个因素，在个别的事件中，可能被夸张、被歪曲了，但这个因素的存在，是不能否认的。

除了基督教本身应当负起的责任以外，一般人对基督教的成见，和地方干部处理宗教问题的偏差，当然也是使基督教遭遇困难的原因。基督教是“洋教”，是帝国主义的工具；基督教是迷信的、反科学的，是人民的鸦片。这是一般人，尤其是受过唯物思想训练的人，对于基督教的看法。基督教当然并不是完全如此的。然而，基督教普遍地给人这样的一个印象，却是事实。更不幸的，是一般人把基督教同天主教里面的某些成分混合起来看，也把基督教同迷信反动的“会门”混合起来看。这就使基督教除了它本身的弱点以外，更在一些与它不相干的事上，代人受过。

怎样应付困难

基督教在新时代中发生困难，这并不是一件特殊的事。中国的社会从半封建半殖民地的阶段，转入新民主主义的阶段，这是一个巨大的转变；在这个转变中，社会生活的各方面都需要一番彻底的调整与改造，基督教自然也不能例外。这个调整与改造，不可避免地会引起许多问题。基督教所遭遇的困难，就是这些问题的一部分。虽然每一个问题都有它的特殊性，但是，在一个转变中的时代，一切问题的一般性是不应当被忽视的。

问题发生了，怎么应付呢？在一个短的时期中，许多基督徒都为这一件事苦思着、焦虑着。他们几乎不能想到基督教其他方面的问题。在华北 5 省，我们曾汇集了一百六十多件关于基督教的案件，送给有关当局处理。还有许多个别的案件，在可能范围内，我们都送请地方或中央的当局处理。有些案件是迅速地满意地解决了。有些案件，因为情形复杂，或公文来往费时，就拖延下去，或竟不能得到合理的解决。地方和中央人民政府也曾为这些问题发出若干的指示。1949 年 12 月，湖北省人民政府为了贯彻尊重宗教信仰自由、保护教堂的政策，特向所属各级政府发布通令。1950 年 1 月 6 日，中央人民政府内务部发出“机关部队借用教会房屋，应采协议方式”的指示。同年 1 月 22 日，中央人民政府主管机关对平原省人民政府所询问关于城市地产房屋问题，予以详细答复，其中数项是关于教会房屋的。同年 2 月 1 日，湖北省人民政府根据内务部的指示，再向所属机关发出尊重宗教信仰自由，保证教会教堂的通知。这些文件都证明了人民政府对这件事是关心的。然而，因为许多问题不是能在一个短时期内解决的，有些人便以为这件事没有获得应有的注意，其实事实并不如此。

1950 年 4 月，基督教访问团到北京去访问，这个访问团是由政协宗教界民主人士代表、中华全国基督教协进会、中华基督教会全国总会、中华基督教青年会全国协会、中华基督教女青年会全国协会等 5 个单位的代表组织而成的。当他们访问基督教团体工作完毕以后，他们就去拜访若干政府首长和人民团体的负责人。他们也参加了政协全国委员会宗教事务组的两三次座谈会。在他们的拜访中，最重要的是他们同周总理的三次谈话。参加谈话的除了访问团团员——邓裕志、刘良模、涂羽卿、崔宪详、艾年三和本文作者——之外，还有赵紫宸、陆志韦、江长川、王梓仲、高凤山、庞辉亭、赵复三、凌俞秀霭、陈文润、刘维诚、杨肖彭、邓锡三、霍培修等京津方面基督教领袖，全体共 19 人。我们拜访周总理的目的，主要的是给他报告解放后基督教一般的情况，并请他帮助我们解决目前基督教所遭遇的困难。周总理对我们的报告，表示非常的关切。在听取了我们的报告以后，他便表示他自己对基督教的意见。他承认了基督教过去对中国社会的贡献；他认为：在新民主主义的阶段中，唯心与唯物可以并存，那就是说，相信宗教的，和不相信宗教的，可以在《共同纲领》的基础上长期合作；就是在社会主义的社会中，只要基督教是人民所需要的，它还是可以存在的。当我们把基督教二十几年来所提倡的自治、自养、自传的理想告诉周总理的时候，他不但表示赞同，也表示嘉许，认为这是基督教今后必须遵循的途径。但周总理谈话的中心，却在指出基督教同帝国主义在历史上的联系，和帝国主义在目前国际形势中利用基督教去进行反革命工作的事实与可能。基督教同帝国主义的关系这个题目，在参加谈话的基督教人士当中，并不是完全新鲜的。然而，周总理所做的清楚的分析，却给了我们一个深刻的印象和鲜明的启示。这个启示是什么呢？用一句简单的话来说，这个启示就是："基督教应当自动地肃清帝国主义在它里面的力量和影响。"一个没有参加谈话的读者，是不容易了解这句话的涵义的。为什么基督教要肃清帝国主义的力量和影响呢？这一件事同基督教的许多问题，又有什么关系呢？让我们在下面对这些疑问做一个简单的解答。

基督教与帝国主义

基督教的本身就是一个宣教运动。使徒保罗就是基督教的第一个，也是最伟大的宣教师。一个相信了基督教，被耶稣的福音所逮住了、变化了的人，是不能不把他所感受到的东西宣扬出去的。保罗说："若不传福音，我便有祸了"，就是这个意思。基督教最初传到中国来，除了少数别有用心的以外，是完全出于这种纯洁的动机的。一直到现在，大多数从外国到中国来的宣教师，至少在他们主观的意图上，也是抱着一种纯洁的目标的。但是，尽管基督教是一个崇高的宗教，是救人救世的福音；尽管多数的宣教师和其他基督教的负责人士，主观上是要服务中国人民，没有宗教以外的企图；基督教是可能被人歪曲，被人利用的。任何一种宗教，任何一种主义，任何一种学说，都是可以被人歪曲利用的。基督教的历史和世界文化思想的历史，都可以充分证明这个事实。基督教是从西方传到中国来的；西方的国家都是资本主义的国家；从19世纪中叶以后，这些国家大多数都变成了帝国主义的国家。在这些国家里培养出来、传播出来的基督教，是不可能不深深地受到这些国家的文化的影响的。如果文化是一种意识形态，文化当然就反映了一个国家的社会物质生活。在这种情形之下，从西方传到中国来的基督教，是不可能不受到西方国家的资本主义和帝国主义的影响的。

基督教传到中国不久以后，帝国主义便开始在中国活动。基督教在中国的传播，是依靠了不平等条约所规定的特权，而不平等条约的订立，有不少是由于教案的纠纷。在这样的基础上生长出来的基督教，就必然地被一般人看做“洋教”。外国的宣教师，受了不平等条约的荫庇，住在高楼大厦，养尊处优；有的时候，他们还会依势凌人，作威作福。基督教学校里的教育，甚至教会医院里的服务，都带了洋气。如果这一种洋气，不过是单纯外国的气氛，那还不是太坏的；但所谓洋气，是同帝国主义分不开的。过去基督教学校教育的奴化成分，就是一个例子。

外国宣教师所宣传的宗教又怎样呢？似乎宗教是宗教，宗教里面不可能羼杂其他的成分。但事实并不如此，宗教是文化的一部分，所以它也是一种意识形态。宗教所追求的是绝对的真理，然而，任何时代的宗教，都不是绝对的真理，甚至不是相对的真理。历史上许多的罪恶，是藉宗教的名义而行的；而帝国主义，就是这些罪恶中最毒辣的一种。

但是，帝国主义同基督教的关系，究竟是不容易被一般人所认识的。鸦片战争、甲午战争、八国联军之役、日本侵华战争——这是帝国主义，这是大家所能看得见的。但是，基督教里面的帝国主义，却往往是看不见的。基督教同帝国主义究竟怎样发生了关系呢？帝国主义并不只是飞机和大炮，也不只是间谍和其他秘密的工作，这都是可以看得见的。还有一种无形的帝国主义，那就是帝国主义通过文化、思想、教育，甚至神学所发生的影响。举一个眼前的例来说吧。美国侵略朝鲜、台湾，这是帝国主义，那是没有人能否认的。在中国的基督徒里面，有许多人曾经对美国的物质文明，对美国的所谓自由、民主，对美国式的生活，表示无限的向往。他们从这个向往中产生一种对美国文化的错觉与幻想。现在呢？这个错觉与幻想是部分地被打破了。在过去的两个月中，基督徒的团体和个人，在上海、南京、镇江、广州、韶关、北京、西安、太原、兰州等地都曾发表宣言，反对美帝侵略台湾、朝鲜，反对美机大量屠杀朝鲜和平居民，反对美机侵略我领空及其暴行。这是一种鲜明的表示，这个表示证明了中国的基督徒们，已经开始认识美帝国主义的真面目。

但是，这个帝国主义又怎样在基督教里面发生了它的作用呢？让我们说得具体一点，坦白一点吧。绝大多数的美国宣教师是反苏反共的；绝大多数的美国宣教师对中国革命的态度，是反对的或怀疑的。即使他们表示同情，这个同情也是有限度的。他们对于美国又怎样呢？无疑地，他们不承认美国的社会制度有什么基本上的毛病，即使他们承认它有些毛病，他们认为这些毛病是可以改善的。他们当然不承认美国是帝国主义的国家。至于美国一般的国策呢，他们即使不能完全同意，他们至少是基本上同意的。他们认为美国式的生活是最宝贵的；他们认为实行美国式的生活的，就是一个“自由世界”；他们不惜用任何的代价，去保证这个“自由世界”的存在与发展。

如果上面的分析是对的，我们就马上可以看清楚基督教怎样同帝国主义发生了关系。美国式的生活是最宝贵的；在必要的时候，为要维持这种生活，就是发动战争，也是应当的。并且，美国式的生活对美国的人民，既然是宝贵的，对其他的人民，也应当是宝贵的。既是这样，帮助别的国家的人民，反对共产主义或其他生活方式，采取美国式的生活，或者维持美国式的生活，也是一件天经地义的事。为要达到这个目的，当然最好是用和平的手段，但如果必须用战争，这个战争是合理的，是正义的，因为一切都是为着“自由世界”。

这是一套逻辑，是一套完整的逻辑；只要你接受了它的前提，它的一切结论是不可避免的。你说这是一套奇怪的、荒谬的逻辑吗？假如你设身处地，替多数美国的宣教师想一想，想到他们所受的教育和美国一般文化对他们广泛而深入的影响，你就不会觉得这一套逻辑是奇怪荒谬的。根据这套逻辑，他们否认美国是帝国主义；他们基本上拥护或同情美帝国主义一般的政策，他们对国际问题采取一种与绝大多数中国人民相反的意见。在有意无意、有形无形之中，他们的意见渗入到他们的工作，渗入到他们自以为是纯洁不偏的宗教信仰，渗入到他们同中国基督徒所发生的一切关系。受到这种意见的影响的人们，他们的意识模糊起来了；他们的思想发生了矛盾了。一方面他们不得不相信美国是帝国主义；另一方面，他们觉得美国似乎还不是帝国主义。一方面他们爱祖国，爱一切为和平民主而斗争的人们；但另一方面，他们又觉得一切似乎都是相对的，在某种前提之下，就是帝国主义侵略的战争，也是可以原谅的。这是一种毒素，这是帝国主义所撒播的看不见的毒素。这种毒素可以通过宣传或其他的文化工具发生作用；它当然也可以通过基督教发生作用。

基督教革新的途径

我在上面说过，我们在和周总理的谈话中得到一个启示，这个启示就是："基督教应当自动地肃清帝国主义在它里面的力量和影响"。这一句话的意义和重要性，经过上面一段的解释，我想应当是比较明了了。今天的世界，正是帝国主义在垂死的挣扎中发动疯狂的侵略的时期。在这时候，帝国主义的手段是毒辣的，帝国主义的阴谋是无孔不入的。帝国主义要利用宗教，这不但是一个可能，并且已经是一个公开的事实。在这样的情形下，中国的基督教不但应当提高对帝国主义的警惕，也应当自动地肃清帝国主义在它里面已经存在着的，和正在发展着的力量与影响。这不是一件容易做的事，但却是一件非做不可，并且是非常急迫的事。做这件事的时候，我们需要一些基本的认识。中国的革命是成功了，中国革命的成功，是中国全体人民意志的表现。中华人民共和国的政府，是真正代表中国人民的政府，中华人民共和国的政府所奉行的《共同纲领》，是符合全体中国人民利益的纲领。中国的人民必须与全世界主持正义的人士团结起来，共同保卫世界和平。只要我们把握了这几个重要的事实，坚决地反对任何足以破坏或损害这些事实的行动或企图，使基督教一切的工作与表现，都不违反这些事实的要求，本质上，这就是对帝国主义提高警惕，这就可以肃清基督教里面帝国主义的力量与影响。

其次，是中国教会自治、自养、自传的原则的实现。中国的教会在过去一百多年当中，在人才和经济方面，得到西方教会大力的培养与支持，这是我们非常感激的。从物质方面来说，我们需要这种帮助；从精神方面来说，我们也需要这种帮助，因为基督教会，是一个普世的教会，一个普世的教会需要物质的互助和灵性的交流。但是，今天的时代是不同了。中国的教会即使还没有长大成人，至少是应当站立起来，走上自力更生的道路了。从中国基督徒自尊心的要求来说，中国教会喊了二十几年的自治、自养、自传的口号，今天是应当兑现了。不但如此，西方教会经济人才的援助，是不可能完全同帝国主义的作用分开的，帝国主义是可以利用这些媒介来进行它的阴谋的。这并不是说，西方的经济人才都是为帝国主义所利用的，而只是说，这个利用的可能是存在着的。我们并不主张中国的教会马上断绝它与西方教会的经济与人才的关系。这是不可能的，也是不需要的；中国的教会和它的事业，必须经过一个相当的时期，才能完全地自立、自养。但是，这个时期是应当有它的限度的，这个限度的长短，是要由每一个单位的实际情况来决定的。在这个过渡的时期当中，中国的教会就应当谨慎小心，使西方教会善意的援助，不被帝国主义的阴谋所利用，并使这种援助促成自治、自养、自传的原则的实现。

再其次，是中国教会的事工。宗教有它的神秘和超世的成分，这是不容易为一般人所了解的。但宗教也有它的生活上的表现，这是大家所能认识与欣赏的。这二者是互为表里，互为因果的。基督教的信仰为什么还不能在中国的人民当中发生更大的影响呢？这可能是因为它的陈义过高，不容易为一般人所把握，但也可能因为它的表现与它所崇奉的教义背道而驰。在这个新时代中，基督教一切的工作与事业，都应当受到一个严肃的、深刻的批评与检讨，而尤其重要的是使这些工作与事业发挥基督教的优点，配合《共同纲领》的政策，真正地表现它的为人民服务的精神。

中国教会革新的需要，不只包括上述几点。中国的教会应当怎样造成经济独立的条件，怎样培养适合于新时代的领袖人才；我们应当怎样把中国教会的制度典章改变，怎样把神学中西方社会的意识形态清算，使它们更能符合耶稣的福音的本来面目，更能适应中国信徒在新环境中的需要；我们应当怎样教育基督徒群众，使他们更能认识新时代，更能把他们的宗教信仰变成新时代中的动力——这些都是中国基督教的革新所应当包含的问题。这些问题需要长期的研究与讨论；这些问题如果不能得到满意的解决，则我们革新的愿望还只是一个空洞的理想。但是，如果我们能够深切地了解上述三个原则的基本性与重要性，并根据这些原则去解决其他的一切问题，我们便已对中国基督教革新运动，树立了第一个向着新时代迈进的里程碑。

宣言是怎样发表的

我们到北京去访问政府首长的时候，目的是要请他们帮助我们解决基督教的许多问题。但当我们同周总理做了三次谈话以后，我们的思想改变了。问题是要解决的，但解决问题并不是基督教目前最急迫的任务。其次是解决问题的方法。我们原来想请求中央人民政府下一个通令，要各地方人民政府严格地执行《共同纲领》中宗教信仰自由的规定。但后来我们晓得这一种办法，不一定能发生我们所预期的效果。如果基督教本身不能设法把一般人头脑中对基督教的成见去掉，政府即使下了通令，也不能把现在的情况基本地改善。在这时候，我们便觉得我们有一件必须要做的事——我们应当发表一篇对外的宣言。

为要把我们的意见更有效地传达给周总理，我们在与他第一次谈话的时候，便预备了一个文件，这个文件的题目是“关于处理基督教问题的初步意见”。这个文件的第一段是“关于肃清帝国主义力量提高民族自觉精神的办法”，然而这不是文件的主要内容。其他的几项才是文件的中心，这几项是：“关于基督教团体之登记”、“关于占用教会房产之处理办法”、“关于宗教信仰自由之各种规定”、“关于设立中央宗教机构问题”。这个文件经过了 8 次的修改；它本来不是一个宣言，但后来却变成一个宣言了。它本来是请求政府解决基督教的问题的，但它后来却变成基督教自己表示态度的文件了。在文件的第五个修正稿中，关于基督教本身的问题，我们还保留了一条，把它放在最后。这一条是：“基督教在地方上所发生的问题，如教堂被占用等，得由有关之基督教团体随时向地方或中央人民政府报告，由政府处理之。”但在第六个修正稿中，我们就连这最后的一条也删掉了。这是不是表示我们觉得基督教本身的问题不重要呢？不是的。我们认为基督教在新时代中的几个基本问题，如果没有得到满意的解决，其他的问题也就不能得到满意的解决。相反地，这些问题解决了，其他的问题也就迎刃而解。

我们起先并不打算为这个宣言广泛地征求签名。当访问团从北京到了西安以后，我们便匆匆地把宣言的第五修正稿寄给国内数十位同道，请他们签名。当我们回到上海，和上海的基督教领袖们讨论到这个宣言的时候，我们就发现他们有几点重要的修正与补充，我们必须把它们放在宣言里面。他们的第一点意见是：把原来的一条“基督教团体应以不用外籍人员为原则，其实行办法应与政府协商规定之”，和提倡自治、自养的一条合并起来，改为“中国基督教教会及团体，凡仍仰赖外国人才与经济之协助者，应立即拟定具体计划，在最短期内，实现自力更生的目标”。这个修正有两个涵义：第一是“不用”有排外的嫌疑；第二是原文未能指出中国教会过去对自治、自养这个理想已经有了的努力与成绩。上海的领袖们的第二点意见是：把原来的引论取消，改为现在的引论。原来的引论只提到与周总理谈话的经过，而现在的引论却指出宣言本身的意义。上海的领袖们这几点宝贵的意见，我们都完全接受了。北京的领袖们也有一个建议，就是：把引言中“又因为把基督教传到中国来的国家，主要的都是这些帝国主义的国家”，改为“又因为把基督教传到中国来的人们，主要的都是从这些帝国主义国家来的”，这个意见我们也接受了。

宣言最后的稿子——第八修正稿，虽然没有把所有的意见包括在内，大家认为是比较满意的。这就是现在公布的稿子。在公布的前夕，我们还做了最后的一个修改，那就是把具体办法中第一项“应立即拟定计划”里面的“立即”两个字删去。这两个字引起了不少的误会，因为许多人以为是要立即断绝外国的经济关系，而原文的意义只是立即拟定自力更生的计划。

我们根据最后的稿子，征求国内 40 位同道为宣言的发起人。这 40 个人包括了大部分在北京参加与周总理谈话的同道。如果时间许可，我们是应当征求更多的同道做发起人的，但因为我们不愿意把宣言发表的日期拖得过长，我们就只好不为这件事多花时间。这是要请没有列名发起的同道们原谅的。

我们征求到 40 位同道做发起人以后，便于 7 月 28 日将宣言稿子连同征求签名的信，写给全国一千多位基督教负责人士。第一批签名在 8 月底截止，共收到 1 527 个名字。从地域和签名者的职务来说，这次签名的代表性是相当广泛的。到本文写完的时候（9 月 25 日），第二批签名又达 1 500 余人。我们相信以后还有陆续签名的，这些签名我们希望都能在《天风周刊》上全部发表。

随着签名而来的，还有许多国内同道关于这个宣言或其他问题的来信。有许多人，尤其是偏僻地区的教友们，对这个宣言表示热烈的拥护；也有不少的人提出关于基督教革新的意见。也有些人对宣言的内容提出疑问，其中最普遍的一种就是“基本方针”里面“警惕帝国主义，尤其是美帝国主义，利用宗教以培养反动力量的阴谋”这一句话。我们除了在本文内对这个问题略加解释以外，还在《天风周刊》及青年协会书局新出版的一些新书中，详细地讨论到这个问题。

这个宣言，我们从 5 月初与周总理谈话的时候起，到 9 月 23 日在北京《人民日报》发表的时候为止，共经过了 4 个多月。在这几个月当中，我们少数负责的人虽然时时刻刻要把这件事做好，但事实上是做得很不周到的，也难免犯了若干的错误，我们要为此向国内同道表示深挚的歉意。

结 语

《中国基督教在新中国建设中努力的途径》这个宣言是发表了。到此文刊出时为止，签名的已经超过了 3 000 人，以后还有继续签名的。国内基督教同道对这个宣言的响应，不能不说是相当广泛而深入的。北京 9 月 23 日《人民日报》的社论说这是一个“蓬蓬勃勃的改革运动……这个运动的成功，将使中国的基督教获得新的生命，改变中国人民对于基督教的观感……我们相信 1 500 多位基督教人士的宣言，不但将为爱国的基督教徒所拥护，而且也将为爱国的天主教徒所响应”。《人民日报》除了公布宣言原文并专文赞助以外，还用了巨大的篇幅把全部名单和统计数字刊登出来。政府和教外人士对于这个运动的重视，一方面使我们兴奋，但另一方面也使我们感到惶恐与惭愧，因为这个宣言的发表，不过是这个革新运动的起头，在我们的面前，还有许多艰巨的工作要我们去做。我们诚恳地希望全国的同道坚强地团结起来，为这个艰苦的任务的完成而努力。

吴耀宗年谱简编

1807 年

英国伦敦会传教士马礼逊（Robert Morrison）来华。

1844 年

6 月 6 日，英国人乔治·威廉（George Williams）在英国伦敦创建基督教青年会。

1885 年

中国第一个基督教青年会在福州的教会学校英华书院成立。

1893 年

11 月 4 日，出生于广州的一个非基督教家庭，祖籍广东顺德。父亲吴逢敬在广州经营一家木材店。

1895 年（2 岁）

12 月 8 日，中国第一个基督教城市青年会——天津基督教青年会成立。

1896 年（3 岁）

11 月 3 日，基督教青年会第一次全国大会在上海召开，组成“中国学塾基督幼徒会”，这是中国基督教青年会的最早名称。

1903 年（10 岁）

进育才学校学习。

1908 年（15 岁）

考入北京税务专科学堂。任职海关是众人羡慕的“金饭碗”。

1912 年（19 岁）

1 月 1 日，中华民国成立。

3 月 11 日，《中华民国临时约法》规定“人民有信教之自由”。

1913 年（20 岁）

1 月 21 日，毕业于北京税务专科学堂。先后在广州海关、辽宁牛庄（今营口）海关、北京总税务司工作，共约七年。

1917 年（24 岁）

8 月，被调至北京总税务司工作。成为基督教青年会会员。

春，首次读到《登山宝训》，至为感动。

1918 年（25 岁）

1 月，美国人卜克门（Frank Buchman）来华布道，吴耀宗受感动悔罪。

4 月 12 日，美国传教士艾迪（Sherwood Eddy）来北京布道，吴耀宗决志信仰基督。

6 月 2 日，在北京基督教公理会受洗入教。

1919 年（26 岁）

春，与李荣芳、梅贻琦、丁淑静、李天禄、徐宝谦、司徒雷登（John Leighton Stuart）、步济时（John S. Burgess）、博晨光（Lucius Chapin Porter）等在北京的中外基督徒，组织了以提倡基督教新思潮为目的的“生命社”，创办了《生命月刊》。

6 月，基督教青年会在北京举行华北基督教学生第十二次夏令会，被邀为讲员。

1920 年（27 岁）

9 月，辞去比基督教青年会薪水高三倍的海关工作。

11 月 1 日，进入北京基督教青年会工作，任学生部干事。

1921 年（28 岁）

鲍引登（Charles Luther Boynton）和司德敷（Milton Theobald Stauffer）主持的基督教在华传教事业调查完成，其调查资料汇集成《中华归主》一书。

5 月 10 日，加入唯爱社（The Fellowship of Reconciliation），起草该社中文宣言书。后任唯爱社中国分部主席。

7 月，参加青年会全国协会在庐山举办的夏日学校。

8 月 25 日，与杨素兰女士结婚。杨素兰系广州基督教圣公会教徒，出生于 1893 年 11 月 25 日，职业医生。

1922 年（29 岁）

2 月，任北京青年会校会部主任干事。

4 月 4—9 日，在北平清华大学举行世界基督教学生同盟第十一届会议，会议主题为“基督与世界改造”，参会者有 32 个国家的 146 名外国代表，中国代表 550 名。会议是影响全国的“非基督教运动”的导火索。吴耀宗出席本次大会。

5 月，在上海召开基督教全国大会，首次以“中国教会”为主题，正式提出“本色教会”的口号。吴耀宗出席本次大会。

中华全国基督教协进会成立。

1923 年（30 岁）

4 月 1 日，与吴雷川、李荣芳、刘廷芳、彭锦章、宝广林、张钦士等成立了“真理社”，出版《真理周刊》，以短小精悍的文字，宣传基督教。后改为半月刊。

10 月，参加中华基督教青年会全国协会在广州召开的第九次全国大会。

发表《〈真理周刊〉发刊词》、《中国的基督教学生应当作什么》、《改造教会的两个障碍》、《我个人的宗教经验》等文章。

1924 年（31 岁）

8 月 22 日，因工作成绩优秀，被中华基督教青年会保送赴美国纽约的协和神学院（Union Theological Seminary）留学。

9 月 19 日，进入纽约协和神学院学习，这里是美国基督教自由派神学的大本营，他深受其影响。

发表《青年会的精神革命》、《今日基督教运动的趋势及其危机》等文章。

1925 年（32 岁）

6 月 5 日，参加哥伦比亚大学学生讨论会，声援“五卅惨案”受害者。

9 月，妻子杨素兰自费赴美国留学，进入哲吾神学院（Drew Theological Seminary）学习。

1926 年（33 岁）

9 月，攻读哥伦比亚大学哲学硕士学位。

《生命》与《真理》月刊合并，改名为《真理与生命》，成为基督教三大权威刊物之一。

1927 年（34 岁）

3 月 24 日至 4 月 8 日，世界基督教大会在耶路撒冷召开。

5 月，毕业于哥伦比亚大学，获得哲学硕士学位。硕士毕业论文题目是《威廉·詹姆斯的宗教信仰的教义》(*William James's Doctrine of Religious Belief*)。

8 月 11 日，与妻子杨素兰一起回国。9 月 10 日抵达上海。

10 月，到上海任中华基督教青年会全国协会校会部主任干事。

撰写《我所认识的耶稣》等文章。

1928 年（35 岁）

青年协会书局议定文字事业三年计划，出版了宗教与社会问题著作 52 种，其他小丛书多种。

发表《求知中的修养》、《现在学生思想的趋势》、《基督教学生运动当前的事业》、《中国基督教学生运动事业的前途》等文章。

1929 年（36 岁）

欧洲、美国爆发经济大危机。

10 月，出席中华基督教青年会全国协会在杭州召开的第十一次大会。

1930 年（37 岁）

9 月 21 日，长子吴宗素出生于上海。

1931 年（38 岁）

9 月 18 日，“九一八”事变发生。

在思想上十分热衷于唯爱主义。任《唯爱》季刊中文版编辑，后将其改为《唯爱》双月刊，共出版 17 期（1931 年 6 月至 1935 年 3 月）。

发表《唯爱的定义》、《积极的唯爱》、《唯爱主义：唯爱的信仰》等文章。

1932 年（39 岁）

1 月 28 日，“一二八”事变发生。吴耀宗投入难民救济工作。

发表《中国的基督教往哪里去》、《上海事件与唯爱的主张》、《非战运动与民意的总动员》、《东北的义勇军与我们》、《我们今日的使命》等文章。

1933 年（40 岁）

4 月 25 日，次子吴宗兰出生。

6 月 18 日，与阎宝航、李公朴、章乃器、沈体兰、丁贵堂等组建“东北社”，为收复东北尽力。后参加“国难教育社”、“保卫中国大同盟”等抗日救亡团体，开始同社会各界爱国人士有接触。

改任中华基督教青年会全国协会文字事业部主任。主持并撰写、编译了社会问题、宗教问题、基督教与中国改造问题等青年协会书局百本系列丛书。

发表《今后共产党的问题》、《鼙鼓声中的唯爱》、《“出路”的又一解》、《唯爱与革命》、《国民最低限度的自救》、《和平的代价》等文章。

1934 年（41 岁）

9 月，《社会福音》一书由青年协会书局出版。

发表《中国的危机与国际的形势》、《唯爱主义与社会改造》、《青年出路的先决问题》、《社会福音的意义》、《社会福音与个人福音》、《基督教与共产主义》、《答知我先生论唯爱主义》、《唯爱与武力》、《唯爱与真理》、《世界危机对中国基督徒学生的挑战》等文章。

1935 年（42 岁）

6 月，他翻译的《甘地自传：我体验真理的故事》由青年协会书局出版，1948 年 1 月再版。1959 年、1985 年由商务印书馆再版。甘地是他最钦佩的人。

10 月，《中国青年出路问题》由青年协会书局出版。

12 月 12 日，与马相伯、沈钧儒、邹韬奋、李公朴、陶行知等人，署名发表《上海文化界救国运动宣言》。

12 月 22 日，与刘湛恩、梁小初、颜福庆、刘良模、杨素兰等 28 人，署名发表《上海基督徒对华北事件发表宣言》。

发表《给徬徨的人们》、《唯爱与革命》、《现社会的透视》等文章。

1936 年（43 岁）

1 月 28 日，在上海市商会举行“一二八”四周年纪念大会，各界民众有 800 余人参加，公推马相伯、沈钧儒、何香凝、章乃器、史良、吴耀宗等 19 人为主席团。

5 月 31 日至 6 月 1 日，参加在上海圆明园路中华基督教青年会全国协会召开的全国各界救国联合会成立大会，与沈钧儒、马相伯、邹韬奋等 40 余人为执行委员和候补执行委员。

12 月，应美国青年会全国协会校会及太平洋宗教学会之邀，赴美国演讲 5 个月，在美国 44 所大学演讲 123 次，听众达 25 000 人，呼吁美国及国际力量制裁日本侵华，讲述基督教和中国等问题。

译著《科学的宗教观》（美国杜威著）由青年协会书局出版，1948 年 12 月再版。

发表《〈基督教与中国文化〉序言》、《〈基督教与阶级斗争〉序言》、《给基督徒青年的信》、《我怎样发生了时事的兴趣》等文章。

1937 年（44 岁）

2 月，辞去唯爱社中国分部主席之职。

7 月，与基督教青年会副总干事顾子仁、燕京大学教授刘廷芳、华中大学教授韦卓民等一起，出席在英国牛津举行的世界基督教大会，主题为“生命与圣工”。

1938 年（45 岁）

2 月 4 日，经欧洲返国。途经法国巴黎、瑞士日内瓦、意大利热那亚等地。3 月 13 日，回到上海。

3 月，改任中华基督教青年会全国协会出版部主任。

5 月，与胡愈之、郑振铎、许广平、梁士纯、周建人等成立“复社”，先后出版了斯诺的《西行漫记》和《鲁迅全集》等。

5 月 20 日，在汉口，第一次见到周恩来和吴玉章，谈到宗教、抗战、国共合作、中国革命等问题。这是吴耀宗同中共领导人的初次见面接触。

12 月 12 日至 29 日，与基督教青年会总干事梁小初、基督教青年会干事蔡昭修等三人代表中国基督教学生运动，出席在印度玛德拉斯召开的国际基督教宣教协会会议。

12 月 31 日，与燕京大学教授徐宝谦、燕京大学教授刘廷芳、基督教青年会干事美国人陆慕德等十余人，拜访圣雄甘地，将翻译的《甘地自传》中译本呈送甘地，并就非武力主义如何应用于国际问题进行请教。

12 月，《大时代的宗教信仰》由青年协会书局出版。

1939 年（46 岁）

1 月 1 日，吴耀宗等拜访印度著名诗人泰戈尔，以及政治家尼赫鲁。

发表《谈基督教认识运动》、《烈火洗礼中之基督徒》、《中国基督教学生运动的前瞻》、《印度领袖访问记》等文章。

1940 年（47 岁）

6 月，《基督教与新中国》由青年协会书局出版。

《大时代中的上帝观》由青年协会书局出版。

发表《在苦难中前进着的中华民族》、《我们需要更大的进步》、《基督教信仰的本质及其在大时代中的意义》等文章。

1941 年（48 岁）

12 月 15 日，在重庆曾家岩中共办事处，再次会见周恩来。

12 月 8 日，太平洋战争爆发。居住成都达四年之久。

1942 年（49 岁）

9 月 18 日，顺应 20 世纪基督教会合一主流，促成基督教文字出版机构超宗派联合——基督教联合出版社在成都成立，由华英书局、广学会、青年协会书局及《田家》半月刊组合而成，任联合出版社主席。

发表《基督教与新中国》等文章。

1943 年（50 岁）

2 月，基督教联合出版社开始出版《基督教丛刊》杂志。

2 月至 7 月，为了向基督教内外的知识青年传扬基督教的真义，引领青年归向基督教，撰写《没有人看见过上帝》，在《基督教丛刊》上系列发表，同时印单行本出版。1944 年再版，1946 年 3 版，1946 年 10 月 4 版，1948 年 7 月 5 版，1948 年 10 月 6 版。该书是其基督教思想的代表作。

5 月 25 日，在重庆曾家岩中共办事处，第三次拜访周恩来。

发表《基督教与新社会》、《我们需要什么样的胜利》等文章。

1945 年（52 岁）

2 月，创办和主编《天风周刊》，1946 年迁往上海。《天风》存在至今，是今天基督教三自委员会机关刊物，每期发行量达 30 万册。

2 月，应邀迁至成都华西坝 11 号，与加拿大传教士文幼章（Jame G. Endicott）同住，引为莫逆。他们的住处被学生们称为“民主之家”。

12 月 1 日，昆明惨案发生。

发表《中国的前途》、《粉饰的坟墓》、《死与生》、《论世界安全机构》、《人的价值》、《自我的解放》、《五饼二鱼》、《真理至上》、《上帝在哪里》、《论修养》等文章。

1946 年（53 岁）

5 月 10 日，乘飞机由成都回到上海。积极参加“基督徒民主研究会”、“中国人民救国会”、“中国福利会”的活动。

6 月 23 日，与马叙伦、阎宝航、雷洁琼等一起被上海市各界人民团体联合会推选为代表成员，赴南京向蒋介石政府请愿，要求停止内战，在下关车站险遭国民党袭击。他还为代表团草拟了一份英文备忘录，并当面交给美国将军马歇尔（George Catlett Marshall）。

发表《统治者的悲哀》、《基督教的使命》、《爱的福音》、《中国民主运动的前瞻》、《把火丢在地上》、《时代的末期》、《基督教与今日的中国》、《一九四六年圣诞节的展望》等文章。

1947 年（54 岁）

7 月，与中华基督教青年会全国协会总干事梁小初、上海交通大学校长黎照寰、驻日内瓦世界基督教青年会的中国干事李储文等一起，赴挪威奥斯陆参加世界基督教青年大会。

8 月，与梁小初、黎照寰等一起，赴英国爱丁堡参加世界基督教代表大会，会议主题“基督教与共产主义”。9 月 15 日回到上海。

11 月，青年协会书局、广学会、美华浸信会书局、宣道书局、中国主日学会等联合组织了中华基督教出版协会。

发表《耶稣失败了么》、《从马歇尔报告说到中国的现状》、《和平的途径》、《基督教与政治》、《我们的愤怒》、《黑暗后的黎明》、《迎接新的时代》、《世界往哪里去》、《学生运动与目前政局》、《基督教与唯物论》、《欧游观感》、《从基督教的观点看现实》、《世界和平的展望》、《美国社会的民主生活》等文章。

1948 年（55 岁）

4 月 10 日，在《天风》上，发表《基督教的时代悲剧》，成为经典，指出中国基督教的传统主要来自英美基督教，其信仰和思想几乎就是英美式基督教的翻版，这样的中国基督教“无形中变成了帝国主义文化侵略的工具”，也只能成为“人民的鸦片”。

5 月 19 日，因《基督教的时代悲剧》一文，被迫辞去天风社社长职务。

12 月 18 至 29 日，与中华基督教青年会副总干事江文汉等一起，参加在斯里兰卡举行的“世界基督教学生同盟亚洲领袖会议”，会议总题“基督教学生运动为基督和他钉十字架作见证”。作四次演讲，即《上帝与真理》、《基督与道路》、《天国与历史》等。

发表《天风往哪里吹》、《中国基督教学生运动的回顾与前瞻》、《耶稣有没有恨》、《“我已经胜了世界”》、《甘地不朽》、《真理可以调和吗》、《三十年来基督教思潮》、《鉴别民主，检讨科学》等文章。

1949 年（56 岁）

1 月 25 日，从香港飞至上海，参加基督教青年会全国协会干事会议。

2月16日，接受中国共产党邀请，从香港到韩国北部镇南浦，经平壤和新义州，渡过鸭绿江进入我国。

2月22日，会见中共统战部部长李维汉，李维汉解释中共的宗教信仰自由政策，他表示完全同意。

3月29日，赴巴黎出席保卫世界和平大会，为宗教界唯一代表。

5月25日，返抵北平。

7月16日，在《大公报》上发表《基督教的改造》，倡导基督教会改革。

9月21至30日，全国政协第一届第一次全体会议在北平召开。与燕京大学宗教学院院长赵紫宸、中华基督教女青年会全国协会总干事邓裕志、《田家》半月刊主编张雪岩、中华基督教青年会全国协会事工组主任刘良模代表基督教界出席中国人民政治协商会议，被选为全国委员会委员。会上参与制定和通过了《中国人民政治协商会议共同纲领》，其中明确规定公民有信仰宗教的自由，给宗教界以极大的鼓励。

10月1日，吴耀宗与长子吴宗素一起登上天安门，参加新中国开国大典。

12月，《黑暗与光明》由青年协会书局出版，1950年2月再版。

发表《"我要向青年说的"》、《人民民主专政下的基督教》等文章。

1950年（57岁）

3月16日至4月底，第一届全国统战工作会议在北京召开，会议确定了包括天主教及基督教工作在内的建国后统一战线工作的基本原则。周恩来总理于4月12日和13日两次到会并作了重要讲话，将宗教工作纳入到统一战线工作中。

4月，和刘良模等人组织基督教访问团到各地访问。

4月，《基督教讲话》由青年协会书局出版。

4月30日，吴耀宗与涂羽卿、崔宪详、赵紫宸、赵复三等访问团成员，与统战部副部长徐冰谈宗教问题。

5月2日下午1点，周恩来第一次接见吴耀宗等基督教人士7人。

5月3日，吴耀宗等人与北京基督教会领袖10余人，在北京基督教青年会商谈下次会见周恩来时的具体意见，众人委托吴耀宗起草一份初步意见。

5月4日清晨，吴耀宗写了《关于处理基督教问题的初步意见》。

5 月 6 日，周恩来第二次接见吴耀宗等基督教人士 11 人。

5 月 13 日晚 11 点，周恩来第三次接见吴耀宗等基督教人士 19 人。

6 月，为配合新时期基督教适应新局面，在教会内部宣传新形势，青年协会书局出版了系列丛书 12 册。吴耀宗编著 3 册：《辩证法唯物论学习手册》、《马列主义学习手册》、《基督教与新时代》。

7 月 28 日，经过八次修改，吴耀宗等 40 位基督教领袖联名发表了《中国基督教在新中国建设中努力的途径》（惯称《三自宣言》）。

9 月 23 日，《人民日报》头版全文刊登《中国基督教在新中国建设中努力的途径》，以及首批签名同意宣言的 1 527 位基督徒及所属机构名单。

9 月底，第二批基督徒签名拥护《三自宣言》，人数增至 3 268 人。

12 月 16 日，美国政府冻结了对中国教会的津贴以及中国公私团体在美国的资财，中国政府随即没收了美国在华的一切财产。

12 月 29 日，中央政务院公布《关于处理接受美国津贴的文化教育救济机关及宗教团体的方针的决定》。

发表《怎样推进基督教革新运动》、《基督教访问团华中访问记》、《展开基督教革新运动的旗帜》等文章。

1951 年（58 岁）

1 月 15 日，《人民日报》发表《接受外国津贴及外资经营之文化教育救济机关及宗教团体登记实施办法》，以及吴耀宗的《基督教革新运动的新阶段》，公布《三自宣言》签名人数的增长情况。

1 月 15 日，天风社改选负责人员，再次当选为主席。

3 月 16 日，在北京参加“基督教出版会议”。

4 月 16 至 21 日，在北京参加“处理接受美国津贴的基督教团体会议”。

4 月，成立中国基督教抗美援朝三自革新运动委员会筹备委员会，吴耀宗任主席。

11 月 1 日，金陵协和神学院在南京正式成立，当选董事会主席。

为了表示与帝国主义断绝关系，燕京大学宗教学院院长赵紫宸辞去了世界基督教协进会主席之职，他是唯一当选世界基督教协进会高层职务的中国人。

发表《历史的悲剧》、《中国基督教的新生——出席“处理接受美国津贴的基督教团体会议”的感想》、《对美帝国主义利用基督教侵略中国的罪行的控诉》、《共产党教育了我——为中国共产党建党三十周年纪念而作》、《对于接受美国津贴的基督教团体处理办法的认识》等文章。

1952 年（59 岁）

8 月 25 日，与丁光训等召开华东神学教育座谈会，通过华东地区各神学院联合办学的计划。

发表《建立一个更广泛更坚强的和平阵线》、《拯救和平保卫和平》、《中国基督教三自革新运动两周年》、《亚洲及太平洋区域和平会议的意义与成就》等文章。

1953 年（60 岁）

9 月，签名赞成《三自宣言》的人增至 400 222 人。

发表《三自革新运动与世界和平》、《全世界的人民在和平的旗帜下团结起来》、《为制止细菌战给美国基督徒的一封公开信》、《中国基督教三自革新运动今后的方针任务——纪念基督教三自革新运动三周年》等文章。

1954 年（61 岁）

7 月 22 日至 8 月 6 日，中国基督教全国会议在北京召开，成立了中国基督教三自爱国运动委员会，当选为主席。

9 月 15 日，当选第一届全国人民代表，并当选常务委员会委员（1954 年 9 月至 1959 年 4 月）。

12 月 21 日，当选全国政协第二届委员，并当选常务委员会委员（1954 年 12 月至 1959 年 3 月）。

发表《因真理得自由》、《中国基督教全国会议的成就》、《中国基督教三自革新运动四年来的工作报告》等文章。

1955 年（62 岁）

11 月，和中华基督教女青年会全国协会总干事邓裕志、陈见真主教，以全国人大代表身份，访问山东的农村教会。

发表《为和平而合作到新德里去》、《关于世界和平理事会斯德哥尔摩会议的情况与成就的报告》、《又一次证明政府的宗教政策的正确性》等文章。

1956 年（63 岁）

11 月，和邓裕志以全国人大代表身份，访问安徽的农村教会。

发表《关于中国基督教三自爱国运动的报告》、《全中国的基督徒坚决支持埃及人民反抗侵略的英勇斗争》等文章。

1957年（64岁）

发表《关于贯彻宗教政策的一些问题》等文章。

1958年（65岁）

发表《我对共产党的认识》、《让我们基督教界都向党交心》等文章。

1959年（66岁）

4月17日，任全国政协第三届委员（1959年4月至1964年12月）。

4月18日，当选第二届全国人民代表，并当选常务委员会委员（1959年4月至1964年12月）。

发表《揭露美国利用基督教进行侵略活动的阴谋》、《剥去帝国主义的宗教外衣》等文章。

1960年（67岁）

11月12日，中国基督教三自爱国运动委员会第二届全国会议在上海举行，吴耀宗再次当选主席。

发表《拥护政府严惩龚品梅、华理柱》、《美帝国主义"传教事业"的"新策略"》、《基督徒要努力进行自我改造》等文章。

1964年（71岁）

11月，与中华基督教女青年会全国协会总干事邓裕志、中华基督教青年会全国协会总干事涂羽卿及上海市政协组织各界民主人士，到市郊奉贤县萧塘公社参观"四清运动"。

12月20日，任全国政协第四届委员（1964年12月至1978年2月）。

12月20日，当选全国人大第三届委员，并当选常务委员会委员（1965年1月至1975年1月）。

1966年（73岁）

8月23日，红卫兵关闭所有教堂，基督教三自会会所受到冲击。被勒令参加学习，写思想检查，接受批判。

1967年（74岁）

9月22日，连续跌倒两次，因健康原因获得准许，可以不再参加集中"学习"，在家"闭门思过"。

1970年（77岁）

6月，被确诊为由于冠状动脉硬化，心脏供血不足，引起阵发性心房颤动。

1973 年（80 岁）

8 月，入院动手术，住院 426 天。

1975 年（82 岁）

1 月 13 日，当选全国人大第四届委员，并当选常务委员会委员（1975 年 1 月至 1978 年 2 月）。

1976 年（83 岁）

10 月，“四人帮”被捕。

带病赴北京出席全国人大第四届常委会会议。

1978 年（85 岁）

2 月 26 日，赴北京出席第五届全国人民代表大会，被选为全国人大第五届常务委员（1978 年 2 月至 1983 年 6 月）

1979 年（86 岁）

9 月 17 日凌晨，吴耀宗蒙召归天，享年 86 岁。

1984 年

10 月 26 日，妻子杨素兰蒙召归天，享年 91 岁。

中国近代思想家文库

方东树、唐鉴卷	黄爱平、吴杰　编
包世臣卷	刘平、郑大华　主编
林则徐卷	杨国桢　编
姚莹卷	施立业　编
龚自珍卷	樊克政　编
魏源卷	夏剑钦　编
冯桂芬卷	熊月之　编
曾国藩卷	董丛林　编
左宗棠卷	杨东梁　编
洪秀全、洪仁玕卷	夏春涛　编
郭嵩焘卷	熊月之　编
王韬卷	海青　编
张之洞卷	吴剑杰　编
薛福成卷	马忠文、任青　编
经元善卷	朱浒　编
沈家本卷	李欣荣　编
马相伯卷	李天纲　编
王先谦、叶德辉卷	王维江、李骛哲、黄田　编
郑观应卷	任智勇、戴圆　编
马建忠、邵作舟、陈虬卷	薛玉琴、徐子超、陆烨　编
黄遵宪卷	陈铮　编
皮锡瑞卷	吴仰湘　编
廖平卷	蒙默、蒙怀敬　编
严复卷	黄克武　编
夏震武卷	王波　编
陈炽卷	张登德　编
汤寿潜卷	汪林茂　编
辜鸿铭卷	黄兴涛　编

康有为卷　张荣华　编
宋育仁卷　王东杰、陈阳　编
汪康年卷　汪林茂　编
宋恕卷　邱涛　编
夏曾佑卷　杨琥　编
谭嗣同卷　汤仁泽　编
吴稚晖卷　金以林、马思宇　编
孙中山卷　张磊、张苹　编
蔡元培卷　欧阳哲生　编
章太炎卷　姜义华　编
金天翮、吕碧城、秋瑾、何震卷　夏晓虹　编
杨毓麟、陈天华、邹容卷　严昌洪、何广　编
梁启超卷　汤志钧　编
杜亚泉卷　周月峰　编
张尔田、柳诒徵卷　孙文阁、张笑川　编
杨度卷　左玉河　编
王国维卷　彭林　编
黄炎培卷　余子侠　编
胡汉民卷　陈红民、方勇　编
陈撄宁卷　郭武　编
章士钊卷　郭双林　编
宋教仁卷　郭汉民、暴宏博　编
蒋百里、杨杰卷　皮明勇、侯昂好　编
江亢虎卷　汪佩伟　编
马一浮卷　吴光　编
师复卷　唐仕春　编
刘师培卷　李帆　编
朱执信卷　谷小水　编
高一涵卷　郭双林、高波　编
熊十力卷　郭齐勇　编
任鸿隽卷　樊洪业、潘涛、王勇忠　编
张东荪卷　左玉河　编
丁文江卷　宋广波　编

钱玄同卷　　张荣华　编
张君劢卷　　翁贺凯　编
赵紫宸卷　　赵晓阳　编
李大钊卷　　杨琥　编
李达卷　　宋俭、宋镜明　编
张慰慈卷　　李源　编
晏阳初卷　　宋恩荣　编
陶行知卷　　余子侠　编
戴季陶卷　　桑兵、朱凤林　编
胡适卷　　耿云志　编
郭沫若卷　　谢保成、魏红珊、潘素龙　编
卢作孚卷　　王果　编
汤用彤卷　　汤一介、赵建永　编
吴耀宗卷　　赵晓阳　编
顾颉刚卷　　顾潮　编
张申府卷　　雷颐　编
梁漱溟卷　　梁培宽、王宗昱　编
恽代英卷　　刘辉　编
金岳霖卷　　王中江　编
冯友兰卷　　李中华　编
傅斯年卷　　欧阳哲生　编
罗家伦卷　　张晓京　编
萧公权卷　　张允起　编
常乃悳卷　　查晓英　编
余家菊卷　　余子侠、郑刚　编
瞿秋白卷　　陈铁健　编
潘光旦卷　　吕文浩　编
朱谦之卷　　黄夏年　编
陶希圣卷　　陈峰　编
钱端升卷　　孙宏云　编
王亚南卷　　夏明方、杨双利　编
黄文山卷　　赵立彬　编
雷海宗、林同济卷　　江沛、刘忠良　编

贺麟卷	高全喜　编
陈序经卷	田彤　编
徐复观卷	干春松　编
巨赞卷	黄夏年　编
唐君毅卷	单波　编
牟宗三卷	王兴国　编
费孝通卷	吕文浩　编

图书在版编目（CIP）数据

中国近代思想家文库. 吴耀宗卷/赵晓阳编. —北京：中国人民大学出版社，2014.3

ISBN 978-7-300-18562-0

Ⅰ.①中… Ⅱ.①赵… Ⅲ.①思想史-研究-中国-近代 ②吴耀宗（1893～1979）-思想评论 Ⅳ.①B250.5

中国版本图书馆 CIP 数据核字（2014）第 040181 号

中国近代思想家文库

吴耀宗卷

赵晓阳 编

Wu Yaozong Juan

出版发行	中国人民大学出版社		
社　　址	北京中关村大街 31 号	**邮政编码**	100080
电　　话	010－62511242（总编室）		010－62511770（质管部）
	010－82501766（邮购部）		010－62514148（门市部）
	010－62515195（发行公司）		010－62515275（盗版举报）
网　　址	http://www.crup.com.cn		
经　　销	新华书店		
印　　刷	涿州市星河印刷有限公司		
开　　本	720 mm×1000 mm　1/16	**版　　次**	2014 年 5 月第 1 版
印　　张	33　插页 2	**印　　次**	2025 年 4 月第 3 次印刷
字　　数	530 000	**定　　价**	111.00 元